Schweitzers
Finanzkalender

für das Jahr

1912.

Herausgegeben
von

Dr. Anton Schlecht,
Vorstand des K. Rentamts Garmisch.

Erster Jahrgang.

MÜNCHEN und BERLIN.
J. Schweitzer Verlag (Arthur Sellier.)

Druck v. Dr. F. P. Datterer & Cie., München u. Freising

Vorwort.

Aehnlich wie Schweitzers Terminkalender für die bayerischen Juristen soll Schweitzers Finanzkalender ein Nachschlage- und Handbuch für die Beamten der bayerischen allgemeinen Finanzverwaltung werden, und zwar sowohl für die Beamten des inneren wie des äusseren Dienstes. Er will der Praxis dienen und in den Fragen des täglichen Dienstes Aufschluss geben.

Um dieses Ziel erreichen zu können richten wir an alle Freunde des Kalenders die dringende Bitte, Anregungen zur weiteren Ausgestaltung, Verbesserungsvorschläge und Mitteilungen über Irrungen uns zukommen zu lassen; wir sind für jede Mitteilung dankbar.

Eine Reihe von Anregungen sind uns bereits zugegangen, wofür wir an dieser Stelle unseren Dank aussprechen; sie werden nach Möglichkeit im nächsten Jahre Berücksichtigung finden.

Die Rücksicht auf die Handlichkeit des Kalenders erfordert es, die Beilagen 42—46, die verhältnismässig seltener benötigt werden, auszuschalten und dem Kalender als gesonderte Anlage beizugeben. Sie sollen nicht jedes Jahr neu beigelegt werden, sondern nur dann, wenn sie bemerkenswerte Aenderungen oder eine Neufassung erfahren; es wird daher gebeten, sie nach Ablauf des Jahres dem neuen Jahrgang einzufügen.

Garmisch und München, Dezember 1911.

Herausgeber und Verlag.

Genealogie des Königlichen Hauses.

I. König.

Otto I., König von Bayern, Pfalzgraf bei Rhein, Herzog von Bayern, Franken und in Schwaben etc. etc., geboren zu München am 27. April 1848, sukzedierte seinem Herrn Bruder Ludwig II. am 13. Juni 1886. (Schloss Fürstenried.)

II. Prinz-Regent.

Luitpold, K. Prinz v. Bayern, des *Königreichs Bayern Verweser*, geb. zu Würzburg am 12. März 1821, tritt die Regentschaft an Stelle seines Neffen Königs Ludwig II. am 10. und an Stelle seines Neffen Königs Otto I. am 13. Juni 1886 an. Vermählt zu Florenz am 15. April 1844 mit der kaiserl. Prinzessin *Augusta*, Erzherzogin von Oesterreich, K. Prinzessin von Ungarn und Böhmen und Grossherzogliche Prinzessin von Toskana; Witwer seit 26. April 1864.

Kinder des Prinz-Regenten Luitpold

1. **Ludwig** Leopold Joseph Maria Alois Alfred, geb. zu München am 7. Januar 1845. Verm. zu Wien am 20. Februar 1868 mit Prinzessin *Marie Therese Henriette Dorothea*, Erzherzogin von Oesterreich-Este, kgl. Prinzessin von Ungarn und Böhmen, geb. am 2. Juli 1849 zu Brünn.

Kinder:

a) *Rupprecht*, geb. zu München am 18. Mai 1869. Vermählt am 10. Juli 1900 zu München mit Marie Gabriele, Herzogin in Bayern, geb. 9. Oktober 1878 in Tegernsee.
   Kinder: a) *Luitpold*, geb. 8. Mai 1901 zu Bamberg.
   b) *Irmingard*, geb. am 21. Sept. 1902 zu Bad Kreuth, gest. am 21. April 1903 zu Tegernsee.
   c) *Albrecht*, geb. 3. Mai 1905 in München.
   d) *Rudolf*, geb. 30. Mai 1909 in Schloss Nymphenburg.

b) *Adelgunde*, geb. zu München am 17. Okt. 1870.

c) *Maria*, geb. in Villa Amsee den 6. Juli 1872. Vermählt am 31. Mai 1897 mit Ferdinand Pius Maria, Prinz von Bourbon, Herzog von Calabrien, geb. zu Rom am 25. Juli 1869.

d) *Karl*, geb. in Villa Amsee den 1. April 1874.

e) *Franz*, geb. zu Leutstetten am 10. Okt. 1875.

f) *Mathilde*, geb. in Villa Amsee am 17. August 1877, vermählt in München am 1. Mai 1900 mit Prinz Ludwig von Sachsen-Coburg und Gotha, gest. zu Davos am 6. August 1906.

g) *Wolfgang*, geb. in Villa Amsee, am 2. Juli 1879, gest. am 31. Januar 1895 in München.

h) *Hildegarde*, geb. zu München am 5. März 1881.

i) *Nothburga*, geb. zu München am 19. März und gest. am 24. März 1883 daselbst.

k) *Wiltrud*, geb. zu München am 10. Nov. 1884.

l) *Helmtrudis*, geb. zu München am 22. März 1886.

m) *Dietlinde*, geb. zu München am 2. Jan. 1888, daselbst gest. am 14. Febr. 1889.

n) *Gundelinde*, geb. zu München am 26. Aug. 1891.

2. **Leopold**, geb. zu München den 9. Febr. 1846. Vermählt zu Wien am 20. April 1873 mit Prinzessin *Gisela*, Kaiserliche Prinzessin und Erzherzogin von Oesterreich, k. Prinzessin von Ungarn und Böhmen, Tochter des Kaisers Franz Joseph I, geb. zu Laxenburg am 12. Juli 1856.

Kinder·

a) *Elisabeth*, geb. zu München am 8. Jan. 1874. Vermählt am 3. Dez. 1893 mit Otto Grafen *von Seefried* auf Buttenheim.

b) *Auguste*, geb. zu München am 28. April 1875. Vermählt am 15. Nov. 1893 mit *Josef August*, Kaiserlichem Prinzen, Erzherzog von Oesterreich, geb. zu Alcsuth 9. Aug. 1872.

c) *Georg*, geb. zu München am 2. April 1880.

d) *Konrad*, geb. zu München den 22. November 1883.

3. **Therese**, geb. zu München den 12. November 1850.

4. **Arnulf**, geb. zu München den 6. Juli 1852, vermählt zu Wien am 12. April 1882 mit *Theresia*, Prinzessin von u. zu Liechtenstein (geb. am 28. Juli 1850), gest. zu Venedig am 12. Nov. 1907.
Sohn: *Heinrich*, geb. zu München am 24. Juni 1884.

III. Geschwister des höchstseligen Königs Maximilian II.

1. **Luitpold**, Prinzregent (siehe unter II.).

2. **Adelgunde**, geb. zu Würzburg am 19. März 1823. Vermählt zu München am 30. März 1842 mit dem Herzog *Franz V.* von Modena, Erzherzog von Oesterreich-Este, Prinz von Ungarn und Böhmen, Witwe seit 20. Nov. 1875.

3. **Adalbert**, geb. zu München am 19. Juli 1828, gest. zu Nymphenburg am 21. Sept. 1875; dessen Witwe *Amalie*, Infantin von Spanien, geb. zu Madrid 12. Okt. 1834, vermählt daselbst am 25. August 1856, gest. 27. August 1905.

Kinder:

a) *Ludwig Ferdinand*, geb. zu Madrid 22. Oktober 1859. Vermählt zu Madrid am 2. April 1883 mit *Maria de la Paz*, Infantin von Spanien, geb. am 23. Juni 1862.

Kinder:

α) *Ferdinand Maria*, geb. zu Madrid am 10. Mai 1884, vermählt am 12. Januar 1906 mit Maria de la Paz, Infantin von Spanien.

Kinder:

αα) *Ludwig Alfons*, geb. zu Madrid am 12. Dez. 1906.
ββ) *Joseph Eugen*, geb. zu Madrid am 26. März 1909.

β) *Adalbert*, geb. zu Nymphenburg am 3. Juni 1886.
γ) *Maria del Pilar*, geb. zu Nymphenburg am 13. März 1891.

b) *Alfons*, geb. 24. Januar 1862 zu München. Vermählt zu Nymphenburg am 15. April 1891 mit *Luise*, Prinzessin von Orleans, geb. zu Bushy-House am 9. Juli 1869.
Sohn: *Josef Clemens*, geb. zu München am 25. Mai 1902.

c) *Isabella*, geb. zu Nymphenburg am 31. August 1863. Vermählt am 14. April 1883 zu Nymphenburg mit dem Prinzen *Thomas* von Savoyen, Herzog von Genua, geb. zu Turin am 6. Februar 1854.

d) *Elvira*, geb. zu München am 22. November 1868. Vermählt am 28. Dez. 1891 zu Nymphenburg mit dem Reichsgrafen *Rudolf von Wrbna-Kaunitz-Rietenberg-Questenberg und Freudenthal*.

e) *Klara*, geb. zu Nymphenburg am 11. Oktober 1874.

IV. Herzogliche Linie:

1. **Karl Theodor**, Herzog in Bayern, geb. den 9. August 1839 zu Possenhofen, gest. am 30. November 1909 zu Bad Kreuth. Vermählt in erster Ehe am 11. Februar 1865 mit *Sophie Marie*, k. Prinzessin von Sachsen, geb. 15. März 1845, gest. 9. März 1867. In zweiter Ehe am 29. April 1874 in Kleinheubach mit *Maria Josefa*, Infantin von Portugal, Herzogin von Braganza, geboren zu Brombach (Baden) am 19. März 1857.

Tochter 1. Ehe:

Amalie, geb. zu München den 24. Dez. 1865. Vermählt am 4. Juli 1892 zu Tegernsee mit *Wilhelm*, Herzog von Urach und Graf von Württemberg, geb. zu Monaco am 3. März 1864.

Kinder 2. Ehe:

a) *Sophie*, geb. zu Possenhofen am 22. Februar 1875. Verm. am 26. Juli 1898 zu München mit dem Grafen Hans Veit zu Törring-Jettenbach.

b) *Elisabeth*, geb. zu Possenhofen am 25. Juli 1876. Vermählt am 2. Oktober 1900 zu München mit Albert, König von Belgien.

c) *Marie Gabriele*, geb. zu Tegernsee am 9. Okt. 1878. Verm. am 10. Juli 1900 zu München mit Rupprecht, Prinz von Bayern.

d) *Ludwig Wilhelm*, Herzog in Bayern, **Das Haupt der herzoglichen Linie**, geb. zu Tegernsee am 17. Januar 1884.

e) *Franz Josef*, geb. zu Tegernsee am 23. März 1888.

2. **Ludwig,** Herzog in Bayern, geb. zu München am 21. Juni 1831; hat am 9. März 1859 zugunsten seines Bruders, des Herzogs Karl Theodor, dem Erstgeburtsrecht entsagt.

3. **Elisabeth,** geb. zu München den 24. Dez. 1837. Vermählt am 24. April 1854 zu Wien mit Kaiser *Franz Josef I.* von Oesterreich, gest. zu Genf am 10. Sept. 1898.

4. **Marie,** geb. zu Possenhofen am 4. Okt. 1841. Verm. zu Bari am 3. Febr. 1859 mit *Franz,* König beider Sizilien; Witwe seit 27. Dezember 1894.

5. **Mathilde,** geb. zu Possenhofen den 30. Sept. 1843. Verm. zu München den 5. Juni 1861 mit *Ludwig,* Grafen von Trani, kgl. Prinzen von Sizilien. Witwe seit 8. Juni 1886.

6. **Sophie,** geb. zu München am 22. Febr. 1847. Verm. am 28. Sept. 1868 zu Possenhofen mit *Ferdinand Philipp* von Orleans, Herzog von Alençon, gest. 4. Mai 1897 zu Paris.

7. **Maximilian Emanuel,** geb. zu München am 7. Dez. 1849. Verm. zu Ebenthal bei Wien am 20. Sept. 1875 mit *Amalie,* Prinzessin von Sachsen-Coburg und Gotha, geb. am 23. Okt. 1848. Prinz Max Emanuel starb zu Feldafing am 12. Juni 1893, Prinzessin Amalie am 6. Mai 1894 zu Biederstein.

Kinder:

a) *Siegfried,* geb. zu Bamberg am 10. Juli 1876.

b) *Christoph,* geb. zu Biederstein am 22. April 1879.

c) *Luitpold,* geb. zu Biederstein am 30. Juni 1890.

Erster Teil.

Uebersichts-Kalendarium

1911, 1912 und 1913.

Terminkalender.

in Asien, dem indischen Ozean, Europa, Afrika, dem atlant. Ozean und in Südamerika.

2. Ringförmige Sonnenfinsternis am 17. April. Anfang der Finsternis überhaupt um 9 Uhr 54 Min. vormittags bei 316 50′ östl. Länge v. Gr. und 6° 53′ südl. Breite; Ende derselben überhaupt um 3 Uhr 15 Min. nachmittags nach M. E. Z. bei 68° 18′ östl. Länge v. Gr. und 45° 35′ nördl. Breite.

Sichtbar ist diese Finsternis in der östl. Hälfte Nordamerikas, im nordöstl. Südamerika, im atlant. Ozean, im nordwestl. Afrika, in Europa und in der westl. Hälfte Asiens. Die grösste Phase beträgt in unseren Gebieten ungefähr 0,85 in Teilen des Sonnendurchmessers.

3. Partielle Mondfinsternis am 26. September. Beginn der Finsternis um 12 Uhr 3 Min. mittags und Ende derselben um 1 Uhr 26 Min. nachmittags nach M. E. Z. Die Grösse der Verfinsterung beträgt 0,12 in Teilen des Monddurchmessers. Die Sichtbarkeit derselben erstreckt sich auf Nordamerika, dem grossen Ozean, Australien und der östl. Hälfte Asiens.

4. Totale Sonnenfinsternis am 10. Oktober. Beginn der Finsternis überhaupt um 11 Uhr 57 Min. vormittags bei 283° 7′ östl. Länge v. Gr. und und 12° 41′ nördl. Breite und das Ende derselben erfolgt überhaupt um 5 Uhr 15 Min. nachmittags nach M E. Z bei 30° 28′ östl. Länge v. Gr. und 43° 28′ südl. Breite.

Sichtbar wird diese Finsternis sein in Mittel- und Südamerika, in Südafrika, in der südl. Hälfte des atlant. Ozeans und in den südl. Polargegenden.

1911.

Januar		Februar		März		April		Mai		Juni	
1 **S**	**Neujahr**	1 M	Ignatius	1 M	**Ascherm.**	1 S	Hugo	1 M	Phil. u. Jak.	1 D	Juventius
2 M	Makarius	2 D	**M. Lichtm.**	2 D	Simplicius	2 **S**	**5. Judica**	2 D	Athanasius	2 F	Erasmus
3 D	Genovefa	3 F	Blasius	3 F	Kunigunde	3 M	Richard	3 M	Hl. † Auffd.	3 S	Klotildis
4 M	Titus	4 S	Veronika	4 S	Kasimir	4 D	Isidor	4 D	Monica	4 **S**	**Pfingstfest**
5 D	Telesphorus	5 **S**	**5. n. Epiph.**	5 **S**	**1. Invoc.**	5 M	Vinzenz F.	5 F	Pius V.	5 M	**Pfingstmtg.**
6 F	**Hl. 3 Könige**	6 M	Dorothea	6 M	Fridolin	6 D	Sixtus	6 S	Joh. v. d. L.	6 D	Norbert
7 S	Valentin	7 D	Romuald	7 D	Thomas v. A.	7 F	Eberhard	7 **S**	**3. Jubilate**	7 M	**† II. Quat.**
8 **S**	**1. n. Epiph.**	8 M	Joh. v. M.	8 M	**† I. Quat.**	8 S	Dionysius	8 M	Mich. Ersch.	8 D	Medardus
9 M	Marzellin.	9 D	Apollonia	9 D	Franziska	9 **S**	**6. Palmstg.**	9 D	Gregor v. N.	9 F	Primus
10 D	Agathon	10 F	Scholastika	10 F	40 Märt.	10 M	Ezechiel	10 M	Antonia	10 S	Margaretha
11 M	Hyginus	11 S	Euphrosine	11 S	Rosine	11 D	Leo I.	11 D	Mamertus	11 **S**	**1. Hl. Dreif.**
12 D	Ernst	12 **S**	**Septuages.**	12 **S**	**2. Remin.*)**	12 M	Zeno	12 F	Pankratius	12 M	Basilides
13 F	Veron. Hil.	13 M	Kath. v. R.	13 M	Nicephorus	13 D	**† Gründrst.**	13 S	Servatius	13 D	Anton v. P.
14 S	Felix	14 D	Valentin	14 D	Mathilde	14 F	**† Karfreitag**	14 **S**	**4. Cantate.**	14 M	Basilius
15 **S**	**2. n. Epiph.**	15 M	Faustinus	15 M	Longinus	15 S	**† Karsamst.**	15 M	Sophia, Is.	15 D	**Fronleichn.**
16 M	Marzellus	16 D	Juliana	16 D	Heribert	16 **S**	**Osterfest**	16 D	Joh. v. Np.	16 F	Benno
17 D	Antonius	17 F	Donatus	17 F	Gertraud	17 M	**Ostermontag**	17 M	Paschalis	17 S	Adolf
18 M	Petri Stuhlf.	18 S	Simon	18 S	Narzissus	18 D	Eleutherius	18 D	Venantins	18 **S**	**2. n. Pfing.**
19 D	Kanut, Mar.	19 **S**	**Sexages.**	19 **S**	**3. Oculi.**	19 M	Emma	19 F	Petrus, Cöl.	19 M	Gerv. u. P.
20 F	Fab. Sebast.	20 M	Eucherius	20 M	Nicetas	20 D	Sulpitius	20 S	Bernard. v. S.	20 D	Silverius
21 S	Agnes	21 D	Eleonora	21 D	Benediktus	21 F	Anselm	21 **S**	**5. Rogate**	21 M	Aloisius
22 **S**	**3. n. Epiph.**	22 M	Petri Stuhlf.	22 M	Katharina	22 S	Soter u. Caj.	22 M	Julia, Hel.	22 D	Paulina
23 M	Verl. Mar.	23 D	Phil. Benit.	23 D	Viktorinus	23 **S**	**1. Quasim.**	23 D	Desiderius	23 F	Edeltraud
24 D	Thimotheus	24 F	Bartholom.	24 F	Simon, Gb.	24 M	Georg	24 M	Johanna	24 S	**Joh. d. T.**
25 M	Pauli Bek.	25 S	Walburga	25 S	**Mar. Vkd.**	25 D	Markus	25 D	**Chr. Himlf.**	25 **S**	**3. n. Pfing.**
26 D	Polykarp	26 **S**	**Quinquag.**	26 **S**	**4. Laetare.**	26 M	Kletus	26 F	Philipp N.	26 M	Joh. u. Paul
27 F	Joh. Chrys.	27 M	Leander	27 M	Rupert	27 D	Peregrinus*)	27 S	Beda, Magd.	27 D	Ladislaus
28 S	Karl d. Gr.	28 D	**Fastnacht**	28 D	Guntram	28 F	Paul v. Kr.	28 **S**	**6. Exaudi**	28 M	Leo II.
29 **S**	**4. n. Epiph.**			29 M	Ludolf	29 S	Petrus	29 M	Theodosia	29 D	**Peter u. Paul**
30 M	Martinia			30 D	Quirinus	30 **S**	**2. Miseric.**	30 D	Ferd. Fel.	30 F	Pauli Ged.
31 D	Petrus v. Nola			31 F	Benjamin			31 M	Angela, Pet.		

Am 12.*) März Geburtsfest S. K. H. des Prinz-Regenten Luitpold. ***) Am 27. April Geburtsfest S. M. des Königs Otto I.**

1911.

Juli		August		September		Oktober		November		Dezember	
1 S	Theobald	1 D	Petri Kettf.	1 F	Aegidius	1 S	**17. n. Pfing.**	1 M	**Allerheil. *)**	1 F	Eligius
2 S	**4. n. Pfing.**	2 M	Alfons v. L.	2 S	Stephan	2 M	Leodegar	2 D	Allerseelen	2 S	Bibiana
3 M	Eulogius	3 D	Steph. Auff.	**3 S**	**13. n. Pfing.**	3 D	Candidus	3 F	Hubert	**3 S**	**1. Advent.**
4 D	Ulrich	4 F	Dominikus	4 M	Rosalia	4 M	Franz Jos.	4 S	Karl Borr.	4 M	Barbara
5 M	Domitius	5 S	Mar. Schnee	5 D	Laurentius	5 D	Placidus	**5 S**	**22. n. Pfing.**	5 D	Sabas
6 D	Isaias	**6 S**	**9. n. Pfing.**	6 M	Magnus	6 F	Bruno	6 M	Leonhard.	6 M	Nikolaus
7 F	Willibald	7 M	Afra, Caj.	7 D	Regina	7 S	Markus	7 D	Engelbert	7 D	Ambrosius
8 S	Kilian	8 D	Cyriakus	8 F	**Mar. Geb.**	**8 S**	**18. n. Pfing.**	8 M	Gottfried	8 F	**Mar. Empf.**
9 S	**5. n. Pfing.**	9 M	Romanus	9 S	Korbinian	9 M	Dionysius	9 D	Theodor	9 S	Leokadia
10 M	Pius I.	10 D	Laurentius	**10 S**	**14. n. Pfing.**	10 D	Franz v. B.	10 F	Andreas Av.	**10 S**	**2. Advent.**
11 D	Amal., Fel.	11 F	Susanna	11 M	Aemilian	11 M	Germanus	11 S	Martin B.	11 M	Damasus
12 M	Joh. Qualb.	12 S	Klara, Hild.	12 D	Guido	12 D	Domina	**12 S**	**23. n. Pfing.**	12 D	Synesius
13 D	Eugen	**13 S**	**10. n. Pfing.**	13 M	Tobias	13 F	Eduard	13 M	Stanislaus	13 M	Luzia
14 F	Bonavent.	14 M	Eusebius	14 D	Hl. † Erhöhg.	14 S	Burkhard	14 D	Serapion	14 D	Nikaisius
15 S	Heinrich	15 D	**Mar. Himlf.**	15 F	Nikomedes	**15 S**	**19. n. Pfing.**	15 M	Leop., Alb.	15 F	Christiana
16 S	**6. n. Pfing.**	16 M	Rochus	16 S	Cornelius	16 M	Gallus	16 D	Edmund	16 S	Adelheid
17 M	Alexius	17 D	Liberatus	**17 S**	**15. n. Pfing.**	17 D	Hedwig	17 F	Gregor d. W.	**17 S**	**3. Advent.**
18 D	Friedrich	18 F	Helene	18 M	Thom. v. V.	18 M	Lukas	18 S	Otto, Abt	18 M	Wunibald
19 M	Vinz. v. P.	19 S	Sebald	19 D	Januarius	19 D	Peter v. A.	**19 S**	**24. n. Pfing.**	19 D	Nemesius
20 D	Margaretha	**20 S**	**11. n. Pfing.**	20 M	**† III. Quat.**	20 F	Wendelin	20 M	Korbinian.	20 M	**† IV. Quat.**
21 F	Daniel, Jul.	21 M	Johanna	21 D	Mathäus	21 S	Ursula	21 D	Mar. Opferg.	21 D	Thomas
22 S	Mar. Magd.	22 D	Symphor.	22 F	Martinus	**22 S**	**20. n. Pfing.**	22 M	Cäcilia	22 F	Demetrius
23 S	**7. n. Pfing.**	23 M	Philipp	23 S	Thekla	23 M	Joh. v. Kp.	23 D	Clemens	23 S	Viktoria
24 M	Christiana	24 D	Bartholom.	**24 S**	**16. n. Pfing.**	24 D	Erzgl. Raph.	24 F	Joh. v. Kr.	**24 S**	**4. Advent.**
25 D	Jakob	25 F	Ludwig	25 M	Kleophas	25 M	Krispinus	25 S	Katharina	25 M	**Hl. Weihfst.**
26 M	Anna	26 S	Zephyrinus	26 D	Cyprian	26 D	Evaristus	**26 S**	**25. n. Pfing.**	26 D	**Stephan**
27 D	Pantaleon	**27 S**	**12. n. Pfing.**	27 M	Kosm. u. D.	27 F	Sabina	27 M	Virgilius	27 M	Johs. Ap.
28 F	Innocenz	28 M	Augustin	28 D	Wenzeslaus	28 S	Sim. u. Jud.	28 D	Kreszentia	28 D	Unsch. Kind.
29 S	Martha	29 D	Joh. Enth.	29 F	Michael	**29 S**	**21. n. Pfing.**	29 M	Saturnin	29 F	Thomas
30 S	**8. n. Pfing.**	30 M	Rosa v. L.	30 S	Hieronym. *)	30 M	Serapion	30 D	Andreas	30 S	David
31 M	Ignat v. L.	31 D	Raimund			31 D	Wolfgang			**31 S**	**S. n. Weih.**

*) Am 30. Sept. Namensfest S. M. des Königs Otto I.   *) Am 1. Nov. Namensfest Sr. K. H. des Prinz-Regenten Luitpold.

Januar		Februar		März	
1 M	**Neujahr**	1 D	Ignatius	1 F	Suitbert
2 D	Makarius	2 F	**Mr. Licht.**	2 S	Simplicius
3 M	Genovefa	3 S	Blasius	**3 S**	**2. Remin.**
4 D	Titus	**4 S**	**Septuages.**	4 M	Kasimir
5 F	Telesphor.	5 M	Agatha, A.	5 D	Friedrich
6 S	**Hl. 3 Kön.**	6 D	Dorothea	6 M	Fridolin
7 S	**1. n Epiph.**	7 M	Romuald	7 D	Thom. v. A.
8 M	Erhard	8 D	Joh. v. M.	8 F	Johann v. G.
9 D	Marzellin.	9 F	Appollonia	9 S	Franziska
10 M	Agathon	10 S	Scholastika	**10 S**	**3. Oculi**
11 D	Hyginus	**11 S**	**Sexages**	11 M	Rosine
12 F	Ernst	12 M	Eulalia	12 D	Gregor *)
13 S	Veron. Hil.	13 D	Kath. v. R.	13 M	Nicephorus
14 S	**2. n Epiph.**	14 M	Valentin	14 D	Mathilde
15 M	Maurus	15 D	Faustinus	15 F	Longinus
16 D	Marzellus	16 F	Juliana	16 S	Heribert
17 M	Antonius	17 S	Donatus	**17 S**	**4. Laetare**
18 D	Petri Sthlf	**18 S**	**Quinquag.**	18 M	Narzissus
19 F	Kanut, Mr.	19 M	Konrad	19 D	**Hl. Joseph**
20 S	Fab. Seb.	20 D	**Fastnacht**	20 M	Nicetas
21 S	**3. n. Epiph.**	21 M	**Ascherm.**	21 D	Benediktus
22 M	Vincentius	22 D	Petri Sthlf.	22 F	Katharina
23 D	Verl Mar.	23 F	Phil. Benit.	23 S	Viktorinus
24 M	Thimoths.	24 S	**Schalttag**	**24 S**	**5. Judica**
25 D	Pauli Bek.	**25 S**	**1. Invoc.**	25 M	**Mar. Vkd.**
26 F	Polykarp	26 M	Walburga	26 D	Castulus
27 S	Joh. Chrys.	27 D	Mechtildis	27 M	Rupert
28 S	**4. n. Epiph.**	28 M	**† I. Quat.**	28 D	Guntram
29 M	Franz v. Sl.	29 D	Romanus	29 F	Ludolph
30 D	Martina			30 S	Quirinus
31 M	Petr. v Nola			**31 S**	**6. Palms.**

Januar	Februar	März
4. Vollmond.	2. Vollmond.	3. Vollmond.
11. Letzt. Viert.	10. Letzt. Viert.	10. Letzt. Viert.
19. Neumond	18. Neumond.	18. Neumond.
27. Erstes Viert.	25. Erstes Viert.	26. Erstes Viert.

* Am 12. März Geburtsfest S. K. H. des Prinz-Regenten Luitpold.

1912.

April		Mai		Juni	
1 M	Hugo	1 M	Phil. u. Jak.	1 S	Juventius
2 D	Franz v. Pl.	2 D	Athanasius	**2 S**	**1. H.Dreif.**
3 M	Richard	3 F	Hl. † Auff.	3 M	Klotildis
4 D	† **Gründst.**	4 S	Monica	4 D	Quirinus
5 F	† **Karfrtg.**	**5 S**	**4. Cantat.**	5 M	Bonifazius
6 S	† **Karsmtg.**	6 M	Joh. v. d. L.	6 D	**Fronleich.**
7 S	**Osterfest**	7 D	Stanislaus	7 F	Robert
8 M	**Ostermtg.**	8 M	Mich.Ersch.	8 S	Medardus
9 D	Mr.Cleophä	9 D	Gregor v. N.	**9 S**	**2. n. Pf.**
10 M	Ezechiel	10 F	Antonia	10 M	Margareth.
11 D	Leo I.	11 S	Mamertus	11 D	Barnabas
12 F	Zeno	**12 S**	**5. Rogate**	12 M	Basilides
13 S	Hermeneg.	13 M	Servatius	13 D	Anton v. P
14 S	**1. Quasim.**	14 D	Bonifazius	14 F	Basilius
15 M	Anastasia	15 M	Sophia, Is.	15 S	Vitus
16 D	Eusebius	16 D	**Chr. Hmlf.**	**16 S**	**3. n. Pf.**
17 M	Rudolf	17 F	Paschalis	17 M	Adolf
18 D	Eleuther.	18 S	Venantius	18 D	Mark.Marc.
19 F	Emma	**19 S**	**6. Exaudi**	19 M	Gerv. u. P.
20 S	Sulpitius	20 M	Bernard.	20 D	Silverius
21 S	**2. Miseric.**	21 D	Konstantin	21 F	Aloisius
22 M	Soter u. Cj.	22 M	Julia, Hel.	22 S	Paulina
23 D	Adalbert	23 D	Desiderius	**23 S**	**4. n. Pf.**
24 M	Georg	24 F	Johanna	24 M	**Joh. d. T.**
25 D	Markus	25 S	Urban	25 D	Prosper
26 F	Kletus	**26 S**	**Pfingstfest**	26 M	Joh. u. Paul
27 S	Peregr. *)	27 M	**Pfingstmt.**	27 D	Ladislaus
28 S	**3. Jubilate**	28 D	Germanus	28 F	Leo II.
29 M	Petrus	29 M	† **II. Quat.**	29 S	**Pet. u. Pl.**
30 D	Kathar. v. S.	30 D	Theodosia	**30 S**	**5. n. Pf.**
		31 F	Angela, Pt.		

April	Mai	Juni
1. Vollmond. 9. Letzt. Viert. 17. Neumond. 24. Erstes Viert.	1. Vollmond. 9. Letzt. Viert. 16. Neumond. 23. Erstes Viert. 30. Vollmond.	8. Letzt. Viert. 15. Neumond. 21. Erstes Viert. 29. Vollmond.

Am 27. April Geburtsfest S. M. des Königs Otto I.

1912.

Juli		August		September	
1 M	Theobald	1 D	Petri Kettf.	1 **S**	**14. n. Pf.**
2 D	Mr. Hmslig.	2 F	Alfons v. L.	2 M	Stephan
3 M	Eulogius	3 S	Steph. Auf.	3 D	Seraphia
4 D	Ulrich	4 **S**	**10. n. Pf.**	4 M	Rosalia
5 F	Domitius	5 M	Mr. Schnee	5 D	Laurentius
6 S	Isaias	6 D	Verkl. Chr.	6 F	Magnus
7 **S**	**6. n. Pf.**	7 M	Afra, Caj.	7 S	Regina
8 M	Kilian	8 D	Cyriakus	8 **S**	**15. n. Pf.**
9 D	Cyrillus	9 F	Romanus	9 M	Korbinian
10 M	Pius I.	10 S	Laurentius	10 D	Nikol. v. T.
11 D	Amal., Fel.	11 **S**	**11. n. Pf.**	11 M	Aemilian
12 F	Joh. Qualb.	12 M	Klara, Hild.	12 D	Guido
13 S	Eugen	13 D	Hipolit, Cs.	13 F	Tobias
14 **S**	**7. n. Pf.**	14 M	Eusebius	14 S	Hl. † Erh.
15 M	Heinrich	15 D	**Mr. Hmlf.**	15 **S**	**16. n. Pf.**
16 D	Reinald	16 F	Rochus	16 M	Cornelius
17 M	Alexius	17 S	Liberatus	17 D	Lampert.
18 D	Friedrich	18 **S**	**12. n. Pf.**	18 M	**† III. Quat.**
19 F	Vinz. v. Pl.	19 M	Sebald	19 D	Januarius
20 S	Margareth.	20 D	Bernhard	20 F	† Eustach.
21 **S**	**8. n. Pf.**	21 M	Johanna	21 S	Mathäus
22 M	Mar. Magd.	22 D	Symphor.	22 **S**	**17. n. Pf.**
23 D	Liborius	23 F	Philipp	23 M	Thekla
24 M	Christiana	24 S	Bartholm.	24 D	Gerhard
25 D	Jakob	25 **S**	**13. n. Pf.**	25 M	Kleophas
26 F	Anna	26 M	Zephyrinus	26 D	Cyprian
27 S	Pantaleon	27 D	Gebhard, J.	27 F	Kos. u. D.
28 **S**	**9. n. Pf.**	28 M	Augustin	28 S	Wenzesls.
29 M	Martha	29 D	Joh. Enth.	29 **S**	**18. n. Pf.**
30 D	Abd. u. Sen.	30 F	Rosa v. L.	30 M	Hieron. *)
31 M	Ignat v. L.	31 S	Raimund		
7. Letzt. Viert. 14. Neumond. 21. Erstes Viert. 29. Vollmond.		6. Letzt. Viert. 12. Neumond. 19. Erstes Viert. 27. Vollmond.		4. Letzt. Viert. 11. Neumond. 18. Erstes Viert. 26. Vollmond.	

* Am 30. Sept. Namensfest S. M. des Königs Otto I.

1912.

Oktober		November		Dezember	
1 D	Remigius	1 F	**Allerhl.*)**	1 **S**	**1. Advent**
2 M	Leodegar	2 S	Allerseelen	2 M	Bibiana
3 D	Candidus	3 **S**	**23. n. Pf.**	3 D	Franz Xav.
4 F	Franz Jos.	4 M	Karl Borr.	4 M	Barbara
5 S	Placidus	5 D	Zach. u. Elis.	5 D	Sabas
6 **S**	**19. n. Pf.**	6 M	Leonhard	6 F	Nikolaus
7 M	Markus	7 D	Engelbert	7 S	Ambrosius
8 D	Brigitta	8 F	Gottfried	8 **S**	**2. Advent**
9 M	Dionysius	9 S	Theodor	9 M	Leokadia
10 D	Franz v. B.	10 **S**	**24. n. Pf.**	10 D	Melchiades
11 F	Germanus	11 M	Martin B.	11 M	Damasus
12 S	Domina	12 D	Martin Pp.	12 D	Synesius
13 **S**	**20. n. Pf.**	13 M	Stanislaus	13 F	Luzia
14 M	Burkhard	14 D	Serapion	14 S	Nikasius
15 D	Theresia	15 F	Leop., Alb.	15 **S**	**3. Advent**
16 M	Gallus	16 S	Edmund	16 M	Adelheid
17 D	Hedwig	17 **S**	**25. n. Pf.**	17 D	Lazarus
18 F	Lukas	18 M	Otto, Abt.	18 M	**† IV. Quat.**
19 S	Peter v. A.	19 D	Elisabeth	19 D	Nemesius
20 **S**	**21. n. Pf.**	20 M	Korbinian	20 F	† Christian
21 M	Ursula	21 D	Mar. Opfer.	21 S	Thomas A.
22 D	Kordula	22 F	Cäcilia	22 **S**	**4. Advent**
23 M	Joh. v. Kp.	23 S	Clemens	23 M	Viktoria
24 D	Erzg. Raph.	24 **S**	**26. n. Pf.**	24 D	Adam u. Ev.
25 F	Krispinus	25 M	Katharina	25 M	**Hl. Christ.**
26 S	Evaristus	26 D	Konrad	26 D	**Stefan Erz.**
27 **S**	**22. n. Pf.**	27 M	Virgilius	27 F	Johs. Ap.
28 M	Sim. u. Jd.	28 D	Kreszentia	28 S	Unsch. Kd.
29 D	Narzissus	29 F	Saturnin	29 **S**	**S. n. Weih.**
30 M	Serapion	30 S	Hl. Andreas	30 M	David
31 D	Wolfgang			31 D	Sylvester

Oktober	November	Dezember
3. Letzt. Viert. 10. Neumond. 18. Erstes Viert. 26. Vollmond.	2. Letzt. Viert. 9. Neumond. 16. Erstes Viert. 24. Vollmond.	1. Letzt. Viert. 8. Neumond. 16. Erstes Viert. 24. Vollmond. 30. Letzt. Viert.

* Am 1. Nov. Namensfest Sr. K. H. des Prinz-Regenten Luitpold.

1913.

Januar		Februar		März		April		Mai		Juni	
1 M	**Neujahr**	1 S	Ignatius	1 S	Suitbert	1 D	Hugo	1 D	**Christ. Hmlf.**	1 S	**3. n. Pfing.**
2 D	Makarius	2 **S**	**Quinquages.**	2 **S**	**4. Laetare**	2 M	Franz v. Pl.	2 F	Athanasius	2 M	Erasmus
3 F	Genovefa	3 M	Blasius	3 M	Kunigunde	3 D	Richard	3 S	Hl. † Auffd.	3 D	Klotildis
4 S	Titus	4 D	**Fastnacht**	4 D	Kasimir	4 F	Isidor	4 **S**	**6. Exaudi**	4 M	Quirinus
5 **S**	**S. n. Neujahr**	5 M	**Aschermitt.**	5 M	Friedrich	5 S	Vinzenz F.	5 M	Pius V.	5 D	Bonifazius
6 M	**Hl. 3 Könige**	6 D	Dorothea	6 D	Fridolin	6 **S**	**2. Miseric.**	6 D	Joh. v. d. L. Pf.	6 F	Norbert
7 D	Valentin	7 F	Romuald	7 F	Thomas v. A.	7 M	Eberhard	7 M	Stanislaus	7 S	Medardus
8 M	Erhard	8 S	Johann v. M.	8 S	Johann v. G.	8 D	Dionysius	8 D	Mich. Ersch.	8 **S**	**4. n. Pfing.**
9 D	Marzellinus	9 **S**	**1. Invocavit**	9 **S**	**5. Judica**	9 M	Mr. Cleophä	9 F	Gregor v. N.	9 M	Primus
10 F	Agathon	10 M	Scholastika	10 M	40 Märt.	10 D	Ezechiel	10 S	Antonia	10 D	Margareta
11 S	Hyginus	11 D	Euphrosine	11 D	Rosine	11 F	Leo I.	11 **S**	**Pfingstfest**	11 M	Barnabas
12 **S**	**1. n. Epiph.**	12 M	**† I. Quat.**	12 M	Gregor *)	12 S	Zeno	12 M	**Pfingstmtg.**	12 D	Basilides
13 M	Veron., Hil.	13 D	Kathar. v. R.	13 D	Nicephorus	13 **S**	**3. Jubilate**	13 D	Servatius	13 F	Anton v. P.
14 D	Felix.	14 F	† Valentin	14 F	Mathilde	14 M	Tiburtius	14 M	**† II. Quat.**	14 S	Basilius
15 M	Maurus	15 S	† Faustinus	15 S	Longinus	15 D	Anastasia	15 D	Sophia, Is.	15 **S**	**5. n. Pfing.**
16 D	Marzellus	16 **S**	**2. Remin.**	16 **S**	**6. Palmstg.**	16 M	Eusebius	16 F	† Joh. v. Np.	16 M	Benno
17 F	Antonius	17 M	Donatus	17 M	Gertraud	17 D	Rudolf	17 S	† Paschalis	17 D	Adolf
18 S	Petri Stuhlf.	18 D	Simon	18 D	Narcissus	18 F	Eleutherius	18 **S**	**1. Hl. Dreif.**	18 M	Mark. u. Marc.
19 **S**	**Septuages.**	19 M	Konrad	19 M	**Hl. Joseph**	19 S	Emma	19 M	Petrus, Cöl.	19 D	Gerv. u. Prot.
20 M	Fab. Sebast.	20 D	Eucherius	20 D	**† Gründrst.**	20 **S**	**4. Cantate**	20 D	Bernard. v. S.	20 F	Silverius
21 D	Agnes	21 F	Eleonora	21 F	**† Karfreitg.**	21 M	Anselm	21 M	Konstantin	21 S	Aloisius
22 M	Vincentius	22 S	Petr. Stuhlf.	22 S	**† Karsamst.**	22 D	Soter u. Caj.	22 D	**Fronleichn.**	22 **S**	**6. n. Pfing.**
23 D	Verlob. Mar.	23 **S**	**3. Oculi**	23 **S**	**Osterfest**	23 M	Adalbert	23 F	Desiderius	23 M	Edeltraud
24 F	Thimotheus	24 M	Matthias	24 M	**Ostermontg.**	24 D	Georg	24 S	Johanna	24 D	**Joh. d. Täuf.**
25 S	Pauli Bek.	25 D	Walburga	25 D	**Mar. Verkdg.**	25 F	Markus	25 **S**	**2. n. Pfing.**	25 M	Prosper
26 **S**	**Sexagesim.**	26 M	Mechtildis	26 M	Castulus	26 S	Kletus	26 M	Philipp N.	26 D	Joh. u. Paul
27 M	Joh. Chrys.	27 D	Leander	27 D	Ruppert	27 **S**	**5. Rogate** **)	27 D	Beda, Magd.	27 F	Ladislaus
28 D	Karl d. Gr.	28 F	Romanus	28 F	Guntram	28 M	Paul (Bittwoche)	28 M	Germanus	28 S	Leo II.
29 M	Franz v. Sl.			29 S	Ludolph	29 D	Petrus (Bittwoche)	29 D	Theodosia	29 **S**	**7. n. Pfing.**
30 D	Martina			30 **S**	**1. Quasim.**	30 M	Kathar. (Bittwoche)	30 F	Ferd., Fel.	30 M	Pauli Ged.
31 F	Petrus v. Nola			31 M	Benjamin			31 S	Angela, Petr.		

*) 12. März Geburtsfest Sr. K. H. des Prinz-Regenten.

**) 27 April Geburtsfest Sr. Maj. des Königs Otto I.

1913.

Juli		August		September		Oktober		November		Dezember	
1 D	Theobald	1 F	Petri Kettf.	1 M	Aegidius	1 M	Remigius	1 S	**Allerhl. **)**	1 M	Eligius
2 M	Mar. Hmshg.	2 S	Alfons v. L.	2 D	Stephan	2 D	Leodegar	2 **S**	**25. n. Pfing.**	2 D	Bibiana
3 D	Eulogius	3 **S**	**12. n. Pfing.**	3 M	Seraphia	3 F	Candidus	3 M	Hubert	3 M	Franz Xaver
4 F	Ulrich	4 M	Dominikus	4 D	Rosalia	4 S	Franz Jos.	4 D	Karl. Borr.	4 D	Barbara
5 S	Domitius	5 D	Mar. Schnee.	5 F	Laurentius	5 **S**	**21. n. Pfing.**	5 M	Zach. u. Elis.	5 F	Sabas
6 **S**	**8. n. Pfing.**	6 M	Verkl. Chrst.	6 S	Magnus	6 M	Bruno	6 D	Leonhard	6 S	Nikolaus
7 M	Willibald	7 D	Afra, Caj.	7 **S**	**17. n. Pfing.**	7 D	Markus	7 F	Engelbert	7 **S**	**2. Advent**
8 D	Kilian	8 F	Cyriakus	8 M	**Mar. Geb.**	8 M	Brigitta	8 S	Gottfried	8 M	**Mar. Empf.**
9 M	Cyrillus	9 S	Romanus	9 D	Korbinian	9 D	Dionysius	9 **S**	**26. n. Pfing.**	9 D	Leokadia
10 D	Pius I.	10 **S**	**13. n. Pfing.**	10 M	Nikolaus v. T.	10 F	Franz v. B.	10 M	Andreas Av.	10 M	Melchiades
11 F	Amal., Felix	11 M	Susanna	11 D	Aemilian	11 S	Germanus	11 D	Martin, B.	11 D	Damasus
12 S	Joh. Qualb.	12 D	Klara, Hil.	12 F	Guido	12 **S**	**22. n. Pfing.**	12 M	Martin, Pp.	12 F	Synesius
13 **S**	**9. n. Pfing.**	13 M	Hipolyt, Cas.	13 S	Tobias	13 M	Eduard	13 D	Stanislaus	13 S	Luzia
14 M	Bonavent.	14 D	Eusebius	14 **S**	**18. n. Pfing.**	14 D	Burkhard	14 F	Serapion	14 **S**	**3. Advent**
15 D	Heinrich	15 F	**Mar. Hmlf.**	15 M	Nikomedes	15 M	Theresia	15 S	Leop. Alb.	15 M	Christiana
16 M	Reinald	16 S	Rochus	16 D	Cornelius	16 D	Gallus	16 **S**	**27. n. Pfing.**	16 D	Adelheid
17 D	Alexius	17 **S**	**14. n. Pfing.**	17 M	**† III. Quat.**	17 F	Hedwig	17 M	Gregor d. W.	17 M	**† IV. Quat.**
18 F	Friedrich	18 M	Helene	18 D	Thom. v. V.	18 S	Lukas	18 D	Otto, Abt	18 D	Wunibald
19 S	Vinz. v. Paul	19 D	Sebald	19 F	† Januarius	19 **S**	**23. n. Pfing.**	19 M	Elisabeth	19 F	† Nemesius
20 **S**	**10. n. Pfing.**	20 M	Bernhard	20 S	† Eustachius	20 M	Wendelin	20 D	Korbinian	20 S	† Christian
21 M	Daniel, Jul.	21 D	Johanna	21 **S**	**19. n. Pfing.**	21 D	Ursula	21 F	Mar. Opfer.	21 **S**	**4. Advent**
22 D	Maria Magdl.	22 F	Symphorian	22 M	Maurus	22 M	Kordula	22 S	Cäcilia	22 M	Demetrius
23 M	Liborius	23 S	Philipp	23 D	Thekla	23 D	Joh. v. Kp.	23 **S**	**28. n. Pfing.**	23 D	Viktoria
24 D	Christina	24 **S**	**15. n. Pfing.**	24 M	Gerhard	24 F	Erz. Raph.	24 M	Joh. v. Kr.	24 M	Adam u. Ev.
25 F	Jakob	25 M	Ludwig	25 D	Kleophas	25 S	Krispinus	25 D	Katharina	25 D	**I. Christtag**
26 S	Anna	26 D	Zephyrinus	26 F	Cyprian	26 **S**	**24. n. Pfing.**	26 M	Konrad	26 F	**II. Christtag**
27 **S**	**11. n. Pfing.**	27 M	Gebhard, Jos.	27 S	Kom. u. Dm.	27 M	Sabina	27 D	Virgilius	27 S	Johs. Apst.
28 M	Innocenz	28 D	Augustin	28 **S**	**20. n. Pfing.**	28 D	Sim. u. Jud.	28 F	Kreszentia	28 **S**	**S. n. Weihn.**
29 D	Martha	29 F	Joh. Enth.	29 M	Michael	29 M	Narzissus	29 S	Saturnin	29 M	Thomas.
30 M	Abdon u. Sen.	30 S	Rosa v. L.	30 D	Otto *)	30 D	Serapion	30 **S**	**1. Advent**	30 D	David
31 D	Ignatius v. L.	31 **S**	**16. n. Pfing.**			31 F	Wolfgang			31 M	Sylvester

*) 30. September Namensfest S. M. des Königs Otto I.

**) 1. Nov. Namensfest S. K. H. des Prinzregenten.

Januar 1912.

1. Montag. Beschn. Christi. — Neuj. — Jes.
SA. 8.5. SU. 4.29. – MA. 1.29 Nm. MU. 4.24 Vm. – TL. 8.24
Läutordnung 5 Uhr.

2. Dienstag. Makarius A. — Abel, Seth.
SA. 8.5. US. 4.29. — MA. 2.6 Nm. MU. 5.50 Vm. — TL. 8.24
Einweihung der Universität Würzburg 1582.

3. Mittwoch. Genovefa J., Isaak. — Enoch.
SA. 8.5. SU. 4.30. — MA. 2.58 Nm. MU. 7.13 Vm. — TL. 8.25

4. Donnerstag. Titus, B. M. — Isabella.
SA. 8.5. SU. 4.31. — MA. 4.6 Nm. MU. 8.24 Vm. — TL. 8.26

Januar 1912.

5. Freitag. Telesphorus, Severin. — Simeon.
SA. 8.4. SU. 4.33. — MA. 5.29 Nm. MU. 9.19 Vm. — TL. 8.29

6. Samstag. Hl. 3 Könige. — Ersch. Christi
SA. 8.4. SU. 4.34. — MA. 6.58 Nm. MU. 9.57 Vm. — TL. 8.30

7. Sonntag. (1 W.) 1. n. Ep. Valentin. — 1. n. Ep. Val.
SA. 8.4. SU. 4.34. — MA. 8.25 Nm. MU. 10.26 Vm. — TL. 8.30
Patrozinium des Bistums Passau.

8. Montag. Erhard. B. — Erhard.
SA. 8.3. SU. 4.37. — MA. 9.49 Nm. MU. 10.48 Vm. — TL. 8.33

9. Dienstag. Marzellinus. — Martialis.
SA. 8.3. SU. 4.38. — MA. 11.6 Nm. MU. 11.6 Vm. — TL. 8.35

10. Mittwoch. Agathon. — Paul der Eins.
SA. 8.3. SU. 4.40. — MU. 11.22 Vm. — TL. 8.37

11. Donnerstag. Hyginus, P. M. — Mathilde.
SA. 8.2. SU. 4.41. — MA. 12.19 Vm. MU. 11.38 Vm. — TL. 8.39

12. Freitag. Ernst. — Reinhold.
SA. 8.2. SU. 4.42. — MA. 1.32 Vm. MU. 11.54 Vm. — TL. 8.40

Januar 1912.

13. Samstag. Veronika, Gottfried. — Hilarius.
SA. 8.2. SU. 4.43. — MA. 2.43 Vm. MU. 12.13 Nm. — TL. 8.41

14. Sonntag. (2. W.) 2. n. Ep. Fel. v N. — 2. n. Ep Fel.
SA. 8.1. SU. 4.45. — MA. 3.54 Vm. MU. 12.37 Nm. — TL. 8.44

15. Montag. Maurus, Paul. M. — Maurus.
SA. 8.00. SU. 4.46. — MA. 5.4 Vm. MU. 1.6 Nm. — TL. 8.46

16. Dienstag. Marzellus. — Marzellus.
SA. 7.59. SU. 4.48. — MA. 6.8 Vm. MU. 1.43 Nm. — TL. 8.49
Läutordnung halb 6 Uhr.

Januar 1912.

17. Mittwoch. Anton, Abt. — Anton.
SA. 7.59. SU. 4.48. — MA. 7.6 Vm. MU. 2.31 Nm. — TL. 8.49

18. Donnerstag. Petri Stuhlfeier z. Rom. — Prisca.
SA. 7.59. SU. 4.49 — MA. 7.54 Vm. MU. 3.27 Nm. — TL. 8.50

19. Freitag. Kanut. —· Sara.
SA. 7.57. SU. 4.51. — MA. 8.33 Vm. MU. 4.30 Nm. — TL. 8.54

20. Samstag. Fabian u. Seb. — Fabian u. Seb.
SA. 7.57. SU. 4.53. — MA. 9.3 Vm. MU. 5.39 Nm. — TL. 8.56
1. Schebat 5672 der Israeliten.

Januar 1912.

21. Sonntag. (3. W.) 3. n. Ep. Agn.; Meinr. — 3. n. Ep.
SA. 7.56. SU. 4.54. — MA. 9.25 Vm. MU. 6.49 Nm. — TL. 8.58

1 Safar 1330 der Mohammedaner.

22. Montag. Vincentius, Vinzenz — Vincentius.
SA. 7.55. SU. 4.55. — MA. 9.45 Vm. MU. 7.59 Nm. — TL. 9.0

23. Dienstag. Verlob. Mariae. — Emerentia.
SA. 7.54. SU. 4.57. — MA. 10.1 Vm. MU. 9.8 Nm. — TL. 9.3

24. Mittwoch. Timotheus. — Timotheus.
A.S 7.51. SU. 4.59. — MA. 10.16 Vm. MU. 10.18 Nm. - TL. 9.6

25. Donnerstag. Pauli Bekehr. — Pauli Bekehr.
SA. 7.51. SU. 5.1. — MA. 10.31 Vm. MU. 11.28 Nm. — TL. 9.10

26. Freitag. Polykarp. — Polykarp.
SA. 7.50. SU. 5.3. — MA. 10.46 Vm. — TL. 9.13

27. Samstag. Joh. Chrysostomus. — Joh. Chrysost.
SA. 7.48. SU. 5.4. — MA. 11.5 Vm. MU. 12.43 Vm. — TL. 9.16
Geburtsfest des deutschen Kaisers Wilhelm II. (1859.)

28. **Sonntag.** (4. W.) 4. n. Ep. Karl. d. G. — 4. n. Ep
SA. 7.47. SU. 5.5. — MA. 11.28 Vm. MU. 2.2 Vm. — TL. 9.18

Januar 1912.

29. Montag. Franz v. S. — Valerius.
SA. 7.45. SU. 5.6. — MA. 11.58 Vm. MU. 3.13 Vm. — TL. 9.20

30. Dienstag. Martina. — Adelgunde.
SA. 7.45. SU. 5.8. — MA. 12.40 Nm. MU. 4.46 Vm. — TL. 9.23

31. Mittwoch. Petrus v. Nol. — Virgilius.
SA. 7.44. SU. 5.10. — MA. 1.39 Nm. MU. 6.1 Vm. — TL. 9.26

Februar 1912.

1. Donnerstag. Ignatius, B. M. — Brigitta.
SA. 7.43. SU. 5.11. — MA. 2.54 Nm. MU. 7.2 Vm. — TL. 9.28

Februar 1912.

2. Freitag. Mar. Lichtmess. — Mar. Reinigung.
SA. 7.42. SU. 5.13. – MA. 4.20 Nm. MU. 7.49 Vm. — TL. 9.32

3. Samstag. Blasius (14 Noth.). — Blasius.
SA. 7.40. SU. 5.14. – MA. 5.50 Nm. MU. 8.23 Vm. — TL. 9.34

4. Sonntag. (5. W.) Septuag. Andreas. — Septuag.
SA. 7.39. SU. 5.16. – MA. 7.18 Nm. MU. 8.48 Vm. — TL. 9.37

5. Montag. Agathe, Albin. — Agathe.
SA. 7.37. SU. 5.18. – MA. 8.41 Nm. MU. 9.8 Vm. — TL. 9.41

Februar 1912.

6. Dienstag. Dorothea. — Dorothea.
SA. 7.35. SU. 5.20. — MA. 10.0 Nm. MU. 9.26 Vm. — TL. 9.46.

7. Mittwoch. Romuald. — Richard.
SA. 7.33. SU. 5.22. — MA. 11.15 Nm. MU. 9.42 Vm. — TL. 9.49

8. Donnerstag. Johann v. Matha. — Salomon.
SA. 7.32. SU. 5.23. — MU. 9.59 Vm. — TL. 9.51

9. Freitag. Apollonia. — Apollonia.
SA. 7.51. SU. 5.24. — MA. 12.29 Vm. MU. 10.17 Vm. — TL. 9.52

Februar 1912.

10. Samstag. Scholastika, Aebt. — Wilh., Schol.
SA. 7.30. SU. 5.26. — MA. 1.43 Vm. MU. 10.38 Vm. — TL. 9.56

11. Sonntag. (6. W.) Sexag. Euphrosine. — Sexag.
SA. 7.28. SU. 5.28. — MA. 2.55. Vm. MU. 11.6 Vm. — TL. 10.0

12. Montag. Eulalia. — Eulalia.
SA. 7.26. SU. 5.30. — MA. 4.2 Vm. MU. 11.40 Vm. — TL. 10.4

13. Dienstag. Katharina v. Ricci. — Jordan.
SA. 7.25. SU. 5.32. — MA. 5.1 Vm. MU. 12.22 Nm. — TL. 10.7

14. Mittwoch. Valentin — Valentin.
SA. 7.23. SU. 5.32. — MA. 5.53 Vm. MU. 1.18 Nm. — TL. 10.10

15. Donnerstag. Faustinus u. Jovita. — Faustinus.
SA. 7.22. SU. 5.34. — MA. 6.33 Vm. MU. 2.20 Nm. — TL. 10.12

16. Freitag. Juliana. — Juliana.
SA. 7.20. SU. 5.35. — MA. 7.5 Vm. MU. 3.28 Nm. — TL. 10.15
Läutordnung halb 7 Uhr.

17. Samstag. Donatus. — Konstantin.
SA. 7.17. SU. 5.37. — MA. 7.31 Vm. MU. 4.38 Nm. — TL. 10.19

18. Sonntag. (7. W.) Quing. Simeon. — Estom.
SA. 7.16. SU. 5.39. — MA. 7.51 Vm. MU. 5.48 Nm. — TL. 10.22

19. Montag. Konrad. — Konrad.
SA. 7.14. SU. 5.41. — MA. 8.8 Vm. MU. 6.58 Nm. — TL. 10.27

1. Rebî-el-awwel 1330 der Mohammedaner.

1. Adar 5672 der Israeliten.

20. Dienstag. Eucherius. — Eucherius.
SA. 7.12. SU. 5.42. — MA. 8.23 Vm. MU. 8.9 Nm. — TL. 10.33

Fastnacht.

21. Mittwoch. Eleonora. — Eleonora.
SA. 7.11. SU. 5.44. — MA. 8.37 Vm. MU. 9.20 Nm. — TL. 10.35

Aschermittwoch.

Februar 1912.

22. Donnerstag Petri Stuhlfeier. — Petri Stuhlf.
SA. 7 9. SU. 5.46. – MA. 8.52 Vm. MU. 10.34 Nm. – TL. 10.37

23. Freitag. Milburgis. — Reinhard.
SA. 7.6. SU. 5.47. – MA. 9.10 Vm. MU. 11.50 Nm. – TL. 10.41

24. Samstag. Schalttag. — Schalttag.
SA. 7.5. SU. 5.48. – MA. 9.31 Vm. – TL. 10.43

25. Sonntag. (8. W.) 1. Invoc. Matthias. — 1. Invoc.
SA. 7.3. SU. 5.51. – MA. 9.57 Vm. MU. 1.9 Vm. – TL. 10.47

Buss- und Bettag.

Februar 1912.

26. Montag. Walburga. — Viktor.
SA. 7.2. SU. 5.51. — MA. 10.33 Vm. MU. 2.29 Vm. — TL. 10.49

27. Dienstag. Mechtildis. — Nestorius.
SA. 7.0. SU. 5.53. — MA. 11.23 Vm. MU. 3.46 Vm. — TL. 10.53

28. Mittwoch. Leander. — Leander.
SA. 6.57. SU. 5.55. — MA. 12.29 Nm. MU. 4.51 Vm. — TL. 10.58
I. Quatember.

29. Donnerstag. Romanus. — Renata.
SA. 6.56. SU. 5.55. — MA. 1.49 Nm. MU. 5.42 Vm. — TL. 10.59
11. Adar 5672 der Israeliten. Fasten — Esther.

März 1912.

1. Freitag. Suitbert. — Albin. Oskar.
SA. 6.56. SU. 5.55. — MA. 3.16 Nm. MU. 6.19 Vm. — TL. 10.59

2. Samstag. Simplicius. — Luise.
SA. 6.54. SU. 5.58. — MA 4.44 Nm. MU. 6.47 Vm. — TL. 11.4

3. Sonntag. (9. W.) 2. Rem. Kunigunde. — 2. Rem.
SA. 6.52. SU. 5.59. — MA. 6.9 Nm. MU. 7.9 Vm. — TL. 11.7
14. Adar 5672 der Israeliten. Purim.

4. Montag. Kasimir K. — Adrian.
SA. 6.49. SU. 6.1. — MA. 7.30 Nm. MU. 7.28 Vm. — TL. 11.12
15. Adar 5672 der Israeliten. Schuschan-Purim.

5. Dienstag. Friedrich. — Friedrich.
SA. 6.48. SU. 6.3. · MA. 8.50 Nm. MU. 7.44 Vm. — TL. 11.16

6. Mittwoch. Fridolin. — Fridolin.
SA. 6.46. SU. 6.4. — MA. 10.7 Nm. MU. 8.1 Vm. — TL. 11.18

7. Donnerstag. Thomas v. A. — Felizitas.
SA. 6.43. SU. 6.6. — MA. 11.23 Nm. MU. 8.19 Vm. — TL. 11.22

8. Freitag. Johann v. Gott, Odst. — Philemon.
SA. 6.41 SU. 6.7. — MU. 8.39 Vm. — TL. 11.26

März 1912.

9. Samstag. Franz v. R.; Franziska. — 40 R.
SA. 6.40. SU. 6.8. — MA. 12.38 Vm. MU. 9.4 Vm. — TL. 11.28

10. Sonntag. (10. W.) 3. Oculi. 40. Mart. — 3. Oculi.
SA. 6.37. SU. 6.10. — MA. 1.48 Vm. MU. 9.37 Vm. — TL. 11.33

11. Montag. Rosina. — Rosine.
SA. 6.35. SU. 6.11. — MA. 2.53 Vm. MU. 10.18 Vm. — TL. 11.36.

12. Dienstag. Gregor. — Gregor.
SA. 6.34. SU. 6.13. — MA. 3.48 Vm. MU. 11.8 Vm. — TL. 11.39
Geburtsfest S. K. H des Prinzregenten Luitpold.

März 1912.

13. Mittwoch. Nicephorus. — Ernst.
SA. 6.32. SU. 6.15. — MA. 4.32 Vm. MU. 12.8 Nm. — TL. 11.43

14. Donnerstag. Mathilde. — Zacharias.
SA. 6.30. SU. 8.16. — MA. 5.7 Vm. MA. 1.14 Nm. — TL. 11.46

15. Freitag. Longinus M. — Christoph.
SA. 6.27. SU. 6.18. — MA. 5.35 Vm. MU. 2.23 Nm. — TL. 11.51

16. Samstag. Heribert. — Henriette.
SA. 6.25. SU. 6.19. — MA. 5.57 Vm. MU. 3.34 Nm. — TL. 11.54

17. Sonntag. (11. W.) 4. Lätare. Gertraud. — Lätare.
SA. 6.23. SU. 6.20. — MA. 6.14. Vm. MU. 4.45 Nm. — TL. 11.57

18. Montag. Narzissus. — Anselm.
SA. 6.21. SU. 6.21. — MA. 6.34 Vm. MU. 5.55 Nm. — TL. 12.2

19. Dienstag. Josef. — Joseph der Ger.
SA. 6.20. SU. 6.23. — MA. 6.45. Vm. MU. 7.8 Nm. — TL. 12.5
Patron der kath. Kirche und Deutschlands.
1. Nisan 5672 der Israeliten

20. Mittwoch. Nizetas. — Hubert.
SA. 6.17. SU. 6.25. — MA. 7.0 Vm. MU. 8.21 Nm. - TL. 12.8
Frühlingsanfang am 20. März 12 Uhr nachts. (Tag u. Nacht gleich.)
1. Rebî-el-accher 1330 der Mohammedaner.

21. Donnerstag. Benediktus. — Benediktus.
SA. 6.16. SU. 6.27. — MA. 7.16 Vm. MU. 9.39 Nm. — TL. 12.12

22. Freitag. Katharina. — Kasimir.
SA. 6.12. SU. 6.28. — MA. 7.35 Vm. MU. 10.58 Nm. — TL. 12.16

23. Samstag Viktorinus. — Eberhard.
SA. 6.10. SU. 6.29. — MA. 7.59 Vm. — TL. 12.19

24. Sonntag. (12. W.) 5. Judica. Gabriel. — Judica.
SA. 6.9. SU. 6.31. — MA. 8.32 Vm. MU. 12.19 Vm. — TL. 12.22

25. Montag. Mariae Verkündig. — Mar. Verk.
SA. 6.6. SU. 6.33. — MA. 9.17 Vm. MU. 1.37 Vm. — TL. 12.27

---

26. Dienstag. Castulus. — Emanuel.
SA. 6.5. SU. 6.36. — MA. 10.17 Vm. MU. 2.44 Vm. — TL. 12.31

---

27. Mittwoch. Rupert. — Rupert.
SA. 6.3. SU. 6.38. — MA. 11.31 Vm. MU. 3.39 Vm. — TL. 12.35

---

28. Donnerstag. Guntram. — Malchus.
SA. 6.0. SU. 6.39. — MA. 12.53 Nm. MU. 4.19 Vm. — TL. 12.39

März 1912.

29. Freitag. Ludolph. — Eustachius.
SA. 5.58. SU. 6.39. — MA. 2.18 Nm. MU. 4.49 Vm. — TL. 12.41

30. Samstag. Quirinus. — Guido.
SA. 5.55. SU. 6.41. — MA. 3.43 Nm. MU. 5.12 Vm. — TL. 12.46

31. **Sonntag.** (13. W.) 6. Palmsonntag. Benjamin.
SA. 5.53. SU. 6.42. — MA. 5.4 Nm. MU. 5.32 Vm. — TL. 12.49

April 1912.

1. Montag. Hugo. — Theodora.
SA. 5.52 SU. 6.43. — MA. 6.23 Nm. MU. 5.48 Vm. — TL. 12.51
Läutordnung 7 Uhr. (München 7½ Uhr.)

April 1912.

2. Dienstag. Franz v. P. — Theodosia.
SA. 5.49. SU. 6.44. — MA. 7.42 Nm. MU. 6.4 Vm. — TL. 12.55
15. Nisan 5672 der Israeliten. — Passah-Anfang. — (Ostern.)

---

3. Mittwoch. Richard. — Rosamunde.
SA. 5.48. SU. 6.46. — MA. 8.59 Nm. MU. 6.21 Vm. — TL. 12.58
16. Nisan 5672 der Israeliten. — Zweites Fest. -

---

4. Donnerstag. Isidor. — Ambrosius.
SA. 5.46. SU. 6.47. — MA. 10.16 Nm. MU. 6.40 Vm. — TL. 13.1
Gründonnerstag.

---

5. Freitag. Vinzenz, Ferr. — Maximus.
SA. 5.44. SU. 6.49. — MA. 11.30 Nm. MU. 7.3 Vm. — TL. 13.5
Karfreitag

6. Samstag. — Sixtus. — Irenäus.
SA. 5.41. SU. 6.50. — MU. 7.33 Vm. — TL. 13.9
Karsamstag.

7. Sonntag. (14. W.) Osters. Eberhard. — Osters.
SA. 5.39. SU. 6.51. — MA. 12.39 Vm. MU. 8.11 Vm. — TL. 13.12

8. Montag. Osterm. Dionys B. — Osterm Albr.
SA. 5.38. SU. 6.53. — MA. 1.38 Vm. MU. 8.58 Vm. — TL. 13.15
21. Nisan 5672 der Israeliten. — Siebentes Fest. —

9. Dienstag. Mar. Cleophä. — Demetrius.
SA. 5.35. SU. 6.55. — MA. 2.28 Vm. MU. 9.54 Vm. — TL. 13.20
22. Nisan 5672 der Israeliten. — Achtes Fest. —

10. Mittwoch. Ezechiel. — Daniel.
SA. 5.33. SU. 6.56. — MA. 3.7 Vm. MU. 10.58 Vm. — TL. 13.23

11. Donnerstag. Leo I. — Julius.
SA. 5.32. SU. 6.57. — MA. 3.37 Vm. MU. 12.6 Nm. — TL. 13.26

12. Freitag. Zeno. — Eustorgius.
SA. 5.30. SU. 6.58. — MA. 4.0 Vm. MU. 1.16 Nm. — TL. 13.28

13. Samstag. Hermenegild. — Patrizius.
SA. 5.28. SU. 7.0 — MA. 4.19 Vm. MU. 2.27 Nm. — TL. 13.32

April 1912.

14. Sonntag. (15. W.) I. Quas. Tiburtius. — Quas.
SA. 5.26. SU. 7.7. — MA. 4.36 Vm. MU. 3.38 Nm. — TL. 13.35

15. Montag. Anastasia. — Olympiades.
SA. 5.24. SU. 7.2. — MA. 4.50 Vm. MU. 4.50 Nm. — TL. 13.38

16. Dienstag. Turibius. — Aaron.
SA. 5.23. SU. 7.4. — MA. 5.6 Vm. MU. 6.3 Nm. — TL. 13.41
Läutordnung halb 8 Uhr. (München 8 Uhr.)

17. Mittwoch. Rudolf. — Rudolf.
SA. 5.20. SU. 7.6. — MA. 5.19 Vm. MU. 7.21 Nm. — TL. 13.46

April 1912.

18. Donnerstag. Eleutherius; Apollonia. — Valer.
SA. 5.18. SU. 7.7. — MA. 5.40 Vm. MU. 8.41 Nm. — TL. 13.49

1. Dschemâdi-el-awwel 1330 der Mohammedaner.
1. Ijar 5672 der Israeliten.

19. Freitag. Werner; Emma. — Hermogenes.
SA. 5.17. SU. 7.8. — MA. 6.4 Vm. MU. 10.4 Nm. — TL. 13.51

20. Samstag. Sulpitius. — Sulpitius.
SA. 4.15. SU. 7.10. — MA. 6.32 Vm. MU. 11.25 Nm. — TL. 13.56

21. Sonntag. (16. W.) 2. Miseric. Anselm. — Mis.
SA. 5.13. SU. 7.12. — MA. 7.14 Vm. — TL. 13.59

April 1912.

22. Montag. Soter u. Cajus. — Soter u. Gustav.
SA. 5.11. SU. 7.13. — MA. 8.10 Vm. MU. 12.37 Vm. — TL. 14.2

23. Dienstag. Adalbert B. — Albert.
SA. 5.10. SU. 7.15. — MA. 9.20 Vm. MU. 1.37 Vm. — TL. 14.5

24. Mittwoch. Georg. — Georg.
SA. 5.8. SU. 7.16. — MA. 10.39 Vm. MU. 2.22 Vm. — TL. 14.8
Georgi-Ritter-Ordensfest.

25. Donnerstag. Markus. — Markus.
SA. 5.5. SU. 7.17 — MA. 12.3 Nm. MU. 2.53 Vm. — TL. 14.12

April 1912.

26. Freitag. Kletus. — Kletus.
SA. 5.3. SU. 7.19. — MA. 1.26 Nm. MU. 3.18 Vm. — TL. 14.16

27. Samstag. Peregrinus; Zitta. — Peregrin.
SA. 5.1. SU. 7.20. — MA. 2.47 Nm. MU. 3.38 Vm. — TL. 14.19
Geburtsfest Sr. M. des Königs Otto I.

28. Sonntag. (17. W.) 3. Jubil. Paul v. Kr. — Jubil.
SA. 5.0. SU. 7.22. — MA. 4.4 Nm. MU. 3.54 Vm. — TL. 14.22

29. Montag. Petrus, M. — Sibylla.
SA. 4.58. SU. 7.23. — MA. 5.21 Nm. MU. 4.10 Vm. — TL. 14.25

April 1912.

30. Dienstag. Kathar. v. Siena. — Eutropius.
SA. 4.56. SU. 7.24. — MA. 6.37 Nm. MU. 4.27 Vm. — TL. 14.28

Mai 1912.

1. Mittwoch. Philipp u. Jakob. — Philipp u. Jakob.
SA. 4.55. SU. 7.25. — MA. 7.54 Nm. MU. 4.44 Vm. — TL. 14.30

2. Donnerstag. Athanasius. — Sigismund.
SA. 4.55. SU. 7.26. — MA. 9.10 Nm. MU. 5.6 Vm. — TL. 14.31

3. Freitag. Hl. † Auffindung. — † Auffindung.
SA. 4.53. SU. 7.28. — MA. 10.22 Nm. MU. 5.32 Vm. — TL. 14.35

Mai 1912.

4. Samstag. Florian. — Florian.
SA. 4.51. SU. 7.30. — MA. 11.27 Nm. MU. 6.6 Vm. — TL. 14.39

5. Sonntag. (18. W.) † Cantate. Pius V. — Cant.
SA. 4.48. SU. 7.32. — MU. 6.51 Vm. — TL. 14.44
18. Ijar 5672 der Israeliten. Lag-B'omer.

6. Montag. Joh. v. d. L. Pf. — Dietrich.
SA. 4.47. SU. 7.33. — MA. 12.21 Vm. MU. 7.42 Vm. — TL. 14.46

7. Dienstag. Stanislaus. — Gottfried.
SA. 4.45. SU. 7.34. — MA. 1.5 Vm. MU. 8.43 Vm. — TL. 14.49

Mai 1912.

8. Mittwoch. Michaels Erscheinung. — Stanislaus.
SA. 4.44. SU. 7.35. — MA. 1.37 Vm. MU. 9.51 Vm. — TL. 14.51

9. Donnerstag. Gregor v. Naz. — Hiob, Hermes.
SA. 4.42. SU. 7.37. — MA. 2.3 Vm. MU. 11.0 Vm. — TL. 14.55

10. Freitag. Antonie. — Viktoria, Gord
SA. 4.41. SU. 7.39. — MA. 2.24 Vm. MU. 12.10 Nm. — TL. 14.58

11. Samstag. Mamertus. — Adolf.
SA. 4.39. SU. 7.40. — MA. 2.41 Vm. MU. 1.19 Nm. — TL. 15.1

Mai 1912.

12. Sonntag. (19. W.) 5 Rog. Pankratius. — Rog.
SA. 4.37. SU. 7.41. — MA. 2.56 Vm. MU. 2.30 Nm. — TL. 15.4
Drei Eismänner.

13. Montag. Servatius, B. — Servatius.
SA. 4.36 SU. 7.42. — MA. 3.10 Vm. MU. 3.42 Vm. — TL. 15.6
Bittwoche.

14. Dienstag. Bonifaz M. — Christian.
SA. 4.35. SU. 7.44. — MA. 3.25 Vm. MU. 4.57 Nm. — TL. 15.9

15. Mittwoch. Sophia. — Sophia.
SA. 4.34. SU. 7.44. — MA. 3.43 Vm. MU. 6.16 Nm. — TL. 15.11

16. Donnerstag. Christi Himmelfahrt. Joh. v. N.
SA. 4.33. SU. 7.46. — MA. 4.5 Vm. MU. 7 39 Nm. — TL. 15.13
Läutordnung halb 9 Uhr.

17. Freitag. Paschalis. — Eubertus.
SA. 4.31. SU. 7.48. — MA. 4.31 Vm. MU. 9.4 Nm. — TL. 15.17
1. Sivan 5672 der Israeliten.

18. Samstag. Venantius. — Liborius.
SA. 4.30. SU. 7.49. — MA. 5.9 Vm. MU. 10.22 Nm. — TL. 15.19
1. Dschemâdi-el-accher 1330 der Mohammedaner.

19. Sonntag. (20. W.) 6. Exaudi Petrus, Cölestin.
SA. 4.29. SU. 7.50. — MA. 6.0 Vm. MU. 11.30 Nm. — TL. 15.21
Ivo, B. v. Chartres, Patron der Juristen.

Mai 1912.

20. Montag. Bernhard v. S. — Athanasius.
SA. 4.28. SU. 7.51. — MA. 7.6 Vm. — TL. 15.23

21. Dienstag. Konstantin. — Prudens.
SA. 4.27. SU. 7.53. — MA. 8.26 Vm. MU. 12.20 Vm. — TL. 15.26

22. Mittwoch. Julia. — Helene.
SA. 4.26. SU. 7.54. — MA. 9.51 Vm. MU. 12.56 Vm. — TL. 15.28
6. Sivan 5672 der Israeliten. — Wochenfest (Pfingsten).

23. Donnerstag Desiderius. — Desiderius.
SA. 4.25. SU. 7.55. — MA. 11.15 Nm. MU. 1 23 Vm. — TL. 15.30
7. Sivan 5672 der Israeliten. (Zweites Fest).

Mai 1912.

24. Freitag. Johanna. — Esther.
SA. 4.23. SU. 7.57. — MA. 12.36 Nm. MU. 1.44 Vm. — TL. 15.34

25. Samstag. Urban. — Urban.
SA. 4.22. SU. 7.37. — MA. 1.53 Nm. MU. 2.1 Vm. — TL. 15.35

26. Sonntag. (21. W.) Pfingststg. Phil. — Pfingststg.
SA. 4.22. SU. 7.57. — MA. 3.9 Nm. MU. 2.18 Vm. — TL. 15.35

27. Montag. Pfingstmtg. Magdalena —. Pfingstmtg.
SA. 4.21. SU. 7.57. — MA. 4.23 Nm. MU. 2.33 Vm. — TL. 15.37

28. Dienstag. Germanus. — Wilhelm.
SA. 4.21. SU. 8.0. — MA. 5.39 Nm. MU. 2.49 Vm. — TL. 15.39

29. Mittwoch. Theodosia. — Christiana.
SA. 4.20. SU. 8.1. — MA. 6.54 Nm. MU. 3.9 Vm. — TL. 15.41

II. Quatember.

30. Donnerstag. Ferdinand, Felix. — Wigand.
SA. 4.19. SU. 8.2. — MA. 8.7 Nm. MU. 3.34 Vm. — TL. 15.43

31. Freitag. Angela. — Petronilla.
SA. 4.18. SU. 8.3. — MA. 9.14 Nm. MU. 4.5 Vm. — TL. 15.44

Juni 1912.

1. Samstag. Juventius. — Nikodemus.
SA. 4.18. SU. 8.4. — MA. 10.13 Nm. MU. 4.43 Vm. — TL. 15.46
Läutordnung 9 Uhr.

2. Sonntag. (22. W.) 1. n. Pf. Erasmus — Trin.
SA. 4.17. SU. 8.5. — MA. 11.0 Nm. MU. 5.33 Vm. — TL. 15.48
Dreifaltigkeitsfest.

3. Montag. Klotildis. — Erasmus.
SA. 4.16. SU. 8.6. — MA. 11.37 Nm. MU. 6.32 Vm. — TL. 15.50

4. Dienstag. Quirinus. — Karpasius.
SA. 4.16. SU. 8.7. — MU. 7.36 Vm. — TL. 15.51

Juni 1912.

5. Mittwoch. Bonifazius. — Bonifaz.
SA. 4.15. SU. 8.8. — MA. 12.6 nachts MU. 8.45 Vm. — TL. 15.53
Bonifaz, Apostel der Deutschen.

6. Donnerstag. Fronleichnam. Norbert. — Benig
SA. 4.15. SU. 8.6. — MA. 12.28 Vm. MU. 9.55 Vm. — TL. 15.54

7. Freitag. Robert. — Lucretia.
SA. 4.15. SU. 8.10. — MA. 12.45 Vm. MU. 11.3 Vm. — TL. 15.55

8. Samstag. Medardus. — Medardus.
SA. 4.14. SU. 8.11. — MA. 1.2 Vm. MU 12.12 mittgs. — TL. 15.57

Juni 1912.

9. Sonntag. (23. W.) 2. n. Pf. — 1. n. Tr.
SA. 4.12. SU. 8.11. — MA. 1.16 Vm. MU. 1.22 Nm. — TL. 15.58

10. Montag. Margaretha. — Onuphrius.
SA. 4.14. SU. 8.11. — MA. 1.29 Vm. MU. 2.34 Nm. — TL. 15.59

11. Dienstag. Barnabas. — Barnabas.
SA. 4.13. SU. 8.12. — MA. 1.45 Vm. MU. 3.50 Nm. — TL. 15.59

12. Mittwoch Basilides. — Basilides.
SA. 4.13. SU. 8.12. — MA. 2.4 Vm. MU. 5.11 Nm. — TL. 15.59

13. Donnerstag. Anton v. Padua. — Tobias.
SA. 4.13. SU. 8.12. MA. 2.29 Vm. MU. 6.34 Nm. — TL. 15.59
Totenfeier für weiland König Ludwig II.

14. Freitag. Basilius. — Antonia.
SA. 4.13. SU. 8.14. — MA. 3.1 Vm. MU. 7.57 Nm. — TL. 16.1

15. Samstag. Vitus. — Vitus.
SA. 4.13. SU. 8.14. — MA. 3.47 Vm. MU. 9.10 Nm. — TL. 16.1

16. Sonntag. (24 W.) 3. n. Pf. **Benno.** — 2. n. Tr.
SA. 4.12. SU. 8.15. — MA. 4.48 Vm. MU. 10.11 Nm. — TL. 16.3
Patrozinium der Hauptstadt München.
1. Redscheb 1330 der Mohammedaner.
1. Thamuz 5672 der Israeliten.

Juni 1912.

17. Montag. Adolf. — Volkmar.
SA. 4.12. SU. 8.15. MA. 6.4 Vm. MU. 10.54 Nm. — TL. 16.3

18. Dienstag. Markus u Marcellus. — Arnulf.
SA. 4.12. SU. 8.15. — MA. 7.30 Vm. MU. 11.26 Nm. — TL. 16.3

19. Mittwoch. Gervasius u. Prot. — Gervasius.
SA. 4.13. SU. 8.16. — MA. 8.58 Vm. MU. 11.49 Nm. — TL. 16.3

20. Donnerstag. Silverius. — Silverius.
SA. 4.13. SU. 8.16. — MA. 10.22 Vm. — TL. 16.3

21. Freitag. Aloysius. — Albanus.
SA. 4.13. SU. 8.16. — MA. 11.43 Vm. MU. 12.8 nachts. — TL. 16.3
Sommeranfang 8 Uhr nachm.

22. Samstag. Paulina. — Achatius.
SA. 4.13. SU. 8.16. — MA. 1.0 Nm. MU. 12.24 Vm. — TL. 16.3

23. Sonntag. (25 W.) 4. n. Pf. Edeltraud. — 3. n. Tr.
SA. 4.13. SU. 8.16. — MA. 2.15 Nm. MU. 12.39 Vm. — TL. 16.3

24. Montag. Johannes d. Täufer. — Joh. d. T.
SA. 4.14. SU. 8.16. MA. 3.29 Nm. MU 12.56 Vm. — TL. 16.2

Juni 1912.

25. Dienstag. Prosper. — Eulogius.
SA. 4.15. SU. 8.16. — MA. 4.43 Nm. MU. 1.15 Vm. TL. 16.2
Augsburger Konfession 1536.

26. Mittwoch. — Johann u. Paul. — Jeremias.
SA. 4.15. SU. 8.16. — MA. 5.56 Nm. MU. 1.37 Vm. — TL. 16.1
Stiftungstag der Universität München 1472.

27. Donnerstag. Ladislaus. — Philippine.
SA. 4.16. SU. 8.16. — MA. 7.5 Nm. MU. 2.6 Vm. — TL. 16.0

28. Freitag. Leo II. — Josua
SA. 4.16. SU. 8.16. — MA. 8.6 Nm. MU. 2.42 Vm. — Tl 16.0

Juni 1912.

29. Samstag. Peter u. Paul. — Peter u. Paul
SA 4.17. SU. 8.16. — MA. •8.56 Nm. MU. 3,27 Vm. — TL. 15.59

---

30. Sonntag. (26. W.) 5 n. Pf. — Pauli Ged. — 4 n. Tr.
SA. 4.18. SU. 8.15. — MA. 9.36 Nm. MU. 4,24 Vm. — TL. 15.58

Juli 1912.

1. Montag. Theobald. — Theobald.
SA. 4.18. SU. 8.16. — MA. 10.8 Nm. MU. 5,27 Vm. — TL. 15.58
Läutordnung 9 Uhr.

---

2. Dienstag. Mariä Heims. — Mariä Heims.
SA. 4.19. SU. 8.15. — MA. 10.32 Nm. MU. 6,34 Vm. — TL. 15.56
17. Thamuz 5672 der Israeliten. Fasten. Tempeleroberung.

Juli 1912.

3. Mittwoch. Eulogius. — Kornelius.
SA. 4.19. SU. 8.15. — MA. 10.51 Nm. MU 7.43 Vm. — TL. 15.56

4. Donnerstag. Ulrich, B. v. Augsb. — Ulrich.
SA. 4.20. SU. 8.15. — MA. 11.7 Nm. MU. 8.51 Vm. — TL. 15.54
Patrozinium des Bistums Augsburg

5. Freitag. Domitius. — Charlotte
SA. 4.21. SU. 8.14. — MA. 11.21 Nm. MU. 10.0 Vm. — TL. 15.53

6. Samstag. Isaias. — Esaias.
SA. 4.23. SU. 8.13. — MA. 11.35 Nm. MU. 11.8 Vm. — TL. 15.51

Juli 1912.

7. Sonntag. (27. W) 6. n. Pf. **Willibald.** — 5. n. Tr.
SA. 4.22. SU. 8.13. — MA. 11.49 Nm. MU. 12.17 mittgs. — TL. 15.51
Patrozinium des Bistums Eichstätt.

8. Montag. **Kilian.** — Kilian.
SA. 4.22. SU. 8.12. — MU. 1.30 Nm. — TL. 15.50
Patrozinium des Bistums Würzburg.

9. Dienstag. Cyrillus. — Gottlob.
SA. 4.24. SU. 8.12. — MA. 12.7 Vm. MU. 2.46 Nm. — TL. 15.48

10. Mittwoch. Felizitas. — Jakobina.
SA. 4.25. SU. 8.12. — MA. 12.27 Vm. MU. 4.7 Nm. — TL. 15.46

11. Donnerstag. Pius I. — Pius, Eleonore
SA. 4.26. SU. 8.10. — MA. 12.54 Vm. MU 5 29 Nm. — TL. 15.44

12. Freitag. Joh Qualbert. — Heinrich.
SA. 4.27. SU 8.9. — MA. 1.32 Vm. MU. 6.48 Nm. — TL. 15.41

13. Samstag. Eugen. — Margaretha.
SA. 4.28. SU. 8.8. — MA. 2.27 Vm. MU. 7.55 Nm. — TL. 15.40
Patrozinium des Erzbistums Bamberg. (Heinrich.)

14. Sonntag. (28. W.) 7. n. Pf. Bonav. — 6. n. Tr.
SA. 4.29. SU 8.8. — MA. 3.35 Vm. MU. 8.46 Nm. — TL. 15.39
Schluss der Mittelschulen.

Juli 1912.

15. Montag Heinrich. — Apostel-Teilung.
SA. 4.30. SU. 8.7. — MA. 4.59 Vm. MU. 9.24 Nm. — TL. 15.37

1. Ab 5672 der Israeliten.
Anfang der Gerichtsferien.

---

16. Dienstag. Reinald. — Ruth.
SA. 4.31. SU. 8.6. — MA. 6.30 Vm. MU 9 51 Nm. — TL. 15.35

Läutordnung halb 9 Uhr.
1. Schabân 1330 der Mohammedaner.

---

17. Mittwoch. Alexius. — Alexius.
SA. 4.32. SU. 8.5. — MA. 8.0 Vm. MU. 10.11 Nm. — TL. 15.33

---

18. Donnerstag Friedrich. — Maternus.
SA. 4.33. SU. 8.4. — MA. 9.25 Vm. MU. 10.28 Nm. — TL. 15.31

Juli 1912.

19. Freitag. Vinzenz v P — Rufina.
SA. 4.35. SU. 8.3. — MA. 10.45 Vm. MU 10 45 Nm. — TL. 15.28

20. Samstag. Margaretha. — Elias.
SA. 4.36. SU. 8.2. — MA. 12.3 mittgs. MU 11.1 Nm. — TL. 15.27

21. Sonntag. (29. W.) 8. n. Pf. Julia. — 7. n. Tr.
SA. 4.37. SU. 8.2. — MA. 1.19 Nm. MU. 11.20 Nm. — TL. 15.26

22. Montag. Maria Magdalena. — Mar. Magd.
SA. 4.38. SU. 8.1. — MA. 2.34 Nm. MU. 11 41 Nm. — TL. 15.23

Juli 1912.

23. Dienstag. Liborius. — Apoll.
SA. 4.38. SU. 7.59. — MA. 3.48 Nm. — TL. 15.20
Hundstage-Anfang.
9. Ab 5672 der Israeliten. Fasten. Tempelverbrennung.

---

24. Mittwoch. Christina. — Christina.
SA. 4.40. SU. 7.58. — MA. 4.58 Nm. MU. 12.7 nachts. — TL. 15.18

---

25. Donnerstag. Jakob. Jakob.
SA. 4.41. SU. 7.57 — MA. 6.1 Nm. MU. 12.40 Vm. — TL. 15.16

---

26. Freitag. Anna. — Anna.
SA. 4.42. SU. 7.56. — MA. 6.55 Nm. MU. 1.23 Vm. — TL. 15.14
Patrozinium des Herzogtums Sulzbach.
St. Anna-Ordensfest in München und Würzburg.

Juli 1912.

27. Samstag. Pantaleon. — Martha.
SA. 4.33. SU. 7.54. — MA. 7.38 Nm. MU. 2.16 Vm. — TL. 15.11

28. Sonntag. (30. W.) 9. n. Pf. Innocenz. — 8. n. Tr.
SA. 4.45. SU. 7.53. — MA. 8.10 Nm. MU. 3.18 Vm. — TL. 15.8

29. Montag. Martha, Flora. — Beatrix.
SA. 4.46. SU. 7.52. — MA. 8.36 Nm. MU. 4.25 Vm. — TL. 15.6

30. Dienstag. Abdon u. Sen. — Abdon u. Sen.
SA. 4.47. SU. 7.51. — MA. 8.57 Nm. MU. 5.34 Vm. — TL. 15.4

Juli 1912.

31. Mittwoch. Ignat. v. L. — Trasibul.
SA. 4.48. SU. 7.49. — MA. 9.14 Nm. MU. 6.43 Vm. — TL. 15.1

August 1912.

1. Donnerstag. Petri Kettenfeier. — Petri Kettenf.
SA. 4.50. SU. 7.48. — MA. 9.28 Nm. MU. 7.51 Vm. — TL. 14.58

2. Freitag. Alfons v. L. — Gustav.
SA. 4.51. SU. 7.47. — MA. 9.42 Nm. MU. 8.58 Vm. — TL. 14.56

3. Samstag. Stephanus Auffind. — August.
SA. 4.52. SU. 7.45. — MA. 9.56 Nm. MU. 10.7 Vm. — TL. 14.53

August 1912.

4. Sonntag. (31. W.) 10. n. Pf. Domin. — 9. n. Tr.
SA. 4.53. SU. 7.43. — MA. 10.11 Nm. MU. 11.17 Vm. — TL. 14.50

5. Montag. Maria Schnee. — Oswald.
SA. 4.55. SU. 7.41. — MA. 10.30 Nm. MU. 12.29 mittgs. — TL. 14.45

6. Dienstag. Verkl. Christi. Xystus P. — Verkl. Chr.
SA. 4.57. SU. 7.39. — MA. 10.53 Nm. MU. 1.46 Nm. — TL. 14.42

7. Mittwoch. Afra, Cajetan. — Ulrika.
SA. 4.58. SU. 7.38. — MA. 11.26 Nm. MU. 3.6 Nm. — TL. 14.40

August 1912.

8. Donnerstag. Cyriakus. — Cyriakus.
SA. 4.59. SU. 7.37. — MU 4.26 Nm. — TL. 14.38
Friedensfest in Augsburg (1650).

9. Freitag. Romanus. — Erikus, Romanus.
SA. 5.0. SU. 7.35. — MA. 12.8 Vm. MU 5 36 Nm. — TL. 14.35

10. Samstag. Laurentius, M. — Lorenz.
SA. 5.2. SU. 7.33. — MA. 1.9 Vm. MU. 6.34 Nm. — TL. 14.31
Patrozinium des Stiftes Kempten.
Sternschnuppenfall mit dem Rotationspunkt im Perseus. Perseiden, feurige Tränen des hl. Laurentius. Kinderfest in Augsburg.

11. Sonntag. (32 W.) 11. n. Pf. Susanna. — 10. n. Tr.
SA. 5.4. SU. 7.31. — MA. 2.26 Vm. MU. 7.17 Nm. — TL. 14.27

August 1912.

12. Montag. Klara, Hilaria. — Klara.
SA. 5.6. SU. 7.29. — MA. 3.55 Vm. MU. 7.48 Nm. — TL. 14.24

13. Dienstag. Hippolyt, Kassian. — Hippolyt.
SA. 5.7. SU. 7.28. — MA. 5.27 Vm. MU. 8.12 Nm. — TL. 14.22

14. Mittwoch. Eusebius. — Eusebius.
SA. 5.7. SU. 7.27. — MA. 6.55 Vm. MU. 8.32 Nm. — TL. 14.20
1. Ramadân 1330 der Mohammedaner. — 1. Elul 5672 der Israeliten

15. Donnerstag. Mar. Himmelfahrt. — Mar. Heimg.
SA. 5.8. SU. 7.26. — MA. 8.21 Vm. MU. 8.49 Nm. — TL. 14.18
Patrozinium des Bistums Speyer.

August 1912.

16. Freitag. Rochus. — Rochus.
SA. 5.9. SU. 7.24. — MA. 9.42 Vm. MU. 9.5 Nm. — TL. 14.15

17. Samstag. Liberatus. — Augusta.
SA. 5.11. SU. 7.22. — MA. 11.1 Vm. MU. 9.23 Nm. — TL. 14.11

18. Sonntag. (33. W.) 12. n. Pf. Helena. — 11. n. Tr.
SA. 5.12. SU. 7.20. — MA. 12.19 mittgs. MU. 9.44 Nm. — TL. 14.8

19. Montag. Sebald — Sebald.
SA. 5.14. SU. 7.18. — MA. 1.35 Nm. MU. 10.8 Nm. — TL. 14.4

August 1912.

20. Dienstag. Bernhard. — Bernhard.
SA. 5.15. SU. 7.16. — MA. 2.49 Nm. MU. 10.40 Nm. — TL. 14.1

21. Mittwoch. Johann. — Hartwig.
SA. 5.16. SU. 7 14. — MA. 3.55 Nm. MU. 11.20 Nm. — TL. 13.58

22. Donnerstag. Timotheus u. Symphorian. — Sym.
SA. 5.18. SU. 7.12. — MA. 4.52 Nm. — TL. 13.54

23. Freitag. Philipp B. — Zachäus.
SA. 5.20. SU. 7.10. — MA. 5.38 Nm. MU. 12.10 Vm. — TL. 13.50

24. Samstag. Bartholomäus. — Bartholomäus.
SA. 5.21. SU. 7.8. — MA. 6.14 Nm. MU. 1.9 Vm. — TL. 13.47

25. Sonntag. (34. W.) 13. n. Pf. Ludwig. — 12. n. Tr.
SA. 5.23. SU. 7.5. — MA. 6.41 Nm. MU. 2.14 Vm. — TL. 13.42

26. Montag. Zephyrinus, Samuel. — Samuel.
SA. 5.24. SU. 7.4. — MA. 7.3 Nm. MU. 3.23 Vm. — TL. 13.43

27. Dienstag. Gebhard. — Gebhard.
SA. 5.25. SU. 7.2. — MA. 7.21 Nm. MU. 4.33 Vm. — TL. 13.37

28. Mittwoch. Augustin. — Augustin.
SA. 5.27. SU. 7.0. — MA. 7.36 Nm. MU. 5.42 Vm. — TL. 13.33

29. Donnerstag. Johannes Enthaupt., Sab. — Joh. E.
SA. 5.28. SU. 6.58. — MA. 7.49 Nm. MU. 6.50 Vm. — TL. 13.30

30. Freitag. Rosa v. L. — Rebekka.
SA. 5.29. SU. 6.56. MA. 8.2 Nm. MU. 7.58 Vm. — TL. 13.27

31. Samstag. Raimund. — Paulinus.
SA. 5.31. SU. 6.53. — MA. 8.18 Nm. MU. 9 8 Vm. — TL. 13.24

September 1912.

1. Sonntag. (35. W.) 14. n. Pf. Aegidius. — 13. n. Tr.
SA. 5.33. SU. 6.53. — MA. 8.35 Nm. MU. 10.19 Vm. — TL. 13.20
Läutordnung halb 8 Uhr.

---

2. Montag. Stephan. — Absalon.
SA. 5.34. SU. 6.50. — MA. 8.56 Nm. MU. 11 34 Vm. — TL. 13.17

---

3. Dienstag. Seraphia. — Mansuetas.
SA. 5.35. SU. 6.48. — MA. 9.23 Nm. MU. 12.52 Nm. — TL. 13.14

---

4. Mittwoch. Rosalia. — Moses.
SA. 5.36. SU. 6.47. — MA. 10.0 Nm. MU. 2.10 Nm. — TL. 13.11

September 1912.

5. Donnerstag. Laurentius. — Herkules.
SA. 5.37. SU. 6.45. — MA. 10.52 Nm. MU 3.23 Nm. — TL. 13.8

6. Freitag. Magnus. — Magnus.
SA. 5.39. SU. 6.43. — MU. 4.24 Nm. — TL. 13.4
Magnus, Apostel des Allgäu.

7. Samstag. Regina. — Regina.
SA. 5.40. SU. 6.41. — MA. 12.1 nachts MU. 5.12 Nm — TL. 13.1

8. Sonntag. (36. W.) 15 n. Pf. Mar. Geb. — 14. n. Tr.
SA. 5.41. SU. 6.38. — MA. 1.20 Vm. MU. 5.47 Nm. — TL. 12.57

September 1912.

9. Montag. Korbinian, Gorgonius. — Gorgonius.
SA. 5.43. SU. 6.37. — MA. 2.51 Vm. MU. 6.12 Nm. — TL. 12.54

10. Dienstag. Nikolaus v. T. — Jodokus.
SA. 5.45. SU. 6.35. — MA. 4.22 Vm. MU. 6.33 Nm. — TL. 12.50

11. Mittwoch. Aemilian. — Protus.
SA. 5.46. SU. 6.32. — MA. 5.49 Vm. MU. 6.51 Nm. — TL. 12.46

12. Donnerstag. Guido. — Syrus, Ottilia.
SA. 5.47. SU. 6.30. — MA. 7.13 Vm. MU. 7.8 Nm. — TL. 12.43

1. Tischri 5673 der Israeliten. Neujahrsfest.
(Langes Schaltjahr von 385 Tagen.)

September 1912.

13. Freitag. Tobias. — Gottlieb.
SA. 5.49. SU. 6.29. — MA. 8.35 Vm. MU 7 26 Nm. — TL. 12.40

1. Schewwâl 1330 der Mohammedaner.
2. Tischri 5673 der Israeliten. Zweites Fest.

14. Samstag. Hl. † Erhöhung. — † Erhöhung.
SA. 5.50. SU. 6.26. — MA. 9.57 Vm. MU. 7 45 Nm. — TL. 12.36

15. Sonntag. (37 W.) 16. n. Pf. Nikomedes. — 15. n. Tr.
SA. 5.52. SU. 6.24. — MA. 11.16 Vm. MU. 8.8 Nm. — TL. 12.32

4. Tischri 5673 der Israeliten. Fasten-Gedaljah.
Ende der Gerichtsferien.

16. Montag. Kornelius. — Euphemia.
SA 5.53. SU. 6.21. MA. 12.32 Nm. MU. 8.38 Nm. — TL. 12.28

September 1912.

17. Dienstag. Lampert. — Lampert.
SA. 5.54. SU. 6.19. — MA. 1.44 Nm. MU. 9.15 Nm. — TL. 12.25

18. Mittwoch. Thomas v. Villf. — Titus, Siegfried.
SA. 5.55. SU. 6.17. — MA. 2.46 Nm. MU. 10.2 Nm. — TL. 12.22
III. Quatember.

19. Donnerstag. Januarius. — Mikleta, Jan.
SA. 5.57. SU. 6.14. — MA. 3.36 Nm. MU. 10.59 Nm. — TL. 12.17

20. Freitag. Eustachius. — Fausta.
SA. 5.58. SU. 6.13. — MA. 4.15 Nm. — TL. 12.15

September 1912.

21. Samstag. Matthäus. — Matthäus.
SA. 6.0. SU. 6.12. — MA. 4.46 Nm. MU 12.3 nachts. — TL. 12.12
10. Tischri 5673 der Israeliten. Versöhnungsfest.

22. Sonntag. (38. W.) 17. n. Pf. Mauritius. — 16. n. Tr.
SA. 6.1. SU. 6.9. — MA. 5.9 Nm. MU. 1.10 Vm. — TL. 12.8

23. Montag. Thekla, Linus. — Thekla.
SA. 6.3. SU. 6.7. — MA. 5.28 Nm. MU. 2.20 Vm. — TL. 12.4
Herbstanfang um 11 Uhr vormittags (Tag und Nacht gleich).

24. Dienstag. Gerhard. — Gerhard.
SA. 6.4. SU. 6.5. — MA. 5.43 Nm. MU. 3.30 Vm. — TL. 12.1

September 1912.

25. Mittwoch. Kleophas. — Kleophas.
SA. 6.6 SU. 6.3. — MA. 5.57 Nm. MU. 4.39 Vm. — TL. 11.57

26. Donnerstag. Cyprian. — Cyprian.
SA. 6.7. SU. 6.1 — MA. 6.11 Nm. MU. 5 47 Vm. — TL. 11.54

15. Tischri 5673 der Israeliten. Laubhüttenfest.

27. Freitag. Kosmos u. Dam. — Kosm. u. Dam.
SA. 6.8. SU. 5.59. — MA. 6.24 Nm. MU. 6.58 Vm. — TL. 11.51

16. Tischri 5673 der Israeliten. Zweites Fest.

28. Samstag. Wenzeslaus. — Wenzeslaus.
SA. 6.9. SU. 5.57 — MA. 6.41 Nm. MU. 8.10 Vm. — TL. 11.48

September 1912.

29. Sonntag. (39. W.) 18. n. Pf. Michael. — 17. n. Tr.
SA. 6.11. SU. 5.55. — MA. 7.1 Nm. MU. 9 24 Vm. — TL. 11.44

30. Montag. Otto. — Hieronymus.
SA. 6.12. SU. 5.53. — MA. 7.27 Nm. MU. 10 41 Vm. — TL. 11.41
Namensfest Sr. M. des Königs Otto I.

Oktober 1912.

1. Dienstag. Remigius. — Remigius.
SA. 6.14. SU. 5.50. — MA. 8.1 Nm. MU. 11 59 Vm. — TL. 11.36

2. Mittwoch. Leodegar. — Johanna.
SA. 6.16. SU. 5.48. — MA. 8.46 Nm. MU. 1 13 Nm. — TL. 11.32
21. Tischri 5673 der Israeliten. Palmenfest.

Oktober 1912.

3. Donnerstag. Candidus. — Jairus.
SA. 6.17 SU. 5.46. — MA. 9.48 Nm. MU. 2.18 Nm. — TL. 11.26
22. Tischri 5673 der Israeliten. Laubhütten-Ende.

---

4. Freitag. Franz Sales. — Franz.
SA. 6.19. SU. 5.44. — MA. 11.3 Nm. MU. 3.8 Nm. — TL. 11.25
23. Tischri 5673 der Israeliten. Gesetzesfreude.

---

5. Samstag. Placidus. — Placidus.
SA. 6.20. SU. 5.43. — MU. 3.47 Nm. — TL. 11.22

---

6. Sonntag. (40. W.) 19. n. Pf. Bruno. — 18. n. Tr.
SA. 6.21. SU 5.40. — MA. 12.27 Vm. MU. 4.15 Nm. — TL. 11.19

Oktober 1912.

7. Montag. Markus, Aug. — Amalia, Charit.
SA. 6.22. SU. 5.38. — MA. 1.53 Vm. MU. 4.37 Nm. — TL. 11.16

8. Dienstag. Brigitta. — Pelagius.
SA. 6.24. SU. 5.36. — MA. 3.19 Vm. MU. 4.55 Nm. — TL. 11.12

9. Mittwoch. Dionysius. — Dionysius.
SA. 6.26. SU. 5.33. — MA. 4.43 Vm. MU. 5.11 Nm. — TL. 11.7

10. Donnerstag. Franz v. Borgias. — Gideon.
SA. 6.28. SU. 5.32. — MA. 6.6 Vm. MU. 5.28 Nm. — TL. 11.4

Oktober 1912.

11. Freitag. Germanus. — Burkhard.
SA. 6.30. SU. 5.30. — MA. 7.23 Vm. MU. 5.47 Nm. — TL. 11.0

12. Samstag. Maximilian. — Maximilian.
SA. 6.30. SU. 5.28. — MA. 8.49 Vm. MU. 6.9 Nm. — TL. 10.58

Max-Josef-Ritterfest.
1. Dsû'l-Kade 1330 der Mohammedaner.
1. Marcheschwan 5673 der Israeliten.

13. Sonntag. (41. W.) 20. n. Pf. Eduard. — 19. n. Tr.
SA. 6.32. SU. 5.25. — MA. 10.10 Vm. MU. 6.34 Nm. — TL. 10.54

14. Montag. Burkhard. — Kallixtus.
SA. 6.34. SU. 5.24. — MA. 11.26 Vm. MU. 7.9 Nm. — TL. 10.50

Oktober 1912.

15. Dienstag. Theresia. — Theresia.
SA. 6.35. SU. 5.22. — MA. 12.33 Nm. MU. 7.53 Nm. — TL. 10.47

Theresien-Ordensfest.

16. Mittwoch. Gallus. — Gallus.
SA. 6.35. SU. 5.22. — MA. 1.28 Nm. MU. 8.47 Nm. — TL. 10.43

17. Donnerstag. Hedwig, Florent. — Florentine.
SA. 6.38. SU. 5.18. — MA. 2.14 Nm. MU. 9.48 Nm. — TL. 10.40

18. Freitag. Lukas. — Lukas.
SA. 6.40. SU. 5.16. — MA. 2.47 Nm. MU. 10.57 Nm. — TL. 10.37

Oktober 1912.

19. Samstag. Peter v. Alk. — Ferdinand.
SA. 6.41. SU. 5.15. — MA. 3.12 Nm. — TL. 10.34

20. Sonntag. (42. W.) 21. n. Pf. Wendelin. — 20. n. Tr.
SA. 6.43. SU. 5.13. — MA. 3.33 Nm. MU. 12.6 nachts. — TL. 10.30

21. Montag. Ursula. — Ursula.
SA. 6.44. SU. 5.12. — MA. 3.49 Nm. MU. 1.15 Vm. — TL. 10.28

22. Dienstag. Kordula. — Kordula.
SA. 6.45. SU. 5.10. — MA. 4.4 Nm. MU. 2.24 Vm. — TL. 10.25

Oktober 1912.

23. Mittwoch. Johann v. Capr. — Severin.
SA. 6.47. SU. 5.8. — MA. 4.18 Nm. MU 3.32 Vm. — TL. 10.22

24. Donnerstag. Raphael. — Salome.
SA. 6.48. SU. 5.6. — MA. 4.32 Nm. MU. 4.40 Vm. — TL. 10.18

25. Freitag. Crispin u. Crispine. — Wilhelmine.
SA. 6.50. SU. 5.4. — MA. 4.47 Nm. MU. 5.53 Vm. — TL. 10.14

26. Samstag. Evaristus. — Amandus.
SA. 6.52. SU. 5.2. — MA. 5.6 Nm. MU. 7 9 Vm. — TL. 10.10

27. Sonntag. (43. W.) 22. n. Pf. Sabina. — 21. n. Tr.
SA. 6.53. SU. 5.1. — MA. 5.29 Nm. MU. 8.26 Vm. — TL. 10.8

28. Montag. Simon u. Juda. — Simon u. Juda.
SA. 6.54. SU. 4.59. — MA. 6.1 Nm. MU. 9 46 Vm. — TL. 10.5

29. Dienstag. Narcissus, Eusebia. — Narcissus.
SA. 5.56. SU. 4.59. — MA. 6.43 Nm. MU. 11 3 Vm. — TL. 10.3

30. Mittwoch. Serapion. — Hartmann.
SA. 6.58. SU. 4.57. — MA. 7.41 Nm. MU. 12.12 mittgs. — TL. 9.58

Oktober 1912.

31. Donnerstag. Wolfgang. — Wolfgang.
SA. 6.59. SU. 4.54. — MA. 8.52 Nm. MU. 1.6 Nm. — TL. 9.55

Patrozinium des Bistums Regensburg.

November 1912.

1. Freitag. Allerheiligen. — Allerheiligen.
SA. 7.1. SU. 4.52. — MA. 10.14 Nm. MU. 1 48 Nm. — TL. 9.51

Namensfest S. K. H. des Prinzregenten Luitpold.
Läutordnung halb 6 Uhr.

---

2. Samstag. **Allerseelen.** — Allerseelen.
SA. 7.3. SU. 4.51 — MA. 11.38 Nm. MU 2.18 Nm. — TL. 9.48

---

3. Sonntag. (44. W.) 23. n. Pf. Hubert. — 22. n. Tr.
SA. 7.5. SU. 4.50. — MU 2.41 Nm. — TL. 9.45

November 1912.

4. Montag. Karl Borromäus. — Emmerich.
SA. 7.4. SU. 4.48. — MA. 1.2 Vm. MU. 3.1 Nm. — TL. 9.44

5. Dienstag. Zachar. u. Elis. — Blandina.
SA. 7.6. SU. 4.46. — MA. 2.33 Vm. MU. 3.17 Nm. — TL. 9.40

6. Mittwoch. Leonhard. — Leonhard.
SA. 7.8. SU. 4.45. — MA. 3.43 Vm. MU. 3.34 Nm. — TL. 9.37
Leonhardsfahrten.

7. Donnerstag. Engelbert, B. M. — Erdmann.
SA. 7.10. SU. 4.43. — MA. 5.3 Vm. MU. 3.50 Nm. — TL. 9.32

8. Freitag. Gottfried. — 4 gekr. Ritter.
SA. 7 12. SU. 4.41. — MA. 6.24 Vm. MU 4.10 Nm. — TL. 9.29

9. Samstag. Theodor. — Theodor.
SA. 7 14. SU. 4.40. — MA. 7.44 Vm. MU. 4.34 Nm. — TL. 9 26

10. Sonntag.(45. W.) 24. n. Pf. Andr. Avel. — 23. n. Tr.
SA. 7 16. SU. 4.38. — MA. 9.3 Vm. MU. 5.5 Nm. — TL. 9.22

11. Montag. **Martin** B. — Martin.
SA. 7.17. SU. 4.37. — MA. 10.15 Vm. MU. 5 45 Nm. — TL. 9.20

1. Dsû'l-hedsche 1330 der Mohammedaner.
1. Kislev 5673 der Israeliten.

November 1912.

12. Dienstag. Martin. — Jonas.
SA. 7.18. SU. 4.36. — MA. 11.17 Vm. MU 6.35 Nm. — TL. 9.16
Sternschnuppenfall m. d. Radianten im Sternbild des Löwen (Martinistrom)

13. Mittwoch. Stanisl. K. — Briccius.
SA. 7.20. SU. 4.35. — MA. 12.7 mittgs. MU. 7 34 Nm. — TL 9.15

14. Donnerstag. Serapion, Albert. — Levinus.
SA. 7.21. SU. 4.34. — MA. 12.45 Nm. MU. 8 40 Nm. — TL. 9.13

15. Freitag Leopold, Alb. — Leopold Eugen.
SA. 7.23. SU. 4.32. — MA. 1.14 Nm. MU 9.49 Nm. — TL. 9.9

November 1912.

16. Samstag. Ottmar. — Ottmar
SA. 7.24. SU. 4.32. — MA. 1.36 Nm. MU. 10.58 Nm. — TL. 9.7

17. Sonntag. (46. W.) 25. n. Pf. Gregor. — 24. n. Tr.
SA. 7.26. SU. 4.31. — MA. 1.55 Nm. — TL. 9.5

18. Montag. Otto, Abt; Hilda. — Otto.
SA. 7.27. SU. 4.29. — MA. 2.9 Nm. MU. 12.7 nachts. — TL. 9.2

19. Dienstag. Elisabeth — Elisabeth.
SA. 7.29. SU. 4.28. — MA. 2.23 Nm. MU. 1 15 Vm. — TL. 8.59
Elisabeth-Ordensfest.

20. Mittwoch. Korbinian. — Emilie.
SA. 7.30. SU. 4.28. — MA. 2.37 Nm. MU. 2.24 Vm. — TL. 8.58
Titularfest des Bistums Freising.

21. Donnerstag. Mariä Opferung. — Mar. Opfer.
SA. 7.32. SU. 4.27. — MA. 2.51 Nm. MU. 3.34 Vm. — TL. 8.55

22. Freitag. Cäcilia. — Cäcilia.
SA. 7.33. SU. 4.26. — MA. 3.9 Nm. MU. 4.47 Vm. — TL. 8.53

23. Samstag. Klemens. — Klemens.
SA. 7.35. SU. 4.25. — MA. 3.30 Nm. MU. 6.4 Vm. — TL. 8.50

November 1912.

24. Sonntag. (47. W.) 26. n. Pf. Joh. v. K. — 25. n. Tr.
SA. 7.36. SU. 4.24. — MA. 3.58 Nm. MU. 7.25 Vm. — TL. 8.49

25. Montag. Katharina. — Katharina.
SA. 7.37. SU. 4.24. — MA. 4.37 Nm. MU. 8.45 Vm. — TL. 8.47

26. Dienstag. Konrad. — Konrad.
SA. 7.39. SU. 4.23. — MA. 5.31 Nm. MU. 10.0 Vm. — TL. 8.45

27. Mittwoch. Virgilius. — Loth.; Busso.
SA. 7.40. SU. 4.23. — MA. 6.40 Nm. MU. 11.1 Vm. — TL. 8.43

November 1912.

28. Donnerstag. Crescentia. — Günther.
SA. 7.41. SU. 4.22. — MA. 8.1 Nm. MU. 11.47 Vm. — TL. 8.41

29. Freitag. Saturnin. — Walther.
SA. 7.42. SU. 4.21. — MA. 9.26 Nm. MU. 12.21 Nm. — TL. 8.39

30. Samstag. Hl. Andreas. — Andreas.
SA. 7.44. SU. 4.20. — MA. 10.50 Nm. MU. 12.47 Nm. — TL. 8.36

Dezember 1912.

1. Sonntag. (48. W.) 1. Adv. Eligius. — 1. Adv.
SA. 7.45. SU. 4.20. — MU. 1 7 Nm. — TL. 8.35
Läutordnung 5 Uhr.

Dezember 1912.

2. Montag. Bibiana. — Aurelia.
SA. 7.45. SU. 4.20. — MA. 12.11 Vm. MU. 1.24 Nm. — TL. 8.35

3. Dienstag. Franz Xav — Kassian.
SA. 7.47. SU. 4.19. — MA. 1.31 Vm. MU. 1.40 Nm. — TL. 8.32

4. Mittwoch. Barbara. — Barbara.
SA. 7.48. SU. 4.19. — MA. 2.48 Vm. MU. 1.56 Nm. — TL. 8.31

5. Donnerstag. — Sabbas. — Abigail.
SA. 7.49. SU. 4.18. — MA. 4.7 Vm. MU. 2.14 Nm. — TL. 8.29
25. Kislev 5673 der Israeliten. Tempelweihe.

Dezember 1912.

6. Freitag. Nikolaus. — Nikolaus.
SA. 7.51. SU. 4.18. — MA. 5.25 Vm. MU. 2.34 Nm. — TL. 8.28

7. Samstag. Ambrosius. — Agathon.
SA. 7.52. SU. 4.18. — MA. 6.43 Vm. MU. 3.3 Nm. — TL. 8.26

8. Sonntag. (49. W.) 2. Adv. Unbefl. Empfgn. Mar.
SA. 7.53. SU. 4.18. — MA. 7.58 Vm. MU. 3.38 Nm. — TL. 8.25
Georgi-Ritter-Ordensfest.

9. Montag. Leokadia. — Joachim.
SA. 7.54. SU. 4.17. — MA. 9.3 Vm. MU. 4.25 Nm. — TL. 8.23

10. Dienstag. Melchiades. — Judith.
SA. 7.54. SU. 4.17. — MA. 9.58 Vm. MU. 5.22 Nm. — TL. 8.23

11. Mittwoch. Damasus. — Damasus.
SA. 7.56. SU. 4.17. — MA. 10.42 Vm. MU. 6.26 Nm. — TL. 8.21

1. Moharrem 1331 der Mohammedaner.
1. Tebet 5673 der Israeliten.

12. Donnerstag. Synesius. — Epimachus
SA. 7.57. SU. 4.17. — MA. 11.14 Vm. MU. 7.34 Nm. — TL. 8.20

13. Freitag. Lucia. — Lucia.
SA. 7.58. SU. 4.17 — MA. 11.38 Vm. MU. 8 43 Nm. — TL. 8.19

Dezember 1912.

14. Samstag. Nicasius. — Nicasius.
SA. 7 58. SU. 4.17. — MA. 11.58 Vm. MU. 9.52 Nm. — TL. 8.19

15. Sonntag. (50. W.) 3. Adv. Christiana. — 3. Adv.
SA. 7.59. SU. 4.17. — MA. 12.14 mittgs. MU. 11 0 Nm. — TL. 8 18

16. Montag. Adelheid. — Ananias.
SA. 8.0. SU. 4.17. — MA. 12.28 Nm. — TL. 8.17

17. Dienstag. Lazarus. — Lazarus.
SA. 8.1. SU. 4.17. — MA. 12.41 Nm. MU. 12.7 Vm. — TL. 8.16

18. Mittwoch. Wunibald. — Wunibald.
SA. 8.2. SU. 4.17. — MA. 12.55 Nm. MU. 1.14 Vm. — TL. 8.15

IV. Quatember.

19. Donnerstag. Nemesius. — Abraham.
SA. 8.3. SU. 4.18. — MA. 1.11 Nm. MU. 2.25 Vm. — TL. 8.15

20. Freitag. Christian. — Ammon.
SA. 8.3. SU. 4.18. — MA. 1.31 Nm. MU. 3.38 Vm. — TL. 8.15

10. Tebet 5673 der Israeliten.
Fasten. Belagerung Jerusalems.

21. Samstag. Thomas. Ap. — Thomas.
SA. 8.3. SU. 4.19. — MA. 1.54 Nm. MU. 4.56 Vm. — TL. 8.16

Dezember 1912.

22. Sonntag. (51. W) 4. Adv. Demetrius. — 4. Adv.
SA. 8.4. SU. 4.20. — MA. 2.29 Nm. MU. 6.18 Vm. — TL. 8.16
Winteranfang 6 Uhr früh.

---

23. Montag. Viktoria. — Dagobert.
SA. 8.4. SU. 4.21. — MA. 3.15 Nm. MU. 7.36 Vm. — TL. 8.17

---

24. Dienstag. Adam u. Eva. — Adam u. Eva.
SA. 8.4 SU. 4.21. — MA. 4.19 Nm. MU. 8.45 Vm. — TL. 8.17

---

25. Mittwoch. Hl. Weihnachtsf. — Weihnachtsf.
SA. 8.5. SU. 4.22. — MA. 5.38 Nm. MU. 9.39 Vm. — TL. 8.17

Dezember 1912.

26. Donnerstag. Stephanus, Erzm. — Stephan.
SA. 8.5. SU. 4.23. — MA. 7.5 Nm. MU. 10.20 Vm. — TL. 8.18
Stephansritte.

27. Freitag. Johannes Ap. — Johannes.
SA. 8.5. SU. 4.24. — MA. 8.33 Nm. MU. 10.49 Vm. — TL. 8.19

28. Samstag. Unschuld. Kinder. — Unschuld. K
SA. 8.5. SU. 4.25. — MA. 9.59 Nm. MU. 11.11 Vm. — TL. 8.20

29. Sonntag. (52. W.) S. n. W. Thom. B. M. — S. n. W.
SA. 8.5. SU. 4.27. — MA. 11.20 Nm. MU. 11.30 Vm. — TL. 8.22

30. Montag. David. — David.
SA. 8.5. SU. 4.27. — MU. 11.46 Vm. — TL. 8.22

31. Dienstag. Sylvester P. — Sylvester.
SA. 8.5. SU. 4.28. — MA. 12.39 nachts MU. 12.3 mittgs. — TL. 8.23

Zweiter Teil.

Inhaltsverzeichnis.

Berichtigung.

Seite 77 Nr. 18: lies „Beilage 17“, nicht „24“.
Seite 77 Nr. 19: lies „Beilage 17“, nicht „24“ und „Beilage 19“, nicht „26“.

1.

Uebersicht über den Bestand und Umfang der Rentamtsbezirke.

(Bei den mit * versehenen Rentämtern besteht eigene Kassaabteilung.)

Fortl. Nr.	Rentämter			
	Sitz u. Bezeichnung	Tel. Nr.	Bestandteile	Tel. Nr.
	I. Regierungsbezirk Oberbayern.			
1	Aibling	85	Amtsgericht Aibling	29
2	Aichach	44	Amtsgericht Aichach	39
3	Berchtesgaden	251	a) Amtsgericht Berchtesgaden	66
			b) Amtsgericht Reichenhall	43
4	Bruck	74	Amtsgericht Bruck	25
5	Burghausen	16	a) Amtsgericht Burghausen	18
			b) Amtsgericht Altötting	10
6	Dachau	28	Amtsgericht Dachau	22
7	Ebersberg	31	Amtsgericht Ebersberg	15
8	Erding	46	a) Amtsgericht Erding	24
			b) Amtsgericht Dorfen	16
9	Freising	81	Amtsgericht Freising	41
10	Friedberg	20	Amtsgericht Friedberg	11
11	Garmisch	167	Amtsgericht Garmisch	101
12	Ingolstadt	81	Amtsgericht Ingolstadt	80
13	Landsberg	95	Amtsgericht Landsberg	36
14	Laufen	32	a) Amtsgericht Laufen	6
			b) Amtsgericht Tittmoning	
15	Miesbach	68	a) Amtsgericht Miesbach	18
			b) Amtsgericht Tegernsee	62
16	Moosburg	53	Amtsgericht Moosburg	17
17	Mühldorf	47	a) Amtsgericht Mühldorf	21
			b) Amtsgericht Neumarkt a/R.	
18	München, Stadtrentamt I*	7	Amtsgericht München (Stadtbezirk)[1]	11600
19	München, Stadtrentamt II*	8		
20	München, Stadtrentamt III*	893		
21	München, Stadtrentamt IV	6157		

[1]) Die Behandlung des Forstrügewesens obliegt für den Bezirk des ganzen Amtsgerichtes München dem Landrentamt. Vgl. FMBl. 1910 S. 3. 1903 S. 221.

Fortl. Nr.	Rentämter			
	Sitz u. Bezeichnung	Tel. Nr.	Bestandteile	Tel. Nr.
22	München, Landrentamt	9167	Amtsgericht München (Landbezirk)	11600
23	Pfaffenhofen	36	a) Amtsgericht Pfaffenhofen	24
			b) Amtsgericht Geisenfeld	9
24	Rosenheim	217	a) Amtsgericht Rosenheim	93
			b) Amtsgericht Prien	29
25	Schongau	33	Amtsgericht Schongau	29
26	Schrobenhausen	—	Amtsgericht Schrobenhausen	16
27	Starnberg	88	Amtsgericht Starnberg	83
28	Tölz	134	Amtsgericht Tölz	35
29	Traunstein	126	Amtsgericht Traunstein	39
30	Trostberg	34	Amtsgericht Trostberg	14
31	Wasserburg	55	a) Amtsgericht Wasserburg	20
			b) Amtsgericht Haag	6
32	Weilheim	4	Amtsgericht Weilheim	30
33	Wolfratshausen	72	Amtsgericht Wolfratshausen	24

II. Regierungsbezirk Niederbayern.

Fortl. Nr.	Sitz u. Bezeichnung	Tel. Nr.	Bestandteile	Tel. Nr.
1	Deggendorf	97	a) Amtsgericht Deggendorf	41
			b) Amtsgericht Hengersberg	6
2	Dingolfing	31	Amtsgericht Dingolfing	20
3	Eggenfelden	66	a) Amtsgericht Eggenfelden	13
			b) Amtsgericht Arnstorf	14
4	Freyung	6	a) Amtsgericht Freyung	12
			b) Amtsgericht Waldkirchen	11
5	Griesbach	32	a) Amtsgericht Griesbach	11
			b) Amtsgericht Rotthalmünster	11
6	Kelheim	23	Amtsgericht Kelheim	15
7	Kötzting	18	a) Amtsgericht Kötzting	6
			b) Amtsgericht Neukirchen	[1]
8	Landau a/Isar	60	Amtsgericht Landau a/Isar	22
9	Landshut	180	Amtsgericht Landshut	102
10	Mallersdorf	13	a) Amtsgericht Mallersdorf	4
			b) Amtsgericht Rottenburg	12
11	Mitterfels	—	a) Amtsgericht Mitterfels	—
			b) Amtsgericht Bogen	6
12	Neustadt a/D.	—	a) Amtsgericht Abensberg	19
			b) Amtsgericht Mainburg	
13	Obernzell	20	Amtsgericht Wegscheid	8
14	Passau*	191	Amtsgericht Passau	154
15	Pfarrkirchen	66	Amtsgericht Pfarrkirchen	16
16	Schönberg	5	Amtsgericht Grafenau	12
17	Simbach		Amtsgericht Simbach	12

[1]) Nebentelegraph.

Fortl. Nr.	Rentämter			
	Sitz u. Bezeichnung	Tel. Nr.	Bestandteile	Tel. Nr.
18	Straubing		Amtsgericht Straubing	93
19	Viechtach	32	Amtsgericht Viechtach	19
20	Vilsbiburg	52	Amtsgericht Vilsbiburg	—
21	Vilshofen	68	a) Amtsgericht Vilshofen	14
			b) Amtsgericht Osterhofen	12
22	Zwiesel	32	Amtsgericht Regen	10
	III. Regierungsbezirk Pfalz.			
1	Annweiler	60	Amtsgericht Annweiler	19
2	Bergzabern	44	Amtsgericht Bergzabern	29
3	Blieskastel	45	Amtsgericht Blieskastel	1
4	Dahn	24	Amtsgericht Dahn	9
5	Dürkheim	175	Amtsgericht Dürkheim	40
6	Edenkoben	50	Amtsgericht Edenkoben	1
7	Frankenthal	63	Amtsgericht Frankenthal	176
8	Germersheim	74	Amtsgericht Germersheim	28
9	Grünstadt	1	Amtsgericht Grünstadt	54
10	Homburg	108	a) Amtsgericht Homburg	37
			b) Amtsgericht Waldmohr	1
11	St. Ingbert	204	Amtsgericht St. Ingbert	65
12	Kaiserslautern*	317	a) Amtsgericht Kaiserslautern	313
			b) Amtsgericht Otterberg	7
13	Kandel	3	Amtsgericht Kandel	12
14	Kirchheimbolanden	15	Amtsgericht Kirchheimbolanden	41
15	Kusel	85	Amtsgericht Kusel	34
16	Landau	165	Amtsgericht Landau	294
17	Landstuhl	64	Amtsgericht Landstuhl	22
18	Lauterecken	34	a) Amtsgericht Lauterecken	12
			b) Amtsgericht Wolfstein	1
19	Ludwigshafen*	145	Amtsgericht Ludwigshafen	101
20	Neustadt a/Hardt	29	Amtsgericht Neustadt a/Hardt	358
21	Obermoschel	71	a) Amtsgericht Obermoschel	21
			b) Amtsgericht Rockenhausen	1
22	Pirmasens*	188	a) Amtsgericht Pirmasens	226
			b) Amtsgericht Waldfischbach	7
23	Speyer	193	Amtsgericht Speyer	182
24	Winnweiler	33	Amtsgericht Winnweiler	21
25	Zweibrücken	88	Amtsgericht Zweibrücken	127
	IV. Regierungsbezirk Oberpfalz und Regensburg.			
1	Amberg	70	a) Amtsgericht Amberg	58
			b) Amtsgericht Vilseck	3
2	Auerbach	2	Amtsgericht Auerbach	10

Fortl. Nr.	Rentämter			
	Sitz u. Bezeichnung	Tel. Nr.	Bestandteile	Tel. Nr.
3	Beilngries	30	Amtsgericht Beilngries	13
4	Burglengenfeld	40	a) Amtsgericht Burglengenfeld	12
			b) Amtsgericht Schwandorf	29
5	Cham	60	a) Amtsgericht Cham	18
			b) Amtsgericht Furth	15
6	Eschenbach	13	Amtsgericht Eschenbach	11
7	Hemau	33	Amtsgericht Hemau	21
8	Kastl	11	Amtsgericht Kastl	[1]
9	Kemnath	21	a) Amtsgericht Kemnath	13
			b) Amtsgericht Erbendorf	
10	Nabburg	30	Amtsgericht Nabburg	14
11	Neumarkt	72	Amtsgericht Neumarkt	30
12	Neunburg v/W.	19	a) Amtsgericht Neunburg v/W.	15
			b) Amtsgericht Oberviechtach	1
13	Regensburg I*	7	a) Amtsgericht Regensburg (Stadtbezirk)[2])	407
			b) Amtsgericht Regenstauf	16
			c) Amtsgericht Stadtamhof	341
14	Regensburg II	551	a) Amtsgericht Regensburg (Landbezirk)	407
			b) Amtsgericht Wörth	10
15	Riedenburg	26	Amtsgericht Riedenburg	11
16	Sulzbach	50	Amtsgericht Sulzbach	9
17	Tirschenreuth	43	Amtsgericht Tirschenreuth	19
18	Velburg	11	Amtsgericht Parsberg	13
19	Vohenstrauss	23	Amtsgericht Vohenstrauss	16
20	Walderbach	12	a) Amtsgericht Nittenau	11
			b) Amtsgericht Roding	10
21	Waldmünchen	16	Amtsgericht Waldmünchen	11
22	Waldsassen	43	Amtsgericht Waldsassen	20
23	Weiden	—	a) Amtsgericht Weiden	37
			b) Amtsgericht Neustadt a/W.-N.	7

V. Regierungsbezirk Oberfranken.

Fortl. Nr.	Sitz u. Bezeichnung	Tel. Nr.	Bestandteile	Tel. Nr.
1	Bamberg, Stadtrentamt	387	Amtsgericht Bamberg (Stadtbezirk)[3])	113
2	Bamberg, Landrentamt	313	Amtsgericht Bamberg (Landbezirk)[3])	133

[1]) Nebentelegraph.
[2]) Vgl. FMBl. 1904 S. 210.
[3]) Die Behandlung des Forstrügewesens obliegt für den ganzen Bezirk des Amtsgerichtes Bamberg dem Landrentamt. Vgl. FMBl. 1903 S. 526, 538.

Fortl. Nr.	Rentämter			
	Sitz u. Bezeichnung	Tel. Nr.	Bestandteile	Tel. Nr.
3	Bayreuth	212	a) Amtsgericht Bayreuth b) Amtsgericht Weidenberg	189
4	Burgwindheim	—	Amtsgericht Burgebrach	7
5	Ebermannstadt	15	Amtsgericht Ebermannstadt	11
6	Forchheim	100	Amtsgericht Forchheim	22
7	Herzogenaurach	21	Amtsgericht Herzogenaurach	4
8	Höchstadt a/A.	21	Amtsgericht Höchstadt a/A.	7
9	Hof*	219	a) Amtsgericht Hof b) Amtsgericht Rehau	142 12
10	Kronach	149	Amtsgericht Kronach	27
11	Kulmbach	76	Amtsgericht Kulmbach	31
12	Lichtenberg	36	a) Amtsgericht Naila und b) die Gemeinden Dürrenwaid, Heinersberg, Langenbach, Steinbach vom Amtsgericht Nordhalben[1])	28 11
13	Lichtenfels	100	Amtsgericht Lichtenfels	43
14	Marktschorgast	7	Amtsgericht Berneck	5
15	Münchberg	52	Amtsgericht Münchberg	42
16	Neukirchen a/Br.	31	Amtsgericht Gräfenberg	15
17	Pegnitz	27	Amtsgericht Pegnitz	18
18	Pottenstein	2	Amtsgericht Pottenstein	3
19	Rothenkirchen	19	a) Amtsgericht Ludwigsstadt b) Amtsgericht Nordhalben mit Ausnahme der Gemeinden Dürrenwaid, Heinersberg, Langenbach, Steinbach[2])	21 11
20	Schesslitz	20	Amtsgericht Schesslitz	11
21	Selb	51	Amtsgericht Selb	27
22	Stadtsteinach	34	Amtsgericht Stadtsteinach	—
23	Staffelstein	27	a) Amtsgericht Staffelstein b) Amtsgericht Sesslach	25
24	Thurnau	19	Amtsgericht Thurnau u. die Gemeinde Fesselsdorf vom Amtsgericht Weismain[3])	
25	Waischenfeld	5	Amtsgericht Hollfeld	5
26	Weismain	8	Amtsgericht Weismain mit Ausnahme der Gemeinde Fesselsdorf[4])	2

[1]) Vgl. hiezu Nr. 19 (Rentamt Rothenkirchen).
[2]) Vgl. hiezu Nr. 12 („ Lichtenberg).
[3]) Vgl. hiezu Nr. 26 („ Weismain).
[4]) Vgl. hiezu Nr. 24 („ Thurnau).

Fortl. Nr.	Rentämter			
	Sitz u. Bezeichnung	Tel. Nr.	Bestandteile	Tel. Nr.
27	Wunsiedel	106	a) Amtsgericht Wunsiedel b) Amtsgericht Kirchenlamitz c) Amtsgericht Thiersheim	32 23
	VI. Regierungsbezirk Mittelfranken.			
1	Altdorf	—	Amtsgericht Altdorf	1
2	Ansbach	103	Amtsgericht Ansbach	82
3	Cadolzburg	24	Amtsgericht Cadolzburg	11
4	Dinkelsbühl	47	Amtsgericht Dinkelsbühl	1
5	Eichstätt	29	Amtsgericht Eichstätt	17
6	Erlangen	14	Amtsgericht Erlangen	114
7	Feuchtwangen	35	Amtsgericht Feuchtwangen	1
8	Fürth*	1585	Amtsgericht Fürth	346
9	Greding	14	Amtsgericht Greding	1
10	Gunzenhausen	93	Amtsgericht Gunzenhausen	1
11	Heidenheim	3	Amtsgericht Heidenheim	1
12	Heilsbronn	24	Amtsgericht Heilsbronn	7
13	Herrieden	12	Amtsgericht Herrieden	1
14	Hersbruck	101	a) Amtsgericht Hersbruck b) Amtsgericht Lauf	37 40
15	Hilpoltstein	20	Amtsgericht Hilpoltstein	6
16	Kipfenberg	7	Amtsgericht Kipfenberg	8
17	Markt-Bibart	2	Amtsgericht Scheinfeld	3
18	Markt-Erlbach	21	Amtsgericht Markt-Erlbach	9
19	Neustadt a/A.	22	Amtsgericht Neustadt a/A.	9
20	Nürnberg I*	8295	Amtsgericht Nürnberg	2393
21	Nürnberg II*	3580		
22	Nürnberg III*	8307		
23	Rothenburg o/T.	49	a) Amtsgericht Rothenburg o/T. b) Amtsgericht Schillingsfürst	40 2
24	Schwabach	90	Amtsgericht Schwabach	143
25	Spalt	12	Amtsgericht Roth	23
26	Uffenheim	46	Amtsgericht Uffenheim	1
27	Wassertrüdingen	14	Amtsgericht Wassertrüdingen	11
28	Weissenburg	133	a) Amtsgericht Weissenburg b) Amtsgericht Ellingen c) Amtsgericht Pappenheim	30 40 28
29	Windsheim	53	Amtsgericht Windsheim	20
	VII. Regierungsbezirk Unterfranken und Aschaffenburg.			
1	Amorbach	26	a) Amtsgericht Amorbach b) Amtsgericht Miltenberg	7 21
2	Arnstein	28	Amtsgericht Arnstein	7
3	Aschaffenburg I*	120	Amtsgericht Aschaffenburg	404

Fortl. Nr.	Rentämter			
	Sitz u. Bezeichnung	Tel. Nr.	Bestandteile	Tel. Nr.
4	Aschaffenburg II	466	a) Amtsgericht Alzenau b) Amtsgericht Obernburg c) Amtsger. Schöllkrippen	15
5	Brückenau	40	Amtsgericht Brückenau	38
6	Dettelbach	17	Amtsgericht Dettelbach	3
7	Ebern	26	a) Amtsgericht Ebern b) Amtsgericht Baunach	1
8	Gemünden	47	Amtsgericht Gmünden	4
9	Gerolzhofen	52	a) Amtsgericht Gerolzhofen b) Amtsgericht Wiesentheid	17
10	Hammelburg	85	a) Amtsgericht Hammelburg b) Amtsgericht Euerdorf	— 1
11	Hofheim	19	Amtsgericht Hofheim	2
12	Karlstadt	32	Amtsgericht Karlstadt	7
13	Kissingen	96	Amtsgericht Kissingen	108
14	Kitzingen	68	Amtsgericht Kitzingen	71
15	Klingenberg	55	a) Amtsgericht Klingenberg b) Amtsgericht Stadtprozelten	15 1)
16	Königshofen	16	Amtsgericht Königshofen	7
17	Lengfurt	44	Amtsger. Marktheidenfeld	11
18	Lohr		Amtsgericht Lohr	7
19	Mellrichstadt	19	Amtsgericht Mellrichstadt	11
20	Münnerstadt	7	Amtsgericht Münnerstadt	3
21	Neustadt a/S.	2	a) Amtsgericht Neustadt a/S. b) Amtsgericht Bischofsheim	18 10
22	Ochsenfurt	13	a) Amtsgericht Ochsenfnrt b) Amtsgericht Marktbreit	18 15
23	Röttingen	6	Amtsgericht Aub	1
24	Schweinfurt	152	Amtsgericht Schweinfurt	7
25	Volkach	54	Amtsgericht Volkach	2
26	Werneck	31	Amtsgericht Werneck	3
27	Würzburg, Stadtrentamt*	269	Amtsgericht Würzburg (Stadtbezirk)[2])	197
28	Würzburg, Landrentamt	773	Amtsgericht Würzburg (Landbezirk)[2])	196
29	Zeil	7	a) Amtsgericht Eltmann b) Amtsgericht Hassfurt	5 3

VIII. Regierungsbezirk Schwaben und Neuburg.

Fortl. Nr.	Sitz u. Bezeichnung	Tel. Nr.	Bestandteile	Tel. Nr.
1	Augsburg I*	374	Amtsgericht Augsburg (Stadtbezirk)[3])	774

[1]) Nebentelegraph.

[2]) Die Behandlung des Forstrügewesens obliegt für den gesamten Amtsgerichtsbezirk Würzburg dem Landrentamt.

[3]) Die Behandlung des Forstrügewesens obliegt für den gesamten Amtsgerichtsbezirk Augsburg dem Rentamt II. Vgl. ferner FMB. v. 27. XII. 1910 (FMBl. 1911 S. 12).

Fortl. Nr.	Rentämter			
	Sitz u. Bezeichnung	Tel. Nr.	Bestandteile	Tel. Nr.
2	Augsburg	1225	Amtsgericht Augsburg (Landbezirk)[1]	774
3	Buchloe	79	Amtsgericht Buchloe	7
4	Burgau	6	Amtsgericht Burgau	12
5	Dillingen	61	Amtsgericht Dillingen	16
6	Donauwörth	77	Amtsgericht Donauwörth	27
7	Füssen	24	Amtsgericht Füssen	15
8	Günzburg	91	Amtsgericht Günzburg	17
9	Höchstädt a/D.	10	Amtsgericht Höchstädt a/D.	—
10	Illertissen	19	a) Amtsgericht Illertissen	1
			b) Amtsgericht Babenhausen	12
11	Immenstadt	127	a) Amtsgericht Immenstadt	25
			b) Amtsgericht Sonthofen	24
12	Kaufbeuren	140	Amtgericht Kaufbeuren	5
13	Kempten	126	Amtsgericht Kempten	293
14	Krumbach	78	Amtsgericht Krumbach	17
15	Lauingen	43	Amtsgericht Lauingen	10
16	Lindau	53	a) Amtsgericht Lindau	75
			b) Amtsgericht Weiler	29
17	Memmingen	77	Amtsgericht Memmingen	59
18	Mindelheim	74	Amtsgericht Mindelheim	23
19	Monheim	6	Amtsgericht Monheim	11
20	Neuburg a/D.	31	Amtsgericht Neuburg a/D.	2
21	Neu-Ulm	144	Amtsgericht Neu-Ulm	77
22	Nördlingen	135	Amtsgericht Nördlingen	45
23	Oberdorf	38	a) Amtsgericht Oberdorf	1
			b) Amtsger. Obergünzburg	1
	Oettingen	12	Amtsgericht Oettingen	5
24	Ottobeuren	61	Amtsgericht Ottobeuren	1
25	Rain	33	Amtsgericht Rain	1
26	Schwabmünchen	40	Amtsgericht Schwabmünchen	
27				25
28	Türkheim	21	Amtsgericht Türkheim	28
29	Weissenhorn	31	Amtsgericht Weissenhorn	16
30	Wertingen	—	Amtsgericht Wertingen	1
31	Zusmarshausen	10	Amtsgericht Zusmarshausen	23

Für die **Stadtrentämter in München** und die **Rentämter in Nürnberg** wird auf Grund des § 2 Abs. 2 der Verordnung vom 10. Mai 1903 mit Wirkung vom 1. Juli 1911 die **nachstehende Geschäftsverteilung** verfügt (vgl. FMBl. 1911 S. 283):

Als Geschäftsaufgabe wird zugewiesen:

I. dem Stadtrentamte **München I:**

1. die Verwaltung der Grund- und der Haussteuer nebst den hierauf treffenden Kreisumlagen und Kirchensteuern,

[1]) Die Behandlung des Forstrügewesens obliegt für den gesamten Amtsgerichtsbezirk Augsburg dem Rentamt II. Vgl. ferner FMB. v. 27. XII. 1910 (FMBl. 1911 S. 12).

2. die Verwaltung der Erbschaftssteuer,

3. die Verwaltung der Besitzveränderungsgebühren, der Gebührenäquivalente, der Gebühren für Mobiliarversteigerungen, der Gebühren für Jagdkarten und Fischerkarten sowie der für die Tätigkeit dieses Amtes anfallenden Gebühren und Strafen,

4. die Verwaltung der Reichsstempelabgaben und der Zuwachssteuer,

5. die Verwaltung der Trift- und Holzhofgefälle,

6. die Verwaltung der Einnahmen aus den besonderen Betrieben des Staates,

7. die Verwaltung der Grundgefälle zur Staats- und zur Grundrentenablösungskasse,

8. die Verwaltung der besonderen Abgaben und übrigen Einnahmen,

9. die Verwaltung der Einnahmen für den Staatsgüterfonds und die Mitwirkung bei der Erwerbung und der Veräusserung von Staatsgut,

10. die Bestreitung und Verrechnung der mit den vorstehenden Einnahmen zusammenhängenden Ausgaben,

11. die Bestreitung und Verrechnung der Staatsausgaben auf Rechnung der Etats des Staatsministeriums des Innern und des Staatsministeriums des Innern für Kirchen- und Schulangelegenheiten, dann des Etats der allgemeinen Finanzverwaltung für die Stadtrentämter I, II und III.

12. die Bestreitung und Verrechnung der Pensionen der Staatsbeamten und Staatsbediensteten und ihrer Hinterbliebenen mit Ausnahme jener der Justizverwaltung,

13. die Behandlung der einschlägigen dem Allgemeinen Staatsdiener-Unterstützungsverein und dem Unterstützungsvereine für das Forstpersonal sowie den hiemit verbundenen Töchterkassen zufliessenden Einnahmen, dann die Bestreitung der entsprechenden Ausgaben,

14. die Bestreitung und Verrechnung sämtlicher Gebäude-Unterhaltungs- und Neubaukosten,

15. die Bestreitung und Verrechnung der Kreisfondsausgaben für Erziehung und Bildung,

16. die Berechnung, Einhebung und Zurechnung der Beiträge für die land- und forstwirtschaftliche Unfallversicherung,

17. die Kreditierung und Sicherung der bei auswärtigen Rentämtern anfallenden Erlöse aus Forstprodukten hinsichtlich der in München wohnenden Schuldner,

18. die Einhebung und Zurechnung der Beiträge zum Pensionsvereine der Rentamtsgehilfen in Bayern für die sämtlichen in München wohnenden oder bediensteten Mitglieder mit Ausnahme des Personals des Stadtrentamts München IV und des Landrentamts München;

II. dem Stadtrentamte **München II:**

1. **die** Veranlagung, Erhebung und Verrechnung der Einkommen-, Gewerb- und Kapitalrentensteuer nebst den hierauf treffenden Kreisumlagen und Kirchensteuern:

a) für die Stadtbezirke 2, 3, 9—12, 14—20, 24, 25, soweit nicht nach Ziff. III 1 b das Stadtrentamt München III zuständig ist,

b) der sämtlichen in München steuerpflichtigen Architekten, Aerzte, Hochschuldozenten aller Grade, Ingenieure, Künstler aller Gattungen, Notare, Offiziere (einschliesslich der Sanitäts- und der Veterinäroffiziere), Rechtsanwälte, Zahnärzte und Zahntechniker, sowie des Personals der Gesandtschaften, der Vereine des bürgerlichen Rechtes, dann der Stiftungen des öffentlichen und des bürgerlichen Rechtes,

c) der sämtlichen in Bayern steuerpflichtigen Personen, die ausserhalb Bayerns einen dienstlichen Wohnsitz haben, ohne dass sie daneben einen Wohnsitz oder Aufenthalt in Bayern haben,

2. die Perzeption für fremde Aemter, soweit es sich um Einkommen-, Gewerb- und Kapitalrentensteuer nebst Kirchensteuer und Kreisumlage handelt, für sämtliche Stadtbezirke,

3. die Verwaltung der für die Tätigkeit dieses Amtes anfallenden Gebühren und Strafen,

4. die Bestreitung und Verrechnung der mit den vorstehenden Einnahmen zusammenhängenden Ausgaben;

In Bezug auf die Einhebung und Beitreibung der Steuern und Umlagen erstreckt sich die Zuständigkeit des Rentamts München II auf den ganzen Rentamtsbezirk.

III. dem Stadtrentamte **München III:**

1. die Veranlagung, Erhebung und Verrechnung der Einkommen-, Gewerb- und Kapitalrentensteuer nebst den hierauf treffenden Kreisumlagen und Kirchensteuern:

a) für die Stadtbezirke 1, 4—8, 13, 21—23, 26, soweit nicht nach Ziff. II 1 b das Stadtrentamt München II zuständig ist,

b) der sämtlichen in München steuerpflichtigen, im Artikel 1 Abs. I Ziff. 4 a des Einkommensteuergesetzes namentlich bezeichneten Erwerbsgesellschaften (der Aktiengesellschaften, Kommanditgesellschaften auf Aktien, Gesellschaften mit beschränkter Haftung, Genossenschaften, Berggewerkschaften) und deren Direktoren, dann der Bankgeschäfte und Generalagenturen,

2. die Behandlung der Hausiersteuer,

3. die Verwaltung der für die Tätigkeit dieses Amtes anfallenden Gebühren und Strafen, dann der besonderen Abgaben nach dem Artikel 220 des Gebührengesetzes,

4. die Bestreitung und Verrechnung der mit den vorstehenden Einnahmen zusammenhängenden Ausgaben;

In Bezug auf die Einhebung und Beitreibung der Steuern und Umlagen erstreckt sich die Zuständigkeit des Rentamts München III auf den ganzen Rentamtsbezirk.

IV. dem Stadtrentamte **München IV:**

1. die Verwaltung der bei den Notaren anfallenden Gebühren einschliesslich der gemeindlichen Besitzveränderungsabgaben, der bei den Gerichten anfallenden Gebühren und Strafen und der Gebühren und Strafen der Finanzverwaltung,

2. die Bestreitung und Verrechnung der mit den vorstehenden Einnahmen zusammenhängenden Ausgaben,

3. die Behandlung der Wechselstempelhinterziehungen,

4. die Bestreitung und Verrechnung der Staatsausgaben auf Rechnung des allgemeinen Etats der Justiz und des Etats der allgemeinen Finanzverwaltung,

5. die Bestreitung und Verrechnung der Pensionen der Staatsbeamten und Staatsbediensteten und ihrer Hinterbliebenen für den Geschäftskreis des Staatsministeriums der Justiz,

6. die Behandlung der einschlägigen dem Allgemeinen Staatsdiener-Unterstützungsverein und der hiemit verbundenen Töchterkasse zufliessenden Einnahmen, dann die Bestreitung der entsprechenden Ausgaben,

7. die Einhebung und Zurechnung der Verpflegskostenersätze der Strafanstalten;

V. dem Rentamte **Nürnberg I:**

1. die Verwaltung der Grund- und der Haussteuer nebst den hierauf treffenden Kreisumlagen und Kirchensteuern,

2. die Verwaltung der Erbschaftssteuer,

3. die Verwaltung der bei den Notaren anfallenden Gebühren einschliesslich der gemeindlichen Besitzveränderungsabgaben, der bei den Gerichten anfallenden Gebühren und Strafen, der Gebühren und Strafen der inneren Verwaltung, der Besitzveränderungsgebühren, der Gebührenäquivalente, der Gebühren für Mobiliarversteigerungen, der Gebühren für Jagdkarten und Fischerkarten sowie der sonstigen Gebühren und der Strafen der Finanzverwaltung,

4. die Verwaltung der Reichsstempelabgaben und der Zuwachssteuer,

5. die Behandlung der Wechselstempelhinterziehungen,

6. die Verwaltung der Forst- und Jagdgefälle einschliesslich der Kreditierung und Sicherung der bei auswärtigen Rentämtern anfallenden Erlöse aus Forstprodukten hinsichtlich der im Rentamtsbezirke Nürnberg wohnenden Schuldner sowie des Forstrügewesens,

7. die Verwaltung der Einnahmen aus den besonderen Betrieben des Staates,

8. die Verwaltung der Grundgefälle zur Staats- und zur Grundrentenablösungskasse,

9. die Verwaltung der besonderen Abgaben und übrigen Einnahmen,

10. die Verwaltung der Einnahmen für den Staatsgüterfonds und die Mitwirkung bei der Erwerbung und der Veräusserung von Staatsgut,

11. die Bestreitung und Verrechnung der mit den vorstehenden Einnahmen zusammenhängenden Ausgaben,

12. die Bestreitung und Verrechnung der Staatsausgaben auf Rechnung des allgemeinen Etats der Justiz, der Etats des Staatsministeriums des Innern und des Staatsministeriums des Innern für Kirchen- und Schulangelegenheiten, dann der allgemeinen Finanzverwaltung,

13. die Bestreitung und Verrechnung der Pensionen der Staatsbeamten und Staatsbediensteten und ihrer Hinterbliebenen,

14. die Behandlung der einschlägigen dem Allgemeinen Staatsdiener-Unterstützungsverein und dem Unterstützungsvereine für das Forstpersonal sowie den hiemit verbundenen Töchterkassen zufliessenden Einnahmen, dann die Bestreitung der entsprechenden Ausgaben,

15. die Bestreitung und Verrechnung sämtlicher Gebäude-Unterhaltungs- und Neubaukosten,

16. die Bestreitung und Verrechnung der Kreisfondsausgaben für Erziehung und Bildung,

17. die Einhebung und Zurechnung der Verpflegskostenersätze der Strafanstalten,

18. die Einhebung und Zurechnung der Landeskulturrenten,

19. die Einhebung und Zurechnung der Brand- und Hagelversicherungsbeiträge sowie die Auszahlung und Zurechnung der bezüglichen Entschädigungen und sonstigen Ausgaben für Rechnung der Versicherungskammer,

20. die Berechnung, Einhebung und Zurechnung der Beiträge für die land- und forstwirtschaftliche Unfallversicherung,

21. die Bestreitung und Zurechnung der Gendarmeriepensionen,

22. die Einlösung und Zurechnung der Zinsabschnitte von Staatsschuldverschreibungen sowie die Vermittlung der Heimzahlung und des Umtausches verloster oder gekündigter Staatsschuldverschreibungen, dann die Mitwirkung bei dem Bezuge neuer Zinsscheinbogen zu den Staatsschuldverschreibungen,

23. die Vergütung und Zurechnung der von den Gemeinden vorgeschossenen Marschgebühren bei militärischen Einberufungen, dann die Zahlung und Zurechnung der Beihilfen aus Militärfonds sowie der Unterstützungen aus dem Dispositionsfonds des Kaisers,

24. die Einhebung und Zurechnung der Beiträge zum Pensionsverein der Rentamtsgehilfen in Bayern für die sämtlichen im Rentamtsbezirke Nürnberg wohnenden oder bediensteten Mitglieder;

VI. dem Rentamte **Nürnberg II:**

1. die Veranlagung, Erhebung und Verrechnung der Einkommen-, Gewerb- und Kapitalrentensteuer nebst den hierauf treffenden Kreisumlagen und Kirchensteuern:
   a) für die sämtlichen Distrikte der Sebalder Seite, die Distrikte 1—32, 74, 75 der Lorenzer Seite, dann die sämtlichen Landgemeinden und Forstbezirke, soweit nicht nach Ziff. VII 1 b das Rentamt Nürnberg III zuständig ist,
   b) der sämtlichen in Nürnberg steuerpflichtigen Architekten, Aerzte, Ingenieure, Künstler aller Gattungen, Notare, Offiziere (einschliesslich der Sanitäts- und der Veterinäroffiziere), Rechtsanwälte, Zahnärzte und Zahntechniker, der Vereine des bürgerlichen Rechtes, dann der Stiftungen des öffentlichen und des bürgerlichen Rechtes,

2. die Perzeption für fremde Aemter, soweit es sich um Einkommen-, Gewerb- und Kapitalrentensteuer nebst Kirchensteuer und Kreisumlage handelt, für den ganzen Rentamtsbezirk,

3. die Verwaltung der für die Tätigkeit dieses Amtes anfallenden Gebühren und Strafen der Finanzverwaltung,

4. die Bestreitung und Verrechnung der mit den vorstehenden Einnahmen zusammenhängenden Ausgaben;

In Bezug auf die Einhebung und Beitreibung der Steuern und Umlagen erstreckt sich die Zuständigkeit des Rentamts Nürnberg II auf den ganzen Rentamtsbezirk.

VII. dem Rentamte **Nürnberg III:**

1. die Veranlagung, Erhebung und Verrechnung der Einkommen-, Gewerb- und Kapitalrentensteuer nebst den hierauf treffenden Kreisumlagen und Kirchensteuern:
   a) für die Distrikte 33—73 der Lorenzer Seite, soweit nicht nach Ziff. VI 1 b das Rentamt Nürnberg II zuständig ist,
   b) der sämtlichen in Nürnberg steuerpflichtigen, im Artikel 1 Abs. I Ziff. 4 a des Einkommensteuergesetzes namentlich be-

zeichneten Erwerbsgesellschaften (der Aktiengesellschaften, Kommanditgesellschaften auf Aktien, Gesellschaften mit beschränkter Haftung, Genossenschaften, Berggewerkschaften) und deren Direktoren, dann der Bankgeschäfte und Generalagenturen,

2. die Behandlung der Hausiersteuer,

3. die Verwaltung der für die Tätigkeit dieses Amtes anfallenden Gebühren und Strafen, dann der besonderen Abgaben nach dem Artikel 220 des Gebührengesetzes,

4. die Bestreitung und Verrechnung der mit den vorstehenden Einnahmen zusammenhängenden Ausgaben.

In Bezug auf die Einhebung und die Beitreibung der Steuern und Umlagen erstreckt sich die Zuständigkeit des Rentamts Nürnberg III auf den ganzen Rentamtsbezirk.

2. Verzeichnis der 266 Amtsgerichte Bayerns mit Angabe der Zugehörigkeit des Amtsbezirkes zum Bezirksamt, Rentamt, Landgericht, Oberlandesgericht und Bezirkskommando.

Amtsgericht	Bezirksamt	Rentamt	Landgericht	Oberlandesgericht	Bezirkskommando
Abensberg	Kelhheim	Neustadt a. D.	Regensburg	Nürnberg	Regensburg
Aibling	Aibling	Aibling	Traunstein	München	Rosenheim
Aichach	Aichach	Aichach	Augsburg	Augsburg	Augsburg
Altdorf	Nürnberg	Altdorf	Nürnberg	Nürnberg	Nürnberg
Altötting	Altötting	Burghausen	Traunstein	München	Wasserburg
Alzenau	Alzenau	Aschaffenburg II	Aschaffenburg	Bamberg	Aschaffenburg
Amberg	Amberg	Amberg	Amberg	Nürnberg	Amberg
Amorbach	Miltenberg	Amorbach	Aschaffenburg	Bamberg	Aschaffenburg
Annweiler	Bergzabern	Annweiler	Landau i. Pf.	Zweibrücken	Landau i. Pf.
Ansbach	Ansbach	Ansbach	Ansbach	Nürnberg	Ansbach
Arnstein	Karlstadt	Arnstein	Würzburg	Bamberg	Würzburg
Arnstorf	Eggenfelden	Eggenfelden	Deggendorf	München	Vilshofen
Aschaffenburg	Aschaffenburg	Aschaffenburg I	Aschaffenburg	Bamberg	Aschaffenburg
Aub	Ochsenfurt	Röttingen	Würzburg	Bamberg	Kitzingen
Auerbach	Eschenbach	Auerbach	Weiden	Nürnberg	Weiden
Augsburg	Augsburg	Augsburg I u. II	Augsburg	Augsburg	Augsburg
Babenhausen	Illertissen	Illertissen	Memmingen	Augsburg	Mindelheim
Bamberg	Bamberg I u. II	Bamberg	Bamberg	Bamberg	Bamberg
Baunach	Ebern	Ebern	Bamberg	Bamberg	Bamberg
Bayreuth	Bayreuth	Bayreuth	Bayreuth	Bamberg	Bayreuth
Beilngries	Beilngries	Beilngries	Eichstätt	Augsburg	Ingolstadt
Berchtesgaden	Berchtesgaden	Berchtesgaden	Traunstein	München	Rosenheim
Bergzabern	Bergzabern	Bergzabern	Landau i. Pf.	Zweibrücken	Landau i. Pf.
Berneck	Berneck	Marktschorgast	Bayreuth	Bamberg	Hof
Bischofsheim	Neustadt a. S.	Neustadt a. S.	Schweinfurt	Bamberg	Kissingen
Blieskastel	Ingbert St.	Blieskastel	Zweibrücken	Zweibrücken	Zweibrücken
Bogen	Bogen	Mitterfels	Straubing	München	Straubing
Brückenau	Brückenau	Brückenau	Würzburg	Bamberg	Kissingen

Amtsgericht	Bezirksamt	Rentamt	Landgericht	Oberlandesgericht	Bezirkskommando
Buchloe	Kaufbeuren	Buchloe	Memmingen	Augsburg	Mindelheim
Burgau	Günzburg	Burgau	Augsburg	Augsburg	Dillingen
Burgebrach	Bamberg II	Burgwindheim	Bamberg	Bamberg	Bamberg
Burghausen	Altötting	Burghausen	Traunstein	München	Wasserburg
Burglengenfeld	Burglengenfeld	Burglengenfeld	Reg. nsburg	Nürnberg	Amberg
Cadolzburg	Fürth	Cadolzburg	Fürth	Nürnberg	Nürnberg
Cham	Cham	Cham	Amberg	Nürnberg	Amberg
Dachau	Dachau	Dachau	München II	München	München II
Dahn	Pirmasens	Dahn	Zweibrücken	Zweibrücken	Zweibrücken
Deggendorf	Deggendorf	Deggendorf	Deggendorf	München	Vilshofen
Dettelbach	Kitzingen	Dettelbach	Würzburg	Bamberg	Kitzingen
Dillingen	Dillingen	Dillingen	Neuburg a. D.	Augsburg	Dillingen
Dingolfing	Dingolfing	Dingolfing	Landshut	München	Landshut
Dinkelsbühl	Dinkelsbühl	Dinkelsbühl	Ansbach	Nürnberg	Ansbach
Donauwörth	Donauwörth	Donauwörth	Neuburg a. D.	Augsburg	Dillingen
Dorfen	Erding	Erding	München II	München	München II
Dürkheim	Dürkheim	Dürkheim	Frankenthal	Zweibrücken	Ludwigshafen a. Rh.
Ebermannstadt	Ebermannstadt	Ebermannstadt	Bamberg	Bamberg	Bamberg
Ebern	Ebern	Ebern	Bamberg	Bamberg	Bamberg I
Ebersberg	Ebersberg	Ebersberg	München II	München	München I
Edenkoben	Landau i. Pf.	Edenkoben	Landau i. Pf.	Zweibrücken	Landau i. Pf.
Eggenfelden	Eggenfelden	Eggenfelden	Landshut	München	Wasserburg
Eichstätt	Eichstätt	Eichstätt	Eichstätt	Augsburg	Ingolstadt
Ellingen	Weissenburg i. B.	Weissenburg i. B.	Eichstätt	Augsburg	Gunzenhausen
Eltmann	Hassfurt	Zeil	Schweinfurt	Bamberg	Kitzingen
Erbendorf	Kemnath	Kemnath	Weiden	Nürnberg	Weiden
Erding	Erding	Erding	München II	München	München II
Erlangen	Erlangen	Erlangen	Fürth	Nürnberg	Erlangen

Amtsgericht	Bezirksamt	Rentamt	Landgericht	Oberlandesgericht	Bezirkskommando
Eschenbach	Eschenbach	Eschenbach	Weiden	Nürnberg	Weiden
Euerdorf	Hammelburg	Hammelburg	Schweinfurt	Bamberg	Kissingen
Feuchtwangen	Feuchtwangen	Feuchtwangen	Ansbach	Nürnberg	Ansbach
Forchheim	Forchheim	Forchheim	Bamberg	Bamberg	Erlangen
Frankenthal	Frankenthal	Frankenthal	Frankenthal	Zweibrücken	Ludwigshafen a. Rh.
Freising	Freising	Freising	München II	München	Landshut
Freyung	Wolfstein	Freyung	Passau	München	Passau
Friedberg	Friedberg	Friedberg	Augsburg	Augsburg	Augsburg
Fürstenfeld-bruck	Fürstenfeld-bruck	Fürstenfeld bruck	München II	München	Weilheim
Fürth	Fürth	Fürth	Fürth	Nürnberg	Nürnberg
Füssen	Füssen	Füssen	Kempten	Augsburg	Kempten
Furth	Cham	Cham	Amberg	Nürnberg	Amberg
Garmisch	Garmisch	Garmisch	München II	München	Weilheim
Geisenfeld	Pfaffenhofen	Pfaffenhofen	Neuburg a. D.	Augsburg	Ingolstadt
Gemünden	Gemünden	Gemünden	Würzburg	Bamberg	Aschaffenburg
Germersheim	Germersheim	Germersheim	Landau i. Pf.	Zweibrücken	Landau i. Pf.
Gerolzhofen	Gerolzhofen	Gerolzhofen	Schweinfurt	Bamberg	Kitzingen
Grafenau	Grafenau	Schönberg	Deggendorf	München	Vilshofen
Gräfenberg	Forchheim	Neunkirchen a. Br.	Nürnberg	Nürnberg	Erlangen
Greding	Hipoltstein	Greding	Eichstätt	Augsburg	Gunzenhausen
Griesbach	Griesbach	Griesbach	Passau	München	Passau
Grünstadt	Frankenthal	Grünstadt	Frankenthal	Zweibrücken	Ludwigshafen a. Rh.
Gunzenhausen	Gunzenhausen	Gunzenhausen	Ansbach	Nürnberg	Gunzenhausen
Günzburg a. D.	Günzburg	Günzburg	Memmingen	Augsburg	Dillingen
Haag	Wasserburg	Wasserburg	München II	München	Wasserburg
Hammelburg	Hammelburg	Hammelburg	Schweinfurt	Bamberg	Kissingen

Amtsgericht	Bezirksamt	Rentamt	Landgericht	Oberlandesgericht	Bezirkskommando
Hassfurt	Hassfurt	Zeil	Schweinfurt	Bamberg	Kitzingen
Heidenheim	Gunzenhausen	Heidenheim	Ansbach	Nürnberg	Gunzenhausen
Heilsbronn	Ansbach	Heilsbronn	Ansbach	Nürnberg	Ansbach
Hemau	Parsberg	Hemau	Regensburg	Nürnberg	Regensburg
Hengersberg	Deggendorf	Deggendorf	Deggendorf	München	Vilshofen
Herrieden	Feuchtwangen	Herrieden	Ansbach	Nürnberg	Ansbach
Hersbruck	Hersbruck	Hersbruck	Nürnberg	Nürnberg	Nürnberg
Herzogen-aurach	Höchstadt a. A.	Herzogen-aurach	Fürth	Nürnberg	Erlangen
Hilpoltstein	Hilpoltstein	Hilpoltstein	Nürnberg	Nürnberg	Gunzenhausen
Hof	Hof	Hof	Hof	Bamberg	Hof
Hofheim	Hofheim	Hofheim	Schweinfurt	Bamberg	Kissingen
Hollfeld	Ebermannstadt	Waischenfeld	Bayreuth	Bamberg	Bamberg
Homburg	Homburg	Homburg	Zweibrücken	Zweibrücken	Zweibrücken
Höchstadt a. A.	Höchstadt a. A.	Höchstadt a. A.	Bamberg	Bamberg	Erlangen
Höchstädt a. D.	Dillingen	Höchstädt a. D.	Neuburg a. D.	Augsburg	Dillingen
Illertissen	Illertissen	Illertissen	Memmingen	Augsburg	Mindelheim
Immenstadt	Sonthofen	Immenstadt	Kempten	Augsburg	Kempten
Ingbert St.	Ingbert St.	Ingbert St.	Zweibrücken	Zweibrücken	Zweibrücken
Ingolstadt	Ingolstadt	Ingolstadt	Eichstätt	Augsburg	Ingolstadt
Kaiserslautern	Kaiserslautern	Kaiserslautern	Kaiserslautern	Zweibrücken	Kaiserslautern
Kandel	Germersheim	Kandel	Landau i. Pf.	Zweibrücken	Landau i. Pf.
Karlstadt	Karlstadt	Karlstadt	Würzburg	Bamberg	Würzburg
Kastl	Neumarkt i. Opf.	Kastl	Amberg	Nürnberg	Nürnberg
Kaufbeuren	Kaufbeuren	Kaufbeuren	Kempten	Augsburg	Mindelheim
Kelheim	Kelheim	Kelheim	Regensburg	Nürnberg	Regensburg
Kemnath	Kemnath	Kemnath	Weiden	Nürnberg	Weiden
Kempten	Kempten	Kempten	Kempten	Augsburg	Kempten
Kipfenberg	Eichstätt	Kipfenberg	Eichstätt	Augsburg	Ingolstadt
Kirchenlamitz	Wunsiedel	Wunsiedel	Hof	Bamberg	Hof

Amtsgericht	Bezirksamt	Rentamt	Landgericht	Oberlandesgericht	Bezirkskommando
Kirchheimbolanden	Kirchheimbolanden	Kirchheimbolanden	Kaiserslautern	Zweibrücken	Kaiserslautern
Kissingen	Kissingen	Kissingen	Schweinfurt	Bamberg	Kissingen
Kitzingen	Kitzingen	Kitzingen	Würzburg	Bamberg	Kitzingen
Klingenberg	Obernburg	Klingenberg	Aschaffenburg	Bamberg	Aschaffenburg
Königshofen	Königshofen	Königshofen	Schweinfurt	Bamberg	Kissingen
Kötzting	Kötzting	Kötzting	Straubing	München	Straubing
Kronach	Kronach	Kronach	Bamberg	Bamberg	Bayreuth
Krumbach	Krumbach	Krumbach	Memmingen	Augsburg	Dillingen
Kulmbach	Kulmbach	Kulmbach	Bayreuth	Bamberg	Bayreuth
Kusel	Kusel	Kusel	Kaiserslautern	Zweibrücken	Kaiserslautern
Landau a. I.	Landau a. I.	Landau a. I.	Straubing	München	Vilshofen
Landau i. Pf.	Landau i. Pf.	Landau i. Pf.	Landau i. Pf.	Zweibrücken	Landau i. Pf.
Landsberg	Landsberg	Landsberg	Augsburg	Augsburg	Weilheim
Landshut	Landshut	Landshut	Landshut	München	Landshut
Landstuhl	Homburg	Landstuhl	Zweibrücken	Zweibrücken	Zweibrücken
Lauf	Lauf	Hersbruck	Nürnberg	Nürnberg	Nürnberg
Laufen	Laufen	Laufen	Traunstein	München	Rosenheim
Lauingen	Dillingen	Lauingen	Neuburg a. D.	Augsburg	Dillingen
Lauterecken	Kusel	Lauterecken	Kaiserslautern	Zweibrücken	Kaiserslautern
Lichtenfels	Lichtentefs	Lichtenfels	Bamberg	Bamberg	Bamberg
Lindau	Lindau	Lindau	Kempten	Augsburg	Kempten
Lohr	Lohr	Lohr	Aschaffenburg	Bamberg	Aschaffenburg
Ludwigshafen a. Rh.	Ludwigshafen a. Rh.	Ludwigshafen a. Rh.	Frankenthal	Zweibrücken	Ludwigshafen a. Rh.
Ludwigsstadt	Teuschnitz	Rothenkirchen	Bamberg	Bamberg	Bayreuth
Mainburg	Mainburg	Neustadt a. D.	Landshut	München	Ingolstadt
Mallersdorf	Mallersdorf	Mallersdorf	Straubing	München	Straubing
Marktbreit	Kitzingen	Ochsenfurt	Würzburg	Bamberg	Kitzingen
Markterlbach	Neustadt a. A.	Markterlbach	Fürth	Nürnberg	Erlangen

Amtsgericht	Bezirksamt	Rentamt	Landgericht	Oberlandesgericht	Bezirkskommando
Marktheidenfeld	Marktheidenfeld	Lengfurt	Aschaffenburg	Bamberg	Aschaffenburg
Marktoberdorf	Marktoberdorf	Marktoberdorf	Kempten	Augsburg	Kempten
Mellrichstadt	Mellrichstadt	Mellrichstadt	Schweinfurt	Bamberg	Kissingen
Memmingen	Memmingen	Memmingen	Memmingen	Augsburg	Mindelheim
Miesbach	Miesbach	Miesbach	München II	München	München II
Miltenberg	Miltenberg	Amorbach	Aschaffenburg	Bamberg	Aschaffenburg
Mindelheim	Mindelheim	Mindelheim	Memmingen	Augsburg	Mindelheim
Mitterfels	Bogen	Mitterfels	Straubing	München	Straubing
Monheim	Donauwörth	Monheim	Eichstätt	Augsburg	Dillingen
Moosburg	Freising	Moosburg	Landshut	München	Landshut
Mühldorf	Mühldorf	Mühldorf	Traunstein	München	Wasserburg
Münchberg	Münchberg	Münchberg	Hof	Bamberg	Hof
München	München	München (4 Stadtrentämter u. das Landrentamt)	München I	München	München I
Münnerstadt	Kissingen	Münnerstadt	Schweinfurt	Bamberg	Kissingen
Nabburg	Nabburg	Nabburg	Amberg	Nürnberg	Weiden
Naila	Naila	Lichtenberg	Hof	Bamberg	Hof
Neuburg a. D.	Neuburg a. D.	Neuburg a. D.	Neuburg a. D.	Augsburg	Dillingen
Neukirchen	Kötzting	Kötzting	Straubing	München	Straubing
Neumarkt a. R.	Mühldorf	Mühldorf	Landshut	München	Wasserburg
Neumarkt i. Opf.	Neumarkt i. Opf.	Neumarkt i. Opf.	Amberg	Nürnberg	Nürnberg
Neunburg v. W.	Neunburg v. W.	Neunburg v. W.	Amberg	Nürnberg	Amberg
Neustadt a. A.	Neustadt a. A.	Neustadt a. A.	Fürth	Nürnberg	Erlangen
Neustadt a. H.	Neustadt a. H.	Neustadt a. H.	Frankenthal	Zweibrücken	Ludwigshafen a. Rh.
Neustadt a. S.	Neustadt a. S.	Neustadt a. S.	Schweinfurt	Bamberg	Kissingen
Neustadt a. WN.	Neustadt a. WN.	Weiden	Weiden	Nürnberg	Weiden

Amtsgericht	Bezirksamt	Rentamt	Landgericht	Oberlandesgericht	Bezirkskommando
Neu-Ulm	Neu-Ulm	Neu-Ulm	Memmingen	Augsburg	Mindelheim
Nittenau	Roding	Walderbach	Regensburg	Nürnberg	Amberg
Nördlingen	Nördlingen	Nördlingen	Neuburg a. D.	Augsburg	Gunzenhausen
Nordhalben	Teuschnitz	Rothenkirchen*)	Bamberg	Bamberg	Bayreuth
Nürnberg	Nürnberg	Nürnberg I, II u. III	Nürnberg	Nürnberg	Nürnberg
Obergünzburg	Marktoberdorf	Marktoberdorf	Kempten	Augsburg	Kempten
Obermoschel	Rockenhausen	Obermoschel	Kaiserslautern	Zweibrücken	Kaiserslautern
Obernburg	Obernburg	Aschaffenburg II	Aschaffenburg	Bamberg	Aschaffenburg
Oberviechtach	Oberviechtach	Neunburg v. W.	Weiden	Nürnberg	Weiden
Ochsenfurt	Ochsenfurt	Ochsenfurt	Würzburg	Bamberg	Kitzingen
Oettingen	Nördlingen	Oettingen	Neuburg a. D.	Augsburg	Gunzenhausen
Osterhofen	Vilshofen	Vilshofen	Deggendorf	München	Vilshofen
Otterberg	Kaiserslautern	Kaiserslautern	Kaiserslautern	Zweibrücken	Kaiserslautern
Ottobeuren	Memmingen	Ottobeuren	Memmingen	Augsburg	Mindelheim
Pappenheim	Weissenburg. i. B.	Weissenburg i. B.	Eichstätt	Augsburg	Gunzenhausen
Parsberg	Parsberg	Velburg	Amberg	Nürnberg	Regensburg
Passau	Passau	Passau	Passau	München	Passau
Pegnitz	Pegnitz	Pegnitz	Bayreuth	Bamberg	Bayreuth
Pfaffenhofen	Pfaffenhofen	Pfaffenhofen	Neuburg a. D.	Augsburg	Ingolstadt
Pfarrkirchen	Pfarrkirchen	Pfarrkirchen	Passau	München	Passau
Pirmasens	Pirmasens	Pirmasens	Zweibrücken	Zweibrücken	Zweibrücken
Pottenstein	Pegnitz	Pottenstein	Bayreuth	Bamberg	Bayreuth
Prien	Rosenheim	Rosenheim	Traunstein	München	Rosenheim
Rain	Neuburg a. D.	Rain	Neuburg a. D.	Augsburg	Dillingen
Regen	Regen	Zwiesel	Deggendorf	München	Vilshofen

*) Mit Ausnahme der Gemeinden: Dürrenwaid, Heinersberg, Langenbach und Steinbach, welche zum Rentamte Lichtenberg gehören.

Amtsgericht	Bezirksamt	Rentamt	Landgericht	Oberlandesgericht	Bezirkskommando
Regensburg	Regensburg	Regensburg I u. II	Regensburg	Nürnberg	Regensburg
Regenstauf	Stadtamhof	Regensburg I	Regensburg	Nürnberg	Regensburg
Rehau	Rehau	Hof	Hof	Bamberg	Hof
Reichenhall	Berchtesgaden	Berchtesgaden	Traunstein	München	Rosenheim
Riedenburg	Riedenburg	Riedenburg	Regensburg	Nürnberg	Ingolstadt
Rockenhausen	Rockenhausen	Obermoschel	Kaiserslautern	Zweibrücken	Kaiserslautern
Roding	Roding	Walderbach	Regensburg	Nürnberg	Amberg
Rosenheim	Rosenheim	Rosenheim	Traunstein	München	Rosenheim
Roth	Schwabach	Spalt	Nürnberg	Nürnberg	Gunzenhausen
Rothenburg o.T.	Rothenburg o.T.	Rothenburg o.T.	Ansbach	Nürnberg	Ansbach
Rottenburg a.L.	Rottenburg a.L.	Mallersdorf	Landshut	München	Landshut
Rotthalmünster	Griesbach	Griesbach	Passau	München	Passau
Scheinfeld	Scheinfeld	Markt-Bibart	Fürth	Nürnberg	Kitzingen
Schesslitz	Bamberg I	Schesslitz	Bamberg	Bamberg	Bamberg
Schillingsfürst	Rothenburg o.T.	Rothenburg o.T.	Ansbach	Nürnberg	Ansbach
Schöllkrippen	Alzenau	Aschaffenburg II	Aschaffenburg	Bamberg	Aschaffenburg
Schongau	Schongau	Schongau	Kempten	Augsburg	Weilheim
Schrobenhausen	Schrobenhausen	Schrobenhausen	Neuburg a. D.	Augsburg	Ingolstadt
Schwabach	Schwabach	Schwabach	Nürnberg	Nürnberg	Gunzenhausen
Schwabmünchen	Schwabmünchen	Schwabmünchen	Augsburg	Augsburg	Augsburg
Schwandorf	Burglengenfeld	Burglengenfeld	Amberg	Nürnberg	Amberg
Schweinfurt	Schweinfurt	Schweinfurt	Schweinfurt	Bamberg	Würzburg
Selb	Rehau	Selb	Hof	Bamberg	Hof
Sesslach	Staffelstein	Staffelstein	Bamberg	Bamberg	Bamberg
Simbach	Pfarrkirchen	Simbach	Passau	München	Passau
Sonthofen	Sonthofen	Immenstadt	Kempten	Augsburg	Kempten
Speyer	Speyer	Speyer	Frankenthal	Zweibrücken	Ludwigshafen a. Rh.

Amtsgericht	Bezirksamt	Rentamt	Landgericht	Oberlandesgericht	Bezirkskommando
Stadtamhof	Stadtamhof	Regensburg I	Regensburg	Nürnberg	Regensburg
Stadtprozelten	Marktheidenfeld	Klingenberg	Aschaffenburg	Bamberg	Aschaffenburg
Stadtsteinach	Stadtsteinach	Stadtsteinach	Bayreuth	Bamberg	Bayreuth
Staffelstein	Staffelstein	Staffelstein	Bamberg	Bamberg	Bamberg
Starnberg	Starnberg	Starnberg	München II	München	Weilheim
Straubing	Straubing	Straubing	Straubing	München	Straubing
Sulzbach	Sulzbach	Sulzbach	Amberg	Nürnberg	Amberg
Tegernsee	Miesbach	Miesbach	München II	München	München II
Thiersheim	Wunsiedel	Wunsiedel	Hof	Bamberg	Hof
Thurnau	Kulmbach	Thurnau	Bayreuth	Bamberg	Bayreuth
Tirschenreuth	Tirschenreuth	Tirschenreuth	Weiden	Nürnberg	Weiden
Tittmoning	Laufen	Laufen	Traunstein	München	Rosenheim
Tölz	Tölz	Tölz	München II	München	München II
Traunstein	Traunstein	Traunstein	Traunstein	München	Rosenheim
Trostberg	Traunstein	Trostberg	Traunstein	München	Rosenheim
Türkheim	Mindelheim	Türkheim	Memmingen	Augsburg	Mindelheim
Uffenheim	Uffenheim	Uffenheim	Ansbach	Nürnberg	Ansbach
Viechtach	Viechtach	Viechtach	Deggendorf	München	Straubing
Vilsbiburg	Vilsbiburg	Vilsbiburg	Landshut	München	Landshut
Vilseck	Amberg	Amberg	Weiden	Nürnberg	Amberg
Vilshofen	Vilshofen	Vilshofen	Passau	München	Vilshofen
Vohenstrauss	Vohenstrauss	Vohenstrauss	Weiden	Nürnberg	Weiden
Volkach	Gerolzhofen	Volkach	Schweinfurt	Bamberg	Kitzingen
Waldfischbach	Pirmasens	Pirmasens	Zweibrücken	Zweibrücken	Zweibrücken
Waldkirchen	Wolfstein	Freyung	Passau	München	Passau
Waldmohr	Homburg	Homburg	Zweibrücken	Zweibrücken	Zweibrücken
Waldmünchen	Waldmünchen	Waldmünchen	Amberg	Nürnberg	Amberg
Waldsassen	Tirschenreuth	Waldsassen	Weiden	Nürnberg	Weiden
Wasserburg	Wasserburg	Wasserburg	Traunstein	München	Wasserburg

Amtsgericht	Bezirksamt	Rentamt	Landgericht	Oberlandesgericht	Bezirkskommando
Wassertrüdingen	Dinkelsbühl	Wassertrüdingen	Ansbach	Nürnberg	Ansbach
Wegscheid	Wegscheid	Obernzell	Passau	München	Passau
Weiden	Neustadt a. WN.	Weiden	Weiden	Nürnberg	Weiden
Weidenberg	Bayreuth	Bayreuth	Bayreuth	Bamberg	Bayreuth
Weiler	Lindau	Lindau	Kempten	Augsburg	Kempten
Weilheim	Weilheim	Weilheim	München II	München	Weilheim
Weismain	Lichtenfels	Waismain*)	Bayreuth	Bamberg	Bamberg
Weissenburg i. Bay.	Weissenburg i. Bay.	Weissenburg i. Bay.	Eichstätt	Augsburg	Gunzenhausen
Weissenhorn	Neu-Ulm	Weissenhorn	Memmingen	Augsburg	Mindelheim
Werneck	Schweinfurt	Werneck	Schweinfurt	Bamberg	Würzburg
Wertingen	Wertingen	Wertingen	Augsburg	Augsburg	Augsburg
Wiesentheid	Gerolzhofen	Gerolzhofen	Würzburg	Bamberg	Kitzingen
Windsheim	Uffenheim	Windsheim	Fürth	Nürnberg	Ansbach
Winnweiler	Rockenhausen	Winnweiler	Kaiserslautern	Zweibrücken	Kaiserslautern
Wolfratshausen	Wolfratshausen	Wolfratshausen	München II	München	München II
Wolfstein	Kusel	Lauterecken	Kaiserslautern	Zweibrüchen	Kaiserslautern
Wörth	Regensburg	Regensburg II	Regensburg	Nürnberg	Regensburg
Wunsiedel	Wunsiedel	Wunsiedel	Hof	Bamberg	Hof
Würzburg	Würzburg	Würzburg (Stadt- und Landrentamt)	Würzburg	Bamberg	Würzburg
Zusmarshausen	Zusmarshausen	Zusmarshausen	Augsburg	Augsburg	Augsburg
Zweibrücken	Zweibrücken	Zweibrücken	Zweibrücken	Zweibrücken	Zweibrücken

*) Mit Ausnahme der Gemeinde Fesselsdorf, welche zum Rentamte Thurnau gehört.

3.
Forstämter.

Allersberg (Mf.)
Altdorf (Mf.)
Altenbuch (Uf.)
Altötting (Ob.)
Amberg (Opf.)
Amorbach (Uf.)
Annweiler (Pf.)
Ansbach (Mf.)
Anzing (Ob.)
Arzberg (Of.)
Aschaffenburg-Nord (Uf.)
Aschaffenburg-Süd (Uf.)
Bamberg-Ost (Of.)
Bamberg-West (Of.)
Baunach (Uf.)
Bayreuth (Of.)
Behringersdorf (Mf.)
Beilngries (Opf.)
Benediktbeuern (Ob.)
Berchtesgaden (Ob.)
Bergen (Ob.)
Bergheim (Sch.)
Bergzabern (Pf.)
Betzenstein (Of.)
Betzigau (Sch.)
Biberachzell (Sch.)
Biburg (Sch.)
Binsfeld (Uf.)
Bischbrunn (Uf.)
Bischofsgrün (Of.)
Bischofsreut (Nb.)
Bischofswiesen (Ob.)
Blieskastel (Pf.)
Bodenmais (Nb.)
Bodenwöhr (Opf.)
Breitengüssbach (Of.)
Breitenthal (Sch.)
Brückenau (Uf.)
Buch a. F. (Of.)
Büchold (Uf.)
Bundorf (Uf.)
Burgberg (Sch.)
Burghausen (Ob.)
Burglengenfeld (Opf.)
Burgsinn (Uf.)

Burgwindheim (Of.)

Cadolzburg (Mf.)
Cham (Opf.)
Colmberg (Mf.)

Dahn (Pf.)
Deggendorf (Nb.)
Dienhausen (Sch.)
Diessen (Ob.)
Dillingen (Sch.)
Dinkelsbühl (Mf.)
Dombühl (Mf.)
Donauwörth (Sch.)
Dürkheim (Pf.)

Ebern (Uf.)
Ebernburg (Pf.)
Ebersberg (Ob.)
Ebrach (Of.)
Edenkoben (Pf.)
Eggenfelden (Nb.)
Eichelsdorf (Uf.)
Eichstätt-Ost (Mf.)
Eichstätt-West (Mf.)
Elmstein-Nord (Pf.)
Elmstein-Süd (Pf.)
Eltmann (Uf.)
Engelthal (Mf.)
Ensdorf (Opf.)
Eppenbrunn (Pf.)
Ergoldsbach (Nb.)
Erlangen-Ost (Mf.)
Erlangen-West (Of.)
Erlenbach (Uf.)
Erlenbrunn (Pf.)
Eslarn (Opf.)
Etzenricht (Opf.)
Euerdorf (Uf.)
Eurasburg (Ob.)
Eusserthal (Pf.)

Fabrikschleichach (Uf.)
Falkenberg (Opf.)
Fall (Ob.)
Feucht (Mf.)
Feuchtwangen (Mf.)
Fichtelberg (Of.)
Fischbach (Pf.)
Fischbach (Mf.)
Fischbachau (Ob.)

Flachslanden (Mf.)
Fladungen (Uf.)
Flossenbürg (Opf.)
Forchheim (Of.)
Forstenried (Ob.)
Frankenstein (Pf.)
Freising (Ob.)
Freudenberg (Opf.)
Fürstenfeldbruck (Ob.)

Garmisch (Ob.)
Geisenfeld (Ob.)
Gemünden (Uf.)
Germersheim (Pf.)
Geroldsgrün-Nord (Of.)
Geroldsgrün-Süd (Of.)
Gessertshausen (Sch.)
Glan-Münchweiler (Pf.)
Glashütten (Of.)
Gössweinstein (Of.)
Goldkronach (Of.)
Gossmannsdorf (Uf.)
Gräfenberg (Of.)
Gräfendorf (Uf.)
Griesbach (Nb.)
Grönenbach (Sch.)
Günzburg (Sch.)
Gunzenhausen (Mf.)

Hain i. Sp. (Uf.)
Hammelburg (Uf.)
Hardenburg (Pf.)
Hassloch (Pf.)
Heideck (Mf.)
Heidenheim (Mf.)
Heigenbrücken (Uf.)
Heilsbronn (Mf.)
Heinersreuth (Of.)
Heroldsberg (Mf.)
Herrnhütte (Mf.)
Hinterweidenthal-Ost (Pf.)
Hinterweidenthal-West (Pf.)
Hochspeyer (Pf.)

Höhenkirchen (Ob.)
Hofstetten (Mf.)
Hohenecken (Pf.)
Hohenschwangau (Ob.)
Homburg (Pf.)
Hundelshausen (Uf.)
Jachenau (Ob.)
Illertissen (Sch.)
Immenstadt (Sch.)
Johanniskreuz (Pf.)
Ipsheim (Mf.)
Isen (Ob.)
Kaiserslautern-Ost (Pf.)
Kaiserslautern-West (Pf.)
Kaisheim (Sch.)
Kandel-Nord (Pf.)
Kandel-Süd (Pf.)
Kaufbeuren (Sch.)
Kelheim-Nord (Nb.)
Kelheim-Süd (Nb.)
Kemnath (Opf.)
Kempten (Sch.)
Kinding (Mf.)
Kipfenberg (Mf.)
Kirchenlamitz (Of.)
Kirchenthumbach (Opf.)
Kirchheimbolanden (Pf.)
Kissingen (Uf.)
Kleinwallstadt (Uf.)
Klingenbrunn (Nb.)
Kösching (Ob.)
Kötzting (Nb.)
Kothen (Uf.)
Kreuth (Ob.)
Kriegsfeld (Pf.)
Kronach (Of.)
Krumbach (Sch.)
Krünn (Ob.)
Kürnach (Sch.)
Kulmbach (Of.)
Kusel (Pf.)
Lambrecht (Pf.)
Landau a. I. (Nb.)
Landsberg (Ob.)
Landshut (Nb.)
Landstuhl-Nord (Pf.)
Landstuhl-Süd (Pf.)
Langheim (Of.)
Laufamholz (Mf.)
Lauterecken (Pf.)
Lellenfeld (Mf.)
Leogangthal (auf österr. Gebiet (Ob.)
Limmersdorf (Of.)
Lohr-Ost (Uf.)
Lohr-West (Uf.)
Ludwigsstadt (Of.)
Mähring (Opf.)
Mainburg (Nb.)
Maineck (Of.)
Mainsondheim (Uf.)
Markt-Bibart
Marktheidenfeld (Uf.)
Marktsteft (Uf.)
Marquartstein-Ost (Ob.)
Marquartstein-West (Ob.)
Maut-Ost (Nb.)
Maut-West (Nb.)
Mellrichstadt (Uf.)
Memmingen (Sch.)
Merzalben (Pf.)
Miltenberg (Uf.)
Mindelheim (Sch.)
Mittelsinn (Uf.)
Mittenwald (Ob.)
Mitterteich (Opf.)
Monheim (Sch.)
Moosburg (Ob.)
Mühldorf (Ob.)
München-Nord (Ob.)
München-Süd (Ob.)
Münchsmünster (Nb.)
Münnerstadt (Uf.)
Murnau (Ob.)
Neuburg a. D.-Ost (Sch.)
Neuburg a. D.-West (Sch.)
Neuhäusel (Pf.)
Neuhaus a. P. (Opf.)
Neulauterburg (Pf.)
Neumarkt (Opf.)
Neunburg v. W. (Pf.)
Neureichenau (Nb.)
Neustadt a. d. Aisch (Mf.)
Neustadt a. d. H.-Nord (Pf.)
Neustadt a. d. H.-Süd (Pf.)
Neustadt a. d. Saale (Uf.)
Neuwirthshaus (Uf.)
Nittenau (Opf.)
Nördlingen (Sch.)
Nordhalben (Of.)
Nürnberg-Ost (Forsthof) (Mf.)
Nürnberg-Süd (Lichtenhof) (Mf.)
Oberammergau (Ob.)
Oberaudorf (Ob.)
Oberbach (Uf.)
Oberschwarzach (Uf.)
St. Oswald (Nb.)
Otterberg (Pf.)
Ottobeuren (Sch.)
Pappenheim (Mf.)
Parsberg (Opf.)
Partenkirchen (Ob.)
Partenstein (Uf.)
Passau-Nord (Nb.)
Passau-Süd (Nb.)
Pegnitz (Of.)
Peiting (Ob.)
Petersgmünd (Mf.)
Pfaffenhofen (Opf.)
Pielenhofen (Opf.)
Pirmasens-Nord (Pf.)
Pirmasens-Süd (Pf.)
Plössberg (Opf.)
Pressath (Opf.)
Pullenried (Opf.)
Rabenstein (Nb.)
Ramsau (Ob.)
Ramsen (Pf.)
Rapperszell (Mf.)
Regensburg (Opf.)
Rehau (Of.)
Reichenhall-Nord (Ob).
Reichenhall-Süd (Ob.)
Reichmannshausen (Uf.)
Reit im Winkel (Ob.)
Riedenburg (Opf.)
Riglasreuth (Opf.)
Rimpar (Uf.)
Roding (Opf.)
Rohrbrunn (Uf.)
Rosenheim (Ob.)

Rothenbuch (Uf.)
Rothenburg o. T. (Mf.)
Rothenkirchen (Of.)
Ruhpolding-Ost (Ob.)
Ruhpolding-West (Ob.)
Ruppertshütten (Uf.)

Saalachthal (auf österr. Gebiete) (Ob.)
Sachsenried (Sch.)
Sauerlach (Ob.)
Schaidt (Pf.)
Schernfeld (Mf.)
Schesslitz (Of.)
Schliersee (Ob.)
Schlüsselfeld (Of.)
Schnabelwaid (Of.)
Schnaittach (Mf.)
Schöllkrippen (Uf.)
Schönau (Pf.)
Schönberg (Nb.)
Schongau (Ob.)
Schrobenhausen (Ob.)
Schwabach (Mf.)
Schwarzach (Nb.)
Schweigen (Pf.)
Schweinfurt (Uf.)
Seeshaupt (Ob.)
Seestetten (Nb.)
Selb (Of.)
Siegsdorf (Ob.)
Simbach (Nb.)
Sondernheim (Pf.)
Sparneck (Of.)
Speyer (Pf.)
Spiegelau (Nb.)
Stadtprozelten (Uf.)
Stadtsteinach (Of.)
Stalldorf (Uf.)
Stammham (Ob.)
Stangenroth (Uf.)
Starnberg (Ob.)
Steben (Of.)
Steinach a. S. (Uf.)
Steingaden (Ob.)
Steinwiesen (Of.)
Sulzschneid (Sch.)

Tännesberg (Opf.)
Tegernsee (Ob.)
Teisendorf (Ob.)
Tettau (Of.)
Teublitz (Opf.)
Thierhaupten (Sch.)
Tirschenreuth (Opf.)
Traunstein (Ob.)
Treuchtlingen (Mf.)
Triesdorf (Mf.)
Trippstadt (Pf.)
Tussenhausen (Sch.)

Uffenheim (Mf.)
Unkenthal (auf österr. Gebiete) (Ob.)
Unterhausen (Sch.)
Unterliezheim (Sch.)

Viechtach (Nb.)
Vilsbiburg (Nb.)
Vilseck (Opf.)
Vohenstrauss (Opf.)
Walchensee (Ob.)
Waldaschaff (Uf.)
Waldbrunn (Uf.)
Waldfischbach-Nord (Pf.)
Waldfischbach-Süd (Pf.)
Waldleiningen (Pf.)
Waldmohr (Pf.)
Waldmünchen (Opf.)
Waldsassen (Opf.)
Wallenfels (Of.)
Wasserburg (Ob.)
Wasserlos (Uf.)
Weiden (Opf.)
Weidenberg (Of.)
Weisingen (Sch.)
Weissenstadt (Of.)
Welden (Sch.)
Wernberg (Opf.)
Werneck (Uf.)
Wettenhausen (Sch.)
Wilgartswiesen (Pf.)
Winnweiler (Pf.)
Wolfratshausen (Ob.)
Wolfstein (Nb.)
Wondreb (Opf.)
Würzburg (Uf.)
Wunsiedel (Of.)

Zeil (Uf.)
Zellingen (Uf.)
Zentbechhofen (Of.)
Zusmarshausen (Sch.)
Zweibrücken (Pf.)
Zwiesel-Ost (Nb.)
Zwiesel-West (Nb.)

4.

Messungsämter.

(Der erste Ortsname bedeutet den Sitz des Amtes, die folgenden Namen sind die Bestandteile (Rentamts- bzw. Amtsgerichtsbezirke.)

Abensberg (Nb.), Neustadt a. D., Kelheim.
Aichach (Ob.).
Amberg (Opf.), Amberg, Sulzbach.
Ansbach (Mf.), Ansbach, Herrieden, Heilsbronn.
Annweiler (Pf.), Annweiler, dann vom Rentamt Dahn die Gemeinden Bruchweiler-Bärenbach, Dahn, Erfweiler, Hauenstein, Hinterweidenthal u. Schindhard.
Arnstein (Uf.), Arnstein, Karlstadt.
Aschaffenburg I (Uf.).
Aschaffenburg II (Uf.).
Augsburg I (Sch.), Rentamt Augsburg I, Zusmarshausen.
Augsburg II (Sch.), Rentamt Augsburg II, Schwabmünchen.
Bamberg I (Of.), Bamberg Stadtrentamt, vom Landrentamt Bamberg die Gemeinden bzw. Forstbezirke Bischberg, Buch, Burglisberg, Dörfleins, Erlach, Erlau, Frensdorf, Gaustadt, Herrnsdorf, Höfen, Kolmsdorf, Kreuzschuh, Muhlendorf, Neuhausen, Oberhaid, Pettstadt, Priesendorf, Reundorf, Röbersdorf, Rothensand, Sassanfahrt, Seussling, Staffelbach, Stegaurach, Trabelsdorf, Trailsdorf, Trosdorf, Trunstadt, Tütschengereuth. Unterhaid, Viereth, Walsdorf, Wildensorg, die Forstbezirke: Bruderwald, Semberg und Landsweide.
Bamberg II (Of.), Burgwindheim u. Schesslitz, dann vom Landrentamte Bamberg die Gemeinden bzw. Forstbezirke: Altendorf, Amlingstadt, Buttenheim, Dreuschendorf, Frankendorf, Friesen, Geisfeld, Gundelsheim, Gunzendorf, Hallstadt, Hirschaid, Kalteneggolfsfeld, Kretschendorf, Leesten, Lindach, Litzendorf, Lohndorf, Medensdorf, Melkendorf, Memmelsdorf, Mistendorf, Naisa, Oberngrub, Pödeldorf, Rossdorf, Schammelsdorf, Seigendorf, Stackendorf, Strullendorf, Teuchatz, Tiefenhöchstadt, Tiefenpölz, Unterstürmig, Weichendorf, Wernsdorf, Zengendorf, die Forstbezirke Eichwald, Geisberg und Hauptsmoor.
Bayreuth (Of.), Bayreuth, Thurnau.
Bergzabern (Pf.), Bergzabern, dann vom Rentamt Dahn die Gemeinden Bobenthal, Bundenthal, Busenberg, Erlenbach, Fischbach, Hirschthal, Ludwigswinkel, Niederschlettenbach, Nothweiler, Rumbach und Schönau.
Brückenau (Uf.), Brückenau, Gemünden.
Burghausen (Ob.).
Cham (Opf.), Cham, Amtsger. Roding.
Dachau (Ob.).
Deggendorf (Nb.).
Dillingen (Sch.), Dillingen, Höchstädt a. D, Lauingen.
Dinkelsbühl (Mf.), Dinkelsbühl, Wassertrüdingen, Feuchtwangen.
Donauwörth (Sch.), Donauwörth, Rain, Wertingen.
Dürkheim Bad (Pf.).
Ebern (Uf.), Ebern, Hofheim (zum Teil).

Ebersberg (Ob.), Ebersberg.
Edenkoben (Pf.).
Eichstätt (Mf.), Eichstätt, Kipfenberg.
Erding (Ob.).
Erlangen (Mf.).
Eschenbach (Opf.), Eschenbach, Auerbach.
Forchheim (Of.), Forchheim, Ebermannstadt, Neunkirchen a/Brand.
Frankenthal (Pf.).
Freising (Ob.), Freising, Moosburg.
Freyung (Nb.).
Friedberg (Ob.).
Fürstenfeldbruck (Ob.).
Fürth (Mf.), Fürth, Cadolzburg.
Greding (Mf.), Greding, Hilpoltstein.
Grünstadt (Pf.), Grünstadt, dann vom Rentamt Kirchheimbolanden die Gemeinden Rodenbach, Eisenberg, Stauf und Ramsen.
Günzburg (Sch.), Burgau und Neuulm.
Gunzenhausen (Mf.), Amtsger. Gunzenhausen u. Heidenheim.
Hammelburg (Uf.).
Hassfurt (Uf.), Amtsger. Hassfurt, Eltmann.
Hemau (Opf.), Hemau, Riedenburg.
Hersbruck (Mf.), Hersbruck, Altdorf.
Höchstadt a. A. (Of.), Höchstadt a. A., Herzogenaurach.
Hof (Of.), Lichtenberg, dann vom Rentamt Hof der Amtsgerichtsbezirk Hof.
Homburg (Pf.).
Immenstadt (Sch.).
Ingbert St. (Pf.), St. Ingbert, Blieskastel.
Ingolstadt (Ob.), Ingolstadt und Schrobenhausen.
Kaiserslautern (Pf.).
Kandel (Pf.), Kandel, dann vom Rentamt Germersheim die Gemeinden Kuhardt, Leimersheim und Neupfotz.
Kaufbeuren (Sch.), Kaufbeuren, Buchloe.
Kemnath (Opf.).
Kempten (Sch.), Kempten, dann vom Rentamt Oberdorf der Bezirk des Amtsgerichts Obergünzburg.
Kirchheimbolanden (Pf.), Kirchheimbolanden mit Ausnahme der Gemeinden Rodenbach, Eisenberg, Stauf und Ramsen.
Kissingen (Uf.).
Kitzingen (Uf.), Amtsger. Kitzingen, Dettelbach.
Klingenberg (Uf.), Klingenberg, Amorbach.
Kötzting (Nb.).
Kronach (Of.), Kronach, Rothenkirchen.
Krumbach (Sch.).
Kulmbach (Of.), Kulmbach, Stadtsteinach.
Kusel (Pf.), Kusel, dann vom Rentamt Lauterecken die Gemeinden Bosenbach, Friedelhausen, Föckelberg, Neunkirchen, Niederstaufenbach, Oberstaufenbach.
Landau (Nb.), Landau a/I., Dingolfing.
Landau (Pf.).
Landsberg (Ob.).
Landshut (Nb.).
Landstuhl (Pf.), Landstuhl, dann vom Rentamt Lauterecken die Gemeinden Albersbach, Jettenbach und Kollweiler.

Lauterecken (Pf.), der Gerichtsbezirk Lauterecken und der Gerichtsbezirk Wolfstein mit Ausnahme der Gemeinden Albersbach, Bosenbach, Föckelberg, Friedelhausen, Jettenbach, Kollweiler, Neunkirchen, Niederstaufenbach und Oberstaufenbach.
Lichtenfels (Of.), Lichtenfels, Staffelstein, Weismain.
Lindau (Sch.).
Lohr (Uf.), Lohr, Lengfurt.
Ludwigshafen (Pf.).
Mallersdorf (Nb.).
Marktoberdorf (Sch.), Füssen, dann vom Rentamt Marktoberdorf der Bezirk des Amtsgerichts Marktoberdorf.
Miesbach (Ob.), Amtsgericht Miesbach.
Mindelheim (Sch.), Mindelheim, Türkheim.
Mitterfels (Nb.).
Mühldorf (Ob.).
Münchberg (Of.), Münchberg, Marktschorgast.
München I (Ob.), München I Stadtrentamt.
München II (Ob.), Landrentamt München.
Münnerstadt (Uf.), Münnerstadt, Königshofen.
Nabburg (Opf.), Nabburg, dann vom Rentamt Neunburg v. W. der Bezirk des Amtsgerichts Oberviechtach.
Neuburg a. D. (Sch.).
Neumarkt (Opf.), Neumarkt, Beilngries.
Neunburg v. W. (Opf.), Waldmünchen, dann vom Rentamt Neunburg v. W. der Bezirk des Amtsgerichts Neunburg v. W.
Neustadt a. A. (Mf.), Neustadt a. A., Markt Erlbach, Markt Bibart.
Neustadt a. H. (Pf.).
Neustadt a. S. (Uf.), Neustadt, Mellrichstadt.
Nördlingen (Sch.), Nördlingen, Oettingen, Monheim.
Nürnberg (Mf.), Nürnberg I.
Obermoschel (Pf.), vom Rentamt Obermoschel der Gerichtsbezirk Obermoschel.
Ochsenfurt (Uf.), Ochsenfurt, Röttingen.
Ottobeuren (Sch.), Ottobeuren, Memmingen.
Passau I (Nb.), Obernzell u. v. Rentamt Passau die Gemeinden Aicha v. W., Donauwetzdorf, Fürstenstein, Grubweg, Haselbach, Hutthurn, Kellberg, Leoprechting, München, Naukirchen v. W., Nirsching, Oberdiendorf, Prag, Rassberg, Ruderting, Thyrnau, Tittling, Witzmannsberg u. Wotzdorf.
Passau II (Nb.), Passau mit Ausnahme der vorgenannten Gemeinden, dann vom Rentamt Griesbach den Bezirk des Amtsgerichts Griesbach.
Pfarrkirchen (Nb.), Pfarrkirchen, Eggenfelden.
Pfaffenhofen (Ob.).
Pirmasens (Pf.).
Pottenstein (Of.), Pottenstein, Pegnitz, Waischenfeld.
Regensburg (Opf.), Regensburg I und II.
Reichenhall (Ob.), Berchtesgaden.
Rosenheim I (Ob.), Aibling und vom Rentamt Rosenheim die Stadt Rosenheim, dann die Gemeinden Aising, Brannenburg, Degerndorf, Flintsbach, Grossbrannenberg, Grossholzhausen, Happing, Hochstätt, Kiefersfelden, Kirchdorf a. I., Marienberg, Niederaudorf, Oberaudorf, Pang, Pfraundorf, Reischenhart, Westerndorf und der Forstbezirk Rott.

Rosenheim II (Ob.), vom Rentamte Rosenheim der Bezirk des Amtsgerichts Prien, ferner die Gemeinden Altenbeuern, Grainbach, Höhenmoos, Lauterbach, Neubeuern, Neukirchen, Nussdorf, Pietzing, Prutting, Riedering, Rohrdorf, Rossholzen, Söchtenau, Söllhuber, Steinkirchen, Stephanskirchen, Törwang und Vogtareuth.
Rothenburg o. T. (Mf.), Rothenburg o. T., Uffenheim, Windsheim.
Schongau (Ob.).
Schwabach (Mf.), Schwabach, Spalt.
Schwandorf (Opf.), Burglengenfeld.
Schweinfurt (Uf.), Schweinfurt, Werneck.
Selb (Of.), Selb, dann vom Rentamt Hof der Bezirk des Amtsgerichts Rehau.
Simbach (Nb.), Simbach, vom Rentamt Griesbach der Bezirk des Amtsgerichts Rotthalmünster.
Speyer (Pf.), Speyer und vom Rentamte Germersheim die Gemeinden: Bellheim, Freisbach, Germersheim, Hördt, Knittelsheim, Lingenfeld, Niederlustadt, Oberlustadt, Ottersheim, Schwegenheim, Sondernheim, Weingarten, Westheim und Zeiskam.
Stadtamhof (Opf.). Amtsgericht Stadtamhof, Regenstauf Nittenau.
Starnberg (Ob.).
Straubing (Nb.).
Tirschenreuth (Opf.), Tirschenreuth, Waldsassen.
Tölz (Ob.), Tölz u. Amtsger.-Bez. Tegernsee.
Traunstein (Ob.), Traunstein u. von Laufen Amtsger. Laufen.
Trostberg (Ob.), Trostberg und von Laufen Amtsgericht Tittmoning.
Velburg (Opf.), Velburg, Kastl.
Viechtach (Nb.).
Vilsbiburg (Nb.).
Vilshofen (Nb.).
Vohenstrauss (Opf.).
Volkach (Uf.), Volkach, Gerolzhofen.
Wasserburg (Ob.), Amtsger. Wasserburg, Haag.
Weiden (Opf.).
Weilheim (Ob.), Weilheim, Garmisch.
Weissenburg (Mf.).
Weissenhorn (Sch.), Illertissen, Weissenhorn.
Winnweiler (Pf.), Winnweiler, dann von Obermoschel der Gerichtsbezirk Rockenhausen.
Wolfratshausen (Ob.).
Wunsiedel (Of.).
Würzburg (Uf.), Würzburg Stadtrentamt und Landrentamt.
Zweibrücken (Pf.).
Zwiesel (Nb.), Zwiesel, Schönberg.

5.

Bauämter.

Fortl. Nr.	Bauamtssitz und Reg.-Bez.	Bestandteile des Amtes a) die unmittelbaren Städte; b) die Bezirksamtsbezirke
		a) K. Landbauämter.
1	Amberg Opf.	a) Amberg; b) Amberg, Burglengenfeld, Cham, Eschenbach, Nabburg, Neunburg v. W., Oberviechtach, Roding, Sulzbach, Waldmünchen
2	Ansbach Mf.	a) Ansbach, Dinkelsbühl; b) Ansbach, Dinkelsbühl, Feuchtwangen.
3	Aschaffenburg Uf. .	a) Aschaffenburg; b) Alzenau, Aschaffenburg, Gemünden, Lohr, Marktheidenfeld, Miltenberg, Obernburg.
4	Augsburg Sch. . .	a) Augsburg, Günzburg, Neu-Ulm; b) Augsburg, Günzburg, Neu-Ulm, Schwabmünchen, Wertingen, Zusmarshausen.
5	Bamberg Of.	a) Bamberg, Forchheim; b) Bamberg I und II, Ebermannstadt, Forchheim, Höchstadt a.A., Lichtenfels, Staffelstein.
6	Bayreuth Of.	a) Bayreuth, Kulmbach; b) Bayreuth, Berneck, Kulmbach, Pegnitz.
7	Donauwörth Sch. .	a) Dillingen, Donauwörth, Neuburg, Nördlingen; b) Dillingen, Donauwörth, Neuburg, Nördlingen.
8	Eichstätt Mf.	a) Eichstätt, Weissenburg; b) Eichstätt, Gunzenhausen, Hilpoltstein, Weissenburg.
9	Freising Ob.	a) Freising, Ingolstadt; b) Aichach, Erding, Freising, Friedberg, Ingolstadt Pfaffenhofen, Schrobenhausen.
10	Hof Of.	a) Hof; b) Hof, Kronach, Münchberg, Naila, Rehau, Stadtsteinach, Teuschnitz, Wunsiedel.
11	Kaiserslautern Pf. .	b) Homburg, Kaiserslautern, Kirchheimbolanden, Kusel, Pirmasens, Rockenhausen, St. Ingbert, Zweibrücken.
12	Kempten Sch. . . .	a) Kaufbeuren, Kempten, Lindau; b) Füssen, Kaufbeuren, Kempten, Lindau, Oberdorf. Sonthofen.
13	Kissingen Bad Uf.	a) Schweinfurt; b) Brückenau, Ebern, Hammelburg, Hassfurt, Hofheim, Kissingen, Königshofen, Mellrichstadt, Neustadt a. S., Schweinfurt.

Fortl. Nr.	Bauamtssitz und Reg.-Bez.	Bestandteile des Amtes a) die unmittelbaren Städte; b) die Bezirksamtsbezirke
14	Landshut Nb. . . .	a) Landshut; b) Dingolfing, Eggenfelden, Kelheim, Landau, Landshut, Mainburg, Mallersdorf, Pfarrkirchen, Rottenburg, Vilsbiburg.
15	Memmingen Sch. .	a) Memmingen; b) Illertissen, Krumbach, Memmingen, Mindelheim.
16	München Ob. . . .	a) München; b) Bruck, Dachau, Ebersberg, München, Starnberg, Wolfratshausen.
17	Nürnberg Mf. . . .	a) Erlangen, Fürth, Nürnberg, Schwabach; b) Erlangen, Fürth, Hersbruck, Lauf, Nürnberg, Schwabach.
18	Passau Nb.	a) Deggendorf, Passau; b) Deggendorf, Grafenau, Griesbach, Passau, Vilshofen, Wegscheid, Wolfstein.
19	Regensburg Opf. .	a) Neumarkt, Regensburg; b) Beilngries, Neumarkt, Parsberg, Regensburg, Riedenburg, Stadtamhof.
20	Rosenheim Ob. . .	a) Rosenheim; b) Aibling, Altötting, Miesbach, Mühldorf, Rosenheim, Wasserburg.
21	Speyer Pf.	a) Landau; b) Bergzabern, Frankenthal, Germersheim, Ludwigshafen, Neustadt a. H., Speyer.
22	Straubing Nb. . . .	a) Straubing; b) Bogen, Kötzting, Regen, Straubing, Viechtach.
23	Traunstein Ob. . .	a) Traunstein; b) Berchtesgaden, Laufen, Traunstein.
24	Weiden Opf. . . .	b) Eschenbach, Kemnath, Neustadt a. W.-N., Tirschenreuth, Vohenstrauss,
25	Weilheim Ob. . . .	a) Landsberg; b) Garmisch, Landsberg. Schongau, Tölz, Weilheim.
26	Windsheim Mf. . .	a) Rothenburg o. d. T.; b) Neustadt a. A., Rothenburg o. d. T., Scheinfeld, Uffenheim.
27	Würzburg Uf. . . .	a) Kitzingen, Würzburg; b) Gerolzhofen, Karlstadt, Kitzingen, Ochsenfurt, Würzburg.

b) K. Strassen und Flussbauämter.

Fortl. Nr.	Bauamtssitz und Reg.-Bez.	Bestandteile des Amtes
1	Amberg Opf. . . .	a) Amberg; b) Burglengenfeld, Eschenbach, Kemnath, Neumarkt, Sulzbach.
2	Ansbach Mf.	a) Ansbach, Dinkelsbühl, Rothenburg o. T.; b) Ansbach Dinkelsbühl, Feuchtwangen, Neustadt a. A., Rothenburg o. T., Scheinfeld, Uffenheim.

Fortl. Nr.	Bauamtssitz und Reg.-Bez.	Bestandteile des Amtes a) die unmittelbaren Städte; b) die Bezirksamtsbezirke
3	Aschaffenburg Uf. .	a) Aschaffenburg; b) Alzenau, Aschaffenburg, Gemünden, Lohr, Marktheidenfeld, Miltenberg, Obernburg.
4	Augsburg Sch. . .	a) Augsburg, Kaufbeuren; b) Augsburg, Kaufbeuren, Krumbach, Mindelheim, Schwabmünchen, Wertingen, Zusmarshausen.
5	Bamberg Of.	a) Bamberg, Forchheim; b) Bamberg I u. II, Ebermannstadt, Forchheim, Höchstadt a. A., Kronach, Lichtenfels, Staffelstein, Teuschnitz.
6	Bayreuth Of.	a) Bayreuth, Hof, Kulmbach; b) Bayreuth, Berneck, Hof, Kulmbach, Münchberg, Naila, Pegnitz, Rehau, Stadtsteinach, Wunsiedel.
7	Deggendorf Nb. . .	a) Deggendorf, Passau, Straubing; b) Bogen, Deggendorf, Grafenau, Kötzting, Landau a. I., Passau, Regen, Straubing, Viechtach, Vilshofen, Wegscheid, Wolfstein.
8	Dillingen Sch. . . .	a) Dillingen, Günzburg, Neu-Ulm: b) Dillingen, Günzburg, Illertissen, Neu-Ulm.
9	Ingolstadt Ob. . . .	a) Ingolstadt; b) Aichach, Dachau, Friedberg, Ingolstadt, Pfaffenhofen, Schrobenhausen.
10	Kaiserslautern Pf. .	b) Bergzabern, Homburg, Kaiserslautern, Kirchheimbolanden, Kusel, Pirmasens, Rockenhausen, St. Ingbert, Zweibrücken.
11	Kempten Sch. . . .	a) Kempten, Lindau, Memmingen; b) Füssen, Kempten, Lindau, Memmingen, Oberdorf, Sonthofen.
12	Landshut Nb. . . .	a) Landshut; b) Dingolfing, Kelheim, Landshut, Mainburg, Mallersdorf, Rottenburg, Vilsbiburg.
13	München Ob. . . .	a) Freising, München; b) Bruck, Freising, München, Starnberg, Wolfratshausen.
14	Neuburg a. D. Sch.	a) Donauwörth, Neuburg a. D., Nördlingen; b) Donauwörth, Neuburg a. D., Nördlingen.
15	Nürnberg Mf. . . .	a) Eichstätt, Erlangen, Fürth, Nürnberg, Schwabach, Weissenburg; b) Eichstätt, Erlangen, Fürth, Gunzenhausen, Hersbruck, Hilpoltstein, Lauf, Nürnberg, Schwabach, Weissenburg.
16	Regensburg Opf. .	a) Neumarkt, Regensburg; b) Beilngries, Parsberg, Regensburg, Riedenburg, Stadtamhof.

Fortl. Nr.	Bauamtssitz und Reg.-Bez.	Bestandteile des Amtes a) die unmittelbaren Städte; b) die Bezirksamtsbezirke
17	Rosenheim Ob. . .	a) Rosenheim; b) Aibling, Ebersberg, Erding, Miessbach, Mühldorf, Rosenheim, Wasserburg.
18	Schweinfurt Uf. . .	a) Schweinfurt; b) Brückenau, Ebern, Hammelburg, Hassfurt, Hofheim, Kissingen, Königshofen, Mellrichstadt, Neustadt a. S., Schweinfurt.
19	Simbach Nb.	a) Passau; b) Eggenfelden, Griesbach, Passau, Pfarrkirchen.
20	Speyer Pf.	a) Landau; b) Frankenthal, Germersheim, Ludwigshafen, Neustadt a. H., Speyer.
21	Traunstein Ob. . .	a) Traunstein; b) Altötting, Berchtesgaden, Laufen, Traunstein.
22	Weiden Opf.	b) Cham, Nabburg, Neunburg v. W., Neustadt a. W.-N., Oberviechtach, Roding, Tirschenreuth, Vohenstrauss, Waldmünchen.
28	Weilheim Ob. . . .	a) Landsberg; b) Garmisch, Landsberg, Schongau, Tölz, Weilheim.
24	Würzburg Uf. . . .	a) Kitzingen, Würzburg; b) Gerolzhofen, Karlstadt, Kitzingen, Ochsenfurt, Würzburg.

c) K. Sektionen für Wildbachverbauungen.

Errichtet durch Allerh. Verordnung vom 9. August 1902. Die K. Sektionen für Wildbachverbauungen sind den K. Strassen- und Flussbauämtern gleichgeordnet und den Kreisregierungen K. d. I., untergeordnet.

Derzeitige Sektionen:

K. Sektion in Rosenheim (für die Reg.-Bezirke Oberbayern, Niederbayern und Oberpfalz).

K. Sektion in Kempten (für die Reg.-Bezirke Schwaben und Neuburg, Pfalz, Ober-, Mittel- und Unterfranken).

6.

Notare.

Abensberg: Tschurtschenthaler Karl.
Aibling: Tessari Alfred.
Aichach I: Regnier Julius.
„ II: Bogendörfer Heinr.
Altdorf: Reichold Karl.
Altötting: Wimmer Heinrich, Justizrat.
Alzenau: Schröppel Leonh.
Amberg I: Lindner Joseph.
„ II: Stadler Georg.
Amorbach: Verweser: Keller Georg, Amtsgerichtssekretär.
Annweiler: Selzer Julius.
Ansbach I: Kreichgauer Franz.
„ II: Sommer Julius.
Arnstein: Hartig Karl Michael.
Arnstorf: Braun Johann.
Aschaffenburg I: Reinhardt Karl.
„ II: Häusner Joh., Justizrat.
Aub: Nocker Heinrich.
Auerbach: Verweser Einwag, Dr. Gg., Amtsgerichtssekretär.
Augsburg I: Eggerking Karl, Justizrat.
„ II: Mayr Dionys.
„ III: Zenger August.
„ IV: Sckell Julius.
„ V: — — —.
Babenhausen: Hochreiter Max.
Bamberg I: Richter Julius.
„ II: Strasser Adolf.
„ III: Löwi Dr. Rudolf.
Baunach: Verweser: Ebert Lorenz, Amtsgerichtssekretär.
Bayreuth I: Leiendecker Alfred.
„ II: Thiel Friedrich.
Beilngries: Meyer Bertold.
Bellheim: Glaser Friedrich.
Berchtesgaden: Becker Adam.
Bergzabern I: Reiser Heinrich.
„ II: Klein Heinrich.
Berneck: Höflich Ludwig.
Billigheim: Gundelwein Friedr.
Bischofsheim: Heigel Sebast., Justizrat.
Blieskastel: Baum Georg.
Bogen: Donsberger Johann.
Brückenau: Grimm Artur.
Buchloe: Greiner Joseph, Justizrat.
Burgau: Ehrnsperger Michael.
Burgebrach: Bourier Adolf.
Burghausen: Reitzenstein Rich. Mich.
Burglengenfeld: Wöhrl Konr., Justizrat.
Cadolzburg: Taubald Albert.
Cham: Hess Heinrich.
Dachau: Rothballer Karl, Justizrat.
Dahn: Forler Peter.
Deggendorf: Finster Otto v., Justizrat.
Deidesheim: Crolly August, Justizrat.
Dettelbach: Mauter Joseph.
Dillingen: Junker und Bigato Siegmund Frhr. v.
Dingolfing: Billing Christian.
Dinkelsbühl: Adelmann Franz.
Dirmstein: Stalter Joseph.
Donauwörth I: Hausladen Gg.
„ II: — — —.
Dorfen: Rothmeier Peter.
Dürkheim Bad I: Mahla Friedr., Justizrat.
„ II: Muck Ferdinand.
Ebermannstadt: Goss Joseph
Ebern: Rein August.
Ebersberg: Schlecht Oskar, Justizrat.
Edenkoben I: Stett Oskar, Justizrat.
„ II: Krieger Theodor, Justizrat.
Eggenfelden: Morgott Johann.
Eichstätt: Daimer Korbinian, Justizrat.
Ellingen: Jacob Franz.
Eltmann: Baur Artur.
Erbendorf: Verweser: Paur Heinrich, Amtsgerichtssekretär.
Erding I: Mühldorfer Anton.
„ II: — — —.
Erlangen: May Peter.
Eschenbach: Löffl Karl.

Euerdorf: Verweser: Reindl Andreas, Amtsgerichtssekretär.
Feuchtwangen: Hörmann Joh.
Forchheim: Müller Emil.
Frankenthal: I: Roth Eug.
„ II: Kern Ludw.
Freinsheim: Humbert Karl.
Freising I: Baumann Rndolf.
„ II: Ringer Johann.
Freyung: Hauck Wilhelm.
Friedberg: Vögele Ferdinand.
Fürstenfeldbruck: Scholler August, Justizrat.
Fürth I: Bickert Dr. Armin.
„ II: Deininger Max, Justizrat.
Füssen: Riss Franz Xaver, Justizrat.
Furth i. W.: Schaupp Georg.
Garmisch: Brenner Werner.
Geisenfeld: Kreitner Ludwig.
Gemünden: Feller Joseph.
Germersheim: Syffert Rud., Justizrat.
Gerolzhofen: Diepold Karl.
Göllheim: Hagenburger Adam.
Gräfenberg: Mehltretter Ludwig.
Grafenau: Eckel Georg.
Greding: Spörl Joseph.
Griesbach: Gruber Maximilian.
Grünstadt I: Forstmaier Alfred.
„ II: Wolffing Dr. Jakob.
Günzburg: Mayr Klement, Justizrat.
Gunzenhausen: Brunner Hans.
Haag: Frech Ludwig.
Hammelburg: Wilhelm Martin.
Hassfurt: Wich Wilhelm.
Hassloch: Leiling Otto.
Heidenheim: Helfrich Ludwig.
Heilsbronn: Ficht Wilhelm.
Hemau: Mantler Max.
Hengersberg: Haderlein Joseph.
Herrieden: Leickert Adolf.
Hersbruck: Ruppenthal Karl.
Herzogenaurach: Huber Rupert.
Hilpoltstein: Weber Ludwig.
Höchtadt a. A.: Hebendanz Jos.
Höchstädt a.D.: Bachmann Otto.
Hof I: Wenner Otto.
„ II: Scharberg Johann.
Hofheim: Metzger Gottlieb.
Hollfeld: Schmitt Franz.
Homburg: Aufschneider Karl, Justizrat.
Hornbach: Hilz Franz.
Illertissen: Schroder Franz.
Immenstadt: Eder Jakob Jos., Justizrat.
St. Ingbert: Jäger Phil., Justizrat.
Ingolstadt I: Adam Heinrich.
„ II: Eixenberger Frz.
Kaiserslautern I: Cuny Friedr., Justizrat.
„ II: Mayer Dr. Ad.
„ III: Goldschmit Dr. Rob.
Kandel I: Gerheim Ludwig.
„ II: Frisch Ludwig.
Karlstadt: Maltz Christian.
Kastl: Rid Max.
Kaufbeuren: Schub Joseph.
Kelheim: Knirlberger Joseph.
Kemnath: Kistenfeger Friedrich Jos.
Kempten I: Kuchenbaur Ludw., Justizrat.
„ II: Bayer Georg.
Kipfenberg: Stubenrauch Dr. Wilhelm Ritter und Edler v.
Kirchenlamitz: Loder Martin.
Kirchheimbolanden I: Müller Gust. Ad., Justizrat.
„ II: Schneider Dr. Frd.
Kissingen: Löhe Dr. Hans.
Kitzingen: Böckler Friedrich.
Klingenberg: Hippler Heinrich.
Königshofen: Wunderl Karl.
Kötzting: Mayer Ferdinand.
Kronach: Vogler Franz.
Krumbach I: Fertig Richard.
„ II: — — —.
Kulmbach: Popp Dr. Ludwig.
Kusel I: Barthelmä Karl.
„ II: Juncker Johann.
Landau a. I.: Graf Eugen.
Landau (Pfalz) I: Müller Friedr., Justizrat.
„ „ II: Lintz Karl Frd., Justizrat.
„ „ III: Giessler Jakob, Justizrat.
„ „ IV: Zimpelmann Wilh.
Landsberg I: Seitz Ant.
„ II: Hubbauer Otto.
Landshut I: Bauschinger Emil.
„ II: Schmid Gg. Mich.
Landstuhl I: Scheerer Jak., Justizrat.

Landstuhl II: Wiest August, Justizrat.
Lauf: Schneider Christoph.
Laufen: Maier Anton.
Lauingen: Meiche Karl.
Lauterecken: Rheinheimer Dr. Eugen.
Lichtenfels: Götzelmann Ferd.
Lindau: Grassmann Ludwig.
Lohr: Schmitt Gottfried.
Ludwigshafen a. Rh. I: Däuwel Joh., Justizrat.
„ „ II: Wenner Ludw., Geh. Justizrat.
„ „ III: Hauber Ludw.
Ludwigsstadt: Stadlbaur Wilh.
Mainburg: Falkner von Sonnenburg Karl Joseph, Justizrat.
Mallersdorf: Bott Anton.
Marktbreit: Bibra Frhr. v. K.
Markt Erlbach: Stapf Wilhelm.
Marktheidenfeld I: — — —.
„ II: Hock Hans.
Markt Oberdorf: Hepp Heribert Otto.
Mellrichstadt: Binder Joseph.
Memmingen I: Wöckel Friedr.
„ II: — — —.
Miesbach: Rösen August.
Miltenberg: Kohlhaas Franz.
Mindelheim: Rupprecht Albert.
Mitterfels: Zimmermann Anton, Justizrat.
Monheim: Vierheilig Wilhelm.
Moosburg: Eigner Joseph.
Mühldorf: Weinkamm Johann.
Münchberg: Widenmayer Dr. Hermann.
München I: Wäckerle Andreas, Justizrat.
„ II: Dennler Dr. Wilh.
„ III: Osenstätter Peter, Justizrat.
„ IV: Harrasser Ferdin.
„ V: Schad Dr. Karl.
„ VI: Böck Anton, Justizrat.
„ VII: Hellmaier Joseph, Justizrat.
„ VIII: Roth Ernst, Justizrat.
„ IX: Schmidt Oskar.
„ X: Ernst Joseph.
„ XI: Förster Emil.
München XII: Lenz Karl, Justizrat.
„ XIII: Pündter Dr. Frz., Justizrat.
„ XIV: Weinmann Max.
„ XV: Walter Dr. Hugo.
„ XVI: Öhl Joseph.
„ XVII: — — —.
Münnerstadt: Hippler Ferd.
Mutterstadt: Wittmann Georg.
Nabburg: Obermayer Karl.
Naila: Acher Andreas.
Neuburg a. D. I: Krafft Wilhelm.
„ „ II: — — —.
Neukirchen: Rösch Max.
Neumarkt (Oberpfalz): Eder Eugen, Justizrat.
Neumarkt a. R.: Bachmair Jos., Geh. Justizrat.
Neunburg v. W.: Mohr Ulrich.
Neustadt a. A.: Winkelbaur Jos.
Neustadt a. H. I: Rupprecht Frdr.
„ „ II: Marx Dr. Siegfried.
„ „ III: Müller Philipp.
Neustadt a. S.: Steinbach Ludw.
Neustadt a. WN.: Dorfmüller Theodor.
Neu-Ulm: Wehgartner August.
Nittenau: Zech Raimund.
Nördlingen: Hermann Frdr., Justizrat.
Nordhalben: Verweser: Nothhaas Hugo, Amtsgerichtssekretär.
Nürnberg I: Höhl Michael Jos., Geh. Justizrat.
„ II: Wittmann Franz Xaver.
„ III: Kress Ferdinand, Justizrat.
„ IV: Faubel Joseph, Justizrat.
„ V: Stett Otto, Justizrat.
„ VI: Lösch Friedrich.
Obergünzburg: Hollweck Ant.
Obermoschel: Weil Wilhelm, Justizrat.
Obernburg: Erzberger Julius, Justizrat.
Oberviechtach: Pichlmayr Rob.
Ochsenfurt: Weidhofer Ludwig.
Öttingen: Schieder Heinrich.
Osterhofen: Castenauer Karl.

Otterberg: Linder Otto.
Ottobeuren: Braun Jakob.
Pappenheim: Merz Eduard.
Parsberg: Kronberger Dr. Karl.
Passau I: Hunglinger Ludwig, Justizrat.
„ II: — — —.
„ III: Herele Ludwig.
Pegnitz: Gebhard Hermann.
Pfaffenhofen: Wenninger Jos., Justizrat.
Pfarrkirchen: Rost Karl.
Pirmasens I: Scherer Dr. Theod.
„ II: Harteneck Gustav.
„ III: Krehbiel Christ.
Pottenstein: Baumeister Joseph.
Prien: Weiss Andr., Just.zrat.
Rain: Merz Siegmund.
Regen: Grün Hermann.
Regensburg I: Marschall Franz.
„ II: Weiler Friedrich.
„ III: Praun Dr. Th., Justizrat.
Regenstauf: Erdl Andreas.
Rehau: Griesbeck Franz Xaver.
Reichenhall: Burkart Franz.
Rheinzabern: Herrmann Emil, Justizrat.
Riedenburg: Putz Wilhelm.
Rockenhausen: Gortner Adam, Justizrat.
Roding: Spatze Wilhelm.
Rosenheim I: Heimer Friedr., Justizrat.
„ II: Rupprecht E., Justizrat.
Roth: Hennecke Ferdinand.
Rothenburg o. T.: Jung Joseph, Justizrat.
Rottenburg (Niederbayern): Kazner Otto.
Rotthalmünster: Glasl Anton.
Scheinfeld: Röser Karl.
Schesslitz: Engert Franz.
Schillingsfürst: Verweser: Wülfert F., Amtsgerichtssekretär.
Schöllkrippen: Kraft Bernhard.
Schongau: Bram Ludwig, Justizrat.
Schrobenhausen: Stinglwagner Albert.
Schwabach: Göss Friedrich.
Schwabmünchen: Bunk Leonh.
Schwandorf: Gabel Hr.
Schweinfurt I: Lehner Ludwig.
„ II: Böhm Georg.
Selb: Eyermann Dr. Konrad.
Sesslach: Verweser: Eckart, Theod., Amtsgerichtssekretär.
Simbach: Gabler Gustav.
Sonthofen: Grimm Robert.
Speyer I: Grass Karl, Justizrat.
„ II: Forthuber Max, Justizrat.
„ III: Kuhn Philipp.
Stadtamhof: Dengler Friedrich Michael.
Stadtprozelten: Verweser: Burger Hr., Amtsgerichtssekretär.
Stadtsteinach: Sailer Ludwig.
Staffelstein: Leuchs Joseph.
Starnberg: Hörmann Franz Xav.
Straubing I: Mayer Eduard.
„ II: Stautner Friedr.
Sulzbach: Kreitner Dr. August.
Tegernsee: Rosner Ludwig.
Thiersheim: Verweser: Witzgall Joh., Amtsgerichtssekretär.
Thurnau: Verweser: Kuhr Hans, Amtsgerichtssekretär.
Tirschenreuth: Haselberger Jos.
Tittmoning: Weiss Eduard.
Tölz: Witti Karl.
Traunstein: Trost Johann Bapt., Justizrat.
Trostberg: Markl Martin.
Türkheim: Eichheim Anton.
Uffenheim: Schätz Georg.
Viechtach: Oberneder Andreas.
Vilsbiburg: Stühler Georg, Justizrat.
Vilseck: Scheuer Otto.
Vilshofen: Schleifer Joseph.
Vohenstrauss: Link Max.
Volkach: Feichtinger Dr. Eugen.
Waldfischbach: Franzreb Jakob, Justizrat.
Waldkirchen: Schulz Anton.
Waldmohr: Wiest Ernst, Justizrat.
Waldmünchen: Reichl Jakob.
Waldsassen: Kapfhamer Moritz.
Wasserburg: Hindelang Joseph.
Wassertrüdingen: Ramge Bernhard, Justizrat.
Wegscheid: Reitz Otmar.
Weiden: Rühl Ernst.
Weidenberg: Verweser: Ritter Ludwig, Amtsrichter.
Weiler: Wirth Alois Joseph.

Weilheim I: Eisenhofer Ferd.
„ II: Brügel Karl.
Weismain: Würth Max.
Weissenburg i. B.: Bühlmann Friedrich.
Weissenhorn: Zachariä Eduard.
Werneck: Wernhard Andreas.
Wertingen: Mayr Franz.
Wiesentheid: Verweser: Herbst Joseph, Amtsgerichtssekretär.
Windsheim: Mayer Ferdinand.
Winnweiler: Reiser Joseph.
Wörth: Reiss Franz Xaver.
Wolfratshausen: Scharf Karl, Justizrat.
Wolfstein: Löw Richard, Justizrat.
Würzburg I: Bub Michael.
„ II. Haun Georg.
„ III: Gramming Dr. Karl.
„ IV: Prössl Dr. Joseph.
„ V. Mauter Aquilin.
Wunsiedel: Donle Ernst.
Zell: — — —.
Zusmarshausen: Weckerle Rich.
Zweibrücken I. Völckel Jakob.
„ II: Schleip Karl, Justizrat.
„ III: Nössel Otto, Justizrat.

7. Kulturbauämter.

Errichtet mit Allerh. VO. v. 21. Dezember 1908. — GVBl. 1908 S. 1159.

Die derzeitigen Kulturbauämter mit ihren Bezirken.

Ansbach. Städte: Ansbach, Dinkelsbühl, Rothenburg, Weissenburg; Bez.-Aemter. Ansbach, Dinkelsbühl, Feuchtwangen, Gunzenhausen, Rothenburg, Uffenheim, Weissenburg. Vorstand Adolf Brunner Bez.-Kulturing., Reg.-B. Ottmar Huss, Bauführer Joh. Schmitt.

Bamberg. Städte Bamberg, Forchheim; Bez.-Aemter: Bamberg I u. II, Forchheim, Höchstadt a. A., Kronach, Lichtenfels, Staffelstein, Teuschnitz, Amtsger.-Bez. Ebermannstadt. Vorstand Gg. Schultheiss Bez.-Kulturing; Bauführer Albr Müller, Max Porsch, Kult.-Aufs. Eberh. Schröder, Z. u. K.-Geh. Gust. Köchel.

Bayreuth. Städte: Bayreuth, Hof, Kulmbach, Bez.-Aemter Bayreuth, Berneck, Hof, Kulmbach, Münchberg, Naila, Pegnitz Rehau, Stadtsteinach, Wunsiedel, Amtsger.-Bez. Hollfeld. Vorstand: Gg. Samhammer Bauamtsassess.; Reg.-B. Gg Schenk, Bauführer Adam Roth, Hnr. Strunz, Jos. Scheurmann, Z. u. K.-Geh. Rich. Müller.

Deggendorf. Städte Deggendorf, Landshut, Straubing, Bez.-Aemter: Deggendorf, Bogen, Dingolfing, Grafenau, Kelheim. Kötzting, Landau, Landshut, Mainburg, Mallersdorf, Regen, Rottenburg, Straubing, Viechtach, Amtsger.-Bez.: Osterhofen. Vorstand Karl Obermüller Bauamtsassess.; Reg.-B. Ludw. Reichart; Bauführer: Albert Hessdörfer, Jul. Brand, Ambros Eschenbach.

Donauwörth. Städte Donauwörth, Neuburg, Nördlingen; Bez.-Aemter Donauwörth, Neuburg, Nördlingen, Wertingen, Amtsger.-Bez. Höchstätt. Vorstand: Christian Peruzzi Bez.-Kulturing; Jos. Heintz Bauamtsassessor; Bauführer: Aloys Barthelme, Alex. Freund.

Günzburg. Städte: Günzburg, Augsburg, Neuulm, Bez.-Aemter: Günzburg, Augsburg, Illertissen, Krumbach, Neuulm, Zusmarshausen, Amtsger.-Bez. Dillingen (einschl. Stadt Dillingen), Lauingen. Vorstand: Friedr. Hertlein Bez.-Kulturing.; Reg.-B. R. Sachsberger, Bauführer Ludw. Schreck, Johann Hofmann.

Homburg. Bez.-Aemter Homburg, St. Ingbert, Kaiserslautern, Kusel, Pirmasens, Zweibrücken, Amtsger.-Bez.: Annweiler. Vorstand: Friedr. Meyer Bez.-Kulturing. (m. Titel und Rang e. Bauamtm.), Bauführer: Gg. Eitel u. Albert Schmitt; Hilfs-T.: Gg. Güthlein, Frdr. Hamm.

Ingolstadt. Stadt: Ingolstadt, Bez.-Aemter Ingolstadt, Aichach, Dachau, Friedberg, Pfaffenhofen, Schrobenhausen. Vorstand Karl Pfnür Bez.-Kulturing. Bauführer Barth. Endl.

Kaufbeuren. Stadt Kaufbeuren, Bez.-Aemter Kaufbeuren, Füssen, Mindelheim, Marktoberdorf, Schwabmünchen. Vorst.: Heinr. Bauer Bez.-Kulturing. (m. Titel und Rang e. Bauamtm.). Bauführer: Karl Kerber

Kempten Städte: Kempten, Lindau, Memmingen; Bez.-Aemter Kempten, Lindau, Memmingen, Sonthofen. Vorstand: Jul. Müller Bauamtsasses.; Bauführer: Hans Krenn; Hilfs-T.: Helbig; Z. u. K.-Geh.: Gansser.

Mühldorf. Bez.-Aemter: Mühldorf, Altötting, Laufen, Wasserburg; Amtsger.-Bez.: Dorfen. Vorstand: Zink Friedrich Bauamtsassess., Bauführer: Max Wörle, Adam Meissner.

München. Städte. München, Freising, Bez.-Aemter: München, Ebersberg, Freising, Fürstenfeldbruck, Tölz, Wolfratshausen; Amtsger.-Bez.: Erding. Vorstand: Wilh. Bischoff Bez.-Kulturg. (m. Titel und Rang e. Bauamtmannes); Christian Schneider Bez.-Kulturing.; Bauführer: Mich. Keller, Ant. Kürzeder.

Neustadt a. H. Bez.-Aemter Neustadt, Dürkheim, Frankenthal, Germersheim, Kirchheimbolanden, Landau, Ludwigshafen, Rockenhausen, Speyer; Amtsger.-Bez. Bergzabern. Vorstand: Oskar Grob Bauamtsassess.; Nebenbeamter: Hugo Classen Bez.-Kulturing.

Nürnberg. Städte: Nürnberg, Eichstätt, Erlangen, Fürth, Schwabach; Bez.-Aemter. Nürnberg, Eichstätt, Erlangen, Fürth, Hersbruck, Hilpoltstein, Lauf, Neustadt a. A., Scheinfeld, Schwabach. Vorstand: Heinr. Spott Bez.-Kulturing. (m. Titel und Rang e. Bauamtmannes); Reg.-B. Leipoldinger, Bauführer: Eduard Schwab.

Pfarrkirchen. Stadt: Passau, Bez.-Aemter Pfarrkirchen, Eggenfelden, Griesbach, Passau, Vilsbiburg, Wegscheid, Wolfstein; Amtsger.-Bez.: Vilshofen. Vorstand Gust. Bachmann Bez.-Kulturing. (m. Titel und Rang e. Bauamtm.) u. Vorst. d. Kulturtechnischen Schule Pfarrkirchen, Reg.-B. Hugo Rich u. Eugen Vogler, Bauführer Gg. Rösch, Karl Goller.

Regensburg. Stadt: Regensburg; Bez.-Aemter: Regensburg, Beilngries, Burglengenfeld, Cham, Neunburg v W., Parsberg, Rindenburg, Roding, Stadtamhof, Waldmünchen, Amtsger.-Bez.: Neumarkt einschl. Stadt Neumarkt. Vorstand: Ludw. Lutz Bauamtsassess.; Bauführer Adelmann.

Rosenheim. Städte Rosenheim, Traunstein; Bez.-Aemter: Rosenheim, Aibling, Berchtesgaden, Miesbach, Traunstein. Vorstand Ludw Volk Bez.-Kulturing (m. Titel und Rang eines Bauamtmanns); Reg.-B.: Jak. Aschbauer, Hans Popp; Bauführer: Joh. Bapt. Leimbach, Ludw. Gross; Kult.-Aufs.: Weinberger.

Schweinfurt. Städte: Schweinfurt, Kissingen, Kitzingen, Bez.-Aemter: Schweinfurt, Ebern, Gerolzhofen, Hassfurt, Hofheim, Kissingen, Kitzingen, Königshofen, Mellrichstadt, Neustadt a. S. Vorstand: Jos. Prötzel Bauamtsassess.; Reg.-B.: Heinr. Koch.; Hilfs-T.: Joh. Blatt, Jos. Leberfing; K.-Geh.: Val. Müller

Weiden. Stadt: Amberg; Bez.-Aemter Neustadt a. W.-N., Amberg, Eschenbach, Kemnath, Nabburg, Oberviechtach, Sulzbach, Tirschenreuth, Vohenstrauss, Amtsger.-Bez.: Kastl. Vorstand Adalb. Wiesner Bauamtsassess.; Bauführer Jos. Frischholz, Mich. Heitzer.

Weilheim. Stadt: Landsberg, Bez.-Aemter: Weilheim, Garmisch, Landsberg, Schongau, Starnberg. Vorstand Friedr Güllich Bez.-Kulturing. (m. Titel u. Rang eines Bauamtm.); Bauführer Gg. Tilger, Joh. Ailler.

Würzburg. Städte: Würzburg, Aschaffenburg; Bez.-Aemter: Würzburg, Alzenau, Aschaffenburg, Brückenau, Gemünden, Hammelburg, Karlstadt, Lohr, Marktheidenfeld, Miltenberg, Obernburg, Ochsenfurt. Vorstand Aug. Weinmayr Bauamtsassess.; Bauführer: Christoph Hessdörfer, Bernh. Wolz.

8.
Unmittelbare Magistrate.

Oberbayern.

München	Ingolstadt	Rosenheim
Freising	Landsberg	Traunstein

Niederbayern.

Landshut	Passau
Deggendorf	Straubing

Pfalz.

Landau

Oberpfalz und Regensburg.

Regensburg	Amberg	Neumarkt

Oberfranken.

Bayreuth	Forchheim	Kulmbach
Bamberg	Hof	

Mittelfranken.

Ansbach	Erlangen	Rothenburg
Dinkelsbühl	Fürth	Schwabach
Eichstätt	Nürnberg	Weissenburg i. B.

Unterfranken und Aschaffenburg.

Würzburg	Bad Kissingen	Schweinfurt
Aschaffenburg	Kitzingen	

Schwaben und Neuburg.

Augsburg	Kaufbeuren	Neuburg
Dillingen	Kempten	Neuulm
Donauwörth	Lindau	Nördlingen
Günzburg	Memmingen	

9.
Verzeichnis der Amtsärzte.

(VO. vom 6. Febr. 1876 (GVBl. 1876, 201), jetzt VO. vom 7. Novbr. 1908 (GVBl. 1908, 973) die Prüfung für den ärztlichen Staatsdienst betr.)

Abkürzungen: LA. = Landgerichtsarzt; B. — Bezirksarzt; St. = bezirksärztlicher Stellvertreter; St. r. = remunerierter bezirksärztlicher Stellvertreter. Sämtliche Amtsärzte sind Dr. med.; * vor dem Namen = Titel und Rang eines k. Medizinalrates.

a) Kreis-Medizinalräte.

Ansbach	Dr. Bruglocher
Augsburg	Dr. Utz
Bayreuth	Dr. Obermayr
Landshut	Dr. Neithardt
München	Dr. Messerer, Univ.-Prof.
Regensburg	Dr. Burgl
Speyer	Dr. Demuth
Würzburg	Dr. Egger

b) Landgerichts- und Bezirksärzte und bezirksärztliche Stellvertreter.

Abensberg	Grimminger St.
Aibling	Krebs B.
Aichach	Müller B.
Altdorf	Haass St.
Altötting	Schmid B.
Alzenau	Gutermann B.
Amberg	*Mayer Ferd. LA.
	Steichele B.
Amorbach	Reiter St.
Annweiler	Geiss St. r.
Ansbach	Schwink LA.
	Federschmidt B.
Arnstein	Dietrich St.
Arnstorf	Schrott St.
Aschaffenburg	Löffler LA. B.
Aub	Ritter St.
Auerbach	Löffler St.
Augsburg	Schalkhauser Chr. LA.
(Land)	— —
(Stadt)	*Böhm B.
Babenhausen	Schenk St.
Bamberg	*Zinn LA.
Stadt u.B.-A.I	Löffler B.
Bamberg II	Schneller B.
Baunach	Streit St.
Bayreuth	Weiss LA.
	*Solbrig B.
Beilngries	*Thenn B.
Berchtesgaden	Grassler B.
Bergzabern	Rohmer B.
Berneck	Uebl B.
Bischofsheim	Winkler St. r.
Blieskastel	Höchtlen St. r.
Bogen	Erhard B.
Brückenau	Daxenberger B.
Buchloe	Molitor St.
Burgau	Brunner St.
Burgebrach	Schmidt St.
Burghausen	Hubbauer St.
Burglengenfeld	Gmehling B.
Cadolzburg	Hammel St.
Cham	Beyer B.
Dachau	Hausmann B.
Dahn	Demetz St. r.
Deggendorf	Bayerl LA.
	Tischler B.
Dettelbach	Wander St.
Dillingen	Stömmer B.

Dingolfing	Fuchs B.
Dinkelsbühl	Pürckhauer B.
Donauwörth	Hug B.
Dorfen	Schnabelmaier St.
Dürkheim	Spies B.
Ebermannstadt	Mayr B.
Ebern	Stickl B.
Ebersberg	Schrank B.
Edenkoben	König St.
Eggenfelden	Sitzberger B.
Eichstätt	Pickl LA.
	Schirmer B.
Eltmann	Lauk St.
Ellingen	Russ St.
Erbendorf	Brusis St. r.
Erding	Rauh B.
Erlangen	Bischoff B.
Eschenbach	Oberweiler B.
Euerdorf	Oschmann St.
Feuchtwangen	Thon Frhr. von Dittmer B.
Forchheim	Bitton B.
Frankenthal	Kreuz LA. B.
Freising	Grüb B.
Friedberg	Schöppner B.
Furth	Obmann St. r.
Fürstenfeldbruck	Zöllner B.
Fürth	Baumann LA.
	Späth B.
Füssen	Schmitt B.
Garmisch	Aumüller B.
Geisenfeld	Werner St.
Gemünden	Mangelsdorff B.
Germersheim	Herrmann B.
Gerolzhofen	Aschenbrenner B.
Grafenau	Eder B.
Gräfenberg	Siebenhaar St.
Greding	Wolf St.
Griesbach	Rothammer B.
Grünstadt	Frantz St.
Gunzenhausen	*Eidam B.
Günzburg	Nothhaas B.
Haag	Wurm St.
Hammelburg	Maar B.
Hassfurt	Hohenberger B.
Heidenheim	Köhler St.
Heilsbronn	Rüdel St.
Hemau	Geiger St.
Hengersberg	Bauer St.
Herrieden	Mandel St.
Hersbruck	Mayer B.
Herzogenaurach	Walther St.
Hilpoltstein	Seidel B.

Hof	Miller LA.
	Dietsch B.
Hofheim	Kundmüller B.
Hollfeld	Severin St. r.
Homburg	Müller B.
Höchstadt a. A.	Günther B.
Höchstädt a. D.	Bogner St.
Illertissen	Borger B.
Immenstadt	Müller St.
Ingbert St.	Hörner B.
Ingolstadt	Miller B.
Kaiserslautern	Kühn LA., B.
Kandel	Vogt St.
Karlstadt	Trzetziack B.
Kastl	Degen St. r.
Kaufbeuren	Lüst B.
Kelheim	Weber B.
Kemnath	Enzensperger B.
Kempten	RedenbacherLA.
	Weikard B.
Kipfenberg	Bauer St.
Kirchheimbolanden	Becker B.
Kirchenlamitz	Franke St. r.
Kissingen	*Vanselow B.
Kitzingen	Braun B.
Klingenberg	Endres St.
Königshofen	Braun B.
Kötzting	Weber B.
Kronach	*Schöpp B.
Krumbach	Vogler B.
Kulmbach	Braun B.
Kusel	Plauth. B.
Landau a. I.	Bernhuber B.
Landau Pf.	*v.Hösslin LA. B.
Landsberg	Brinsteiner B.
Landshut	Grahammer LA.
	Späth B.
Landstuhl	Fiedler St. r.
Lauf	Schlier B.
Laufen	Neumiller B.
Lauingen	Schum St.
Lauterecken	Roth St. r.
Lichtenfels	Zorn B.
Lindau	Grassl B.
Lohr	Preisendörfer B.
Ludwigshafen	*Alafberg B.
Ludwigstadt	(s. Teuschnitz)
Mainburg	Breunig B.
Mallersdorf	Weckerle B.
Marktbreit	May St.
Markt Erlbach	Götzfried St.
Marktheidenfeld	Hörger B.
Markt Oberdorf	Seelos B.

Mellrichstadt	Hofmann B.
Memmingen	Klemz LA.
	Bschorer B.
Miesbach	Weiss B.
Miltenberg	Baumgart B.
Mindelheim	Drossbach B.
Mitterfels	Mitterhuber St.
Monheim	Michel St.
Moosburg	Fellerer St.
Mühldorf	Lutz B.
Münchberg	Sölch B.
München I	Hermann LA.
	Richter LA., Univ.-Prof.
	Becker B.(st.LA.) Physik.-Ass.
	Bihler B.
München II	Erdt LA.
Pol.-Dir.	*Henkel B.
„	Marzell B.
„	Stumpf, Zentral-impfarzt
München B.-A	Angerer B.
	Dall'Armi v. B.
Münnerstadt	Husslein St.
Nabburg	Schmidt B.
Naila	Hofmann B.
Neuburg a. D.	*WollenweberLA.
	Heissler B.
Neukirchen	Mayer St. r.
Neumarkt a. R.	Lechner St.
Neumarkt Opf.	*Grundler B.
Neunburg v. W.	Bauer B.
Neustadt a. A.	Schelle B.
Neustadt a. H.	Spenkuch B.
Neustadt a. S.	Blümm B.
Neustadt a. WN.	Kaspar B.
Neuulm	Wiedemann B.
Nittenau	Müller St. r.
Nordhalben	Bauer St. r.
Nördlingen	Krämer B.
Nürnberg	Frickinger LA.
	Merkel B.
	*Wetzel B.
	Harder B.
	Knehr LA.
Obergünzburg	Wille St.
Obermoschel	Raab St.
Obernburg	*Blümm B.
Oberviechtach	Deppisch B.
Ochsenfurt	Brugger B.
Oettingen	Koch St.
Osterhofen	Rüth St.
Otterberg	Emrich St.
Ottobeuren	Berchtold St.
Pappenheim	Singer St.
Parsberg	Eisenhofer B.
Passau	Kufner LA.
	Steinhuber B.
Pegnitz	Schön B.
Pfaffenhofen	Hartmann B.
Pfarrkirchen	Niedermaier B.
Pirmasens	Mann B.
Pottenstein	Locher St. r.
Prien	Stummer St.
Rain	Steindl St.
Regen	Edenhofer B.
Regensburg	*Luckinger LA.
	Boecale B.
Regenstauf	Fink St.
Rehau	Rittmayr B.
Reichenhall	Schöppner St. r.
Riedenburg	Lauer B.
Rockenhausen	Detzel B.
Roding	Nothaass B.
Rosenheim	Auer B.
Roth	Palmedo St.
Rothenburg o. T.	Goehring B.
Rottenburg NB.	Hoepfl B.
Rotthalmünster	Hinker St.
Scheinfeld	Hertel B.
Schesslitz	Kröhl St.
Schillingsfürst	Pickel St.
Schongau	Putscher B.
Schöllkrippen	Becher St.
Schrobenhausen	Führer B.
Schwabach	Raab B.
Schwabmünchen	Gros B.
Schwandorf	Ochsenkühn St.
Schweinfurt	Kraus LA.
	Kihn B.
Selb	Schaad St.
Sesslach	Gimple St. r.
Simbach	Fritsch St.
Sonthofen	Kienningers B.
Speyer	*v. Hörmann B.
Stadtamhof	Steininger B.
Stadtprozelten	Höchstetter St.
Stadtsteinach	Büller B.
Staffelstein	Bergmann B.
Starnberg	Schmitz B.
St. Ingbert	Hörrner B.
Straubing	Held LA.
	*Appel B.
Sulzbach	Schäfer B.
Tegernsee	Schöner St.
Teuschnitz	Schultz B.
Thiersheim	Kurths St. r.
Thurnau	Pollmann St.

Tirschenreuth	Möges B.
Tittmoning	Speth St.
Tölz	*Fortner B.
Traunstein	Pfeiffer LA.
	*Schweinberger B.
Trostberg	Emoan St.
Türkheim	Hegler St.
Uffenheim	Hofmann B.
Viechtach	Aldinger B.
Vilsbiburg	Schütz B.
Vilseck	Frank St.
Vilshofen	*Schmid B.
Vohenstrauss	Kohler B.
Volkach	Werkmeister St.
Waldfischbach	Zwecker St.
Waldkirchen	Pfau St.
Waldmohr	— —
Waldmünchen	Hofhammer B.
Waldsassen	Seidl St.
Wasserburg	*Härtl B.
Wassertrüding.	Adel St.
Wegscheid	Schub B.
Weiden	*Entres LA.
Weidenberg	Schrön St. r.
Weiler	Meyer St.
Weilheim	Zantl B.
Weismain	Castorph St.
Weissenburg i. B.	Dörfler B.
Weissenhorn	Rüdinger St.
Werneck	Dorn St.
Wertingen	Reichert B.
Wiesentheid	Bausewein St.
Windsheim	Hagen St.
Winnweiler	Hennig St.
Wolfratshausen	Bredauer B.
Wolfstein Pf.	Wunder St. r.
Wolfstetn NB.	Westermayer B.
Wörth a. D.	Neumeier St.
Wunsiedel	Wild B.
Würzburg	Stumpf Prof. LA.
(Stadt)	*Hofmann B.
(Land)	*Blanalt B.
Zusmarshausen	Dischinger B.
Zweibrücken	Faber LA. B.
	Frank B.

10. Verzeichnis der Nebenrechnungen.

I. Zur Staatsfondsrechnung.

Nr.

1. Gesamt-Solleinnahme, wirkliche Einnahme, Rückstände und Nachlässe
   an direkten Steuern, Kreisumlagen und protestantischen Kirchensteuern,
   an Gefällen der besonderen Betriebe des Staates,
   an Grundgefällen,
   an übrigen Einnahmen.
2. Solleinnahme an Grundsteuer und Fischwassersteuer für das laufende Jahr.
3. Solleinnahme an Haussteuer für das laufende Jahr.
4. Solleinnahme an Gewerbsteuer für das laufende Jahr.
5. Solleinnahme an Kapitalrentensteuer für das laufende Jahr.
6. Solleinnahme an Einkommensteuer für das laufende Jahr.
7. Gesamt-Solleinnahme, wirkliche Einnahme, Rückstände und Nachlässe an Erbschaftssteuern, Gebühren, Stempelabgaben, Strafen und Gerichtsauslagen.
8. Solleinnahme an Erbschaftssteuern, Gebühren und Strafen, dann an Forstschadensersätzen für das laufende Jahr.
9. Solleinnahme aus den besonderen Betrieben des Staates für das laufende Jahr.
10. Solleinnahme an Grundgefällen für das laufende Jahr.
11. Solleinnahme an besonderen Abgaben für das laufende Jahr.
12. Einnahmen aus Vergütungen für die Besorgung von Nebengeschäften durch die Rentämter, dann Zustell-, Mahn- und Vollstreckungsgebühren der Rentämter.
13. Gemischte Einnahmen.
14. Solleinnahme an Messungsgebühren der Messungsämter.
15. Besoldungen der Beamten und Bediensteten, dann Kosten für Stellvertretung, Geschaftsaushilfe und besondere Leistungen durch alle Etats.
16. Tagegelder und Reisekosten durch alle Etats.
17. Sächliche Verwaltungs- und Betriebsausgaben.
18. Umzugskosten durch alle Etats.
19. Distriktsumlagen des Staates.
20. Gemeindeumlagen des Staates.
21. Passivreichnisse des Staates.
22. Ausgaben auf die Gebäude durch alle Etats.
23. Post-, Telegramm- und Telephongebühren durch alle Etats.
24. Tantiemen der Notare.
25. Steuerbeitrage nach dem Gesetze vom 28. März 1852.
26. a) Sächliche Ausgaben der Gerichte, Staatsanwaltschaften, Notariate und Gerichtsgefängnisse,
    b) Kosten der Einführung des Bürgerlichen Gesetzbuches und der Nebengesetze,
    c) Kosten der Versammlungen der Waisenräte;
    d) Sonstige Ausgaben in Strafsachen.
27. Gerichtsauslagen und sonstige Kosten in bürgerlichen Rechtsstreitigkeiten, in Angelegenheiten der freiwilligen Gerichtsbarkeit, in Disziplinarsachen und Justizverwaltungssachen.

Nr.

28. Untersuchungs- und Strafvollzugskosten.
29. Kosten der Schwur- und Schöffengerichte.
30. Unterstützungen auf Rechnung des allgemeinen Etats der Justiz.
31. Abgaben der Notare für die Zwecke der Versorgungseinrichtungen des Notariats.
32. a) Sächliche Ausgaben der Bezirksämter;
    b) Uebrige Ausgaben auf den Etat der allgemeinen inneren Verwaltung.
33. a) Sächliche Ausgaben der äusseren Baubehörden;
    b) Unterstützungen auf Rechnung des Etats der Staatsbauverwaltung,
    c) Strassen-, Brücken- und Wasserbaukosten,
    d) Uebrige Ausgaben auf den Etat der Staatsbauverwaltung.
34. Ausgaben auf den Etat für Gesundheit mit Ausnahme der persönlichen Ausgaben.
35. Ausgaben auf den Etat für Wohltätigkeit.
36. Ausgaben auf den Etat der Polizeiverwaltung mit Ausnahme der persönlichen Ausgaben.
37. Ausgaben auf den Etat für Landwirtschaft mit Ausnahme der persönlichen Ausgaben.
38. Ausgaben auf den Etat für besondere Leistungen des Staates an Gemeinden und Distrikte.
39. Ausgaben auf den Etat für Erziehung und Bildung.
40. Ausgaben auf den Etat für kirchliche Zwecke.
41. Steuervorschüsse für die unzureichend dotierten Benefizien.
42. Sächliche Ausgaben und übrige Ausgaben auf den Etat der allgemeinen Finanzverwaltung.
43. Unterstützungen des Personals der Rentämter und der Hinterbliebenen desselben.
44. Kosten der Reichstagswahlen.
45. Pensionen und Unterhaltsbeiträge, dann Unterstützungen aus den Unterstützungsvereinen und den hiemit verbundenen Töchterkassen.
46. Ausgaben auf Rechnung der allgemeinen Reserve für unvorhergesehene und unabweisbare Ausgaben.

II. Zur Forstrechnung.

1. Gesamt-Solleinnahme, wirkliche Einnahme, Rückstände und Nachlässe an Forst-, Jagd- und Triftgefällen.
2. Solleinnahme aus der forstamtlichen Holzverwertung für das laufende Jahr.
3. Solleinnahme aus Forstnebennutzungen für das laufende Jahr.
4. Solleinnahme an Gegenleistungen und Steuerbeiträgen der Forstberechtigten für das laufende Jahr
5. Solleinnahme an Besoldungsbeiträgen von Stiftungen, Gemeinden und Privaten für das laufende Jahr
6. Sonstige Einnahmen aus Forsten für das laufende Jahr.
7. Solleinnahme aus den in Staatsregie betriebenen Jagden für das laufende Jahr.
8. a) Solleinnahme aus der Jagdverpachtung für das laufende Jahr.
   b) Sonstige Einnahmen aus Jagden für das laufende Jahr.

Nr.
9. Solleinnahme an Entschädigungen nach Artikel 3 und 8 des Jagdgesetzes vom 30. März 1850 für das laufende Jahr
10. Material-Einnahme und Verwendung aus Holztriften und Holzhöfen.
11. Solleinnahme aus Holztriften und Holzhöfen für das laufende Jahr.
12. Solleinnahme aus Gebäuden und Grundstücken der Forst-, Jagd- und Triftverwaltung für das laufende Jahr.
13. Besoldungen der Beamten und Bediensteten, dann Kosten für Stellvertretung, Geschäftsaushilfe und besondere Leistungen.
14. Tagegelder und Reisekosten, sächliche Ausgaben und Betriebskosten, dann Kosten auf die Erhebung und Auszahlung der Waldarbeiterlöhne.
15. Umzugskosten.
16. Unterstützungen der Pensionisten und Relikten des Forst-, Jagd- und Triftpersonals.
17. Ausgaben auf die Dienstgebäude der Beamten und Bediensteten.
18. Lasten der Forst-, Jagd- und Triftrealitäten mit Ausnahme der Passivreichnisse.
19. Passivreichnisse.
20. Uebrige Ausgaben.

III. Zur Kreisfondsrechnung.

1. Berechnung der Kreisumlagen.
2. Nachweisung der Regieausgaben.
3. Nachweisung des Aufwands auf Erziehung und Bildung mit Anhang A und B.
4. Nachweisung der Bauausgaben.

IV. Staatsgüterfondsrechnung.

1. Anzeige über die Hindernisse, welche der bereits angeordneten Durchführung ärarialischer Grunderwerbungen, Grundveräusserungen und Forstrechtseinlösungen in der Staatsgüterfondsrechnung etwa noch entgegenstehen, unter Bezeichnung der betr. Min.-Entschliessungen und der einschlägigen Fonds, oder Fehlanzeige hierüber.
2. Libell.

V. Ablösungskasserechnung.

1. Nebenrechnung über das Verrechnungssoll der Bodenzinse der Ablösungskasse des Staates.
2. Libell über Rückstände und Nachlässe an Bodenzinsen der K. Grundrentenablösungskasse des Staates.
3. Libell über Rückstände und Nachlässe an Restergänzungen, Ablösungskapitalien und Handlohnsäquivalenten der Ablösungskasse des Staates.

11. Verzeichnis

der von der inneren Revision dem K. Abrechnungskommissär vorzulegenden Rechnungen, Belege, Akten etc. etc. des K. Rentamts ....

Fortl. Nr.	Vortrag	Bemerkungen
1	Rechnungen des Vorjahrs	
2	Hauptrevisionsprotokolle des Vorjahrs	
3	Rechnungen des laufenden Jahres	
4	Hauptrevisionsprotokolle des laufenden Jahres	
5	provisorische } Abrechnungen	
6	definitive } Abrechnungen	
7	Bände, wirkliche } Belege	
8	„ remittierliche } Belege	
9	Abrechnungsakten des laufenden Jahres	
10a	Steuerakten	
10b	Akten über Erbschaftssteuer-, Gebühren-, Strafkosten-, Forstrüge- und Gerichtsvollzieherwesen, dann über Gerichtsauslagen	
10c	Akten über die monatlichen Untersuchungskosten, über die Vagantenkosten und über Ablösungsverhandlungen	
10d	Regieakten des Rentamts, Bezirksamts, Bauamts, dann der Gerichte etc	
11	Immobilieninventar und Brandversicherungskataster	
12	Mobilieninventare sämtlicher Behörden	
13	Tagebuch und Zahlungslisten	
14	Hauptbücher	
15	Entwurf der Buchführungsentschließung	
16	Visitations- und Extratitionsakten	
17	Sonstige besonders verlangte Akten- und Rechnungsprodukte	
	....	
	....	

12. Kreisumlagen-Prozentsätze sämtlicher Regierungsbezirke.

Regierungs-bezirke	1891	1892	1893	1894	1895	1896	1897	1898	1899	1900	1901	1902	1903	1904	1905	1906	1907	1908	1909	1910	1911
Oberbayern .	26,3	27,0	28,5	28,5	29,6	28,0	28,5	28,0	29,5	28,5	27,0	31,0	32,0	33,0	34,0	39,0	40,0	44,0	44,0	44,0	48,0
Niederbayern	25,0	26,0	26,5	26,5	26,5	27,5	28,0	28,0	29,5	30,5	32,5	34,5	36,5	36,5	39,5	39,0	41,5	44,5	49,0	50,5	51,5
Pfalz	39,8	39,0	39,5	39,6	39,1	39,2	38,5	38,5	38,0	38,0	37,5	36,0	38,5	40,0	45,0	43,0	43,0	45,0	53,0	50,5	54,0
Oberpfalz . .	25,2	25,5	27,2	26,4	28,0	28,8	29,0	30,0	31,6	31,2	31,9	31,0	34,0	33,8	36,5	37,5	39,8	39,8	45,0	45,0	47,0
Oberfranken .	28,8	27,3	27,5	29,8	30,4	30,0	30,1	29,5	29,5	29,5	31,0	31,5	36,0	35,0	38,0	39,0	39,5	40,0	42,0	42,0	42,0
Mittelfranken	27,5	26,0	28,0	28,0	30,0	30,6	31,6	31,6	31,0	29,5	30,0	30,5	38,0	37,0	39,0	39,5	39,0	39,5	40,0	39,0	42,0
Unterfranken .	26,0	26,0	29,0	28,5	29,0	29,0	29,2	28,3	27,6	27,0	28,0	28,0	30,0	30,5	32,5	32,5	32,5	40,0	43,0	42,0	40,0
Schwaben . .	24,3	24,8	26,0	26,5	26,5	26,5	27,5	27,0	28,0	28,0	28,0	29,0	32,0	31,0	32,5	33,0	33,5	33,5	37,0	38,0	40,5

13. Form des schriftlichen dienstlichen Verkehrs und Geschäftsvereinfachung.

Näheres hierüber siehe:

von der Pfordten, **Der dienstliche Verkehr und die Amtssprache, 3. Aufl. 1911, erschienen in dem Verlag des Kalenders.**

ÄJInnKFMB. vom 28. April 1901, die Vereinfachung des dienstlichen Verkehrs betr. (GVBl. S. 379, JMBl. 363).

Bemerkung: In dieser Zusammenstellung ist lediglich die Form *behandelt.*

Mit Allerhöchster Genehmigung Seiner Königlichen Hoheit des Prinz-Regenten wird unter Aufhebung der Bekanntmachung v. 6. April 1874 (GVBl. 123) folgendes bestimmt.

§ 1. Die bestehenden Vorschriften, welche die Form der an Seine Majestät den König und an Seine Königliche Hoheit den Prinz-Regenten zu richtenden Vorstellungen betreffen, bleiben in Kraft.

(Hiernach sind die Vorstellungen auf weisses Papier im Formate des stempelpflichtigen Papieres auf ganzer Seite zu schreiben mit der Ueberschrift:

„Allerdurchlauchtigster, Grossmächtigster König!"
„Allergnädigster König und Herr!"

mit der Anrede: „Euere Königliche Majestät" oder „Euere Majestät" und mit der Schlussformel:

„In allertiefster Ehrfurcht verharrt (erstirbt)
Euerer Königlichen Majestät
allerunitertänigst treugehorsamster
N. N.")

Hierzu Bekanntmachung der damaligen 5 Zivilstaatsministerien vom 12. Juli 1886 (JMBl. 207):

Seine Königliche Hoheit Prinz Luitpold, des Königreichs Bayern Verweser, haben Sich allergnädigst bewogen gefunden, zu bestimmen, dass während der Dauer der Regentschaft die sämtlichen Eingaben (Begnadigungsgesuche etc.) an Seine Königliche Hoheit den Prinz-Regenten in nachstehender Weise zu formulieren sind:

Ueberschrift:

„Allerdurchlauchtigster Prinz und Regent,
Allergnädigster Regent und Herr!"

Im Kontexte:

„Euere Königliche Hoheit . . . Allergnädigst . . .
Allerhöchst etc. . . .

In tiefster Ehrfurcht
Eurer Königlichen Hoheit
alleruntertänigst treugehorsamster
N. N."

§ 2. Für den dienstlichen Verkehr der öffentlichen Stellen und Behörden gelten, soweit nicht für einzelne Fälle oder für einzelne Geschäftszweige in Gesetzen oder in Verordnungen oder in den Entschliessungen der zuständigen Staatsministerien Besonderes bestimmt ist, die nachfolgenden Vorschriften.

§ 3. Im gesamten schriftlichen Verkehre der öffentlichen Stellen und Behörden kommen bei der Unterfertigung die bisher vorgeschriebenen Unterwürfigkeitsformeln („ehrerbietigst gehorsamst", „gehorsamst", „gehorsam") künftig in Wegfall und sind Höflichkeitsausdrücke, wenn sie mit Rücksicht auf die Verkehrssitte nicht ganz entbehrt werden können, doch auf möglichst knappes Mass zu beschränken, jedenfalls sind Häufungen und Steigerungen (wie z. B. „ganz ergebenst", „sehr geneigtest") zu vermeiden.

§ 4. Für Eingaben von Privaten an öffentliche Stellen und Behörden wird die folgende Form zum Gebrauche empfohlen (vgl. die Muster Anlage I und II).

Auf der linken Hälfte der ersten Seite sind vorzutragen:

1. die Adresse,
2. der Betreff,
3. die Zahl und Art etwaiger Beilagen.

Auf der rechten Hälfte der ersten Seite ist oben der Ort und Tag der Eingabe anzugeben, in der Höhe des Betreffs ist mit dem sachlichen Vortrage zu beginnen.

Die zweite und die folgenden Seiten sind nach der ganzen Breite zu schreiben; im Interesse des Einheftens in die Akten ist jedoch gegen innen ein entsprechender Rand freizulassen.

Unmittelbar nach dem sachlichen Vortrage erfolgt die Unterfertigung, hierbei ist die vollständige Adresse des Absenders anzugeben (Vor- und Zuname, Stand, Wohnort, wenn nötig Postbestellbezirk, Wohnung Hausname u. dgl.). Unterwürfigkeits- und Höflichkeitsformeln sind nicht erforderlich.

Eingaben von Privaten dürfen nicht deshalb abgelehnt oder zurückgegeben werden, weil sie von der vorstehend empfohlenen Form abweichen.

Doppelschriften sind nur dann vorzulegen, wenn dies ausdrücklich vorgeschrieben oder durch besondere Umstände geboten ist.

§ 5. Die Reinschriften aller amtlichen Berichte, Schreiben und Erlasse erhalten fortan eine einheitliche Form nach Massgabe der Muster Anlage III—VI.

Auf der linken Hälfte der ersten Seite sind vorzutragen:

1. die Geschäftsnummer,
2. die Bezeichnung der absendenden Stelle oder Behörde,
3. die Adresse,
4. der Betreff,
5. die Bezeichnung des veranlassenden Einlaufes, falls ein solcher vorliegt,
6. die Zahl und Art etwaiger Beilagen,
7. bei Berichten die Bezeichnung des Referenten, falls der Berichterstatter nicht selbst der Referent ist.

Auf der rechten Hälfte der ersten Seite ist oben der Ort und Tag anzugeben, in der Höhe des Betreffs ist mit dem sachlichen Vortrage zu beginnen.

Die zweite und die folgenden Seiten sind nach der ganzen Breite unter Freilassung eines entsprechenden Heftrandes zu beschreiben.

Der Betreff ist möglichst kurz zu fassen; im Texte sind überflüssige Bezugnahme auf den Betreff und auf den veranlassenden Einlauf zu vermeiden.

Die Unterfertigung erfolgt unmittelbar unter dem sachlichen Vortrage, im Falle der Stellvertretung mit dem Beisatze: „I. V."

Entschliessungen und Bescheide sind, soweit dies vorgeschrieben ist, auch künftig mit der Ueberschrift: „Im Namen Seiner Majestät des Königs" zu versehen.

§ 6. Die Rückerbittung von Beilagen muss nicht im Texte des Schriftstückes, sondern kann auch dadurch geschehen, dass der Bezeichnung der Aktenstücke auf der linken Hälfte der ersten Seite der Zuschrift. „g. R." (gegen Rückgabe) beigefügt wird.

Umfangreiche Schriftstücke sind mit Seitenzahlen zu versehen.

Ein in einem Berichte enthaltener Antrag ist äusserlich hervorzuheben und soweit angängig entweder an den Eingang oder an den Schluss des Berichts zu stellen.

§ 7. Bei amtlichen Schreiben an Beamte, Bedienstete und Privatpersonen ist in der Adresse in der Regel nur die Bezeichnung: „Herr" („Frau", „Fräulein") und im Texte die Anrede „Sie" zu gebrauchen.

Bei amtlichen Schreiben an Einzelbeamte, die eine Behörde vertreten, ist in der Innen- und Aussenadresse der Name der Beamten nur dann anzugeben, wenn es sich um dessen persönliche Angelegenheiten handelt oder wenn besondere Verhältnisse dies erfordern. Wird der Name nicht angegeben, so sind etwaige persönliche Titel des Beamten, z. B. „K. Oberlandesgerichtsrat" „K. Regierungsrat" und dem Namen beizufügende Prädikate, z. B. „Exzellenz" gleichfalls wegzulassen, so dass die Adresse beispielsweise lautet · „An den Herrn K. Oberamtsrichter in X", „An den Herrn K. Bezirksamtmann in Y." usw.

Soll erkennbar gemacht werden, dass das Schriftstück nur von dem Adressaten geöffnet werden darf, so ist die persönliche Adresse mit dem Vermerk „Eigenhändig" anzuwenden.

§ 8. Die protokollarische Form der Beurkundung amtlicher Vorgänge unter Zuziehung eines Aktuars (Protokollführers) ist tunlichst zu beschränken.

In Angelegenheiten, die einfach und nicht streitig sind, genügt eine Vormerkung zu den Akten, je nach Lage der Sache kann auch auf mündliches Vorbringen sofort der schriftliche Bescheid erteilt werden.

Unnötige Erhebungen haben zu unterbleiben, Ersetzungen sind nur im Falle wirklichen Bedürfnisses und dann, soweit nach dem jeweiligen Stande der Sache tunlich, gleichzeitig zu verfügen.

Die Anordnung von Vollzugsberichten, Empfangsbestätigungen und Fehlanzeigen soll möglichst vermieden werden.

§ 9. Bei der Begründung von Entscheidungen ist unbeschadet der Gründlichkeit möglichste Kürze anzustreben.

§ 10. Die Anfertigung von Abschriften solcher Schriftstücke, die an andere Behörden oder zu anderen Akten abgegeben werden, ist in allen geeigneten Fällen durch einen kurzen Vermerk in den Akten zu ersetzen.

In allen Angelegenheiten, bei welchen die Anfertigung eines Entwurfes zu den Akten entbehrlich ist, hat urschriftlicher Verkehr, unter kurzer Aktenvormerkung, soweit notwendig, stattzufinden (vgl. die Muster Anlage VIIa—c).

In Fällen, in welchen einer anderen Behörde oder einer vorgesetzten Stelle von einer erlassenen Verfügung Mitteilung zu machen ist, ohne dass dabei zu einer weiteren Erläuterung Anlass besteht, kann diese Mitteilung durch Uebersendung einer einfachen Abschrift oder eines Abdruckes der Verfügung (ohne Begleitschreiben oder Begleitbericht) erfolgen.

Wenn Akten, Verzeichnisse und dergl. versendet werden, ohne dass hierbei ein Begleitschreiben mit selbständigem Inhalte erforderlich ist, so ist auf Grund einer zu den Akten zu treffenden Verfügung lediglich ein nach dem Muster Anlage VIII ausgefertigter, mit dem Amtssiegel zu versehender halber Bogen ohne Text und Unterschrift („Begleitbogen") beizufügen.

Ueber die erfolgte Versendung ist Vormerkung zu den Akten zu machen.

Zur Versendung von Schriftstücken sind ausschliesslich Umschläge zu verwenden; das noch immer teilweise übliche Verfahren der Zusammenfaltung und Versiegelung eines Schriftstückes hat fortan zu unterbleiben. Die Umschläge sind, soweit möglich, mit Vordruck zu versehen.

§ 11. Die amtliche Schreibweise soll knapp und klar sein und sich dem allgemeinen Sprachgebrauche anschliessen.

Entbehrliche Fremdwörter sind zu vermeiden.

Auch bei der Abfassung von Entwürfen ist stets zu beachten, dass eine deutliche Schrift das Lesen der Akten wesentlich erleichtert und beschleunigt und hierdurch ein wirksames Mittel zur Geschäftsvereinfachung bildet.

Alle Unterschriften müssen gut leserlich sein.

Gebräuchliche und leichtverständliche Abkürzungen sind auch in allen Reinschriften zulässig.

Für häufig wiederkehrende Fälle sind in möglichster Ausdehnung zu Entwürfen, Ur- und Reinschriften Formulare zu verwenden.

Von mechanischen Hilfsmitteln, wie Autographie-Pressen, Hektographen (für Schreiben von vorübergehender Bedeutung), Schreibmaschinen und Buchdruck, ist nach Massgabe der verfügbaren Mittel möglichst weitgehender Gebrauch zu machen.

Die Benützung von Postkarten für kurze Mitteilungen ist im Verkehre mit Behörden und Privaten zulässig, soweit eine unverschlossene Mitteilung in dieser Form unbedenklich erscheint.

§ 12. Die Fristen zur Erledigung von Aufträgen sind so zu bemessen, dass bei ordnungsmässigem Geschäftsgange die Erledigung innerhalb der Frist möglich ist, und ein Mahnschreiben nicht erforderlich wird. Unnötige Mahnschreiben sind zu unterlassen.

Die Termine für wiederkehrende Vorlagen sind so zu verteilen, dass eine Häufung derselben insbesondere am Jahresschlusse tunlichst vermieden wird.

§ 13. Soweit dies tunlich und mit dem geordneten Geschäftsgange vereinbar ist, sind die amtlichen Angelegenheiten mit anderen Stellen und Behörden, mit Referenten und Abteilungen derselben Stelle oder Behörde, sowie mit Privatpersonen im mündlichen oder telephonischen Verkehre zu erledigen. Nötigenfalls ist über die Unterredung eine kurze Vormerkung zu den Akten zu machen.

§ 14. Die den Zivil-Staatsministerien untergeordneten Stellen und Behörden haben mit allen öffentlichen Organen dieser Ministerien, sowie mit Privatpersonen im ganzen Umfange des Königreiches dann in unmittelbaren Geschäftsverkehr zu treten, wenn weder eine Mitwirkung noch eine Kenntnisnahme von Seite derjenigen Stellen und Behörden notwendig ist, welche den Beteiligten zunächst vorgesetzt sind.

Ansinnen an Behörden, welche der veranlassenden Stelle oder Behörde nicht untergeordnet sind, haben in Ersuchensform zu ergehen. Die in dieser Weise angegangenen Behörden haben dem Ansinnen entsprechende Folge zu leisten.

Entschliessungen, die ihrem ganzen Inhalte nach mehreren Unterbehörden oder mehreren Beteiligten zu eröffnen sind, soll die erforderliche Zahl von Abdrücken beigefügt werden.

§ 15. Die vorstehenden Vorschriften treten sofort in Wirksamkeit.

Die vorhandenen Formulare für amtliche Berichte, Schreiben und Erlasse dürfen noch benützt werden.

Die einzelnen Staatsministerien behalten sich vor, soweit dies nicht bereits geschehen ist, innerhalb ihres Geschäftskreises sonstige, auf tunlichste Geschäftsvereinfachung abzielende Anordnungen zu treffen.

München, den 28. April 1901

Anlage I.

München, den 1. Juli 1901.

An
das K. Staatsministerium
des Innern.

Betreff:
Naturalisation des Ernst Kurz
von Wien.

Beilagen:
5 amtliche Zeugnisse.

Ernst Kurz,
Kaufmann in München,
Amalienstrasse 60/III.

Anlage II.

Scheyern, den 10. Oktober 1902

An
das K. Bezirksamt
Pfaffenhofen.

Betreff:
Gemeindeumlagen.

Beilagen:
12 Quittungen.

Joseph Huber,
Bauer in Scheyern.

Anlage III.

Nr. 10910.

Landshut, den 8. August 1901.

K. Regierung
von Niederbayern,
Kammer des Innern.

An
das K. Staatsministerium des
Innern für Kirchen- und
Schulangelegenheiten.

Betreff:
Schulhausneubau in Berg.

Zur Min.-Entschl.
vom 4. Juli 1901 Nr. 8970.

Beilagen:
2 Akten,
1 Planmappe.

Referent: Regierungsrat Klug.

Unterschrift
des Regierungspräsidenten.

Anlage IV.

Nr. 21700.

Speyer, den 18. Oktober 1902

K. Regierung
der Pfalz,
Kammer des Innern.

An
den Herrn Oberstaatsanwalt
bei dem K. Oberlandesgerichte
Zweibrücken.

Betreff:
Namensänderung des Johann
Klein in Kaiserslautern.

Zu . . . . . . Nr. . . .

Beilagen:
1 Aktenheft,
6 einzelne Schriftstücke } g. R.

Unterschrift
des Regierungspräsidenten.

Anlage V.

Nr. 15666.

Bayreuth, den 9. September 1903.

K. Regierung
von Oberfranken,
Kammer des Innern.

An
das K. Bezirksamt
Teuschnitz.

Betreff:
Heimat des Joseph **Schmidt**
in Langenau.

. . . .

Zum Bericht
vom 10. Juni 1903 Nr. 4100.

Beilagen:
3 Aktenhefte.

. . . .

Unterschrift
des Regierungspräsidenten.

Anlage VI.

Nr. 3107.

Lindau, den 1. Juli 1902.

K. Bezirksamt
Lindau.

An
Herrn Ludwig **Stein**,
Schlosser in Immenstadt.

Betreff:
Verehelichungszeugnis.

. . . .

Zur Vorstellung
vom 15. April 1902.

Beilagen:
1 Zeugnis

Unterschrift
des Bezirksamtmanns.

Anlage VII.

Nr. 6152.

Vorgelegt der K. Regierung der Pfalz, Kammer des Innern, mit 2 Akten und 1 Beilage.

Frankenthal, den 11. November 1902.

K. Bezirksamt.
Unterschrift des Bezirksamtmanns.

Nr. 2609.

O. R. mit 4 Beilagen an das K. Rentamt Traunstein mit dem Ersuchen um Aeusserung.

Traunstein, den 1. Mai 1903.

K. Amtsgericht.
Unterschrift des Oberamtsrichters.

Nr. 10666.

G. R. mit 1 Beilage an das K. Bezirksamt Scheinfeld zur Berichterstattung.

Ansbach, den 4. April 1904.

K. Regierung von Mittelfranken,
Kammer des Innern.

Unterschrift des Regierungspräsidenten.

Anlage VIII.

Nr. 120.

Lenggries, den 15. Mai 1901.

Gemeindeverwaltung
Lenggries.

An
das K. Bezirksamt
Tölz.

Betreff:
Gemeinderechnungen
für 1900.

. . . . Amtssiegel . . .

Zum Ausschreiben
vom 1. März 1901 Nr. 612.

Beilagen:
6 Rechnungen,
1 Aktenheft.

ÄJInnKFMB. vom 28. April 1901, den dienstlichen Verkehr betreffend (GVBl. S. 393, JMBl. 378).

Mit Allerhöchster Genehmigung Seiner Königlichen Hoheit des Prinz-Regenten wird verfügt, dass die Bestimmungen der unterm Heutigen ergangenen gemeinschaftlichen Bekanntmachung der Königlichen Zivil-Staatsministerien, die Vereinfachung des dienstlichen Verkehrs betreffend, auch im Verkehr zwischen **Zivil- und Militärbehörden,** zwischen **Zivilbehörden und Militärpersonen** und zwischen **Militärbehörden** und **Privatpersonen** entsprechend anzuwenden sind.

Die Bekanntmachung des K. Kriegsministeriums vom 28. Oktober 1876 (Gesetz- und Verordnungsblatt S. 831, Verordnungsblatt des K. Kriegsministeriums Seite 548) tritt hierdurch ausser Kraft.

Der schriftliche Verkehr im Heer ist durch die KrMB. vom 6. Juni 1907 geregelt (KrMBl. 149).

Wiederholt hat das Finanzministerium darauf hingewiesen, dass auf möglichste Vereinfachung der Geschäftsbehandlung Bedacht zu nehmen und bei allen Entscheidungen, Verfügungen und Berichten möglichste Kürze anzustreben ist. Von allen nicht unbedingt notwendigen Verfügungen und Beanstandungen, insbesondere geringfügiger Natur ist abzusehen. Alle Angelegenheiten, deren Behandlung nicht unbedingt einen schriftlichen Verkehr erfordert, sind tunlichst mündlich in persönlichem Verkehr oder auf telephonischem Wege zu erledigen. Soweit es sich hiebei nicht um Aufschlüsse handelt, die eine genauere aktenmässige Festlegung erheischen, genügt eine möglichst kurzgehaltene Vormerkung des Inhalts der mündlichen Verhandlung oder des gepflogenen Gesprächs.

Die Rentämter haben sich auch sonst bei der Abwicklung ihrer Geschäfte alle Einrichtungen zunutze zu machen, die geeignet erscheinen, die Geschäftsbehandlung zu vereinfachen und zu beschleunigen. In dieser Hinsicht ist vor allem auf die weitgehende Benützung von Schreibmaschinen, Vervielfältigungsapparaten, Stempeln u. dgl. Bedacht zu nehmen, auch ist in möglichst weitem Umfange von der Verwendung zweckentsprechender Formulare Gebrauch zu machen. Alle Bekanntmachungen, Verfügungen, Beschlüsse etc., die sich wiederholen, sind durch die Verwendung geeigneter Formulare herzustellen oder auf sonst geeignete Weise zu vervielfältigen, das gleiche gilt für Rechnungen, Uebersichten und ähnliche Schriftstücke. Bei Vorlagen, die zur Einweisung bestimmt sind, ist der Vordruck für die Einweisung tunlichst den Formularen beizufügen. Nötigenfalls können die Einweisungen, Verfügungen etc. mit möglichst knapp gehaltenem Stempelaufdruck hergestellt werden. Für Mitteilungen, von denen Dritte ohne Verletzung anderer Interessen Kenntnis nehmen können, dürfen auch Postkarten verwendet werden.

Es empfiehlt sich, bei der Abwicklung der Geschäfte in möglichst weitem Umfange der Stenographie (Gabelsberger) sich zu bedienen. Namentlich genügt es, wenn Akten und ähnliche Vormerkungen von vorübergehender Bedeutung nur stenographisch gemacht werden; ebensowenig begegnet es einem Bedenken, wenn die Amtsvorstände sich darauf beschränken, vor allem umfangreichere Entwürfe lediglich zu stenographieren oder einem Inzipienten oder einer Assistentin zur stenographischen Niederschrift zu diktieren und von diesen Konzept und Reinschrift mittels Durchschlags auf der Maschine gleichzeitig herstellen zu lassen.

Von allen nicht unbedingt notwendigen Abschriften ist Umgang zu nehmen (vgl. FME. v. 12. April 1911 Nr. 12204).

Die Konzepte und Ausfertigungen der Kasseabteilung eines Rentamts einschliesslich der von dieser anzufertigenden Rechnungsteile (wie der Ausstands- und Nachlass-Libelle, der Besoldungs- und Pensionsnebenrechnungen u. dgl.) werden lediglich von dem Vorstand der Kasseabteilung (ev. Stellvertreter) unterzeichnet, bei Rentämtern, bei denen die Führung der Hauptkasse einem Rentamtsassessor übertragen ist, erfolgt die Unterzeichnung dieser Konzepte und Ausfertigung von diesem mit dem Beisatze I. A. (Im Auftrage). Aber auch ausserdem dürfen die Rentamtsvorstände den Rentamtsassessoren (gleichviel ob sie mit der Führung der Hauptkasse betraut sind oder nicht) Schriftstücke vorbereitender Natur, die in die Geschäftsaufgabe des Assessors fallen, zur selbständigen Unterzeichnung mit dem Beisatze I. A. überlassen.

Vorladungen und ähnliche Schriftstücke bedürfen überhaupt keiner Unterschrift, sondern lediglich der Beifügung des Amtssiegels.

Bei Kasseübergaben im Falle von Beurlaubungen kann von dem Abschlusse sämtlicher Kassebücher abgesehen werden, es genügt die Bescheinigung der Uebernahme der Bestände der Hauptkasse in der Kassestrazze und im Depositentagebuch.

In das allgemeine Geschäftsjournal sind künftig Einläufe nicht mehr einzutragen, die bereits in einer anderen fortlaufenden Aufschreibung ausgewiesen werden. Hienach sind insbesondere die eingehenden Postanweisungen und sonstigen Geldeinläufe, die nach dem § 51 der Geschäftsanweisung für die Rentämter von dem mit der Führung des Geschäftsjournals betrauten Beamten in die dort angeordnete Aufschreibung einzutragen sind, von der Aufnahme in das allgemeine Geschätsjournal ausgeschlossen, ebenso die Anträge anderer Aemter auf Einhebung und Beitreibung von Staatsgefällen, da diese Einläufe in das hiefür vorgeschriebene Tagebuch aufzunehmen sind.

Ebenso dürfen periodisch einlaufende Anzeigen sowie minder wichtige Einläufe nach näherer Bestimmung des Amtsvorstandes im Geschäftsjournal ausser Vortrag bleiben.

Die in dem § 51 der Geschäftsanweisung angeordnete Aufschreibung hat auch die Stelle ersehen zu lassen, an welcher der eingelaufene Geldbetrag verbucht wurde.

Die Lieferungen der gebührenverrechnenden Behörden sowie der Steuervorgeher etc. sind künftig unmittelbar von den mit der Detaileinhebung betrauten Beamten entgegenzunehmen und zu verbuchen. Die anerkannten Abrechnungen sind vor ihrer Aushändigung an den Liefernden dem mit der Führung der Hauptkasse betrauten Beamten zur Kenntnisnahme vorzulegen und von diesem mit dem Beisatze „K. g." (Kenntnis genommen) zu versehen.

Die Bardepositen sind künftig in der Hauptkasse nicht mehr ausgeschieden von den übrigen Kassebeständen zu verwahren.

Die Zinsscheine der hinterlegten Wertpapiere sind in den Depositenbüchern nicht mehr in Einnahme und Ausgabe durchzuführen.

In den Subjournalen kann bei dem Vortrage der geleisteten Zahlung die Summenspalte an die erste Stelle gesetzt und die Ausscheidung nach den einzelnen Einnahmsgattungen angeschlossen werden. Die Ausscheidung der geleisteten Zahlungen auf die einzelnen Einnahmsgattungen darf einem späteren Zeitpunkte vorbehalten und auch von einem anderen als dem kasseführenden Beamten vorgenommen werden, sie muss jedoch spätestens bis zum Monatsschluss erfolgt sein.

Der Uebertrag aus den Subjournalen in das Kassetagebuch hat — unbeschadet der täglichen Seitenaufaddierung — monatweise, unmittelbar vor dem Abschlusse der Kassebücher, stattzufinden.

Die Abschlagslieferungen und die nach den monatlichen Abrechnungen sich ergebenden Restlieferungen der kasseführenden Beamten sind im Kassetagebuch in einer Summe vorzutragen.

Der Uebertrag in das Hauptbuch hat am Monatsschluss auf Grund der Subjournale stattzufinden. Die Seiten des Hauptbuchs sind lediglich in dem Subjournale vorzumerken. Ebenso ist im Hauptbuch auf die Seite des Subjournals zu verweisen.

Für die Gebühren und Strafen (einschliesslich der rückersetzten Auslagen und durchlaufenden Gelder), die demselben Beamten zur Einhebung zugewiesen sind (gerichtliche, notarielle, bezirksamtliche, rentamtliche Gebühren etc.), darf ein gemeinsames Subjournal geführt werden, in dem je eine Spalte

a) für die Gebühren und Strafen (einschliesslich der Schreib- und Zustellgebühren),
b) für die rückersetzten Auslagen (einschliesslich der Postgebühren),
c) für die durchlaufenden Gelder,
d) für die Mahn-, Zustell- und Vollstreckungsgebühren

zu eröffnen ist. Dagegen kann eine Ausscheidung der Gebühren und Strafen nach Verrechnungstiteln unterbleiben.

Ebenso darf in den Subjournalen

für die Einnahmen aus den besonderen Betrieben des Staates,
für die besonderen Abgaben und
für die Forst-Haupt- und Nebennutzungen

eine Ausscheidung nach den einzelnen Unterabteilungen unterbleiben.

Für die unständigen Einnahmen und Ausgaben, die der mit der Führung des allgemeinen Kassetagebuchs betraute Beamte einzuheben oder auszuzahlen hat, kann ein gemeinsames Hilfstagebuch geführt werden, aus dem der Uebertrag in das Kassetagebuch bei jeder Abrechnung in summarischer Ziffer zu erfolgen hat. Von der Führung mehrerer Hilfstagebücher ist zur Vermeidung einer geschäftsstörenden Zersplitterung der Buchungen tunlichst abzusehen.

Für die Bestände der Hauptkasse genügt die Führung der Kassestrazze; ein Hilfstagebuch erscheint hier entbehrlich, da die Barlieferungen und Vorschüsse von und zur K. Bank und Kreiskasse, die auch durch das allgemeine Kassetagebuch zu führen sind, unschwer aus der Kassestrazze entnommen werden können.

In den vierteljährigen Nachweisungen über die Einnahmen und Ausgaben des ordentlichen Budgets (vgl. die Bekanntmachung vom 31. März 1910, FMBl. S. 88) darf künftig die Ausscheidung der Einnahmen an direkten Steuern sowie an Gebühren und Strafen nach den verschiedenen Einnahmsgattungen, dann der Einnahmen aus den besonderen Betrieben des Staates nach den Unterabteilungen Kapitel 5 und 6 unterbleiben.

Die Kassetagebücher dürfen auch monatweise summiert werden. In diesem Falle ist der Gesamtstand dadurch auszuweisen, dass der Monatssumme jeweilig der Bestand am Schlusse des Vormonats zugezählt wird.

Die Vorstände der Kasseabteilungen haben künftig in der gleichen Weise, wie dies in § 73 der Geschäftsanweisung der Rentämter für die Vorstände der Aemter, bei denen eine Kasseabteilung nicht besteht, vorgeschrieben ist, über die Einnahmen und Ausgaben der Hauptkasse nur mehr eine Kassestrazze zu führen. Das Kassetagebuch hat der mit der Bestreitung der Ausgaben betraute Sekretär zu führen.

Für Stundungen, Forderungspfändungen, Hypothekerwirkungen und alle sonstigen Sicherungs- und Beitreibungsmassnahmen ist an Stelle des verrechnenden Amtes das Rentamt zuständig, in dessen Bezirk der Schuldner wohnt, wenn dies zur Geschäftsvereinfachung oder zur rascheren Sicherung der Forderung dient.

Sämtliche Lieferungen der Rentämter dürfen bei den Kreiskassen während des Jahres für jedes Amt auf ein gemeinsames Konto gebucht werden, die Ausscheidung auf die einzelnen Fonds hat erst bei den Schlussabrechnungen stattzufinden.

(Vgl. FMBl. v 10. April 1911 FMBl. S. 282.)

---

14. Eidesformeln und Verpflichtungen.

Der Beamte ist vor dem Dienstantritt auf die getreue Erfüllung seiner Obliegenheiten eidlich zu verpflichten. Der geleistete Eid verpflichtet auch für alle Aemter, die später übertragen werden.

Ist die eidliche Verpflichtung unterblieben, so ist dies auf die Gültigkeit der Amtshandlungen und auf die Verantwortlichkeit für Pflichtverletzungen ohne Einfluss, soweit nicht durch besondere Gesetze für die Uebernahme gewisser Aemter die Ableistung eines Diensteides ausdrücklich vorgeschrieben ist (§ 23 BG.).

Die Form dieses **Diensteides** ist durch § 8 der VollzVO. vom 10. Dez. 1908 (GVBl. 1044) geregelt. Derselbe lautet

I. für die Beamten im Sinne des BG. einschliesslich der durch Anordnung der Staatsregierung als Beamte erklärten Personen

a) **Wenn sie den Verfassungseid noch nicht geleistet haben:**

> Ich schwöre Treue dem Könige, Gehorsam dem Gesetze und Beobachtung der Staatsverfassung; ich schwöre ferner, alle meine Obliegenheiten als Beamter getreu zu erfüllen, so wahr mir Gott helfe.

b) **Wenn sie den Verfassungseid geleistet haben:**

> Ich schwöre, alle meine Obliegenheiten als Beamter getreu zu erfüllen, so wahr mir Gott helfe.

II. Für die **Staatsdienstaspiranten** und die Personen, die mit den Verrichtungen von Beamten ständig oder vorübergehend betraut sind:

a) **Wenn sie den Verfassungseid noch nicht geleistet haben:**

Ich schwöre Treue dem Könige, Gehorsam dem Gesetze und Beobachtung der Staatsverfassung; ich schwöre ferner, alle Obliegenheiten meines Dienstes getreu zu erfüllen, so wahr mir Gott helfe.

b) **Wenn sie den Verfassungseid geleistet haben:**

Ich schwöre, alle Obliegenheiten meines Dienstes getreu zu erfüllen, so wahr mir Gott helfe.

Wegen der Staatsdienstaspiranten, die als Beamte im Sinne des Beamtengesetzes erklärt sind, s. den Eid der Beamten.

Beamtengesetz Art. 25; Vollzugsverordnung v. 10. Dezember 1908 § 8 (GVBl. 1044).

Der Abnahme des Eides hat eine Belehrung über die Dienstpflichten und die Bedeutung des Eides vorherzugehen.

Der Verfassungseid — Tit. X § 3 der Verfassungsurkunde — kann geleistet worden sein anlässlich der Beteiligung an den Landtagswahlen, der Verehelichung usw. und lautet:

Ich schwöre Treue dem Könige, Gehorsam dem Gesetze und Beobachtung der Staatsverfassung, so wahr mir Gott helfe und sein heiliges Evangelium.

Die Rentamtsinzipienten und die Hilfsarbeiterinnen des Rentamts sind beim Diensteintritt durch Handgelübde zu verpflichten, dass sie alle ihre Obliegenheiten getreu erfüllen und über die vermöge des Dienstes bekannt gewordenen Angelegenheiten Verschwiegenheit beobachten, auch nachdem das Dienstverhältnis gelöst ist.

Bei erreichter Volljährigkeit ist den Rentamtsinzipienten, den Hilfsarbeiterinnen und den nicht etatsmässigen Assistentinnen der in § 8 Abs. 3 der AVO. vom 10. Dez. 1908 (GVBl. 1044) vorgeschriebene Eid abzunehmen. Vgl. FMB. vom 12. April 1911 (Ziff. 6) FMBl. 300, 301 und FMB. vom 6. April 1911 (Ziff. 9) FMBl. 281.

Den **Mitgliedern des Steuerausschusses**, dann den zu den Sitzungen beigezogenen Sachverständigen ist beim Eintritt in ihre Tätigkeit von dem Vorsitzenden unter dem ausdrücklichen Hinweis auf die Strafbestimmung des Art. 79 (des Einkommensteuergesetzes vom 14. August 1910 GVBl. 527) der nachstehende Eid abzunehmen:

„Ich schwöre bei Gott dem Allmächtigen und Allwissenden, dass ich bei den Ausschussverhandlungen ohne Ansehen der Person nach bestem Wissen und Gewissen verfahren und die Verhandlungen sowie die hierbei zu meiner Kenntnis gelangenden Verhältnisse der Steuerpflichtigen strengstens geheim halten werde, so wahr mir Gott helfe."

Mitgliedern von Religionsgenossenschaften, deren Bekenntnis die Eidesleistung untersagt, ist an Stelle des Eides die dem Bekenntnis entsprechende Beteuerung gestattet.

In gleicher Weise hat die Verpflichtung des Vorsitzenden oder seines Vertreters, wenn sie nicht schon als Staatsbeamte vereidigt sind, durch den Rentamtsvorstand zu erfolgen (Art. 43 EinkStG. GVBl. 515).

Vorstehende Bestimmungen gelten auch für die Beeidigung der Mitglieder der Steuer-Berufungskommission (Art. 58 Abs. 1 a. a. O.) und Oberberufungskommission (Art. 61 Abs. 6 a. a. O.).

Zu den Steuerausschussmitgliedern zählt auch das nach Art. 41 Abs. 1 a. a. O. eventuell aufgestellte weitere Ausschussmitglied.

Die Abnahme des Eides darf auch in der Weise erfolgen, dass der Vorsitzende die Schwurformel verliest und die Schwörenden (Ausschussmitglieder, Sachverständige etc.) unter Erhebung der rechten Hand lediglich die Worte sprechen „Ich schwöre, so wahr mir Gott helfe." (§§ 58 Abs. 1, 72 Abs. 3 der VollzugsV. z. EinkStGes. vom 14. Aug. 1910 GVBl. 493.)

---

15. Qualifikationsvorschriften.

Auszug aus der FMB. v. 12. April 1911 FMBl. S. 298.

9. [1] Wie schon in den Qualifikationsvorschriften vom 9. November 1878 ausgesprochen ist (vgl. insbesondere Abs. 3 des Eingangs, dann Abschn. A Nr. III Ziff. 1 Abs. 1 sowie Abschn. B Abs. 2, FMBl. S. 215, 223 und 226), haben die Qualifikationen die persönlichen und dienstlichen Eigenschaften des Qualifizierten „bündig und vollständig nach unbefangener, gerechter Würdigung, jedoch unter gewissenhafter Vermeidung jeder Beschönigung oder Verhehlung von Mängeln und Unvollkommenheiten" darzustellen; insbesondere muss bei dem Gutachten wegen etwaiger Beförderungen mit gewissenhafter Strenge erwogen werden, ob von dem zu Qualifizierenden nach den bisherigen Wahrnehmungen auch auf der nächsthöheren Dienstesstufe eine in allen Beziehungen vollkommen befriedigende Dienstleistung unzweifelhaft erwartet werden kann und ob er gleichzeitig vermöge seines Diensteifers und Verhaltens der Beförderung würdig ist.

[2] Hienach erscheint es grundsätzlich ausgeschlossen, dass jemand für eine etatsmässige Anstellung oder für eine Beförderung als geeignet erklärt wird, der nicht unzweifelhaft die Gewähr bietet, dass er der Aufgabe, die er in der künftigen Stellung zu erfüllen hat, sowohl nach seiner Leistungsfähigkeit wie namentlich auch nach seinem Fleisse und Diensteifer voll und ganz gerecht werden wird. Solange in dieser Beziehung ein Zweifel besteht, ist von der Zuerkennung der Qualifikation abzusehen.

[3] Die Qualifikationen haben in Ansehung der Beamten, die voraussichtlich bis zur nächsten Qualifikation für eine Anstellung oder Beförderung in Frage kommen, ein ausdrückliches Gutachten über die Befähigung zur Anstellung oder Beförderung zu enthalten (vgl. Abschn. A Nr. III Ziff. 1 und Abschn. B Abs. 2 der Entschliessung vom 9. November 1878, FMBl. S. 223 u. 226).

[4] Die qualifizierenden Beamten sind für die zutreffende Qualifikation verantwortlich. Sie sind regelmässig zur Rechenschaft zu ziehen, wenn ein für die Anstellung oder Beförderung qualifizierter Beamter nachträglich seiner Aufgabe sich nicht als gewachsen zeigt

10. Entsprechend diesem Grundsatze muss schon bei der Qualifikation der Rentamtsinzipienten für die erste etatsmässige Anstellung als Rentamtsassistent sorgfältig geprüft werden, ob von dem Anzustellenden mit Sicherheit erwartet werden kann, dass er das volle Pensum eines Rentamtsassistenten in befriedigender Weise erledigen wird. Besteht in dieser Beziehung ein Zweifel, so ist von der Zuerkennung der Qualifikation für den Rentamtsassistenten unbedingt abzusehen.

11. [1] Die Rentamtssekretäre sind in erster Linie zur Besorgung der grösseren Detailkassengeschäfte und ausserdem zur Mitwirkung bei der Erledigung der sonstigen schwierigeren Dienstaufgaben berufen (vgl. §§ 46 und 65 der Geschäftsanweisung für die Rentämter vom 4. Juni 1903, FMBl. S. 298 und 310) Bei der Geschäftsverteilung ist hierauf entsprechende Rücksicht zu nehmen.

[2] Demgemäss können für die Beförderung zum Rentamtssekretär, wie schon in Ziff. 18 Abs. 1 der Bekanntmachung vom 26. Mai 1903 (FMBl. S. 241) und in § 19 Ziff. 19 h der Denkschrift zur Frage der Neuregelung der Dienst-, Gehalts- und Pensionsverhältnisse der Staatsbeamten und Staatsbediensteten vom 20. Februar 1908 (Verh. d. K. d. Abg. 1907/08 Beil.-Bd. II Beil. 262 S. 325) ausgesprochen ist, nur Rentamtsassistenten in Betracht kommen, die die Prüfung für den mittleren Finanzdienst II. Abteilung mit gutem Erfolg, also mindestens mit der Hauptnote II, bestanden haben und die auch schwierigeren Aufgaben gewachsen sind, dabei aber auch in Bezug auf Fleiss und Diensteifer voll befriedigen, so dass mit Sicherheit erwartet werden kann, dass sie den erhöhten Aufgaben eines Rentamtssekretärs in jeder Beziehung gerecht werden.

[3] Von dem Erfordernisse der I. oder II. Prüfungsnote kann eine Ausnahme nur zugunsten der Rentamtsassistenten eintreten, die die Prüfung schon vor dem Jahre 1908 mit der III. Note bestanden haben, wenn sie sich einer bevorzugten Qualifikation erfreuen.

12. [1] Den Rentamtsassistenten, die sich der Prüfung für den mittleren Finanzdienst zu unterziehen beabsichtigen, ist, soweit dies unbeschadet der Erledigung des Dienstes möglich ist, bei der Vorbereitung für die Prüfung tunlichst an die Hand zu gehen. Zu diesem Zwecke sind ihnen — namentlich während der weniger arbeitsreichen Zeit — Aufgaben zu geben, deren Bearbeitung und Besprechung zugleich einen Anhaltspunkt für die Beurteilung der Frage bietet, ob sie die in dem § 4 Abs. 1 der K. Verordnung vom 10. Mai 1903 (GVBl. S. 341) bestimmten Voraussetzungen für die Zulassung zur Prüfung erfüllt haben.

[2] Im Interesse der allseitigen Ausbildung des Personals sind seitens der Regierungsfinanzkammern die Entschliessungen generellen Inhalts allen Rentämtern mitzuteilen, auch wenn die hierin getroffenen Verfügungen für die Behandlung der dem Amte zugewiesenen Geschäftsaufgaben nicht von Belang sind.

13. Nach dem § 5 Abs. 2 der K. Verordnung vom 10. Mai 1903 (GVBl. S. 342) kommen für die Besetzung der Stellen der Rentamtssekretäre auch die Kandidaten, welche die Prü-

fung für den mittleren Finanzdienst I. Abteilung bestanden haben, in Betracht; sie können, wenn sie bei dieser Prüfung mindestens die Hauptnote II erhalten haben, auch bei der Besetzung der Stellen der Finanzrechnungskommissäre, der Rentamtsassessoren, Kasseabteilungsvorstände sowie der Amtsvorstände bei den Rentämtern, dann der höheren Stellen des Kassedienstes der allgemeinen Finanzverwaltung und der Staatsschuldenverwaltung Berücksichtigung finden.

[2] In Bezug auf die Qualifikation zum Rentamtssekretär gelten auch hier die Grundsätze, wie sie am Schlusse der Ziff. 11 Abs. 2 für die Rentamtsassistenten bestimmt sind, so dass zum Rentamtssekretär nur Kameralpraktikanten befördert werden können, von denen mit Sicherheit zu erwarten ist, dass sie in jeder Beziehung der erhöhten Aufgabe eines Rentamtssekretärs gerecht werden.

[3] Für die Beförderung zum Rechnungskommissär können nach Ziff. 16 Abs. 3 der Bekanntmachung vom 26. Mai 1903 (FMBl. S. 239) nur die Beamten in Betracht kommen, von denen nach ihren bisherigen dienstlichen Leistungen anzunehmen ist, dass sie sofort imstande sind, ein volles Revisionspensum, das regelmässig die Revision von zwei kleineren Rentämtern mit den erforderlichen Nebenarbeiten zu umfassen hat, zur Zufriedenheit zu erledigen. Ob der betreffende Beamte diese Fähigkeit tatsächlich besitzt, bedarf sorgfältiger Prüfung, damit kein Beamter in den Revisionsdienst gelangt, der nicht voll und ganz dieser Aufgabe gewachsen ist.

[4] Ein gleich strenger Massstab ist bei der Qualifikation zum Rentamtsassessor anzulegen.

14. In ähnlicher Weise, wie es in Ziff. 7*) angeordnet ist, muss auch in Ansehung der Aspiranten für den höheren Finanzdienst darauf Bedacht genommen werden, dass sie während ihrer Praxis bei dem Rentamte (vgl. Ziff. 2 und 4 der Bekanntmachung vom 26. Mai 1903, FMBl. S. 235) den rentamtlichen Dienst tunlichst in seinen verschiedenen Zweigen kennen lernen. Es ist strenge darauf zu sehen, dass sie die Praxiszeit in diesem Sinne auch ausnützen. Die erforderliche Anleitung obliegt in erster Linie den Rentamtsvorständen, ausserdem im Bedarfsfalle den Rentamtsassessoren.

15. In Bezug auf die Verwendung der Akzessisten der Regierungsfinanzkammern bleiben vorerst die Bestimmungen in Ziff. 6 bis 9 der Bekanntmachung vom 26. Mai 1903 (FMBl. S. 236/38) massgebend.

16. Die Qualifikation eines Akzessisten zum Finanz- oder Rentamtsassessor setzt voraus, dass von dem zu Qualifizierenden nach seinen Leistungen als Akzessist auch in seiner künftigen Stellung eine vollkommen befriedigende Dienstleistung zu erwarten ist.

17. Bei der Qualifikation zum Rentamtsvorstand ist mit besonderer Sorgfalt zu prüfen, ob der Beamte die für die erspriessliche Leitung und Verwaltung eines Amtes erforderliche Selbstständigkeit und Geschäftsgewandtheit und zugleich die entsprechenden Umgangsformen besitzt. Qualifikationen des Inhalts, dass der Beamte nur zur Verwaltung eines Amtes mit einfachen Ver-

---

*) (Gegenwärtiger FMB. vom 12. April 1911 bezüglich der Inzipienten.)

hältnissen oder eines Amtes mit einfacheren Verhältnissen geeignet ist, können nicht als entsprechend erachtet werden, da von jedem Beamten, der zum Rentamtsvorstande befördert werden soll, verlangt werden muss, dass er mindestens der Verwaltung eines normalen Amtes gewachsen ist und dabei nötigenfalls auch besonderen Verhältnissen gerecht zu werden vermag. Beamte, die diese Befähigung nicht besitzen, können nicht für die Beförderung zum Rentamtsvorstand in Betracht kommen. Hieran muss um so mehr festgehalten werden, als die Besoldung der Finanzrechnungskommissäre etc. durch die Gehaltsordnung eine nicht unerhebliche Verbesserung erfahren hat, so dass es keinem Bedenken unterliegen kann, wenn Beamte, welche die für die erspriessliche Verwaltung eines Rentamts erforderlichen Eigenschaften nicht unzweifelhaft besitzen, auf ihrem Posten belassen werden. Bei der Qualifikation zum Rentamtsvorstand ist daher künftig ebenso wie bei der Qualifikation der Rentamtsvorstände zu unterscheiden, ob der zu Qualifizierende für die Verwaltung eines Amtes mit normalen Verhältnissen oder auch zur Verwaltung eines Amtes mit schwierigen Verhältnissen, insbesondere auch zur Verwaltung eines Amtes mit Kasseabteilung, befähigt ist. Ausserdem ist in der Qualifikation anzugeben, ob sich der Beamte zum Vorstande einer Kasseabteilung eignet und ob er eine derartige Stelle anstrebt.

18. betrifft die Qualifikation für den Kollegialdienst.

19. [1] Es ist zu erwarten, dass bei strenger Durchführung der vorstehenden Grundsätze kein Beamter zur Anstellung oder Beförderung gelangt, der nicht seiner Aufgabe gewachsen ist.

[2] Bei den Inspektionen und Visitationen ist der entsprechende Vollzug dieser Vorschriften — namentlich auch soweit es sich um die Ausbildung des Personals der Rentämter handelt — zu kontrollieren.

20. Die Bestimmungen in Ziff. 1—3 der Finanzministerialentschliessung vom 29. August 1903 Nr 21 001, soweit diese überhaupt noch Geltung hatten, sind durch die Vorschriften dieser Bekanntmachung ersetzt.

16. Prüfungsvorschriften für den mittleren Finanzdienst.

FMB. vom 13. März 1905, FMBl. S. 105.

Zum Vollzuge der K. Allerhöchsten Verordnung vom 10. Mai 1903, die Vorbedingungen für den höheren und mittleren Finanzdienst betreffend, (GVBl. S. 341) und mit Bezugnahme auf Ziff. 25 Abs. 4 der Finanzministerialbekanntmachung gleichen Betreffs vom 26. Mai 1903 (FMBl. S. 246) werden über die Vornahme der Prüfungen für den mittleren Finanzdienst nachstehende Vorschriften erlassen:

§ 1. Die gemäss der Bestimmungen in §§ 2—4 der K. Allerhöchsten Verordnung vom 10. Mai 1903 vorzunehmenden Prüfungen für die Bewerber um Stellen des mittleren Finanzdienstes werden

für die I. Abteilung alljährlich,
für die II. Abteilung alle 3 Jahre

abgehalten.

§ 2. Die Prüfung I. Abteilung findet nur an dem Sitze einer Kreisregierung und zwar im Jahre 1905 im Monat Mai, vom Jahre 1906 an aber in der Regel im Monat Oktober statt.
Die Regierungsfinanzkammer, welche die Prüfung abzuhalten hat, wird durch das K. Staatsministerium der Finanzen bestimmt.

§ 3. Zur Abhaltung der Prüfung II. Abteilung werden zwei Sprengel gebildet, wovon

der erste die Regierungsbezirke von Oberbayern, Niederbayern, Oberpfalz und von Regensburg und Schwaben und Neuburg,

der zweite die Regierungsbezirke der Pfalz, von Oberfranken, Mittelfranken und Unterfranken und Aschaffenburg umfasst.

Für jeden der beiden Sprengel wird jeweilig vom K. Staatsministerium der Finanzen die Regierungsfinanzkammer bestimmt, welche die Prüfung abzuhalten hat.

Die Kandidaten haben sich der Prüfung bei der Kreisregierung jenes Sprengels zu unterziehen, in welchem sie zur Zeit der Prüfungsausschreibung in dienstlicher Verwendung stehen oder im Falle der Ableistung der aktiven Militärdienstpflicht letztmals im rentamtlichen Dienste gestanden sind.

Die Prüfung II. Abteilung wird im Jahre 1905 im Monat Mai, für die Folge aber in der Regel im Monat Oktober jedes dritten Jahres abgehalten.

§ 4. Der Tag des Beginnes und der Ort der Abhaltung der Prüfungen werden durch Ausschreiben des K. Staatsministeriums der Finanzen im Finanzministerialblatt und in den sämtlichen Kreisamtsblättern bekannt gegeben.

§ 5. Die Gesuche um Zulassung zur Prüfung sind spätestens 4 Wochen vor Beginn der Prüfung bei demjenigen Rentamt einzureichen, bei dem die Kandidaten in dienstlicher Verwendung stehen.

Kandidaten, welche die Bedingungen für die Zulassung zur Prüfung erfüllt haben, aber zur Zeit der Prüfungsausschreibung der aktiven Militärdienstpflicht genügen, haben ihr Gesuch an jenes Rentamt zu richten, dem sie vor ihrem Eintritt in den Militärdienst zugeteilt waren.

Den Gesuchen um Zulassung zur Prüfung I. Abteilung sind von den Kandidaten

a) das Gymnasial-Absolutorium,

b) das Zeugnis des (geschäftsleitenden) Amtsgerichtssekretärs über den Erfolg der Praxis bei der Gerichtsschreiberei eines Amtsgerichts

beizulegen, soferne diese Zeugnisse nicht dem Personalakt einverleibt sind.

Die Rentämter haben die Gesuche um Zulassung zur Prüfung mit den einschlägigen Personalakten spätestens 3 Wochen vor Beginn der Prüfung der vorgesetzten Regierungsfinanzkammer mit einer Aeusserung über die dienstliche Verwendbarkeit, dann das dienstliche und ausserdienstliche Verhalten des Gesuchstellers vorzulegen. Bezüglich der Kandidaten der Prüfung II. Abteilung haben die Amtsvorstände in dem Vorlageberichte insbesondere auch über die Dauer der Verwendung derselben zu wichtigeren Arbeiten des rentamtlichen Dienstes und über Fleiss die erforderlichen Angaben niederzulegen.

§ 6. In Ansehung der Kandidaten für die Prüfung I. Abteilung finden Dispensationen von den in § 3 Abs. 1 der K. Allerhöchsten Verordnung vom 10. Mai 1903 festgesetzten Bedingungen gemäss Ziff. 15 Abs. 2 der Bekanntmachung des K. Staatsministeriums der Finanzen vom 26. Mai 1903 nicht statt.

Die Zeit, während der ein Kandidat infolge Krankheit oder wegen Einberufung zu militärischen Uebungen — Uebungen in der Reserve und Landwehr — dem Vorbereitungsdienste entzogen war, ist auf dessen vorgeschriebene Dauer anzurechnen. Dagegen hat die Zeit der vorübergehenden Ruhestandsversetzung nicht in Anrechnung zu kommen.

§ 7. Nach § 4 Abs. 1 der vorangezogenen Allerhöchsten Verordnung sind zur Prüfung für den mittleren Finanzdienst II. Abteilung jene Rentamtsgehilfen zuzulassen, welche mindestens zehn Jahre bei Rentämtern — darunter jedenfalls die Hälfte dieser Zeit mit wichtigeren Arbeiten des rentamtlichen Dienstes — zur vollen Zufriedenheit beschäftigt waren und im Zeitpunkte der Abhaltung der Prüfung noch im staatlichen Finanzdienst verwendet sind. Gemäss § 4 Abs. 2 der Allerhöchsten Verordnung ist das Staatsministerium der Finanzen ermächtigt, in besonders berücksichtigungswerten Fällen die Teilnahme an dieser Prüfung ausnahmsweise auch bei einer geringeren rentamtlichen Dienstzeit zu gestatten. Diese Voraussetzung erscheint nach Ziff. 17 Abs. 3 der Bekanntmachung vom 26. Mai 1903 namentlich in allen jenen Fällen gegeben, in denen Rentamtsgehilfen die Vorbedingungen für den Einjährig-Freiwilligen-Militärdienst erfüllt haben, indem diese schon nach einer fünfjährigen rentamtlichen Dienstzeit zur Prüfung zugelassen werden können. Die Regierungsfinanzkammern werden ermächtigt, im Falle der Erfüllung dieser Voraussetzung die Zulassung zur Prüfung dann zu genehmigen, wenn die betreffenden Rentamtsgehilfen mindestens $1^1/_2$ Jahre in der Eigenschaft eines Gehilfen vollständig zufriedenstellende Dienste geleistet haben.

Im übrigen behält sich das K. Staatsministerium der Finanzen eine etwaige Dispensation vor, wobei jedoch darauf aufmerksam gemacht wird, dass gemäss Ziff. 17 Abs. 3 obiger Bekanntmachung in allen Fällen, in denen der Besuch der Volksschule und einer Mittelschule die übliche Zeitdauer des allgemein vorgeschriebenen Besuches der Volksschule nicht übersteigt, eine Dispensation grundsätzlich ausgeschlossen ist.

Jenen Rentamtsgehilfen, welche der Dienstpflicht im stehenden Heere nach Massgabe des § 6 Ziff. 3 der Wehrordnung für das Königreich Bayern vom 19. Januar 1889 in der Fassung der Verordnung vom 3. Februar 1894 (GVBl. 1894 S. 110) genügt haben, wird für die Zulassung zur Prüfung für den mittleren Finanzdienst II. Abteilung die Zeit der aktiven Dienstpflicht auf die rentamtliche Dienstzeit in Anrechnung gebracht (Ziff. 14 Abs. 4 der Bekanntmachung vom 26. Mai 1903).

Jenen Amtsgehilfen, welche während ihrer Verwendung im rentamtlichen Dienste der aktiven Dienstpflicht im stehenden Heere als Einjährig-Freiwillige genügt haben, kann diese Dienstzeit auf die fünfjährige rentamtliche Dienstzeit nicht angerechnet werden.

Die Vorschrift in § 6 Abs. 2 findet auch auf die Rentamtsgehilfen — Kandidaten für die Prüfung II. Abteilung — Anwendung.

§ 8. Die Regierungsfinanzkammern haben die Zulassungsgesuche und die sie begründenden Zeugnisse nebst den Vorlageberichten genauer Würdigung zu unterstellen und bei genügendem Befunde den Gesuchstellern die erfolgte Zulassung mitzuteilen.

Spätestens 14 Tage vor Beginn der Prüfung haben die Regierungsfinanzkammern Verzeichnisse über die zur Prüfung zugelassenen Kandidaten nach dem als Beilage I beigegebenen Formular der mit der Abhaltung der Prüfung betrauten Regierungsfinanzkammer zu übersenden und Abschrift dem K. Staatsministerium der Finanzen vorzulegen.

§ 9. Zur Leitung und Durchführung der Prüfung ist bei jeder der mit der Prüfungsvornahme betrauten Regierungsfinanzkammern eine eigene Kommission — Prüfungskommission — zu bestellen, welche aus

dem Regierungsdirektor,

zwei Kollegialmitgliedern und einem Sekretär oder Akzessisten als Protokollführer

zu bestehen hat.

§ 10. Die Prüfung ist schriftlich.

Die einzelnen Aufgaben sind unter Klausur und Aufsicht zu bearbeiten.

Während des Verlaufes der Prüfung sind die Sitzplätze im Wege der Auslosung mehrmals neu zu verteilen.

§ 11. Für die Prüfung I. Abteilung werden die Probeaufgaben aus nachbenannten Finanzverwaltungszweigen gegeben.

1.	Buch- und Kassaführung, Etats- und Rechnungswesen einschliesslich des Perzeptions-, Ausstands- und Nachlasswesens	3 Aufgaben
2.	Steuerwesen	5 „
3.	Erbschaftssteuer-, Gerichtskosten-, Gebühren-, Strafkosten- und Stempelwesen	3 „

4. sonstige rentamtliche Verwaltungszweige einschliesslich der Grundgefälle, Staatsdomänen, staatsdienerlichen Verhältnisse, Besoldungen, Pensionen, Umzugskosten, Umlagenkonkurrenzpflicht, Staatsschuldenwesen etc. . . . 5 Aufgaben

Hiezu kommt noch

5. ein praktischer Fall aus der Finanzverwaltung, welcher vier Aufgaben gleichgeachtet wird.

§ 12. Die Prüfung I. Abteilung dauert 5 Tage.
Zur Bearbeitung des praktischen Falles wird eine Zeit von 9 Stunden — 8 Uhr vormittags bis 5 Uhr nachmittags —, für die übrigen Aufgaben eine Zeit von je 2 Stunden gewährt.

§ 13. Für die Prüfung II. Abteilung werden die Probeaufgaben aus nachbenannten Finanzverwaltungszweigen gegeben:

1. Buch- und Kassaführung, Etats- und Rechnungswesen einschliesslich des Perzeptions-, Ausstands- und Nachlasswesens . . . . . 3 Aufgaben
2. Steuerwesen . . . . 5 Aufgaben
3. Erbschaftssteuer-, Gebühren-, Strafkosten und Stempelwesen . . . . 2 „
4. übrige Staats-Einnahmen, sowie Staats- und Verwaltungsausgaben einschliesslich der Grundgefälle, der staatsdienerlichen Unterstützungsvereine, Besoldungen, Pensionen, Umlagen, Umzugskosten etc. . . . . . . 2 „

§ 14. Die Prüfung II. Abteilung dauert 3 Tage. Zur Bearbeitung der Probeaufgaben ist eine Zeitdauer von je 2 Stunden bestimmt.

§ 15. Die mit der Abhaltung der Prüfung betrauten Regierungsfinanzkammern haben nach erfolgter Ausschreibung des Termins für die Prüfungsvornahme binnen längstens 4 Wochen Entwürfe der Prüfungsaufgaben — einschliesslich des praktischen Falles für die I. Abteilung — an das K. Staatsministerium der Finanzen einzusenden.

Bei dem Entwurfe der Aufgaben für die I. Abteilung ist darauf Bedacht zu nehmen, dass den Kandidaten Gelegenheit geboten werde, in erster Linie ihre praktische Ausbildung zu zeigen, dann aber auch Proben ihrer theoretischen Kenntnisse hinsichtlich der verschiedenen Sparten und der einschlägigen zivil-, straf- und staatsrechtlichen und prozessgesetzlichen Bestimmungen, sowie ihrer Beurteilungsfähigkeit und Darstellungsgabe abzulegen.

Die Entwürfe der Aufgaben für die II. Abteilung sind derart zu bemessen, dass die Kandidaten ihre allseitige praktische Ausbildung in den einzelnen Prüfungsgegenständen und ihre genaue Kenntnis der einschlägigen Bestimmungen an den Tag legen und ihre Darstellungsgabe erproben können.

Bei den Prüfungsaufgaben aus dem Steuerwesen ist den Kandidaten beider Abteilungen insbesondere auch Gelegenheit zu geben, ihre Kenntnisse im Kataster-Umschreibwesen zu zeigen.

§ 16. Die Bestimmung der Probeaufgaben für die jeweilige Prüfung erfolgt durch das K. Staatsministerium der Finanzen.

Die ausgewählten Probeaufgaben werden den mit der Abhaltung der Prüfung betrauten Regierungsfinanzkammern in der erforderlichen Anzahl von Abdrücken verschlossen übersendet.

Dieselben sind vom Vorstande der Prüfungskommission unter Verschluss zu nehmen und erst an den vom K. Staatsministerium der Finanzen bestimmten Tagen und Stunden in Gegenwart der Kandidaten zu eröffnen.

Zur Bearbeitung ist jeweils nur eine einzige Aufgabe vorzulegen.

Eine Verlängerung der Arbeitsdauer (§ 12 Abs. 2 und § 14) ist unzulässig. Den Zeitpunkt der Ablieferung der Bearbeitungen zu verschieben, ist nur für den Fall gestattet, dass infolge aussergewöhnlicher Vorkommnisse der Beginn der Zeit für die Bearbeitung einer Aufgabe hinausgerückt werden oder eine Unterbrechung der Arbeitszeit eintreten musste.

Auf den von den Kandidaten übergebenen Bearbeitungen der einzelnen Aufgaben ist von dem die Aufsicht führenden Prüfungskommissionsmitgliede der Zeitpunkt der Uebergabe vorzumerken.

§ 17. Den Kandidaten ist der Gebrauch gedruckter und geschriebener Hilfsquellen gestattet.

Die Benützung amtlicher Rechnungen und Akten oder von anderen gefertigter Bearbeitungen der Aufgaben, sowie das Zusammenarbeiten mehrerer Kandidaten ist verboten.

Den Prüfungskommissären wird die strengste Ueberwachung der Kandidaten während der Bearbeitung zur Pflicht gemacht.

§ 18. Ueber den Gang der Prüfung ist von der Kommission ein fortlaufendes Protokoll zu führen, in welchem das Erforderliche über die Eröffnung der Aufgaben, den Schluss der Prüfungszeit, die Auslosung der Sitzplätze und über etwaige, die Zensur beeinflussende Vorkommnisse niederzulegen ist.

§ 19. Die Zensur der Bearbeitungen wird besonderen, aus dem Regierungsdirektor und zwei Kollegialmitgliedern der Regierungsfinanzkammern bestehenden Kommissionen übertragen.

Die Zahl der Zensurkommissionen und ihre Mitglieder werden durch Finanzministerialentschliessung bestimmt.

§ 20. Bei der Zensur haben die Noten

I = sehr gut
II = gut
III = genügend
IV = ungenügend

sowie die Zwischennoten I½, II½ und III½ zur Anwendung zu kommen.

Für die Bearbeitung jeder einzelnen Aufgabe ist eine besondere Note (ganze oder Zwischennote) zu geben.

§ 21. Stil und Darstellungsgabe der Kandidaten sind durch die Noten

1 = sehr gut
2 = gut
3 = genügend
4 = ungenügend

(Nebennoten) zu würdigen.

Ausserdem ist bei den Kandidaten der Prüfung II. Abteilung noch die Handschrift mit einer Nebennote zu würdigen.

§ 22. Die Zensur der Bearbeitungen ist von den beiden zur Zensurkommission gehörigen Kollegialmitgliedern vorzunehmen und tunlichst zu fördern.

Das Ergebnis der Beurteilung eines jeden derselben ist in eine tabellarische Uebersicht nach dem als Beilage II anliegenden Muster niederzulegen.

Die Feststellung der Noten für die einzelnen Aufgaben erfolgt in kollegialer Beratung der Zensurkommission. Hierüber ist ein fortlaufendes Protokoll zu führen.

§ 23. Hat ein Kandidat bei der Bearbeitung einer Aufgabe der Vorschrift in § 17 Abs. 2 zuwidergehandelt oder seine Bearbeitung ganz oder teilweise einem anderen Kandidaten zur Benützung überlassen, so sind die von diesen Kandidaten gelieferten Bearbeitungen der Aufgabe mit der Note IV zu würdigen. Auch können diese Kandidaten vom K. Staatsministerium der Finanzen zur Wiederholung der Prüfung verwiesen werden.

Zur leichteren Kontrolle in der angedeuteten Richtung ist den Bearbeitungen einer jeden Aufgabe eine Skizze des Prüfungsraumes und der Verteilung der Sitzplätze beizugeben.

§ 24. Nach Vollendung der Zensur haben die Vorsitzenden der Zensurkommissionen die Arbeiten der Kandidaten nebst den erteilten Noten und den Zensurübersichten (§ 22 Abs. 2) dem K. Staatsministerium der Finanzen vorzulegen.

Der Termin für diese Vorlagen wird durch Finanzministerialentschliessung bestimmt.

Das K. Staatsministerium der Finanzen unterzieht die Arbeiten einer weiteren Würdigung und setzt das Ergebnis der Zensur fest.

§ 25. Die Gesamtnote wird durch Zusammenzählen der sämtlichen Einzelnoten und Teilung der Summe durch die Zahl der sämtlichen Einzelnoten festgesetzt, wobei die für die Bearbeitung des praktischen Falles erteilte Note vierfach in Anrechnung gebracht wird.

Bei der Festsetzung der Hauptnote werden Zwischennoten nicht gegeben; die bei der Berechnung der Gesamtnote sich ergebenden Bruchteile, welche drei Viertel eines Ganzen übersteigen, sind als Ganzes zu rechnen.

Nach der Feststellung der Hauptnoten durch das K. Staatsministerium der Finanzen wird das Ergebnis der Prüfung den Kandidaten durch Vermittelung der Kreisregierungen auf Grund des vom Ministerium hergestellten und den Regierungsfinanzkammern zugesendeten Hauptverzeichnisses mittels Ausstellung eines Prüfungszeugnisses nach beiliegendem Muster — Formular III — mitgeteilt.

§ 26. Ein Kandidat, dessen Bearbeitungen von einem Viertel der sämtlichen Aufgaben mit der Note IV oder aus der Hälfte derselben mit der Note III$^1/_2$ gewürdigt wurden, wird zur Wiederholung der Prüfung verwiesen.

Je zwei mit der Note III$^1/_2$ gewürdigte Bearbeitungen werden einer mit der Note IV gewürdigten Bearbeitung gleichgeachtet.

Auch hiebei ist bei der Prüfung I. Abteilung die für die Bearbeitung des praktischen Falles erteilte Note vierfach zu rechnen.

§ 27. Kandidaten, die zur Wiederholung der Prüfung verwiesen wurden, sowie Kandidaten, welche ohne ausreichenden Grund nach Beginn der Prüfung zurücktraten, können nur noch einmal zur Prüfung zugelassen werden.

Die freiwillige Wiederholung der Prüfung ist nur einmal gestattet.

Für Kandidaten, welche die Prüfung freiwillig wiederholt haben, ist für alle Fälle die bei der letzten Prüfung erhaltene Note massgebend.

§ 28. Kandidaten, welche nachweislich durch Krankheit oder andere unverschuldete zwingende Ursachen oder durch Ableistung des aktiven Militärdienstes an der rechtzeitigen Ablegung der Prüfung verhindert waren, können auf Ansuchen durch Finanzministerialentschliessung nach Massgabe ihrer Prüfungsnote in die Reihenfolge der Kandidaten der vorausgegangenen Prüfung eingestellt werden.

Hierauf gerichtete Gesuche sind bei der Regierungsfinanzkammer einzureichen und von dieser mit gutachtlichem Bericht dem K. Staatsministerium der Finanzen vorzulegen.

17. Kapitalrentensteuer.

Vom Abdruck dieses Gesetzes wurde abgesehen, weil ein Text hiervon ohnedies in der Hand jedes Finanzbeamten sein dürfte. Wer eine Gesamt-Textausgabe der Steuergesetze nicht besitzt, dem sei die nachstehende in „Schweitzers (blaue) Textausgaben" erschienene Sammlung empfohlen:

Bayerische Steuergesetze mit den Vollzugsvorschriften und ausführlichen Sachregister. 850 Seiten. In blau Ganzleinen dauerhaft gebunden *M* 5.—

18. Einkommensteuer.

Hier gilt das bei Beilage 24 Bemerkte.

19. Erbschaftssteuer.

Hier gilt das bei Beilage 24 Bemerkte; s. aber Zusatz a) und b) zu Beilage 26 auf der nächsten Seite.

a) Verwandtschaftstafel.

Die Tafel zeigt, in welchem Grade die einzelnen in ihr aufgeführten Verwandtenklassen mit A. verwandt sind.

Grad	A. **Mann, Frau** Fragliche Person (Erblasser etc.)	**Bem.** Die Personen in den Feldern mit a. sind Verwandte der geraden absteigenden Linie, b. sind Verwandte der geraden aufsteigenden Linie, c. sind Verwandte der Seitenlinie.			Grad
I.	**Kinder von** A. (Sohn, Tocht.) a.	**Eltern von** A. (Vater, Mutter) b.			I.
II.	**Enkel:** (Enkelin) a.	**Geschwister** von A. (Bruder, Schwester) c.	**Grosseltern** von A. (Grossvater, Grossmutter) b.		II.
III.	**Grossenkel** (Grossenkelin) a.	deren Kinder: **(Neffe, Nichte)** c.	Geschwister der Eltern **Onkel** (Oheim) **Tante.** c.	**Urgrosseltern von** A. Urgrossvater, Urgrossmutt. b.	III.
IV.	**Urgrossenkel** (Urgrossenkelin) a.	deren Enkel: **Grossneffe, Grossnichte.** c.	deren Kinder: **Geschwisterkind** zu A. Vetter, Base. c.	Geschwister der Grosseltern **Grossonkel, Grosstante.** c.	IV.
V.		deren Grossenkel **Urgrossneffe, Urgrossnichte.** c.	deren Enkel **Vetter, Base.** c.	deren Kinder **Vetter, Base.** c.	V.
VI.			deren Grossenkel **Vetter, Base.** c.	deren Enkel **Vetter, Base.** c.	VI.
VII.				deren Grossenkel **Vetter, Base** c.	VII.

b) Erbfolge-Ordnung

nach BGB. §§ 1924 ff.

Ordnung	1. Verwandtenerbfolge:	2. Ehegattenerbfolge:
	Solange ein Verwandter einer vorhergehenden Ordnung vorhanden, ist ein Verwandter der folgenden Ordnung zur Erbschaft nicht berufen.	Der Ehegatte ist als gesetzlicher Erbe berufen:
I.	Abkömmlinge: ein zur Zeit des Erbfalls lebender Abkömmling schliesst die durch ihn mit dem Erblasser verwandten Abkömmlinge von der Erbfolge aus. An die Stelle eines zur Zeit des Erbfalls nicht mehr lebenden Abkömmlings treten die durch ihn mit dem Erblasser verwandten Abkömmlinge (Erbfolge nach Stämmen). Kinder erben zu gleichen Teilen.	zu $1/4$ der Erbschaft neben Verwandten der I. Ordnung.
II.	Eltern des Erblassers und deren Abkömmlinge. Leben beide Eltern, so schliessen sie die Geschwister des Erblassers und deren Abkömmlinge aus. Die Eltern erben zu gleichen Teilen. An die Stelle des verstorbenen Elternteils treten dessen Abkömmlinge in der unter I erwähnten Weise. Sind Abkömmlinge nicht vorhanden, erbt der überlebende Elternteil allein.	Zu $1/2$ der Erbschaft neben Verwandten der II. Ordnung u. erhält ausserdem noch den Voraus nach § 1932 BGB.
III.	Grosseltern des Erblassers und deren Abkömmlinge. Wenn väterl. und mütterl. Grosseltern noch leben, erben sie allein und zu gleichen Teilen. An Stelle eines Verstorbenen Grosselternteils (Grossmutter oder Grossvater) treten dessen Abkömmlinge; sind Abkömmlinge nicht vorhanden, so fällt der Anteil des verstorbenen dem anderen Teile des Grosselternpaares und, wenn dieser nicht mehr lebt, dessen Abkömmlingen zu.	Zu $1/2$ der Erbschaft neben Grosseltern, ausserdem noch Voraus § 1932 BGB., treffen mit Grosseltern Abkömmlinge von Grosseltern zusammen, so erhält der Ehegatte auch von der anderen Hälfte den Anteil, welcher den Abkömmlingen zu-

Ordnung	1. Verwandtenerbfolge:	2. Ehegattenerbfolge:
	Sind zur Zeit des Erbfalls die väterlichen oder grossmütterlichen Grosseltern nicht mehr am Leben und sind Abkömmlinge der Verstorbenen nicht vorhanden, so erben die anderen Grosseltern oder ihre Abkömmlinge allein. Erbfolge der Abkömmlinge nach den Vorschriften unter I.	fallen würde. — Sind weder Verwandte der I. oder der II. Ordnung, noch Grosseltern vorhanden, so erhält der überlebende Ehegatte die ganze Erbschaft. § 1931 BGB.
IV.	Urgrosseltern und deren Abkömmlinge. Leben zur Zeit des Erbfalls Urgrosseltern, so erben sie allein; mehrere erben zu gleichen Teilen, ohne Unterschied, ob sie derselben Linie oder verschiedenen Linien angehören. Leben zur Zeit des Erbfalls Urgrosseltern nicht mehr, so erbt von ihren Abkömmlingen derjenige, welcher mit dem Erblasser dem Grade nach am nächsten verwandt ist; mehrere gleich nahe Verwandte erben zu gleichen Teilen. Die Grade werden nach der Zahl der inmitteliegenden Geburten berechnet.	Der überlebende Ehegatte erhält statt der nebengenannten Personen die ganze Erbschaft.
V.	Entferntere Voreltern des Erblassers und deren Abkömmlinge — ohne Grenze. Vorschriften ebenso wie unter IV: Vorfahren (also noch ältere als Urgrosseltern) erben allein und zu gleichen Teilen. Im übrigen entscheidet die Nähe der Verwandtschaft; gleich nahe Verwandte erben zu gleichen Teilen.	Der überlebende Ehegatte erhält in diesem Falle die ganze Erbschaft.

20. Reichsstempelsteuer.

I. Uebersicht der den Reichsstempel regelnden Bestimmungen:

Das Reichsstempelgesetz v. 15. Juli 1909, veröffentlicht mit Bek. v. 22. Juli 1909 (RGBl. 833), geändert durch das Zuwachssteuergesetz v. 14. Febr. 1911 (RGBl. 33). Allgemeine Ausführungsbestimmungen des Bundesrats v. 3. Juni 1906 (GVBl. 343) mit Aenderungen (GVBl. 1907, 32, 246 u. 515; 1908, 47, 263 und 1000, 1909, 314, 591 [wegen teilweiser Nichtanwendung dieser letzteren Aenderung in Bayern s. JMB. v. 30. Okt. 1909, JMBl. 480], 643, 645, 670; 1910, 1111; 1911, 23, 82, 740).

Bayerische Ausführungsbestimmungen: Regelung der Zuständigkeiten: VO. v. 4. Juli 1906 (GVBl. 227) u. v. 17. Okt. 1909 (JMBl. 457). Sonstige Bestimmungen verschiedener Art. Bek. v. 3. Aug. 1906 (GVBl. 467). Besondere Anweisungen hinsichtlich des Grundstückstempels: JFMB. v. 25. Okt. 1909 (JMBl. 459), geändert und ergänzt durch JFMB. v. 25. April 1911 (JMBl. 583), Vergütung der Notare für Erhebung des Grundstückstempels: VO. v. 19. Okt. 1910 (JMBl. 979) u. Bek. v. 3. Nov. 1910 (JMBl. 980).

II. Prüfungspflicht der Behörden:

Nach § 101 des Ges. haben die Reichsbehörden, die Behörden und Beamten der Bundesstaaten und Kommunen und die Notare die Verpflichtung, die Besteuerung der ihnen vorkommenden Urkunden zu prüfen und die zu ihrer Kenntnis gelangenden Zuwiderhandlungen gegen das Gesetz bei der zuständigen Behörde zur Anzeige zu bringen.

III. Die hauptsächlichsten Bestimmungen des Gesetzes **sind** folgende:

Reichsstempelabgaben werden erhoben:

1. Von Aktien, Kuxen, Renten- und Schuldverschreibungen, Gewinnanteilschein- und Zinsbogen, die Steuersätze im einzelnen ergeben sich aus Nr. 1 bis 3 A des dem Gesetze beigegebenen Tarifs.

2. Von Kauf- und sonstigen Anschaffungsgeschäften; im einzelnen s. Nr. 4 des Tarifs.

3. Von Lotterien, Ausspielungen und Wetteinsätzen bei öffentlich veranstalteten Rennen und ähnlichen öffentlichen Veranstaltungen, im einzelnen s. Nr. 5 des Tarifs.

4. Von Frachturkunden (Konnossementen, Frachtbriefen, Ladescheinen, Einlieferungsscheinen); im einzelnen s. Nr. 6 des Tarifs.

5. Von Personenfahrkarten; im einzelnen s. Nr. 7 des Tarifs.

6. Von Erlaubniskarten für Kraftfahrzeuge; im einzelnen s. Nr. 8 des Tarifs.

7. Von den Aufstellungen der Aktiengesellschaften, Kommanditgesellschaften auf Aktien und der Gesellschaften mit

beschränkter Haftung über die Vergütungen (Gewinnanteile, Tantiemen, Gehälter, Tagegelder, Reisegelder usw.), an die Mitglieder des Aufsichtsrats, s. im einzelnen Nr. 9 des Tarifs.

8. Von im Inland ausgestellten Schecks und von Schecks, die im Ausland auf das Inland ausgestellt sind, und zwar in der Höhe von 10 Pf. vom einzelnen Scheck. Den Schecks stehen hiebei gleich die Quittungen über Geldsummen, die aus dem Guthaben des Ausstellers bei den nachstehend bezeichneten Anstalten oder Firmen gezahlt werden, sofern die Quittung im Inland ausgestellt oder ausgehändigt wird. Die Anstalten oder Firmen sind:

1. Diejenigen Anstalten des öffentlichen Rechts, diejenigen unter staatlicher Aufsicht stehenden Anstalten sowie diejenigen in das Genossenschaftsregister eingetragenen Genossenschaften, welche sich nach den für ihren Geschäftsbetrieb massgebenden Bestimmungen mit der Annahme von Geld und der Leistung von Zahlungen für fremde Rechnung befassen, ferner die unter amtlicher Aufsicht stehenden Sparkassen, wenn sie die nach Landesrecht für sie geltenden Aufsichtsbestimmungen erfüllen;
2. die in das Handelsregister eingetragenen Firmen, welche gewerbsmässig Bankiergeschäfte betreiben.

Befreit sind von der Steuer:

1 im inländischen Postscheckverkehr ausgestellte Schecks;
2. Schecks, die dem Wechselstempel unterliegen.

Die Entrichtung des Scheckstempels muss erfolgen, ehe ein im Inland ausgestellter Scheck vom Aussteller, ein im Ausland auf das Inland ausgestellter Scheck, der nicht im Ausland mit dem Reichsstempel versehen ist, von dem ersten inländischen Inhaber aus den Händen gegeben wird.

Die Entrichtung der Stempelabgabe von den den Schecks gleichgestellten Quittungen liegt dem Aussteller des stempelpflichtigen Schriftstücks, und, wenn dieses im Ausland ausgestellt ist, demjenigen ob, der es im Inland aushändigt. Die Entrichtung muss erfolgen, bevor das Schriftstück ausgehändigt wird.

Eine Ausnahme besteht unter gewissen Voraussetzungen für die Fälle, in denen ein auf das Ausland ausgestellter Scheck zum Zwecke der Annahme versendet wird; näheres § 71 des Gesetzes.

Wird ein Scheck, der auf einen bestimmten Zahlungsempfänger gestellt und im Ausland zahlbar ist, in mehreren, im Texte mit der Bezeichnung „Erste, zweite, dritte usw Ausfertigung“ oder mit einer gleichbedeutenden Bezeichnung versehenen Ausfertigung ausgestellt, so genügt für die Regel die Versteuerung einer Ausfertigung Näheres s. Art. 72.

9. Von Grundstücksübertragungen d. h. bei Beurkundungen der Uebertragung des Eigentums an im Inlande gelegenen Grundstücken und der Uebertragung von Berechtigungen, für welche die sich auf Grundstücke beziehenden Vorschriften gelten (gemäss Tarifnummer 11), soweit sie zum Gegenstande haben:

a) **Kauf- und Tauschverträge und andere entgeltliche Veräusserungsverträge, einschliesslich der gerichtlichen Zwangsversteigerungen** sowie der Abtretung der Rechte aus dem Meistgebot und der Erklärung des Meistbietenden, **dass er für einen anderen geboten habe.**

Beurkundungen von Uebertragungen der Rechte der Erwerber aus Veräusserungsgeschäften sowie Beurkundungen nachträglicher Erklärungen der aus einem Veräusserungsgeschäfte berechtigten Erwerber, die Rechte für einen Dritten erworben oder die Pflichten für einen Dritten übernommen haben, werden in betreff der Stempelpflichtigkeit wie Beurkundungen der Veräusserungen behandelt, sofern nicht der erste Erwerber das Veräusserungsgeschäft erweislich auf Grund eines Vollmachtsauftrags oder einer Geschäftsführung ohne Auftrag für einen Dritten abgeschlossen hat und die Uebertragung der Rechte dieses ersten Erwerbers an den Dritten erfolgt. Dasselbe gilt von Uebertragungen der Rechte aus Anträgen zur Schliessung eines entgeltlichen Veräusserungsgeschäfts, die den Veräusserer binden, sowie aus Verträgen, durch die nur der Veräusserer zur Schliessung eines solchen Veräusserungsgeschäfts verpflichtet wird.

Die Steuer beträgt $^1/_3$ vom Hundert und zwar

1. bei Kaufverträgen vom Kaufpreis unter Hinzurechnung des Wertes der ausbedungenen Leistungen und vorbehaltenen Nutzungen;

2. bei Tauschverträgen vom Werte der von einem der Vertragschliessenden in Tausch gegebenen Gegenstände, und zwar derjenigen, welche den höheren Wert haben; bei Tauschen inländischer gegen ausländische Grundstücke vom Werte der ersteren;

3. bei anderen Verträgen vom Gesamtwerte der Gegenleistung unter Hinzurechnung des Wertes der vorbehaltenen Nutzungen, oder, wenn der Wert der Gegenleistung aus dem Vertrage nicht hervorgeht, von dem Werte des veräusserten Gegenstandes;

4. bei Zwangsversteigerungen vom Betrage des Meistgebotes, zu dem der Zuschlag erteilt wird, unter Hinzurechnung der vom Ersteher übernommenen Leistungen, und wenn das Meistgebot den Wert des Gegenstandes nicht erreicht, von diesem. Im Falle der Abtretung der Rechte aus dem Meistgebot und der Erklärung des Meistbietenden, dass er für einen anderen geboten habe, tritt an die Stelle des Meistgebots der Wert der Gegenleistung, sofern eine solche in der Urkunde enthalten ist.

Befreit sind·

1. Kauf- und Tauschverträge und andere entgeltliche Veräusserungsverträge zwischen Teilnehmern an einer Erbschaft zum Zwecke der Teilung der zu letzterer gehörigen Gegenstände.

Zu den Teilnehmern an einer Erbschaft wird auch der überlebende Ehegatte gerechnet, der mit den Erben des verstorbenen Ehegatten gütergemeinschaftliches Vermögen zu teilen hat.

2. Ueberlassungsverträge zwischen Eltern und Kindern, auch eingekindschafteten, oder deren Abkömmlingen.

Auf Beurkundungen von Uebertragungen der Rechte des Erwerbers aus Verträgen der bezeichneten Art an andere Personen als an Abkömmlinge des ersten Veräusserers finden die unter a Abs. 2 Satz 1 (dieser Tarifnummer) vorgesehenen Einschränkungen der Stempelpflicht keine Anwendung.

3. Die Abtretung der Rechte aus dem Meistgebote und die Erklärung, für einen anderen geboten zu haben, sofern die Abtretung oder die Erklärung in dem Versteigerungstermin erfolgt oder sofern ein Gläubiger Meistbietender war, dem eine durch ein geringeres Gebot nicht oder nicht völlig gedeckte Hypothek, Grundschuld oder Rentenschuld zustand;

Anmerkungen:

a) Bei Verträgen über Leistung an Erfüllungs Statt berechnet sich die Stempelabgabe nach dem Werte, zu dem die Gegenstände an Erfüllungs Statt angenommen werden. Wird in einem Kaufvertrage hinsichtlich des Kaufpreises eine Leistung an Erfüllungs Statt vereinbart, so ist der Vertrag wie ein Tauschvertrag zu versteuern.

b) Wenn auf dem veräusserten Gegenstand ein Niessbrauchsrecht lastet, zu dessen Beseitigung der Veräusserer nicht verpflichtet ist, so ist der Steuerbemessung der Wert des veräusserten Gegenstandes zugrunde zu legen, sofern dieser Wert den Betrag der Gegenleistung (s. Ziff. 1 und 3 der obigen Bemerkungen über den Betrag der Steuer) übersteigt.

c) Wenn der Ersteher zur Zeit der Einleitung der Zwangsversteigerung Hypotheken- oder Grundschuldgläubiger ist, so tritt an die Stelle des Meistgebots, falls dieses hinter dem Gesamtbetrage der Hypotheken- und Grundschuldforderungen des Erstehers und der diesem vorgehenden Forderungen zurückbleibt, dieser Gesamtbetrag, sofern er nicht den Wert des Gegenstandes übersteigt.

d) Wird bei einer Versteigerung, welche zum Zwecke der Auseinandersetzung unter Miteigentümern erfolgt, der Zuschlag einem Miteigentümer erteilt, so bleibt bei Berechnung des Stempels derjenige Teil des Meistgebots ausser Betracht, welcher auf den dem Ersteher bereits zustehenden Anteil an den versteigerten Gegenständen fällt. Im Falle der Gemeinschaft unter Miterben gilt im Sinne dieser Vorschrift jeder Miterbe als Miteigentümer nach Verhältnis seines ideellen Anteils am Nachlasse.

b) Das Einbringen in eine Aktiengesellschaft, Kommanditgesellschaft auf Aktien oder Gesellschaft mit beschränkter Haftung.

Dem Einbringen von unbeweglichen Gegenständen steht gleich das Einbringen des Rechtes auf Auflassung sowie der Rechte aus Veräusserungsgeschäften der unter a Abs. 2 (dieser Tarifnummer) bezeichneten Art.

Die Steuer beträgt:

$^1/_3$ vom Hundert des Entgelts einschliesslich der auf der Einlage ruhenden, auf die Gesellschaft übergehenden Verbindlichkeiten und des Wertes aller sonstigen ausbedungenen Leistungen und vorbehaltenen Nutzungen, oder, wenn das Entgelt aus dem Vertrage nicht hervorgeht, des Wertes des eingebrachten Vermögens.

Befreit ist:

Das Einbringen von Nachlassgegenständen in eine ausausschliesslich von den Teilnehmern an einer Erbschaft gebildeten Gesellschaft mit beschränkter Haftung. Zu den Teilnehmern einer Erbschaft wird auch der überlebende Ehegatte gerechnet, welcher mit den Erben des verstorbenen Ehegatten gütergemeinschaftliches Vermögen zu teilen hat.

c) **Die Ueberlassung von Gesellschaftsvermögen an einen Gesellschafter oder dessen Erben zum Sondereigentume** seitens einer Aktiengesellschaft, Kommanditgesellschaft auf Aktien, Gewerkschaft, Gesellschaft mit beschränkter Haftung, offener Handelsgesellschaft, Kommanditgesellschaft, Kolonialgesellschaft oder einer dieser gleichgestellten Gesellschaft, seitens einer Gesellschaft oder eines Vereins des Bürgerlichen Rechts sowie seitens einer Genossenschaft.

Der Ueberlassung von Grundstücken steht gleich die Ueberlassung des Rechtes auf Auflassung sowie der Rechte aus Veräusserungsverträgen der unter a Abs. 2 (dieser Tarifnummer) bezeichneten Art.

Die Steuer beträgt:

$^1/_3$ vom Hundert des Entgelts einschliesslich des Wertes der ausbedungenen Leistungen und vorbehaltenen Nutzungen oder, wenn das Entgelt nicht aus dem Vertrage hervorgeht, des Wertes der überlassenen Rechte.

Bei Berechnung des Stempels bleibt derjenige Teil der zum Sondereigentum überlassenen Vermögensgegenstände ausser Betracht, der auf den erwerbenden Gesellschafter nach der Kopfzahl der Gesellschafter entfällt.

Befreit ist:

Die Rückgewähr der von einem Gesellschafter eingebrachten Vermögensgegenstände an diesen Gesellschafter oder dessen Erben oder dessen Ehefrau, welche mit ihm in Gütergemeinschaft gestanden hat.

d) Auflassungen und Anträge auf Eintragung der Begründung oder Uebertragung von **Erbbaurechten oder sonstigen Rechten, die ein Grundbuchblatt erhalten können,** in Fällen der freiwilligen Veräusserung.

Die Steuer beträgt:

$^1/_3$ vom Hundert des Wertes des veräusserten Gegenstandes.

Der Antrag auf Umschreibung von Gesellschaftseigentum auf den Namen eines Gesellschafters unterliegt dem Auflassungsstempel auch dann, wenn nach den Vorschriften des Bürgerlichen Rechtes eine Auflassung nicht erforderlich ist.

Der Auflassungsstempel ist nicht zu erheben, wenn die das Veräusserungsgeschäft enthaltende, in an sich stempelpflichtiger Form ausgestellte Urkunde in Urschrift, Ausfertigung oder beglaubigter Abschrift vorgelegt wird.

Eine das Veräusserungsgeschäft enthaltende Urkunde im Sinne dieser Vorschrift gilt als nicht vorhanden, wenn die Urkunde

1. das Rechtsgeschäft nicht so enthält, wie es unter den Beteiligten hinsichtlich des Wertes der Gegenleistung verabredet ist;

2. die Veräusserung eines Grundstücks durch einen Bevollmächtigten enthält, sofern die Veräusserung erweislich für Rechnung des Bevollmächtigten erfolgt ist;

3. die Ueberlassung der Rechte an dem Vermögen einer Gesellschaft seitens eines Gesellschafters oder dessen Erben an die Gesellschaft, an einen anderen Gesellschafter oder einen Dritten enthält, sofern nicht diese Personen Abkömmlinge des überlassenden Teiles sind;

4. die Ueberlassung von Vermögensgegenständen seitens der Gesellschaft zum Sondereigentum an einen Gesellschafter oder dessen Erben enthält, soweit nicht der Stempel zu c (dieser Tarifnummer) in voller Höhe zu entrichten ist oder die Befreiungsvorschrift zu e (dieser Tarifnummer) Anwendung findet.

Wird nach der Zahlung des Auflassungsstempels die Urkunde über das zugrunde liegende Veräusserungsgeschäft errichtet, so ist auf den zu dieser Urkunde nach a bis c (dieser Tarifnummer) erforderlichen Stempel der gezahlte Auflassungsstempel anzurechnen.

Die Vorschriften über den Auflassungstempel finden entsprechende Anwendung bei Anträgen auf Umschreibungen in öffentlichen Büchern, sofern das Grundbuch noch nicht als angelegt anzusehen ist.

Befreit sind auf Antrag:

1. Grundstücksübertragungen der in a und d (dieser Tarifnummer) bezeichneten Art, wenn der stempelpflichtige Betrag bei bebauten Grundstücken 20 000 M, bei unbebauten Grundstücken 5000 M nicht überschreitet. Erwirbt dieselbe Person von demselben Veräusserer durch verschiedene Rechtsvorgänge mehrere Grundstücke oder Grundstücksteile, so sind die Uebertragungen steuerpflichtig, wenn der Wert zusammen die angegebenen Beträge übersteigt, und die Umstände ergeben, dass der Erwerb zum Zwecke der Ersparung der Steuer in mehrere Rechtsvorgänge zerlegt worden ist. Was im Sinne dieser Vorschrift als bebautes und unbebautes Grundstück anzusehen ist, bestimmt sich nach dem § 1 des Zuwachssteuergesetzes.*)

Die Steuerfreiheit tritt nur ein, wenn weder der Erwerber und sein Ehegatte im letzten Jahre ein Einkommen von mehr als 2000 M gehabt haben, noch einer von ihnen den Grundstückshandel gewerbsmässig betreibt. Wird festgestellt, dass der Erwerb für Rechnung eines Dritten erfolgt, so ist die Steuerfreiheit nur zu gewähren, wenn die Voraussetzungen für die Befreiung auch in der Person des Dritten vorliegen.

Beurkundungen von Uebertragungen der Rechte eines befreiten Erwerbers werden in betreff der Stempelpflich-

*) § 51 des Zuwachssteuergesetzes, soweit er hier einschlägt lautet: Als unbebaut gelten auch solche Grundstücke, auf denen sich Gartenhäuser, Schuppen, Lagerstätten und ähnliche zu vorübergehenden Zwecken dienende Baulichkeiten befinden.

tigkeit auch dann wie Beurkundungen von Veräusserungen behandelt (a Abs. 2 Satz 1 dieser Tarifnummer), wenn der erste Erwerber das Veräusserungsgeschäft erweislich auf Grund eines Vollmachtsauftrags oder einer Geschäftsführung ohne Auftrag für einen Dritten abgeschlossen hat und die Uebertragung der Rechte dieses ersten Erwerbers an den Dritten erfolgt.

2. Eigentumsänderungen, denen sich die Beteiligten aus Gründen des öffentlichen Wohles zu unterwerfen gesetzlich verpflichtet sind.

Anmerkung (zu Tarifnummer 11).

Stempelabgabe unter fünfzig Pfennig werden nicht erhoben. Höhere Beträge, welche nicht ohne Bruch durch zehn teilbar sind, werden auf den nächst höheren durch zehn teilbaren Betrag abgerundet; Stempelbeträge über fünf Mark, welche nicht ohne Bruch durch fünfzig teilbar sind, werden auf den nächst höheren durch fünfzig teilbaren Betrag abgerundet.

Ausländische Werte sind nach den Vorschriften wegen Erhebung des Wechselstempels umzurechnen.

Allgemeine Bestimmungen:

§ 79. Für die Steuerpflichtigkeit ist die Hinzufügung von Bedingungen, die unterbliebene Ausführung und die Wiederaufhebung des Geschäfts oder Rechtsvorgangs sowie die Vernichtung der Urkunde ohne Bedeutung.

Der Bundesrat bestimmt, ob und inwieweit der Abgabenbetrag auf Antrag zu erstatten ist.

§ 81. Von mehreren über denselben Rechtsvorgang lautenden Urkunden ist nur eine stempelpflichtig.

Die Verwendung des Stempels zu dieser ist auf den übrigen Urkunden zu vermerken.

§ 85. Soweit eine steuerpflichtige Beurkundung von Behörden oder Beamten einschliesslich der Notare, vorgenommen ist, haben diese den Stempel vor Aushändigung der Urkunde, spätestens aber binnen zweier Wochen nach Eintritt der Steuerpflicht zu verwenden.

Ist der Stempel innerhalb dieser Frist von den Verpflichteten nicht beigebracht, so ist die zwangsweise Einziehung des Stempels binnen einer Woche bei der zuständigen Steuerstelle von den vorbezeichneten Behörden und Beamten zu beantragen oder, wenn sie selbst zur zwangsweisen Einziehung von Geldern befugt sind, die zwangsweise Einziehung innerhalb der gleichen Frist anzuordnen. Dieser Bestimmung unterliegen auch diejenigen Urkunden, bei denen ein Notar den Entwurf anfertigt und nach Vollziehung durch die Beteiligten die Unterschriften oder Handzeichen beglaubigt.

Die Entgegennahme der Auflassung oder, wenn diese nicht vor dem Grundbuchrichter erfolgt, die Eintragung des neuen Eigentümers im Grundbuch kann nach dem Ermessen des Gerichts von einer vorgängigen Sicherheitsleistung für den Abgabenbetrag abhängig gemacht werden. Ueber Erinnerungen gegen die Anordnung der Sicherheitsleistung wird im Aufsichtsweg entschieden.*)

*) Abs. 3 in der Fassung des Zuwachssteuergesetzes.

§ 89.*) Von Grundstücken, die auf Grund von Vorschriften gebunden sind, die nach den Artikeln 57, 58, 59 des Einführungsgesetzes zum Bürgerlichen Gesetzbuch von den Vorschriften des Bürgerlichen Gesetzbuchs unberührt bleiben, ist an Stelle der Abgabe nach Tarifnummer 11 eine jährliche Abgabe von $^1/_{90}$ vom Hundert des Wertes zu entrichten.

Die Ermittelung des Wertes findet nach den Bestimmungen des § 16 des Erbschaftssteuergesetzes vom 3. Juni 1906 (RGBl. S. 620) in dreissigjährigen Zeitabschnitten statt.

Der erste dreissigjährige Abschnitt beginnt mit dem Zeitpunkt, in welchem das Grundstück der Bindung unterworfen wird, und sofern dieser vor dem Inkrafttreten dieses Gesetzes liegt, mit dem 1. Oktober 1909.

Für die Zeit vom 1. Oktober 1909 bis zum 30. Juni 1914 wird zu der im Abs. 1 vorgesehenen Abgabe ein Zuschlag von $^1/_{90}$ vom Hundert des ermittelten Wertes jährlich erhoben.

Die Abgabe ruht auf dem Grundstücke und gilt als öffentliche Last im Sinne des § 10 Ziffer 3 des Gesetzes über die Zwangsversteigerung und Zwangsverwaltung.

Grundstücke, zu deren rechtsgültiger Veräusserung weder eine landesherrliche oder sonstige Genehmigung noch die Zustimmung von Familienmitgliedern oder Dritten erforderlich ist und deren Veräusserungserlös noch den gesetzlichen oder hausverfassungsmässigen oder stiftungsmässigen Bestimmungen der freien Verwendung des Veräusserers unterliegt, gelten nicht als gebunden im Sinne der Vorschriften dieses Paragraphen.

Von der Abgabe befreit sind der Landesfürst und die Landesfürstin.

§ 90.*) Bei Veräusserungen, die in die Zeit bis zum 30. Juni 1914 fallen, wird zu der in Tarifnummer 11 vorgesehenen Abgabe von $^1/_3$ vom Hundert des Kaufpreises ein Zuschlag von einhundert vom Hundert erhoben.

Nach dem 30. Juni 1914 wird der Steuersatz in Tarifnummer 11 von drei zu drei Jahren durch den Bundesrat einer Nachprüfung unterzogen. Uebersteigt innerhalb des dreijährigen Zeitraums der durchschnittliche Jahresanteil des Reichs am Ertrage der Zuwachssteuer den Betrag von 25 Millionen Mark, so ist der Steuersatz in Tarifnummer 11 mit Wirkung vom Beginne des der Feststellung folgenden Rechnungsjahrs für die folgenden drei Jahre nach näherer Bestimmung des Bundesrats entsprechend herabzusetzen.

Die Vorschriften des Abs. 2 finden auf die Abgabe nach § 89 Anwendung. Insoweit die Abgabe für eine Zeit bezahlt ist, für welche die Herabsetzung eintritt, ist vom Reiche entsprechender Rückersatz zu leisten.

---

*) In der Fassung des Zuwachssteuergesetzes.

21. Wechselstempelsteuer.

1. Vorbemerkung.

Das Wechselstempelsteuergesetz wurde in der nunmehr geltenden Fassung als Wechselstempelsteuergesetz vom 15. Juli 1909 veröffentlicht mit Bek. v. 21 Juli 1909 (RGBl. 825). In dieser Fassung gilt es seit 1. August 1909. Ausführungsbestimmungen ergingen mit Bek. v. 26. Juli 1909 (ZBl. 402; GVBl. 636) mit Zusatz v. 4. Juni 1910 (ZBl. 234, GVBl. 297). Die Höhe der Steuer ergibt sich aus folgender Tabelle:

2. Wechselstempelsteuertabelle.

Aus der Wechsel-summe bis einschl. M	Stempel M	Stempel Pf.	Aus der Wechsel-summe bis einschl. M	Stempel M	Stempel Pf.	Aus der Wechsel-summe bis einschl. M	Stempel M	Stempel Pf.
200	—	10	25000	12	50	53000	26	50
400	—	20	26000	13	—	54000	27	—
600	—	30	27000	13	50	55000	27	50
800	—	40	28000	14	—	56000	28	—
1000	—	50	29000	14	50	57000	28	50
2000	1	—	30000	15	—	58000	29	—
3000	1	50	31000	15	50	59000	29	50
4000	2	—	32000	16	—	60000	30	—
5000	2	50	33000	16	50	61000	30	50
6000	3	—	34000	17	—	62000	31	—
7000	3	50	35000	17	50	63000	31	50
8000	4	—	36000	18	—	64000	32	—
9000	4	50	37000	18	50	65000	32	50
10000	5	—	38000	19	—	66000	33	—
11000	5	50	39000	19	50	67000	33	50
12000	6	—	40000	20	—	68000	34	—
13000	6	50	41000	20	50	69000	34	50
14000	7	—	42000	21	—	70000	35	—
15000	7	50	43000	21	50	71000	35	50
16000	8	—	44000	22	—	72000	36	—
17000	8	50	45000	22	50	73000	36	50
18000	9	—	46000	23	—	74000	37	—
19000	9	50	47000	23	50	75000	37	50
20000	10	—	48000	24	—	76000	38	—
21000	10	50	49000	24	50	77000	38	50
22000	11	—	50000	25	—	78000	39	—
23000	11	50	51000	25	50	79000	39	50
24000	12	—	52000	26	—	80000	40	—

und so fort von je angefangenen weiteren 1000 M — 50 Pf. Stempel mehr.

Die nach dieser Tabelle begründete Steuerpflicht kann sich hinsichtlich desselben Wechsels wiederholen nach § 3 Abs. 2 u. 3 des Gesetzes; diese bestimmen:

Tritt die Verfallzeit eines auf einen bestimmten Zahlungstag oder auf Sicht gestellten Wechsels später als drei Monate nach dem Ausstellungstag ein, so ist auf die Zeit bis zum Verfalltage für die nächsten neun Monate und weiterhin für je fernere sechs Monate oder den angefangenen Teil dieses Zeitraums eine weitere Abgabe in der im Abs. 1 bezeichneten Höhe zu entrichten. Die weitere Abgabepflicht tritt bei Wechseln mit bestimmtem Zahlungstage nicht ein, wenn die dreimonatige Frist um nicht mehr als fünf Tage überschritten wird. Soweit nach ausländischem Rechte Respekttage stattfinden, werden sie der dreimonatigen Frist hinzugerechnet. Die vorstehend für Sichtwechsel getroffene Vorschrift findet auch auf Wechsel Anwendung, welche bestimmte Zeit nach Sicht zahlbar sind, mit der Massgabe, dass der Zeitraum, für den die weitere Abgabe zu entrichten ist, bei trockenen derartigen Wechseln vom Ablaufe von drei Monaten nach dem Ausstellungstage, bei gezogenen derartigen Wechseln vom Ablaufe von drei Monaten nach der Annahme des Wechsels gerechnet wird. Ist der Tag der Annahme aus dem Wechsel nicht ersichtlich, so gilt in Ansehung der Stempelpflicht der fünfzehnte Tag nach dem Ausstellungstag als Tag der Annahme, sofern nicht nachgewiesen wird, dass die Annahme zu einem anderen Zeitpunkt erfolgt ist.

Fehlt in einer Schrift der im § 2 bezeichneten Art die Angabe der zu zahlenden Geldsumme, so ist die Stempelabgabe und die weitere Abgabe von einer Summe von zehntausend Mark zu entrichten; wird später eine andere als diese Summe eingesetzt, so hat die entsprechende Ausgleichung durch Nacherhebung oder Erstattung der Steuer zu erfolgen. Fehlt in der Schrift eine Bestimmung über die Zahlungszeit, so tritt die Verpflichtung zur Entrichtung der weiteren Abgabe mit dem Ablaufe von drei Monaten nach dem Ausstellungstag ein. Fehlt die Angabe des Ausstellungstags, so gilt der Tag der Uebergabe als Ausstellungstag.

3. Die wichtigsten gesetzlichen Bestimmungen.

§ 1. Gezogene und eigene Wechsel unterliegen dem Wechselstempel.

Von der Stempelabgabe befreit bleiben:

1. die vom Ausland auf das Ausland gezogenen und die im Ausland ausgestellten eigenen Wechsel, wenn sie nur im Auslande zahlbar sind;
2. die vom Inland auf das Ausland gezogenen, nur im Ausland, und zwar auf Sicht oder spätestens innerhalb zehn Tagen nach dem Tage der Ausstellung zahlbaren Wechsel, sofern die vom Aussteller unmittelbar in das Ausland versendet werden.

§ 2. Als Wechsel im Sinne dieses Gesetzes ist auch eine Schrift anzusehen, welche nicht die sämtlichen wesentlichen Erfordernisse eines Wechsels enthält, sofern sie einem anderen unter der Vereinbarung übergeben wird, dass dieser berechtigt sein soll, die fehlenden Erfordernisse zu ergänzen. Das Bestehen einer Vereinbarung der bezeichneten Art wird vermutet, wenn die Schrift die Bezeichnung als Wechsel enthält.

§ 4. Die zum Zwecke der Berechnung der Abgabe vorzunehmende Umrechnung der in einer anderen als der Reichswährung ausgedrückten Summen erfolgt, soweit der Bundesrat nicht für gewisse Währungen allgemein zugrunde zu legende Mittelwerte festsetzt und bekannt macht, nach Massgabe des laufenden Kurses.

§ 5. Für die Entrichtung der Abgabe sind der Reichskasse sämtliche Personen, welche an dem Umlaufe des Wechsels im Inlande teilgenommen haben, als Gesamtschuldner verhaftet. Die Haftung für die weitere Abgabe (§ 3 Abs. 2) ist auf die Personen beschränkt, welche nach Eintritt der weiteren Abgabepflicht am Umlaufe des Wechsels teilgenommen haben.

§ 6. Als Teilnehmer an dem Umlauf eines Wechsels wird hinsichtlich der Steuerpflichtigkeit angesehen· der Aussteller, jeder Unterzeichner oder Mitunterzeichner eines Akzepts, eines Indossaments oder einer anderen Wechselerklärung, und jeder, der für eigene oder fremde Rechnung den Wechsel erwirbt, veräussert, verpfändet oder als Sicherheit annimmt, zur Zahlung präsentiert, Zahlung darauf empfängt oder leistet, oder mangels Zahlung Protest erheben lässt, ohne Unterschied, ob der Name oder die Firma auf den Wechsel gesetzt wird oder nicht.

§ 7. Die Entrichtung der Stempelabgabe (§ 3 Abs. 1) muss erfolgen, ehe ein inländischer Wechsel von dem Aussteller, ein ausländischer Wechsel von dem ersten inländischen Inhaber (§ 6) aus den Händen gegeben wird.

Die Entrichtung der weiteren Abgabe (§ 3 Abs. 2) muss innerhalb der ersten drei Tage des Zeitraums erfolgen, für den sie zu zahlen ist, und wenn sich der Wechsel zu dieser Zeit im Auslande befunden hat, innerhalb der ersten drei Tage nach der Einbringung des Wechsels ins Inland. Die Entrichtung liegt dem Inhaber des Wechsels ob.

Ist der Wechsel von dem nach Abs. 1 Steuerpflichtigen bis zu dem im Abs. 2 bezeichneten Zeitpunkte nicht aus den Händen gegeben, so ist die Stempelabgabe gleichzeitig mit der weiteren Abgabe zu entrichten.

Es ist zulässig, die weitere Abgabe für einen längeren als den neunmonatigen oder sechsmonatigen Zeitraum sowie die gesamte auf die Zeit bis zum Verfalltag entfallende Stempelabgabe im voraus zu entrichten.

§ 14. Die Verpflichtung zur Entrichtung der Stempelabgabe wird erfüllt:

1. durch Ausstellung des Wechsels auf einem mit dem erforderlichen Wechselstempel versehenen Vordruck,
   oder
2. durch Verwendung der erforderlichen Wechselstempelmarke auf dem Wechsel, wenn hierbei die von dem Bundesrat erlassenen und bekannt gemachten Vorschriften über die Art und Weise der Verwendung beobachtet worden sind.

§ 15. Stempelmarken, welche nicht in der vorgeschriebenen Weise verwendet worden sind, werden als nicht verwendet angesehen.

§ 17. In Beziehung auf die Verpflichtung zur Entrichtung des Wechselstempels ist der Rechtsweg zulässig. Die Vorschriften des § 94 des Reichsstempelgesetzes vom 15. Juli 1909 finden Anwendung.

§ 18. Die Nichterfüllung der Verpflichtung zur Entrichtung der Stempelabgabe wird mit einer Geldstrafe bestraft, welche dem fünfzigfachen Betrage der hinterzogenen Abgabe gleichkommt.

Diese Strafe ist besonders und ganz zu entrichten von jedem, welcher der nach den §§ 5 bis 13 ihm obliegenden Verpflichtung zur Entrichtung der Stempelabgabe nicht rechtzeitig genügt hat, imgleichen von inländischen Maklern und Unterhändlern, welche wissentlich unversteuerte Wechsel verhandelt haben.

Kann der Betrag der hinterzogenen Abgabe nicht festgestellt werden, so tritt statt der vorstehend bestimmten Strafe eine Geldstrafe von fünfundzwanzig bis zu zehntausend Mark ein.

§ 19. Der Akzeptant eines gezogenen und der Aussteller eines trockenen Wechsels können daraus, dass der Wechsel zur Zeit der Annahmeerklärung bzw. der Aushändigung mangelhaft gewesen sei, keinen Einwand gegen die gesetzlichen Folgen der Nichtversteuerung desselben entnehmen.

§ 20. Ergibt sich in den Fällen der §§ 18, 19 aus den Umständen, dass eine Hinterziehung der Stempelabgabe nicht hat verübt werden können oder nicht beabsichtigt worden ist, so tritt eine Ordnungsstrafe bis zu 150 M ein.

§ 26. Ausser den Steuerbehörden haben alle diejenigen Staats- oder Kommunalbehörden und Beamten, denen eine richterliche oder Polizeigewalt anvertraut ist, sowie die Notare, die Postbeamten und andere Beamte, welche Wechselproteste ausfertigen, die Verpflichtung, die Besteuerung der bei ihnen vorkommenden Wechsel und Anweisungen von Amts wegen zu prüfen und die zu ihrer Kenntnis kommenden Zuwiderhandlungen gegen dieses Gesetz bei der nach §§ 24 zuständigen Behörde zur Anzeige zu bringen.

Auf der nach der Wechselordnung zurückzubehaltenden Abschrift des Protestes ist ausdrücklich zu bemerken, mit welchem Wechselstempel die protestierte Urkunde versehen oder dass sie mit einem Wechselstempel nicht versehen ist.

§ 27. Die Vorschriften dieses Gesetzes finden entsprechende Anwendung:

1. auf Verpflichtungsscheine über die Zahlung von Geld, sofern sie durch Indossament übertragen werden können,
2. auf Anweisungen über die Zahlung von Geld, sofern sie durch Indossament übertragen werden können oder auf den Inhaber lauten oder sofern die Zahlung an jeden Inhaber bewirkt werden kann.

Es macht keinen Unterschied, ob die im Abs. 1 bezeichneten Urkunden in Form von Briefen oder in anderer Form ausgestellt werden.

Befreit von der Stempelabgabe sind Schecks mit der im § 29 Abs. 2 des Scheckgesetzes vorgesehenen Ausnahme sowie die statt der Barzahlung dienenden auf Sicht zahlbaren Platzanweisungen, die nicht Schecks sind. Eine auf die Urkunde gesetzte Annahmeerklärung macht den Scheck oder die Platzanweisung steuerpflichtig, sofern der Annahmeerklärung rechtliche Wirkung zukommt. Die Versteuerung muss erfolgen, ehe der Akzeptant den Scheck oder die Platzanweisung aus den Händen gibt.

In welchen Fällen Anweisungen, die an einem Nachbarorte des Ausstellungsorts zahlbar sind, den Platzanweisungen gleichzuachten sind, bestimmt der Bundesrat nach Massgabe der örtlichen Verhältnisse.

4. Die Ausführungsbestimmungen des Reichskanzlers am 26. Juli 1909.

Zu § 3 des Gesetzes.

§ 1. Ist bei Wechseln, welche mit dem Ablauf einer bestimmten Frist nach Sicht zahlbar sind, die Frist in Tagen ausgedrückt, so werden 90 Tage einem Zeitraume von drei Monaten gleichgestellt.

Zu § 4 des Gesetzes.

Umrechnung fremder Währungen.

§ 2. Behufs Umrechnung der in einer anderen als der Reichswährung ausgedrückten Summen sind für die nachstehenden Währungen die dabei bemerkten Mittelwerte allgemein zugrunde zu legen:

1	Pfund Sterling	=	20,40 M,
1	Frank, Lira, Peseta (Gold), Lëu, finnische Mark	=	0,80 „
1	österreichischer Gulden (Gold)	=	2,00 „
1	österreichischer Gulden (Währung)	=	1,70 „
1	österreichisch-ungarische Krone	=	0,85 „
1	Gulden holländischer Währung	=	1,70 „
1	skandinavische Krone	=	1,125 „
1	alter Goldrubel	=	3,20 „
1	Rubel	=	2,16 „
1	alter Kreditrubel	=	2,16 „
1	türkischer Piaster	=	0,18 „
1	Peso (Gold)	=	4,00 „
1	Dollar	=	4,20 „
1	alter japanischer Goldyen	=	4,20 „
1	japanischer Yen	=	2,10 „
1	deutsch-ostafrikanische oder indische Rupie	=	1,35 „
1	mexikanischer Golddollar	=	2,10 „

Zu §§ 14 und 15 des Gesetzes.

Art und Vertrieb der Stempelzeichen.

§ 3. Zum Zwecke der Entrichtung der Abgabe und der weiteren Abgabe werden Stempelmarken über 0,10; 0,20; 0,30; 0,40; 0,50; 1; 1,50; 2; 2,50; 3; 3,50; 4; 4,50; 5; 10; 15; 20; 25; 30, 50, 100 und 500 M, zur Entrichtung der Abgabe auch gestempelte Wechselvordrucke über 0,10 M ausgegeben. Die Verwendung aus solchen Vordrucken entfernter Stempelzeichen wird als eine Entrichtung der Abgabe oder der weiteren Abgabe nicht angesehen.

Die Marken haben die Form eines liegenden Rechtecks. Im Betrage von 0,10 bis 0,50 M sind sie in grüner, im Betrage von 1 bis 5 M in blauer Farbe hergestellt. In der linken oberen Ecke dieser Marken befindet sich ein Schild mit dem Reichsadler, von welchem sich nach rechts ein in zwei Enden auslaufendes Band mit der Inschrift „Deutscher Wechsel-Stempel" zieht. Die Marken im Betrage von 10 bis 500 M sind in grüner und roter Farbe hergestellt; sie sind mit dem Reichsadler und über dem letzteren sowie mehrfach am Rande mit der erwähnten Inschrift versehen. Ausser der in schwarzer Farbe hergestellten Bezeichnung des Steuerbetrags und der entsprechenden Wechselsumme enthalten sämtliche Marken den Vordruck „den" zur Anbringung des Entwertungsvermerkes gleichfalls in schwarzer Farbe.

Die Wechselvordrucke tragen einen mit Verzierungen umgebenen Stempel in grüner Farbe, welcher, abgesehen von dem fehlenden Vordruck für den Entwertungsvermerk, dem Muster der Wechselstempelmarken entspricht.

§ 4. Der Vertrieb der Wechselstempelmarken und gestempelten Vordrucke erfolgt durch die Postanstalten. Wechselstempelmarken zum Werte von 10, 20 und 30 Pf. werden bei allen Postämtern und bei denjenigen sonstigen Poststellen, bei welchen sich ein Bedürfnis hiefür herausstellt, verkauft. Die Verkaufsstellen für Wechselstempelmarken von höherem Werte und für gestempelte Vordrucke werden nach den örtlichen Verhältnissen bestimmt und zur öffentlichen Kenntnis gebracht.

Entwertung der Marken.

§ 5. Die Marken sind auf der Rückseite der Urkunde, und zwar, wenn diese noch unbeschrieben und mit Wertzeichen noch nicht beklebt ist, unmittelbar an einem Rande dieser Seite, anderenfalls unmittelbar unter dem letzten Vermerk (Indossament usw.) oder, sofern ein solcher nicht vorhanden ist, unmittelbar neben oder unter den bereits angebrachten Marken auf einer mit Buchstaben oder Ziffern nicht beschriebenen oder bedruckten Stelle aufzukleben.

Es ist gestattet, zur Entrichtung der Abgabe oder der weiteren Abgabe mehrere, zusammen den erforderlichen Betrag darstellende, Wechselstempelmarken zu verwenden. Ferner ist es zulässig, bei Ausstellung des Wechsels auf einem gestempelten Vordrucke den an dem vollen gesetzlichen Betrage der Abgabe etwa noch fehlenden Teil durch vorschriftsmässig auf der Rückseite zu verwendende Stempelmarken zu ergänzen.

Kommen zur Entrichtung der Abgabe oder der weiteren Abgabe mehrere Marken zur Verwendung, so sind sie an dem gewählten Rande zunächst nebeneinander aufzukleben; reicht der hiezu zur Verfügung stehende Raum nicht mehr aus, so sind die weiteren Marken unmittelbar unter den bereits angebrachten aufzukleben.

§ 6. In jeder einzelnen der aufgeklebten Marken muss Tag, Monat und Jahr der Verwendung der Marke auf dem Wechsel, und zwar der Tag und das Jahr mit arabischen Ziffern, der Monat mit Buchstaben mittels deutlicher Schriftzeichen ohne jede Auskratzung, Durchstreichung oder Ueberschreibung an der durch den Vordruck bezeichneten Stelle niedergeschrieben werden. Auch kann der Verwendungsvermerk auf der Marke ganz oder teilweise mittels der Schreibmaschine oder durch Stempelaufdruck hergestellt werden; in diesem Falle braucht der Vermerk nicht an der durch den Vordruck bezeichneten Stelle zu stehen.

Allgemein übliche und verständige Abkürzungen der Monatsbezeichnung mit Buchstaben sowie die Weglassung der beiden ersten Zahlen der Jahresbezeichnung sind zulässig (z. B. 29. Oktbr. 09, 13. Sept. 13). Auch ist es gestattet, dem Verwendungsvermerke die Firma oder den Namen des Verwendenden ganz oder teilweise hinzuzufügen.

Bei Verwendung eines gestempelten Wechselvordrucks bedürfen nur die etwa aufgeklebten Ergänzungsmarken, nicht auch der eingedruckte Wertstempel der Entwertung.

§ 7. Das erste inländische Indossament, welches auf die Rückseite eines Wechsels gesetzt wird, oder der erste sonstige inländische Vermerk ist — abgesehen von dem Falle der Steuerentrichtung durch Verwendung eines den ganzen gesetzlich fälligen Betrag darstellenden Wechselvordrucks — unterhalb der zur Entrichtung der Abgabe oder der weiteren Abgabe entwerteten Wechselstempelmarke niederzuschreiben, widrigenfalls die letztere dem Niederschreiber dieses Indossaments oder Vermerkes und dessen Nachmännern gegenüber als nicht verwendet gilt. Es dürfen jedoch die Vermerke „ohne Protest", „ohne Kosten" neben der Marke niedergeschrieben werden.

Die Bestimmung des Abs. 1 Satz 1 findet keine Anwendung, wenn vom Ausland auf das Inland gezogene Wechsel, nachdem sie mit einer ordnungsmässig verwendeten Wechselstempelmarke im gesetzlichen Betrage versehen worden waren, im Auslande weiterbegeben und die ausländischen Indossamente nicht unterhalb der deutschen Wechselstempelmarke niedergeschrieben worden sind.

Dem inländischen Inhaber, welcher aus Versehen sein Indossament auf den Wechsel gesetzt hat, bevor er eine Marke aufgeklebt hatte, ist gestattet, vor der Weitergabe des Wechsels unter Durchstreichung dieses Indossaments die erforderlichen Marken unter dem letzteren aufzukleben.

§ 8. Die Bestimmung des § 15 des Gesetzes, wonach nicht in der vorgeschriebenen Weise verwendete Stempelmarken als nicht verwendet anzusehen sind, soll nicht eine Doppelversteuerung zur Folge haben, sondern es soll dadurch nur der Tatbestand einer nach den §§ 18, 20 zu ahndenden Zuwiderhandlung festgestellt werden. Abgesehen von der etwa erforderlich werdenden Einleitung des Strafverfahrens bedarf es daher nur einer nachträglichen Entwertung der Stempelmarke durch Aufdruck des Amtsstempels der Steuerbehörde, falls der Wechsel vorliegt oder ohne weiteres zu erlangen ist. Dasselbe gilt für den Fall, dass die Marke an unrichtiger Stelle aufgeklebt ist. Die Beibringung neuer Stempelmarken ist nur dann zu fordern, wenn eine Entwertung überhaupt unterblieben und der Wechsel nicht ohne weiteres zu erlangen ist, oder wenn aus der unrichtigen Art der Entwertung der Stempelmarken, z. B. aus der unrichtigen Zeitangabe, die Möglichkeit sich ergibt, dass die Marken schon früher zu einem anderen Wechsel gebraucht worden sind. Doch steht es in jedem Falle der unrichtigen Entwertung einer Marke dem späteren Inhaber des Wechsels frei, um sich und seine Nachmänner vor den Folgen dieser Entwertung zu schützen, eine neue Marke vorschriftsmässig zu verwenden.

Zu § 17 und § 30 Abs. 2 des Gesetzes.
Abgabenerstattung.

§ 9. Die Klage wegen Zurückzahlung zu Unrecht entrichteten Wechselstempels ist gegen den Fiskus des Bundesstaats zu richten, von dessen Steuerbehörde die Abgabe oder die weitere Abgabe beigetrieben oder gegenüber dessen Steuerbehörde der Vorbehalt bei der Zahlung erklärt worden ist.

Zur Vertretung des Fiskus im Rechtsstreit ist, soweit landesgesetzlich nichts anderes bestimmt ist, die Steuerdirektivbehörde berufen.

§ 10. Die Erstattung der weiteren Abgabe auf Grund des § 3 Abs. 3 des Gesetzes erfolgt auf Antrag durch die für den Wohnort des Antragstellers zuständige Steuerbehörde. Dem Erstattungsantrag ist nur stattzugeben, wenn er innerhalb eines Jahres vom Zeitpunkte der Eintragung der Geldsumme ab gestellt worden ist

Ueber Anträge auf Erstattung zu Unrecht entrichteten Wechselstempels im Verwaltungsweg entscheidet die Steuerdirektivbehörde. Dem Erstattungsantrag ist nur stattzugeben, wenn er innerhalb eines Jahres vom Zeitpunkte der Stempelverwendung oder der Zahlung oder Beitreibung der Abgabe oder der weiteren Abgabe ab gestellt worden ist.

§ 11. Den Bundesregierungen werden die auf Grund des § 3 Abs. 3 des Gesetzes erfolgten Herauszahlungen sowie die Herauszahlungen für zu Unrecht entrichteten Wechselstempel aus der Reichskasse erstattet.

§ 12. Für verdorbene Stempelmarken oder Vordrucke und für Marken, mit welchen demnächst verdorbene Schriftstücke versehen sind, kann Erstattung beansprucht werden, wenn der Schaden mindestens eine Mark beträgt und wenn von den Stempelzeichen oder den Schriftstücken, zu welchen sie verwendet sind, noch kein oder doch kein solcher Gebrauch gemacht worden ist, demgegenüber durch die Erstattung das Steuerinteresse gefährdet erscheint. Es genügt, wenn der Wert der gleichzeitig zur Erstattung vorgelegten Stempelzeichen zusammen eine Mark beträgt, und es kommt nicht darauf an, ob die Beschädigung der einzelnen Stempelzeichen durch ein und dasselbe Ereignis veranlasst oder auf verschiedene, voneinander unabhängige Versehen oder Zufälle zurückzuführen ist.

§ 13. Der Erstattungsanspruch ist bei der Postanstalt des Bezirkes innerhalb eines Monats, nachdem der Schaden dem Berechtigten bekannt geworden ist, unter Beifügung der verdorbenen Stempelzeichen und Schriftstücke anzumelden. Ueber die Anträge entscheidet, falls sie einem Postamt erster oder zweiter Klasse unterbreitet sind, der Postamtsvorsteher. In zweifelhaften Fällen sowie allgemein seitens der übrigen Postanstalten ist die Entscheidung der der Postanstalt vorgesetzten Behörde (im Reichs-Postgebiet und in Bayern der Ober-Postdirektionen, in Württemberg der Generaldirektion der Posten und Telegraphen) einzuholen.

Die Frist zur Geltendmachung des Erstattungsanspruchs ist auch dann als gewahrt anzusehen, wenn die Erstattung bei einer nicht zuständigen Postanstalt oder einer Steuerstelle beantragt worden ist. Die Amtsstellen haben in diesem Falle den Antrag der zuständigen Behörde (Abs. 1 Satz 1) zur Entscheidung vorzulegen.

§ 14. Eine bare Zurückzahlung der entrichteten Abgabe findet in den Fällen des § 12 nicht statt; die Erstattung erfolgt vielmehr im Wege des Umtausches, und zwar werden in der Regel für verdorbene Vordrucke Vordrucke, für verdorbene Marken Marken abgabefrei verabfolgt. Den Wünschen des Antragstellers hinsichtlich des Betrags der einzelnen Stücke ist tunlichst Rechnung zu tragen.

Die verdorbenen Stempelzeichen sind in Gegenwart von zwei Beamten zu vernichten.

Zu § 27 des Gesetzes.

Steuerfreiheit der Platzanweisungen.

§ 15. Als ein Platz im Sinne des § 27 Abs. 3, 4 des Gesetzes gelten:

1. diejenigen Orte, die nach Bestimmung des Bundesrats als benachbart im Sinne der Vorschriften des Artikel 91 a Abs. 1 der Wechselordnung sowie des § 16 Abs. 2 und des § 30 Abs. 2 des Scheckgesetzes anzusehen sind,*)
2. ausserdem folgende Nachbarorte:
   Berlin und die im Postverkehr als dessen Nachbarorte geltenden Ortschaften, auch soweit sie nicht zu den in Ziffer 1 bezeichneten Orten gehören;
   Holzminden, Altendorf, Allersheim;
   Mannheim, Ludwigshafen, Rheinau;
   Wolfenbüttel, Thiede, Wittmar, Hedwigsburg.

Schlussbestimmungen.

§ 16. Diese Bestimmungen treten mit dem 1. August 1909 in Kraft.

Eine zur Entrichtung der weiteren Abgabe verwendete Wechselstempelmarke gilt nicht deshalb als nicht verwendet, weil die Verwendung vor dem 1. August 1909 erfolgt ist.

§ 17. Der Reichskanzler ist ermächtigt, wegen der Anfertigung und des Vertriebs der Stempelmarken und gestempelten Vordrucke sowie wegen der Bedingungen, unter welchen für verdorbene Stempelzeichen Erstattung zulässig ist, anderweite Anordnungen zu erlassen.

5. Sonstige Bestimmungen zum Vollzug des Gesetzes.

Die Zuständigkeit und das Verfahren in Strafsachen bei Wechselstempelhinterziehungen bemessen sich nach Gerichtsverfassungsgesetz § 27 Nr 1 u. 2, § 73 Nr 1, § 75 Nr 15; Strafprozessordnung §§ 459—469; bayerisches Ausführungsgesetz zu letzterer Art. 98—101.

Die Verpflichtungen der Justizbeamten hinsichtlich der Wahrnehmung der richtigen Steuerentrichtung und ihr Verhalten, wenn sie Wechselstempelhinterziehungen wahrnehmen (vgl. oben § 26 des Ges.), sind näher geregelt in JMB. v. 6. Juni 1871 (JMBl. 111).

*) Vgl. z. Z. Bek. v. 9. Januar 1909 (RGBl. 249 ff.).

22. Gebühren für Zeugen und Sachverständige.

(Reichsgesetz vom 30. Juni 1878, 11. Juni 1890 und 17. Mai 1898; neuer Text vom 20. Mai 1898 [RGBl. 689].)

§ 1. In den vor die ordentlichen Gerichte gehörigen Rechtssachen, auf welche die Zivilprozessordnung, die Strafprozessordnung oder die Konkursordnung Anwendung findet, erhalten die Zeugen und Sachverständigen Gebühren nach Massgabe der folgenden Bestimmungen.

§ 2. Der Zeuge erhält eine Entschädigung für die erforderliche Zeitversäumnis im Betrage von zehn Pfennig bis zu einer Mark auf jede angefangene Stunde.

Die Entschädigung ist unter Berücksichtigung des von dem Zeugen versäumten Erwerbes zu bemessen und für jeden Tag auf nicht mehr als zehn Stunden zu gewähren.

Personen, welche durch gemeine Handarbeit, Handwerksarbeit oder geringeren Gewerbetrieb ihren Unterhalt suchen, oder sich in gleichen Verhältnissen mit solchen Personen befinden, erhalten die nach dem geringsten Satze zu bemessende Entschädigung auch dann, wenn die Versäumnis eines Erwerbes nicht stattgefunden hat.

Beamte (der Verkehrsverwaltung) können einen Ersatz der Stellvertretungskosten nicht beanspruchen (VMB. v. 4. Dez. 1909, JMBl. 555). Wegen des Einflusses des § 616 Abs. 1 BGB. auf die festzusetzende Entschädigung s. JMB. v. 4. März 1904 (JMBl. 50).

§ 3. Der Sachverständige erhält für seine Leistungen eine Vergütung nach Massgabe der erforderlichen Zeitversäumnis im Betrage bis zu zwei Mark auf jede angefangene Stunde.

Die Vergütung ist unter Berücksichtigung der Erwerbsverhältnisse des Sachverständigen zu bemessen und für jeden Tag auf nicht mehr als zehn Stunden zu gewähren.

Ausserdem sind dem Sachverständigen die auf die Vorbereitung des Gutachtens verwendeten Kosten, sowie die für eine Untersuchung verbrauchten Stoffe und Werkzeuge zu vergüten.

Entschädigung ist auch für Sonntage zulässig (ObLGMSt. 10, 66). Wegen des Einflusses des § 616 Abs. 1 BGB. auf die festzusetzende Entschädigung s. JMB. v. 5. März 1904 (JMBl. 50). Beamte (der Verkehrsverwaltung) können einen Ersatz der Stellvertretungskosten nicht beanspruchen; VMB. v. 4. Dez. 1909 (JMBl. 553). Für Tierärzte in Bayern ist 1 Mark für die Stunde angemessen (ObLGMSt. 9, 310). Keine Vergütung erhält ein Volksschullehrer für die versäumte Unterrichtszeit (ObLGMSt. 9, 45). Für die Frage, ob Zeugen- oder Sachverständigengebühren angefallen sind, entscheidet der Inhalt der Vernehmung, nicht der der Ladung (ObLGMSt. 7, 66).

§ 4. Bei schwierigen Untersuchungen und Sachprüfungen ist dem Sachverständigen auf Verlangen für die aufgetragene Leistung eine Vergütung nach dem üblichen Preise derselben und für die ausserdem stattfindende Teilnahme an Terminen die im § 3 bestimmte Vergütung zu gewähren.

Wegen der Anwendung des § 4 auf Aerzte s. ObLGMSt. 2, 332.

§ 5. Als versäumt gilt für den Zeugen oder Sachverständigen auch die Zeit, während welcher er seine gewöhnliche Beschäftigung nicht wieder aufnehmen kann.

§ 6. Musste der Zeuge oder Sachverständige ausserhalb seines Aufenthaltsortes einen Weg bis zur Entfernung von mehr als zwei Kilometer zurücklegen, so ist ihm ausser den nach §§ 2 bis 5 zu bestimmenden Beträgen eine Entschädigung für die Reise und für den durch die Abwesenheit von dem Aufenthaltsorte verursachten Aufwand nach Massgabe der folgenden Bestimmungen zu gewähren.

Jedes angefangene Kilometer des Hin- und Rückwegs ist gesondert anzusetzen, JMB. v. 3. Juli 1880 (JMBl. 277).

§ 7. Soweit nach den persönlichen Verhältnissen des Zeugen oder Sachverständigen oder nach äusseren Umständen die Benutzung von Transportmitteln für angemessen zu erachten ist, sind als Reiseentschädigung die nach billigem Ermessen in dem einzelnen Falle erforderlichen Kosten zu gewähren. In anderen Fällen beträgt die Reiseentschädigung für jedes angefangene Kilometer des Hinweges und des Rückweges fünf Pfennig.

§ 8. Die Entschädigung für den durch Abwesenheit von dem Aufenthaltsorte verursachten Aufwand ist nach den persönlichen Verhältnissen des Zeugen oder Sachverständigen zu bemessen, soll jedoch den Betrag von fünf Mark für jeden Tag, an welchem der Zeuge oder Sachverständige abwesend gewesen ist, und von drei Mark für jedes ausserhalb genommene Nachtquartier nicht überschreiten.

§ 9. Musste der Zeuge oder Sachverständige innerhalb seines Aufenthaltsortes einen Weg bis zu einer Entfernung von mehr als zwei Kilometer zurücklegen, so ist ihm für den ganzen zurückgelegten Weg eine Reiseentschädigung nach den Vorschriften des § 7 zu gewähren.

§ 10. Konnte der Zeuge oder Sachverständige den erforderlichen Weg ohne Benützung von Transportmitteln nicht zurücklegen, so sind die nach billigem Ermessen erforderlichen Kosten auch ausser den in den §§ 6, 9 bestimmten Fällen zu gewähren.

§ 11. Abgaben für die erforderliche Benutzung eines Weges sind in jedem Falle zu erstatten.

§ 12. Bedarf der Zeuge wegen jugendlichen Alters oder wegen Gebrechen eines Begleiters, so sind die bestimmten Entschädigungen für beide zu gewähren.

§ 13. Soweit für gewisse Arten von Sachverständigen besondere Taxvorschriften bestehen, welche an dem Orte des Gerichts, vor welches die Ladung erfolgt, und an dem Aufenthaltsorte des Sachverständigen gelten, kommen lediglich diese Vorschriften in Anwendung. Gelten solche Taxvorschriften nur an einem dieser Orte, oder gelten an demselben verschiedene Taxvorschriften, so kann der Sachverständige die Anwendung der ihm günstigeren Bestimmungen verlangen.

Dolmetscher erhalten Entschädigung als Sachverständige nach den Vorschriften dieses Gesetzes, sofern nicht ihre Leistungen zu den Pflichten eines von ihnen versehenen Amtes gehören.

Für Bayern kommen als staatliche Taxvorschriften in Betracht: VO. v. 29. Sept. 1878, betr. die Vornahme chemischer und mikroskopischer Untersuchungen; die VO. v. 17. Nov. 1902, betr. die Gebühren für ärztliche Dienstleistungen bei Behörden (ObLGMSt. 9, 310); die Bek. v. 18. Febr. 1907 (FMBl. 117) hinsichtlich der Messungs- und Abmarkungsgebühren (OLGM. in BayZfR. 1911, 207). Nur obrigkeitliche Tarife fallen hierher, nicht solche privater Verbände (Hamburger Norm des Vereins deutscher Architekten und Ingenieure) (ObLGMSt. 10, 41). Liegt ein Fall des § 13 vor, so kommt § 14 nicht zur Anwendung (ObLGMSt. 5, 167).

§ 14. Oeffentliche Beamte erhalten Tagegelder und Erstattung von Reisekosten nach Massgabe der für Dienstreisen geltenden Vorschriften, falls sie zugezogen werden:

1. als Zeugen über Umstände, von denen sie in Ausübung ihres Amtes Kenntnis erhalten haben;
2. als Sachverständige, wenn sie aus Veranlassung ihres Amtes zugezogen werden und die Ausübung der Wissenschaft, der Kunst oder des Gewerbes, deren Kenntnis Voraussetzung der Begutachtung ist, zu den Pflichten des von ihnen versehenen Amtes gehört.

Werden nach den Vorschriften dieses Paragraphen Tagegelder und Reisekosten gewährt, so findet eine weitere Vergütung an den Zeugen oder Sachverständigen nicht statt.

Die vorstehenden Bestimmungen finden auf Personen des Soldatenstandes entsprechende Anwendung.

Nicht hierher fallen: Beamte im Ruhestand (ObLGMSt. 9, 276), Notare, Eichmeister, überhaupt Beamte, die auf Gebühren verwiesen sind (ObLGMSt. 8, 396), Lokalschulinspektoren (ObLGMSt. 8, 202), technische Aufsichtsbeamte der Berufsgenossenschaften (ObLGMSt. 9, 317). Wegen der Beamten der Kreisanstalten s. ObLGMSt. 5, 172, wegen der Bezirksbaumeister (Distriktsbautechniker) ObLGMSt. 4, 415; 1, 361; wegen der amtlichen Tierärzte ObLGMSt. 9, 310, 7, 139; 6, 1; 5, 358; wegen der Geometer OLGM. in BayZfR. 1911, 207; wegen der städtischen Bezirkstierärzte mit Privatpraxis (ObLGMSt. 3, 110); wegen der Gendarmeriemannschaften JMBl. 1906, 325; 1909, 332; wegen der gemeindlichen Beamten (ObLGMSt. 9, 301). Keine Uebernachtungsgebühr (ObLGMSt. 6, 50).

§ 15. Ist ein Sachverständiger für die Erstattung von Gutachten im allgemeinen beeidigt, so können die Gebühren für die bei bestimmten Gerichten vorkommenden Geschäfte durch Uebereinkommen bestimmt werden.

§ 16. Die Gebühren der Zeugen und Sachverständigen werden nur auf Verlangen derselben gewährt. Der Anspruch erlischt, wenn das Verlangen binnen drei Monaten nach Beendigung der Zuziehung oder Abgabe des Gutachtens bei dem zuständigen Gerichte nicht angebracht wird.

§ 17. Die einem Zeugen oder Sachverständigen zu gewährenden Beträge werden durch das Gericht oder den Richter, vor welchem die Verhandlung stattfindet, festgesetzt.

Sofern die Beträge aus der Staatskasse gezahlt und dieser nicht erstattet sind, kann die Festsetzung von dem Gericht oder dem Richter, durch welche sie erfolgt ist, sowie von dem Gerichte der höheren Instanz von Amts wegen berichtigt werden.

Gegen die Festsetzung findet Beschwerde nach Massgabe des § 567 Abs. 2 und der §§ 568 bis 575 der Zivilprozessordnung sowie des § 4 Abs. 3 des Gerichtskostengesetzes, in Strafsachen nach Massgabe der §§ 346 bis 352 der Strafprozessordnung statt.

Festsetzung durch den Vorsitzenden ist unzulässig (ObLGMSt. 4, 142). Wegen der Festsetzung durch die Staatsanwälte bei Aerzten s. ObLGMSt. 7, 417.

23. Gebühren
der Amtsärzte u. anderen Aerzte einschliesslich der Zahnärzte als Sachverständige.

1. Vergütungen für ärztliche Dienstleistungen bei Behörden.

(VO. vom 17. November 1902, GVBl. 715, geändert durch VO. vom 4. August 1910, GVBl. 415.)

(s. Spaet und Stenglein, „das ärztliche Gebührenwesen in Bayern" 1903; Eibecker in BayZfR. 1907, 342; Neumiller in Blätter für das bayerische Finanzwesen 1908, 129, Lehmer in Blätter für Rechtsanwendung 1909, 504).

Wir haben Uns bewogen gefunden, die Bestimmungen der Kgl. Verordnung vom 20. Dez. 1875, die Vergütung für ärztliche Amtsgeschäfte betr (GVBl. 859), einer Revision unterstellen zu lassen, und verordnen demgemäss, was folgt

§ 1. Für ärztliche Dienstleistungen bei Behörden werden unter den in gegenwärtiger Verordnung bestimmten Voraussetzungen Vergütungen gewährt. Hiebei können in Betracht kommen eine Gebühr für die Verrichtung, Entschädigung für Zeitaufwand, Gewährung von Tagegeldern, Ersatz der Reisekosten und der besonderen Auslagen.

§ 2. Die Amtsärzte erhalten für amtsärztliche Dienstleistungen, soferne die Kosten vom Staate, einer Gemeinde oder einer Wohltätigkeitsstiftung zu tragen sind, Tagegelder und Ersatz der Reisekosten nach den Bestimmungen über die Aufrechnung von Tagegeldern und Reisekosten bei auswärtigen Dienstgeschäften der Beamten des Zivilstaatsdienstes. Eine Gebühr für die Verrichtung selbst wird nicht gewährt.

Die beteiligten Ministerien sind ermächtigt, im Benehmen mit dem Staatsministerium der Finanzen in Ausnahmefällen eine Vergütung für die Verrichtung selbst zu bewilligen, ferner für besondere Fälle bezüglich der Voraussetzungen zur Gewährung von Tagegeldern und Reisekosten, sowie bezüglich der Höhe der Tagegelder abweichende Bestimmungen zu treffen. (Tagegeld 20 M, wenn auswärtiges Uebernachten nötig oder bei gerichtlicher Leichenöffnung ausserhalb des Wohnsitzes. MB. v. 22. Febr 1904 (JMBl 49, FMBl. 41)

§ 3. Bei amtsärztlichen Dienstleistungen, für welche die Kosten nicht vom Staate, einer Gemeinde oder Wohltätigkeitsstiftung zu tragen sind, kommt den Amtsärzten für die Verrichtung eine Gebühr zu, wie sie in der beifolgenden Gebührenordnung und, soferne diese eine Bestimmung nicht enthält, in der mit der Kgl. Verordnung vom 17 Okt. 1901, ärztliche Gebühren betr (GVBl. 629), erlassenen Gebührenordnung bestimmt ist.

Falls die Dienstleistung die Entfernung des Arztes von seiner Wohnung erfordert und der Ort der Dienstleistung nicht unter zwei Kilometer von der Wohnung entfernt ist, erhält er Entschädigung für den durch den Hin- und Rückweg veranlassten Zeitaufwand mit 1,50 M bis 3 M für jede angefangene halbe Stunde. Dabei wird die notwendige Wartezeit am Orte der Dienstleistung bis zu deren Vornahme, sowie die Wartezeit von der Beendigung der Dienstleistung bis zum Abgange des Beförderungsmittels, mit Ausnahme jedoch der Zeit von 8 Uhr abends bis 8 Uhr morgens, eingerechnet. Ferner erhält der Arzt Ersatz der Auslagen für Benützung von Beförderungsmitteln. Bei Benützung eigener Beförderungsmittel ist der Ersatz nach den ortsüblichen Preisen zu berechnen. Muss er auswärts übernachten, so werden die notwendigen Auslagen für Nachtquartier erstattet.

Ist der Ort der amtsärztlichen Dienstleistung weniger als zwei Kilometer von der Wohnung des Arztes entfernt, so wird er nur für die notwendige Wartezeit am Orte der Dienstleistung bis zu deren Vornahme mit 1,50 M bis 3 M für jede angefangene halbe Stunde entschädigt.

§ 4. Das Staatsministerium des Innern ist ermächtigt, im Benehmen mit dem Staatsministerium der Finanzen und den anderen beteiligten Ministerien über die Höhe der Entschädigung bei Benützung des eigenen Fahrrads oder Motors besondere Bestimmungen zu treffen.

§ 5. Besondere Auslagen für Chemikalien, Instrumente, Gehilfen, Einbalsamierungsmittel und ähnliches sind in jedem Falle nach dem wirklichen Aufwande zu ersetzen. Für die gewöhnliche Abnützung von Instrumenten wird eine Entschädigung nicht gewährt.

§ 6. Sind die Kosten der amtsärztlichen Dienstleistung aus der Staatskasse einstweilen auszulegen, so erhält der Amtsarzt zunächst nur die Vergütung nach den §§ 2, 4 und 5. Den nach § 3 sich berechnenden Mehrbetrag erhält er erst dann, wenn dieser Betrag von dem Zahlungspflichtigen erlegt ist.

§ 7. Amtsärzte im Sinne dieser Verordnung sind die Landgerichtsärzte und Bezirksärzte. Inwieweit Assistenten derselben als Amtsärzte zu gelten haben, wird vom Staatsministerium des Innern im Benehmen mit dem Staatsministerium der Finanzen und den übrigen beteiligten Ministerien bestimmt.

Amtsärztliche Dienstleistungen im Sinne gegenwärtiger Verordnung sind lediglich diejenigen, welche zur Geschäftsaufgabe der im vorstehenden Absatz bezeichneten Amtsärzte gehören. Die Erstattung von Berichten oder Gutachten für Organe der Arbeiterversicherung ist als eine amtsärztliche Dienstleistung nicht anzusehen.

§ 8. Andere Aerzte, beamtete oder nicht beamtete, welche zu einer amtsärztlichen Dienstleistung berufen werden, erhalten hiefür, gleichviel von wem die Kosten zu tragen sind, die in den §§ 3, 4, 5 bezeichneten Vergütungen.

Dasselbe gilt, wenn solche Aerzte neben einem Amtsarzte zu einer amtsärztlichen Dienstleistung berufen werden, sofern nicht besondere Bestimmungen getroffen sind.

Die Vorschriften in Abs. 1 und 2 finden auch Anwendung auf die nach den §§ 7, 8 der Kgl. Verordn. vom 3. Sept. 1879, den ärztlichen Dienst bei den Gerichts- und Verwaltungsbehörden betr., (GVBl. 1081), aufgestellten bezirksärztlichen Stellvertreter Für die den remunerierten bezirksärztlichen Stellvertretern nach § 8 Abs. 2 jener Verordnung besonders auferlegten amtsärztlichen Dienstleistungen gelten die Vorschriften in den §§ 2 bis 5 und im § 6

§ 9. Die Vorschriften in § 8 Abs. 1 finden auch dann Anwendung, wenn Amtsärzte oder andere Aerzte auf Veranlassung einer Behörde über Vorkommnisse in ihrer Privatpraxis Berichte oder

Gutachten erstatten. Dieselben Vorschriften gelten, wenn Amtsärzte oder andere Aerzte Berichte oder Gutachten für Organe der Arbeiterversicherung erstatten.

§ 10. Wird ein anderer Arzt als ein Amtsarzt zum Verweser der erledigten Stelle eines Landgerichtsarztes oder Bezirksarztes bestellt, so erhält er aus der Staatskasse Ersatz der Reisekosten für die Reise von seinem Wohnorte an den Amtssitz zur Uebernahme der Funktion und für die Rückreise nach beendigter Funktion gemäss den Bestimmungen im § 3 Abs. 2 und im § 4, ferner auf die Dauer der Verwesung ein Tagegeld von sechs Mark. Die Bewilligung eines höheren Tagegeldes unterliegt der Genehmigung der Staatsministerien des Innern und der Finanzen. Im übrigen finden auf den Verweser die Bestimmungen in den §§ 2 bis 6 Anwendung. Letztere Bestimmungen gelten auch dann, wenn der Verweser die Stelle von seinem Wohnort aus versieht, sei es, dass die verweste Stelle sich am gleichen Orte befindet oder nicht.

Vorstehende Bestimmungen finden auch dann Anwendung, wenn für einen beurlaubten oder erkrankten Amtsarzt ein Verweser von der Aufsichtsbehörde bestellt wird.

§ 11. Wird ein anderer Arzt als ein Amtsarzt im öffentlichen Interesse, wie im Falle einer Epidemie, vorübergehend von seinem Wohnort an einen anderen Ort abgeordnet, so erhält er Ersatz der Reisekosten.

Ausserdem hat er, wenn die Abordnung zwei Tage nicht übersteigt und bei der Abordnung besondere Bestimmungen nicht getroffen werden, eine Entschädigung fur Zeitaufwand bis zum Meistbetrage von 30 M für den Tag zu beanspruchen.

Dauert die Abordnung länger als zwei Tage, so ist die Entschädigung besonders zu bestimmen.

Dem abgeordneten Arzt bleibt es unbenommen, von Zahlungsfähigen, welche seine Hilfe in Anspruch nehmen, Vergütung zu verlangen.

§ 12. Soweit ein Spielraum zwischen einem niedrigsten und einem höchsten Satze gelassen ist, wird die Höhe der Vergütung nach den besonderen Umständen des Falles, namentlich nach den örtlichen Verhältnissen, der Vermögenslage des Zahlungspflichtigen sowie der Mühewaltung und dem Zeitaufwande bemessen.

Haben in den Fällen der §§ 8 und 9 Kassen des Staates, der Gemeinden oder Wohltätigkeitsstiftungen die Kosten zu tragen, so ist der niedrigste Betrag anzusetzen, soweit nicht in besonderen Fällen wegen Schwierigkeit der Leistung oder nach dem Masse des Zeitaufwands ein höherer Satz gerechtfertigt erscheint.

Sind in den Fällen der §§ 8 und 9 die Kosten aus der Staatskasse einstweilen auszulegen, so erhält der Arzt zunächst nur den niedrigsten Betrag. Den sich nach Abs. 1 berechnenden Mehrbetrag erhält er erst dann, wenn dieser Betrag von dem Zahlungspflichtigen erlegt ist. Die Bestimmung im Abs. 2 Satz 2 findet auch hier Anwendung.

§ 13. Insoweit für die Entschädigung von Amtsgeschäften besondere Vorschriften bestehen, wie bezüglich der öffentlichen Impfung, der Leichenschau, oder für ärztliche Dienstleistungen eine besondere amtliche Regelung vorgesehen ist, wie bezüglich der Bahnärzte, der Postvertrauensärzte, der Gefängnisärzte, finden die Bestimmungen dieser Verordnung keine Anwendung.

§ 14. Die Festsetzung der für eine Dienstleistung zu gewährenden Beträge erfolgt durch die mit der Angelegenheit befasste Behörde.

Gegen die von einem Ministerium, dem Obersten Landesgerichte oder dem Verwaltungsgerichtshofe vorgenommene Festsetzung findet nur Gegenvorstellung statt. Im übrigen ist gegen die Festsetzung Beschwerde zu der im Instanzenzuge vorgesetzten Behörde zulässig.

§ 15. Die Bestimmungen in den §§ 3, 4, 5, 12 gelten für beamtete und nicht beamtete Aerzte als Taxvorschriften im Sinne des § 13 der RGO. für Zeugen und Sachverständige in der Fassung der Bekanntmachung vom 20. Mai 1898, gleichviel ob die Aerzte aus Anlass einer amtsärztlichen Dienstleistung oder aus einem anderen Anlasse zu Sachverständigen ernannt worden sind.

Werden Amtsärzte zu Sachverständigen ernannt, so kommen auch die Bestimmungen in den §§ 2, 6 zur Anwendung Das Gleiche gilt für remunerierte bezirksärztliche Stellvertreter, wenn sie aus Anlass einer im § 8 Abs. 3 Satz 2 bezeichneten amtsärztlichen Dienstleistung als Sachverständige ernannt worden sind.

§ 16. Die beteiligten Ministerien sind ermächtigt, die erforderlichen Ausführungsbestimmungen zu erlassen und insbesondere die Form und das Verfahren bei Aufstellung und Einreichung der Berechnung der Vergütung zu regeln.

§ 17. Gegenwärtige Verordnung, durch welche alle entgegenstehenden Bestimmungen und namentlich die K. Verordnung vom 20. Dez. 1875, die Vergütung für ärztliche Amtsgeschäfte betr., und der § 12 Abs. 2 der K. Verordnung vom 17 Oktober 1901, ärztliche Gebühren betreffend, aufgehoben werden, tritt am 1 Januar 1903 in Kraft.

Gebührenordnung für amtsärztliche Dienstleistungen.

1. Besichtigung einer Leiche oder von Leichenteilen mit Befundbericht und vorläufigem Gutachten . . . . 5—10 M,
2. Vornahme einer Sektion von Leichenteilen mit Befundbericht und vorläufigem Gutachten . . . . 10—30 M,
3. Vornahme einer Leichenöffnung mit Befundbericht und vorläufigem Gutachten . . . . 20—30 M,
4. Assistenz bei Vornahme einer Leichenöffnung . . 5 20 M,
5. Mikroskopische, physikalische Untersuchung mit Befundbericht und vorläufigem Gutachten bei einfachen Untersuch. 5—10 M, bei zeitraubenden Untersuchungen . . . 10—30 M,
6. bakteriologische, chemische Untersuchung mit Befundbericht und vorläufigem Gutachten bei einfach. Untersuch. 15—30 M, bei zeitraubenden Untersuchungen . . . 30--75 M
7. Wundbeschau oder sonstige ärztliche Untersuchungen und Beobachtungen mit Befundbericht und vorläufigem Gutachten — soferne nicht ein Fall der Ziffer 9 vorliegt — bei einfachen Untersuchungen und Beobachtungen . . . . 5—20 M, bei zeitraubenden Untersuchg. u. Beobachtungen . 10—30 M,
8. a) Untersuchungen und Beobachtungen zum Zwecke der Erstattung eines Gutachtens . . . . 5 - 50 M,
   b) Studium von Akten zum Zwecke der Erstattung eines Gutachtens . . . . 5 - 50 M,
   c) Wissenschaftlich begründetes Gutachten über Personen oder Sachen . . . . 10 M—50,

bei Gutachten über den Geisteszustand einer Person . . . . 10—100 M,

9. Ausstellung von Zeugnissen über Gesundheit oder Krankheit, Diensttauglichkeit, Aufsichts-, Arbeits- oder Erwerbsfähigkeit mit Untersuchung . . . . 3—20 M,
10. Beglaubigung von Zeugnissen, Ausstellung eines Befundscheines, Erteilung einer schriftlichen Auskunft ohne nähere gutachtliche Ausführung . . . . 1—3 M,
11. Gutachten in bezug auf Beerdigung, Ausgrabung, Beförderung, Verbrennung von Leichen . . . . 5—20 M,
12. Untersuchung einer Apotheke, einer Drogerie, einer Gifthandlung . . . . 10—30 M,
13. Gutachten in polizeilichen Angelegenheiten über Einrichtungen oder gewerbliche Anlagen . . . . 5—20 M,
14. Abwartung eines gerichtlichen Termins als Sachverständiger einschliesslich der während des Termins ausgeführten Untersuchungen und des erstatteten mündlichen Gutachtens bis zu zwei Stunden . . . . 6 M,
für jede angefangene Stunde mehr . . . . 2 M.

Als Anfang des Termins gilt die Zeit, zu welcher geladen ist, als Endpunkt die Zeit der Entlassung.

Unterbrechungen der Verhandlungen und Beurlaubungen des Arztes werden in die Terminsdauer eingerechnet; dies gilt jedoch bei einer Unterbrechung oder Beurlaubung, welche auf mehr als zwei Stunden bestimmt wird, dann nicht, wenn der Arzt an seinem Wohnorte vernommen wird.

Die Gebühr ist für jeden Verhandlungstag besonders zu berechnen.

Ist der Arzt in mehreren Terminen an demselben Tage beschäftigt, so darf dieselbe Zeit nicht mehrfach berechnet werden.

Zusatzbestimmungen:

Wenn Amtsärzte infolge einer gerichtlichen Vorladung als Sachverständige gezwungen sind, über Nacht ausserhalb ihres Wohnsitzes zu verweilen, oder wenn sie ausserhalb ihres Wohnsitzes eine Leichenöffnung vorzunehmen haben, kann das nach § 2 Abs. 1, § 6 und § 15 Abs. 2 der vorabgedruckten Verordnung zu gewährende Tagegeld auf 20 M festgesetzt werden. Bek. v. 22. Febr. 1904 (JMBl. 49).

Wegen Berechnung der Entschädigung für den durch den Hin- und Rückweg veranlassten Zeitaufwand vgl. JMB. vom 5. März 1904 (JMBl. 52).

Vgl. endlich noch JMB. vom 25. November 1903 (JMBl. 453).

2. Gebühren für die Dienstleistungen der Aerzte und Zahnärzte in der Privatpraxis:

VO. v. 17. Oktober 1901 (GVBl. 629).

§ 1. Die Bestimmung der Vergütung für Dienstleistungen der nach § 29 der Reichsgewerbe-Ordnung approbierten Aerzte und Zahnärzte in der Privatpraxis ist zunächst dem Uebereinkommen der Beteiligten überlassen. In Ermangelung einer solchen Vereinbarung ist für streitige Fälle die gegenwärtige Verordnung und die dazu angefügte Gebührenordnung massgebend.

Aerztliche Verrichtungen, für welche die Gebührenordnung keinen Ansatz enthält, sind unter Zugrundelegung derjenigen Sätze, welche für ähnliche Verrichtungen gewährt werden, zu vergüten.

§ 2. Soweit die Gebührenordnung einen Spielraum zwischen niedrigsten und höchsten Ansätzen gestattet, ist die Höhe der festzusetzenden Gebühr nach den besonderen Umständen des Einzelfalles und namentlich nach den örtlichen Verhältnissen, der Vermögenslage des Zahlungspflichtigen, sowie der Mühewaltung und dem Zeitaufwande zu bemessen.

Wenn die Zahlung der Gebühr aus Kassen des Staates, der Gemeinden- oder Wohltätigkeitsstiftungen, aus Arbeiterkrankenkassen oder von nachweisbar Unbemittelten zu leisten ist, kommt der niedrigste Satz zur Anwendung, soweit nicht in besonderen Fällen wegen Schwierigkeiten der ärztlichen Leistung oder nach dem Masse des Zeitaufwandes ein höherer Satz gerechtfertigt erscheint.

§ 3. Bei der Vergütung für ärztliche Dienstleistungen kommen nach Massgabe der weiteren Bestimmungen darüber in Betracht der Besuch oder die Beratung, die besondere ärztliche Verrichtung, der Zeitaufwand, die Fahrtkosten und besondere Auslagen.

§ 4. Werden bei Besuchen oder Beratungen ärztliche Verrichtungen vorgenommen, für welche ein Mindestansatz von 10 M in der Gebührenordnung vorgesehen ist, oder eine Gebühr von mehr als 10 M angesetzt wird, so darf eine Gebühr für den Besuch oder die Beratung bei Tage nicht berechnet werden.

§ 5. Bei ärztlichen Dienstleistungen innerhalb des Wohnortes des Arztes steht diesem neben der Gebühr für den Besuch oder die Verrichtung eine besondere Entschädigung für Fahrtkosten und für den durch den Hin- und Rückweg verursachten Zeitaufwand nicht zu.

Jedoch kann auch innerhalb des Wohnortes des Arztes, wenn die Wohnung des Kranken nicht unter 2 Kilometer von der des Arztes entfernt ist, für Besuche bei Nacht, für mündliche Beratschlagungen zweier oder mehrerer Aerzte bei Tag oder bei Nacht, für Besuche, welche am Tage auf Verlangen sofort oder zu einer bestimmten Stunde gemacht werden, sowie für Beistandleistung eines Arztes bei einer ärztlichen Verrichtung bei Tag oder bei Nacht neben der Gebühr für den Besuch eine Entschädigung für Zeitaufwand in der Höhe von 1,50 M bis 3 M auf jede angefangene halbe Stunde und Ersatz der Fahrtkosten berechnet werden.

§ 6. Befindet sich der Kranke ausserhalb des Wohnortes des Arztes und zwar nicht unter 1 Kilometer von der Grenze desselben und nicht unter 2 Kilometer von der Wohnung des Arztes entfernt, so erhält der Arzt neben der Gebühr für den Besuch eine Entschädigung für den durch den Hin- und Rückweg verursachten Zeitaufwand und zwar 1,50 M bis 3 M für jede angefangene halbe Stunde, wobei die etwa notwendige Wartezeit bis zum Abgange der Eisenbahn, des Dampfschiffes oder Fuhrwerkes eingerechnet wird. Hiezu kommt noch eine Entschädigung der Reisekosten: dieselbe besteht in der Vergütung der gehabten Auslagen für Benützung der Eisenbahn, des Dampfschiffes, der Post, eines Gefährtes oder sonstigen Beförderungsmittels. Bei Benützung eigenen Fuhrwerks oder Beförderungsmittels ist die Entschädigung nach den ortsüblichen Preisen zu berechnen. Ist der Ort der Dienstleistung zwar zwei Kilometer von der Wohnung des Arztes aber unter einem Kilometer von der Grenze entfernt, so findet die Bestimmung des § 5 Absatz 2 dieser Verordnung unter den dortselbst angeführten Voraussetzungen Anwendung.

Dem K. Staatsministerium des Innern ist vorbehalten, über die Entschädigung bei Benützung eigenen Fahrrades oder Motors besondere Bestimmung zu treffen.

Diese Bestimmungen sind erfolgt mit InnMB. vom 17. Dezember 1902 (GVBl. 737).

§ 7. Besorgt der Arzt auf demselben Wege mehrere Dienstleistungen an verschiedenen Stellen, so darf er die nach dem § 5 Absatz 2 und § 6 ihm zustehende Entschädigung für Zeitaufwand und Fahrt- oder Reisekosten nur einfach in Aufrechnung bringen. Die Entschädigung ist entsprechend zu verteilen.

§ 8. Sind in derselben Wohnung gleichzeitig mehrere Angehörige der gleichen Familie zu behandeln, so kommt für die zweite und die folgenden Personen je die Hälfte der Gebühr in Ansatz.

§ 9. Bei öfteren Wiederholungen einer und derselben mechanischen Hilfeleistung (Anlegung des Katheters, der Bougies, Einspritzungen oder ähnlicher Verrichtungen) kann für die drei ersten Male die volle Gebühr, für die folgenden dagegen nur die Hälfte derselben berechnet werden.

§ 10. Mehr als zwei Besuche an einem Tage können nur dann berechnet werden, wenn dieselben im Einverständnis mit dem Kranken oder dessen Angehörigen erstattet werden oder nach der Beschaffenheit des Falles geboten sind.

§ 11. Die Kosten für die vom Arzte beschafften Medikamente und Verbandmittel, ferner Kosten für Neubeschaffung oder Reparatur von Instrumenten, welche infolge der Benützung im einzelnen Falle unbrauchbar werden oder aus besonderen Gründen (z. B. Ansteckungsgefahr) vernichtet werden müssen, oder welche der Kranke zur ferneren Verwendung für sich behält, sind dem Arzte zu vergüten. Für die gewöhnliche Abnützung von Instrumenten und Apparaten wird eine besondere Entschädigung nicht gewährt.

§ 12. Gegenwärtige Verordnung, durch welche alle entgegenstehenden Bestimmungen und namentlich die Verordnung vom 18. Dezember 1875, die Gebühren für ärztliche Dienstleistungen in der Privatpraxis betreffend, aufgehoben werden, tritt mit dem 1. November 1901 für den ganzen Umfang des Königreichs in Kraft.

Insoweit die Verordnung vom 20. Dezember 1875, die Vergütung für ärztliche Amtsgeschäfte betreffend, auf Bestimmungen der Verordnung vom 18. Dezember 1875 Bezug nimmt, bleiben dieselben bis auf weiteres noch in Geltung (siehe aber obige Verordnung § 17).

Anlage zu § 1 der Verordnung.

Gebührenordnung für ärztliche Dienstleistungen in der Privatpraxis.

A. Gebühren für Besuche und Beratungen (Zeugnisse, Berichte, Gutachten, Briefe).

1. Besuch in der Wohnung des Kranken:
   a) für den ersten Besuch bei Tag . . . . . 2—10 M,
   b) für jeden folgenden Besuch bei Tag im Verlaufe derselben Krankheit . . . . 1—6 M,
   c) für Besuche bei Tag, welche auf Verlangen des Kranken oder seiner Angehörigen sofort oder zu einer bestimmten Stunde gemacht werden, und zwar für den ersten . . . . . . 4—20 M,
   für jeden folgenden . . . . . 2—12 M,
   d) für jeden Besuch bei Nacht (von 9 Uhr abends bis 7 Uhr morgens) . . . . . 4—20 M.
2. Beratung eines Kranken in der Wohnung des Arztes sowie auch telephonische Beratung
   a) für erste Beratung bei Tag . . . . 1—6 M,
   b) für jede folgende Beratung bei Tag im Verlaufe derselben Krankheit . . . . 1—3 M,
   c) für jede Beratung bei Nacht . . . . . 2—20 M,
3. Die Gebühr für den Besuch und die Beratung schliesst die Untersuchung des Kranken und die Verordnung mit ein.
   Für eine besonders zeitraubende Untersuchung unter Anwendung des Augen-, Ohren-, Kehlkopf-, Scheidenspiegels oder des Mikroskopes kann eine Gebühr von 2—5 M besonders berechnet werden.
4. Muss der Arzt nach der Beschaffenheit des Falles oder auf Verlangen des Kranken oder seiner Angehörigen länger als eine halbe Stunde verweilen, so stehen ihm für jede weitere angefangene halbe Stunde 1,50 M bis 3 M, bei Nacht das Doppelte zu. Die nötige Zeit zur Vorbereitung des Geschäftes, zur Erholung, zum Mittagessen, zum Uebernachten kann eingerechnet werden.
5. Mündliche Beratung zweier oder mehrerer Aerzte jedem derselben (einschliesslich des Besuches):
   a) für erste bei Tag . . . . 5—25 M,
   b) für jede folgende bei Tag während derselben Krankheit . . . . 3—15 M,
   c) zur Nachtzeit . . . . das Doppelte.
6. Schriftliche Beratung (Zeugnisse, Berichte, Gutachten, Briefe):
   a) für eine kurze Bescheinigung, worunter auch ganz einfache Berichte oder Gutachten fallen, über Gesundheit oder Krankheit eines Menschen 1—5 M
   (die einfache Unterschrift unter dem gewöhnlichen Scheine einer Krankenkasse gilt nicht als ärztliches Zeugnis),
   b) für ausführlichen Krankenbericht . . . . 3—10 M,
   c) für begründetes Gutachten . . . . . 9—30 M,
   d) für einen Brief im Interesse des Kranken . 2—10 M,
   e) für schriftlichen Sektionsbericht . . . . . 3—10 M.

B. Gebühren für ärztliche Verrichtungen.

I. Allgemeine Verrichtungen.

1. Durchleuchtung mittels Röntgen-Strahlen . . . 10—30 M.
2. Photographie mittels Röntgen-Strahlen je nach der Grösse . . . . 20—50 M,
3. Mikroskopische, chemische oder bakteriologische Untersuchung von Sekreten, Exkreten
   a) einfache . . . . 2—5 M,
   b) zeitraubende . . . . 3—20 M,
4. Beistand bei einer ärztlichen Verrichtung (Operation) für jeden hiezu beigezogenen Arzt . . . . 5—20 M,
   bei Nacht . . . . 10—40 M,
5. Ausführung einer Narkose . . . . . . 5—15 M,
   welche Gebühr in Wegfall kommt, wenn der die Narkose ausführende Arzt für die Operation selbst nicht unter 10 M beanspruchen kann.
6. Anwendung der Infiltrations-Anästhesie . 3—10 M,
7. Wiederbelebungsversuche bei Verunglückten oder Scheintoten . . . . 4—20 M,
8. Besichtigung oder äussere Untersuchung einer Leiche mit Ausstellung einer kurzen Bescheinigung . 3—6 M,
9. Vornahme einer Leichenöffnung mit Ausstellung einer kurzen Bescheinigung . . . . 10—30 M,
10. Assistenz bei Vornahme einer Leichenöffnung 5—20 M,
11. verlangte Anwesenheit bei Vornahme einer Leichenöffnung 5—15 M,
12. eine Bluttransfusion . . . . 20—50 M,
13. eine subkutane oder venöse Infusion . . . 10—30 M,
14. Impfung der Schutzpocken einschl. der Nachschau und der Ausstellung des Impfscheines . . . . . 3—6 M,
15. Leitung eines Bades . . . . 2—10 M,
16. eine hydrotherapeutische Einwicklung . . . 2—5 M,
17. Massage . . . . 2—5 M,
18. Anwendung der Elektrizität zu Heilzwecken . 2—10 M,
19. eine subkutane Einspritzung . . . . . . 1—3 M,
20. Einspritzung in die Harnröhre oder den Mastdarm 2—5 M,
21. Einführung des Katheters, einer Bougie, eines Mastdarmrohres (mit oder ohne Eingiessung), Anwendung der Magensonde oder des Schlundrohres, Magenausspülung . . 3—10 M,
22. ein Aderlass, Setzen von Schröpfköpfen, Ansetzen mehrerer Blutegel, ausser dem Betrage derselben . . . . 2—6 M.

II. Wundärztliche Verrichtungen.

III. Geburtshilfliche und gynäkologische Verrichtungen.

IV. Augenärztliche Verrichtungen.

V. Aerztliche Verrichtungen bei Nasen-, Rachen-, Kehlkopf- und Ohren-Krankheiten.

VI. Zahnärztliche Verrichtungen.

(II—VI. s. GVBl. 1901, 635 ff.)

Anmerkung zu Z. **1** und **2**:

Medizinal-Komitee:

Chemische Untersuchungen, VO. v. 29. Sept. 1878 § 7 (GVBl. 438) 20—100 M.

Mikroskopische Untersuchungen nebst Befundbericht — ebenda — 20—50 M.

Schriftliche Gutachten, VO. v. 3. Mai 1859 (Reg.Bl. 489) wenn eine Partei die Kosten zu tragen hat, 50—100 M

24. Gebührenordnung für die Dienstleistungen der Bader.

VO. v. 31. März 1899 (GVBl. 111), geändert durch InnMB. v. 12. Febr. 1908 (GVBl. 64).

1. Gebührentabelle.

a) Verrichtungen, welche der Bader ohne ärztlichen Auftrag in selbständiger Befugnis vornehmen darf.

1	Für den ersten Verband einer einfachen Wunde, desgleichen für die Eröffnung eines einfachen Abszesses	1—2,20 M,
2.	für jeden ferneren Verband	0,50—1 M,
3.	für das Ausziehen eines Zahnes . . .	1—2 M,
4.	für das Reinigen der Zähne	1—2 M,
5.	für das Setzen eines Klystiers	0,50—1 M,
6.	für die unblutige Ausrottung eines Leichdornes bei mehreren die Hälfte,	0,50—2 M,
7.	für das unblutige Beschneiden eingewachsener Nägel	0,50—2 M,
8.	für die Anwendung eines trockenen Schröpfkopfes	0,10—0,15 M,
9	für die Anwendung eines blutigen Schröpfkopfes	0,20—0,40 M,
10.	für das Legen eines Senfteiges oder Blasenpflasters	0,20—0,50 M,
11	für Anwendung eines Höllensteines als Aetzmittel	0,20—0,50 M.

b) Verrichtungen, welche der Bader nur in ärztlichem Auftrag vornehmen darf:

1.	Für Einspritzungen	0,50—1 M,
2.	für Ansetzen des Katheters . . .	0,50—1 M,
3.	für einen Aderlass	1—2 M,
4.	für das Setzen von Blutegeln, für das Stück	0,15—0,25 M,
5.	für die Anwendung eines anderen Aetzmittels als Höllenstein	0,20—0,50 M,
6.	für Hilfeleistung bei einer Leichenöffnung	2—6 M,
7.	für Teilmassage	1 M,
	für Massage des ganzen Körpers	2 M,
8.	für Hilfeleistung bei ärztlichen Operationen für jede Viertelstunde . .	0,50 M.

2. Allgemeine Bestimmungen.

1. Soweit die Gebührenordnung einen Spielraum zwischen niedrigsten und höchsten Ansätzen gestattet, ist auf die Verschiedenheit der örtlichen Verhältnisse, auf die grössere oder geringere Wohlhabenheit, den Erwerbs- und Familienstand des Zahlungspflichtigen, sowie auf besondere Mühewaltung und Zeitversäumnis des Baders Rücksicht zu nehmen.

Haben Kassen des Staates, der Gemeinden oder der Wohltätigkeitsstiftungen Badergebühren zu bezahlen, so darf die Gebühr den Durchschnittssatz keinesfalls übersteigen.

2. Erfordert eine Verrichtung des Baders die Entfernung desselben von seiner Wohnung, so hat derselbe neben der in der Tabelle bezeichneten Gebühr a) bei Tag 40 Pf. bis 80 Pf., b) bei Nacht 80 Pf. bis 1,20 M zu beanspruchen.

Ausserdem gebührt demselben, wenn die Entfernung von der Wohnung mehr als 2 Kilometer beträgt, für je 1 Kilometer des Hin- und Rückweges eine Reiseentschädigung von 20 Pf. bis 40 Pf.

Die in Abs. 2 bezeichnete Reiseentschädigung darf, wenn der Bader mehrere Besuche in einem Gange vereinigt, nur einfach in Aufrechnung gebracht werden.

3. Für sonstige besondere Auslagen kann Entschädigung nach dem wirklichen Aufwande in Anspruch genommen werden.

Für Arzneimittel, deren Abgabe und Verwendung den Badern gestattet ist, desgleichen für Blutegel kommt die Arzneitaxe in Ansatz.

Die antiseptischen Verbandmittel dürfen mit ihrem Anschaffungspreise nebst 20 Pf. Zuschlag in Aufrechnung gebracht werden.

25. Vergütung

an a) Geschworene, Schöffen und Vertrauensmänner.

GVG. §§ 40, 55, 66. — VO. vom 29. Juli 1879 mit MB. vom 31. Juli 1879 (GVBl. 731) und VO. v. 20. Januar 1900 (GVBl. 101; JMBl. 297.)

1. Reisekosten werden nur vergütet, wenn der Wohnsitz weiter als 2 Kilometer vom Gerichtssitze entfernt ist.
2. Die Vergütung erfolgt (mit Ausnahme s. Ziff. 3) nur einmal und beträgt:
   a) mit Eisenbahn, Dampfboot oder Postomnibus die Fahrtaxe (Eisenbahn II. Kl., Dampfboot I. Kl.), bei den Zwischenreisen der Geschw. Preis des Retourbillets.
   b) ohne diese Transportmittel für jedes angefangene Kilometer des Hin- und Rückweges 10 Pf., sohin sovielmal 20 Pf. als Kilometer des Hinweges;
   c) unter *besonderen* Umständen auch höhere Auslagen.
3. Dauert eine Schwurgerichtsperiode mindestens 7 Tage, so können die Geschworenen die Vergütung der Kosten einer Zwischenreise (Hin- und Rückfahrt) beanspruchen, die sie vom Sitze des Schwurgerichts nach ihrem Wohnsitz ausführen, um an diesem einen in die Schwurgerichtsperiode fallenden Feiertag oder Sonntag oder einen vom Schwurgerichte bewilligten Urlaub zuzubringen.
   Dauert eine Schwurgerichtsperiode länger als 7 Tage, so können die Geschworenen die Vergütung auch *der* Zwischenreise beanspruchen, die sie je in jedem weiteren Zeitabschnitte von 7 Tagen vom Sitze des Schwurgerichts nach ihrem Wohnsitz zu ebenerwähntem Zwecke ausführen.
4. Die Vergütung wird vom Richter zur Zahlung angewiesen, nachdem sie nach c) von ihm festgesetzt und nach a) und b) vom Gerichtsschreiber berechnet ist.
5. Die Zahlung der vom Richter festgesetzten Vergütung ist sofort von dem am Gerichtssitze befindlichen k. Rentamte zu leisten, ausserdem vom Gerichtsschreiber aus den Taxgefällen vorzuschiessen.

b) Waisenräte.

MB. v. 22. Dez. 1899 (JMBl. 1900, 553) u. MB. v 23. Aug. 1900 (JMBl. 1134).

1 Reisekosten und Aufwand werden nur vergütet, wenn der Aufenthaltsort mehr als 2 Kilometer vom Versammlungsort entfernt ist.

2. a) Ist möglich: Benützung von Eisenbahn — Preis der II. Klasse, Benützung des Dampfboots — Preis der I. Klasse, Benützung der Post — Fahrpreis vergütet. Kann eine Rückfahrkarte verwendet werden, so wird nur der Preis der Rückfahrkarte vergütet.
   b) Wenn Benützung der Eisenbahn, Dampfboot oder Post nicht möglich, 10 Pf. für jedes angefangene Kilometer des Hinwegs und des Rückwegs.
3. Entschädigung für Aufwand, wenn Versammlung, Hin- und Rückweg mehr als 4 Stunden erfordert, 3 M, andernfalls 2 M.
4. Festsetzung der Gebühr durch den Richter, welcher die Versammlung leitet, und Anweisung nach Formular.
5. Auszahlung durch Gerichtsschreiber, auswärts durch Postanweisung; Postporto von der Staatskasse zu tragen.

c) Mitglieder der Steuerausschüsse und Berufungskommissionen, Auskunftspersonen, Zeugen und Sachverständige bei der Veranlagung der Einkommen-, Gewerbe- und Kapitalrentensteuer etc.

(FMB. vom 29. Juli 1911 FMBl. 504, 505).

§ 1. I Den Mitgliedern der Steuerausschüsse und den nicht vom Finanzministerium ernannten Mitgliedern der Berufungskommissionen werden, wenn ihr Wohnsitz weiter als zwei Kilometer vom Orte der Sitzung entfernt ist, Reisekosten vergütet.

VI Die Vergütung besteht, wenn Eisenbahn, Dampfboot oder Postomnibus benützt werden kann, in der Bezahlung der Fahrtaxe und zwar für die Benützung der II. Wagenklasse auf der Eisenbahn oder des I. Platzes auf dem Dampfboote. Können Beförderungsmittel der bezeichneten Art nicht benützt werden, so werden als Reisekostenentschädigung für jedes angefangene Kilometer des Hin- und Rückwegs zehn Pfennige vergütet. Wenn nach besonderen Umständen ausnahmsweise die Benützung von Beförderungsmitteln, welche höhere Auslagen erfordern, für angemessen zu erachten ist, kann das Mitglied den Ersatz dieser Auslagen beanspruchen.

III Die Reisekosten für den Hin- und Rückweg werden, auch wenn sich die Sitzungen auf mehrere Tage erstrecken, nur einmal vergütet.

§ 2. I Die in § 1 bezeichneten Mitglieder erhalten ferner Entschädigung für Zeitverlust. Die Reisezeit sowie die Zeit, während der die gewöhnliche Beschäftigung nicht wieder aufgenommen werden kann, wird als verlorene Zeit gerechnet.

II Die Entschädigung für Zeitverlust ist unter Berücksichtigung der Sitzungsdauer, eines etwaigen Verdienstentganges, des Umfanges etwaiger Aufwendungen für Verköstigung usw. zu bemessen. Sie beträgt

a) für die Mitglieder der Steuerausschüsse bis zu 2 M. für jede angefangene Stunde, in keinem Falle aber mehr als 12 M. für den Tag und, wenn das Mitglied auswärts übernachten muss, 15 M. für den Tag,

b) für die nicht vom Finanzministerium ernannten Mitglieder der Berufungskommissionen bis zu 3 M. für jede angefangene Stunde, in keinem Falle aber mehr als 15 M. für den Tag und, wenn das Mitglied auswärts übernachten muss, 19 M. für den Tag.

§ 3. I Auskunftspersonen, Zeugen und Sachverständigen sind auf Verlangen Entschädigungen für Reisekosten und Zeitverlust in der gleichen Höhe anzuweisen wie den Mitgliedern der Steuerausschüsse. Die Entschädigungen sind vorbehaltlich der Revision in den Fällen der §§ 43 Abs. VIII, 50 Abs. VIII, 56 Abs. VI, 62 Abs. III, 85 Abs. VIII der Vollzugsvorschriften zum Einkommensteuergesetze vom Rentamt, im Falle des § 71 Abs. IV der Vollzugsvorschriften zum Einkommensteuergesetze durch die Distriktsverwaltungsbehörde gegen Wiederersatz durch das Rentamt festzusetzen und sofort auszubezahlen.

II Die Regierungsfinanzkammern sind ermächtigt, Sachverständigen, die ein umfangreicheres schriftliches Gutachten abzugeben haben (vgl. § 71 Abs. II der Vollzugsvorschriften zum Einkommensteuergesetz) höhere Entschädigungen für Zeitverlust zu bewilligen.

§ 4. Die im Laufe eines Rechtsmittelverfahrens festgesetzten Entschädigungen der Auskunftspersonen, Zeugen und Sachverständigen sind Kosten im Sinne des Art. 86 des Einkommensteuergesetzes.

§ 5. Ueber Beschwerden der Empfangsberechtigten, die die Festsetzung der Entschädigungen nach §§ 1 bis 3 betreffen, entscheiden die Regierungsfinanzkammern.

d) Haussteuertaxatoren etc.

(FMB. vom 27. Februar 1911 FMBl. 235).

§ 1. Die Taxatoren, die zum Zwecke der Veranlagung oder Revision der Mietsteuer in einer Schätzungskommission oder einem Kompromissgerichte mitwirken, erhalten aus der Staatskasse eine Entschädigung für Zeitverlust und für Fahrtauslagen. Vergütungen von den Steuerpflichtigen anzunehmen ist ihnen verboten.

§ 2. I Der Entschädigung für Zeitverlust ist die Zeitdauer zugrunde zu legen, für welche der Taxator durch die Dienstleistung in Anspruch genommen wird. Hiebei ist die Zeit einzurechnen, die der Taxator auf den Weg von und zu seiner Wohnung verwendet hat.

II Die Entschädigung für Zeitverlust beträgt bis zu 2 M. für jede angefangene Stunde, für einen Tag aber höchstens 15 M. Bei der Bemessung der Entschädigung ist auf den Ort der Dienstleistung und auf die Erwerbsverhältnisse des Taxators Rücksicht zu nehmen.

§ 3. Als Fahrtauslagen dürfen die Barauslagen aufgerechnet werden, die dem Taxator aus Anlass seiner Dienstleistung für die Benützung einer regelmässigen Fahrgelegenheit (Strassenbahn, Eisenbahn usw.) erwachsen. Die Barauslagen für die Benützung eines besonderen Gefährtes dürfen nur aufgerechnet werden, wenn

Entfernung von mehr als drei Kilometer zurückzulegen sind, ohne dass die Benützung einer regelmässigen Fahrgelegenheit möglich ist.

§ 4. Die für die Taxatoren getroffenen Bestimmungen (§§ 1 bis 3) gelten vorbehaltlich besonderer Anordnung auch für jene Obertaxatoren der Schätzungskommissionen und Kompromissgerichte, die n i c h t als aktive Beamte im Staatsdienste stehen.

§ 5. Die als aktive Beamte im Staatsdienste stehenden Haussteuer-Obertaxatoren und -Kommissäre werden für auswärtige Dienstgeschäfte nach den geltenden Vorschriften entschädigt. Ist die Tätigkeit kein auswärtiges Dienstgeschäft im Sinne jener Vorschriften, so dürfen, soweit nicht vom Staatsministerium der Finanzen mit Rücksicht auf besondere Verhältnisse anderweitige Verfügung getroffen wird, nur die im § 3 bezeichneten Fahrtauslagen aufgerechnet werden.

§ 6. [I] Die nach §§ 1 bis 5 liquidierten Entschädigungen sind von den Rentämtern nach Prüfung und Festsetzung seitens der Regierungsfinanzkammer auszubezahlen. Die Einweisung der Entschädigung ist zu beschleunigen.

[II] In der Anzeige, die nach Ziff 5 der Bekanntmachung vom 18. November 1910 (FMBl. S. 355) für das Jahr 1911 zu erstatten ist, sind die aus Anlass der Mietsteuerrevision vorschussweise verausgabten Entschädigungen nach Rentämtern vorzutragen.

---

26. Gebührenmarken.

Königl. Allerh. Verordnung, die Verwendung von Gebührenmarken betr., v. 15. Sept. 1879.

(GVBl. 1171.)

Durch Verwendung von Gebührenmarken ist nach obiger Verordnung die Gebühr zu entrichten:

a) für Prüfungszeugnisse, Art. 214 Geb.-Ges. v. 13. Juli 1910,
b) für Diplome der Doktoren und Lizentiaten, Art. 216 a. a. O.,
c) für Zeugnisse der Amtsärzte, Art. 209 Z. 2 a. a. O.,
d) für Zeugnisse der Pfarrämter in Fällen des Art. 209 Z 3 a. a. O. und nach Art. 278 Z. 2 des Gesetzes für Urkunden über Lombarddarlehen,

s. auch Bek. v. 17 Sept. 1879 (GVBl. 1173), Bek. v 19. Febr 1882 (GVBl. 65) u. Bek. v. 19. Sept. 1901 (JMBl. 589)

---

27. Abgaben für Anstellungen und besondere Verleihungen.

Bayer. Gebühren-Gesetz in der neuen Fassung vom 13. Juli 1910 (GVBl. 311); VO. v. 20. Sept. 1879 (GVBl. 1193) geändert durch VO. v. 16. April 1894 (GVBl. 149), VO. v. 30. März 1881 (GVBl. 171) mit FMB. v. 7. Febr. 1909 (JMBl. 119).

a) Die als Beamte im Sinne des Beamtengesetzes in Dienstesaktivität stehenden Mitglieder des Allgemeinen Unterstützungsvereins und der damit verbundenen Töchterkasse haben von jeder Diensteinkommensmehrung je eine fünfprozentige Abgabe an diese beiden Vereine zu entrichten. Diese „Diensteinkommensmehrungsabgabe" ist bei allen Gehaltsvorrückungen, Beförderungen oder Verleihungen von Nebenbezügen zu leisten. Unständige auf nicht länger als ein Jahr gewährte Funktionsremunerationen, Dienstwohnungen, für die eine Miete nicht zu entrichten ist und Nebenbezüge, die ganz oder teilweise zur Bestreitung eines Dienstaufwands bestimmt oder nach örtlichen Verhältnissen bemessen sind, bleiben ausser Ansatz. Die Erhebung erfolgt in zehn gleich grossen Monatsraten. Die Abgabe kann auch auf einmal oder in kürzeren Fristen entrichtet werden.

Die Zuschläge und die Ausschreibgebühren, die zu der früheren Unterstützungsfondsabgabe hinzutreten, und die frühere einprozentige Anstellungs-Staatsgebühr sind aufgehoben.

b) An sonstigen Anstellungs- bzw. Verleihungsgebühren werden bezahlt

1. 50 M für die Anstellung als Notar,
2. 50 „ für die Anstellung als Hypothekenbewahrer in der Pfalz,
3. 2 „ für Verleihung eines landesherrl. Tischtitels,
4. 60 „ für Ernennung zum k. Kämmerer,
5. 20 „ für Ernennung zum k. Kammerjunker,
6. 300 „ für Verleihung der Würde eines erbl. Reichsrates,
7. 100 „ für Verleihung der Würde eines lebensl. Reichsrates, dann des Titels eines Geheimen Rates, eines Geheimen Hofrates oder eines Hofrates,
8. 50 „ für Verleihung sonstiger Würden und Titel, ohne Diensteinkommen, welche sich den Stellen aktiver Bediensteter nicht angleichen,
9. 225 „ für Verleihung des Hoftitels an Industrielle und Kaufleute,

10. 150 M für Verleihung des Hoflieferanten-Titels,
11 2000 „ für Lehenbriefe bei den Kronämtern,
12. 3 vom Tausend des 10fachen Jahresbetrages f. Lehenbriefe bei Rentenlehen,
13. 20 M für Lehenbriefe bei den übrigen Lehen,
14. 1500 „ für Adelsdiplome bei Verleihung des einfachen Adels mit dem Prädikate „von",
2000 „ für Adelsdiplome bei Erhebung in den Ritterstand,
5000 „ für Adelsdiplome bei Erhebung i. d. Freiherrnstand,
10 000 „ für Adelsdiplome bei Erhebung in den Grafenstand,
20 000 „ für Adelsdiplome bei Erhebung in den Fürstenstand,
15. 60 „ bzw. 100 M bzw 200 M bzw 400 M bzw. 600 M für die Eintragung in die Adelsmatrikel,
16. 200 „ für Diplome über Bewilligung zur Aenderung adeliger Namen oder Wappen,
17. 100 „ für die Bewilligung zur Annahme fremdherrlicher Orden, Titel, Ehrenzeichen oder Würden.

28. Strafanteile.

Die Reichsstrafprozessordnung trifft keine Bestimmung über die Verwendung der erkannten Geldstrafen. Für Bayern bestimmt Art. 29 des Ausführungsgesetzes zur Strafprozessordnung vom 18. August 1879, dass „sämtliche Geldstrafen" (einschl. der Ordnungs-, Zwangs- und Disziplinarstrafen) „in die Staatskasse fliessen, und jede Ausnahme von dieser Regel auf einem Gesetze beruhen muss". Diese gesetzlichen Ausnahmsfälle, kurzweg Strafanteile genannt, sind im Nachstehenden zusammengestellt. Die hier nicht angebenen Anteile gebühren der Staatskasse. (AK. = Armenkasse; ÜO. = Übertretungsort).

Der Ausnahmsgesetze				Von der erkannten Geldstrafe gebührt:
Titel	Strafgebot	Verwend.-Gebot	Fälle	
I. Verf. Beil. IX. Edikt über die Verhältnisse der Staatsdiener vom 26. Mai 1818; gültig für Beamte, die nicht unt. d. Beamtenges. fallen.	§ 12	Gen. v. 31. März 1819. FME. v. 27. November 1857. (Geret. FVS. Bd. 9, 760, Bd. 30, 110).	Ordnungsstrafen gegen Staatsdiener.	1/1 dem subalternen Dienerpersonal.
II. Vertrag mit Oesterreich über die Bestrafung d. Forst-, Jagd-, Fisch- und Feldfrevel (ÄMB. vom 16. April 1844, RegBl. 308).	Alle Zuwiderhandlungen gegen Forst-, Jagd-, Fischerei- u. Feldgesetze, die von bayerischen Staatsangehörigen in Oesterreich begangen werden.	Ziff. 4 des unter Nr. 1 genannten Vertrags.	s. Spalte 2.	1/1 Des Schadensersatzes und der Pfandgebühren an den österreichischen Staat.

Der Ausnahmsgesetze				Von der erkannten Geldstrafe gebührt:
Titel	Strafgebot	Verwend.-Gebot	Fälle	
III. Ges. vom 25. Juli 1850, die Einrichtung des die Kunststrassen in Bayern befahrenden Fuhrwerkes betr.	Art. 17.	Art. 17.	Uebertretung des Gesetzes.	1/2 der AK. des ÜO. 1/2 dem Unterstützungsfonde f. d. Baupersonal.
IV. Gemeindeordnung für die Landesteile rechts des Rheins v. 29. April 1869.	Art. 41 Abs. 3.	Art. 41 Abs. 3.	Defrauden örtlicher Gefälle.	1/1 der Gemeindekasse.
V. Gemeindeordnung für die Pfalz vom 29. April 1869.	Art. 31 Abs. 3.	Art. 31 Abs. 3.	Defrauden örtlicher Gefälle.	1/1 der Gemeindekasse.
VI. Reichsstrafgesetzb. vom 15. Mai 1871.	§ 366 Nr. 9.	PStGB. Art. 91.	Zuwiderhandlungen in bezug auf Staats- und Distriktsstrassen. Sonstige Zuwiderhandlungen.	1/1 dem Unterstützungsfond f. d. Strassen-Unterpersonal. 2/3 der AK. des ÜO.
„ „	§ 368 Nr. 1.	PStGB. Art. 124.	Schliessung der Weinberge	1/1 entweder: der Gemeindekasse oder in Orten mit eigenem Ortschafts-Flurwächter der Ortschaftskasse.
„ „	§ 368 Nr. 2.	„	Abraupen.	
„ „	§ 368 Nr. 9.	„	Betreten v. landwirtschaftlichen Grundstücken oder Privatwegen.	

VI. Reichsstrafgesetzb. vom 15. Mai 1871.	§ 370 Nr. 1.	„	Abgraben fremder Grundstücke oder Wege.	Wie vor.
„ „	§ 370 Nr. 2.	„	Wegnahme von Steinen, Erde, Mineralien etc.	
VII. Postgesetz vom 28. Oktober 1871 mit dem Gesetz, betr. d. Aenderungen von Bestimmungen über d. Postwesen, vom 20. Dezember 1899 (RGBl. 715).	§§ 27, 28, 29 des Postgesetzes; Art. 2 des Ges. v. 20. Dezember 1899.	§ 33 des Postgesetzes; Art. 2 des Gesetzes v. 20. Dezember 1899.	Post- u. Porto-Defrauden.	1/1 der Postarmen- und Unterstützungskasse.
VIII. Polizeistrafgesetzb. v. 26. Dezember 1871.	Art. 21.	Art. 21 Abs. 6.	Die von einer Gemeindebehörde verfügten Ungehorsamstrafen.	1/1 der Gemeindekasse.
„ „	Art. 73.	Art. 73 Abs. 4.	Anlage von Abtritten etc. Verletzung der Vorschriften über die Wohnungspolizei.	2/3 der AK. des ÜO.
„ „	Art. 74.	Art. 74 Abs. 2.	Fleisch- u. Viktualienbeschau.	Wie vor.
„ „	Art. 75.	Art. 77.	Gesundheitsgefährdung mit Nahrungsmitteln, Reinlichkeit etc.	2/3 Geldstrafe u. Erlös der AK. des ÜO.
„ „	Art. 76.	Art. 77.	Gesundheitsgefährdung mit Tabak, Geräten etc.	Wie vor.
„ „	Art. 83.	Art. 83 Abs. 5.	Hundeordnung.	2/3 der AK. des ÜO.
„ „	Art. 89, 90.	Art. 91.	Zuwiderhandlungen in bezug auf die Staats- und Distriktsstrassen.	1/1 dem Unterstütz.-Fond f. d. Strassenunterpersonal.

Der Ausnahmsgesetze				Von der erkannten Geldstrafe gebührt:
Titel	Strafgebot	Verwend.-Gebot	Fälle	
VIII. Polizeistrafgesetzb. v. 26. Dezember 1871.			Die sonstigen Zuwiderhandlungen gegen Art. 89 und 90.	$^2/_3$ der AK. des ÜO.
„ „	Art. 92.	Art. 96.	Verunreinigung v. Brunnen, Quellen und Bächen.	Wie vor.
„ „	Art. 93.	„	Abladen von Unrat etc.	Wie vor.
„ „	Art. 94.	„	Reinlichkeit in Ortschaften.	Wie vor.
„ „	Art. 95.	„	Besudelung öff. Gegenstände.	Wie vor.
	Art. 97.	Art. 97 Abs. 2, 6.	Kanalordnungen.	$^1/_1$ der Unterstützungskasse des Kanalunterpersonals.
„ „	Art. 106—109	Art. 110	Dienstbotenwesen.	$^2/_3$ der AK. des ÜO.
„ „	Art. 112, 113, 115—122.	Art. 124.	Feldpolizei.	$^1/_1$ entweder der Gemeindekasse des ÜO. oder in Orten mit eigenem Ortschaftsflurwächter der Ortschaftskasse des ÜO.
„ „	Art. 125 Abs. 1.	Art. 125 Abs. 3.	Jagdausübung.	$^1/_1$ Erlös des eingezogenen Wildes der AK. des ÜO.
„ „	Art. 142.	Art. 147 Abs. 2.	Lebensmittelgewicht.	$^1/_1$ eingezogene Lebensmittel der AK. des ÜO.
„ „	Art. 145.	Art. 147 Abs. 1.	Behandlung von Brot und Schlachtvieh.	$^2/_3$ der AK. des ÜO.
„ „	Art. 146.	„	Marktverkehr	Wie vor.

IX. RG. vom 6. Februar 1875, betr. die Beurkundung d. Personenstandes etc. in den hier einschlägigen Artikeln geändert durch Art. 46 EGBGB.	§§ 67—69.	§ 70.	Verfehlungen gegen das Gesetz.	1/1 der Kasse der Gemeinde, die nach §§ 8, 9 die sächlich. Standesamtskosten zu tragen hat.
X. BrandversicherG. v. 3. April 1875 mit dem Ausdehnungsgesetz für die Pfalz vom 5. Mai 1890.	Art. 69 Abs. 1, 2.	Art. 96 Abs. 3.	Verfehlungen gegen Art. 2 und 61 des Gesetzes.	1/1 dem Vorschussfonds der Brandversicherungs-Anstalt.
XI. Rechtsanwaltsordnung vom 1. Juli 1878.	§ 58. § 63.	§ 97 Abs. 1.	Zwangsstrafen. Ehrengerichtliche Strafen.	1/1 der Kasse der Anwaltskammer.
XII. RG. vom 14. Mai 1879, den Verkehr mit Nahrungsmittel etc. betr.	§§ 8, 9, 10, 11, 14.	§ 17.	Zuwiderhandlungen gegen das Gesetz.	1/1 ev. der Kasse, welche die Kosten der Unterhaltung einer für den Ort der Tat etwa bestehenden öffentl. Anstalt zur technischen Untersuchung von Nahrungsmitteln etc. trägt.
XIII. Ges. vom 26. März 1881, d. Körordng. betr.	Art. 5 Abs. 1 u. 2.	Art. 5 Abs. 3.	Uebertretungen dieses Gesetzes.	1/1 der AK. des Wohnortes des Verurteilten.
XIV. Ges. v. 25. Juni 1887 betr. den Verkehr mit blei- u. zinkhaltigen Gegenständen.	§§ 4 und 5.	§ 7.	Uebertretungen dieses Gesetzes.	1/1 Wie beim Nahrungsmittelges. v. 14. Mai 1879.

Der Ausnahmsgesetze				Von der erkannten Geldstrafe gebührt:
Titel	Strafgebot	Verwend.-Gebot	Fälle	
XV. RG., betr. die Verwendung schädlicher Farben etc. vom 5. Juli 1887.	§ 12.	§ 14 (bzw. § 17 Nahrungsmittelgesetz).	Zuwiderhandlungen gegen das Gesetz.	Wie beim Nahrungsmittelgesetz v. 14. Mai 1879.
XVI. KrankVersG. vom 10. April 1892.	§§ 81, 82, 82 a.	§ 82c.	Zuwiderhandlungen bez. der Anzeigepflicht und Anrechnung von Versicherungs-Beiträgen.	1/1 derjenig. Orts-, Betriebs- (Fabrik), Bau- od. Inngs.-Krankenkasse, welcher die beteiligte, versicherungspfl. Person angehört ev. Gem.-Krankenvers.
XVII. Ges., betr. den Verkehr mit Butter, Käse, Schmalz und deren Ersatzmitteln vom 15. Juni 1897 (Margarinegesetz.)	§§ 14—18.	§ 20 des Gesetzes v. 15. Juni 1897 mit § 17 des Nahrungsmittelsgesetzes.	Zuwiderhandlungen gegen das Gesetz.	Wie beim Nahrungsmittelgesetz v. 14. Mai 1879.
XVIII. Ges. vom 23. Dezember 1897, die Besteuerung des Gewerbebetriebes im Umherziehen betr.	Art. 16, 17 Abs. 1.	Art. 21.	Zuwiderhandlungen gegen d. Art. 16 u. 17 Abs. 1.	1/1 der Geldstrafe, soferne sie i. vollen Betrage erhoben wird, bei Wanderlagern und Wanderauktionen d. Armenfond des Betriebsorts, bei sonstg. Gewerbebetriebe, wenn d. Gewerbebetreibende s. Wohnsitz in Bayern hat, dem Armenfonds d. Wohnorts.

XIX. Notariatsgesetz vom 9. Juni 1899.	Art. 64, 67 ff.	Art. 128; VO. vom 5. August 1900 (GVBl. 1017, JMBl. 1117) u. 1. Februar 1902 (GVBl. 27; JMBl. 253).	Zwangsstrafen, Ordnungsstrafen od. Disziplinarstrafen gegen Notare und Notariatsverweser.	1/1 dem Pensionsvereine für Witwen und Waisen der Notare.
XX. Gewerbeunfallversicherungsgesetz vom 5. Juli 1900 (RGBl. 573 und 585).	§§ 35, 43, 56, 112, 116, 119, 124, 125, 126, 133, 146, 147, 148.	§ 154.	Zuwiderhandlungen gegen die in Rubrik 2 bezeichneten Bestimmungen.	1/1 b. Geldstrafen nach § 112 Abs. 1 Ziff. 2 od. auf Grund der in § 133 bezeichneten Vorschriften der Krankenkasse, welcher der zur Zahlung Verpflichtete zur Zeit d. Zuwiderhandlung angehört, oder wenn er keiner Krankenkasse angehört, der Kasse der Gemeindekrankenversicherung des Beschäftigungsorts, sonst (soweit die Strafen nicht von den Gerichten erkannt sind), d. Genossenschaftskasse.
XXI. Landwirtschaftl. Unfallversicherungsgesetz vom 5. Juli 1900 (RGBl. 573 und 641).	§§ 45 Abs. 3, 56, 120, 124, 126, 130, 131, 132, 133, 138, 156, 157, 158.	§ 164.	Zuwiderhandlungen gegen die in Rubrik 2 bezeichneten Bestimmungen.	1/1 bei Geldstrafen gemäss § 120 Abs. 1 Ziff. 2 oder auf Grund der in § 138 bezeichneten Vorschriften der Krankenkasse, welcher der zur Zahlung Verpflichtete z. Zt. der

Der Ausnahmsgesetze				Von der erkannten Geldstrafe gebührt:
Titel	Strafgebot	Verwend.-Gebot	Fälle	
				Zuwiderhandlung angehört, oder, wenn er keiner Krankenkasse angehört, der Kasse der Gemeindekrankenversicherung des Beschäftigungsorts; sonstige Geldstrafen fliessen (soweit sie nicht von den Gerichten erkannt sind) in die Genossenschaftskasse.
XXII. Bauunfallversicherungsges. vom 5. Juli 1900 (RGBl. 573 und 698).	§§ 24, 40, 45 Abs. 2 mit den oben bei dem Gewerbeunfallversicherungsgesetz unter Rubrik 2 erwähnten Bestimmungen.	§ 45 mit § 154 des Gewerbeunfallversicherungsgesetzes.	Zuwiderhandlungen gegen die in Rubrik 2 angeführten Bestimmungen.	Wie bei dem Gewerbeunfallversicherungsgesetze.
XXIII. Seeunfallversicherungsges. vom 5. Juli 1900 (RGBl. 573 und 716).	§§ 43, 118, 123, 126, 127, 128, 139, 143, 144, 145.	§ 149.	Zuwiderhandlungen gegen die in Rubrik 2 erwähnten Bestimmungen.	1/1 (mit Ausnahme der gerichtlichen Strafen) in die Genossenschaftskasse.
XXIV. Gewerbeordnung in der Fassung v. 26. Juli 1900 (RGBl.	§§ 56 Ziff. 6, 111 Abs. 3, 113 Abs. 3, 114 a Abs. 3, 115,	§ 146 Abs. 2.	Zuwiderhandlungen gegen die in Spalte 2 bezeichneten Bestimmungen.	1/1 der Hilfskasse (d. i. die Zwangskrankenkasse nach dem Krankenver-

871) mit der hier einschlägig. Aenderung v. 28. Dezember 1908 (RGBl. 667).	135, 136, 137, 137 a Abs. 1, 139, 139 a, 139 c je mit § 146 Abs. 1.				sicherungsgesetz ev. die eingeschriebene oder landesrechtliche Hilfskasse), der der Arbeiter angehört, in Ermangelung einer solchen einer anderen zum Besten der Arbeiter an dem Orte bestehenden, von der Gemeindebehörde zu bestimmenden Kasse und in deren Ermangelung der Ortsarmenkasse.
XXV. Kirchensteuerges. v. 15. August 1908.	Art. 12 Abs. 1—4.	Art. 12 Abs. 9.	Hinterziehungs- und Ordnungsstrafen nach Massgabe d. Gesetzes.	1/1	der Allgemeinen Kirchenkasse.
XXVI. Beamtengesetz vom 15. August 1908 (GVBl. 581).	Art. 104 Abs. 1, Art. 107 Abs. 1, Art. 109 Abs. 2, Art. 164, 165, 166, 167, 168.	Art. 104 Abs. 3, Art. 107 Abs. 3, Art. 164, 165, 166, 167, 168.	Dienstaufsichtl. Zwangsstrafen; Ordnungsstrafen.	1/1	den bei den einzelnen Ministerien gebildeten Unterstützungsfonds, die verwaltet werden: Im allgemeinen von der Zentralstaatskasse, bei den Beamten der Verkehrsverwaltung jedoch von der Eisenbahndirektionskasse München, bei den Beamten der Post- und Telegraphenverwaltung von d. Postbezirkskasse München, bei den Beamten der Polizeidirektion u. der Schutzmann-

Der Ausnahmsgesetze				Von der erkannten Geldstrafe gebührt.
Titel	Strafgebot	Verwend.-Gebot	Fälle	
				schaft München von der Polizeidirektion, bei den Beamten im Bereich der Versicherungskammer von der Versicherungskammer (VO. v. 22. Okt. 1909, GVBl. 737 § 3).
XXVII. Disziplinarges. für richterliche Beamte v. 5. Dezember 1908 (GVBl. 1008).	Art. 1 u. 7 Abs. 1.	Art. 7 Abs. 2.	Disziplinarstrafen wegen Dienstvergehen.	$^1/_1$ den Wohlfahrtseinrichtungen für die Beamten.
XXVIII. Weingesetz v. 24. April 1909.	§§ 26—31.	§ 32.	Zuwiderhandlungen gegen das Gesetz.	Wie beim Nahrungsmittelgesetz v. 14. Mai 1879.
XXIX. Branntweinsteuergesetz v. 15. Juli 1909 (RGBl. 661). a	§§ 118, 143.	§§ 139, 143.	Vorenthaltungen der Abgabe, bei denen der Betrag der vorenthaltenen Abgabe nicht festgestellt werden kann.	$^1/_5$ der Reichskasse.
„ „ b	§§ 111—139 und 141, 142.	§§ 140, 143.	Zuwiderhandlungen gegen die in Spalte 2 bezeichneten Bestimmungen.	Die im Strafverfahren eingegangenen Geldbeträge sind zunächst auf die Verbrauchsabgabe und sodann auf d. Betriebsauflage zu verrechnen.

XXX. Leuchtmittelsteuergesetz vom 15. Juli 1909 (RGBl. 880). a	§ 19 Abs. 2.	§ 32 Abs. 2.	Hinterziehungen d. Steuer, bei denen der Betrag der Steuer nicht festgestellt werden kann.	1/5 der Reichskasse.
„ „ b	§§ 17—32.	§ 33.	Zuwiderhandlungen gegen die in Spalte 2 angeführten Bestimmungen.	Die im Strafverfahren eingegangenen Geldbeträge sind zunächst auf die Steuer zu verrechnen.
XXXI. Zündwarensteuergesetz vom 15. Juli 1909 (RGBl. 814). a	§ 27 Abs. 2.	§ 37 Abs. 2, § 38.	Hinterziehungen, bei denen der Betrag der Steuer nicht festgestellt werden kann.	1/5 der Reichskasse.
„ „ b	§§ 23—36.	§ 38.	Zuwiderhandlungen gegen die in Spalte 2 angeführten Bestimmungen.	Ein im Strafverfahren eingegangener Betrag ist zunächst auf die Steuer zu verrechnen.
XXXII. Ges., die Aufbringung der Mittel für die Versorgungseinrichtungen des Notariats betr. v. 4. Jan. 1910.	Art. 6 Abs. 1 u. 2, mit Art. 68 ff. des Einkommensteuergesetzes vom 9. Juni 1899.	Art. 6 Abs. 3.	Bestrafungen der Hinterziehungen der durch das Gesetz eingeführten Abgaben.	1/1 dem Pensionsvereine für die Witwen und Waisen der Notare.
XXXIII. Malzaufschlaggesetz v. 18. März 1910.	Art. 70, 71.	Art. 71 Abs. 2.	Strafbestimmngn. z. Schutz d. Lokalmalzaufschlags.	1/1 der Gemeindekasse.
XXXIV. Einkommensteuergesetz vom 14. August 1910.	Zuwiderhandl. gegen Art. 74 Abs. 1—3, Art. 75 Nr. 1 u. 2.	Art. 84.	Zuwiderhandlungen gegen die unter Spalte 2 bezeichneten Strafbestimmungen.	1/2 der Gemeinde des Ortes der Steuerveranlagung.
XXXV. Gewerbesteuergesetz v. 14. Aug. 1910.	Zuwiderhandl. gegen Art. 28 mit Art. 74 Abs. 1—3, Art. 75 Nr. 1 u. 2 d. EinkStG.	Art. 28 des Ges. mit Art. 84 des EinkStG.	Wie beim Einkommensteuergesetz.	Wie beim Einkommensteuergesetz.

Der Ausnahmegesetze				Von der erkannten Geldstrafe gebührt:
Titel	Strafgebot	Verwend.-Gebot	Fälle	
XXXVI. Kapitalrentensteuergesetz vom 14. August 1910.	Zuwiderhandl. gegen Art. 21 Abs. 3 d. Ges. mit Art. 74 Abs. 1—3 u. Art. 75 Nr. 1 u. 2 des EinkStG.	Art. 21 Abs. 3 des Ges. mit Art. 84 des EinkStG.	Wie beim Einkommensteuergesetz.	Wie beim Einkommensteuergesetz.
XXXVII. Hundeabgabengesetz v. 14. Aug. 1910	Art. 13.	Art. 15.	Zuwiderhandlungen gegen die gemäss Art. 13 des Ges. zur Sicherung und Ueberwachung der Abgabe erlassenen polizeilichen Vorschriften.	1/1 der Gemeindekasse, der die Abgabe zufliesst.
XXXVIII. Warenhaussteuergesetz vom 14. August 1910.	Art. 17.	Art. 19.	Zuwiderhandlungen gegen die Strafbestimmungen des Gesetzes.	1/1 der Gemeindekasse, der die Steuer zufliesst.
XXXIX. Berggesetz v. 1. September 1910.	Sämtliche Strafbestimmungen d. Gesetzes.	Art. 274.	Zuwiderhandlungen gegen das Gesetz.	1/1 der betreffenden Knappschaftskasse.
XXXX. Haussteuerges. v. 4. November 1910.	§ 13.	§ 13.	Verschweigung der wahren Mietrente.	1/1 dem Lokalarmenfond.

29. Gerichtskosten.

Gerichtskostengesetz vom 18. Juni 1878, nach mehrfacher Aenderung in neuer Fassung veröffentlicht mit Bek. vom 20. Mai 1898 (RGBl. 659) und wiederum geändert durch Gesetze v. 1. Juni 1909 (RGBl. 475) und v. 22. Mai 1910 (RGBl. 767) Art. VIII. Gebührengesetz vom 18. August 1879, nach mehrfachen Aenderungen in neuer Fassung veröffentlicht mit FMB. vom 13. Juli 1910 (GVBl. 311).

I. Tabelle.

Gebühren in bürgerlichen Rechtsstreitigkeiten,

mit Ausnahme der Urkunden- und Wechselprozesse.

Erste Instanz.

Volle Gebühr §§ 8, 18 (Verhandlungs-, Beweis-, Entscheidungsgebühr), 20 (in Ehe-, Status- und Entmündigungssachen, Anfechtungsklagen gegen Todeserklärungen und Rechnungssachen) 24 (bedingtes Endurteil), 48 (Verzögerungsgebühr),

5/10 §§ 22 (halbe Beweisgebühr), 26 (Prozesshindernde Einreden, Zulässigkeit der Wiedereinsetzung, der Berufung, der Revision, Einspruch, Einwendungen gegen Zwangsvollstreckung, Verfahren in Arrestsachen und einstweiligen Verfügungen usw.), 29 (Urteilsergänzung), 36[2] (Sicherung des Beweises, dessen Aufnahme), 42[1] (Verteilungsverfahren), 48 (Verzöger.-Gebühr);

3/10 §§ 23 (Vergleich, Anerkenntnis, Verzicht), 27 (Nebenintervention, Zwangsvollstreckung zur Erwirkung von Handlungen und Unterlassungen), 34 (Entmündigung usw.), 36[1] (Sicherung des Beweises), 41 (Sühneversuch), 42[2] (Umgangnahme von Verteilungsverfahren), 45 (Beschwerdeverfahren), 47[3] (Mutwillensgebühr), 48 (Verzöger.-Gebühr);

2/10 §§ 35 (Pfändungs-Arrestbeschlüsse, einstweilige Verfügungen, Einwendung gegen Zwangsvollstreckung usw.), 37[1] (Zahlungsbefehl), 43 (Verfahren bei Leistung des Offenbarungseides), 48 (Verzöger.-Gebühr);

1/10 §§ 37[2] (Vollstreckungsbefehl), 38 (Kostenfestsetzung, Erteilung der Vollstreckungsklausel auf Anordnung des Vorsitzenden usw.), 44 (Aufgebotsverfahren), 46 (Klage-, Antrags-, Einspruchs- und Rechtsmittel-Zurücknahme).

Werts-Klasse	Bis zur Gegenstands-Summe von M mehr als bis inkl.	Gebühr: voll		5/10		3/10		2/10		1/10	
		M	Pf	M	Pf	M	Pf	M	Pf	M	Pf
1	0— 20	1	—	—	50	—	30	—	20	—	20
2	20— 60	2	40	1	20	—	80	—	50	—	30
3	60— 120	4	60	2	30	1	40	1	—	—	50
4	120— 200	7	50	3	80	2	30	1	50	—	80
5	200— 300	11	—	5	50	3	30	2	20	1	10
6	300— 450	15	—	7	50	4	50	3	—	1	50
7	450— 650	20	—	10	—	6	—	4	—	2	—
8	650— 900	26	—	13	—	7	80	5	20	2	60
9	900—1200	32	—	16	—	9	60	6	40	3	20
10	1200—1600	38	—	19	—	11	40	7	60	3	80
11	1600—2100	44	—	22	—	13	20	8	80	4	40
12	2100—2700	50	—	25	—	15	—	10	—	5	—

Werts-Klasse	Bis zur Streitgegenstands-Summe von M mehr als bis inkl.	Gebühr: voll M	Pf	$^5/_{10}$ M	Pf	$^3/_{10}$ M	Pf	$^2/_{10}$ M	Pf	$^1/_{10}$ M	P
13	2700— 3400	56	—	28	—	16	80	11	20	5	60
14	3400— 4300	62	—	31	—	18	60	12	40	6	20
15	4300— 5400	68	—	34	—	20	40	13	60	6	80
16	5400— 6700	74	—	37	—	22	20	14	80	7	40
17	6700— 8200	81	—	40	50	24	30	16	20	8	10
18	8200—10000	90	—	45	—	27	—	18	—	9	—
19	10000—12000	100	—	50	—	30	—	20	—	10	
20	12 —14	110	—	55	—	33	—	22	—	11	—
21	14 —16	120	—	60	—	36	—	24	—	12	—
22	16 —18	130	—	65	—	39	—	26	—	13	—
23	18 —20000	140	—	70	—	42	—	28	—	14	—
24	20000—22	150	—	75	—	45	—	30	—	15	—
25	22 —24	160	—	80	—	48	—	32	—	16	—
26	24 —26	170	-	85	—	51	—	34	—	17	—
27	26 —28	180	—	90	—	54	—	36	—	18	—
28	28 — 30000	190	—	95	—	57	—	38	—	19	—
29	30000—32	200	—	100	—	60	—	40	—	20	—
30	32 —34	210	—	105	-	63	—	42	—	21	—
31	34 —36	220	-	110	—	66	—	44	—	22	—
32	36 —38	230	—	115	—	69	—	46	—	23	—
33	38 - 40000	240	—	120	—	72	—	48	—	24	—
34	40000—42	250	—	125	—	75	—	50	—	25	—
35	42 —44	260	—	130	—	78	—	52	—	26	—
36	44 —46	270	—	135	—	81	—	54	—	27	—
37	46 —48	280	—	140	—	84	—	56	—	28	—
38	48 —50000	290	—	145	—	87	—	58	—	29	—

Die volle Gebühr aus dem Streitgegenstandswerte von 10 000 M an kann leicht in folgender Weise berechnet werden Die Tausenderstellen des Streitgegenstandswertes müssen, wenn sie ungerade sind, oder wenn der Streitgegenstand mit geraden Tausenderstellen noch Hunderter-, Zehner- oder Einheitenstellen enthält, auf die **nächstgerade** erhöht werden. Der so aufgerundete Wert des Streitgegenstandes, dividiert durch 200 und sodann vermehrt um 40, gibt die volle Prozessgebühr, z. B. 421 617 Mark Streitgegenstandswert, aufgerundet auf 422 000 : 200 = 2110 + 40 = 2150 Mark volle Gebühr; 62 617 Mark, aufgerundet auf 64 000 : 200 = 320 + 40 = 360 Mark volle Gebühr.

II. Tabelle.

Gebühren in bürgerlichen Rechtsstreitigkeiten, mit Ausnahme der Urkunden- und Wechselprozesse. **(Berufungs- und Revisionsinstanz.)**

Werts-Klasse	Bei Gegenständen im Werte von mehr als	bis einschliessl.	Berufungsinstanz $^{10}/_{10}$ VolleGeb. §§ 8, 49		$^{5}/_{10}$		$^{3}/_{10}$		$^{2}/_{10}$		$^{1}/_{10}$		Revisionsinstanz $^{10}/_{10}$ VolleGeb. §§ 8, 49		$^{5}/_{10}$		$^{3}/_{10}$		$^{2}/_{10}$		$^{1}/_{10}$	
	M	M	M	Pf	M	Pf	M	Pf	M	Pf	M	Pf	M	Pf	M	Pf	M	Pf	M	Pf	M	Pf
1	0—	20	1	30	—	70	—	40	—	30	—	20	2	—	1	—	—	60	—	40	—	20
2	20—	60	3	—	1	50	—	90	—	60	—	30	4	80	2	40	1	50	1	—	—	50
3	60—	120	5	80	2	90	1	80	1	20	—	60	9	20	4	60	2	80	1	90	1	—
4	120—	200	9	40	4	70	2	90	1	90	1	—	15	—	7	50	4	50	3	—	1	50
5	200—	300	13	80	6	90	4	20	2	80	1	40	22	—	11	—	6	60	4	40	2	20
6	300—	450	18	80	9	40	5	70	3	80	1	90	30	—	15	—	9	—	6	—	3	—
7	450—	650	25	—	12	50	7	50	5	—	2	50	40	—	20	—	12	—	8	—	4	—
8	650—	900	32	50	16	30	9	80	6	50	3	30	52	—	26	—	15	60	10	40	5	20
9	900—	1200	40	—	20	—	12	—	8	—	4	—	64	—	32	—	19	20	12	80	6	40
10	1200—	1600	47	50	23	80	14	30	9	50	4	80	76	—	38	—	22	80	15	20	7	60
11	1600—	2100	55	—	27	50	16	50	11	—	5	50	88	—	44	—	26	40	17	60	8	80
12	2100—	2700	62	50	31	30	18	80	12	50	6	30	100	—	50	—	30	—	20	—	10	—
13	2700—	3400	70	—	35	—	21	—	14	—	7	—	112	—	56	—	33	60	22	40	11	20
14	3400—	4300	77	50	38	80	23	30	15	50	7	80	124	—	62	—	37	20	24	80	12	40
15	4300—	5400	85	—	42	50	25	50	17	—	8	50	136	—	68	—	40	80	27	20	13	60
16	5400—	6700	92	50	46	30	27	80	18	50	9	30	148	—	74	—	44	40	29	60	14	80
17	6700—	8200	101	30	50	70	30	40	20	30	10	20	162	—	81	—	48	60	32	40	16	20
18	8200—	10000	112	50	56	30	33	80	22	50	11	30	180	—	90	—	54	—	36	—	18	—
19	10000—	12000	125	—	62	50	37	50	25	—	12	50	200	—	100	—	60	—	40	—	20	—
20	12000—	14000	137	50	68	80	41	30	27	50	13	80	220	—	110	—	66	—	44	—	22	—
21	14000—	16000	150	—	75	—	45	—	30	—	15	—	240	—	120	—	72	—	48	—	24	—

Werts-Klasse	Bei Gegenständen im Werte von mehr als	bis einschliessl.	Berufungsinstanz 10/10 VolleGeb. §§ 8, 49		5/10		3/10		2/10		1/10		Revisionsinstanz 10/10 VolleGeb. §§ , 49		5/10		3/10		2/10		1/10	
	M	M	M	Pf	M	Pf	M	Pf	M	Pf	M	Pf	M	Pf	M	Pf	M	Pf	M	Pf	M	Pf
22	16000 —	18000	162	50	81	30	48	80	32	50	16	30	260	—	130	—	78	—	52	—	26	—
23	18 —	20000	175	—	87	50	52	50	35	—	17	50	280	—	140	—	84	—	56	—	28	—
24	20000	22	187	50	93	80	56	30	37	50	18	80	300	—	150	—	90	—	60	—	30	—
25	22 —	24	200	—	100	—	60	—	40	—	20	—	320	—	160	—	96	—	64	—	32	—
26	24 —	26	212	50	106	30	63	80	42	50	21	30	340	—	170	—	102	—	68	—	34	—
27	26 —	28	225	—	112	50	67	50	45	—	22	50	360	—	180	—	108	—	72	—	36	—
28	28 —	30000	237	50	118	80	71	30	47	50	23	80	380	—	190	—	114	—	76	—	38	—
29	30000 —	32	250	—	125	—	75	—	50	—	25	—	400	—	200	—	120	—	80	—	40	—
30	32 —	34	262	50	131	30	78	80	52	50	26	30	420	—	210	—	126	—	84	—	42	—
31	34 —	36	275	—	137	50	82	50	55	—	27	50	440	—	220	—	132	—	88	—	44	—
32	36	38	287	50	143	80	86	30	57	50	28	80	460	—	230	—	138	—	92	—	46	—
33	38 —	40000	300	—	150	—	90	—	60	—	30	—	480	—	240	—	144	—	96	—	48	—
34	40000 —	42	312	50	156	30	93	80	62	50	31	30	500	—	250	—	150	—	100	—	50	—
35	42 —	44	325	—	162	50	97	50	65	—	32	50	520	—	260	—	156	—	104	—	52	—
36	44 —	46	337	50	168	80	101	30	67	50	33	80	540	—	270	—	162	—	108	—	54	—
37	46 —	48	350	—	175	—	105	—	70	—	35	—	560	—	280	—	168	—	112	—	56	—
38	48 —	50000	362	50	181	30	108	80	72	50	36	30	580	—	290	—	174	—	116	—	58	—

III. Tabelle.
Gebühren im Urkunden- und Wechselprozess.

Wertsklasse	Bei Gegenständen im Werte von		Erste Instanz								Berufungsinstanz								Revisionsinstanz							
			$^{6}/_{10}$ Einheitgebühr §§ 18, 24, 25		$^{5}/_{10}$ §§ 22, 29, 43		$^{3}/_{10}$ §§ 23, 47 Abs. 2		$^{1}/_{10}$ § 46		$^{6}/_{10}$ Einheitgebühr §§ 18, 24, 25		$^{5}/_{10}$ §§ 22, 29		$^{3}/_{10}$ §§ 23, 47 Abs. 2		$^{1}/_{10}$ § 46		$^{6}/_{10}$ Einheitgebühr §§ 18, 24, 25		$^{5}/_{10}$ §§ 22, 29		$^{3}/_{10}$ §§ 23, 47 Abs. 2		$^{1}/_{10}$ § 46	
	mehr als	bis einschliessl.																								
	M		M	Pf	M	Pf	M	Pf	M	Pf	M	Pf	M	Pf	M	Pf	M	Pf	M	Pf	M	Pf	M	Pf	M	Pf
1	0—	20	—	60	—	30	—	20	—	20	—	80	—	40	—	30	—	20	1	20	—	60	—	40	—	20
2	20—	60	1	50	—	80	—	50	—	20	1	80	—	90	—	60	—	20	2	90	1	50	—	90	—	30
3	60—	120	2	80	1	40	—	90	—	30	3	50	1	80	1	10	—	40	5	60	2	80	1	70	—	60
4	120—	200	4	50	2	30	1	40	—	50	5	70	2	90	1	80	—	60	9	—	4	50	2	70	—	90
5	200—	300	6	60	3	30	2	—	—	70	8	30	4	20	2	50	—	90	13	20	6	60	4	—	1	40
6	300—	450	9	—	4	50	2	70	—	90	11	30	5	70	3	40	1	20	18	—	9	—	5	40	1	80
7	450—	650	12	—	6	—	3	60	1	20	15	—	7	50	4	50	1	50	24	—	12	—	7	20	2	40
8	650—	900	15	60	7	80	4	70	1	60	19	50	9	30	5	9)	2	—	31	20	15	60	9	40	3	20
9	900—	1200	19	20	9	60	5	80	2	—	24	—	12	—	7	20	2	40	38	40	19	20	11	60	3	90
10	1200—	1600	22	80	11	40	6	90	2	30	28	50	14	30	8	60	2	90	45	60	22	80	13	70	4	60
11	1600—	2100	26	40	13	20	8	—	2	70	33	—	16	50	9	90	3	30	52	80	26	40	15	90	5	30
12	2100—	2700	30	—	15	—	9	—	3	—	37	50	18	80	11	30	3	80	60	—	30	—	18	—	6	—
13	2700—	3400	33	60	16	80	10	10	3	40	42	—	21	—	12	60	4	20	67	20	33	60	20	20	6	80
14	3400—	4300	37	20	18	60	11	20	3	80	46	50	23	30	14	—	4	70	74	40	37	20	22	40	7	50
15	4300—	5400	40	80	20	40	12	30	4	10	51	—	25	50	15	30	5	10	81	60	40	80	24	50	8	20
16	5400—	6700	44	40	22	20	13	40	4	50	55	50	27	80	16	70	5	60	88	80	44	40	26	70	8	90
17	6700—	8200	48	60	24	30	14	60	4	90	60	80	30	40	18	30	6	10	97	20	48	60	29	20	9	80
18	8200—	10000	54	—	27	—	16	20	5	40	67	50	33	80	20	30	6	80	108	—	54	—	32	40	10	80
19	10000—	12000	60	—	30	—	18	—	6	—	75	—	37	50	22	50	7	50	120	—	60	—	36	—	12	—
20	12000—	14000	66	—	33	—	19	80	6	60	82	50	41	30	24	80	8	30	132	—	66	—	39	60	13	20
21	14000—	16000	72	—	36	—	21	60	7	20	90	—	45	—	27	—	9	—	144	—	72	—	43	20	14	40

Wertsklasse	Bei Gegenständen im Werte von mehr als	bis einschliessl.	Erste Instanz $^{6}/_{10}$ Einheitgebühr §§ 18, 24, 25 M	Pf	$^{5}/_{10}$ §§ 22, 29, 48 M	Pf	$^{3}/_{10}$ §§ 23, 47 Abs. 2 M	Pf	$^{1}/_{10}$ § 46 M	Pf	Berufungsinstanz $^{6}/_{10}$ Einheitgebühr §§ 18, 24, 25 M	Pf	$^{5}/_{10}$ §§ 22, 29 M	Pf	$^{3}/_{10}$ §§ 23, 47 Abs. 2 M	Pf	$^{1}/_{10}$ § 46 M	Pf	Revisionsinstanz $^{6}/_{10}$ Einheitgebühr §§ 18, 24, 25 M	Pf	$^{5}/_{10}$ §§ 22, 29 M	Pf	$^{3}/_{10}$ §§ 23, 47 Abs. 2 M	Pf	$^{1}/_{10}$ § 46 M	Pf
	M																									
22	16000—	18000	78	—	39	—	23	40	7	80	97	50	48	80	29	30	9	80	156	—	78	—	46	80	15	60
23	18000—	20000	84	—	42	—	25	20	8	40	105	—	52	50	31	50	10	50	168	—	84	—	50	40	16	80
24	20000—	22	90	—	45	—	27	—	9	—	112	50	56	30	33	80	11	30	180	—	90	—	54	—	18	—
25	22 —	24	96	—	48	—	28	80	9	60	120	—	60	—	36	—	12	—	192	—	96	—	57	60	19	20
26	24 —	26	102	—	51	—	30	60	10	20	127	50	63	80	38	30	12	80	204	—	102	—	61	20	20	40
27	26 —	28	108	—	54	—	32	40	10	80	135	—	67	50	40	50	13	50	216	—	108	—	64	80	21	60
28	28 —	30000	114	—	57	—	34	20	11	40	142	50	71	30	42	80	14	30	228	—	114	—	68	40	22	80
29	30000—	32	120	—	60	—	36	—	12	—	150	—	75	—	45	—	15	—	240	—	120	—	72	—	24	—
30	32 —	34	126	—	63	—	37	80	12	60	157	50	78	80	47	30	15	80	252	—	126	—	75	60	25	20
31	34 —	36	132	—	66	—	39	60	13	20	165	—	82	50	49	50	16	50	264	—	132	—	79	20	26	40
32	36 —	38	138	—	69	—	41	40	13	80	172	50	86	30	51	80	17	30	276	—	138	—	82	80	27	60
33	38 —	40000	144	—	72	—	43	20	14	40	180	—	90	—	54	—	18	—	288	—	144	—	86	40	28	80
34	40000—	42	150	—	75	—	45	—	15	—	187	50	94	80	56	30	18	80	300	—	150	—	90	—	30	—
35	42 —	44	156	—	78	—	46	80	15	60	195	—	97	50	58	50	19	50	312	—	156	—	93	60	31	20
36	44 —	46	162	—	81	—	48	60	16	20	202	50	101	30	60	80	20	30	324	—	162	—	97	20	32	40
37	46 —	48	168	—	84	—	50	40	16	80	210	—	105	—	63	—	21	—	336	—	168	—	100	80	33	60
38	48 —	50000	174	—	87	—	52	20	17	40	217	50	108	80	65	30	21	80	348	—	174	—	104	40	34	80
39	50000—	52	180	—	90	—	54	—	18	—	225	—	112	50	67	50	22	50	360	—	180	—	108	—	36	—
40	52 —	54	186	—	93	—	55	80	18	60	232	50	116	30	69	80	23	30	372	—	186	—	111	60	37	20
41	54 —	56	192	—	96	—	57	60	19	20	240	—	120	—	72	—	24	—	384	—	192	—	115	20	38	40
42	56 —	58	198	—	99	—	59	40	19	80	247	50	123	80	74	30	24	80	396	—	198	—	118	80	39	60
43	58 —	60000	204	—	102	—	61	20	20	40	255	—	127	50	76	50	25	50	408	—	204	—	122	40	40	80
	je weitere 2000 M mehr		je 6.—		je 3.—		je 1.80		je 0.60		je 7.50		je 3.75		je 2.25		je 0.75		je 12.—		je 6.—		je 3.60		je 1.20	

IV. Tabelle.

Gebühren im Konkursverfahren.

Für dasselbe werden von dem Betrage der Aktivmasse — wenn diese grösser ist als die Schuldenmasse, von letzterer — berechnet:

a) wenn auf Grund der Schlussverteilung die Aufhebung desselben erfolgt, 2 mal die volle Gebühr,
b) wenn es durch Zwangsvergleich erledigt wird, 1 $^{8}/_{10}$ derselben,
c) wenn es nach dem Vollzuge einer Abschlagszahlung oder nach dem Beginn eines Vergleichstermines erledigt wird, 1 $^{5}/_{10}$ derselben,
d) nach Ablauf der Anmeldefrist, 1 $^{3}/_{10}$ derselben,
e) vor Ablauf der Anmeldefrist, $^{8}/_{10}$ derselben,
f) für den besonders beantragten Prüfungstermin, die volle Gebühr der zu prüfenden Forderungen,
g) für die Abweisung des Antrages auf Konkurseröffnung, $^{3}/_{10}$ der vollen Gebühr,
h) für die Zurückziehung des Antrages auf Konkurseröffnung, $^{2}/_{10}$ derselben.

Die im Konkurs vorkommende volle Gebühr und die zu $^{2}/_{10}$ kann aus der ersten Tabelle entnommen werden.

Wertsklasse	Gegenstandssumme von mehr als	Gegenstandssumme bis einschliessl.	$^{1}/_{10}$ § 53 Abs. 2		$^{3}/_{10}$ §§ 53 Abs. 1, 54 Satz 2		$^{8}/_{10}$ § 51 N. 5		$^{10}/_{10}$ §§ 54 Satz 1, 58		$^{13}/_{10}$ die volle Gebühr u. $^{3}/_{10}$ § 51 Nr. 4		$^{15}/_{10}$ die volle Gebühr u. $^{5}/_{10}$ § 51 Nr. 3		$^{18}/_{10}$ die volle Gebühr u. $^{8}/_{10}$ § 51 Nr. 2		$^{20}/_{10}$ 2 fache Gebühr § 51 Nr. 1	
	M	M	M	Pf	M	Pf		Pf	M	Pf	M	Pf	M	Pf	M	Pf	M	Pf
1	0	20	—	20	—	30	—	80	1	—	1	30	1	50	1	80	2	—
2	20	60	—	30	—	80	2	—	2	40	3	20	3	60	4	40	4	80
3	60	120	—	50	1	40	3	70	4	60	6	—	6	90	8	30	9	20
4	120	200	—	80	2	30	6	—	7	50	9	80	11	30	13	50	15	—
5	200	300	1	10	3	30	8	80	11	—	14	30	16	50	19	80	22	—
6	300	450	1	50	4	50	12	—	15	—	19	50	22	50	27	—	30	—
7	450	650	2	—	6	—	16	—	20	—	26	—	30	—	36	—	40	—
8	650	900	2	60	7	80	20	80	26	—	33	80	39	—	46	80	52	—

Wertsklasse	Gegenstandssumme von mehr als	Gegenstandssumme bis einschliessl.	$^{1}/_{10}$ § 53 Abs. 2		$^{3}/_{10}$ §§ 53 Abs. 1, 54 Satz 2		$^{8}/_{10}$ § 51 Nr. 5		$^{10}/_{10}$ §§ 54 Satz 1, 58		$^{13}/_{10}$ die volle Gebühr u. $^{3}/_{10}$ § 51 Nr. 4		$^{15}/_{10}$ die volle Gebühr u. $^{5}/_{10}$ § 51 Nr. 3		$^{18}/_{10}$ die volle Gebühr u. $^{8}/_{10}$ § 51 Nr. 2		$^{20}/_{10}$ 2 fache Gebühr § 51 Nr. 1	
	M	M	M	Pf	M	Pf	M	Pf	M	Pf	M	Pf	M	Pf	M	Pf	M	Pf
9	900—	1200	3	20	9	60	25	60	32	—	41	60	48	—	57	60	64	—
10	1200—	1600	3	80	11	40	30	40	38	—	49	40	57	—	68	40	76	—
11	1600—	2100	4	40	13	20	35	20	44	—	57	20	66	—	79	20	88	—
12	2100—	2700	5	—	15	—	40	—	50	—	65	—	75	—	90	—	100	—
13	2700—	3400	5	60	16	80	44	80	56	—	72	80	84	—	100	80	112	—
14	3400—	4300	6	20	18	60	49	60	62	—	80	60	93	—	111	60	124	—
15	4300—	5400	6	80	20	40	54	40	68	—	88	40	102	—	122	40	136	—
16	5400—	6700	7	40	22	20	59	20	74	—	96	20	111	—	133	20	148	—
17	6700—	8200	8	10	24	30	64	80	81	—	105	30	121	50	145	80	162	—
18	8200—	10000	9	—	27	—	72	—	90	—	117	—	135	—	162	—	180	—
19	10000—	12	10	—	30	—	80	—	100	—	130	—	150	—	180	—	200	—
20	12	—14	11	—	33	—	88	—	110	—	143	—	165	—	198	—	220	—
21	14	—16	12	—	36	—	96	—	120	—	156	—	180	—	216	—	240	—
22	16	—18	13	—	39	—	104	—	130	—	169	—	195	—	234	—	260	—
23	18	—20000	14	—	42	—	112	—	140	—	182	—	210	—	252	—	280	—
24	20000	—22	15	—	45	—	120	—	150	—	195	—	225	—	270	—	300	—
25	22	—24	16	—	48	—	128	—	160	—	208	—	240	—	288	—	320	—
76	24	—26	17	—	51	—	136	—	170	—	221	—	255	—	306	—	340	—
22	26	—28	18	—	54	—	144	—	180	—	234	—	270	—	324	—	360	—
28	28	—30000	19	—	57	—	152	—	190	—	247	—	285	—	342	—	380	—
29	30000	—32	20	—	60	—	160	—	200	—	260	—	300	—	360	—	400	—
31	32	—34	21	—	63	—	168	—	210	—	273	—	315	—	378	—	420	—
30	34	—36000	22	—	66	—	176	—	220	—	286	—	330	—	396	—	440	—

32	36000—38000	23 —	69 —	184 —	230 —	299 —	345 —	414 —	460 —
33	38 —40000	24 —	72 —	192 —	240 —	312 —	360 —	432 —	480 —
34	40000—42	25 —	75 —	200 —	250 —	325 —	375 —	450 —	500 —
35	42 —44	26 —	78 —	208 —	260 —	338 —	390 —	468 —	520 —
36	44 —46	27 —	81 —	216 —	270 —	351 —	405 —	486 —	540 —
37	46 —48	28 —	84 —	224 —	280 —	364 —	420 —	504 —	560 —
38	48 —50000	29 —	87 —	232 —	290 —	377 —	435 —	522 —	580 —
39	50000—52	30 —	90 —	240 —	300 —	390 —	450 —	540 —	600 —
40	52 —54	31 —	93 —	248 —	310 —	403 —	465 —	558 —	620 —
41	54 —56	32 —	96 —	256 —	320 —	416 —	480 —	576 —	640 —
42	56 —58	33 —	99 —	264 —	330 —	429 —	495 —	594 —	660 —
43	58 —60000	34 —	102 —	272 —	340 —	442 —	510 —	612 —	680 —
44	60000—62	35 —	105 —	280 —	350 —	455 —	525 —	630 —	700 —
45	62 —64	36 —	108 —	288 —	360 —	468 —	540 —	648 —	720 —
46	64 —66	37 —	111 —	296 —	370 —	481 —	555 —	666 —	740 —
47	66 —68	38 —	114 —	304 —	380 —	494 —	570 —	684 —	760 —
48	68 —70000	39 —	117 —	312 —	390 —	507 —	585 —	702 —	780 —
49	70000—72	40 —	120 —	320 —	400 —	520 —	600 —	720 —	800 —
50	72 —74	41 —	123 —	328 —	410 —	533 —	615 —	738 —	820 —
51	74 —76	42 —	126 —	336 —	420 —	546 —	630 —	756 —	840 —
52	76 —78	43 —	129 —	344 —	430 —	559 —	645 —	774 —	860 —
53	78 —80000	44 —	132 —	352 —	440 —	572 —	660 —	792 —	880 —
54	80000—82	45 —	135 —	360 —	450 —	585 —	675 —	810 —	900 —
55	82 —84	46 —	138 —	368 —	460 —	598 —	690 —	828 —	920 —
56	84 —86	47 —	141 —	376 —	470 —	611 —	705 —	846 —	940 —
57	86 —88	48 —	144 —	384 —	480 —	624 —	720 —	864 —	960 —
58	88 —90000	49 —	147 —	392 —	490 —	637 —	735 —	882 —	980 —
59	90000—92	50 —	150 —	400 —	500 —	650 —	750 —	900 —	1000 —
60	92 —94000	51 —	153 —	408 —	510 —	663 —	765 —	918 —	1020 —
	je weitere 2000 M mehr	1.—	3.—	8.—	10.—	13.—	15.—	18.—	20.

V.

Gebühren-Tabelle

Einheitsgebührensatz §§ 62, 64, 65 Abs. 1					M
	Im Falle einer Geld- oder Freiheitsstrafe von				
	mehr als	bis einschl.	oder mehr als	bis einschl.	
1.	0 M	20 M	0 Tagen	10 Tage	5
2.	20 „	30 „	10 „	14 „	10
3.	30 „	60 „	14 „	4 Wochen	20
4.	60 „	150 „	4 Wochen	6 „	30
5.	150 „	300	6 „	3 Monate	45
6.	300 „	500 „	3 Monaten	6 „	60
7.	500 „	1000 „	6 „	1 Jahr	75
8.	1000 „	1500 „	1 Jahr	2 „	100
9.	1500 „	3000 „	2 „	3 „	130
10.	3000 „		3 „	10 „	180
11.	im Falle einer schwereren Strafe				300
12.	„ „ eines Verweises				5
13.	„ „ ausschliesslicher Erkennung auf Verlust der bürgerlichen Ehrenrechte überhaupt oder einzelner Ehrenrechte				45
§ 69.	Wenn es sich um eine Uebertretung handelt . .				20
	„ „ „ „ ein Vergehen „ . .				50
	„ „ „ „ „ Verbrechen „ . .				100

Tabelle.

in Strafsachen.

						§ 76.						Privatklagesachen.						
$^5/_{10}$ §§ 64, 65 Abs. 2		$^4/_{10}$ §§ 63 Abs. 2, 65 Abs. 2, 67 Abs. 1 Satz 2	$^2/_{10}$ §§ 63 Abs. 1, 67 Abs. 1 Satz 1	$^1/_{10}$ §§ 66, 67 Abs. 2		$^3/_{10}$ von $^4/_{10}$		$^3/_{10}$ von $^2/_{10}$		$^3/_{10}$ von $^1/_{10}$		Nach § 70	Nach § 71	Nach § 73	Nach § 76 zu § 71		Nach § 76 zu § 73	
M	Pf	M	M	M	Pf	M	Pf	M	Pf	M	Pf	M	M	M	M	Pf	M	Pf
												Nr. 1 5	—	10	—	—	—	—
												Nr. 2 15	—	30	—	—	—	—
												Nr. 3 20	—	40	—	—	—	—
2	50	2	1	–	50	—	60	—	30	—	20		Nr. 1 2	4	—	60	1	20
5	—	4	2	1	—	1	20	—	60	—	30		Nr. 2 4	8	1	20	2	40
10	—	8	4	2	—	2	40	1	20	—	60		Nr. 2 8	16	2	40	4	80
15	—	12	6	3	—	3	60	1	80	—	90		Nr. 3 2	4	—	60	1	20
22	50	18	9	4	50	5	40	2	70	1	40		Nr. 4 1	2	—	30	—	60
30	—	24	12	6	—	7	20	3	60	1	80		Nr. 5 3	6	—	90	1	80
37	50	30	15	7	50	9	—	4	50	2	30		Nr. 6 3	6	—	90	1	80
50	—	40	20	10	—	12	—	6	—	3	—							
65	—	52	26	13	—	15	60	7	80	3	90							
90	-	72	36	18	—	21	60	10	80	5	40							
150	–	120	60	30	—	36	—	18	—	9	—							
2	50	2	1	—	50	–	60	—	30	--	20							
22	50	18	9	4	50	5	40	2	70	1	20							
						§ 76.												
—	—	—	—	—	—	—	60	—	—	—	—							
—	—	—	—	—	—	1	50	—	—	—	—							
—	—	—	—	—	—	3	—	—	—	—	–							

VI. Gebühren im Zwangsversteigerungs- und Zwangsverwaltungsverfahren.

(Geregelt durch Art. 7—22 des Gebührengesetzes in der Fassung v. 13. Juli 1910, GVBl. 311).

1. Die nachfolgenden Bestimmungen gelten auch für die vom Konkursverwalter beantragte Zwangsversteigerung oder Zwangsverwaltung, für die Zwangsversteigerung eines Grundstücks auf Antrag des Erben, für die Zwangsversteigerung zur Aufhebung der Gemeinschaft, für die gerichtliche Versteigerung eines Bergwerks oder einer Anlage nach Art. 258 des Berggesetzes, endlich die Zwangsversteigerung eines unbeweglichen Kuxes.

2. An Gebühren sind zu erheben:

a) $^2/_{10}$ der Forderung oder des etwaigen geringeren Werts des Gegenstands der Vollstreckung für die Entscheidung über den Antrag auf Anordnung der Zwangsversteigerung oder Zwangsverwaltung. Anzurechnen auf die Gebühren unter b und c. (Art. 8.)

b) bei der Zwangsversteigerung:
$^5/_{10}$ für das Verfahren bis zur Einleitung des Verteilungsverfahrens, wenn der Zuschlag erfolgt; $^3/_{10}$, wenn sich das Verfahren vor dem Zuschlag erledigt.
$^5/_{10}$ für das Verteilungsverfahren, wenn es mindestens bis zum Verteilungstermin gedeiht; andernfalls (§ 144 oder 143 des Zwangsversteigerungsgesetzes) $^3/_{10}$.
Die Gebühr berechnet sich bei Erteilung des Zuschlags aus dem Meistgebot oder dem etwa geringeren Betrag der hieraus zu befriedigenden Forderungen; andernfalls aus dem Werte des Gegenstands der Zwangsversteigerung oder dem etwa geringeren Betrag der Forderungen. (Art. 9.)

c) bei der Zwangsverwaltung:
aa) Einmalige Gebühr: $^5/_{10}$ bei Beendigung vor dem Termin zur Aufstellung des Teilungsplans, andernfalls $^{10}/_{10}$ und zwar je aus dem Werte der Forderung.
bb) Jährliche Gebühr: Weitere $^5/_{10}$ für jedes weitere Jahr der Dauer des Verfahrens aus dem in jedem Jahr verteilten Betrag. (Art. 11.)

d) $^2/_{10}$ für die Entscheidung über den Antrag auf Bestimmung eines neuen Versteigerungstermins nach § 85 des Zwangsversteigerungsgesetzes.
Die Gebühr berechnet sich bei Gewährung nach dem früheren Meistgebot, bei Abweisung nach der Forderung des Antragstellers event. gemäss § 10 GKG. (Art. 12.)

e) $^3/_{10}$ für den Termin zur weiteren Ausführung des Teilungsplans nach §§ 139, 141, 157 Abs. 2 des Zwangsversteigerungsgesetzes aus dem Werte der einem Berechtigten zugeteilten Beträge, über die verhandelt werden soll. (Art. 13.)

f) Besonders und zwar wie ein Kaufvertrag ist das Versteigerungsprotokoll im Falle des Zuschlags zu bewerten und zwar beträgt im Falle des Zuschlags an den bisherigen Eigentümer die Gebühr des Art. 146 1%. (Art. 10); desgleichen und zwar wie Urkunden und Ausfertigungen der Notare Vergleiche des Versteigerungsbeamten über Erledigung des Verfahrens, sowie Vereinbarungen und Erklärungen, soweit ihr Inhalt über den Gegenstand und Zweck des Verfahrens hinausgeht. (Art. 14.) Wegen der Gebühren für Abtretung der Rechte aus dem Meistgebot oder die Erklärungen, für einen Dritten geboten zu haben, s. Art. 14.

3. Die Grundgebühren der unter 2 nach Zehntel bemessenen Sätze bilden die Sätze des Gerichtskostengesetzes; s. hier Tabelle I.

VII. Hinterlegungsgebühren.

a) **Art. 288 des Gebührengesetzes in der Fassung vom** 13. Juli 1910 (GVBl. 311).

Für die Aufbewahrung der bei den Gerichten, den Notaren oder gemäss Art. 76 Abs. 3 AGGVG. in der Fassung des Art. 167 AGBGB. bei der K. Bank oder anderen Kassen des Staates hinterlegten Gelder und Wertpapiere können besondere Gebühren (Depositalgebühren) erhoben werden. Die Gebührensätze werden durch K. Verordnung bestimmt.

b) **Verordnung v. 25. Dez. 1899,** die Erhebung von Hinterlegungsgebühren betr. (GVBl. 1235, JMBl. 1074, FMBl. 1900, 24), ergänzt durch MB. v. 16. Febr. 1907 (JMBl. 69)

§ 1. Für die Hinterlegung von Geld, Wertpapieren und Kostbarkeiten bei den amtsgerichtlichen Hinterlegungsstellen, den Notaren oder der K. Bank werden Hinterlegungsgebühren nach Massgabe der folgenden Vorschriften erhoben:

1. Hinterlegung bei den amtsgerichtlichen Hinterlegungsstellen und der K. Bank.

§ 2. Für die Hinterlegung von Geld, Wertpapieren und Kostbarkeiten, welche von dem Vater oder der Mutter, dem Vormunde, dem Pfleger oder dem Beistand auf Grund der §§ 1667, 1814, 1818 des Bürgerlichen Gesetzbuchs bewirkt werden, beträgt die Gebühr $^4/_{10}$ vom Tausend des hinterlegten Betrags oder Wertes.

Uebersteigt die Dauer der Verwahrung den Zeitraum eines Jahres, so wird für jedes weitere angefangene Jahr von der ersten Erlage an gerechnet die Hälfte der im Abs. 1 bestimmten Gebühr unter Zugrundelegung des jeweiligen Gesamtbetrags oder Wertes in Ansatz gebracht.

Erfolgt die Hinterlegung durch den Vater oder die Mutter, den Vormund, den Pfleger oder den Beistand für mehrere Kinder oder Mündel, so ist die Gebühr aus dem Vermögen jedes einzelnen Kindes oder Mündels besonders zu berechnen.

Der Mindestbetrag der Hinterlegungsgebühr ist 20 Pfennig.

Beträgt das Vermögen eines Kindes oder Mündels nicht über 1000 M, so kommt eine Hinterlegungsgebühr nicht zur Erhebung

§ 3. In den übrigen Fällen der Hinterlegung von Geld, Wertpapieren und Kostbarkeiten beträgt die Hinterlegungsgebühr eins vom Tausend des hinterlegten Betrags oder Wertes.

Uebersteigt die Dauer der Verwahrung den Zeitraum eines Jahres, so wird für jedes weitere angefangene Jahr von der ersten Erlage an gerechnet die Hälfte der im Abs. 1 bestimmten Gebühr unter Zugrundelegung des jeweiligen Gesamtbetrags oder Wertes in Ansatz gebracht.

Der Mindestbetrag der Hinterlegungsgebühr ist 1 M.

§ 4. Macht der Hinterleger für den Fall, dass die K. Bank Hinterlegungsstelle ist, von dem Rechte nach § 53 Abs. 2 der Hinterlegungsordnung Gebrauch. so wird in den Fällen des § 2 ausser der an die K. Bank zu entrichtenden tarifmässigen Gebühr für die Verwaltung der offenen Depots eine Hinterlegungsgebühr überhaupt nicht und in den Fällen des § 3 nur für das erste Verwaltungsjahr erhoben; als Gebühr wird der Unterschied zwischen der im § 3 bestimmten Gebühr und der Vergütung an die K. Bank erhoben.

§ 5. Wird von der K. Bank als Hinterlegungsstelle

1. die Einziehung der Valuta für ausgelöste oder gekündigte Wertpapiere;
2. der Ankauf und Verkauf von Wertpapieren;
3. die Einziehung neuer Zins- und Dividendenscheine;
4. die Erhebung der Valuta für fällige Zins- und Dividendenscheine

vermittelt, so kann dieselbe neben der Hinterlegungsgebühr die übliche bankmässige Provision und Vergütung der Spesen beanspruchen.

§ 6. Bei den Amtsgerichten, für welche ein anderes Amtsgericht Hinterlegungsstelle ist, werden für die vorläufige Verwahrung die gleichen Gebühren erhoben wie für die Hinterlegung. Werden die übernommenen Sachen an die Hinterlegungsstelle abgegeben, so gilt die Zeit der vorläufigen Verwahrung als Hinterlegungszeit im Sinne der §§ 2, 3.

§ 7. Für die Aufnahme von Hinterlegungserklärungen (§§ 17, 48 der Hinterlegungsordnung), von Gesuchen um Annahme zur vorläufigen Verwahrung (§ 41 das.) sowie von Anträgen auf Herausgabe (§§ 23, 42, 51 das.) durch den Gerichtsschreiber, ferner für die Beschlüsse des Amtsgerichts, durch welche die Annahme zur vorläufigen Verwahrung, die Herausgabe aus der vorläufigen Verwahrung oder die Hinterlegung angeordnet wird (§§ 42, 44 das.), sowie, wenn der K. Bank die Besorgung des Hinterlegungswesens übertragen ist, für die Herausgabe-Weisung des Amtsgerichts (§ 49 das.) werden Gebühren nicht erhoben.

II. Hinterlegung bei den Notaren.

§ 8. Für die aus Anlass eines Amtsgeschäfts erfolgenden Hinterlegungen von Geld, Wertpapieren und Kostbarkeiten (Art. 4 des Notariatsgesetzes) beträgt die Gebühr $^{2}/_{10}$ vom Tausend des jeweils hinterlegten Betrags oder Wertes für jedes angefangene Jahr der Hinterlegung, mindestens aber 20 Pfennig.

Für die Hinterlegung von Beträgen oder Werten unter 20 M werden Gebühren nicht erhoben.

III. Allgemeine Bestimmungen.

§ 9. Pfennigbeträge an Hinterlegungsgebühren, welche ohne Rest nicht durch zehn teilbar sind, werden auf den nächst höheren. durch zehn ohne Rest teilbaren Betrag aufgerundet.

§ 10. Schuldner der Hinterlegungsgebühr ist der Hinterleger. Das Recht des Hinterlegers, von demjenigen, auf dessen Kosten nach dem Gesetze die Hinterlegung erfolgt, Ersatz zu fordern, bleibt unberührt.

§ 11. Die Hinterlegungsgebühr wird in Vormundschafts- und Fideikommissachen nach Ablauf eines jeden Hinterlegungsjahrs, spätestens aber bei Herausgabe der hinterlegten Gelder, Wertpapiere und Kostbarkeiten erhoben.

In den Fällen der §§ 3, 4 ist die Gebühr bei der Hinterlegung für ein Jahr im voraus zu entrichten (jedoch nicht, wenn der Pfandleiher den Ueberschuss des Erlöses hinterlegt. MB. vom 16. Februar 1907 [JMBl. 69]).

§ 12. Die Hinterlegungsstelle sowie der Notar kann die Herausgabe der hinterlegten Sachen von der vorherigen Entrichtung der Hinterlegungsgebühr abhängig machen.

Die K. Bank ist berechtigt, vor der Aushändigung von Zins-, Renten- oder Gewinn-Anteilsscheinen die Bezahlung der im Zeitpunkte der Aushändigung fälligen Hinterlegungsgebühren zu verlangen.

Das Zurückbehaltungsrecht der Hinterlegungsstelle bleibt unberührt.

§ 13. Für die Entscheidung von Streitfragen über die Pflicht zur Entrichtung der Hinterlegungsgebühr oder über deren Grösse finden für den Fall, dass die Hinterlegungsgebühr bei einem Notar zum Anfalle gelangt ist, die Vorschriften der Art. 47 bis 50, im übrigen die Vorschriften des Art. 234 des Gesetzes über das Gebührenwesen in der Fassung der Bekanntmachung vom 11. November 1899 Anwendung.

§ 14. Diese Verordnung tritt gleichzeitig mit der Hinterlegungsordnung in Kraft.

Mit dem gleichen Zeitpunkte werden die K. Verordnungen vom 17. Dezember 1882, die Erhebung von Depositalgebühren betreffend, und vom 13. Juni 1882, die Erhebung von Depositalgebühren in Vormundschaften betreffend, aufgehoben.

§ 15. Die Vorschriften dieser Verordnung finden auch auf diejenigen Massen, welche am 1. Januar 1900 schon hinterlegt sind, Anwendung. Für diese Massen beginnt am 1. Januar ein neues Verwaltungsjahr im Sinne der §§ 2, 3.

War die Masse im Jahre 1899 weniger als einen Monat hinterlegt, so wird eine Hinterlegungsgebühr nicht erhoben. Andernfalls wird für das Jahr 1899 die Hinterlegungsgebühr nach dem Verhältnisse der Zeitdauer der Hinterlegung erhoben; dabei werden nur volle Monate gerechnet.

Die am 1. Januar 1900 bei den Notaren hinterliegenden Gelder, Wertpapiere und Kostbarkeiten, welche unter den Art. 4 des Notariatsgesetzes fallen, gelten mit dem 1. Januar 1900 als im Sinne dieser Verordnung hinterlegt.

§ 16. Die auf Grund des § 4 der K. Verordnung vom 17. Dezember 1882 am 31. Dezember 1899 gestundeten Gebühren bleiben bis zur Rückgabe der hinterlegten Gelder und Wertpapiere gestundet.

Werden auf Grund der Art. 203, 210 des Einführungsgesetzes zum Bürgerlichen Gesetzbuche hinterlegte Gelder, Wertpapiere und Kostbarkeiten herausgegeben, so wird für die vom 1. Januar 1900 an dauernde Hinterlegung eine Hinterlegungsgebühr nicht erhoben.

§ 17. Die erforderlichen Ausführungsbestimmungen werden von den Staatsministerien der Justiz und der Finanzen erlassen.

Gegeben München, den 25. Dezember 1899.

c) Vollzugsvorschriften:

Bekanntmachung der K. Staatsministerien der Justiz und der Finanzen vom 12. Januar 1900, die Erhebung von Hinterlegungsgebühren betr. (JMBl. 1900, 301; FMBl. 1900, 81).

Tabelle zu VII (Hinterlegungsgebühren).

1. Vormundschaftssachen.

	für Tausend		Mindestbetrag	Keine Hinterlegungsgebühr, wenn Gesamtvermög. eines Kindes oder Mündels nicht über 1000 M.
	erstes Jahr	folgend. Jahre		
Geld, Wertpapiere (Kurswert) und Kostbarkeiten	40 Pf.	20 Pf.	20 Pf.	

2. Judiziarsachen (auch Fideikommissachen).

	für Tausend		Mindestbetrag	
	erstes Jahr	folgend. Jahre		
Geld, Wertpapiere (Kurswert) und Kostbarkeiten.	1 M	50 Pf.	1 M.	

3. Offenes Depot bei der K. Bank.

a) Im Falle 1 (Vormundschaftssachen) keine gerichtl. Hinterlegungsgebühr, bloss Depotgebühr an die K. Bank.

Depotgebühr: 50 Pfg. vom Tausend (Kurswert).

Mindestgebühr: 2 M 50 Pfg. für Depots im Werte von 5000 M und darunter, 5 M für Depots im höheren Wert.

Neuer Depositenschein **auf** Antrag: 1 M.

b) im Falle 2 (Judiziarsachen):

Depotgebühr wie bei **a.**

Gerichtl. Hinterlegungsgebühr nur für das **erste** Verwaltungsjahr. Unterschied zwischen der Depotgebühr und der gerichtl. Hinterlegungsgebühr nach Ziffer 2.

c) **Fideikommissachen:**

Depotgebühr im ersten Jahre 1 M vom Tausend, sonst wie oben bei b.

4. Hinterlegung bei den Notaren.

	Vom Tausend für jedes Jahr	**Mindestbetrag**	Gebührenfrei
Geld, Wertpapiere (Kurswert) und Kostbarkeiten.	20 Pf.	20 Pf.	Beträge oder Werte unter 20 M.

VIII. Gebühren in Hypothekensachen der Pfalz.

MB. vom 2. März 1902 (JMBl. 411, FMBl. 127).

IX. Sonstige Gerichtskosten (geregelt durch das bayerische Gebührengesetz).

Gebührengesetz in der Fassung vom 13. Juli 1910 (GVBl. 311).

Durch dieses Gesetz sind nachstehende weitere Gerichtskosten (im Gesetz als Gebühren bezeichnet) geregelt:

1. in Forstrügesachen, Art. 27—31.
2. für nachstehende Verhandlungen der Gerichte:
   a) Zeugnisse, Beglaubigungen, Ausfertigungen, Art. 54.
   b) Registerführung, Art. 55—77
   c) Familienfideikommisse, Art. 78—82.
   d) Vormundschaften, Art. 83—93.
   e) Nachlass- und Teilungssachen, Art. 94—115.
   f) Grundbuchsachen, Art. 116—127
   g) Sonstige Gegenstände, Art. 128—143.

30. Staatsgebühren.

für die Tätigkeit der Gerichtsvollzieher.

Staatsgebühren für Gerichtsvollzieher-Akte können nur in den folgenden Fällen in den Angelegenheiten der freiwilligen Gerichtsbarkeit erhoben werden (Art. 23, 196 bis 200 des Gebührengesetzes in der Fassung vom 13. Juli 1910 (GVBl. 311).

Beglaubigung der Abschrift eines in Angelegenheiten der freiwilligen Gerichtsbarkeit zuzustellenden Schriftstückes durch den GV., besondere Gebühr . . . . 50 Pf. (Art. 196 Abs. 3 Geb.-Ges.)

Mobiliarversteigerungen 1 vom Hundert des erzielten Gesamterlöses.

Von der Gebühr sind befreit:

1. Versteigerungen für Rechnung der Reichs- oder Staatskasse;
2. Versteigerungen im Mess- und Marktverkehr;
3. Mobiliarzwangsversteigerungen durch GV.;
4. Versteigerungen forstwirtschaftlicher Produkte;
5. Versteigerungen landwirtschaftlicher Produkte; ausgenommen sind jene, welche anlässlich gewerbsmässiger Güterzertrümmerungen vorgenommen werden, sowie diejenigen Weinversteigerungen, bei welchen der erzielte Gesamterlös den Betrag von 100 M übersteigt;
6. Versteigerungen, welche im öffentlichen Auftrag oder von Vormündern zur Verwertung von Mündelgut vorgenommen werden.

Art. 200, 261 bis 268 des Geb.-Ges.

Wechselproteste und **Scheckproteste** 1 vom Tausend der Gegenstandssumme, mindestens 1 M (Art. 282a).

Zustellung von Willenserklärungen ausserhalb eines Rechtsstreites (§ 132 BGB.) Beurkundungen hierüber auch bei Zustellung durch die Post § 194 ZPO. Daneben für jede Beglaubigung 50 Pf. besonders. . . . . 1 M (Art. 196 Geb.-Ges.).

Erhebung dieser Gebühren:

Diese Gebühren werden nicht mehr durch Verwendung von Gebührenmarken erhoben, sondern wie die übrigen Gebühren und Auslagen für Gerichtsvollzieherakte in der streit. Gerichtsbarkeit verrechnet. Bek. v. 19. Sept. 1901 (JMBl. 589).

31. Gerichtsvollzieher-Gebühren.

Die Gebühren der Gerichtsvollzieher bestimmen sich nach der Reichs-Gebührenordnung für Gerichtsvollzieher vom 20. Mai 1898 (RGBl. 683) und, soweit sie hier nicht geregelt sind, nach der Bayer. VO. vom 16. Dez. 1899, die Vorschriften über die Gebühren der Gerichtsvollzieher betr. (JMBl. 533), geändert durch VO. vom 26. Juni 1908 (JMBl. 151). Vgl. ferner JFMB. vom 18. Februar 1902 (JMBl. 383) und JMB. vom 18. Februar 1902 (JMBl. 384).

Angebot nach §§ 293, 294 BGB. . . . . M 2.50
Ist der Gegenstand des tatsächlichen Angebotes Geld, so erhält der G.-V.
von dem Betrage bis 1000 M — 1 v. Hundert
von dem Betrage über 1000 M — 2000 M $^1/_2$ v. Hundert
von dem Betrage über 2000 M — $^1/_8$ v. Hundert
Mindestgebühr 2 M 50 Pf.

Im Falle des § 756 ZPO. keine besondere Gebühr, wenn der G.-V. auch Zwangsvollstr.-Handlungen vorzunehmen hat.

Zustellungen bei einem Angebot gelten bezüglich der Gebühren und Auslagen als Bestandteile des Angebotes. § 7 VO. vom 16. Dezember 1899.

Armenrecht — Ersatz der baren Auslagen von der Staatskasse, falls dieselben nicht von dem Ersatzpflichtigen beigetrieben werden können. §§ 124, 788 ZPO. § 21 GO. § 13 VO. vom 16. Dezember 1899.

Auslagen, bare, sind dem G.-V zu vergüten. Als solche gelten:
1. Schreibgebühren,
2. Post- und Telegraphengebühren,
3. die durch öffentliche Bekanntmachungen, insbesondere durch Einrückung in öffentliche Blätter entstandenen Kosten,
4. die an Zeugen (Entschädigung bis zum Betrage von je 1 M § 15 GO.) u. Sachverständige (Vergütung nach ortsüblichem Preise, § 13 GO.) zu zahlenden Beträge,
5. die Entschädigung der zum Oeffnen von Türen und Behältnissen zugezogenen Personen,
6. die für Umschreibung eines auf Namen lautenden Wertpapiers oder für Wiederinkurssetzung eines Inhaberpapiers zu zahlenden Beträge,
7. die Kosten eines Transports von Personen oder Sachen, die Kosten der Verwahrung und Beaufsichtigung von Gegenständen, die Kosten der Aberntung von Früchten, sowie der Erhaltung von Tieren,
8. die Reisekosten.

§ 13 GO. Gleiche Bestimmung der Landes-Gebühren-O. § 13 VO. vom 16. Dezember 1899.

Entsetzung aus dem Besitz unbeweglicher Sachen oder bewohnter Schiffe und die Einweisung in denselben (§ 885 ZPO.).
3 M für jede angefangene Stunde von dem Erscheinen an Ort und Stelle bis zur Beendigung seiner Tätigkeit. § 8 GO.

Gebühr 3 M, auch wenn der G.-V sich an Ort und Stelle begeben, die Zw.-V. aber nach § 775 ZPO. oder infolge Zurücknahme des Auftrages unterbleibt. § 10 GO.

Erhebung der Gebühren — zulässig durch **Postvorschuss.** § 20 GO. § 13 VO. v. 16. Dezember 1899.

Fälligkeit der Gebühren — nach Erledigung des **Auftrags.** § 20 GO. § 13 VO. v. 16. Dezember 1899.

Interventionserklärung bezügl. Wechsel-Protestgebühr; wenn nicht die Erklärung bei Gelegenheit des Protestaktes **erfolgt.** § 8 Abs. 4 VO. v. 16. Dezember 1899.

Keine anderen besonderen Gebühren, weil die in § 4—11 bestimmten Gebühren die gesamte Tätigkeit des G.-V. bei der Zw.-V. umfassen, insbesondere **nicht** für

1. Nachsuchung der Unterstützung der polizeil. Vollzugsorgane und die Zuziehung der Zeugen und Sachverst. §§ 758, 759, 813, 814 ZPO.
2. die zu den Vollstreckungshandlungen gehörenden Mitteilungen, Aufforderungen, Zustellungen und Postsendungen,
3. die Umschreibung eines auf den Namen lautenden Wertpapiers auf den Namen des Käufers und die Wiederinkurssetzung eines gepfändeten Inhaberpapiers, §§ 822, 823 ZPO.,
4. die Annahme und Quittierung, Ablieferung oder Hinterlegung der schuldigen Leistungen, sowie des gepfändeten oder erlösten Geldes und die Zurückgabe gepfändeter Gegenstände,
5. die Bekanntmachung der Versteigerung. § 12 GO. Auch nach der Landes-Gebührenordnung § 13 VO. v. 16. Dez. 1899.

Lagerkosten — wenn in Zwangsvollstreckungs- oder Versteigerungssachen vom G.-V. Gegenstände in eine staatliche Pfandkammer eingeschafft oder sonst zu Gerichtshanden gebracht werden,

für die ersten 3 Wochen der Lagerung 1 v. Hundert,
für die folgenden 10 Wochen der Lagerung $^1/_2$ v. Hundert,
für die dann folgende Zeit der Lagerung $^1/_4$ v Hundert.

Berechnung nach dem Versteigerungs- oder Verkaufs-Erlös, wenn keine Versteigerung oder Verkauf, nach dem Schätzungswert. § 12 VO. v. 16. Dez. 1899, event. Herabsetzung der Gebühr bis zur Hälfte durch den Amtsgerichtsvorstand, wenn Gegenstände bei verhältnismässig hohem Wert nur geringen Raum beanspruchen. Bek. v. 18. Febr. 1902 (JMBl. 384).

Leistung an G.-V., durch welche der Auftrag zur Zw.-V. erledigt wird

a) bei Zahlungen die Pfändungsgebühr, nach dem gezahlten Betrage zu berechnen, jedoch wenn Pfändung vorausgegangen, nicht unter 2 M.
b) bei Herausgabe von Sachen die Gebühr für Wegnahme, § 11 GO.

Für Empfangnahme der Wechselsumme einschl. Uebersendung an Gläubiger

bei einer Summe bis zu 200 M . . . . 50 Pfg.,
bei einer Summe von 200 M bis 1000 M $^1/_4$ v. Hundert,
von dem weiteren Betrage . . . . . 1 v. Tausend.

§ 9 VO. v 16. Dezember 1899.

Mahnbrief 30 Pf., § 10 VO. v. 16. Dezember 1899, aber keine Schreibgebühr, § 14 VO. v. 16. Dezember 1899.

Nachpfändung $^1/_2$ der Pfändungsgebühr. § 5 GO.

Pfändung von beweglichen körperlichen Sachen

a) von Früchten auf der Wurzel, von Forderungen aus Wechseln oder anderen Papieren, welche durch Indossament übertragen werden können, nach der Höhe der beizutreibenden Forderung

bei einem Betrage bis	50 M inkl. . .	1 M,
„ „	100 M „ . .	2 M,
„ „	300 M „ . .	3 M,
„ „	1000 M „ . .	4 M,
„ „	5000 M „ . .	5 M,
„ „	über 5000 M	6 M,

b) bei Arrestpfändung massgebend der im Arrestbefehle nach § 923 ZPO. festgestellte Geldbetrag,

c) bei Pfändung eines im Schiffsregister eingetragenen Schiffes Mindestgebühr 3 M,

d) wenn Zeitaufwand mehr als zwei Stunden, erhöht sich die Gebühr für jede angefangene weitere Stunde um $^1/_4$,

e) bei erfolglos versuchter Pfändung mindert sich die Gebühr um $^1/_2$, Aufnahme eines Protokolls nötig. § 4 GO.,

f) bei Unterbleiben der Zw.-V infolge § 775 ZPO. oder Zurücknahme des Auftrags, wenn der G.-V sich an Ort und Stelle begeben hatte, $^1/_2$ der unter a und b bestimmten Gebühr, im Falle c ebenso, jedoch nicht unter 2 M. § 10 GO.

Reisekosten — bei Entfernung von mehr als 2 Kilometer vom dienstlichen Wohnsitz 10 Pfg. für jedes angefangene Kilometer des Hinweges und des Rückweges.

Für jedes mehrerer selbständiger auf derselben Reise vorgenommener Geschäfte die volle Gebühr; mehrere Geschäfte an demselben Ort für denselben Auftraggeber und in bezug auf dieselbe Rechtsangelegenheit nur e i n Geschäft. § 17 GO. Ebenso nach der Landes-Gebühren-O. § 13 VO. v. 16. Dez. 1899.

Scheckproteste wie bei den Wechselprotesten. VO. v. 26. Juni 1908 Ziff. 3 u. 4 (JMBl. 151).

Schreibgebühren nach Massgabe des § 80 GKG. — also für die Seite, welche mindestens 20 Zeilen von durchschnittlich 12 Silben enthält, 20 Pfg. (Art. VI des Ges. v. 1 Juni 1909, RGBl. 475), auch wenn die Herstellung auf mechanischem Wege stattgefunden hat; jede angefangene Seite wird für voll berechnet — werden vergütet:

1 für alle nach gesetzl. Vorschrift oder auf Antrag erteilten Abschriften der vom G.-V. aufgenommenen Urkunden und Protokolle, mit Ausnahme der nach gesetzlicher Vorschrift zu erteilenden Abschrift der Zustellungsurkunde; — im Falle des § 2 Abs. 2 GO. (Zustellung an den Zustellungsbevollmächtigten mehrerer Beteiligter) wird jedoch für jede Abschrift der Zust.-Urk. die Schreibgebühr vergütet, — ferner für begl. Abschrift des Protestes zum Wechselprotestregister (Bek. v. 14. Nov. 1903, JMBl. 452),

2. für die bei einer Hinterlegung zu erstattende Anzeige an das Vollstreckungsgericht, §§ 827, 854 ZPO.,

3. für die Aufnahme der von dem Drittschuldner nach Zustellung eines Pfändungsbeschlusses abgegeb. Erklärungen, § 840 ZPO.,

4. für die vor der Verhaftung erforderliche Anzeige an die vorgesetzte Dienstbehörde des zu Verhaftenden, § 910 ZPO., § 14 GO. Gleiche Bestimmung der Landes-Gebühren-O. § 13 VO. v. 16. Dezember 1899.

Siegelung oder Entsiegelung nach § 122 KO., 1/2 der Pfändungsgebühr, berechnet nach dem Werte der aufgezeichneten Gegenstände; keine besondere Gebühr, wenn verbunden mit der Aufzeichnung als Urkundsperson nach § 123 KO. § 3 Abs. 2 VO. v. 16. Dezember 1899.

Tagegeld 6 M — **kein** Anspruch, statt desselben Reisekostenentschädigung, nur ausnahmsweise als Zeugengeld oder bei Umzügen. Bek. v. 25. Mai 1904 (JMBl. 110).

Terminsfestsetzungs-Erwirkung, wenn gegen Zahlungsbefehl Widerspruch erhoben ist, 50 Pfg. § 11 VO. v. 16. Dez. 1899.

Uebergabe eines oder mehrerer Grundstücke an den Verwalter nach § 150 SubhO. — nach der Zeitdauer, für jede angefangene Stunde 50 Pfg., mindestens 2 M. § 5 VO. v. 16. Dezember 1899.

Uebernahme beweglicher Sachen zum Zwecke der Verwertung in der Zwangsvollstreckung

a) in den Fällen § 790 ZPO. Pfändung in militärischen Dienstgebäuden, § 847 ZPO. Pfändung eines Anspruchs, welcher eine bewegliche körperliche Sache betrifft, § 854 ZPO. Pfändung eines solchen Anspruchs für mehrere Gläubiger,

b) im Falle des Ausscheidens des G.-V., welcher die Pfändung vorgenommen hat, 1/2 der Pfändungsgebühr. § 5 GO.

Urkundsperson bei der Aufzeichnung der zur Konkursmasse gehörigen Gegenstände = Pfändungsgebühr, berechnet nach dem Werte der aufgezeichn. Gegenstände. § 3 Abs. 1 VO. v. 16. Dez. 1899.

Verfahren bei Erinnerungen gegen den Ansatz von Gebühren und Auslagen des G.-V. nach § 766 Abs. 2 ZPO., bzw. § 4 GKG., § 22 GO., für die Landes-Gebühren-O. s. § 15 VO. v. 16. Dez. 1899.

Verhaftung, einschliesslich Ablieferung und zwangsweise Vorführung einer Person . . . . 15 M,
Nachverhaftung . . . . 2 M,
erfolglos versuchte Verhaftung im Falle der §§ 904, 906 ZPO., § 9 GO. . . . . 5 M,
wenn Vollstreckungshandlung nach § 775 ZPO. oder infolge Zurücknahme des Auftrags unterbleibt und der G.-V. sich an Ort und Stelle begeben hatte § 10 GO. 5 M.
Freiw. Gerichtsbarkeit — s. Zwangsmassregeln.

Versteigerung oder **Verkauf** aus freier Hand im Zwangsvollstr.-verfahren v. d. Betrage d. erzielten Erlöses bis zu 100 M 5 vom Hundert, bei einem Erlöse von 100 M . 5 M,
200 M . 8 M,
300 M . 11 M,
400 M . 13 M,
500 M . 15 M,
600 M . 17 M,
700 M . 19 M,
800 M . 21 M,
900 M . 23 M,
1000 M . 25 M

von dem Betrage über 1000 M bis 5000 M 1 vom Hundert, von dem Betrage über 5000 M $^1/_2$ vom Hundert, Mindestgebühr 2 M. § 7 GO.

Wenn der G.-V. sich an Ort und Stelle begeben hat, die Versteigerung aber unterbleibt, Geb. 2 M. § 10 GO.

Gleiche Gebühren für die Vornahme einer öffentlichen Versteigerung, oder Bewirkung eines Verkaufs aus freier Hand, für die Versteigerung beweglicher Sachen auf Anordnung des Vollstreckungsgerichts, für die Vornahme einer Versteigerung in Verlassenschaftssachen, sowie für die Vornahme einer freiwilligen Versteigerung. § 4 VO. v. 16. Dezember 1899.

Verwahrung von Geldern, Wertpapieren, einschliesslich Wechsel, Kostbarkeiten (Wertsberechnung) — Hinterlegungsgebühr nach § 3 der VO. v. 25. Dez. 1899 (GVBl. 1235) lt. Bek. vom 18. Febr. 1902 (JMBl. 383).

Vollstreckungsbefehl-Erwirkung 50 Pfg. § 11 VO. v. 16. Dez. 1899.

Vormerkungen der Gebühren, Auslagen und event. Zeit auf Urschriften und Abschriften der Ger.-V.-Akte. § 23 GO., § 13 VO. v. 16. Dezember 1899.

Vorschusspflicht zur Deckung der baren Auslagen und des vermutlichen Betrags der Gebühren. § 18 GO., § 13 VO. vom 16. Dezember 1899.

Wechselprotest

bei einem Nennwert des Wechsels bis			100 M	einschl.	1 M,
„	„	„	300 M	„	2 M,
„	„	„	1000 M	„	3 M,
„	„	„	5000 M	„	4 M,
„	„	„ über	5000 M		5 M.

Bei Protest mehrerer Wechsel in e i n e r Urkunde, Gebühr nach dem Nennwert jedes einzelnen Wechsels.

Protestgebühr zu erheben, wenn nach dem Beginn des Protestaktes der Schuldner freiwillig Zahlung leistet oder eine Quittung über die erfolgte Zahlung vorlegt.

Wenn vor Errichtung einer Protesturkunde Auftrag zurückgezogen wird — $^3/_{10}$ der Protestgebühr, event. mit Reiseentschädigung.

Wenn gelegentlich des Protestaktes Interventionserklärung, für letztere keine besondere Gebühr. § 8 VO. v. 16. Dezember 1899.

Für Erholung des Wohnungsaufschlusses — keine Gebühr. Bek. v. 29. Juni 1902 (JMBl. 614).

Wegnahme beweglicher Sachen zum Zweck der Zw.-V. einschliesslich der Uebergabe, § 883 ZPO., 3 M,

bei Zeitaufwand von mehr als 2 Stunden erhöht sich die Gebühr für jede angefangene weitere Stunde um 1 M,

bei erfolglos versuchter Wegnahme — weil Sache nicht aufzufinden war — oder Unterbleiben der Wegnahme zufolge § 775 ZPO. oder Zurücknahme des Auftrages — $^1/_2$ der Gebühr, mindestens aber 2 M. — Protokollaufnahme nötig. §§ 6, 10 GO.

Widerstand des Schuldners, — im Falle der Zuziehung des G.-V. zur Beseitigung des Widerstandes des Schuldners gegen die Vornahme einer Handlung (§ 892) 3 M für jede angefangene Stunde vom Erscheinen an Ort und Stelle bis zur Beendigung seiner Tätigkeit. § 8 Ziff. 2 GO.

Gebühr 3 M, auch wenn der G.-V. sich an Ort und Stelle begeben, die Zw.-V. aber nach § 775 ZPO. oder infolge Zurücknahme des Auftrags unterbleibt. § 10 GO.

Zahlungsbefehl-Erwirkung 50 Pf. § 11 VO. v. 16. Dezember 1899.

Zeitdauer — für alle nach Zeitdauer bestimmten Gebühren wird die Reisezeit nicht eingerechnet.

Zustellung — auch an einen Zustellungsbevollmächtigten mehrerer Beteiligter . . . . 80 Pf.
in amtsgerichtl. und schöffengerichtl. Sachen in I. Instanz 50 Pf.

Für Zustellung durch Aufgabe zur Post, Ersuchen an die Post um Zustellung, für Zustellung im Auftrag eines Anwalts an den Gegenanwalt $1/_2$ von 80 bzw. 50 Pf. § 2 GO.

Wenn die Zustellung durch die Post mit geringeren Kosten möglich gewesen wäre, erhält G.-V die Mehrkosten nur, wenn er zur Zustellung ohne Benutzung der Post ausdrücklich ermächtigt worden ist. § 3 GO.

Zwangsmassregeln in Angelegenheiten der freiw Gerichtsbarkeit nach Art. 130 AGBGB., insbesondere für Vorführung oder Inhaftnahme einer Person 3 M. § 6 VO. v. 16. Dez. 1899.

32. Staatsgebühren für Notariatsgeschäfte, Notariats-Gebühren.

1. Bayer. Ges. über das Gebührenwesen in der Fassung v. 13. Juli 1910 (GVBl. 311) Art. 144—195.
2. VO. v. 23. Dezember 1899, die Ausführung des Reichsgerichtskostengesetzes und des Gesetzes über das Gebührenwesen (JMBl. 1900, 335), geändert durch VO. v. 10. Mai 1903 (GVBl. 315) u. MB. v. 29. Oktober 1907 (GVBl. 822).
3. MB. v. 25. Dezember 1899. Instruktion zum Vollzuge des Reichsgerichtskostengesetzes und des Gesetzes über das Gebührenwesen betr. (JMBl. 1900, 343).
4. Besitzveränderungsabgabengesetz v. 14. August 1910 (GVBl. 433); allgemeine Vollzugsbekanntmachung hierzu v. 15. August 1910 (GVBl. 436); beigefügt ist ein Verzeichnis der Gemeinden mit Besitzveränderungsabgabe nach dem Stande v. 15. August 1910, wegen der Nachträge s. das JMBl.
5. VO. v. 28. Dezember 1899, die Notariatsgebührenordnung betr (GVBl. 1183), mit Nachtrag vom 4. Juli 1903 (JMBl. 333) und 26. Juni 1908 Ziff. 4 (JMBl. 151).
6. MB. v. 19. Januar 1900, die Führung von Notariaten auf Rechnung des Staates, hier die Berechnung der Notariatsgebühren betr. (JMBl. 461).
7. VO. v. 28. Juli 1900, die Gebühren der Notare in Grundbuchsachen betr. (JMBl. 1043), geändert durch VO. v. 25. Febr. 1905 (JMBl. 561).
8. MB. v. 2. Febr. 1902, Tantiemen der Notare betr. (JMBl 292 u. 295). — Vorschussgebühr von 1 Prozent der vorgeschossenen Summe.

NB. Eine alphabetische Zusammenstellung auf Grund vorstehender Vorschriften konnte wegen Raummangels nicht erfolgen.

Im übrigen wird auf Kaisenbergs Tabellen der bei Notariatsgeschäften anfallenden Staats-, Gemeinde- und Notariatsgebühren verwiesen; 2. Auflage, erschienen 1907 im Verlag dieses Kalenders. Es wird eine sehr praktische Wandtabelle mitgeliefert.

33. Gebühren in Strafsachen.

1. *Verteidigung in der Hauptverhandlung* I. Instanz
   a) vor dem Schöffengericht . . . . . 12 M
   b) vor der Strafkammer . . . . . . 20 M
   c) vor dem Schwurgericht oder dem Reichsgericht 40 M
2. *Verteidigung in der Hauptverhandlung* II. Instanz sowie in der Revisionsinstanz — dieselben Gebühren wie sub Z. 1, wobei sich die Stufe nach der Ordnung des Gerichts bestimmt, welches in I. Instz. erkannt hat.
3. *Wenn in den Fällen 1 und 2 die Verteidigung sich auf mehrere Tage erstreckt,* Erhöhung der Gebühr um $^5/_{10}$ für jeden weiteren Tag.
4. *Verteidigung im Vorverfahren:*
   a) in den zur Zuständigkeit der Schöffengerichte gehörigen Sachen . . . . . . 6 M
   b) in den zur Zust. der Strafkammer geh. Sachen 10 M
   c) in den zur Zust. des Schwurger. oder d. Reichsgerichts gehörigen Sachen . . . . . . 20 M
5. *Rechtfertigung einer Berufung* (einschliessl. Einlegung der Berufung) $^5/_{10}$ der in Ziff. 1 bezeichn. Gebühr.
6. *Begründung einer Revision* (einschl. der Einlegung der Revision) $^5/_{10}$ der in Z. 1 bezeichn. Gebühr.
7. *Antrag auf Wiederaufnahme des Verfahrens* $^5/_{10}$ der in Z. 1 bezeichn. Gebühr.
8. *Einlegung eines Rechtsmittels* (ohne Begründung oder Rechtfertigung), sowie Anfertigung anderer Anträge, Gesuche und Erklärungen . . . . . 2 M
   (wenn nicht bei Rechtsmitteln die Gebühren nach Z. 5 u. 6 oder überhaupt die Gebühren nach Z. 1, 2 u. 4 in derselben Instanz zustehen).
9. *Verteidigung mehrerer Beschuldigter* durch einen gemeinschaftl. Verteidiger — Erhöhung d. Gebühr um $^5/_{10}$.

34. Postwesen. Telegraph. Telephon.

a) Postwesen — Allgemeines.

Verfassung des Deutschen Reichs v. 16. April 1871 Abschnitt VIII Post- und Telegraphenwesen.

Gesetz über das Postwesen des Deutschen Reichs vom 28. Okt. 1871. Abänderung vom 20. Dez. 1875 u. 20. Dez. 1899.

Gesetz über das Posttaxwesen im Gebiete des Deutschen Reichs v. 28. Okt. 1871. Abänderungen v. 17. Mai 1873, 3. Nov. 1874, 20. Dez. 1899, 11. März 1901 u. 22. Mai 1910.

Gesetz, betr. einige Abänderungen von Bestimmungen über das Postwesen vom 20. Dez. 1899.

Postordnung für das Königreich Bayern vom 27 März 1900 mit Aenderungen (GVBl. 1900, 227 ff., 1154, 1213; 1901, 411, 742; 1903, 343; 1904, 75; vom 26. März 1904, 233; 2. Juli 1904, 20. Januar, 27. Juni, 15. Juli 1906, 27. November 1906, 29. März, 17. Sept., 29. Dezember 1907 und 29. August 1908 (Postprotest), 21 Dezember 1908, 5. Oktober 1909, 6. Juni, 28. Dezember 1910, 26. Januar 1911.

Postordnung für das Deutsche Reich vom 20. März 1900. Mit Gültigkeit für den Verkehr Bayerns mit den übrigen deutschen Bundesstaaten, mit Aenderungen (GVBl. 1900, 311 ff., 1147, 1196; 1901, 406; vom 8. April 1901, 12. Dezember 1901, 25. Juli 1903; 1904, 72; vom 15. März 1904, 228, vom 17. Juni 1904), 23. Juni 1906, 17 November 1906, 17. Sept. 1907, 13. August 1908, 12. Dezember 1908, 26. September 1909, 1 Juni, 21. Dezember 1910.

Postzollordnung vom 28. Januar 1909/1. April 1909, Verkehrsministerialblatt (Post) 1909, 161. Aenderung v. 28. April 1910 (Bundesratsbeschluss).

Postscheckordnung für das Königreich Bayern vom 17 Nov. 1908, GVBl. S. 981. Aenderungen vom 26. Okt. 1909 GVBl. S. 736, 24. März 1910 GVBl. S. 150. Scheckgesetz vom 11. März 1908 (RGBl. 71); Reichsstempelgesetz in der Fassung vom 15. Juli 1909 (RGBl. Nr. 45); Vollzug des Reichsstempelgesetzes vom 15. Juli 1909 (GVBl. Nr. 51); Ausführungsbestimmungen des Bundesrats zu Tarif-Nr. 10 und §§ 70—77 des Reichsstempelgesetzes (GVBl. 1909 Nr. 44). FMBl. 1909 S. 561 (Anschluss der Aemter der Finanz-Verwaltung), FMBl. 1910 S. 43, 45 (Anschluss der Stellen des Ministeriums des Aeussern und des Innern), FMBl. 1910 S. 240 (desgl. der Gerichte und Strafanstalten).

Bedingungen für die Beförderung von Personen und Gütern mit den Motorwagen der K. B. Post vom 23. Mai 1905.

Verwaltungsordnung für die Verkehrsanstalten K. A. V. vom 18. Dez. 1906. Aenderung vom 3. Dez. 1908, 18. Okt. 1909.

Zuständigkeitsordnung für die Verkehrsverwaltung. Neue Fassung vom 16. Februar 1909. GVBl. Nr. 8 vom 20. Februar 1909, 175 ff.

Weltpostvertrag, Postpaketvertrag, ferner die Uebereinkommen betr den Austausch von Briefen und Kästchen mit Wertangabe, den Postanweisungsdienst, den Postauftragsdienst, den Postbezug von Zeitungen und Zeitschriften, sämtliche abgeschlossen zu Rom am 26. Mai 1906.

Uebereinkommen zwischen den drei deutschen Postverwaltungen und der schweizerischen Postverwaltung vom 12. August 1900 (Bregenz).

Briefposttarif, Paketposttarif, Zeitungspreisverzeichnisse. (An den Postschaltern zur Einsicht.)

b) Besondere Bestimmungen für Brief-Postsendungen und Allgemeine Angaben für den Brief- und Paketverkehr.

(Briefposttabelle unter c.)

Zum Nachbarortsverkehr zählen:

1. Im innern Verkehr Bayerns:

Aschaffenburg	– Goldbach	München	—Perlach
„	—Schweinheim	„	—Solln (1 u. 2)
Augsburg	—Haunstetten	Mussbach	—Gimmeldingen
„	—Kriegshaber	Nürnberg	—Fürth
Bamberg	—Gaustadt	„	—Lauf am Holz
Blieskastel	—Lautzkirchen	Oberhausen	—Kriegshaber
Landshut	—Achdorf, Berg ob L.	St. Ingbert	—Rohrbach
Lichtenfels	—Michelau	Solln (1 u. 2)	—Grosshesselohe
„	—Schney	Tegernsee	—Rottach — Egern
München	—Berg a. Laim	Würzburg	—Heidingsfeld
„	—Grosshesselohe	„	—Zell a. M.
„	—Oberföhring	Zweibrücken	—Ixheim
„	—Pasing	„	—Niederauerbach.

2. **Im Verkehr Bayerns mit dem Reiche:** Ebernburg—Münster a. Stein, Kreuzwertheim—Wertheim, Ludwigshafen—Mannheim, Maximiliansau—Maxau, Schnappach—Altenwald, Schnappach—Sulzbach (Kr. Saarbrücken).

Im internationalen Verkehr kann die Briefgebühr für die Rückantwort durch Erlös eines Gutscheins (Antwortschein = coupon — réponse = respondkupono) über 25 Pf. vorausbezahlt werden. Der vom Absender dem Brief beigeschlossene Gutschein kann vom Empfänger gegen ein Wertzeichen seines Landes eingetauscht werden.

Bei Postkarten darf die linke Hälfte der Vorderseite zu schriftlichen Mitteilungen benützt werden. Aus ganz dünnem Papier hergestellte Vignetten oder Photographien dürfen rückwärts oder links auf der Vorderseite aufgeklebt werden.

Als Warenproben können u. a. einzelne Schlüssel und abgeschnittene frische Blumen versendet werden.

Als Geschäftspapiere werden unverschlossene Briefe und Postkarten älteren Datums, die als solche ihren Zweck bereits erfüllt haben, sowie auch unkorrigierte Schülerarbeiten zugelassen.

Soldatenbriefe, Feldpostbriefe, Feldpostkarten (unter h 8).

Unzureichend frankierte Briefe des Verkehrs unter 1, 2, 3 a und b der Tabelle c werden mit dem Porto für unfrankierte Briefe belegt, jedoch unter Abzug des Betrages der verwendeten gültigen Postwertzeichen.

Für unzureichend frankierte Postkarten und Drucksachen sowie für Briefe des Verkehrs unter 3 c wird dem Empfänger das Doppelte des Fehlbetrags angesetzt unter Abrundung auf eine durch 5 teilbare Pfennigsumme aufwärts.

Gegen die für Drucksachen festgesetzten Gebühren werden befördert:

Alle durch Buchdruck, Kupferstich, Stahlstich, Holzschnitt, Lithographie, Metallographie, Photographie, Hektographie, Papyrographie, Chromographie oder ein ähnliches mechanisches Verfahren vervielfältigten Gegenstände, die nach ihrer Form und sonstigen Beschaffenheit zur Beförderung mit der Briefpost geeignet sind. Ausgeschlossen sind die mittels des Durchdrucks, der Kopierpresse und Schreibmaschine hergestellten Schriftstücke.

Die Verpackung der Drucksachensendungen muss so sein, dass ihr Inhalt leicht geprüft werden kann. Drucksachen sind auch in Form offener Karten bis zur Grösse einer Postpaketadresse zulässig.

Es ist zulässig: 1. auf der Drucksache die Adresse zu wiederholen, den Tag der Absendung, die Unterschrift oder Firma sowie den Stand und Wohnort des Absenders handschriftlich oder auf mechanischem Wege anzugeben oder abzuändern;

2. auf gedruckten Visitenkarten, Weihnachts- und Neujahrskarten die Adresse des Absenders, seinen Titel, sowie mit höchstens fünf Worten oder mit den üblichen Anfangsbuchstaben gute Wünsche, Glückwünsche, Danksagungen, Beileidsbezeugungen oder andere Höflichkeitsformeln handschriftlich hinzuzufügen;

3. Druckfehler zu berichtigen, den Korrekturbogen das Manuskript beizufügen und in den Korrekturbogen Aenderungen und Zusätze zu machen, die die Korrektur, die Form und den Druck betreffen, solche Zusätze bei mangelndem Raum auch auf besonderen Zetteln anzubringen;

4. gewisse Stellen des gedruckten Textes anzustreichen, durchzustreichen und zu unterstreichen;

5. in Einladungs- und Einberufungsschreiben den Namen des Eingeladenen, sowie Zeit, Zweck und Ort der Zusammenkunft zu vermerken;

6. auf Büchern, Musikalien, Zeitungen, Zeitschriften, Bildern, Landkarten, Weihnachts- und Neujahrskarten eine Widmung hinzuzufügen usw

7. bei Bücherzetteln usw. die bestellten Werke handschriftlich zu bezeichnen usw.;

8. bei Ausschnitten aus Zeitungen Titel, Tag, Nummer der Veröffentlichung hinzuzufügen usw. usw.

Postprotest. Die Postverwaltung kann beauftragt werden, Wechsel zur Zahlung vorzulegen und, wenn die Zahlung unterbleibt, Protest mangels Zahlung zu erheben (Postordnung § 20 a).

Die Dienststunden der Postanstalten für den Verkehr mit dem Publikum werden nach Massgabe der örtlichen Verhältnisse festgesetzt, an Sonn- und Feiertagen sind sie im allgemeinen auf 1—2 Stunden beschränkt (Schalteranschlag) (Postordnung § 28).

Ausserhalb der Dienststunden werden einzuschreibende Briefpostsendungen und gewöhnliche Pakete angenommen, wenn ein Beamter dienstlich anwesend ist. Einlieferungsgebühr 20 Pf. Bei Postanstalten mit Telegraphenbetrieb, die ausserhalb der Postschalterdienststunden Telegramme anzunehmen haben, können in der für die Telegrammannahme festgesetzten Zeit auch telegraphische Postanweisungen aufgegeben werden.

Bei Einschreibsendungen d. i. eingeschriebenen Briefen, Postkarten, Drucksachen, Geschäftspapieren und Warenproben kann der Absender über die Zustellung an den Empfänger einen Rückschein verlangen. Im allgemeinen besteht für Einschreibsendungen Frankierungszwang.

„Durch Eilboten“ zu bestellende Sendungen unterliegen neben dem gewöhnlichen Porto noch einer Eilbotengebühr

A. Im Falle der Vorausbezahlung

1. für die Eilzustellung von gewöhnlichen und eingeschriebenen Briefen, Postkarten, Drucksachen, Geschäftspapieren und Warenproben ohne und mit Nachnahme, Postanweisungen, Briefen mit Wertangabe, Ablieferungsscheinen und Post-Paketadressen (ohne die zugehörigen Sendungen)

im Ortszustellbezirke 25 Pf.

im Landzustellbezirke 60 Pf. für jeden Gegenstand, bei Sendungen an Empfänger im Landzustellbezirk des Aufgabepostortes jedoch die wirklich erwachsenden Botenkosten, zu deren Deckung der Absender auf Verlangen einen angemessenen Betrag zu hinterlegen hat, mindestens aber 25 Pf.

2. für die Eilzustellung von Paketen

im Ortszustellbezirke 40 Pf.

im Landzustellbezirke 90 Pf. für jedes Paket.

B. Im Falle der Zahlung durch den Empfänger bei allen Sendungen die wirklich erwachsenden Botenkosten, mindestens jedoch 25 Pf. für einen der Gegenstände zu A 1 und 40 Pf. für ein Paket.

Für die gewöhnliche Zustellung A) im Landbestellbezirk von Briefpostgegenständen einschl. der Postanweisungen, von Ablieferungsscheinen, Postpaketadressen, Rückscheinen und Empfangsausweisen zu Paketpostsendungen in die Wohnung des Empfängers wird keine Zustellgebühr erhoben. Werden jedoch die zu Postanweisungen gehörigen Geldbeträge zugestellt (auf Verlangen des Empfängers), so kommt für jede Postanweisung bis 5 M einschl. eine Zustellgebühr von 5 Pf. und für jede Postanweisung über 5 M eine solche von 10 Pf. zur Erhebung. Für jedes gewöhnliche oder eingeschriebene Paket und für jede im Landzustellbezirk zugestellte Sendung mit Wertangabe bis 800 M einschl. beträgt die Zustellgebühr bei einem Gewichte

a) bis 1 kg einschl. 10 Pf.

b) über 1 bis 5 kg einschl. 20 Pf. Bei höherer Wertangabe oder grösserem Gewichte werden für jede Sendung 30 Pf. an Zustellgebühr erhoben.

B) Im Orte der Bestimmungspostanstalt ist für Zustellung von Briefpostsendungen keine Gebühr zu entrichten, jedoch wird in Orten, an welchen die Postanweisungen ausnahmsweise mit Geld zugestellt werden, eine Zustellgebühr von 5 Pf. erhoben. Für jede zugestellte oder an die Zollbehörde überlieferte Paketsendung hat der Empfänger, wenn das Gewicht der Sendung 10 kg und die Wertangabe 2000 M nicht übersteigt, 10 Pf., bei grösserem Gewicht oder höherer Wertangabe 20 Pf. an Zustellgebühr zu entrichten.

Gewährleistung. Haftung, Entschädigung oder Ersatzleistung.

1. Für den Verlust gewöhnlicher Briefpostsendungen, für die Beschädigung einer eingeschriebenen Sendung sowie für den durch verzögerte Beförderung oder Zustellung von Briefpostsendungen jeder Art entstandenen Schaden wird seitens der Post **kein** Ersatz geleistet.

2. Bei Verlust einer eingeschriebenen Briefpostsendung wird eine Entschädigung von 42 M geleistet, wenn der Verlust nicht durch die unabwendbaren Folgen von Naturereignissen herbeigeführt worden ist.

3. Für die auf Postanweisungen eingezahlten Beträge und Sendungen mit barem Geld (Sendungen mit Wertangabe) wird den Absender im Verlustfalle der volle zurückgeforderte Betrag zurückerstattet.

4. Für Postauftragsbriefe zur Einziehung von Geldbeträgen und zur Einholung von Wechselakzepten haftet die Postverwaltung wie für eingeschriebene Briefe und für die eingezogenen Beträge wie für die auf Postanweisungen eingezahlten Beträge.

5. Für Nachnahmebriefe wird nur Ersatz geleistet, wenn sie als Einschreibsendungen aufgegeben waren. (Für eingezogene Beträge wie für Postanweisungen).

6. Für den in Briefen versendeten, nicht angegebenen Wertinhalt übernimmt die Post keinerlei Haftung, auch nicht im Falle der Einschreibung.

7. Bei Verlust von Paketen ohne Wertangabe besteht die Entschädigung in dem Ersatz des wirklich erlittenen Schadens bis zu dem Meistbetrag von 3 M für je 500 g oder einen Teil derselben.

8. Für eingeschriebene Pakete wird im Verlustfalle ein Ersatz von wenigstens 42 M geleistet. Bei höherem Gewichte erfolgt Entschädigung nach dem Satze von 3 M für je 500 g.

Der Anspruch auf Ersatz erlischt nach 6 Monaten vom Tage der Einlieferung der Sendung an gerechnet.

Bei Verpackung und dem Verschluss der Postsendungen sind die Bestimmungen in den §§ 4—6 der Postordnung zu beachten, so z. B. müssen Briefe mit Wertangabe mit einem haltbaren, aus einem Stücke hergestellten Umschlage, der farbige Ränder nicht haben darf, versehen sein; Geldstücke, die in Briefen versendet werden, müssen in Papier eingeschlagen und innerhalb des Briefes so befestigt sein, dass sie während der Beförderung ihre Lage nicht ändern können.

Nachsendung. Für Briefe mit Wertangabe und für Pakete — mit Ausnahme derjenigen, die unter die Postablösung fallen — werden im Falle der Nachsendung das Porto und die Versicherungsgebühr von Bestimmungsort zu Bestimmungsort zugeschlagen. Für andere Sendungen findet ein neuer Ansatz von Porto nicht statt, gewöhnliche und eingeschriebene Briefe des Orts- und Nachbarortsverkehrs werden jedoch bei der Nachsendung in den Fernverkehr entsprechend nachtaxiert. Drucksachen, Geschäftspapiere und Warenproben, die für die neue Beförderungsstrecke bei Einwurf in den Briefkasten ohne neue Frankierung versehen wurden, gelangen nicht zur Absendung.

Die Zurückziehung einer Sendung kann vom Absender durch Vermittlung der Aufgabepostanstalt erfolgen. Der Absender muss sich durch Vorlage eines von derselben Hand geschriebenen Doppels des Briefumschlags usw und eventuell des Aufgabescheins ausweisen und die Sendung schriftlich so genau bezeichnen, dass sie unzweifelhaft als die verlangte zu erkennen ist. Das Verlangen der Rückforderung oder Aufschriftänderung wird von der Aufgabepostanstalt entweder brieflich oder telegraphisch an die Postanstalt, welche die Sendung zurücksenden oder die Aufschrift ändern soll, übermittelt. Dafür ist zu entrichten die Gebühr für einen Einschreibbrief oder die Telegrammgebühr.

Für **Nachnahmesendungen** werden erhoben: a) das Porto für gleichartige Sendungen ohne Nachnahme: b) eine Vorzeigegebühr von 10 Pf., c) für die Uebermittlung des eingezogenen Betrags die tarifmässige Gebühr nach § 17 II der Postordnung u. § 9 der Postscheckordnung.

Für einen **Postauftrag** werden erhoben: a) das Porto für den Postauftragsbrief 30 Pf.; b) 1. bei Postaufträgen zur Geldeinziehung für die Uebermittlung des eingezogenen Betrags die tarifmässige Gebühr (§ 17 II der Postordnung, § 9 der Postscheckordnung, 2. bei Postaufträgen zur Akzepteinholung für die Rücksendung des angenommenen Wechsels 30 Pf. — Das Porto zu a ist vorauszubezahlen. Die Postanweisungsgebühr wird, sofern sie nicht vorausentrichtet ist, vom eingezogenen Geldbetrag in Abzug gebracht. Das Porto zu b 2 wird dem Auftraggeber bei Uebersendung des angenommenen Wechsels angerechnet.

Brieftelegramme. Näheres unter e Telegraphenwesen = Bit. =

c) Tarif für Briefsendungen. (S. auch die besonderen Bestimmungen unter b.)

	Länder	Briefe			Postkrt.		Drucksache		Warenprob.		Geschäftspapiere		Zusammenpacken von Warenprob. u.Geschäftspapieren		Rückschein-Gebühr	Einschreib-Gebühr
		Gewichtsstufen	Porto		einfach	mit Antwort	Gewichtsstufe	Porto	Gewichtsstufe	Porto	Gewichtsstufe	Porto	Gew.-stufe	Port.		
			Frankiert	Unfrankiert												
1	**Deutschland**	gr	₰	₰	₰	₰		₰		₰		₰		₰	₰	₰
	a) Bayerisc h. Ortsverkehr b) Nachbarortsverkehr innerhalb Bayerns Verzeichnis d. Orte oben unter b 1 c) Nachbarortsverk. mit dem Reichspostgebiete Verzeichnis der Orte unter b 2. d) Nachbarortsverk. mit Württembg. (Neuulm-Ulm).	—250	5	10	5 unfr. 10	10	—50 gr —100 gr —250 gr —500 gr —1 kg unfr. nicht zugelassen	3 5 10 20 30	—250 gr —350 gr unfr. nicht zugelassen	10 20	—250 gr —500 gr — 1kg unfr. nicht zugelassen	10 20 30	—250 gr —500 gr —1 kg unfr. nicht zugelassen	10 20 30	20	20
	e) Uebrig. Verkehr innerh Bayerns, m.d.Reichspostgebiete und mit Württemberg	—20 —250	10 20	20 30												

2	**Deutsche Schutzgebiete und deutsche Postanstalten in Marokko u. China.**	—20 - 250	10 20	20 30	5 un- fr. 10	10	—50 gr —100 gr —250 gr —500 gr —1 kg —2 kg	3 5 10 20 30 60	—250 gr 350 gr	10 20	—250 gr —500 gr —1 kg —2 kg	10 20 30 60	—250 gr - 500 gr —1 kg —2 kg	10 20 30 60	20	20
	Ausland												Drucksachen u. Warenproben zusammengepackt			
3	a) Oesterreich Ung. einschl. Bosnien, Herzegowina u. Liechtenstein	—20 —250	10 20	20 30	5 un- fr. 10	10	- 50 gr —100 gr —250 gr —500 gr – 1kg	3 5 10 20 30	- 250 gr —350 gr	10 20	nicht zugelassen		— 250 gr — 350 g	10 20	20	20
	b) Luxemburg	do.	do.	do.	do.	do.	do.	do.	do.	do.	—250 gr —500 gr —1 kg	10 20 30	do.	do.	do.	do.
	c) Uebrige Länder und deutsche Postanst. in der Türkei.	—20 für je weit. 20 gr	20*) 10	40 20	10 un- fr. 20	20	für je 50 gr (— 2 kg zugelassen)	5	für je 50 gr —350 gr zugelassen)	5 mindest. 10	für je 50 gr (—2 kg zugelassen)	5 mindest. 20	für je 50 gr. (—2 kg) zugelassen)	5 mind. 10 b. Drucks. u. Warenprb., 20 bei Geschpap.	nicht zugelassen (ausgenommen China 20)	20

*) Ausnahmen: a) Für je 20 gr 10 ₰ bei frankierten Briefen α) nach der Schweiz auf 30 km geradlinige Entfernung (Grenzverkehr) und β) nach den Vereinigten Staaten von Amerika „auf direktem Wege". — b) der Erhöhung der Gewichtsstufe von 15 auf 20 gr und der Herabsetzung des Portos für die höheren Gewichtsstufen von 20 auf 10 ₰ sind noch nicht alle Länder beigetreten, z. B. nicht: Griechenland, Italien, Montenegro, Russland.

d) Postanweisungen, Post-Giroverkehr und Post-Scheckverkehr.

Die Postanweisungsgebühr beträgt:

a) im inneren Verkehr von Bayern und im Verkehr mit den übrigen Staaten des Deutschen Reiches und den deutschen Schutzgebieten:

bis	5 M	10 Pf.,
über	5–100 M	20 Pf.,
„	100–200 M	30 Pf.,
„	200–400 M	40 Pf.,
„	400–600 M	50 Pf.,
„	600–800 M	60 Pf.

b) im Verkehr mit Luxemburg bis 100 M 20 Pf., bis 200 M 30 Pf., bis 400 M 40 Pf, bis 600 M 60 Pf., bis 800 M 80 Pf.

c) 10 Pf. für je 20 M bei Anweisungen nach den deutschen Postanstalten in China, Marokko und in der europäischen und asiatischen Türkei, ferner nach Dänemark, Oesterreich-Ungarn mit Liechtenstein, Bosnien-Herzegowina und Sandschak Novibazar.

d) 20 Pf. für je 40 M für Anweisungen nach Aegypten, Argentinische Republik, Belgien, Bolivien, Brasilien, Bulgarien, Chile, dänische Antillen, Frankreich, Griechenland, Honduras, Italien, Japan, Korea, Kreta, Liberia, Montenegro, Niederland, niederländische Antillen, Niederl. Guyana, Niederl. Indien, Norwegen, Peru, Portugal, Rumänien, Salvador, Schweden, Schweiz, Serbien, Siam, Tripolis, Türkei, Tunis, Uruguay, Vereinigte Staaten von Amerika. (Internationaler Einheitssatz.)

e) im Verkehr mit den dem internationalen Abkommen nicht beigetretenen Ländern 20 Pf. für je 20 M, z B. Grossbritannien, Russland, Australien, Canada, Transvaal.

f) bis 80 M 20 Pf. und darüber 20 Pf. für je 20 M im Verkehr nach Costa Rica.

g) 30 Pf. für je 20 M nach der portug Kolonie Macao und Britisch Neu-Guinea (Papua).

h) bis London 20 Pf. für je 20 M, dann Abzug vom eingez. Betrag 3 d für je 5 L nach den Britischen Kolonien und Britischen Postanstalten in fremden Ländern.

Der Absender einer Postanweisung kann im inneren deutschen Verkehr dem Empfänger zugleich mit der Postanweisung eine zur Empfangsbestätigung dienende Postkarte übermitteln, für welche er die Gebühr im voraus zu entrichten hat Das bezügliche ungestempelte Formular mit abtrennbarer Postkarte kostet 1 Pf.

Auf Postanweisungen eingezahlte Beträge können im inneren deutschen Verkehr und nach anderen Ländern auch auf telegraphischem Wege der Postanstalt am Bestimmungsorte zur Auszahlung überwiesen werden.

Post-Giroverkehr.

Einzahlung. An den Orten mit Königlicher Bankanstalt können ein- und auszuzahlende Postanweisungsbeträge im Wege der Giroübertragung beglichen werden. Das Verfahren bei der Einzahlung gestaltet sich verschieden, je nachdem für den Bankort die Einlieferung der Giro-Postanweisungen bei der Bankanstalt (Königl. Bank oder Reichsbankstelle), beim Giropostamt oder einem anderen Postamt zu erfolgen hat. Den postseits aufgestellten allgemeinen Bedingungen hat sich der Teilnehmer unterschriftlich zu unterwerfen. Im Falle der Auflieferung bei der Königl. Bankanstalt durch einen Girokunden derselben werden die frankierten Postanweisungen zusammen mit einem Verzeichnis verschlossen übergeben und wird die Bankanstalt auf Grund eines gleichzeitig abzuliefernden roten Schecks ersucht, den auf dem Umschlag verzeichneten Gesamtbetrag der Postanstalt zu überweisen. Die Bank vollzieht Belastung im Konto des Girokunden und Gutschrift im Konto des Giro-Postamtes. Letzteres lässt zu vereinbarter Stunde die verschlossen gebliebenen Postanweisungspäckchen bei der Bank abholen und in dem mitgebrachten Konto-Gegenbuch die Gutschrift noch einmal vollziehen. Das Giro-Postamt prüft den Inhalt und die Buchung, verarbeitet die Giro-Postanweisungen wie regelmässig aufgelieferte und sendet dem Teilnehmer das abquittierte Verzeichnis mit dem nächsten Zustellgange zu. In anderen Fällen und bei vorkommenden Unregelmässigkeiten ergeben sich sinngemässe Abweichungen.

Auszahlung. Das Giro-Postamt versieht die für Teilnehmer an der Auszahlungsüberweisung einlaufenden Postanweisungen mit dem Stempel „Giro" und sendet sie dem Kunden in verschlossenem Umschlage, auf dessen Vorderseite Stückzahl und Gesamtbetrag der Postanweisungen angegeben ist, mit einer Nachweisung der Einzelbeträge auf dem gewöhnlichen Zustellgange der Briefträger zu. Der Teilnehmer hat die Richtigkeit der Stückzahl und des Gesamtbetrages der Anweisungen in der Regel sogleich zu prüfen, die Abschnitte von den Postanweisungen abzutrennen und zurückzubehalten, auf dem Umschlage den Anerkennungsvermerk zu vollziehen. Eine Quittungsleistung auf den einzelnen Postanweisungen findet nicht statt. Der Briefträger bringt die Postanweisung mit Umschlag und Verzeichnis an das Giro-Postamt zurück, nachdem er für jede vom Empfänger angenommene Postanweisung eine Zustellgebühr von zwei Pfennigen eingehoben hat. Werktäglich einmal wird für Girokunden der Königl. Bank bei dieser die Uebertragung des Gesamtbetrages der seit der letzten Gutschrift für den Teilnehmer eingegangenen und von ihm angenommenen Postanweisungen von dem Post-Girokonto auf dasjenige des Teilnehmers veranlasst.

Post-Scheckverkehr.

Postscheckämter bestehen in München, Nürnberg, Ludwigshafen a. Rh., ferner in Berlin, Breslau, Cöln, Danzig, Frankfurt a. M., Hamburg, Hannover, Karlsruhe, Leipzig und Stuttgart. Auf Antrag und bei Einzahlung einer unverzinslichen Stammeinlage von 100 M bei einer Postanstalt kann bei einem oder bei mehreren Scheckämtern ein Scheckkonto eröffnet werden. — Einzahlungen können mittels Zahlkarte oder Postanweisung oder Ueberweisung von einem anderen Postscheckkonto bewirkt werden.

Hochstbetrag der Einzahlung bei Zahlkarten 10 000 M. Der Aufgeber der Zahlkarte hat keine Gebühr zu entrichten. — Rückzahlungen: Der Kontoinhaber kann über sein Guthaben, soweit es 100 M übersteigt, jederzeit bis zu 10 000 M mittels Schecks (zu beziehen von den Postscheckämtern in Blatt oder Kartenform, 1 Heft zu 50 Stück kostet 50 Pf.) oder durch Ueberweisung auf ein anderes Postscheckkonto verfügen. Hat der im Scheck bezeichnete Zahlungsempfänger selbst ein Postscheckkonto, so wird der Betrag dem Konto des Zahlungsempfängers gutgeschrieben, wenn nicht die „Barzahlung" ausdrücklich verlangt wird. Wird diese verlangt, oder hat der Zahlungsempfänger kein Postscheckkonto, so fertigt das Scheckamt für ihn, sofern ein Scheck in Blattform benützt wurde, eine Zahlungsanweisung aus, welche gleich einer Postanweisung zugestellt wird. Die Rückseite des Schecks in Kartenform dient nach entsprechender Behandlung durch das Postscheckamt zugleich als Zahlungsanweisung. — Die Ueberweisung geschieht mittels Ueberweisungsformular in Blattform (zur Versendung in Briefen) oder in Postkartenform (Giropostkarte zur offenen Versendung).

Es werden folgende Gebühren erhoben I. Bei Bareinzahlungen für je 500 M oder einen Teil dieser Summe 5 Pf. II. Für jede Barrückzahlung a) $1/_{10}$ vom Tausend der auszuzahlenden Beträge, b) ausserdem eine feste Gebühr von 5 Pf. III. Für jede Uebertragung von einem Konto auf ein anderes 3 Pf. — Zur Zahlung der Gebühr unter I ist der Zahlungsempfänger, zur Zahlung der Gebühren unter II und III der Kontoinhaber verpflichtet, von dessen Konto die Abschreibung erfolgt. IV Erheischt der Kontoverkehr eines Kontoinhabers jährlich mehr als 600 Buchungen, so wird ausser den unter I bis III aufgeführten Gebühren für jede weitere Buchung eine Zuschlagsgebühr von 7 Pf. erhoben. — Die Einziehung der Gebühren, sowie der für Formulare zu zahlenden Preise geschieht durch Abschreibung von dem zur Zahlung verpflichteten Konto. — Die Sendungen der Postscheckämter und der Postanstalten an die Kontoinhaber sowie die Sendungen zwischen den Postscheckämtern und den Postanstalten werden im Scheckverkehr als Postdienstsache portofrei befördert.

---

e) Telegraphenwesen.

Internationaler Telegraphenvertrag, abgeschl. zu St. Petersburg am 10./22. Juli 1875; hiezu Ausführungs-Uebereinkunft (Budapester Revision) vom 22. Juli 1896, in Kraft getreten am 1 Juli 1897 u. Aenderungen: Londoner Telegraphen-Konferenz vom Jahre 1903; Lissaboner Telegraphen-Konferenz 1908. — Internationaler Funkentelegraphenvertrag vom 3. Nov 1906. In Kraft getreten am 1 Juli 1908. — Gesetz über das Telegraphenwesen des Deutschen Reichs vom 6. April 1892. — Telegraphenwege-Gesetz vom 18. Dez. 1899. Bek. vom 11 April 1900, den Vollzug des Telegraphenwege-Gesetzes betr — Die Errichtung und den Betrieb von Privattelegraphen, Nebentelegraphen und besonderen Telegraphen. Bek. vom 3. August 1906. — Telegraphenordnung für das Deutsche Reich vom 16. Juni 1904. Aenderung vom 14. März 1905, 29. Juni

1908, 27. Mai 1909. — Telegraphenordnung für das Königreich Bayern vom 29. Juni 1904. Aenderung vom 25. März 1905, 23. April 1907, 29. Juni 1908, 9. Juni 1909.

1. Innerhalb des Deutschen Reiches und im Verkehr mit Oesterreich-Ungarn und mit Luxemburg beträgt die Wortgebühr 5 Pf., im Verkehr mit Belgien, Dänemark, Niederland und der Schweiz 10 Pf., mit Frankreich 12 Pf., mit Grossbritannien, Italien, Norwegen, Rumänien und Schweden 15 Pf. usf. Als Mindesttelegrammgebühr sind für Grossbritannien 80 Pf., im übrigen Telegrammverkehr 50 Pf. zu entrichten. Für Stadttelegramme beträgt in Bayern die Wortgebühr 3 Pf., die Mindestgebühr 30 Pf. Durch 5 nicht teilbare Beträge werden auf solche erhöht. Eine Gebührenquittung wird gegen Zahlung von 10 Pf. erteilt.

2. Die Wortlänge ist auf 15 Buchstaben oder 5 Ziffern, bei Telegrammen in verabredeter Sprache auf 10 Buchst. od. 5 Ziff. beschränkt. Interpunktionszeichen, Bindestriche und Apostrophe werden im inneren deutschen Verkehr, einzeln angewandt, kostenfrei mitbefördert. Im Auslandsverkehr werden sie nur auf Verlangen des Absenders mittelegraphiert und dann auch taxiert. Punkte, Kommas, Doppelpunkte, Bindestriche und Bruchstriche, zur Bildung von Zahlen benutzt, gelten als je 1 Ziffer, ebenso jeder Buchstabe, der den Ziffern angehängt wird, um sie als Ordnungszahlen zu bezeichnen, sowie den Hausnummern angehängte Buchstaben oder Ziffern in einer Adresse.

3. Als je ein Wort werden gezählt: 1. in der Adresse der Name der Bestimmungsanstalt mit Einschluss der etwaigen zusätzlichen Bezeichnung, 2. alle einzeln stehenden Zeichen, Buchstaben oder Ziffern, 3. das Unterstreichungszeichen, 4. Anfangs- und Schlussklammer zusammen, 5. Anführungszeichen zusammen, 6. die nachstehenden besonderen Abkürzungen, welche vor die Adresse zu setzen sind:

= D = für „dringend“. Gebühr für das Telegr.: dreifache eines gewöhnlichen Telegramms.

= RP = für „Antwort bezahlt“; Gebühr für die Antwort: jene für 10 Wörter (deutscher Verkehr Mindestgebühr).

= RPx = für „Antwort bezahlt für x Wörter; Gebühr für die Antwort: jene für die x Wörter usw.

= RPD = für „Dringende Antwort bezahlt“; Gebühr für die Antwort: jene für 30 Wörter usw.

= RPDx = für „Dringende Antwort bezahlt für x Wörter“; Gebühr für die Antwort: jene für 3 mal x Wörter.

= TC = für „Vergleichung“; Gebühr für die Vergleichung: ein Viertel der Gebühr für ein gewöhnliches Telegramm von gleicher Wortzahl.

= PC = für „telegraph. Empfangsanzeige“; Gebühr für die Empfangsanzeige: jene eines gewöhnlichen auf demselben Wege zu befördernden Telegramms von 5 Wörtern unter Berücksichtigung der Mindestgebühr.

= PCD = für dringende telegraphische Empfangsanzeige. Die Gebühr erhöht sich auf das dreifache.

= PCP = für „briefliche Empfangsanzeige" Hiefür sind im Verkehr mit dem Auslande 20 Pf. im voraus zu entrichten. Für briefl. Empfangsanzeigen des inneren deutschen Verkehrs wird eine besondere Gebühr nicht erhoben.

= FS = für „Nachsenden"; der Empfänger hat für die erfolgte Nachtelegraphierung die der Wortzahl entsprechende volle Telegrammgebühr zu entrichten.

= PR = für „Post eingeschrieben"; Gebühr. im internationalen Verkehr 40 Pf., im deutschen Verkehr 20 Pf

= XP = für „Eilbote bezahlt". Im deutschen Verkehr feste Gebühr 40 Pf. Im intern. Verkehr sind nur von einzelnen Verwaltungen feste vorauszuzahlende Gebühren bekannt gegeben. Ist dieses nicht der Fall und will der Aufgeber doch die Weiterbeförderungskosten vorauszahlen, so hat er den ihm richtig scheinenden Betrag zu erlegen und nach dem Vermerk XP in Frank (zu 80 Pf.) anzugeben.

= XPT = für „Eilbote bezahlt, telegraphische Meldung des Botenlohnes"; Gebühr für die telegr. Meldung: jene für ein Telegramm von 5 Wörtern unter Berücksichtigung der Mindestgebühr (intern. Verkehr).

= XPP = für „Eilbote bezahlt, briefliche Meldung des Botenlohnes; Gebühr für die briefl. Meldung: 20 Pf. (internat. Verkehr).

= RXP = für Eilbestellung des Antworttelegramms.

= XP = RXP = für Eilbestellung sowohl für das Ursprungs als auch für das Antworttelegramm.

= Ouvert = oder **= Offen =** das Telegramm ist unverschlossen zuzustellen.

= MP = für „eigenhändig zu bestellen".

= TR = für „telegraphenlagernd".

= Jour = oder **= Tages =** das Telegramm soll von 10 Uhr abends bis 6 Uhr morgens nicht zugestellt werden.

= Nuit = oder **= Nachts =** das Telegramm soll, wenn es nicht bei Tag ankommt, auch nachts zugestellt werden.

= GP = für „postlagernd"

= GPR = für „postlagernd eingeschrieben", Gebühr für die Einschreibung des postlagernden Telegrammes: 20 Pf. im deutschen, 40 Pf. im internat. Verkehr.

= TMx = für „x Aufschriften", Gebühr für das x mal vervielfältigte Telegramm an mehrere Empfänger an einem Orte, oder an mehrere Wohnungen eines Empfängers jene für das Telegramm unter Einrechnung aller Aufschriften + (x—1) mal 40 Pf. für je 100 Wörter.

= CTA = (communiquer toutes adresses) für zu vervielfältigende Telegramme, in denen dem Empfänger sämtliche Adressen mitzuteilen sind.

= Telephone = für Telegramme, die den Empfängern durch das Telephon zu übermitteln sind.

= Bft = für Brieftelegramme, d. s. Telegramme, die während der Nacht von 7—12 Uhr aufgeliefert, an grössere Orte in Deutschland telegraphisch befördert und in der für gewöhnliche Briefsendungen üblichen Weise zugestellt oder im Schalterfach (postlagernd) hinterlegt oder über grössere Orte hinaus innerhalb Deutschlands mit der Post weitergesendet werden; sie unterliegen einer Wortgebühr von 1 Pf. bzw. einer Mindestgebühr von 50 Pf.; Gebühr nach oben abzurunden. Die Wortzahl ist vom Absender anzugeben. Die Adresse hat bei Weitersendung beispielsweise zu lauten: = Bft = Post = Güterstation Langenzenn-Nürnberg.

Für Semaphortelegramme wird ein Zuschlag von 80 Pf. erhoben. Für Funkentelegramme werden ausser der gewöhnlichen Telegrammgebühr besondere Gebühren (Küsten- und Bordgebühren) erhoben.

Küstengebühr 15 Pf. für das Wort, mindestens 1,50 M.

Bordgebühr 35 Pf. für das Wort, mindest. 3,50 M (für die Schiffe der Kiel-Korsör-Linie 10 Pf. für das Wort, mindest. 1 M).

f) Telephon.

(Für den Telephonverkehr steht eine Neuregelung der Bestimmungen in Aussicht; 20. IV. 1910 Vorlage an den Reichstag und Ueberweisung an die Budgetkommission.)

g) Paketpostdienst

in Bayern und im Verkehr mit Reichspostgebiet Württemberg und Oesterreich-Ungarn.

Für **Briefe mit Wertangabe** ist zu entrichten:

1. Porto bis 10 Meilen 20 Pf., über 10 Meilen 40 Pf.,
2. Versicherungsgebühr für je 300 M 5 Pf., mindest. 10 Pf.

Für **Pakete** beträgt das Porto:

1. bei einem Gewichte bis zu 5 kg a) bis 10 Meilen Entfernung 25 Pf., b) über 10 Meilen 50 Pf.,
2. bei einem Gewichte von mehr als 5 kg für die ersten 5 kg die Sätze wie vorstehend unter 1, sodann für jedes Kilogramm oder einen Teil bis 10 Meilen 5 Pf., über 10 bis

20 Meilen 10 Pf., über 20—50 Meilen 20 Pf., über 50 bis 100 Meilen 30 Pf., über 100—150 Meilen 40 Pf., über 150 Meilen 50 Pf.

Im Verkehr mit anderen Ländern wird unterschieden zwischen Postpaketen und Postfrachtstücken. Für erstere besteht eine Gewichtsgrenze von 3 bzw. 5 kg. Die Taxe dieser Postpakete setzt sich im allgemeinen aus einer Gebühr zusammen, welche für jedes Paket soviel mal 40 Pf. beträgt, als Verwaltungen an der Landbeförderung teilnehmen, eintretenden Falls unter Hinzurechnung von Gebühren für die Seebeförderung. Das Paketporto beträgt bei Sendungen bis zu 5 kg: 70 Pf. nach Luxemburg; 80 Pf. nach Belgien, Dänemark, Frankreich, Niederlande und der Schweiz; 1,40 M nach Italien, Rumänien und Russland.

Für Bescheinigung der Aufgabe eines Paketes sind 10 Pf. zu entrichten.

---

h) Portofreiheiten, Portopflicht, Portoablösung, Dienstmarken, portopflichtige Dienstsachen u. Vergünstigungen im Post-, Telegraphen- und Telephonverkehr.

(GVBl. 1907, 1081—1140.)

1. Gesetz vom 5. Juni 1869 (BGBl. 141) betr. die Portofreiheiten im Gebiete des Norddeutschen Bundes.

2. Gesetz vom 29. Mai 1872 (RGBl. 167) Ausdehnung des Norddeutschen Bundes-Gesetzes auf den Verkehr zwischen Bayern und Württemberg einerseits und den übrigen Teilen des Deutschen Reiches andererseits, sowie auf den Verkehr zwischen Bayern einerseits und Württemberg andererseits.

3. Kaiserliche Verordnung vom 2. Juli 1877 (RGBl. 524) die gebührenfreie Beförderung von Telegrammen betreffend. Gültigkeit im deutschen Wechselverkehr.

4. Gesetz vom 22. Dez. 1907 (GVBl. 1081) Aufhebung der auf bayerischen Gesetzen beruhenden Postportofreiheiten.

5. K. Allerh. Verordnung vom 22. Dez. 1907 (GVBl. 1082) Ausdehnung der hauptsächlichsten Bestimmungen des Gesetzes vom 5. Juni 1869 und des Regulativs hiezu auf den innerbayerischen Postverkehr. Ausdehnung der Kaiserl. Verordnung vom 2. Juni 1877 auf den innerbayerischen Telegrammverkehr. Anderweitige grundlegende Bestimmungen über Gebührenfreiheiten im Post- und Telegraphenverkehr und Vergünstigungen im Telegraphen- und Telephonverkehr. Ausserkraftsetzung aller in dieser Verordnung nicht aufrecht erhaltenen Portofreiheiten und Vergünstigungen, die für den innerbayerischen Post-, Telegramm- und Telephonverkehr bisher zugestanden waren, Ermächtigung der Staatsregierung, zu bestimmen: 1. inwieweit und in welcher Weise das Porto und die sonstigen Gebühren für die Postsendungen, Telegramme und Telephongespräche der nicht unmittelbaren Stellen auf die Staatskasse übernommen werden; 2. dass an Stelle der dem Staate zur Last fallenden Portobeträge und sonstigen Postgebühren für die einzelnen Sendungen Bauschsummen auf die Kgl. Post- und Telegraphenverwaltung bezahlt werden.

6. Bekanntmachung sämtlicher bayerischen Ministerien vom 25. Dez. 1907, den Vollzug des Gesetzes über die Postportofrei-

heit und die Vergünstigungen im Telegramm- und Telephonverkehr vom gleichen Tage betreffend. GVBl. 1085.

Für abgehende und für ankommende Sendungen geniessen demnach Portofreiheit im innerbayerischen Verkehr: 1. die regierenden Fürsten des Deutschen Reichs, ihre Gemahlinnen und Witwen, und die Mitglieder des Kgl. Hauses; 2. die Reichsbehörden in reinen Reichsdienstangelegenheiten; 3. die Militär-, die Reichs- und die unmittelbaren und mittelbaren Staatsbehörden (einschl. der Gemeindebehörden, Gendarmen und städtischen Garnisonsverwaltungen) in Militär- und Marineangelegenheiten; 4. die Kgl. bayer. Postbehörden und -Anstalten und die Kgl. bayer. Telegraphenbehörden und -Anstalten in Post- und Telegraphen-Dienstangelegenheiten. Hiezu Bekanntmachung vom 30. März 1908 und 22. Juni 1908 (GVBl. 252 u. 325).

Für die portopflichtigen Sendungen werden im Bereiche aller Zivil-Staatsverwaltungen mit Ausnahme der Eisenbahnverwaltung von den Staatsministerien Bauschsummen an die Postverwaltung gezahlt. Die Sendungen müssen mit dem Ablösungs-Vermerk „Frei durch Ablösung" versehen werden. In der unter Ziffer 6 angeführten Bekanntmachung sämtlicher bayer. Ministerien sind die Behörden und Stellen der bayer. Zivilstaatsverwaltungen in Verzeichnissen I—IV zusammengestellt. Die im Verzeichnis I aufgeführten Behörden usw. können innerhalb des Deutschen Reiches die portopflichtigen Sendungen mit dem Ablösungsvermerk aufgeben, gleichviel an welche Adresse die Sendung gerichtet ist. Für die übrigen Behörden usw. bestehen hierin Beschränkungen. So können z. B. die im Verzeichnis II u. a. aufgeführten Gemeindebehörden den Ablösungsvermerk nur bei portopflichtigen Sendungen an die in den Verzeichnissen I und III aufgeführten Behörden usw. anwenden, nicht aber auch bei Sendungen an die übrigen in den Verzeichnissen II und IV aufgeführten Behörden und Stellen, sohin auch nicht an andere Gemeindebehörden oder Private.

Die Eisenbahnverwaltung verwendet Dienstmarken (Frankomarken mit aufgedrucktem E) zur Frankierung portopflichtiger Sendungen.

Die Portoablösung ist nur zur Erleichterung des behördlichen Verkehrs bestimmt. Sie soll nicht dazu führen, dass auch Private zu Lasten der Staatskasse von Portokosten befreit werden. Sendungen in reinen Parteisachen sind mit dem Portoablösungsvermerk zu versehen. Es sind jedoch die Postgebühren für diese Sendungen insgesamt von der abrechnenden Stelle zusammen mit den in der Sache erwachsenden sonstigen Gebühren und Auslagen einzuheben. Daneben bestehen noch die Bestimmungen in § 10 Ziffer III der Postordnung für das Königreich Bayern GVBl. 1900 S. 235 und Abänderungen:

7. Ausfertigungen von Staats-, Gemeinde- und kirchlichen Behörden oder von alleinstehenden Beamten, die eine solche Behörde vertreten, in portopflichtigen Dienstsachen, für welche das Porto bei der Abgabe vom Empfänger zu zahlen ist, werden nur mit dem bei frankierter Absendung zu erhebenden Porto belegt, wenn dieselben mit dem amtlichen Siegel oder Stempel oder mit einer amtlichen Siegelmarke versehen sind und in der Aufschrift die Bezeichnung „Portopflichtige Dienstsache" tragen. In Ermangelung eines Dienstsiegels oder Dienststempels

oder einer amtlichen Siegelmarke ist eine entsprechende Bemerkung mit der Unterschrift des Namens und der Amtseigenschaft des absendenden Beamten beizufugen. Die Kaiserlichen Gouvernements und die ihnen unterstellten öffentlichen Behörden in den deutschen Schutzgebieten sind berechtigt, ihre dienstlichen Briefsendungen innerhalb der Schutzgebiete sowie nach dem Mutterland unter der Bezeichnung „Portopflichtige Dienstsache“ zu versenden. Die gleiche Berechtigung steht auch den öffentlichen Behörden für den Verkehr von Deutschland nach den Schutzgebieten zu. Zur Anwendung der im inneren Verkehre von Bayern und ebenso im deutschen Wechselverkehre zulässigen Bezeichnung „Portopflichtige Dienstsache“ sind auch berechtigt die Geistlichen und öffentlichen Lehrer in Ausübung ihrer dienstlichen Funktionen, die Handelskammern, die Handwerkskammern, die Vorstände der Anwaltskammern und der Invalidenversicherungsanstalten, die Reichsbankanstalten und die Gerichtsvollzieher (auch bei Briefen, welche die Vornahme freiwilliger Versteigerungen betreffen), sowie diejenigen Personen, welche die Pflicht haben Anzeigen über Fälle von ansteckenden Krankheiten an die zuständige Polizeibehörde zu erstatten, zu diesen Meldungen auf Postkartenformular.

8. Soldatenbriefe, Feldpostbriefe, Feldpostkarten. Post-Portovergünstigungen bestehen für Sendungen, welche vom Absender mit dem Vermerk „Soldatenbrief. Eigene Angelegenheit des Empfängers“ versehen wurden, an Invaliden in Invalidenhäusern und an die in Reih und Glied stehenden Soldaten und Matrosen bis zum Feldwebel oder Wachtmeister aufwärts usw. und zwar: 1. für gewöhnliche Briefe bis zu 60 g und Postkarten wird kein Porto erhoben; 2. für Postanweisungen bis zu 15 M sind 10 Pf. zu entrichten; 3. für gewöhnliche Pakete bis zum Gewicht von 3 kg beträgt das Porto 20 Pf. Im Verkehr mit Angehörigen der Kaiserlichen Schutztruppen in Deutsch-Südwestafrika sind Briefe („Feldpostbriefe“) bis 50 g und „Feldpostkarten“ portofrei. Neben dem Namen ist die Angabe des Dienstgrades, Truppenteils oder Kriegsschiffes erforderlich.

Vergünstigungen im Telegrammverkehr.

Behörden mit grösserem Telegrammverkehr können auch von der Einrichtung der Telegrammgebühren-Stundung gemäss § 16 Ziffer IV der Telegraphenordnung für das Königreich Bayern (GVBl. 1904, 195) gegen Bezahlung der dort festgesetzten Gebühren Gebrauch machen. Zur Einzahlung eines Vorschusses sind sie nicht verpflichtet.

Den in dem Verzeichnis II aufgeführten, nicht zu den unmittelbaren Staatsbehörden zählenden Absendern werden die Auslagen, die ihnen durch Absendung von Telegrammen in reinen Staatsdienstangelegenheiten und in Polizeisachen erwachsen, aus der Staatskasse rückersetzt. Zu diesem Behufe haben sie allmonatlich ein Verzeichnis jener Telegramme herzustellen, die nach ihren Aufzeichnungen in reinen Staatsdienstangelegenheiten oder in Polizeisachen von ihnen abgeschickt wurden. Das Verzeichnis ist mit der Bestätigung, dass es sich bei den verzeichneten Telegrammen um reine Staatsdienstangelegenheiten oder um Polizeisachen handelte, zu versehen und unter Beifügung der von der Post erteilten Telegrammaufgabebescheinigungen der vorgesetzten Behörde (Bezirksamt usw.) vorzulegen. Diese hat nach

Prüfung der Vorlagen für Auszahlung der ausgewiesenen Gebührenbeträge durch die zuständige Kasse zu sorgen. Die von der Post erteilten Telegrammaufgabebescheinigungen sind zurückzugeben.

Vergünstigungen im Telephonverkehr.

Den im Verzeichnis II als Absender aufgeführten, nicht zu den unmittelbaren Staatsbehörden zählenden Stellen, Behörden und Organen werden die Auslagen, die ihnen durch Führung von Telephongesprächen in reinen Staatsdienstangelegenheiten und in Polizeisachen erwachsen, aus der Staatskasse rückersetzt. Zu diesem Behufe haben sie aus den Rechnungen, die ihnen von der Postverwaltung übermittelt werden, allmonatlich ein Verzeichnis jener Gespräche herzustellen, die nach ihren Aufschreibungen in reinen Staatsdienstangelegenheiten oder in Polizeisachen geführt worden sind. Sonderrechnungen über derartige Gespräche werden von der Postverwaltung nicht mehr erstellt. Das Verzeichnis ist mit der Bestätigung, dass es sich bei den verzeichneten Gesprächen um reine Staatsdienstangelegenheiten oder um Polizeisachen handelte, zu versehen und unter Beifügung der von der Post erstellten Originalrechnung der vorgesetzten Behörde (Bezirksamt usw.) vorzulegen. Diese hat nach Prüfung der Vorlagen für Auszahlung der ausgewiesenen Gebührenbeträge durch die zuständige Kasse zu sorgen. Die Originalrechnung der Post ist zurückzugeben.

---

i) Zeitungsdienst.

Die Zeitungsgebühr beträgt:

a) 2 Pf. für jeden Monat der Bezugszeit, sohin jährlich 24 Pf.,

b) 15 Pf. jährlich für das wöchentlich einmalige oder seltenere Erscheinen, sowie
15 Pf. jährlich mehr für jede weitere Ausgabe in der Woche,

c) 10 Pf. jährlich für jedes kg des Jahresgewichts unter Gewährung eines Freigewichts von je 1 kg jährlich für so viele Ausgaben, wie der Gebühr zu b unterliegen.

Gewöhnliche Beilagen, die als Bestandteil der Zeitung zu erachten sind, werden ohne besondere Gebühr mitbefördert.

Für aussergewöhnliche Zeitungsbeilagen beträgt die Gebühr $^1/_2$ Pf. für je 25 gr jedes einzelnen Beilage-Exemplars.

Für die Zustellung sind im Orts- und Landzustellbezirke für jedes Exemplar monatlich zu entrichten: für Zeitungen, die seltener als wöchentlich einmal zugestellt werden 2 Pf., bei wöchentlich 1, 2, 3, 4, 5 maliger Zustellung 4, 6, 8, 10, 12 Pf., bei 6 und 7 maliger Zustellung 14 Pf., bei 8, 9, 10, 11 maliger Zustellung 16, 18, 20, 22 Pf., bei 12 bis 14 maliger Zustellung 24 Pf. usf.

Die Ueberweisung an einen andern Postort kostet 50 Pf., ebensoviel jede folgende, aber die Rücküberweisung ist frei.

---

35. Giro- und Scheckverkehr.

A. Giroverkehr der Rentämter.

I. Den am Sitze einer K. Bankanstalt befindlichen Rentämtern Amberg, Ansbach, Aschaffenburg, Augsburg, Bamberg, Bayreuth, Fürth, Hof, Ingolstadt, Kaiserslautern, Kempten, Landshut, Ludwigshafen, München, Nürnberg, Passau, Regensburg, Rosenheim, Schweinfurt, Straubing und Würzburg sind Girokonten bei der K. Bankanstalt ihres Dienstsitzes eröffnet.

Vgl. FMB. vom 25. März 1909, FMBl. 345, FME. vom 15. Juli 1905 Nr 17 062 (Dienstanweisung), FMB. vom 11. März 1909 Nr. 1103 Abs. 3.

II. Übersicht über die Einteilung, nach welcher den nicht am Sitze einer K. Bankanstalt befindlichen Rentämtern bei den einzelnen K. Bankanstalten Girokonten eröffnet sind.

Nr.	Bankanstalten	Rentämter
1	K. Hauptbank Nürnberg	Altdorf, Beilngries, Greding, Hersbruck, Hilpoltstein, Neumarkt, Schwabach, Spalt, Weissenburg
2	K. Filialbank Amberg	Cham, Kastl, Nabburg, Neunburg v. W., Sulzbach, Vohenstrauss, Waldmünchen, Weiden.
3	K. Filialbank Ansbach	Dinkelsbühl, Feuchtwangen, Gunzenhausen, Heidenheim, Heilsbronn, Herrieden, Rothenburg, Uffenheim, Wassertrüdingen.
4	K. Filialbank Aschaffenburg	Amorbach, Klingenberg, Lengfurt.
5	K. Filialbank Augsburg	Buchloe, Burgau, Dillingen, Donauwörth, Günzburg, Höchstädt, Krumbach, Lauingen, Monheim, Neu-Ulm, Nördlingen, Oettingen, Schwabmünchen, Wertingen, Zusmarshausen.
6	K. Filialbank Bamberg	Burgwindheim, Ebermannstadt, Ebern, Forchheim, Höchstadt a. Aisch, Kronach, Lichtenfels, Rothenkirchen, Schesslitz, Staffelstein, Weismain, Zeil.
7	K. Filialbank Bayreuth	Auerbach, Eschenbach, Kemnath, Kulmbach, Pegnitz, Pottenstein, Marktschorgast, Stadtsteinach, Thurnau, Waischenfeld.

Nr.	Bank-anstalten	Rentämter
8	K. Filialbank Fürth	Cadolzburg, Erlangen Herzogenaurach, Markt-Bibart, Markt-Erlbach, Neunkirchen, Neustadt a. Aisch, Windsheim.
9	K. Filialbank Hof	Lichtenberg, Münchberg, Selb, Tirschenreuth, Waldsassen, Wunsiedel.
10	K. Filialbank Ingolstadt	Eichstätt, Kipfenberg, Neuburg a. D., Neustadt a. D., Pfaffenhofen, Rain, Riedenburg, Schrobenhausen.
11	K. Filialbank Kaiserslautern	Blieskastel, Homburg, St. Ingbert, Kirchheimbolanden, Kusel, Landstuhl, Lauterecken, Obermoschel, Winnweiler, Zweibrücken.
12	K. Filialbank Kempten	Füssen, Illertissen, Immenstadt, Kaufbeuren, Lindau, Memmingen, Mindelheim, Oberdorf, Ottobeuren, Türkheim, Weissenhorn.
13	K. Filialbank Landshut	Dingolfing, Eggenfelden, Landau a. I., Moosburg, Mühldorf, Vilsbiburg.
14	K. Filialbank Ludwigshafen a. Rh.	Dürkheim, Edenkoben, Frankenthal, Germersheim, Grünstadt, Landau, Neustadt a. H., Speyer.
15	K. Filialbank München	Aichach, Bruck, Dachau, Ebersberg, Erding, Freising, Friedberg, Garmisch, Landsberg, Miesbach, Schongau, Starnberg, Tölz, Weilheim, Wolfratshausen.
16	K. Filialbank Passau	Freyung, Griesbach, Obernzell, Pfarrkirchen, Schönberg, Simbach, Vilshofen.
17	K. Filialbank Pirmasens	Annweiler, Bergzabern, Dahn, Kandel.
18	K. Filialbank Regensburg	Burglengenfeld, Hemau, Kelheim, Velburg, Walderbach.
19	K. Filialbank Rosenheim	Aibling, Berchtesgaden, Burghausen, Laufen, Traunstein, Trostberg, Wasserburg.
20	K. Filialbank Schweinfurt	Gerolzhofen, Hofheim, Bad Kissingen, Königshofen i. Gr., Mellrichstadt, Münnerstadt, Neustadt a. S., Werneck.
21	K. Filialbank Straubing	Deggendorf, Kötzting, Mallersdorf, Mitterfels, Viechtach, Zwiesel.
22	K. Filialbank Würzburg	Arnstein, Brückenau, Dettelbach, Gemünden, Hammelburg, Karlstadt, Kitzingen, Lohr, Ochsenfurt, Röttingen, Volkach.

Vgl. FMB. vom 25. März 1909 FMBl. 345, FME. vom 11. März 1909 Nr. 1103 (Dienstanweisung). FMB. vom 12. Nov. 1911 S. 615.

III. Entrichtung der Reichsstempelabgabe für weisse Schecks und Quittungen über Barabhebungen· FME. vom 1 Oktober 1909 FMBl. 1909 S. 604. Verrechnung-Nachweisung 21 Kap. 3.

B. Post-Ueberweisungs- und Scheckverkehr der staatlichen Behörden.

I. Die Zentralstaatskassa, das Katasterbureau, das Hauptmünzamt, die Bergwerkshauptkassa, die Kreiskassen, die Rentämter, das Hofbräuamt und die Berg-, Hütten- und Salinenämter — FMB. vom 17. August 1909 FMBl. 1909 S. 561.

II. Die Gerichte und Strafanstalten — JFMB. vom 11. Aug. 1910 FMBl. 1910 S. 240.

III. Die den Ministerien des Aeusseren und des Innern unterstehenden Stellen und Behörden — AeInnMB. vom 21. Febr. 1910 FMBl. 1910 S. 43 — (soweit für das einzelne Amt ein Bedürfnis besteht) sind dem Post-Ueberweisungs- und -Scheckverkehr angeschlossen. (Die unter Ziff III erwähnten Stellen können sich auch an den Giroverkehr mit den K. Bankanstalten anschliessen — Stempelpflicht der Schecks: MABl. 1909 S. 824.)

Die Aemter der Finanzverwaltung (Ziff. I) und die Gerichte und Strafanstalten (Ziff. II), welche ihren Sitz in den Regierungsbezirken Oberbayern, Niederbayern und Schwaben haben, gehören zum Postscheckamt München, die Finanzämter, Gerichte und Strafanstalten der Pfalz zum Postscheckamt Ludwigshafen, alle übrigen Finanzämter, Gerichte und Strafanstalten zum Postscheckamt Nürnberg. — Die unter Ziff. III erwähnten Behörden haben sich bei demjenigen Postscheckamt (K. Bankanstalt) anzuschliessen, welches für sie die günstigste Verkehrsverbindung besitzt.

Zahlkarten bayerischer Staatskassen über höhere Beträge als 10 000 M. zulässig: FMBl. 1910 S. 170. Abgabe von Formularien zu Zahlungsanweisungen (Sammelschecks): FMBl. 1910 S. 106.

Die Steuereinnehmereien Ludwigshafen I, II, III und IV sind bei dem Postscheckamt Ludwigshafen an den Postscheckverkehr angeschlossen. (FME. vom 17. August 1909 Nr 24 317/V und E. der Reg. d. Pfalz vom 8. April 1911 Nr 24 824/V.)

---

36. Vergleichende Uebersicht der Münzen, Masse und Gewichte.

1. Münz-Umrechnungs-Tabelle.

a) der alten südd. Währung in die Reichswährung.

Stück	Mark Pfennig u. 1/7 Pf	Stück	Mark Pfennig u. 1/7 Pf.	Stück	Mark Pfennig u. 1/7 Pf.
Heller		**Kreuzer**		**Kreuzer**	
1	0,00$_2$¹/₂	24	0,68$_4$	55	1,57$_1$
2	0,00$_5$	25	0,71$_3$	56	1,60$_0$
3	0,01¹/₂	26	0,74$_2$	57	1,62$_6$
4	0,01$_3$	27	0,77$_1$	58	1,65$_5$
5	0,01$_5$¹/₂	28	0,80$_0$	59	1,68$_4$
6	0,02$_1$	29	0,82$_6$	**Gulden**	
7	0,02$_3$¹/₂	30	0,85$_5$	1	1,71$_3$
Kreuzer		31	0,88$_4$	2	3,42$_6$
1	0,02$_6$	32	0,91$_3$	3	5,14$_2$
2	0,05$_5$	33	0,94$_2$	4	6,85$_5$
3	0,08$_4$	34	0,97$_1$	5	8,57$_1$
4	0,11$_3$	35	1,00$_0$	6	10,28$_4$
5	0,14$_2$	36	1,02$_6$	7	12,00$_0$
6	0,17$_1$	37	1,03$_5$	8	13,71$_3$
7	0,20$_0$	38	1,08$_4$	9	15,42$_6$
8	0,22$_6$	39	1,11$_3$	10	17,14$_2$
9	0,25$_5$	40	1,14$_2$	11	18,85$_5$
10	0,28$_4$	41	1,17$_1$	12	20,57$_1$
11	0,31$_3$	42	1,20$_0$	13	22,28$_4$
12	0,34$_2$	43	1,22$_6$	14	24,00$_0$
13	0,37$_1$	44	1,25$_5$	15	25,71$_3$
14	0,40$_0$	45	1,28$_4$	16	27,42$_6$
15	0,42$_6$	46	1,31$_3$	17	29,14$_2$
16	0,45$_5$	47	1,34$_2$	18	30,85$_5$
17	0,48$_4$	48	1,37$_1$	19	32,57$_1$
18	0,51$_3$	49	1,40$_0$	20	34,28$_4$
19	0,54$_2$	50	1,42$_6$	21	36,00$_0$
20	0,57$_1$	51	1,45$_5$	22	37,71$_3$
21	0,60$_0$	52	1,48$_4$	23	39,42$_6$
22	0,62$_6$	53	1,51$_3$	24	41,14$_2$
23	0,65$_5$	54	1,54$_2$		

Stück	Mark, Pfennig u. 1/7 Pf.	Stück	Mark, Pfennig u. 1/7 Pf.	Stück	Mark, Pfennig u. 1/7 Pf.
Gulden		**Gulden**		**Gulden**	
25	$42,85_5$	51	$87,42_6$	77	$132,00_0$
26	$44,57_2$	52	$89,14_2$	78	$133,71_8$
27	$46,28_5$	53	$90,85_5$	79	$135,42_6$
28	$48,00_1$	54	$92,57_1$	80	$137,14_2$
29	$49,71_4$	55	$94,28_4$	81	$138,85_5$
30	$51,42_0$	56	$96,00_0$	82	$140,57_1$
31	$53,14_6$	57	$97,71_8$	83	$142,28_4$
32	$54,85_5$	58	$99,42_6$	84	$144,00_0$
33	$56,57_1$	59	$101,14_2$	85	$145,71_8$
34	$58,28_4$	60	$102,85_5$	86	$147,72_6$
35	$60,00_0$	61	$104,57_1$	87	$149,14_2$
36	$61,71_0$	62	$106,28_4$	88	$150,85_5$
37	$63,42_8$	63	$108,00_0$	89	$152,57_1$
38	$65,14_6$	64	$109,71_8$	90	$154,28_4$
39	$66,85_8$	65	$111,42_6$	91	$156,00_0$
40	$68,57_1$	66	$113,14_2$	92	$157,71_8$
41	$70,28_6$	67	$114,85_5$	93	$159,42_6$
42	$72,00_4$	68	$116,57_1$	94	$161,14_2$
43	$73,21_2$	69	$118,28_4$	95	$162,85_5$
44	$75,42_6$	70	$120,00_0$	96	$164,57_1$
45	$77,14_2$	71	$121,71_8$	97	$166,28_4$
46	$78,85_5$	72	$123,42_6$	98	$168,00_0$
47	$80,57_1$	73	$125,14_2$	99	$169,71_8$
48	$82,28_8$	74	$126,85_5$	100	$171,42_6$
49	$84,00_0$	75	$128,57_1$		
50	$85,71_8$	76	$130,28_4$		

b) ausländischer Währungen in Mark und Pfg.

Belgien, Frankreich, Luxemburg, Schweiz 1 Frank zu 100 Cent. = 80 Pfg. **Deutsch-Ostafrika** 1 Rupie = 1 M 35 Pfg. **Dänemark, Norwegen, Schweden** 1 Krone zu 100 Oere = 1 M 12,5 Pfg. **Finnland** 1 Mark = 80 Pfg. **Griechenland** 1 Drachme zu 100 Lepta = 1 Frank = 80 Pfg. **Grossbritannien u. Irland** 1 Pfd. Sterling zu 20 Schilling zu 12 Pence = 20 M 40 Pfg. **Indien** 1 Rupie = 1 M 35 Pfg. **Italien** 1 Lira zu 100 Centesimi = 80 Pfg. **Japan** 1 Yen = 2 M 10 Pfg., 1 alter Goldyen = 4 M 20 Pfg. **Mexiko** 1 Golddollar = 2 M 10 Pfg. **Niederlande** 1 Gulden zu 100 Cents = 1 M 70 Pfg. **Oesterreich u. Liechtenstein** 1 Gulden = 100 Kreuzer = 2 Kr. = 1 M 70 Pfg. (Währung) und 2 M (Gold); 1 Krone = 100 Heller 85 Pfg. **Portugal** 1 Milreïs zu 1000 Reïs = 4 M 50 Pfg. **Rumänien** 1 Piaster = 30 Pfg., 1 Leu zu 100 Bann-Para = 80 Pfg. **Russland** 1 Silberrubel zu 100 Kopeken = 2 M 16 Pfg., 1 Goldrubel = 3 M 20 Pfg. **Spanien** 1 Peseta zu 100 Cents = 80 Pfg., 1 Duro zu 20 Reales = 4 M. 14 Pfg., 1 Piaster zu 100 Cents = 4 M, 100 span. Realen = 21 M. **Türkei** 1 Piaster zu 40 Para zu 3 Kurant-Asper = 18 Pfg. **Ver. Staaten v. Nordamerika** 1 Dollar zu 100 Cents = 4 M 25 Pfg.

2. Masse und Gewichte.

Nach der am 1. April 1912 in Kraft tretenden Mass- und Gewichtsordnung vom 30. Mai 1908 (RGBl. 349).

a) Die Grundlagen des Masses und des Gewichts.

Diese bilden das Meter und das Kilogramm. Das Meter ist der Abstand zwischen den Endstrichen des internationalen Meterprototyps bei der Temperatur des schmelzenden Eises. Das Kilogramm ist die Masse des internationalen Kilogrammprototyps. Als deutsches Urmass gilt derjenige mit dem Prototyp für das Meter verglichene Massstab aus Platin-Iridium, welcher durch die Internationale Generalkonferenz für Mass und Gewicht dem Deutschen Reiche als nationales Prototyp überwiesen worden ist. Er wird von der Kaiserlichen Normal-Eichungskommission aufbewahrt. Als deutsches Urgewicht gilt dasjenige mit dem Prototyp für das Kilogramm verglichene Gewichtsstück aus Platin-Iridium, welches durch die Internationale Generalkonferenz für Mass und Gewicht dem Deutschen Reiche als nationales Prototyp überwiesen worden ist, es wird von der Kaiserlichen Normal-Eichungskommission aufbewahrt.

b) Die Längenmasse.

Das Meter; das Dezimeter = der zehnte Teil des Meters; das Zentimeter = der hundertste Teil des Meters, das Millimeter = der tausendste Teil des Meters, das Kilometer = 1000 Meter.

c) Die Flächenmasse.

Das Quadratmeter, d. i. die aus dem Meter gebildete Einheit des Flächenmasses; das Quadratdezimeter = der hundertste Teil des Quadratmeters; das Qudratzentimeter = der hundertste Teil des Quadratdezimeters; das Quadratmillimeter = der hundertste Teil des Quadratzentimeters, das Ar = 100 Quadratmeter, das Hektar = 100 Ar; das Quadratkilometer = 100 Hektar.

d) Die Körpermasse.

Das Kubikmeter, d. i. aus dem Meter gebildete Einheit des Körpermasses, das Kubikdezimeter = der tausendste Teil des Kubikmeters; das Kubikzentimeter = der tausendste Teil des Kubikdezimeters, das Kubikmillimeter = der tausendste Teil des Kubikzentimeters das Liter, d. i. der von einem Kilogramm reinen Wassers bei seiner grössten Dichte unter dem Druck einer Atmosphäre eingenommene Raum; das Milliliter = der tausendste Teil eines Liters, das Hektoliter = 100 Liter.

e) Die Gewichte.

Das Kilogramm s. oben a; das Gramm = der tausendste Teil des Kilogramms; das Milligramm = der tausendste Teil des Grammes, das Hektogramm = 100 Gramm, der Doppelzentner = 100 Kilogramm; die Tonne = 1000 Kilogramm.

3. Tabelle für die Umrechnung der älteren bayerischen Masse in die der Mass- u. Gewichtsordnung.

a) Längenmasse.

1 bayerischer Fuss zu 12 Zoll oder zu 144 Linien = 0,2 918 592 Meter, 1 Zoll = 2,43 216 Zentimeter; 1 Linie = 2,0268 Millimeter, 1 bayer. Klafter zu 6 Fuss = 1,751 155 Meter, 1 geometrische Rute zu 10 Fuss = 2,918 592 Meter; 1 bayer. Elle zu 2 Fuss $10^1/_4$ Zoll = 0,833 015 Meter; 1 geometrische Stunde, Post- oder Wegstunde = 12 703 Fuss = 3,70 749 Kilometer.

b) Flächenmasse.

1 bayer. Quadratfuss zu 144 Quadratzollen = 0,085 182 Quadratmeter, 1 Quadratzoll = 5,9154 Quadratzentimeter; 1 Quadratlinie = 4,1079 Quadratmillimeter; 1 Quadratklafter zu 36 Quadratfuss = 3,0665 Quadratmeter, 1 Quadratrute zu 100 Quadratfuss = 8,5182 Quadratmeter; 1 Tagwerk oder Morgen zu 400 Quadratruten = 34,07 272 Ar

c) Körpermasse.

1 Kubikfuss = 0,24 861 Kubikmeter; 1 Kubikzoll = 14,38 721 Kubikzentimeter.

d) Getreidemasse.

1 bayer. Metzen zu $34^2/_3$ Masskannen = 37,0596 Liter. $^1/_2$ bayer. Metzen (Viertel genannt) = 18,5298 Liter; $^1/_4$ bayer. Metzen (halbes Viertel) genannt = 9,2649 Liter; $^1/_8$ bayer. Metzen (Massl genannt) = 4,6325 Liter, $^1/_{16}$ bayer. Metzen (halbes Massl genannt) = 2,3162 Liter; $^1/_{32}$ bayer. Metzen (Dreissiger genannt) = 1,1581 Liter; 6 Metzen Mass (Schäffel genannt) = 2,22 358 Hektoliter.

e) Handelsgewicht.

1 bayer. Pfund zu 32 Lot = 560 Gramm, 1 Lot à 4 Quentchen = 17,5 Gramm, 1 Quentchen = 4,375 Gramm, 1 Zentner zu 100 Pfunden = 56 Kilogramm.

f) Holzmass.

1 bayer. Normalklafter = 3,13 250 Ster (cbm), 1 Pfälzer Klafter = 3,58 Ster (cbm).

37. Zinsen-

a) nach dem

Kapital	Zu 3 %					Zu 3½ %					Zu 4 %				
	1 Tag	1 Monat		1 Jahr		1 Tag	1 Monat		1 Jahr		1 Tag	1 Monat		1 Jahr	
M	₰	M	₰	M	₰	₰	M	₰	M	₰	₰	M	₰	M	₰
1	—		—		3	—		—		3	—		—		4
2	—		—		6	—		1		7	—		1		8
3	—		1		9	—		1		10	—		1		12
4	—		1		12	—		1		14	—		1		16
5	—		1		15	—		1		17	—		2		20
6	—		1		18	—		2		21	—		2		24
7	—		2		21	—		2		24	—		2		28
8	—		2		24	—		2		28	—		3		32
9	—		2		27	—		3		31	—		3		36
10	—		2		30	—		3		35	—		3		40
20	—		5		60	—		6		70	—		7		80
30	—		7		90	—		9	1	05	—		10	1	20
40	—		10	1	20	—		12	1	40	—		13	1	60
50	—		12	1	50	—		14	1	75	—		17	2	—
60	—		15	1	80	—		17	2	10	1		20	2	40
70	—		17	2	10	1		20	2	45	1		23	2	80
80	—		20	2	40	1		23	2	80	1		27	3	20
90	1		22	2	70	1		26	3	15	1		30	3	60
100	1		25	3	—	1		29	3	50	1		33	4	—
200	2		50	6	—	2		58	7	—	2		67	8	—
300	3		75	9	—	3		87	10	50	3	1	—	12	—
400	3	1	—	12	—	4	1	17	14	—	4	1	33	16	—
500	4	1	25	15	—	5	1	46	17	50	5	1	67	20	—
600	5	1	50	18	—	6	1	75	21	—	7	2	—	24	—
700	6	1	75	21	—	7	2	04	24	50	8	2	33	28	—
800	7	2	—	24	—	8	2	33	28	—	9	2	67	32	—
900	7	2	25	27	—	9	2	62	31	50	10	3	—	36	—
1000	8	2	50	30	—	10	2	92	35	—	11	3	33	40	—
2000	17	5	—	60	—	19	5	83	70	—	22	6	67	80	—
3000	25	7	50	90	—	29	8	75	105	—	33	10	—	120	—
4000	33	10	—	120	—	39	11	67	140	—	44	13	33	160	—
5000	42	12	50	150	—	49	14	58	175	—	55	16	67	200	—
10000	83	25	—	300	—	97	29	17	350	—	111	33	33	400	—

Tabelle.

Kapital.

Zu 4½ %					Zu 5 %					Zu 6 %					Kapital
1 Tag	1 Monat		1 Jahr		1 Tag	1 Monat		1 Jahr		1 Tag	1 Monat		1 Jahr		Kapital
₰	M	₰	M	₰	₰	M	₰	M	₰	₰	M	₰	M	₰	M
—		—		4	—		—		5	—		—		6	1
—		1		9	—		1		10	—		1		12	2
—		1		13	—		1		15	—		1		18	3
—		1		18	—		2		20	—		2		24	4
—		2		22	—		2		25	—		2		30	5
—		2		27	—		3		30	—		3		36	6
—		3		31	—		3		35	—		3		42	7
—		3		36	—		3		40	—		4		48	8
—		3		40	—		4		45	—		4		54	9
—		4		45	—		4		50	—		5		60	10
—		8		90	—		8	1	—	—		10	1	20	20
—		11	1	35	—		13	1	50	—		15	1	80	30
—		15	1	80	—		27	2	—	1		20	2	40	40
1		19	2	25	1		21	2	50	1		25	3	—	50
1		23	2	70	1		25	3	—	1		30	3	60	60
1		26	3	15	1		29	3	50	1		35	4	20	70
1		30	3	60	1		33	4	—	1		40	4	80	80
1		34	4	05	1		37	4	50	1		45	5	40	90
1		38	4	50	1		42	5	—	2		50	6	—	100
2		75	9	—	3		83	10	—	3	1	—	12	—	200
4	1	12	13	50	4	1	25	15	—	5	1	50	18	—	300
5	1	50	18	—	6	1	67	20	—	7	2	—	24	—	400
6	1	87	22	50	7	2	08	25	—	8	2	50	30	—	500
7	2	25	27	—	8	2	50	30	—	10	3	—	36	—	600
9	2	62	31	50	10	2	92	35	—	12	3	50	42	—	700
10	3	—	36	—	11	3	33	40	—	13	4	—	48	—	800
11	3	38	40	50	12	3	75	45	—	15	4	50	54	—	900
12	3	75	45	—	14	4	17	50	—	17	5	—	60	—	1000
25	7	50	90	—	28	8	33	100	—	33	10	—	120	—	2000
37	11	25	135	—	42	12	50	150	—	50	15	—	180	—	3000
50	15	—	180	—	56	16	67	200	—	67	20	—	240	—	4000
62	18	75	225	—	69	20	83	250	—	83	25	—	300	—	5000
125	37	50	450	—	139	41	67	500	—	167	50	—	600	—	10000

b) nach dem

Bei Berechnung eines Stückzinses(-lohnes) vermehre man den
zahl steht und setze das Komma so, dass hinter demselben so viele
beträgt der Stückzins auf 154 Tage bei 12 M Jahreszins?

Tage		Tage		Tage		Tage		Tage	
1	00274	38	104	75	2055	112	3067	149	4082
2	00548	39	1067	76	2082	113	3095	150	411
3	00822	40	1095	77	211	114	3122	151	4137
4	011	41	1122	78	2137	115	315	152	4164
5	0137	42	115	79	2164	116	3178	153	4192
6	0164	43	1178	80	2192	117	3205	154	422
7	0192	44	1205	81	222	118	3233	155	4247
8	022	45	1233	82	2247	119	326	156	4274
9	0247	46	126	83	2274	120	3287	157	4302
10	0274	47	1287	84	2302	121	3315	158	433
11	0302	48	1315	85	233	122	3342	159	4357
12	033	49	1342	86	2357	123	337	160	4384
13	0357	50	137	87	2384	124	3398	161	4411
14	0384	51	1398	88	2411	125	3425	162	4439
15	0411	52	1425	89	2439	126	3452	163	4466
16	0439	53	1452	90	2466	127	348	164	4493
17	0466	54	148	91	2493	128	3506	165	452
18	0493	55	1506	92	252	129	3534	166	4548
19	052	56	1534	93	2548	130	3562	167	4576
20	0548	57	1562	94	2576	131	359	168	4603
21	0576	58	159	95	2603	132	3616	169	463
22	0603	59	1616	96	263	133	3643	170	4657
23	063	60	1643	97	2657	134	3671	171	4685
24	0657	61	1671	98	2685	135	37	172	4712
25	0685	62	17	99	2712	136	3726	173	474
26	0712	63	1726	100	274	137	3753	174	4767
27	074	64	1753	101	2767	138	378	175	4795
28	0767	65	178	102	2795	139	3808	176	4822
29	0795	66	1808	103	2822	140	3836	177	485
30	0822	67	1836	104	285	141	3863	178	4877
31	085	68	1863	105	2877	142	389	179	4905
32	0877	69	189	106	2905	143	3918	180	4932
33	0905	70	1918	107	2932	144	3945	181	496
34	0932	71	1945	108	296	145	3972	182	4987
35	096	72	1972	109	2987	146	4	183	5014
36	0987	73	2	110	3014	147	4027	184	504
37	1014	74	2027	111	304	148	4055	185	5067

Nach *J. Richtsfeld* in Schaufling
(Nachdruck verboten).

Jahreszins.

Jahreszins(-lohn) mit der Zahl, welche bei der gesuchten Tagan-Ziffern sind, als die Zahl der Tabelle Ziffern hat; z. B. wie viel = 422 × 12 = 5,064 Mk.

Tage		Tage		Tage		Tage		Tage	
186	5095	223	611	260	7122	297	8137	334	915
187	5122	224	6137	261	715	298	8164	335	9178
188	515	225	6164	262	7178	299	8192	336	9205
189	5178	226	6192	263	7205	300	822	337	9233
190	5205	227	622	264	7233	301	8247	338	926
191	5233	228	6247	265	726	302	8274	339	9287
192	526	229	6274	266	7287	303	8302	340	9315
193	5287	230	6302	267	7315	304	833	341	9342
194	5315	231	633	268	7342	305	8357	342	937
195	5342	232	6357	269	737	306	8384	343	9398
196	537	233	6384	270	7398	307	8411	344	9425
197	5398	234	6411	271	7425	308	8439	345	9452
198	5425	235	6439	272	7452	309	8466	346	948
199	5452	236	6466	273	748	310	8493	347	9506
200	548	237	6493	274	7506	311	852	348	9534
201	5506	238	652	275	7534	312	8548	349	9562
202	5534	239	6548	276	7562	313	8576	350	959
203	5562	240	6576	277	759	314	8603	351	9616
204	559	241	6603	278	7616	315	863	352	9643
205	5616	242	663	279	7643	316	8657	353	9671
206	5643	243	6657	280	7671	317	8685	354	97
207	5671	244	6685	281	77	318	8712	355	9726
208	57	245	6712	282	7726	319	874	356	9753
209	5726	246	674	283	7753	320	8767	357	978
210	5753	247	6767	284	778	321	8795	358	9808
211	578	248	6795	285	7808	322	8822	359	9836
212	5808	249	6822	286	7836	323	885	360	9863
213	5836	250	685	287	7863	324	8877	361	989
214	5863	251	6877	288	789	325	8905	362	9918
215	589	252	6905	289	7918	326	8932	363	9945
216	5918	253	6932	290	7945	327	896	364	9972
217	5945	254	696	291	7972	328	8987	365	
218	5972	255	6987	292	8	329	9014		
219	6	256	7014	293	8027	330	904		
220	6027	257	704	294	8055	331	9067		
221	6055	258	7067	295	8082	332	9095		
222	6082	259	7095	296	811	333	9122		

38. Uebersicht der die Verhältnisse der bayerischen Beamten regelnden Gesetze, Verordnungen und sonstige Erlasse.

I. **Beamtengesetz** vom 18. August 1908 (GVBl. 581).

II. **Vollzugsbestimmungen allgemeiner Art:**

Allgemeine Vollzugsverordnung vom 10. Dezember 1908 (GVBl. 1041) mit Ausführungsbek. zu § 3 Abs. 2 hinsichtlich der Anrechnung der Militärdienstzeit auf die Dauer der Widerruflichkeit der etatsmässigen Dienstzeit vom 29. Oktober 1909 (JMBl. 506).

Die Einrichtung d. Behörden u. d. Benennung d. Beamten d. Zivilstaatsverwaltung v. 10. Dez. 1908 (GVBl. 1051).

Rangordnung v. 23. Dez. 1908 (GVBl. 1211), s. Beil. XXXI.

III. **Vollzugsbestimmungen zu einzelnen Artikeln des Gesetzes:**

Zu Art. 1: Erklärung weiterer, nicht in der Gehaltsordnung aufgeführter, im Staatsdienst verwendeter Personen zu Beamten: MB. vom 8. Juni 1909 (GVBl. 386).

Zu Art. 5 Abs. 3: Bezeichnung des für die amtliche Ausschreibung der Ernennung, Versetzung, Wiederanstellung und Beförderung bestimmten Blattes für den Bereich der Justizverwaltung: JMB v. 21. Dezember 1908 (JMBl. 337).

Zu Art. 8, 9, 27, 52, 188: Vergütung der Umzugskosten-VO. v. 20. Nov. 1902 (GVBl. 709); geändert durch § 4 der Allg. Vollzugsverordnung zum Beamtengesetz, s. hier Beil. XXXIV.

Zu Art. 22: Sonntagsruhe und Urlaub: MB. vom 14. Juli 1909 (JMBl. 326) mit Uebergangsbestimmungen für das Justizpersonal: JMB. vom 20. Juli 1909 (JMBl. 334).

Zu Art. 26: Gehaltsordnung v. 6. Septbr. 1908 (s. hier Beil. XXX); hiezu wegen vorzeitiger Gehaltszahlung mit Rücksicht auf den Erholungsurlaub: FMB. v. 9. Juli 1909 (JMBl. 300).

Zu Art. 27 Abs. 4: Reiseauslagen und Tagegelder s. Beil XXXIII.

Zu Art. 28 Abs. 5 u. Art. 211 Abs. 1: Anrechnung der Militärdienstzeit auf das Besoldungsdienstalter: VO. v. 28. Dezember 1910 (GVBl. 1199) u. Bek. vom gl. Tage (GVBl. 1202).

Zu Art. 37: Festsetzung und Erhebung der Mietentschädigungen und Mietzinse für Wohnungen und Zimmer, dann der Pachtentschädigungen für Gärten u. sonstige Grundstücke, die Beamten vom Staate eingeräumt sind: MB. v. 28. Juni 1909 (JMBl. 266).

Zu Art. 38—88: Versetzung der etatsmässigen Beamten in den Ruhestand, Fürsorge für die Hinterbliebenen der etatsmässigen Beamten: MB. v. 22. Oktober 1909 (GVBl. 781), s. Beil. XXXII und vom 24. März 1909 (JMBl 172).

Zu Art. 103—107: Dienstaufsicht und Dienststrafrecht für nicht richterl. Beamte: MB. v. 22. Oktober 1909 (GVBl. 737.)

39. Uebersicht der bayerischen Beamten.

1. Beamte im Sinne des bayerischen Beamtengesetzes sind die Personen, die entweder einer in der Gehaltsordnung aufgeführten Beamtenklasse angehören oder durch Anordnung der Staatsregierung als Beamte im Sinne des Beamtengesetzes erklärt sind (s. Art. 1 des Beamtengesetzes).

2. Die Gehaltsordnung s. Beil. XXX.

3. Die Beamten der zweiten Art (die Beamten ausserhalb der Gehaltsordnung) wurden durch die MB. v. 8. Juni 1909 (GVBl. 386) bestimmt. Letztere lautet:

Auf Grund des § 1 der K. Verordnung vom 10. Dezember 1908, den Vollzug des Beamtengesetzes betreffend (GVBl. 1041) werden mit sofortiger Wirksamkeit als Beamte im Sinne des Artikel 1 des Beamtengesetzes erklärt:

I. Im Geschäftskreise des Staatsministeriums des Königlichen Hauses und des Aeussern:

1. die im Ministerium verwendeten geprüften Rechtspraktikanten und Akzessisten, 2. die besoldeten Attachés der Gesandtschaften, 3. die geprüften Archivpraktikanten des Geheimen Haus- und Staatsarchivs, 4. die geprüften Praktikanten der Bergbehörden, 5. die geprüften Praktikanten des Gewerbeaufsichtsdienstes,

II. im Geschäftskreise des Staatsministeriums der Justiz:

6. die juristisch vorgebildeten bezahlten Hilfsarbeiter im Geschäftskreise dieses Ministeriums, 7. die Grundbuchkommissäre, 8. die Grundbuchanlegungskommissäre, 9. die volljährigen Gerichtsschreibergehilfen, 10. die funktionierenden Hausärzte, Hauslehrer und Hauslehrerinnen der Strafanstalten;

III. im Geschäftskreise des Staatsministeriums des Innern:

11. die bei den Staatsbehörden der inneren Verwaltung verwendeten geprüften Rechtspraktikanten und Akzessisten, 12. die bei den Behörden der Staatsbauverwaltung, bei dem Wasserversorgungsbureau sowie die im kulturtechnischen Staatsdienste verwendeten Regierungsbaumeister, 13. die geprüften Archivpraktikanten der Landesarchive und die Reichsarchivakzessisten, 14. die Physikatsassistenten der Amtsärzte, 15. die Polizeiärzte bei der Polizeidirektion München, 16. die remunerierten bezirksärztlichen Stellvertreter, 17. die Grenztierärzte im Hauptamt, 18. die Assistenten der Zentralimpfanstalt, 19. die Assistenten der Untersuchungsanstalten für Nahrungs- und Genussmittel, 20. die Assistenten der Moorkulturanstalt, 21. die Assistenten der Agrikulturbotanischen Anstalt, 22. die bei der Flurbereinigungskommission verwendeten geprüften Geometer, 23. die Rechnungsgehilfen bei der Flurbereinigungskommission, 24. die im kulturtechnischen Staatsdienste verwendeten Kulturaufseher, 25. die technischen Gehilfen der Brandversicherungsinspektoren;

IV. im Geschäftskreise des Staatsministeriums des Innern für Kirchen- und Schulangelegenheiten:

26. die Privatdozenten und die nicht etatsmässig angestellten Lektoren der Hochschulen, 27. die wissenschaftlich oder künstlerisch vorgebildeten, nicht etatsmässig angestellten Assistenten der Hochschulen, der Akademien sowie der Kunst- und wissenschaftlichen Sammlungen und Anstalten des Staates, 28. die Gymnasial- und Realschulassistenten, die Assistenten des Technikums in Nürnberg, der Baugewerkschule mit Gewerbelehrerinstitut in München sowie der landwirtschaftlichen Mittelschulen und der Kreisackerbauschulen, soferne ihre Verwendung im Lehramte nicht von vorneherein zeitlich beschränkt ist, 29. die Lehrer, Assistenzärzte und Repetitoren der Hebammenschulen, 30. die Seminarassistenten sowie die Seminar- und Präparandenhilfslehrer mit der in Ziff. 28 gemachten Einschränkung;

V. im Geschäftskreise des Staatsministeriums der Finanzen:

31. die bei den Staatsbehörden der allgemeinen Finanzverwaltung und der Verwaltung der Zölle und indirekten Steuern verwendeten geprüften Rechtspraktikanten und Akzessisten, 32. die geprüften Kameralpraktikanten, 33. die geprüften Zollpraktikanten, 34. die geprüften Forstpraktikanten und geprüften Forstschutzaspiranten, 35. die bei dem Katasterbureau und den Messungsämtern verwendeten geprüften Geometer, 36. die geprüften Praktikanten der Verwaltung der Berg-, Hütten- und Salzwerke;

VI. im Geschäftskreise des Staatsministeriums für Verkehrsangelegenheiten:

37. die bezahlten geprüften Anwärter des höheren Dienstes (geprüfte Rechtspraktikanten, Regierungsbaumeister, geprüfte Geometer), 38. die bezahlten geprüften Anwärter des mittleren Dienstes (geprüfte Aspiranten des mittleren Betriebs- und Verwaltungsdienstes, geprüfte Aspiranten des mittleren technischen Dienstes), 39. die bezahlten geprüften Postgehilfen, 40. die bezahlten auf festen Stellen ständig verwendeten nicht etatsmässig angestellten Telephonistinnen.

4. Wegen der ausserhalb der Gehaltsordnung stehenden Beamten im Dienste der Militärverwaltung s. KrMB. v. 5. März 1909 (KrMBl. 83) u. v. 27. Mai 1910 (KrMBl. 216).

40. Uebernahme von Nebengeschäften und Nebenämtern durch die Beamten.

(Beamtengesetz Art. 18 und 19.)

I. Art. 18. 1. Der Beamte darf ein Nebenamt oder ein Nebengeschäft nur übernehmen, soweit dies mit der gewissenhaften Erfüllung seiner Pflichten und mit der Achtung, die sein Beruf erfordert, vereinbar ist.

2. Ein Beamter, der

1. ein nicht mit einer Entlohnung verbundenes Nebenamt im Dienste des Reichs oder eines anderen Bundesstaats oder
2. eine ehrenamtliche Stellung in den Verwaltungsorganen einer Gemeinde, Anstalt, Stiftung, Kasse, Religions- oder Kirchengesellschaft, Erwerbsgesellschaft oder Genossenschaft oder
3. das Amt eines Schiedsrichters, Testamentsvollstreckers, Vormundes, Pflegers, Beistandes oder eine andere Verwaltung fremder Angelegenheiten übernimmt,

hat dies der vorgesetzten Dienstbehörde anzuzeigen.

3. Die Erlaubnis der zuständigen Dienstbehörde ist erforderlich:

1. zum Betrieb eines Gewerbes im Sinne der Reichsgewerbeordnung und zwar auch dann, wenn es von der Ehefrau oder von einer anderen dem Hausstande des Beamten angehörenden Person betrieben wird;
2. zur Uebernahme eines Nebenamts oder Nebengeschäfts, womit eine Entlohnung verbunden ist;
3. zur Beteiligung an der Errichtung einer auf Gewinn gerichteten Gesellschaft als Gründer oder zum Eintritt in den Vorstand, Aufsichtsrat oder Verwaltungsrat einer solchen Gesellschaft. Als eine auf Gewinn gerichtete Gesellschaft gilt eine Genossenschaft nicht, deren Tätigkeit auf den Kreis ihrer Mitglieder beschränkt ist.

Die Erlaubnis kann jederzeit zurückgenommen werden.

4. In den Fällen des Abs. 3 Ziffer 3 darf die Erlaubnis nur erteilt werden, wenn mit der Tätigkeit weder unmittelbar noch mittelbar ein Gewinn oder eine Entlohnung verbunden ist.

Art. 19. Die Uebernahme von Nebenämtern oder Nebengeschäften im staatlichen Dienste kann der Beamte nicht verweigern, wenn sie seiner Berufsbildung und dienstlichen Stellung entsprechen.

II. Gemäss Art. 25 des Beamtengesetzes finden die Vorschriften des Art. 18 Abs. 1 auch auf die Staatsdienstaspiranten Anwendung, die nicht als Beamte im Sinne des Beamtengesetzes erklärt sind.

III. Wissenschaftliche oder künstlerische Nebenbeschäftigung, wie die literarische Betätigung, fallen nicht unter Abs. 2 und 3 des Art. 18. Dagegen steht der vorgesetzten Behörde das Recht zu, auf Grund des Art. 18 Abs. 1 auch eine derartige Nebenbeschäftigung ganz oder teilweise zu untersagen, wenn hierunter die entsprechende Erfüllung der Dienstesaufgabe leidet (Mot. zu Art. 18 des Beamtenges. KdAbg. Beil. 3, 60).

41. Die Verehelichung der Beamten.

I. Beamtengesetz Art. 17.

I. Art. 17. 1. Ein Beamter, der eine Ehe einzugehen beabsichtigt, hat dies rechtzeitig der zuständigen Dienstbehörde anzuzeigen.

2. Durch Verordnung kann bestimmt werden, dass gewisse Klassen von Beamten zur Eingehung einer Ehe der Erlaubnis der zuständigen Dienstbehörde bedürfen.

3. Die Erlaubnis darf nur verweigert werden, wenn der Eingehung der Ehe dienstliche Bedenken entgegenstehen.

II. Die Vorschriften des Art. 17 finden gemäss Art. 25 des Beamtengesetzes auch auf die Staatsdienstaspiranten Anwendung, die nicht Beamte im Sinne des Art. 1 des Beamtengesetzes sind, ferner gemäss Art. 24 Abs. 1 auch auf die einstweilen oder zeitlich in den Ruhestand versetzten Beamten.

II. Allgemeine Vollzugsverordnung zum Beamtengesetz v. 10. Dezember 1908 (GVBl. 1041) § 6.

1. Nachstehende Klassen von Beamten bedürfen zur Eingehung einer Ehe der Erlaubnis der zuständigen Dienstbehörde:

1. Die weiblichen Beamten,
2. Die Aufseher der Strafanstalten und der Gerichtsgefängnisse,
3. Die Aufseher der Arbeitshäuser und der Staatserziehungsanstalten,
4. Die Forstassistenten,
5. Die Grenzaufseher.

2. Für die Gendarmerie und die Schutzmannschaft München sind in bezug auf die Eingehung einer Ehe die besonderen Vorschriften massgebend.

III. Verehelichung der ungeprüften Rechtspraktikanten.

Vergl. die Bek. v. 25. Okt. 1910 (JMBl. 791) § 93.

42. Gehaltsordnung.

für die etatsmässigen Staatsbeamten vom 6. September 1908 (GVBl. 685).

Diese Beilage wurde, um dem Kalender seine Handlichkeit nicht zu nehmen, in die dem Kalender für 1912 gesondert beigegebene Anlage aufgenommen.

---

43. Rangordnung der Beamten

nach der VO. v. 23. 1908 (GVBl. 1211).

Vgl. die Bemerkung zu Beil. 42.

44. Ruhegehalt der Beamten, Sterbegehalt, Witwen- und Waisengeld.

Vgl. die Bemerkung zu Beil. 42.

45. Die Tagegelder der Beamten und der Ersatz der Reiseauslagen bei auswärtigen Dienstgeschäften.

Vgl. die Bemerkung zu Beil. 42.

46. Der Ersatz der Umzugskosten.

Vgl. die Bemerkung zu Beil. 42.

---

47. Allgemeiner Unterstützungsverein für die Hinterlassenen der k. b. Staatsdiener und Töchterkasse.

Neue Satzungen vom 29. Dez. 1908 (GVBl. 1253; JMBl. 1909, 59), Erhebung und Verrechnung der Diensteinkommensmehrungsabgabe, FMB. vom 7. Febr. 1909 (JMBl. 119).

a) Allgemeiner Unterstützungsverein.

1. Zum Eintritt in den Verein war jeder vom 6. April 1888 an neu zur pragmatischen Anstellung gelangende Beamte verpflichtet; mit dem Zeitpunkte der Wirksamkeit der Anstellung war ohne weitere Willenserklärung des Pflichtigen die Eigenschaft eines ordentlichen Mitgliedes und dessen Rechte erworben; vom 1. Januar 1909 ist der Verein für den Beitritt neuer ordentlicher Mitglieder gesperrt.

2. Jährliche Beiträge derselben in der

I. Kl.	(Gehalt mehr als 6000 M)	90 M,
II. Kl.	(Gehalt mehr als 3000 M bis 6000 M) .	54 M,
III. Kl.	(Gehalt von 3000 M und darunter) . .	24 M

mit 25% Erhöhung für jene, welche

a) am Tage des Erwerbes der Vereinsmitgliedschaft das 50. Lebensjahr bereits überschritten hatten und dabei entweder verheiratet oder Witwer mit einem oder mehreren Kindern waren, welche das 20. Lebensjahr noch nicht vollendet hatten,

b) nach vollendetem 50. Lebensjahr sich mit einer um mehr als 10 Jahre jüngeren Frau verehelicht haben oder verehelichen, sofern sie nicht bereits den erhöhten Beitrag nach lit. a zu entrichten haben.

3. Die jährliche Pension der Witwe beträgt nach dem am 24. Mai 1893, 5. Juli 1893 und 30. Oktober 1902 abgeänderten § 17 Abs. 1 und nach den neuen Satzungen in der

I. Kl. 675 M, II. Kl. 450 M, III. Kl. 225 M.

4. Die hinterbliebenen Kinder erhalten bis zum vollendeten 20. Lebensjahr oder bis zur früheren Verheiratung: einfache Waisen je $^1/_5$, Doppelwaisen je $^3/_{10}$ der Witwenpension. Kinder, die eine Stiefmutter haben, gelten als einfache Waisen. Die Waisenpension bleibt auch bei Wiederverehelichung der Mutter oder Stiefmutter.

Vermögensstand Ende 1909: 31 087 555 M.

Mitgliederzahl Ende 1909: 13 178.

b) Töchterkasse.

Der Beitritt war wie oben Pflicht und wurde die Mitgliedschaft w. o. erworben; seit 1. Januar 1909 gesperrt.

Jährlicher Beitrag für jedes ordentliche Mitglied 27 M.

Jährliche Präbende für jede doppeltverwaiste, unversorgte (nicht verehelichte) und über 20 Jahre alte Tochter der Mitglieder 255 M, monatliche Vorausbezahlung, Zahlung für den Sterbemonat (FMB. vom 4. Juli 1905 JMBl. 805 und neue Satzungen).

Vermögensstand Ende 1909: 10 931 142,40 M.
Mitgliederzahl Ende 1909: 11 635.

Zu a u. b. Bezugsberechtigte Witwen und Töchter erhalten im Falle der Verehelichung auf Anmelden als Abfertigung den fünf- bis zehnfachen Betrag der bisherigen jährlichen Pension bzw. Präbende.

Bezüglich der Präbenden aus dem Schulerschen Erbvermögen siehe JMBl. 1897, 34; 1900, 1206; 1901, 566 1903, 317 und 463; 1907, 119; 1908, 29; 1909, 396.

---

48. Wohlfahrtseinrichtungen u. Beamtenvereine.

A. Wohlfahrtseinrichtungen.

a) Das Beamtentöchterstift Neuberghausen.

Grundbestimmungen vom 3. Januar 1911 (GVBl. 3).

Das Stift hat die Bestimmung, Töchtern verstorbener Beamten des Hof- und Staatsdienstes eine Zufluchtsstätte und eine Existenz zu bieten. Das Stift gewährt den Aufgenommenen Obdach, Verpflegung und soweit möglich Gelegenheit zu Erwerb durch Arbeiten.

Aufgenommen können werden eheliche unverheiratete Töchter von früheren pragmatischen Zivilstaatsdienern und von etatsmässigen Beamten des Zivilstaatsdienstes der Klassen I bis VIII der Rangordnung v. 23. Dezember 1908, soferne die Väter in Dienstesaktivität oder im ehrenvollen Ruhestand gestorben sind, ein Unterschied zwischen einfachen und Doppelwaisen besteht nicht; ausserdem die Töchter gewisser Hofbeamten.

Die Aufzunehmenden müssen das 18. Lebensjahr zurückgelegt haben, einer öffentlichen christlichen Kirchengesellschaft angehören, einen ungetrübten Leumund besitzen, nicht über 70 Jahre alt und nach amtsärztlichem Zeugnis körperlich und geistig soweit gesund sein, dass sie am gemeinsamen Leben im Stift teilnehmen können, und endlich zum standesgemässen Leben einer Beihilfe bedürftig sein.

Die **Aufnahme erfolgt** durch den König, die Gesuche sind beim Ministerium des Innern einzureichen.

b) Das Maximilians-Waisenstift.

Neue Satzungen vom 22. Juli 1911 (GVBl. 1005).

Zweck: Es soll doppelt verwaisten Töchtern von Staatsbeamten einen sorgenfreien Aufenthalts- und Zufluchtsort bieten.

Voraussetzungen der Aufnahme: Aufnahmefähig sind nur eheliche unverheiratete Töchter früherer pragmatischer Zivilstaatsdiener oder etatsmässiger Beamter des Zivilstaatsdienstes der Klassen I bis VIII der Rangordnung. Weitere Voraussetzungen: Zurücklegung des 18. Lebensjahrs, Zugehörigkeit zu einer christlichen öffentlichen Kirchengesellschaft, guter Leumund, Alter nicht über 70 Jahre, körperliche und geistige Gesundheit, Vermögenslosigkeit oder beschränkte Vermögensverhältnisse. Die Aufnahme erfolgt durch den König auf Antrag des Ministeriums des Innern. Die „oberste Vorsteherin" hat ein Vorschlagsrecht.

Leistungen: Freie Wohnung und Verpflegung; unter Umständen auch eine Geldrente.

c) Pensionsverein der Rentamtsgehilfen. E. V.

Neue Satzungen vom 8. September 1908 (JMBl. S. 121).

Zweck des Vereins ist, seinen ordentlichen Mitgliedern und ihren Hinterbliebenen Pensionen zu gewähren.

Gründung: 1. VII. 18,9. **Sitz:** München. **Zugang** gesperrt seit 1. I. 1909. Mitgliederstand. 890 ordentliche Mitglieder. **I. Vorsitzender**: Hans Zimmerer, K. Sekretär beim Stadtrentamt München III. Ende 1910 bezogen provisorische Pensionen 34, definitive Pensionen 92, Witwen-Pensionen 161, Waisen-Pensionen 109 Personen.

B. Vereine zur Vertretung von Standesinteressen.

a) Verein bayerischer Finanzverwaltungsbeamter.

Zweck: Wahrung und Förderung der ideellen und materiellen Standesinteressen seiner Mitglieder, sowie Austausch und Nutzbarmachung praktischer Erfahrungen auf dem gesamten dienstlichen Gebiete.

Gründung: 17. XI. 1907. Der Verein ist nicht eingetragen. **Sitz:** Regensburg. Mitgliederstand: 167. **Beitrittsberechtigt:** Jeder Vorstand eines Rentamts oder einer Kassa-Abteilung, sowie jeder Rentamtsassessor. **Jahresbeitrag:** 1912 4 Mk. mit Kreiszuschlag (bis zu 2 Mk.). **I. Vorsitzender**: Unbesetzt.

b) Verein bayer. kameralistischer Finanzbeamter. E. V.

Zweck: Wahrung und Förderung der Standesinteressen, Hebung und Pflege der Kollegialität. **Beitrittsberechtigt:** Jeder Kameralist nach Bestehen der Dienstprüfung und Juristen die nach der Anstellungsverordnung analog den Kameralisten behandelt werden. Mitgliederzahl am 1. XI. 1911 223. **Sitz**: München. **Jahresbeitrag**: 4 Mk., Aufnahmegühr 2 Mk. **I. Vorsitzender:** Ant. Füssl, K. Rentamts-Assessor Freising.

c) Verein der K. bayer. Beamten des mittleren Rentamts- und Kassadienstes. E. V.

Zweck: Vertretung, Förderung und Pflege der geistigen und materiellen Interessen seiner Mitglieder und Hebung der Kollegialität. Jede politische und religiöse Betätigung innerhalb des Vereins ist ausgeschlossen. **Gründung:** 1. VII. 1885. **Sitz**: München. **Beitrittsberechtigt:** Beamte und Anwärter, die nach den Grundsätzen der am 13. März 1910 (Zeitpunkt der Annahme der Satzungen) geltenden Vorschriften Anstellung oder Aufnahme im Finanzdienst II. Abteilung gefunden haben. Mitgliederzahl 943. **Jahresbeitrag:** 1 Mk. ohne Aufnahmegebühr. **I. Vorsitzender:** Schneider, K. Rentamts-Sekretär in Pirmasens.

Im Verlag des Vereins erscheint 3mal monatlich eine Fach-Zeitschrift unter dem Titel „Fachblatt für rentamtlichen Dienst". Leitung: Bayerl, K. Rentamts-Sekretär, Nürnberg; Jahres-Abonnement 4 Mk. Auflage 1400 Exempl.

d) Landesverband der Einjährig-Berechtigten im mittleren bayerischen Finanzdienst.

Zweck: Förderung und Vertretung der Standesinteressen der Einjährig-Berechtigten im mittleren bayerischen Finanzdienst, Unterstützung der Mitglieder in ihrem Berufsstudium und Pflege der Kollegialität. **Beitrittsberechtigt:** Jeder Beamte und Anwärter des mittleren bayerischen Finanzdienstes mit Einjährig-Freiwilligen-Vorbildung. **Organisation:** Der Landesverband setzt sich aus 8 Kreisverbänden (gleich mit dem Regierungs-Bezirk) zusammen. Mitgliederzahl: 500. **Jahresbeitrag:** Für Sekretäre und Assessoren 3 Mk., für Inzipienten 2 Mk. ohne Aufnahmegebühr. **I. Vorsitzender:** Ad. Tempel, K. Rentamts-Sekretär, Scheßlitz.

e) Verein der mittleren Beamten bei den Rentämtern Bayerns.

f) Verein der Rentamtsdiener Bayerns.

Zweck: Vertretung und Förderung der Standesinteressen, Pflege der Kollegialität. Politische Bestrebungen ausgeschlossen. **Gründung:** 13. VIII. 1904. **Sitz:** Nürnberg. Verein ist nicht eingetragen. **Beitrittsberechtigt:** Jeder Rentamtsdiener und Hilfsbote in Bayern. Mitgliederzahl 31. XII. 1910 480. **Mitgliederbeitrag:** Monatlich 10 Pf., Aufnahmegebühr 1 Mk. **I. Vorsitzender:** Gg. Seefried, K. Rentamtsdiener beim Rentamt Nürnberg II. — Der Verein gewährt hilfsbedürftigen Mitgliedern, insbesondere deren Hinterbliebenen auf Ansuchen einmalige Unterstützungen bis zu 50 Mk.

49. Personallisten.

Stand vom 1. Dezember 1911.

A. Die sieben königlichen Staatsministerien.

I. Staatsministerium des K. Hauses und des Aeussern.

Se. Exzellenz Dr. Klemens Graf v. Podewils-Dürniz, k. Kämm., Staatsrat i. o. D., Vors. im Ministerrate (K1 — MGK — PLmK1 — PLb — BdBl 1 m. g. K. — BrR1 — BrsL1 — DD1 — HP2b — JK1 — LH1 — LEK1 — MaltG — MWK1 m. Kr. i. G. — OESt1 — OEK1 — OEL1 — OP — PP1 — PrsL u. S1 — PRA1 m. Br. — PK1. — RWA — SA m. g. St. — SEH1 — SpK1 — WK1.) StM. 10. Aug. 1902 / 20. Febr. 1903

II. Staatsministerium der Justiz.

Se. Exzellenz Dr. Ferdinand Ritter v. Miltner, Staatsrat i. o. D. K2b — PLmK1. — MGK. — PRA1 — Serb. T3 — Serb. S1. — SpJ1.) StM. 27. Nov. 1902

III. Staatsministerium des Innern.

Se. Exzellenz Dr. Friedrich Ritter v. Brettreich, Staatsr. i. o. D. (K3 — MI. — PKI — RumK1.) StM. 3. April 1907

IV. Staatsministerium des Innern für Kirchen- und Schulangelegenheiten.

Se. Exzellenz Dr. Anton Ritter v. Wehner, Staatsr. i. o. D. (K1 — MGK — PLb — BL1 — DD2b — JM. u. L2b — JK1 — NON2 — NO2a — OEK1 — OEFJ2 — PRA2 — RSt2 m. St. — SN1 — SW2b.) StM. 21. Febr. 1903

V. Staatsministerium der Finanzen.

Se. Exzellenz Dr. Hermann Ritter v. Pfaff, Staatsrat i. o. Dienste (K1 — MGK — LK — PLb — OEK2 — PRA1 — PK2 — SEH2a.) StM. 3. Nov. 1904

VI. Staatsministerium für Verkehrsangelegenheiten.

Se. Exzellenz Heinrich Ritter v. Frauendorfer, Staatsrat i. o. D. (K2b — MGK. — PLb — SF3a — BL1 — HP1 — LEK1 — OEK1 — PRA1 — WF1.) StM. 1. Jan. 1904

VII. Kriegsministerium.

Se. Exzellenz Karl Graf v. Horn, Staatsrat im ordentl. Dienste, General der Infanterie à l. s., Inf.-Leib-Regim., K. Generaladjutant. Kämmerer (K1 — M1 — MV4b m. Schw. — MV Gk — BdBl 1 — BZL1 — Grossbrit. Krön.-Med. — JpS1 — JM u. L2a — MWK1 m. Kr. i. G. — OEK2 — PVKr — PRA1 — PK3 — SA1 — SpK1 — WK1.) Kriegsminister 4. April 1905

B. Finanzbeamte des Königreichs Bayern.

I. Liste.

Staatsministerium der Finanzen.

a) Minister.

Pfaff Hermann Dr. Ritter v., Exzell., 3. XI. 1904
Staatsrat i. o. D. (K1 — MGK — LK — MR. 1. IV. 1893
PLb — OEK2 — PRA1 — PK2 — SEH2a.) ORegR. 16. V. 1890
RegR.i.FM. 16. X. 1883
RegR. 1. II. 1882

b) Staatsräte i. o. D.

1 Pausch Max Ritter v., Exzellenz (K2a — MII m.St. — LK — PLb), RegR. 16. XI. 1877; ORegR. 1. XI. 1885; MR. 1. I. 1889; Staatsrat i. o. D. 1. XII. 1904; Minist.-Direktor 1. IX. 1906.

2 Breunig Georg Ritt. v., Exzellenz (K3 — MII — PLb), RegR. 1. XI. 1895; Rat a. VerwGH. 16. XII. 1901; MR. u. Kronanwalt 16. X. 1903; Staatsrat i. o. D. 14. VII. 1909.

c) Ministerialräte.

1 Kohl Philipp Ritter v., Min.-Dir. (K3 — MII — PLb — PK2 — SA2a), OberzR. 1. VII. 1897; ORegR. 1. I. 1903; stellv. Bev. z. BR 1. X. 1904; MR. 1. XI. 1904; T. u. R. e. Min.-Dir. 23. X. 1909.

2 Günder Karl Dr. Ritter v., Geh. Rat (K3 — MIII — PLb), RegR 1. I. 1896; ORegR. u. Kronanwalt 1. I. 1903; MR. 1. XI. 1904.

3 Moser Franz Xaver Ritter v. (K3 — MIII — LK — PLb), RegR. 1. VII. 1882; ORegR. 1. VII. 1897; MR. 1. IV. 1905.

4 Coluzzi Franz Ritter v. (K3 — MIII — PLb), Oberberg- und Salinenrat 1. VIII. 1898; RegR. im FM. 16. 3. 1901; ORegR. 1. II. 1904; MR. 1. IX. 1906.

5 Sendel Lorenz Ritter v., (K3 — MIII — PLb — SerbT5), RegR. 16. VII. 1900; ORegR. 16. VIII. 1904; MR. 1. IX. 1906.

6 Stöckle Andreas (MIII — PLb — PG2), RegR. 1. VII. 1897; ORegR. 1. XII. 1904; MR. 1. VII. 1907.

7 Schmidt Hermann (MIII — PLb — OEFJ4), RegR. 1. XI. 1900; ORegR. 1. I. 1906; MR. 1. XII. 1908.

8 Deybeck Karl Dr. (MIII — PLb), RegR. 1. XI. 1900; ORegR. 1. I. 1906; T. u. R. e. MR. 1. XII. 1908; MR. 1. VIII. 1909.

9 Wolf Wilhelm Dr. (MIV — PLb — SEH2a), RegR. 1. IX. 1902; ORegR. 1. VII. 1907; stellvertr. Bev. z. Bundesrate 1. X. 1909; MR. 1. IX. 1910.

d) Oberregierungsräte.

1 Merkel Paul, MinR. (MIII — PLb), RegR. 1. IX. 1902; ORegR. 1. VII. 1907; T. u. R. e. MR. 14. VIII. 1910.

2 Bigler Joseph (MIII), RegR 1. VI. 1903; ORegR. 1. IX. 1908.

3 Stenglein Albert (MIV — PLb), RegR. 1. XI. 1904; ORegR. 1. X. 1909.

4 Krapf Fanz Dr. (MIV—PLb), RegR. 1. II. 1906; ORegR. 1. IX. 1910.

5 Neumaier Karl Dr. (MIV — PLb) RegR. 16. XI. 1906, ORegR. 1. I. 1911.

e) Regierungsräte.

1 Schmauser Georg ORegR. Dr. (MIV — PRA4 — LEK3), T. e. ORegR. (1. IV. 1903) 1. IX. 1904
2 Berdel Adolf, Regierungs- u. Steuerrat (1. IX. 1904) 1. I. 1909
3 Rücker Alfred v. (1. VII. 1907) 1. VII. 1911

f) Regierungsassessoren.

1 Bracker Friedrich (1. XI. 1904) 1. IX. 1908
2 Plöbst Hermann (16. VII. 1906) 1. VII. 1911

g) Finanzassessoren.

1 Engelhardt Otto Dr. 1. VIII. 07
2 Sterner Konrad 1. I. 09
3 Hammer Paul Dr. 1. XII. 09
4 Legat August 1. XII. 10
5 Emnet Eugen 1. VII. 11

h) Akzessisten.

1 Viernstein Karl 11. VII. 11

i) Geheimer Rechnungskommissär, Geheime Sekretäre und Geheime Registratoren.

1 Raab Johann, Rat, Geh. R.-Komm. 1. IX. 08
2 Halder Karl, Rat, Geh. Sekr. (MIVa — MV4b — SEH3b) 1. X. 00
3 Schönweitz Johann, Rat, Geh. Sekr. (LK) 1. VII. 05
4 Fiessmann Konrad, Rat, Geh. Registr. (MIVa) 1. VII. 97
5 Herrmann Anton, Rat, Geh. Registr. 1. XI. 00

k) Sekretäre und Registratoren.

1 Härpfer Friedrich, MinRegistr. 1. XI. 00
2 Spachtholz Alfred, Sekretär 1. X. 00
3 Rössler Gustav, „ 1. X. 00
4 Ruhland Joseph, „ 1. XI. 00
5 Tanner Johann (RM), „ 1. IV. 02
6 Hagen Friedrich, „ 1. I. 06
7 Griener Christoph, „ 1. IX. 06
8 Gebhardt Johann, „ 1. I. 09
9 Schad Otto, „ 1. IX. 10
10 Boden Ludwig, Reggsregistr. 1. IX. 10

l) Inspektor der Lithographischen Anstalt.

1 Möck Matthäus 1. V. 06

m) Assistenten.

1 Reiss Adolf 1. XII. 03
2 Sommerer Ernst 1. XII. 03
3 Schneider Richard 1. IX. 06
4 Chmiel Ewald 1. I. 09
5 Imhof Kaspar 1. VIII. 09
6 Schumacher Eugen 1. II. 11

n) Assistentinnen. (Hilfsarbeiterinnen.)

1 Ertl Wilhelmine 1. IX. 11
2 Würdinger Berta 1. IX. 11

Das eingeklammerte Datum bezeichnet jeweils die Zeit der Anstellung in der vorhergehenden Diensteseigenschaft.

o) Boten und Diener.

1	Hussendörfer David (Mel)	1.3.88
2	Beck Jakob (K5--Mel)	1.IV.90
3	Platzer Franz (K5--Mel--LK)	1.I.92
4	Micelli Dominikus (LK)	1.X.92
5	Schmidlechner Thaddäus	1.I.00
6	Stöckl Alois	16.VIII.00
7	Seyferth Johann	1.VI.06
8	Schwarz Johann, zugleich Hausmeister	1.V.10
9	Sparrer Georg	16.X.10

p) Steindrucker.

1	Didusch Johann	1.IX.85
2	Dietrich Jakob	16.VII.89
3	Beck Rupert	1.VI.90
4	Strauss Johann	1.IV.91
5	Winterle Alois	1.IV.91
6	Kraus Friedrich	1.IV.91
7	Fuchs Anton	1.VIII.93
8	Kragl Georg	1.II.96
9	Graf Theodor	1.VIII.96
10	Ferch Franz	16.V.98
11	Söllinger Johann	1.X.00
12	Dichtl Adalbert	1.XII.02
13	Ehrenwirth Franz	1.VIII.03
14	Fleiss Leonhard	1.VIII.06
15	Pfaffel Michael	1.VIII.08
16	Ragaller Franz	1.X.08
17	Lang Georg	1.VII.09
18	Gill Sebastian	1.XII.11

II. Liste.
Oberster Rechnungshof.

a) Präsident.

1 Ulsamer Anton Ritter v., Exzellenz (K2a--MIIm.St.--LK--SebT3), RegR. 1.V.79; ORegR. 1.VI.86; MR. 16.IV.89; Präsident 1.XII.04.

b) Oberregierungsräte.

1	Mayr Karl (MIII) (1.II.86)	16.VII.00
2	Haertl Franz (MIII) (1.II.92)	1.IV.05
3	Fuchs Anton (MIV) (1.III.94)	1.VII.07
4	Hofmeister Matthäus (MIV) (1.XI.95)	1.XI.07
5	Böhm Julius (MIV) (1.XI.95)	1.V.08
6	Schuler Hubert (MIV) (1.XI.95)	1.VII.08
7	Eckhard Heinrich (MIV) (16.I.98)	1.IX.09
8	Fischer Joseph (MIV) (16.I.98)	1.XI.10

c) Rechnungskommissäre.

1	Hertel Rupert, Rat (MIVa--LK)	16.VI.85
2	Kraus Georg (mit dem Range und Gehalt eines Rechnungskommissärs der Regierungen, K.d.F.)	1.I.09

d) Sekretäre und Registratoren.

1	Raab Joseph, Sekretär	1.IX.08
2	Bauer Friedrich, Registrator	1.VIII.03

e) Kanzlei- und Registraturassistent.

1 Baum Michael — 16. VI. 05 / 1. I. 09

f) Boten und Diener.

1 Eckl Michael — 1. IV. 96
2 Mittelmeier Philipp — 1. VI. 06

III. Liste.

Rechnungskammer.

a) Direktor.

1 Hertter Hermann (ME—LK—MV4b), RegR. 1. X. 83; ORegR. 1. VI. 99; Dir. d. RK. 1. VII. 08.

b) Regierungsrat.

1 König Eduard, T. u. R. e. OReg.R. (MIV) (16. V. 91) 16. XI. 96

c) Regierungsassessor.

1 Lichtenstädter Siegfried Dr., T. e. RegR. (1. VII. 92) — 1. I. 11

d) Finanzassessoren.

1 Liel Franz v., T. u. R. e. RegA. — 1. I. 00
2 Malaisé Ernst v., T. u. R. e. RegA. — 1. IX. 02
3 Stock Franz — 1. VII. 03
4 Schneidt Ernst — 1. IV. 04
5 Beck Heinrich — 1. II. 10

e) Rechnungskommissäre.

1 Schroen Philipp (bei der K. Hofrechnungsstelle verwendet), T. u. R. e. Rentamtmanns — 1. VII. 03
2 Ral Jakob — 16. XI. 03
3 Huber Georg — 1. VIII. 04
4 Scharff Julius — 1. IV. 08
5 Kuhn Adam — 1. I. 09
6 Prunner Max — 1. I. 09
7 Hirschauer Joseph — 1. VII. 11

f) Sekretär.

1 Pöllath Eduard — 1. XI. 93

g) Registratoren.

1 Strömsdörfer Georg — 1. I. 09
2 Raithel Gottlieb — 1. VIII. 09

h) Kanzlist.

1 Kletsch Ernst (LK) — 1. I. 02

i) Kanzleiassistent.

1 Popp Andreas — 1. VI. 04

k) Boten und Diener.

1 Messner Karl — 1. IX. 02
2 Gössl Franz — 1. XII. 07

IV. Liste.

Zentralstaatskasse.

a) Direktor.

1 Vornkeller Joseph, ORegR.(MIII); RegR. 1.VI.92; Direktor 1.I.06

b) Kontrolleur.

1 Hartmann Georg (MIV – L) KrK. 1.II.00 1.IV.02

c) Sekretäre.

Zahlmeister.

1 Schwab Heinrich (M) 1.VII.02

Buchhalter.

2 Maul Jakob 1.VII.022
3 Leuthold Friedrich 1.VII.0

Offizianten.

4 Weiss Joseph 1.II.00
5 Huss Georg 1.II.00
6 Thomas Wilhelm 16.VII.01
7 Leonhardt Hans 1.VII.02

Übrige Sekretäre.

8 Hohlweg Karl 1.IX.97
9 Steger Christian 1.VI.01
10 Lehr Friedrich 1.XI.05

d) Geldzähler und Kassediener.

1 Merkl Max 16.VII.95
2 Ehrentreich Johann 1.VII.03

V. Liste.

Direktion der K. Bayer. Staatsschulden-verwaltung.

a) Vorstand.

1 Schamberg Wilhelm Ritter von (K3 – MIII – LK) Ministerialrat 1.VII.97; Vorstand 1.IV.05

b) Regierungsräte.

1 Krauss Nikolaus 16.I.06
2 Dr. Kastner Ludwig 1.XI.10

c) Rechnungskommissäre.

1 Schelbert Alois 1.I.96
2 Uhl Johann (Ma) 1.X.97
3 Hoffmann Friedrich 1.IV.99
4 Hackl Andreas, Buchhalter (1.X.97) 1.IV 01
5 Dicenta Johann, Buchhalter (1.IV.98) 1.VI.99
6 Sprügel Friedrich 16.XI.06

7 Bussinger Gottfried 1.I.09
8 Klee Leonhard 1.I.09
9 Winkler Anton 1.I.09
10 Bauer Johann Paul 1.IV.10

d) Sekretäre.

Buchhalter.

1 Huppmann Georg 1.IX.04
2 Niehage Johann Georg 1.I.06

e) Registrator.

1 Schuster Joseph 1.X.97

f) Kanzlist.

1 Wutschka Lorenz 1.IX.04

g) Diener.

1 Schlee Johann Georg 15.II.01
2 Staudt Johann 1.VI.04

Hauptkasse der K. Bayer. Staatsschulden-verwaltung.

h) Hauptkassier.

1 Rahn Franz Xaver (MIV — LK) 1 VI.99

i) Kontrolleure.

1 Ringel Ludwig (LK) 1.VI.99
2 Kund Johann (LK) 1.IV.01

k) Oberbuchhalter.

1 Emmersleben Christoph 1.IV.01
2 Grombach Georg 1.V.10

l) Sekretäre.

Zahlmeister.

1 Schmitt Johann (Ma — LK) 15.II.88
2 Koll Michael (LK.) 1.VII.03

Buchhalter.

3 Weichselberger Karl 1.III.83
4 Brändel Konrad (LK) 16.III.89
5 Enser Martin 1.V.92
6 Kreutzburg Erhard (LK) 16.VI.93
7 Speckner Paul 1.VII.96
8 Zeidler Lorenz 16.VIII.96
9 Sindel Wilhelm 1.VIII.97
10 Müller Heinrich 16.V.98
11 Pregler Georg 1.VI.99
12 Grimm Franz Xaver 1.X.01
13 Schäffler Alois 1.VI.02
14 Roscher Ferdinand 1.VII.03
15 Dillmann Franz Xaver 1.VII.03
16 Krettner Alois 1.I.04

17 Lankes Anton 1. V. 04
18 Wachter Joseph 1. XI. 04
19 Rosenbusch Christian 1. IV. 05
20 Seiferth Eberhard 16. VII. 05
21 Simon Friedrich 16. VII. 05
22 Bauer Heinrich 1. IX. 06
23 Ament Lorenz 16. XI. 06
24 Dauner Christoph 1. III. 08
25 Brühschwein Nikolaus 1 XII. 08

Sekretär.

26 Zeitler Alois 1. V. 04

m) Bureauassistentinnen.

1 Dillmann Maria 1. IV. 11
2 Schlederer Berta 1. IV. 11
3 Guppenberger Mathilde 1. IV. 11
4 Ibel Marianne 1. IV. 11
5 Gerstner Rosa 1. IV. 11
6 Hussendörfer Anna 1. IV. 11
7 Schuster Hildegard 1. IV. 11
8 Schwaabe Julie 1. IV. 11
9 Mayer Helene 1. IV. 11
10 Trautmann Paula 1. IV. 11
11 Fischer Anna 1. IV. 11
12 Brunn Luise 1. IV. 11
13 Ziegler Johanna 1. IV. 11
14 Schwab Lina 1. V. 11
15 Raum Franziska 1. V. 11
16 Sprügel Babette 1. XI. 11
17 Gruber Helene 1. XI. 11
18 Bill Josephine 1. XI. 11
19 Fürstenhöfer Marie 1. XI. 11
20 Pöllein Karoline 1. XI. 11
21 Rieger Elsa 1 XI. 11
22 Krebs Hedwig 1. XI. 11
23 Haugg Babette 1. XI. 11
24 Engelhardt Frida 1. XI. 11
25 Paul Gertrud 1. XII. 11
26 Neumayer Hilaria 1. XII. 11
27 Niederfellner Henriette 1 XII. 11
28 Schmitt Margareta 1. XII. 11

n) Geldzähler und Kassediener.

1 Deutinger Korbinian (Mel – PrAM) 16. VI. 95
2 Deutinger Lampert (PLc) 1. II. 96
3 Wimmer Matthäus 16. VII. 99
4 Schlicht Jakob 15. II. 01

o) Diener.

1 André Anton 16. VII. 03

VI. Liste.

Hauptmünzamt.

a) Direktor.

1 Riederer Hermann (mit dem Range eines Regierungsdirektors) (ME — LK — PLmK2 — BZL2b SEH2b -- SpJ2b) 1.I.01

b) Münzwardein.

1 Munkert Anton Dr. (PLb) 1.I.01

c) Technischer Assessor.

1 Köll Joseph 1.I.09

d) Kassier.

1 Kaiser Heinrich, Rat (MIV — LK — PLb) 1.X.91

e) Kassekontrolleur.

1 Niederfellner Joseph 1.X.91

f) Medailleur.

1 Börsch Alois (M) 1.V 98

g) Sekretäre.

1 Reithmeier Matthäus, Kasseoffiziant 1 IX.02
2 Spitzl Max 1.XI.02
3 Zeidler Adolf 1.IV.09

h) Amtsdiener.

1 Betz Johann 1.III.11

VII. Liste.

Katasterbureau.

a) Direktor.

1 Camerer Wilhelm Ritter von (K3 — MII LK SEH2b) RegR. 16.IX.83; ORegR. 1.VI.99; RegDir. 1.IX.02

b) Regierungs- und Steuerräte.

1 Steppes Karl, T. e. Obersteuerrats (MIII — LK - OEFJ3 — SEH2b) (16.IV.82) 1 I.88
2 Vara Felix (MIV — LK) (1 V.00) 1 IV 02
3 Bischoff Ignaz Dr., Honorarprofessor a. d. Techn. Hochschule (MIV) (16. VII.00) 16.X.03
4 Ibel Adolf (SEH3b - SW3a) (1.IV.02) 1 IX.06

c) Assessoren.

1 Amann Joseph, T. e. Reg.- u. StR. 16.X.03
2 Oberbauer Johann 1 IX.06
3 Dressendörfer Michael 1.V.00

d) Kassier.

1 Schwarzott Konrad 1.V 11

e) Sekretär.

1 Söldner Joh. Baptist 16.V.06

f) Kommissär.

1 Hess Andreas 1. X. 09

g) Kassekontrolleur.

1 Ott Johann 1. V. 11

h) Revisoren.

1 Baumann Otto 1. I. 09
2 Glasser Karl 1. I. 09
3 Hopfensberger Joseph 1. I. 09
4 Zimmermann Albrecht 1. I. 09
5 Blank Alois (RM) 1. I. 09
6 Allkofer Karl 1. V. 11

i) Katastersekretäre und Registrator.

1 Edhofer Johann (zeitweise in den Ruhestand versetzt) 1. III. 07
2 Gschrei Michael 1. VII. 07
3 Germersheim Hugo Edler von 1. X. 08
4 Rottmanner Ernst (LK) 1. I. 09
5 Wiedmann Adolf (LK) 1. I. 09
6 Wörfel Leonhard 1. I. 09
7 Griessbach Johann 1. I. 09
8 Reiss Adam 1. I. 09
9 Nützel Georg 1. I. 09
10 Hueber Eduard 1. I. 09
11 Brembs Hugo 1. I. 09
12 Spannheimer Konrad 1. I. 09
13 Reicheneder Karl 1. I. 09
14 Schriml Otto 1. I. 09
15 Radmüller August 1. I. 09
16 Reith Michael 1. I. 09
17 Neber Anton 1. I. 09
18 Rathgeber Xaver 1. I. 09
19 Reuter Nikolaus 1. I. 09
20 Weiss Anton 1. I. 09
21 Heiderscheid Franz, Registrator 1. I. 09
1. XI. 09
22 Egger Wilhelm 1. I. 09
23 Ederer Joseph 1. I. 09
24 Schwainberger Otto 1. I. 09
25 Weidmüller Joseph 1. I. 09

k) Assistenten.

1 Schegh Friedrich 1. I. 09
2 Beck Karl 1. I. 09
3 Bodensteiner Georg 1. I. 09
4 Dex Karl 1. I. 09
5 Börlein Georg 1. I. 09
6 Endl Ludwig 1. I. 09
7 Hegele Georg 1. I. 09
8 Herzgsell Georg 1. XI. 09
9 Simmerlein Adam 1. I. 10
10 Sturm Ludwig 1. XII. 10
11 Scholian Joseph 1. XII. 10
12 Hösch Michael 1. VII. 11
13 Dürr Ludwig, Konservatoriums-Assistent 1. I. 09

l) Kassediener und Boten.

1 Stöffler Michael 16. X. 08
2 Donhauser Joseph 1. I. 11

VIII. Liste.
Königliches Hofbrauamt München.

a) Direktor.

1 Zilcher Ferdinand 1. X. 00

b) Inspektor.

1 Dittlein Georg 1. I. 09

c) Flaschenfüllerei-Verwalter.

1 Grassinger Georg 1. I. 09

d) Sekretäre.

1 Lang Georg 1. V. 01
2 Eisele Karl 1. VII. 03
3 Hack Xaver 1. III. 06
4 Schwarz Konrad 1. X. 06
5 Engelbrecht Ludwig 1. IX. 10

e) Oekonomie-Verwalter.

1 Elsen Kilian 1. II. 09

f) Material-Verwalter.

1 Schroll Adalbert 1. II. 09

g) Amtsdiener.

1 Schmidt Xaver 1. XII. 96

IX. Liste.
Generaldirektion der Berg-, Hütten- u. Salzwerke.

a) Generaldirektor.

1 Rudolf Friedrich Ritter v. (K3 – MIII - WF2b) München, Bergmeister 16. IX. 95, Generaldirektor 15. II. 05.

b) Oberbergräte, Regierungsräte.

1 Attenkofer Georg (MIII — WK5) München, Salineninspektor 16. IX 95; T. u. R. e. ORegR. 15. II. 97.
2 Kofler Karl Gustav (MIV) München, RegR. 1 VII. 03.
3 Mader August (MIV) München, RegR. 16. XI. 03; OberbergR 16. XII. 07
4 Meinel Wilhelm (MIV) München, Bergmeister 1. I. 04; OberbergR. 1 VIII. 06.
5 Zieglmeier Michael München, Bergmeister 1. V. 07; OberbergR. 1. IX. 08.
6 Bäuml Alois (PLb) München, Bauamtmann 1. VIII. 08; OberbergR. 1. VII. 11.

c) Bergmeister, Salineninspektoren, Oberingenieur.

1	Schlederer Frz. (MIV), Salineninspekt.	Reichenhall	1. X. 93
2	Fischer Max, T. u. R. e. Bergrats	Berchtesgaden	1. X. 00
3	Rottacker Karl, Bergmeister	Bodenwöhr	1. X. 04
4	Stuchlick Heinrich Dr., Bergmeister	Traunstein	1. III. 05
5	Feuchter Max, T. e. Bergrats	St. Ingbert	1. V 07
6	Stöger Joseph, T. u. R. e. Bergrats, Vorstand des Handelsbureaus der Bergwerksverwaltung	München	1. V 07
7	Prinz Franz, Oberingenieur	Amberg	1. IX. 08

8	Hornung Joseph, Bergmeister	Bergen	1. III. 05
9	Gress Jakob, Bergmeister	Rosenheim	1. V. 07 / 1. X. 09
10	Selgrad Ludwig, Bergmeister	Sonthofen	1. V. 07
11	Hörburger Joseph, Bergmeister	Amberg	1. I. 09
12	Heissbauer Eugen, Bergmeister	Mittelbexbach	1. I. 09
13	Umhau Heinrich, Bergmeister	Obereichstätt	1. I. 09
14	Kaufmann Emil (MIVa), Bergmeister	Peissenberg	1. I. 09
15	Maurer August, Bergmeister	Bodenmais	1. VIII. 09

d) Hauptkassier.

1	Agricola Friedrich	München	1. V. 09

e) Hauptkassenkontrolleur.

1	Heindl Joseph	München	1. V. 09

f) Assessoren.

1	Putz Anton	Peissenberg	1. II. 08
2	Funck Wilhelm	Amberg	1. II. 09
3	Greinwald August, z. Zt. bei der Generaldirektion verwendet	Bodenwöhr	1. II. 09
4	Haf Heinrich	Weiherhammer	1. I. 10
5	Pröschel Georg	Amberg	1. I. 10
6	Schnepff Heinrich	„	1. I. 11
7	Mang Ernst	St. Ingbert	1. I. 11
8	Jodl Hermann	Rosenheim	1. I. 11
9	Pinsl Hans	Amberg	1. I. 11

g) Rechnungskommissäre, Direktorialsekretär, Kassiere und Materialverwalter.

K. = Kassier, MV. = Materialverwalter, RK. = Rechnungskommissär.

1	Stoll Wilhelm (Ma), Hauptsalzamts-Kassier	Rosenheim	1. VI. 89 / 16. VIII. 03
2	Schäblen Karl (LK—Ma), T. u. R. e. Hauptsalzamts-Kassiers	Traunstein	16. VIII. 89
3	Schiller Johann, K.	Amberg	16. XI. 89
4	Stoll Christian, MV.	Traunstein	1. II. 91
5	Graf Johann, MV.	Amberg	1. XI. 92
6	Cramer Eduard, MV.	Rosenheim	16. VII. 96 / 1. VI. 97
7	Schöpf Friedrich, Rat, RK.	München	16. I. 97 / 1. III. 03
8	Barthel Karl, Hauptsalzamts-Kassier	Reichenhall	16. VII. 98 / 1. IV. 06
9	Stoll Friedrich, K.	Sonthofen	16. VII. 98
10	Maier Karl, RK.	München	16. VII. 98
11	Brunnhuber Johann, RK., Handelsbureau	„	16. VII. 98 / 1. X. 06
12	Müller Johann, RK.	„	16. VII. 00 / 1. IV. 06
13	Christmann Joseph, RK.	„	16. VII. 00 / 1. VII. 05
14	Dirmann Heinrich, RK.	„	1. VIII. 00 / 1. II. 08
15	Christophel Friedrich, RK. Handelsbureau	„	16. VI. 01

16 Ruyter Wilhelm, K.	Obereichstätt	16.X.01
17 Liepert Heinrich, K.	Bodenmais	1.IX.02
18 Bayerlein Friedrich, RK.	München	1.IX.02
		1.II.04
19 Müller Adam, K.	St. Ingbert	1.III.03
20 Schmoll Johann, K.	Berchtesgaden	1.VIII.03
21 Uhl Joseph, K.	Mittelbexbach	1.IX.03
22 Pachter Joh., RK.	München	1.XII.03
23 Burkard Michael, MV.	St. Ingbert	1.II.04
		1.VII.05
24 Petritsch Ernst, MV.	Peissenberg	1.VII.05
		1.V.07
25 Beck Martin, MV.	Reichenhall	1.IV.06
26 Weiss Ludwig, K.	Bergen	1.V.07
		1.IX.08
27 Meyer Bernhard, K.	Bodenwöhr	1.II.08
28 Beck Karl, RK.	München	1.IX.08
29 Koerber Johann, K.	Weiherhammer	1.IX.08
		1.I.09
30 Herold Karl, MV.	Bodenwöhr	1.XI.08
31 Feulner Ludwig, MV.	Peissenberg	1.I.09
32 Jopp Michael, K.	"	1.II.09
33 Waldmann Albert, MV. z. Zt. noch in Stockheim verwendet	Weiherhammer	1.VII.09
34 Saitner Engelbert, MV.	Sonthofen	1.II.10
35 Deininger Johann, Direktorialsekretär	München	1.IX.10

h) Sekretäre und Registratoren.

Sekretäre.

1 Schmitt Jakob	Mittelbexbach	1.V.82
		29.I.82
2 Ruyter Erhard	Obereichstätt	16.VII.98
3 Sonntag Eduard, Bergwerks-Hauptkasse	München	16.XI.98
4 Dittrich Karl	Peissenberg	15.III.02
5 Dietrich Benedikt	Weiherhammer	1.VII.02
6 Barth Heinrich	Sonthofen	30.IX.02
7 Beck Adam	Rosenheim	1.III.03
8 Preu Johann	Weiherhammer	2.III.03
9 Albrecht Ernst	Peissenberg	1.VII.03
10 Suiter Anton	"	1.VII.03
11 Albert Adam	St. Ingbert	3.VII.03
12 Bittermann Karl	Sonthofen	1.VIII.03
13 Widerspick Ludwig, Generaldirektion	München	1.VIII.03
14 Ascherl Johann, Handelsbureau	"	22.IX.98
		1.IX.03
15 Dorsch Jos., z. Zt. in Weiherhammer verwendet	Sonthofen	1.XII.03
16 Steinel Andreas	Bergen	6.III.00
		16.XII.03
17 Herrman Franz	Traunstein	1.II.01
		4.II.04
18 Feil Peter, Bergwerkshauptkasse	München	1.VII.04
19 Botzenhard Eugen	Amberg	1.VIII.05
20 Eyermann August	Berchtesgaden	16.IV.06

21	Riedl Friedrich	St. Ingbert	1. XII. 06
22	Schweiger Martin	St. Ingbert	1. VI. 07
23	Böheim Karl	"	1. XI. 07
24	Pfändner Georg	Bodenwöhr	1. II. 08
25	Eckart Lorenz	Amberg	2. III. 08
26	Königsbauer Sigmund	St. Ingbert	5. III. 08
27	Pfänder Joseph	Sonthofen	1. VI. 08
28	Andreä Georg	Amberg	1. VII. 08
29	Bayerl Michael	Obereichstätt	1. VII. 08
30	Schwarz Martin	Mittelbexbach	1. VII. 08
31	Dürrbeck Bernhard	Bodenwöhr	1. IX. 08
32	Staedtler Leonhard	Amberg	15. II. 09
33	Peter Franz Seraph	Reichenhall	1. III. 09
34	Reinheimer Karl, Handelsbureau	München	1. V. 09
35	Welker Albert	Bergen	1. II. 10
36	Michler Friedrich, Hauptsalzamtsschreiber	Reichenhall	8. VI. 96 / 1. XII. 03

Registratoren

37	Grube Johann	München	16. III. 03 / 1. IX. 08
38	Speth Joseph	München	1. IX 08
39	Pressmann Heinrich	"	1. II. 09

i) Kanzleiassistenten.

1	Hilmer Ernst (LK—Me1)	Weiherhammer	16. III. 03
2	Eder Joseph, Generaldirektion	München	1. X. 03
3	Golder Johann	Peissenberg	1. I. 04
4	Witt Friedrich	Berchtesgaden	15. I. 04
5	Keller August	Traunstein	1. VIII. 04
6	Hermann Heinrich, Generaldirektion	München	1. IX 06
7	Maier Franz Xaver	Bodenwöhr	16. III. 07
8	Stierstorfer Johann	Bodenmais	1. VII. 08
9	Hohenthaner Joseph	Peissenberg	1. XI. 08
10	Käfferlein Friedrich	St. Ingbert	16. II. 09
11	Huber Joseph, Generaldirektion	München	16. II. 09
12	Appel Heinrich "	"	16. X. 09
13	Bössl Michael	Rosenheim	1. II. 10
14	Härtl Karl, Generaldirektion	München	1. III. 10
15	Rothhaar Karl	Mittelbexbach	1. III. 11
16	Romig Johann	Bodenwöhr	1. X. 11

k) Diener.

1	Hofweber Matthias (Me I), Geldzähler u. Kassendiener bei der Bergwerkshauptkasse	München	15. III. 99
2	Wittig Hermann, Hausmeister bei der Generaldirektion	"	1. VI. 08
3	Wiedensohler August, Bureaudiener bei der Generaldirektion	"	1. XII. 10

l) Diener der Berg-, Hütten- und Salinenämter.

1	Starklauf Michael	Traunstein	30. V 91
2	Forster Johann	Amberg	1. XII. 93
3	Hirschmann Johann	Reichenhall	4. VIII. 04
4	Kreitinger Franz Xaver	Sonthofen	15. VIII. 04
5	Wenk Georg	Rosenheim	1. III. 10
6	Krennleitner Joseph	Berchtesgaden	1. V. 10

X. Liste.

Regierungen, Kammer der Finanzen.

a) Regierungsdirektoren.

1 Ulmer Hermann Ritter v. (K3—MII—LK) in Speyer, RegR. 1.III.81; ORegR. 1.VII.97; RegDirektor 1.VII.02.

2 Grimm Georg Ritter v. (K3—MIII—LK) in Ansbach, RegR. 1.I.80; ORegR. 16.XI.96; RegDirektor 1.II.03.

3 Wenz Karl Ritter v. (K3—MIII) in Bayreuth, RegR. 1.IV.85; ORegR. (T.u.R.) 1.I.00; RegDirektor 16.XI.06.

4 Micheler Georg Ritter v. (K3—MIII—LK) in München, RegR. 16.X.80; ORegR. 16.I.98; RegDirektor 1.VII.07.

5 Hauer Eugen (ME—LK) in Augsburg, RegR. 16.XI.84; ORegR. 1.V.00; RegDirektor 1.XI.07.

6 Pummerer Ludwig (ME—LK) in Regensburg, RegR. 1.X.86; ORegR. 1.IV.01; RegDirektor 1.V.08.

7 Krug Georg (ME—MVKI) in Würzburg, RegR. 1.XI.88; ORegR. (T. u. R.) 1.II.03; RegDirektor 1.XI.08.

8 Hofmann Nikolaus (MIII) in Landshut, RegR. 1.XI.88; ORegR. 1.II.03; RegDirektor 1.IX.09.

b) Regierungsräte.

(R. u. FR. = Regierungs- und Fiskalrat.)

1	Reissenegger Max, ORegR. (MIII) (1.III.83)	Regensburg	1.XI.88
2	Schamberg August (MIV) (1.X.86)	München	1.VI.92
3	Schmidt Andreas (MIV) (1.XI.88)	Ansbach	1.X.95
4	Frommel Otto, ORegR. (MIV) (1.VII.92)	München	1.VII.97
5	Sendtner Oskar, R. u. FR. (MIV) (16.XI.94)	„	1.IV.98
6	Berthold Georg, R. u. FR. (MIV) (1.VIII.95)	Speyer	16.VII.98
7	Zwierlein Joseph (MV4b) (1. II. 86) / (1. VI. 88)	Bayreuth	1.VI.99
8	Weckerle Ferdinand (MIV) (1.XI.95)	Augsburg	1.VI.99
9	Schuster Joseph (MIV) (1.XI.95)	München	1.VI.99
10	Morgens Max (MIV) (16.XII.90)	Speyer	1.VII.00
11	Pfaffinger Joseph (MIV) 1.VI.97)	Landshut	16.VII.00
12	Jordan Friedrich (MIV) (1.VII.97)	München	16.VII.00
13	Lochner Ludwig (MIV) (1.VII.97)	„	1.VIII.00
14	Luxenburger Karl (MIV) (16.XII.97)	Landshut	1.IV.01
15	Degmair Karl (MIV) (16.I.98)	„	1.IV.01
16	Klaiber Johann, R. u. FR. (MIV) (1.II.98)	München	16.XII.01
17	Brunner Hermann (MIV) (1.IV.98)	Augsburg	16.XII.01
18	Simon Franz (MIV) (16.VII.98)	Würzburg	1.IX.02
19	Winter Franz (MIV) (1.VI.99)	München	1.IX.02
20	Wochinger Friedrich, R.u.FR. (1.VI.99)	Regensburg	1.I.03
21	Dobeneck Otto Frhr. v. (1.V.00)	„	1.IX.04
22	Heydrich Wilhelm Dr., R. u. FR. (1.VIII.00)	Würzburg	1.IX.04
23	Schweizer Joseph (1.IV.01)	Landshut	1.XII.04
24	Dumler Georg Dr. (1.VI.01)	Bayreuth	1.XII.04

25	Meier Franz Jos., R. u. FR. (1.IV.01)	Augsburg	1.IV.05
26	Gaschott Friedrich, R. u. FR. (1.VI.01)	Speyer	1.IV.05
27	Eggelkraut zu Wildengarten August, Edler v. (1.IX.01)	München	1.IV.06
28	Gerbel Heinrich (1.IX.02)	Würzburg	1.IX.06
29	Schmidinger Anton (1.IX.1902)	München	1.X.06
30	Stenglein Friedrich (1.IX.02)	Würzburg	1.X.06
31	Michel Andreas Dr. (1.II.03)	Ansbach	1.VII.07
32	Geissendörfer Johann (1.VII.03)	Regensburg	1.VII.07
33	Beck Georg, R. u. FR. (1.VII.03)	Bayreuth	1.X.07
34	Pfeulfei Friedr. Wilh., R. u. FR. (1.II.04)	Ansbach	1.XI.07
35	Moser Hugo (1.IX.04)	Augsburg	1.XI.07
36	Bogner Joh. Karl (1.IX.04)	Landshut	1.II.08
37	Sedlmaier Thomas (16.XI.03)	Augsburg	1.III.08
38	Stepperger Benedikt, R.u.FR. (1.XI.04)	Würzburg	1.V.08
39	Kaiser Rudolf (1.IV.05)	Speyer	1.IX.08
40	Stegmüller Johann (1.XII.04)	Würzburg	1.XI.08
41	Schimpf Georg (1.IV.05)	Speyer	1.XII.08
42	Glaser Friedrich (1.I.05)	Regensburg	1.V.09
43	Held Otto (1.IV.05)	München	1.X.09
44	Urban Willibald (1.VI.03)	Ansbach	1.XI.10
45	Ulmer Karl (1.I.06)	Bayreuth	1.XI.10
46	Schamberg Karl (1.IV.06)	Würzburg	1.XII.10
47	Pausch Karl, R. u. FR. (1.IX.06)	München	1.VII.11
48	Scheiner Richard (1.IX.06)	Ansbach	1.VII.11
49	Schrankenmüller Karl (1.X.06)	Speyer	1.VII.11

c) Regierungsassessoren.

(R. u. FA. Regierungs- u. Fiskalassessor.)

1	Schnetzer Hugo, R. u. FA. (16.X.03)	Augsburg	1.X.06
2	Kammermeier Ferdinand, R. u. FA. (16.XII.03)	Bayreuth	1.XII.06
3	Boschen Karl (1.VII.03)	Würzburg	1.VII.07
4	Wagner Max (1.VII.03)	München	1.X.07
5	Tumma August (1.VII.03)	Regensburg	1.XI.07
6	Lettenbauer Ludwig (1.VII.03)	Augsburg	1.XI.07
7	Krausneck Wilhelm Dr., R. u. FA. (1.IX.04)	Ansbach	1.I.08
8	Hundemer Wilhelm Dr., R. u. FA. (1.X.04)	Landshut	1.II.08
9	Wagner Ludwig (16.X.03)	München	1.V.08
10	Marx Ludwig (16.X.03)	Ansbach	1.IX.08
11	Müller Paul (1.I.05)	Speyer	1.X.09
12	Himmelhan Anton (16.XI.04)	Ansbach	1.XI.10
13	Merfeld Julius (1.XII.04)	Augsburg	1.XII.10
14	Friedl Otmar (1.XII.04)	Landshut	1.XII.10
15	Bäuerlin Friedrich (1.I.05)	Bayreuth	1.XII.10
16	Spälter Friedrich, R. u. FA. (1.V.05)	Regensburg	1.I.11
17	Märkl Wilhelm Dr. (1.X.04)	München	1.VII.11
18	Dilg Adalbert (1.III.05)	Speyer	1.VII.11
19	Baer Ludwig (1.V.05)	Ansbach	1.VII.11
20	Leupoldt Paul (1.I.06)	Landshut	1.VII.11
21	Durner Max Dr. (1.II.06)	Augsburg	1.VII.11
22	Däumling Christoph Dr. (1.III.06)	Würzburg	1.VII.11
23	Herbert Otto (1.V.06)	Bayreuth	1.VII.11
24	Moritz Karl (1.X.06)	Speyer	1.X.11

d) Finanzassessoren.

1	Lehr Heinrich	Ansbach	1. XII. 04
2	Kölbel Hans	Augsburg	16. V. 05
3	Knaus Anton	München	1. X. 06
4	Schmausser Theodor Dr.	Ansbach	1. III. 07
5	Ehrlich Konrad	Landshut	1. IV. 07
6	Müller Robert	München	1. VII. 07
7	Rogister Ludwig Dr. Ritter u. Edler von	Augsburg	1. XII. 07
8	Reichenberger Erwin	Landshut	1. IX. 08
9	Selzle Ludwig	München	1. X. 08
10	Ossenbrunner Karl	"	16. XII. 08
11	Gold Emil	Augsburg	1. II. 09
12	Schnepff Christoph	Regensburg	1. III. 09
13	Bauer Friedrich	Augsburg	1. V. 09
14	Hürner Johann	Bayreuth	1. V. 09
15	Keller Heinrich (PL)	Augsburg	1. V. 09
16	Hartung Wolfgang Dr.	Würzburg	1. VI. 09
17	Wenninger Anton	Würzburg	1. VII. 09
18	Schnabl Gustav	München	1. VIII. 09
19	Hügelsschäffer Eduard	Würzburg	1. X. 09
20	Schleis v. Löwenfeld Max	Landshut	1. XII. 09
21	Eggelkraut zu Wildengarten Paul, Edler von	Würzburg	1. I. 10
22	Wörner Georg	Regensburg	1. II. 10
23	Legat Ludwig	"	1. II. 10
24	Semmelmann Richard Dr.	München	1. III. 10
25	Bauer Wilhelm	Landshut	1. V. 10
26	Beck Karl	Würzburg	1. V. 10
27	Deininger Johann	Bayreuth	1. VI. 10
28	Büschel Alfred	Augsburg	1. IX. 10
29	Vollrath Gottfried	Bayreuth	1. IX. 10
30	Ertl Max	Landshut	1. XII. 10
31	Müller Gustav	Ansbach	1. I. 11
32	Buck Hermann	Regensburg	1. I. 11
33	Gentner Wilhelm	Augsburg	1. I. 11
34	Lehmann Wilhelm Dr.	Ansbach	1. I. 11
35	Probst Ernst	Speyer	1. I. 11
36	Steinert Valentin Dr.	Augsburg	1. IV. 11
37	Nusser Joseph	München	16. IV. 11
38	Spengel Ernst	Augsburg	16. IV. 11
39	Deninger Ludwig	Regensburg	16. IV. 11
40	Stengel Emil	Speyer	1. VI. 11
41	Brückner Franz Dr. (PL)	Augsburg	1. VII. 11
42	Streit Michael	Ansbach	1. VII. 11
43	Löcherer Georg	"	1. VII. 11
44	Lizius Maximilian Dr.	München	1. VII. 11
45	Höchstetter Karl	Regensburg	1. VII. 11
46	Vierling Richard	"	1. VII. 11
47	Spitzer Engelbert	"	1. VII. 11
48	Schenk Hermann	Landshut	1. VII. 11
49	Mergner Gustav	Bayreuth	1. VII. 11
50	Cammerer Friedrich	München	1. VII. 11
51	Mühlfeld Robert Dr.	Ansbach	1. VII. 11
52	Weisensee Christian	Würzburg	1. VII. 11
53	Krautbauer Michael	Speyer	1 VII. 11
54	Görlich Richard Dr.	Würzburg	1. VII. 11

55	Piehler Max Dr.	Augsburg	1. VII. 11
56	Hailer Hermann	Landshut	1. VII. 11
57	Hirsch Friedrich	München	1. VII. 11
58	Müller Michael	Bayreuth	1. VII. 11
59	Costa Paul	Augsburg	1. VII. 11
60	Uschold Adolf Dr.	München	1. VII. 11
61	Dicknether Karl Dr.	"	1. VII. 11
62	Neuner Richard	Regensburg	1. VII. 11
63	Gebhard Karl	Bayreuth	1. VII. 11
64	Heinzlmair Peter	"	1. VII. 11
65	Krauss Friedrich	Würzburg	1. VII. 11
66	Geul Karl	Speyer	1. VII. 11
67	Hörner Emil	Speyer	1. VII. 11
68	Schumann Ignaz	München	1. VIII. 11
69	Koehler Philipp	Speyer	1. VIII. 11
70	Engelhard Theodor	Bayreuth	1. VIII. 11
71	Goetz Joseph	Landshut	1. IX. 11
72	Büttner Albert	Bayreuth	1. X. 11
73	Wolfbauer Joseph Dr.	München	1. XI. 11
74	Marquart Heinrich Dr.	"	1. XI. 11
75	Winkler Hans	Ansbach	1. XI. 11

e) Rechnungskommissäre.

Mit Titel, Rang und Gehalt eines Rechnungskommissärs am Obersten Rechnungshof.

1	Hellmuth Wilhelm, Rat (MIV—LK—OEFJ5) (1. V. 87)	München	15. VI. 92
2	Naegerl Joseph, Rat (1. II. 98)	Nürnberg	1. III. 03
3	Weisbrod Michael, Rat (1. V. 00)	München	1. IX. 04

Nach Klasse 12 der Gehaltsordnung.

4	Ziegler Michael	Würzburg	1. IX. 02
5	Pollwein Alois	Regensburg	1. IX. 02
6	Schupp Karl	Augsburg	16. III. 03
7	Islinger Franz	Landshut	1. VII. 03
8	Aecker Heinrich	Würzburg	1. VII. 03
9	Süss Joseph	München	16. XI. 03
10	Merkel Friedrich	Bayreuth	1. VII. 03 reakt. 1. I. 10
11	Häusler August	Würzburg	1. V. 04
12	Pfriem Paul	München	1. IV. 05
13	Prenitzer Theodor	Regensburg	1. V. 05
14	Dehn Walter	Landshut	1. VII. 05
15	Seiz Heinrich	"	1. XI. 05
16	Ottmann Ludwig	Augsburg	16. XII. 05
17	Steinle Johann Bapt.	Landshut	1. V. 06
18	Ament Wilhelm	München	1. IX. 06
19	Griesbauer Hugo	Würzburg	1. IX. 06
20	Schnitzler Anton	München	16. IX. 06
21	Mayer Anton	"	1. X. 06
22	Zimmermann Wilhelm	Ansbach	1. VII. 07
23	Faulhaber Nikolaus	Würzburg	1. IX. 07
24	Plötz Theodor	München	1. IX. 08
25	Negrioli Philipp	Ansbach	1. X. 08
26	Wochinger Karl	Nürnberg	1. X. 08

27	Busch Otto Jakob	München	1.I.09
28	Lanz Karl	Ansbach	1.I.09
29	Winkler Hugo	Würzburg	1.I.09
30	Messerer Friedrich	Landshut	1.I.09
31	Kollmannsberger Sebastian	„	1.I.09
32	Schott Karl	„	1.I.09
33	Michl Otto	„	1.I.09
34	Bruggaier Karl	Augsburg	1.I.09
35	Martin Titus	Ansbach	1.I.09
36	Maier Joseph	Würzburg	1.I.09
37	Krug Joseph	München	1.I.09
38	Ponnath Georg	Bayreuth	1.I.09
39	Rauch Kaspar	Würzburg	1.I.09
40	Landthaler Ludwig	Landshut	1.I.09
41	Lins Johann	Augsburg	1.I.09
42	Rebele August	„	1.I.09
43	Wütscher Karl	München	1.I.09
44	Eitzinger Matthias	„	1.I.09
45	Jäger Karl	Bayreuth	1.I.09
46	Tyroller Anton	München	1.I.09
47	Stegmaier Joseph	Augsburg	1.I.09
48	Scheitinger Johann	München	1.I.09
49	Rabus Alfred	Ansbach	1.I.09
50	Schrödinger Georg	Regensburg	1.I.09
51	Ritter Ludwig	Speyer	1.I.09
52	Schnatterer Engelbert	Landshut	1.I.09
53	Linnhuber Johann	Ansbach	1.I.09
54	Friedel Hugo	Würzburg	1.I.09
55	Kroyer Friedrich	Augsburg	1.I.09
56	Schönberger Max	Würzburg	1.I.09
57	Vestner Otto	Regensburg	1.I.09
58	Dörr Eugen	Würzburg	1.I.09
59	Gerhard Philipp	Speyer	1.I.09
60	Schmidt Georg	Bayreuth	1.I.09
61	Breu Karl	Regensburg	1.I.09
62	Hofmann Andreas	„	1.I.09
63	Langenstein Nikolaus	Speyer	1.I.09
64	Dietz Amandus	Bayreuth	1.I.09
65	Schultheis Klemens	Würzburg	1.I.09
66	Dressendörfer Friedrich	Ansbach	1.I.09
67	Kimmel Georg	München	1.X.09
68	Schreiber Anton	Ansbach	1.XII.09
69	Dennerlein Max	Bayreuth	1.III.10
70	Ostermayr Bruno	„	1.III.10
71	Kayser Otto	Regensburg	1.V.10
72	Stolber Otto	Bayreuth	1.XII.10
73	Gehring Max	Speyer	1.I.11
74	Stempfle Adalbert	Würzburg	1.I.11
75	Müller Franz	„	1.I.11
76	Lang Johann	Augsburg	1.III.11
77	Kohler Karl	Speyer	16.IV.11
78	Zimmerer Ludwig	Ansbach	16.IV.11
79	Schneider Alfons	„	16.IV.11
80	Camerer Karl	München	1.VII.11
81	Hannamann Richard	Regensburg	1.VII.11
82	Grassegger Paul	Regensburg	1.VII.11

83	Müller Wilhelm	Ansbach	1. VII. 11
84	Transchel Joseph	Speyer	1. VII. 11
85	Frank Anton	Augsburg	1. VII. 11
86	Schad Chlodwig	Ansbach	1. VII. 11
87	Scholz Richard	Bayreuth	1. VII. 11
88	Pummerer Felix	München	1. VII. 11
89	Spreti Theodor, Graf v.	"	1. VII. 11
90	Schreiner Albert	Speyer	1. VII. 11
91	Strobl Franz	Bayreuth	1. VII. 11
92	Hofmann Eugen	Ansbach	1. VII. 11
93	Eigner Jakob	"	1. VII. 11
94	Koch Johann	Bayreuth	1. VII. 11
95	Nadler Karl	Ansbach	1. VII. 11
96	Fahmüller Max	Bayreuth	1. VII. 11
97	Back Eugen	"	1. VII. 11
98	Peter Franz X.	Würzburg	1. VII. 11
99	Mohr Georg II	Speyer	1. VII. 11
100	Dejon Joseph	"	1. VII. 11
101	Irber Franz	Landshut	1. VII. 11
102	Sittl Franz X.	Bayreuth	1. VII. 11
103	Thiel Albert	Speyer	1. VII. 11
104	Bachmaier Otto	München	1. VII. 11
105	Emmerling Edmund	Ansbach	1. VII. 11
106	Schätzl Stephan	Speyer	1. VII. 11
107	Fink Max	Würzburg	1. IX. 11
108	Winderl Georg	Augsburg	1. IX. 11
109	Harzenetter Joseph	München	1. IX. 11
110	Feistle Joseph	Speyer	1. IX. 11
111	Kink Heinrich	Ansbach	1. IX. 11
112	Schmidhofer Martin	Speyer	1. XI. 11
113	Frommeld Joseph	Landshut	1. XII. 11

Nach Klasse 14 der Gehaltsordnung und Klasse 9 der Rangordnung.

114	Kaufmann Georg	Speyer	1. VIII. 11
115	Steller Karl	"	1. VIII. 11
116	Jakob Joseph	Augsburg	1. VIII. 11

f) Steuerrechnungskommissäre der Regierung der Pfalz, K. d. F.

1	Scheib Wilhelm	Speyer	1. I. 09
2	Herzog Karl	"	1. I. 09
3	Ochsenreither Hermann	"	1. VII. 11
4	Pfleger Emil	"	1. VII. 11

g) Akzessisten.

1	Klein Emil	Bayreuth	16. VI. 09
2	Knogler Ludwig	München	4. VI. 10
3	Schneider Wilhelm	"	4. VI. 10
4	Miltner Joseph	Regensburg	4. VI. 10
5	Grohmann Gottfried	"	4. VI. 10
6	Dörner Hans Dr.	München	6. VI. 10
7	Kuhn Georg	Augsburg	6. VI. 10
8	Müller Karl	"	6. VI. 10
9	Abert Fritz	Würzburg	10. VI. 10

10	Findt Max	Würzburg	10. VI. 10
11	Pfaffenzeller Karl	"	18. VI. 10
12	Mack Gottfried	Ansbach	27. VI. 10
13	Miller Ernst	Augsburg	20. VI. 10
14	Baumann Otto	"	18. VII. 10
15	Freistädt Wilhelm Dr.	Regensburg	1. VIII. 10
16	Doll August	Ansbach	15. VIII. 10
17	Zahn Wilhelm	Bayreuth	16. VIII 10
18	Laible Eduard	Speyer	26. IX. 10
19	Blum Viktor	"	16. VI. 11
20	Plecher Vinzenz	Bayreuth	16. VI. 11
21	Wein Franz Dr.	München	11. VII. 11
22	Wölfle Hans	Landshut	11. VII. 11
23	Kennerknecht Albert	Augsburg	12. VII. 11
24	Baumann Gustav Dr.	Würzburg	13. VII. 11
25	Drexler Ludwig	Bayreuth	15. VII. 11
26	Schröder Alfred	München	20. VII. 11
27	Höfling Friedrich	Landshut	22. VII. 11
28	Hartmann Friedrich	München	27. VII. 11
29	Daschner Friedrich	"	1. VIII. 11
30	Meyer Franz	Landshut	1. VIII. 11
31	Tröltsch Welfried, Frhr. v.	Augsburg	1. VIII. 11
32	Uhl Adolf	"	2. VIII. 11
33	Walbrun Michael	Bayreuth	4. VIII. 11
34	Rieth Joseph Dr.	München	7. VIII. 11
35	Priester Stefan	Ansbach	15. VIII. 11
36	Mahler Wilhelm	München	17. VIII. 11
37	Salzgeber Karl	Landshut	22. VIII. 11
38	Fooss Ludwig	Speyer	25. VIII. 11
39	Merz Karl	"	1. IX. 11
40	Liebhardt Walter	Ansbach	1. IX. 11
41	Kister Hermann	Regensburg	6. IX. 11
42	Hübsch Albert Dr.	München	14. IX. 11
43	Girisch Eugen	Würzburg	16. IX. 11
44	Englhorn Alfred	Augsburg	23. IX. 11

h) Präsidialsekretäre, Sekretäre, Registratoren, (Kanzlisten), Kanzlei- und Registraturassistenten, Boten und Steindrucker.

(Diese Stellen jedoch nur insoweit als das Staatsministerium der Finanzen zur Besetzung zuständig ist.)

α) **Präsidialsekretäre.**

1	Schwarz Joseph, Rat	Regensburg	1. I. 09
2	Hammer Alois, Rat	Landshut	1. I. 09
3	Köpffer Ludwig	Augsburg	1. I. 09
4	Dannhauser Johann	Ansbach	1. I. 09

β) **Sekretäre.**

1	Feiner August	Augsburg	16. VII. 91
2	Koch Karl (LK)	Speyer	16. X. 97
3	Schwandner Franz	Augsburg	16. VIII. 98
4	Wenk Hans	Ansbach	1. V. 04
5	Simon Karl	Landshut	1. VII. 07
6	Storch Franz Emil	Würzburg	1. I. 08

7	Schwarz Eugen	Bayreuth	1. IV. 08
8	Körger Georg	München	1. I. 09
9	Görner Bernhard (LK)	„	1. I. 09
10	Gönner Max	Ansbach	1. I. 09
11	Berger Georg	Speyer	1. I. 09
12	Trammer Johann	Regensburg	1. I. 09
13	Stettberger Andreas	München	1. I. 09
14	Wissmeyer August	Würzburg	1. I. 10
15	Moser Joseph	„	1. IX. 10

γ) Registratoren.

1	Meyer Theodor, Rat (LK)	München	15. II. 82
2	Schenk Johann Adam	Würzburg	1. I. 91
3	Hofmann Christian	Augsburg	16. III. 91
4	Wittmann Heinrich (LK)	Speyer	16. VI. 92
5	Schmidt Gottfried	Ansbach	16. VIII. 94
6	Hojer Georg	Augsburg	1. IX. 94
7	Fahr Friedrich	Ansbach	1. XII. 96
8	Ganzmann Eugen	Würzburg	1. II. 97
9	Kellner Georg	Regensburg	1. IV. 98
10	Frey August	Ansbach	1. X. 98
11	Wangemann Lorenz	Bayreuth	1. V. 99
12	Täuber Leonhard	Regensburg	1. IX. 02
13	Schneebauer Joseph	Landshut	16. III. 03
14	Sanner Johann	München	1. V. 03
15	Schenk Heinrich	Landshut	1. II. 07
16	Hirsch Matthias	Bayreuth	1. VII. 08
17	Schepp Michael	München	1. IX. 08
18	Münzer Roderich	„	1. I. 09
19	Frank Georg	„	1. I. 09
20	Schmucker Max	Landshut	1. I. 09
21	Baierl Alois	„	1. I. 09
22	Wolf Georg	Regensburg	1. I. 09
23	Grübel Georg	Bayreuth	1. I. 09
24	Horn Heinrich	„	1. I. 09
25	Beigel Leonhard	Ansbach	1. I. 09
26	Liedtke Wilhelm	Würzburg	1. I. 09
27	Flechtner Johann	„	1. I. 09
28	Kracker Joseph	Speyer	1. VII. 09
29	Früchtel Nikolaus	Ansbach	1. IX. 11

δ) Kanzlisten.

Mit Titel und Rang eines Regierungssekretärs.

1	Waelzel Christian	Ansbach	1. IV. 94
2	Knöllinger Georg (LK)	„	1. IV. 98
3	Groh Franz	Bayreuth	1. III. 00
4	Kress Joseph	Regensburg	1. IX. 02
5	Schwarz Max	Augsburg	1. IX. 02
6	Wind Nikolaus	Würzburg	1. IX. 02
7	Neudorfer Karl	München	1. VII. 04
8	Ertl Johann	Bayreuth	16. V. 07
9	Hader Johann	Regensburg	16. IX. 08

Übrige Kanzlisten.

10	Weltin Karl (LK)	Speyer	1. IX. 02
11	Ebenhöch Klement	Regensburg	1. IV. 08

e) Kanzlei- und Registraturassistenten.

1	Zink Joseph	München	14. VII. 78
2	Kirchner Heinrich	Regensburg	16. III. 95
3	Bauer Adam	Ansbach	1. IV. 96
4	Burger Joseph	Landshut	1. VII. 98
5	Mühleisen Valentin	Regensburg	1. VII. 98
6	Keimig Ludwig	Speyer	16. XII. 98
7	Schott Johann	Bayreuth	1. XII. 99
8	Illing Georg	Regensburg	1. IV. 00
9	Wenzl Wunibald	München	1. VIII. 00
10	Sprott Wilhelm	Speyer	1. VIII. 00
11	Schreyer Johann	Ansbach	1. IX. 00
12	Wörrlein Friedrich	"	1. I. 01
13	Koob Rupert	Augsburg	16. V. 01
14	Kempf Augustin	Würzburg	1. VII. 01
15	Lindörfer Georg	München	1. I. 02
16	Rödel Gottlieb	"	1. VI. 02
17	Kurz Georg Karl	"	1. IX. 02
18	Jüngling Johann	Regensburg	16. IX. 02
19	Loschge Joseph	"	16. X. 02
20	Mahler Joseph	München	16. XI. 02
21	Ihrler Johann	"	1. XI. 03
22	Jobst Karl	Landshut	1. XI. 03
23	Rösch Gustav	Augsburg	1. V. 04
24	Wöhrle Otto	Speyer	1. IX. 04
25	Bauer Georg	Bayreuth	16. IX. 04
26	Hergst Heinrich	"	1. X. 04
27	Dietrich Michael	Ansbach	1. XI. 04
28	Prell Johann	München	1. IV. 05
29	Masson Johann	Augsburg	16. VI. 05
30	Krämer Stephan	Würzburg	1. XI. 05
31	Gansbühler Johann	Landshut	1. I. 06
32	Jochum Karl	Augsburg	16. VI. 06
33	Stoll Johann II	Landshut	1. X. 06
34	Gack Adalbert	Augsburg	16. X. 06
35	Löw Jakob	Speyer	18. X. 06
36	Pittroff Thomas	Bayreuth	21. X. 06
37	Felseis Konrad	Würzburg	1. II. 07
38	Strobel Michael	Augsburg	22. V. 07
39	Schneider Rudolf	Landshut	1. VII. 07
40	Bergmann Konrad	München	1. II. 08
41	Burkert Heinrich	Regensburg	1. VII. 08
42	Baur Joseph	Augsburg	1. IX. 08
43	Scheller Matthias	München	1. XII. 08
44	Beer Joseph	Landshut	1. XII. 08
45	Dauer Otto	Speyer	1. XII. 08
46	Höhn Leopold	Bayreuth	1. XII. 08
47	Fink Heinrich	Ansbach	1. XII. 08
48	Hader Georg	Regensburg	16. XII. 08
49	Diem Richard	München	15. II. 09
50	Rosshirt august	Augsburg	1. II. 10
51	Goller Adolf	Würzburg	1. VI. 10
52	Blödl Johann	Ansbach	1. VIII. 10
53	Wiest Engelbert	Würzburg	1. VIII. 10
54	Hafner Joseph	Bayreuth	1. X. 10

55	Vogl Franz	München	1. III. 11
56	Körner Andreas	Bayreuth	1. III. 11
57	Moser Joseph	Würzburg	1. III. 11
58	Hofmann Friedrich	"	1. VI. 11
59	Vogl Karl	Landshut	1. VII. 11

ζ) Boten.

1	Kirschner Joseph (LK)	Regensburg	1. VII. 85
2	Daniel Jakob	Landshut	1. I. 88
3	Rabenstein Georg	Bayreuth	15. II 92
4	Reichert Franz	Würzburg	1. XI. 93
5	Schwarz Nikolaus	Regensburg	16. X. 94
6	Pöverlein Philipp	Landshut	1. VI. 96
7	Raithel Adam	Bayreuth	1. I. 98
8	Fischer Peter	Augsburg	1. V. 98
9	Heilmann Johann	Würzburg	1. II. 99
10	Zick Leopold	Augsburg	1. V. 99
11	Braun Johann	Speyer	1. I. 00
12	Volk Otto	Würzburg	16. VII. 00
13	Ködel Wilhelm	Ansbach	16. IX. 00
14	Ehrt Moritz	Speyer	1. IV. 01
15	Jungbauer Albert	München	16. VI. 01
16	Thoma Georg	Ansbach	1. IX. 02
17	Stippler Leonhard	Augsburg	1. X. 02
18	Sattelberger Franz X.	Landshut	1. V. 03
19	Brand Jakob	München	1. VII. 03
20	Haunschild Hubert	Ansbach	1. II. 04
21	Köber Philipp	Würzburg	15. IX. 04
22	Brater Johann	Speyer	1. III. 05
23	Ambos Friedrich	"	1. III. 06
24	Schartner Sebastian	München	1. VIII. 06
25	Winzenhöhler Matthäus	Würzburg	1. X. 06
26	Laube Julius	Regensburg	16. I. 07
27	Karl Christian	Bayreuth	1. III. 07
28	Bosch Jakob	Ansbach	1. VI. 07
29	Obermeier Joseph	Augsburg	1. XI. 08
30	Fromm Johann	"	1. IV. 09
31	Liebl Johann	München	1. I. 10
32	Leidl Joseph	"	16. III. 10
33	Sontheimer Max	"	1. IX. 10
34	Bäumler Johann	Landshut	1. I. 11
35	Scharf Philipp	Bayreuth	1. II. 11
36	Sossau Georg	München	1. III. 11
37	Rettig Reinhard	Speyer	1. V. 11
38	Schmidbauer Franz	München	1. VI. 11

η) Steindrucker.

1	Zwickel Andreas	Augsburg	16. V. 89
2	Stumpf Wendelin	Würzburg	1. V. 96
3	Muth Adam	Augsburg	16. XI. 98
4	Kramer Christoph	Bayreuth	1. IX. 02
5	Berghammer Sebastian	Landshut	16. IV. 05
6	Schall Joseph	Speyer	18. X. 06
7	Kragl Georg	München	1. III. 07

XI. Liste.

Kreiskassen.

a) Kreiskassiere.

1	Miesbach August, RegR. (MIV--LK)	Würzburg R.	1.I.82 / 1.XI.96
2	Plenagl Matthias, RegR.	München R.	1.VI.88 / 1.VIII.10
3	Frank Karl (MIVa)	Augsburg R.	16.X.90 / 16.XII.03
4	Heidenreich Lorenz (MIV–LK)	Regensburg	1.X.95
5	Meyer Gustav Ad.	Ansbach R.	1.VI.97 / 1.IV.02
6	Krackhardt Gustav	Bayreuth R.	1.I.02 / 1.XI.07
7	Dobmaier Johann	Landshut	1.VII.02
8	Stahl Georg	Speyer	1.V.08

b) Kontrolleure.

1	Emmersleben Martin (M--LK)	Regensburg	1.XI.97
2	Senft Johann (LK)	Würzburg	1.II.00
3	Grosser Friedrich (M)	München	1.II.00
4	Diem Albert	Speyer	16.VII.01
5	Bauer Friedrich	Augsburg	1.VII.02
6	Dennerlein Jakob	Bayreuth	1.I.04
7	Megele Emil	Ansbach	1.II.06
8	Haeckel Karl	Landshut	1.V.08

c) Sekretäre.

Zahlmeister.

1	Fikenscher Karl	München	1.VII.99
2	Schmäling Martin	Würzburg	16.VII.00
3	Glöckle Joseph (LK)	Regensburg	16.VII.00
4	Deffner Timotheus (M--LK)	Speyer	16.VII.00
5	Vogelhuber Wilhelm	Bayreuth	16.VII.01
6	Engelhardt Christian (LK)	Ansbach	1.II.03

Offizianten.

7	Schneider Ludwig	München	1.VII.99
8	Müller Otto Rupprecht	Landshut	1.II.00
9	Kratzer Joseph	Ansbach	1.VII.02
10	Bauernfeind Franz X.	Regensburg	1.II.03
11	Rohr Martin	Würzburg	1.I.04
12	Trey Otto	Augsburg	1.VI.07

Übrige Sekretäre.

13	Krebs Erhard	Augsburg RS.	1.VII.03 / 1.IV.09
14	Hagen Sebastian	Bayreuth RS.	1.VII.03 / 1.VII.11

15	Spörlein Heinrich	Landshut	1.IV.00
16	Ammer Franz X.	München	1.II.03
17	Schiffmann Ludwig	München	1.VII.03
18	Eberlein Leonhard	Ansbach	1.VII.03
19	Eckstein Johann	München	1.VIII 03
20	Klein Max	Augsburg	1.VIII.03
21	Sauter Heinrich, gepr. KPr.	Speyer	16.I.04
22	Guttenberger Peter	Bayreuth	16.VIII.05
23	Braun Erich, gepr. KPr.	Regensburg	1.VII.07
24	Jöckel Adolf, gepr. KPr.	Speyer RS.	1.I.09 / 1.XI.10
25	Steinberger Adolf	Landshut RS.	1.I.09 / 1.I.11
26	Voit Hans, gepr. KPr.	Würzburg	1.VI.09

d) Kasseassistentinnen.

(Nichtetatsmässig)

1	Schuster Anna	München	1.IV.11
2	Schwaiger Berta	München	1.IX.11

e) Diener.

1	Seibert Karl (LK)	Würzburg	1.IX.86
2	Hussendörfer Michael	München	1.II.94
3	Stöckl Michael (LK)	Augsburg	1.II.94
4	Neufeld Valentin	Regensburg	16.I.00
5	Ruhland Wolfgang (Me 1)	Landshut	16.VII.03
6	Weinrich Heinrich (LK)	Bayreuth	1.IX.03
7	Österreicher Wenzel	Ansbach	1.VIII.06
8	Schellenberger Michael	München	16.X.08
9	Schleicher Johann	Speyer	1.VII.11

XII. Rentämter.

a) Regierungsräte.

(Vorstände der Rentämter mit Kasseabteilung.)

1	v. Grimm Otto (16.VII.00)	München St.III. / RVorst.	1.II.03 / 1.XI.08
2	Burckhardt Heinrich (MIV—LK) (1.XI.84)	Nürnberg III	1.VII.03
3	Stöcklein Gottfried (MIV) (1.X.87)	München St.I	1.VII.03
4	Friedrichs Friedrich (MIV) (1.XII.89)	Nürnberg II	16.XI.03
5	Zernott Karl (MIV) (16.I.95)	Augsburg I	1.XII.05
6	Linsmayer Christian (MIV) (16.VI.86)	Würzburg St.	1.IX.08
7	Grass August (MIV) (1.VI.86)	Ludwigshafen a.Rh.	1.VII.11
8	Dreyer Jakob (MIV) (16.III.89)	Kaiserslautern	1.VII.11
9	Schmid Anton (MIVa) (1.VII.92)	München II	1.VII.11
10	Conrath Peter (MIVa) (1.XII.92)	Aschaffenburg I	1.VII.11
11	Ullrich Alexander (15.II.94)	Passau	1.VII.11
12	Fischer August (16.VII.94)	Fürth	1.VII.11
13	Hey Heinrich (16.XII.95)	Pirmasens	1.VII.11
14	Letz Ferdinand (1.VI.96)	Regensburg I	1.VII.11
15	Abendroth Eduard (1.II.98)	Hof	1.VIII 11
16	Schmidt Ernst (MIV) (1.XII.90)	Nürnberg I	1.IX.11

b) Rentamtmänner.

(einschliesslich der Kasseabteilungsvorstände.)

(RegR. = Titel u. Rang e. Regierungsrats.)

1	Gähler Franz von (MIV) (16.I.75)	Straubing	16.IV.77
2	Fooss Ludwig (16.XI.79)	Dahn	1.VI.83
3	Zöllner Adalbert, RegR. (MVKI – KI — LK) (1.I.81)	Selb	16.V.84
4	Rosenhauer Karl, RegR. (1.I.81)	Ansbach	16.XI.84
5	Jaud Joseph (16.III.82)	Wolfratshausen	1.VII.86
6	Höfl Friedrich (1.XII.82)	Weilheim	16.IV.87
7	Arras Ludwig (16.IX.83)	Bergzabern	1.X.87
8	Morneburg Jakob, RegR. (MIV) (1.XI.84)	München St.IV	1.X.87
9	Heyl Karl (LK) (1.VI.83)	Lohr	16.XI.87
10	König Julius (MIV) (1.III.84)	Schweinfurt	16.V.88
11	Högel Johann Bapt. (MIVa) (16.V.84)	Höchstädt a. D.	1.IX.88
12	Dietl Eduard (MIV) (16.XI.84)	Aibling	1.V.89
13	Grafenberger Alois (16.III.85)	Uffenheim	1.VII.89
14	Kugler Joseph (16.VI.85)	Gunzenhausen	1.II.90
15	Hartmann Heinrich (1.XI.85)	Augsburg II	1.II.90
16	Eckmüller Ludwig (1.XII.85)	Burglengenfeld	1.III.90
17	Hautmann Georg (15.II.86)	Zusmarshausen	16.VI.90
18	Pessl Andreas Ritter und Edler von (1.V.86)	Pottenstein	1.VII.90
19	Arnold Constantin (1.X.86)	Kitzingen	1.V.91
20	Krieg Joseph (MIV) (1.X.86)	Landshut	1.V.91
21	Zellner Heinrich (16.XII.86)	Freising	1.V.91
22	Haas Michael (15.II.87)	Friedberg	1.V.91
23	Kathan Edmund, RegR. (16.XII.86)	Kempten	1.VII.91
24	Strauss Valentin (16.IV.87)	Rottenburg o.T.	1.VII.91
25	Bayer Georg (1.X.87)	Ingolstadt	16.I.92
26	Schmitt Georg (16.XI.87)	Ochsenfurt	16.I.92
27	Burckhardt Johann, RegR. (1.X.87)	Traunstein	16.VII.92
28	Dumas Casimir von, RegR. (MIV) (16.V.88)	Füssen	1.I.93
29	Dittmar Friedrich (16.V.88)	Lichtenfels	16.IV.93
30	Rohr Georg (1.XI.88)	Aschaffenburg II	1.V.93
31	Schreier Michael (1.XI.88)	Ebersberg	1.VI.93
32	Forster Johann Nep. (1.II.89)	Würzburg Ld.	1.VI.93
33	Weinmayer Georg (16.I.89)	Schwabmünchen	16.XII.93
34	Ehard Joseph (16.I.89)	Nördlingen	16.XII.93
35	Schwab Hermann (1.V.89)	Trostberg	16.XII.93
36	Regula Ludwig (1.VI.89)	Zweibrücken	1.III.94
37	Thaler Johann Gg. (1.XI.89)	Neustadt a. A.	1.V.94
38	(Während der Drucklegung geändert).		
39	Beck Johann (MIVa) (1.IV.90)	Weiden	16.V.94
40	Zeissner Friedrich, Kasseabt.-Vorst. (16.VI.90)	München St.I	1.VII.94
41	Wüst Gustav (1.III.90)	Altdorf	1.XII.94
42	Veh Paul (1.V.91)	Rosenheim	16.IV.95
43	Müller Eugen (16.III.91)	Neu-Ulm	1.VI.95
44	Will Martin (1.V.91)	Arnstein	16.VII.95
45	Arnold Theodor (1.VII.90)	Cadolzburg	1.VIII.95
46	Cramer Ernst (1.VII.91)	Hammelburg	16.IX.95
47	Collorio Adam, Kasseabt.-Vorst. (1.IX.91)	München St.III.	1.X.95
48	Dörr Heinrich (1.VII.91)	Eschenbach	1.XI.95

49	Zorn Eugen (1. II. 92)	Wertingen	1. VI. 96
50	Yblagger Ludwig (1. XII. 92)	Eichstätt	16. VII. 96
51	Runzler Gustav (1. VI. 93)	Mallersdorf	1. I. 97
52	Wimmer Johann, Kasseabt.-Vorst. (16. VII. 93)	Augsburg I	16. I. 97
53	Then Joseph (16. VII. 93)	Röttingen	16. I. 97
54	Stelzer Joseph (1. VIII. 93)	Neuburg a. D.	16. I. 97
55	Riedel Karl (1. XI. 93)	Erlangen	16. III. 97
56	Heigl Karl (16. XII. 93)	Riedenburg	16. III. 97
57	Rabe Siegmund (16. XII. 93)	Stadtsteinach	16. III. 97
58	Weninger Otto (16. XII. 93)	Schrobenhausen	1. IV. 97
59	Schaffner Max (1. III. 94)	Amberg	16. IV. 97
60	Fries Hugo, Kasseabt.-Vorst. (1. III. 94)	München St. II	1. V. 97
61	Fügenschuh Joseph (1. V. 94)	Wasserburg	1. V. 97
62	Höher Hugo (1. VII. 91)	Fürstenfeldbruck	1. VI. 95 reakt. 16. I. 08
63	Denkhardt Raimund (16. VII. 94)	Erding	1. IX. 97
64	Effert Hermann, Kasseabt.-Vorst. (16. I. 95)	Nürnberg II	16. X. 97
65	Leschhorn Ludwig (16. IV. 95)	Landau i. Pf.	16. X. 97
66	Albrecht Wendelin (1. XII. 94)	Türkheim	1. II. 98
67	Scheuten Franz (16. IV. 95)	Moosburg	1. II. 98
68	Acker Theodor (16. IV. 95)	Speyer	16. III. 98
69	Feineis Hermann (1. VI. 95)	Kissingen	1. IV. 98
70	Oberhofer Joseph (1. II. 88)	Günzburg	1. IV. 98
71	Wunder Franz (1. VIII. 95)	Bayreuth	1. V. 98
72	Baron Joseph (1. VIII. 95)	Marktbibart	1. VIII. 98
73	Schmidt Anton, Kasseabt.-Vorst. (1. VIII. 95)	Nürnberg III	1. VIII. 98
74	Danhauser Franz (16. IX. 95)	Münnerstadt	16. IX. 98
75	Vorster Karl (16. IX. 95)	Velburg	1. XI. 98
76	Rubner Karl (1. X. 95)	Hersbruck	1. XII. 98
77	Weber Johann, Kasseab.-Vorst. (16. XII. 95)	Nürnberg I	1. XII. 98
78	Bedall Alfred (1. V. 93)	Miesbach	1. I. 99
79	Hörmann Ignaz (1. XI. 95)	Deggendorf	1. IV. 99
80	Muckenschnabel Ignaz (16. XII. 95)	Burghausen	1. VI. 99
81	Kern Georg (1. X. 95)	Laufen	1. VIII. 99
82	Rippel Ludwig (1. I. 96)	Frankenthal	1. VIII. 99
83	Nidermaier Joseph (1. VI. 96)	Volkach	1. XI. 99
84	Benker Gustav (1. V. 94)	Lindau	1. XII. 99
85	Ragner Alfred (1. VI. 96)	Dachau	1. XII. 99
86	Wolff Roman (16. XI. 96)	Brückenau	16. IV. 00
87	Gerner Johann (16. VII. 96)	Schwabach	1. V. 00
88	Beckstein Friedrich (1. XII. 96)	Schesslitz	1. VII. 00
89	Lauer Anton (16. III. 97)	Annweiler	1. VII. 00
90	Höhne Joseph (1. VII. 97)	Karlstadt	1. X. 00
91	Stockar v. Neuforn Karl (1. VI. 95)	Donauwörth	16. XII. 00
92	Fraunholz Joseph (16. III. 97)	Kastl	1. I. 01
93	Braunhofer Franz (16. III. 97)	Bamberg Ld.	1. I. 01
94	Drexler Vinzenz (1. VII. 89)	Heilsbronn	16. I. 01
95	Gromeder Johann (16. I. 97)	Öttingen	1. IV. 01
96	Liepert Karl (1. IV. 97)	Zwiesel	16. V. 01
97	Mauter Karl (16. I. 95)	Rothenkirchen	1. VII. 91
98	Closmann Karl Dr. (1. XI. 95)	Nabburg	1. VIII. 01
99	Grünewald Heinrich, Kasseabt.-Vorst. (16. X. 97)	Ludwigshafen	1. VIII. 01

100	Sixt Wilhelm (1.V.97)	Mindelheim	16.VIII.01
101	Sturm Ludwig (16.I.97)	Tölz	16.XI.01
102	Richter Hermann (1.VI.97)	Herzogenaurach	1.I.02
103	Auer Anton (1.VII.97)	Tirschenreuth	1.I.02
104	Frank Ludwig (16.X.97)	Weissenburg i.B.	1.III.02
105	Kitzing Richard (1.IX.97)	Dillingen	1.IV.02
106	Rettig Hermann (16.XII.97)	Dürkheim	1.V.02
107	Rockenstein Anton (16.X.97)	Simbach a.I.	1.V.02
108	Koos Christoph (1.I.98)	Neustadt a.D.	1.V.02
109	Sauer Gustav (1.II.98)	Monheim	1.VI.02
110	Kleis Wilhelm (1.II.98)	Mühldorf	1.VIII.02
111	Zeiss Karl (1.IV.98)	Wunsiedel	1.XI.02
112	Grähl Ludwig (1.IV.98)	Immenstadt	1.II.03
113	Birner Joseph (1.II.98)	Greding	1.III.03
114	Schmaus Lorenz (1.IV.98)	Bamberg-St.	1.III.03
115	Kolb Max (1.VIII.98)	Klingenberg	16.III.03
116	Bayer Karl (16.VII.98)	Memmingen	1.V.03
117	Derleth Matthias (1.VIII.99)	Kehlheim	1.VI.03
118	Bassler Moritz (1.V.98)	Herrieden	1.VII.03
119	Beyerlein Gustav (16.VII.98)	Vilshofen	1.VII.03
120	Sondermann Hermann (1.VIII.98)	Wassertrüdingen	1.VII.03
121	Limbacher Franz (1.XI.98)	Neumarkt i.O.	1.VII.03
122	Hartmann Karl Anton (1.I.99)	Dettelbach	1.VII.03
123	Hierl Johann (1.IV.99)	Königshofen	1.VII.03
124	Linhardt Richard (1.VI.99)	Windsheim	1.VII.03
125	Hans Eugen, Kasseabt.-Vorst. (1.VI.99)	Würzburg-St.	1.VII.03
126	Volkert Karl (1.VIII.99)	Schongau	1.VII.03
127	Walter Johann (1.XII.99)	Regensburg II	1.VII.03
128	Hornung Friedrich (1.VII.00)	Edenkoben	1.VII.03
129	Knözinger Anton (1.XII.99)	Starnberg	1.X.03
130	Limbacher Richard (1.VII.00)	Neustadt a.H.	1.X.03
131	Lechinger Joseph (16.VII.00)	Vilsbiburg	16.X.03
132	Knauber Friedrich (1.VII.00)	Hilpoltstein	16.XI.03
133	Meyer Siegmund (16.VII.00)	Neunkirchen a.Br.	16.XI.03
134	Stümpfler Joseph (16.VII.00)	Beilngries	16.XI.03
135	Führer Rudolf (16.VII.00)	Krumbach	16.XI.03
136	Sonderschefer Max (16.VII.00)	Kulmbach	16.XII.03
137	Spatny Adolf (16.VII.00)	Münchberg	16.I.04
138	Hagemann Karl, Kasseabt.-Vorst. (16.VII.00)	Aschaffenburg I	16.I.04
139	Rennert Julius (16.VII.00)	Mitterfels	1.II.04
140	Dürr Wilhelm (1.I.01)	Hemau	1.III.04
141	Weis Theodor (1.VIII.01)	Kirchheimbolanden	1.III.04
142	Sellner Wilhelm (16.XII.04)	Pegnitz	1.IV.04
143	Schwab Karl (1.VIII.00)	Thurnau	1.V.04
144	Knorr Ludwig (16.I.01)	Griesbach	16.VI.04
145	Bertram Gustav, Kasseabt.-Vorst. (16.V.01)	Regensburg I	16.VI.04
146	Gmach Max (16.I.01)	Lauingen	1.VII.04
147	Henke Karl (1.X.00)	Sulzbach	1.VIII.04
148	Wismüller Karl (1.IV.01)	Burgwindheim	16.VIII.04
149	Trautner Karl (1.IV.01)	Freyung	1.10.04
150	Rockstroh Ludwig (1.VI.01)	Kipfenberg	1.X.04
151	Degen Johann, Kasseabt.-Vorst. (1.VIII.01)	Fürth	1.XI.04
152	Schleich Georg (16.IX.01)	Grünstadt	1.XI.04

Nr.	Name	Ort	Datum
153	Pischinger August (1.IX.01)	Lengfurt	1.XII.04
154	Fleckenstein Anton (16.VIII.01)	Pfarrkirchen	1.I.05
155	Scherer Heinrich (16.XI.01)	Forchheim	1.I.05
156	Kolb Christoph Dr. (1.I.02)	Dinkelsbühl	1.IV.05
157	Mehrwald Melchior (16.V.01)	Ottobeuren	16.V 05
158	Agne Wilhelm (1.IX.02)	Kusel	1.VII.05
159	Eymann Jakob (1.III.02)	Landstuhl	1.X.05
160	Hartmuth Ludwig (1.V.02)	Ebern	1 XII.05
161	Finger Johann (1.V.02)	Winnweiler	1.I.06
162	Siebenlist Alois (1.VI.02)	Amorbach	1.II.06
163	Zahn Paul (1.VIII.02)	Burgau	1.II.06
164	Junker Hermann (16.XI.01)	Homburg	1.III.05
			reakt. 1.I.07
165	Voment August (1.IX.02)	Waldsassen	1.I.07
166	Schilbach Georg (1.IX.02)	München-Ld.	1 IV.07
167	Göbel Joseph Dr., Kasseabt.-Vorst. (1.VII.00)	Passau	16.V.03
			reakt. 1.III.08
168	Aldinger Ludwig (1.IX.02)	Markt Erlbach	1.XI.07
169	Nenning Benevenutus (1.IX.02)	Viechtach	1.XII.07
170	Zink Joseph (1.IX.02)	Aichach	1.I.08
171	Braun Karl (1 IX.02)	Weissenhorn	1.IV 08
172	Streit Ludwig, Kasseabt.-Vorst. (1.IX.02)	Hof	1.VIII.08
173	Wolf August (1.IX.02)	Weismain	1.VIII.08
174	Bergmaier Adalbert (1.IX.02)	Gerolzhofen	1 IX.08
175	Moser Heinrich (1.IX.02)	Vohenstrauss	1.X.08
176	Rambour Karl (16.XII.03)	Landsberg Rgs.-A.	1.XII.08
			R. 1.XII.10
177	Heil Karl Dr. (16.I.04)	Berchtesgaden Rgs.-A.	1.XII.08
			R. 1.XII.10
178	Schlecht Anton Dr. (1.III.04)	Garmisch Rgs.-A.	1.II.09
			R. 1.X.11
179	Matheis Jakob (1.IX.02)	Obermoschel	1.IV 09
180	Hess Valentin (1.IX.02)	Kandel	1.IV.09
181	Sepp Johann (16.VII.04)	Kaufbeuren Rgs.-A.	1.V.09
			R. 1.VII.11
182	Abendroth Karl (1.IX.02)	Gemünden	1.V.09
183	Hefele Matthias (1.XI.02)	Pfaffenhofen	1.V.09
184	Flury Theobald (1.V.03)	Dingolfing	1.VI.09
185	Lauterbach Karl (1.III.03)	Hofheim	1.VII.09
186	Beer Joseph (1.III.03)	Mellrichstadt	1.X.09
187	Cuno Friedrich (1.II.03)	Schönberg	1.X.09
188	Lucas Karl (1.VII.03)	Staffelstein	1.X.09
189	Zimmerer Heinrich (1.VII.03)	Obernzell	1.XII.09
190	Hausmann Joseph (1.VII.03)	Höchstadt a. M.	1.I.10
191	Standhardinger Friedrich (1.VII.03)	Lichtenberg	1.I.10
192	Bähr Johannes (1.VII.03)	Kronach	1.II.10
193	Niggl Michael (1.VII.03)	Neunburg v.W.	1.II.10
194	Pfadtisch Joseph (1.VII.03)	Buchloe	1.III.10
195	Kiefer Andreas (1.VII.03)	Marktschorgast	1.III.10
196	Heusser Richard (1.VII.03)	Germersheim	1.IV.10
197	Wagner Georg (1.VII.03)	Spalt	1.V.10
198	Vollnhals Georg (1.VII.03)	Auerbach	1.V.10
199	Geyer Adalbert (1.VII.03)	Waldmünchen	1.VI.10
200	Ladenberger Friedrich (1.VII.03)	Markt Oberdorf	1.VIII.10

201	Bergdolt Philipp (1. VII. 03)	Waischenfeld	1. IX. 10
202	Wadlinger Nikolaus (1. VII. 03)	Blieskastel	1. XII. 10
203	Häglsperger Dionys (1. VII. 03)	Zeil	1. XII. 10
204	Fetzer Emil (1. VII. 03)	Walderbach	1. I. 11
205	Hellenthal Georg (1. VII. 03)	Werneck	1. V. 11
206	Sixt Michael, Kasseabt.-Vorst. (16. XI. 03)	Kaiserslautern	1. VII. 11
207	Obich Max (16. I. 04)	Neustadt a. D.	1. VII. 11
208	Hübsch Bruno, Kasseabt.-Vorst. (1. X. 05)	Pirmasens	1. VII. 11
209	Mayr Eduard (1. VII. 03)	Cham	1. VII. 11
210	Bauer Sebastian (1. IV. 05)	Rain	1. VII. 11
211	Zimmermann Nikolaus (16. VII. 03)	Heidenheim	1. VIII. 11
212	Falkner v. Sonnenburg Franz (16. XI. 03)	Lauterecken	1. VIII. 11
213	Fritz Karl (1. X. 05)	St. Ingbert	1. VIII. 11
214	Weisenseel Andreas (1. VI. 03)	Landau a. I.	1. IX. 11
215	Brügel Max (1. XI. 04)	Feuchtwangen	1. IX. 11
216	Schuhmann Xaver (16. XI. 03)	Kemnath	1. IX. 11
217	Schellhaass Ludwig (16. I. 1904)	Eggenfelden	1. IX. 11
218	Geyer Franz (1. II. 04)	Ebermannstadt	1. X. 11
219	Schuster Karl (1. II. 04)	Kötzting	1. X. 11
220	Scholl Heinrich (16. VI. 04)	Illertissen	1. XII. 11

c) Rentamtsassessoren.

1	Vogel Karl	München I	RK. 1. VII. 03 RA. 1. IX. 08
2	Saurer August	Traunstein	RK. 16. XI. 03 RA. 1. II. 06
3	Bally Eugen	Aschaffenburg I	RK. 16. I. 04 RA. 1. I. 05
4	Kerth Philipp	Landau i. Pf.	RK. 1. VII. 04 RA. 1. VII. 07
5	Schmidt Johann	Kempten	RK. 16. VIII. 04 RA. 1. I. 05
6	Baur Andreas	Bayreuth	RK. 1. IX. 04 RA. 1. V. 05
7	Heussler Ludwig	Kissingen	RK. 1. X. 04 RA. 1. VII. 11
8	Hartig Joseph	Lindau	RK. 1. I. 05 RA. 16. VII. 06
9	Scheibenbogen Max	Regensburg I	RK. 1. I. 05 RA. 1. VIII. 07
10	König Benedikt	Eichstätt	RK. 1. II. 05 RA. 1. VII. 08
11	Rothenanger Albert	Passau	RK. 1. VIII. 05 RA. 1. I. 09
12	Trütschel Georg	Nürnberg II	RK. 1. II. 06 RA. 1. IX. 06
13	Bauer Alfons	Immenstadt	RK. 1. II. 06 RA. 1. VII. 11
14	Stubenrauch Christoph	Hof	1. V. 06
15	Killinger Heinrich	Aschaffenburg II	FA. 1. IX. 06 RA. 1. VII. 11

16	Füssl Anton	Freising	RK. 1.IX.06
			RA. 1.III.10
17	Lechner Johann	München II	1.IX.06
18	Niessen Otto	Nürnberg III	1.IX.06
19	Heindl Anton Heinrich	München III	FA. 1.X.06
			RA. 1.VII.11
20	Meyer Johann	Augsburg II	FA. 1.X.06
			RA. 1.IX.10
21	Schweiger Karl	Neumarkt i. O.	RK. 1.X.06
			RA. 1.VII.11
22	Batteiger Otto	Ludwigshafen a.Rh.	RK. 1.X.06
			RA. 1.III.10
23	Hefele Anton	Augsburg I	1.X.06
24	Rohrmoser Georg	Kaufbeuren	RK. 16.XI.06
			RA. 1.VII.11
25	Stark Leopold	Deggendorf	RK. 1.XII.06
			RA. 1.I.10
26	Jakob Ludwig	Ingolstadt	FA. 1.I.07
			RA. 1.I.11
27	Schoentag Theodor	München I	FA 1.I.07
			RA. 16.IV.11
28	Braun Johann	Rosenheim	1.I.07
29	Hingkeldey Karl	Augsburg I	RK. 1.IX.07
			RA. 1.VII.11
30	Brandl Hermann	Landsberg	FA. 1.XI.07
			RA. 1.VII.11
31	Öchslein Karl	München I	RK. 1.XI.07
			RA. 1.IX.10
32	Mohr Georg	Neustadt a. H.	RK. 1.I.08
			RA. 1.XI.11
33	Harzmann Johann	München Ld.	FA. 1.II.08
			RA. 1.VII.11
34	Eckert Georg	Erlangen	1.II.08
35	Rötzer Joseph	Regensburg I	FA. 1.IV.08
			RA. 16.IV.11
36	Wenninger Wilhelm	Bamberg St.	FA. 1.V.08
			RA. 1.VII.11
37	Harzmann Anton	Berchtesgaden	FA. 1.V.08
			RA. 1.IX.11
38	Bihler Ulrich	Dillingen	RK. 1.VII.08
			RA. 1.VII.11
39	Fuchs Johann Andr.	Würzburg St.	FA. 1.VIII.08
			RA. 1.VII.11
40	Wüst Joseph	Augsburg I	RK. 1.X.08
			RA. 16.IV.11
41	Heyden Karl Dr.	Hersbruck	FA. 1.I.09
			RA. 1.VII.11
42	Holl Wilhe	Ansbach	RK. 1.I.09
			RA. 1.II.10

43	Obeltshauser Joseph	Neuburg a. D.	RK. 1. I. 09	RA. 1. IX. 10
44	Tritschler August	Landshut	RK. 1. I. 09	RA. 1. XII. 10
45	Wagner Franz	Donauwörth	RK. 1. I. 09	RA. 1. VII. 11
46	Häusler Franz X.	Wasserburg	RK. 1. I. 09	RA. 1. VII. 11
47	Preuss Johann	Lohr	RK. 1. I. 09	RA. 1. VII. 11
48	Preu Emil	Würzburg St.	RK. 1. I. 09	RA. 1. VII. 11
49	Full Otto	"	RK. 1. I. 09	RA. 1. I. 11
50	Nepf Heinrich	München IV	RK. 1. I. 09	RA. 1. XI. 09
51	Eisenmüller Johann	Kitzingen	RK. 1. I. 09	RA. 1. VII. 11
52	Kerler Johann	Memmingen	RK. 1. I. 09	RA. 1. I. 11
53	Scheurer Johann	Burghausen	RK. 1. I. 09	RA. 1. VII. 11
54	Bockmayer Jakob	Frankenthal	RK. 1. I. 09	RA. 1. V. 10
55	Eisfelder Anton	Bamberg Ld.	RK. 1. I. 09	RA. 1. X. 11
56	Weiss Engelbert	München III	RK. 1. I. 09	RA. 1. VII. 11
57	Weickert Franz	Neustadt a. S.	RK. 1. I. 09	RA. 1. VII. 11
58	Balthasar Jakob	Nördlingen	RK. 1. I. 09	RA. 1. VII. 11
59	Weigel Theodor	München III	RK. 1. I. 09	RA. 1. VII. 11
60	Weber Joseph	Pfaffenhofen	RK. 1. I. 09	RA. 1. VII. 11
61	Eckmüller Robert	Fürth	RK. 1. I. 09	RA. 1. VII. 11
62	Cloeter Karl	Vilshofen	RK. 1. I. 09	RA. 1. VII. 11
63	Micheler Julius	Sulzbach	RK. 1. I. 09	RA. 1. VII. 11
64	Scheider Friedrich	Schwabach	RK. 1. I. 09	RA. 1. VII. 11
65	Nunn Ferdinand	Würzburg Ld.	RK. 1. I. 09	RA. 1. IX. 11
66	Cuno Max	Homburg	RK. 1. I. 09	RA. 1. VII. 11

67	Höning Johann	Kelheim	RK. 1.I.09 / RA. 1.VII.11
68	Fritsch Philipp	Forchheim	RK. 1.I.09 / RA. 1.VII.11
69	Schmid Karl	Kaiserslautern	RK. 1.I.09 / RA. 1.VI.11
70	Steinbacher Georg	Amberg	RK. 1.I.09 / RA. 1.XI.11
71	Kast Franz	Erding	RK. 1.I.09 / RA. 1.VII.11
72	Klensch Ludwig	Kaiserslautern	RK. 1.I.11 / RA. 1.VII.11
73	Hopfner Heinrich	Burglengenfeld	RK. 1.I.09 / RA. 1.VII.11
74	Eckel Franz	Ludwigshafen a.Rh.	RK. 1.I.09 / RA. 16.IV.11
75	Voeller Gustav	Rothenburg o.T.	RK. 1.I.09 / RA. 1.VII.11
76	Schmitt Johannes	Zweibrücken	RK. 1.I.09 / RA. 1.VII.11
77	Wank Georg	Nürnberg I	RK. 1.I.09 / RA. 16.IV.11
78	Ochs Karl	Gunzenhausen	RK. 1.I.09 / RA. 1.VII.11
79	Hausmann Johann	Straubing	RK. 1.I.09 / RA. 1.VII.11
80	Steinert Wilhelm	Schweinfurt	RK. 1.I.09 / RA. 1.IX.11
81	Riedelbauch Hermann	Weissenburg	RK. 1.I.09 / RA. 1.VII.11
82	Tewes Alfons	Speyer	FA. 1.IV.09 / RA. 1.VII.11
83	Dexel Johann	Dürkheim	FA. 1.IV.09 / RA. 1.VII.11
84	Hertel Wilhelm	Fürth	FA. 1.V.09 / RA. 16.IV.11
85	Krafft Ludwig	Regensburg II	FA. 1.X.09 / RA. 1.VII.11
86	Nissl Franz	Friedberg	RK. 1.X.09 / RA. 1.VII.11
87	Henle Walter	München II	FA. 1.XI.09 / RA. 1.VII.11
88	Dentler Max	Regensburg I	FA. 1.XI.09 / RA. 1.VII.11
89	Hoch Joseph Dr.	München II	FA. 1.III.10 / RA. 1.VII.11
90	Ruck Heinrich	Mallersdorf	FA. 1.XII.10 / RA. 1.VII.11

91	Berolzheimer Hans Dr.	München Ld.		16. IV. 11
92	Feuerlein Ludwig	Nürnberg III		1. VII. 11
93	Tillmann Friedrich	Neustadt a. H.		1. VII. 11
94	Goerner Otto	Markt-Oberdorf		1. VII. 11
95	Hagen Adolf	Kulmbach		1. VII. 11
96	Fischer Hermann	Wunsiedel		1. VII. 11
97	Haberl Johann B.	Günzburg		1. VII. 11
98	Uschold Wilhelm	Nürnberg II		1. VII. 11
99	Weiss Otto	Neunburg v. W.		1. VII. 11
100	Baer Friedrich	Nürnberg III		1. VII. 11
101	Kunstmann Georg	Lichtenfels		1. VII. 11
102	Rahm Friedrich	Pirmasens		1. VII. 11
103	Hauss Oskar	Ludwigshafen		1. VII. 11
104	Gossner Johann	Kronach		1. VII. 11
105	Reiss Christian	St. Ingbert		1. VII. 11
106	Lottenburger Wilhelm	Nürnberg I		1. VII. 11
107	Gröhling Heinrich	Neustadt a. D.		1. VII. 11
108	Ritter Ludwig	Pirmasens	RK.	1. VII. 11
			RA.	1. IX. 11
109	Ungemach Eugen	Weiden		1. VII. 11
110	Engelbrecht Jakob	Fürth		1. VII. 11

d) Rentamtssekretäre.

Geprüfte Kameralpraktikanten.

1	Müller Max	Bergzabern		1. I. 09
2	Gruber August	München II	KS.	1. I. 09
			RS.	1. VII. 11
3	Holzinger Ernst	Walderbach		1. I. 09
4	Kern Anton	Klingenberg		1. I. 09
5	Linsmayer Heinrich	Amorbach		1. I. 09
6	Greis Robert	München I		1. I. 09
7	Rudel Karl	München III	KS.	1. I. 09
			RS.	1. VII. 11
8	Widerspick Gustav	München III		1. I. 09
9	Falke Friedrich	Feuchtwangen		1. I. 09
10	Niedenthal Friedrich Chr.	München II		1. I. 09
11	Reinhartinger Johann	Regensburg II		1. I. 09
12	Sesselmann Andreas	Burgwindheim		1. I. 09
13	Rotter Georg	Nürnberg II		1. I. 09
14	Müller Karl	Illertissen		1. I. 09
15	(Während der Drucklegung geändert).			
16	Demolet Eduard	Germersheim		1. I. 09
17	Gresser Joseph	Berchtesgaden		1. I. 09
18	Goss Johann Herm.	Schrobenhausen		1. III. 09
19	Fellner Alois	Waldsassen		1. III. 09
20	Utz Hans	Erding		1. VI. 09
21	Blasy Karl	Würzburg St.		1. VI. 09
22	Kitz Hugo	Kissingen		1. VI. 09
23	Donderer Karl	Zusmarshausen		1. VI. 09
24	Meier Georg	Nürnberg II		1. IX. 09
25	Berger Johann	München II		1. XII. 09
26	Pöverlein Ludwig	Wasserburg		1. XII. 09
27	Bernhart Joseph	Weilheim		1. III. 10
28	Späth Alfred	Neustadt a. D.		1. IV. 10

29	Lang Georg	Kaiserslautern	1. V. 10
30	Zrenner Simon	Schweinfurt	1. VIII. 10
31	Simon Otto	Landstuhl	1. XII. 10
32	Beer Johann	Eggenfelden	1. XII. 10
33	Lautenschlager Friedrich	Fürth	1. I. 11
34	Seidl Ludwig	Augsburg I	1. II. 11
35	Gring Karl	Schwabach	16. IV. 11
36	Lamhofer Johann	Burgwindheim	16. IV. 11
37	Koch Wolfgang	Selb	16. IV. 11
38	Fischer Anton	Aschaffenburg I	16. IV. 11
39	Kühlmann Otto	Aibling	1. VII. 11
40	Franz Joseph	Landau i. Pf.	1. VII. 11
41	Schröder Robert	Augsburg I	1. VII. 11
42	Knappich Georg	Augsburg II	1. VII. 11
43	Thaller Joseph	München III	1. VII. 11
44	Fichtner Joseph	Friedberg	1. VI. 11
45	Mangold Karl	Rain	1. VII. 11
46	Schlamp Michael	Ingolstadt	1. VII. 11
47	Pütterich Heinrich	Bayreuth	1. VII. 11
48	Gölkel Eberhard	Friedberg	1. VII. 11

Übrige Rentamtssekretäre.

49	Rummel Johann, Buchhalter d. StSchV.	Freising	KS. 1. VIII. 97 Buchh. 1. III. 02
50	Thiem Johann (Ma)	Zwiesel	KS. 1. IV. 98 RS. 1. VII. 03
51	Hönig Michael	Burghausen	1. VII. 03
52	Schmück Valentin	„	1. VII. 03
53	Geyer Georg	Ebersberg	1. VII. 03
54	Groh Andreas	Erding	1. VII. 03
55	Schmidt Martin	Fürstenfeldbruck	1. VII. 03
56	Hofmann Franz	Freising	1. VII. 03
57	Uhl Michael	Friedberg	1. VII. 03
58	Schubert Wolfgang	Garmisch	1. VII. 03
59	Rackl Georg	Ingolstadt	1. VII. 03
60	Leibrecht Johann Georg	„	1. VII. 03 reakt. 16. IX. 08
61	Hartmann Adam	Laufen	1. VII. 03
62	Seiling Matthäus	Mühldorf	1. VII. 03
63	Fabri Karl	München I	1. VII. 03
64	Helmschrott Michael	„	1. VII. 03
65	Schübel Heinrich	„	1. VII. 03
66	Fischer Daniel	„	1. VII. 03
67	Nothhaft Christian	München II	1. VII. 03
68	Wolfbauer Emanuel	„	1. VII. 03
69	Seiler Adam	„	1. VII. 03
70	Herterich Franz	„	1. VII. 03
71	Wunschel Georg	„	1. VII. 03
72	Lurz Anton	München III	1. VII. 03
73	Detzer Ludwig	„	1. VII. 03
74	Lipp Jakob	„	1. VII. 03
75	Möckel Gustav	München IV	1. VII. 03
76	Müller Hugo	„	1. VII. 03
77	Bühling Georg	„	1. VII. 03

78	Mägerlein Georg (Ma)	München Ld.	1. VII. 03
79	Dassler Johann	"	1. VII. 03
80	Tristl Anton	Pfaffenhofen	1. VII. 03
81	Holzer Sebastian	Rosenheim	1. VII. 03
82	Metz Martin	Traunstein	1. VII. 03
83	Pröbstl Karl	Wasserburg	1. VII. 03
84	Bösenecker Johann	Kelheim	1. VII. 03
85	Engelhardt Johann	Landshut	1. VII. 03
86	Wagner Bernhard	"	1. VII. 03
87	Peter Franz X. (Ma, LK)	Mallersdorf	1. VII. 03
88	Wagner Georg	Passau	1. VII. 03
89	Beinhardt Philipp	Straubing	1. VII. 03
90	Bayerlein Konrad	Vilsbiburg	1. VII. 03
91	Scherbel Georg	Vilshofen	1. VII. 03
92	Halder Otto	Dürkheim	1. VII. 03
93	Hessdorfer Karl	Homburg	1. VII. 03
94	Cambeis Ludwig	Kaiserslautern	1. VII. 03
95	Groh Johann Chr.	Kandel	1. VII. 03
96	Weigel Xaver	Landau i. Pf.	1. VII. 03
97	Frohn Karl	Ludwigshafen a. R.	1. VII. 03
98	Zirker Franz	Speyer	1. VII. 03
99	Holzner Paul	Amberg	1. VII. 03
100	Potzel Johann (Ma)	Kemnath	1. VII. 03
101	Winkler Georg	Neumarkt	1. VII. 03
102	Eichmeier Heinrich	Neunburg v. W.	1. VII. 03
103	Kauper Jakob	Regensburg I	1. VII. 03
104	Wolff Friedrich	"	1. VII. 03
105	Lang Heinrich	"	1. VII. 03
106	Hain Max	"	1. VII. 03
107	Lierheimer Georg	Regensburg II	1. VII. 03
108	Meidenbauer Johann	Vohenstrauss	1. VII. 03
109	Unglaub Joh. Adam	(Inzwischen pensioniert).	
110	Eichhorn Friedrich	Bamberg St.	1. VII. 03
111	Gurdan Johann	"	1. VII. 03
112	Breitenbach Georg	Bamberg Ld.	1. VII. 03
113	Weegmann Ferdinand	"	1. VII. 03
114	Hess Adam	Bayreuth	1. VII. 03
115	Grimm Michael	Forchheim	1. VII. 03
116	Grottenmüller Friedrich	Hof	1. VII. 03
117	Wick Konrad	Hersbruck	1. VII. 03
118	Lang Martin	Kulmbach	1. VII. 03
119	Rossmann Michael	Lichtenfels	1. VII. 03
120	Laumann Eduard	Ansbach	1. VII. 03
121	Zimmermann Michael	Eichstätt	1. VII. 03
122	Schultheiss Leonhard	Erlangen	1. VII. 03
123	Lägel Max	Fürth	1. VII. 03
124	Kulzer Joseph	Nürnberg I	1. VII. 03
125	Schöpf Karl	"	1. VII. 03
126	Metz Franz	Nürnberg II	1. VII. 03
127	Mayer Johann Gg.	"	1. VII. 03
128	Beck Karl	Nürnberg III	1. VII. 03
129	Kapp Georg	"	1. VII. 03
130	Dietrich Kaspar	"	1. VII. 03 reakt. 1. III. 08
131	Schmitt Heinrich	Rothenburg o. T.	1. VII. 03
132	Schrenk Anton Lorenz	Schwabach	1. VII. 03

133 Amos Johann	Weissenburg i. B.		1. VII. 03
134 Halbig Johann	Aschaffenburg I		1. VII. 03
135 Gerhard Joseph	Aschaffenburg II		1. VII. 03
136 Jessberger Willibald	Lengfurt		1. VII. 03
137 Wohlfromm Joseph	Lohr		1. VII. 03
138 Hauck Heinrich	Schweinfurt		1. VII. 03
139 Baier Franz	Würzburg St.		1. VII. 03
140 Zinser Karl	"		1. VII. 03
141 Zenter Ignaz	"		1. VII. 03
142 Väth Andreas	"		1. VII. 03
143 Kolb Joseph	Würzburg Ld.		1. VII. 03
144 Kornbrust Friedrich	"		1. VII. 03
145 Reiss Emil	"		1. VII. 03
146 Birkner Friedrich (Ma)	Augsburg I		1. VII. 03
147 Bock Hans	Lindau		1. VII. 03
148 Strehle Ludwig	Memmingen		1. VII. 03
149 Zach Michael	Neuburg a. D.		1. VII. 03
150 Schmid Ignaz	Ottobeuren		1. VII. 03
151 König Valentin	München II		1. VIII. 03
152 Jegg Joseph	München III	KS.	1. I. 04
		RS.	1. VII. 11
153 Schmuck Max	Passau		1. I. 04
154 Stautner Heinrich	Kempten		1. VIII. 04
155 Fembacher Joseph	München II	KS.	1. XI. 04
		RS.	1. VII. 11
156 Otto Robert	Kempten		1. I. 05
157 Keipert Johannes	Pirmasens		1. III. 05
158 Lutz Leonhard	Rosenheim	KS.	1. IV. 05
		RS.	16. IV. 11
159 Bernlochner Andreas	Starnberg	KS.	16. VII. 05
		RS.	16. IV. 11
160 Münz Georg	Eichstätt	KS.	16. VII. 05
		RS.	1. VII. 11
161 Neber Matthias	Immenstadt		16. XII. 05
162 Goller Johann	München III	KS.	1. I. 06
		RS.	1. VII. 11
163 Grimps Martin	Erlangen		15. II. 06
164 Denzler Friedrich	Nördlingen		1. V. 06
165 Harter Michael	Kronach		1. VI. 06
166 Küstner Christoph	München I		1. VI. 06
167 Renner Karl	Kastl		1. VIII 06
168 Michenfelder Georg	München III	KS.	1. IX. 06
		RS.	1. III. 11
169 Schneider Johann	München IV		1. IX. 06
170 Stark Adolf	München I		1. IX. 06
171 Högel Max	Augsburg I		1. IX. 06
172 Schad Lorenz	Nürnberg II		1. IX. 06
173 Hagen Friedrich	Nürnberg I		1. IX. 06
174 Herbig Johann	Dingolfing		1. IX. 06
175 Dinkel Johann Bapt.	Augsburg I		1. IX. 06
176 Kühnlein Karl	München I	KS.	16. XI. 06
		RS.	1. IV. 11
177 Hohn Konrad	"	KS.	1. IV. 07
		RS.	1. IV. 11

178	Wildt Joh. Aug.	Bayreuth		1. VII. 07
179	Zieglmaier Franz X.	München Ld.	KS.	1. III. 08
			RS.	1. VII. 11
180	Zimmerer Johann	München III		1. VII. 08
181	Dichtl Peter	Ludwigshafen a. R.		1. VII. 08
182	Übeleisen Friedrich	Aichach		1. IX. 08
183	Lutter Georg	Bamberg Ld.		1. IX. 08
184	Mayer Joseph	Regensburg I		1. IX. 08
185	Stader Franz	Amberg		1. IX. 08
186	Mayer Eugen	Kaiserslautern		1. IX. 08
187	Dietz Joseph	Kissingen		1. IX. 08
188	Knöchel Adam	Ludwigshafen a. R.		1. IX. 08
189	Wilde August	Kandel		1. IX. 08
190	Aurnhammer Franz	Rothenkirchen		1. IX. 08
191	Mayer Paul	Herzogenaurach		1. IX. 08
192	Menninger Ludwig	Augsburg I		1. IX. 08
193	Neber Johann	Greding		1. IX. 08
194	Weisskopf Franz X.	Regensburg I	KS.	1. XII. 08
			RS.	1. VII. 11
195	Hahn Georg	Mindelheim		1. I. 09
196	Kohlmann Gregor	Auerbach		1. I. 09
197	Hunebald Heinrich	Thurnau		1. I. 09
198	Weingart Ludwig	Blieskastel		1. I. 09
199	Bayerl Hans	Nürnberg III		1. I. 09
200	Habisreitinger Hans	Weissenhorn		1. I. 09
201	Hiller Joseph	Lauingen		1. I. 09
202	Engert Heinrich	Würzburg St.		1. I. 09
203	Ledermann Erasmus	Mellrichstadt		1. I. 09
204	Rosenberger August	Ochsenfurt		1. I. 09
205	Getto Jakob	Kandel		1. I. 09
206	Horn Christoph	Augsburg II		1. I. 09
207	Burkhardt Ludwig	Landsberg		1. I. 09
208	Popp Heinrich	Höchstädt a. D.		1. I. 09
209	Sturm Johann	Burglengenfeld		1. I. 09
210	Rupp Ludwig	Schongau		1. I. 09
211	Dietz Anton	Staffelstein		1. I. 09
212	Fersch Ludwig	Neumarkt		1. I. 09
213	Reusch Johann	Aschaffenburg II		1. I. 09
214	Hartmann Wilhelm	Pfaffenhofen		1. I. 09
215	Huber Max	Pfarrkirchen		1. I. 09
216	Baier Vinzenz	Augsburg II		1. I. 09
217	Fritsch Christian	Bayreuth		1. I. 09
218	Welker Matthäus	Erlangen		1. I. 09
219	Reng Michael	Riedenburg		1. I. 09
220	Seitz Gerhard	Gemünden		1. I. 09
221	Rauh Johann	Würzburg Ld.		1. I. 09
222	Azesdorfer Ferdinand	Dillingen		1. I. 09
223	Fusseder Lorenz	Landau a. I.		1. I. 09
224	Kaffer Joseph	Bamberg St.		1. I. 09
225	Quehl Christian	Lichtenberg		1. I. 09
226	Hager Johann	Ebern		1. I. 09
227	Langohr Heinrich	Weissenburg i. B.		1. I. 09
228	Lautenschlager Georg	Passau		1. I. 09
229	Cramer Joh. Adam	Nürnberg III		1. I. 09
230	Reiss Leonhard	Rothenburg o. T.		1. I. 09
231	Riedner Joh. Heinrich	Altdorf		1. I. 09

232	Sylge Konrad	Kaufbeuren		1.I.09
233	Semmer Konrad	Nürnberg I		1.I.09
234	Taig Georg	Schrobenhausen		1.I.09
235	Müller Ludwig	Eichstätt		1.I.09
236	Popp Friedrich	Wunsiedel		1.I.09
237	Stegmaier Georg	Ingolstadt		1.I.09
238	Stimmelmayr Hermann	Cham		1.I.09
239	Böheim Joseph	Donauwörth	KS.	1.I.09
			RS.	1.I.11
240	Gundermann Franz	Bayreuth	KS.	1.I.09
			RS.	1.V.10
241	Krebs Karl	Dinkelsbühl		1.I.09
242	Langheinrich Georg	Hof		1.I.09
243	Merkel Johann	Fürth	KS.	1.I.09
			RS.	1.VI.10
244	Nützel Thomas	Miesbach		1.I.09
245	Volkert Stephan	Neustadt a. A.	KS.	1.I.09
			RS.	1.IV.11
246	Winklhofer Joseph	Passau		1.I.09
247	Geggerle Adolf	Nördlingen		1.I.09
248	Sauer Julius Friedr.	Weiden		1.I.09
249	Dratz Georg	München I	KS.	1.I.09
			RS.	16.IV.11
250	Lankes Johann	Viechtach		1.I.09
251	Meier Hans	Pegnitz	KS.	1.I.09
			RS.	1.XII.10
252	Meixl Eberhard	Beilngries		1.I.09
253	Schmidt Bernhard	Garmisch		1.I.09
254	Nagel David	Landsberg		1.I.09
255	Weber Karl	München II		1.I.09
256	Bauer Adolf	Würzburg St.		1.I.09
257	Geier Johann Friedr.	Neustadt a. A.		1.I.09
258	Meier Hans	Hersbruck		1.I.09
259	Saul Peter	Bamberg St.		1.I.09
260	Rissmann Friedrich	Schwabach		1.I.09
261	Friedmann Pangraz	Nürnberg II		1.I.09
262	Kessler Roman	Füssen		1.I.09
263	Lehnert Joh. Nepomuk	Öttingen		1.I.09
264	Probst Hans	Bamberg Ld.		1.I.09
265	Schwenk Johann	Nürnberg I		1.I.09
266	Hüttel Bernhard	Amberg		1.I.09
267	Krügl Johann Bapt.	Kemnath		1.I.09
268	Mayr Johann	Nürnberg II		1.I.09
269	Steinhübel Karl	Ludwigshafen a. R.		1.I.09
270	Tittel Michael	München III		1.I.09
271	Zederer Georg	Würzburg St.		1.I.09
272	Seiss Leonhard	Nürnberg II		1.I.09
273	Endres Georg	Ebermannstadt		1.I.09
274	Forster Eduard	Landshut		1.I.09
275	Franz Wilhelm	Miesbach		1.I.09
276	Fürbringer Georg	Heidenheim		1.I.09
277	Grün Heinrich	Winnweiler		1.I.09
278	Hahn Paul	Nürnberg I		1.I.09
279	Huber Joseph	Regensburg I		1.I.09

280	Krügel Karl	München II	1.I.09
281	Ottinger Johannes	Bergzabern	1.I.09
282	Schweiger Max	Rosenheim	1.I.09
283	Wagner Franz X.	Hilpoltstein	1.I.09
284	Unterburger Paul	Ebersberg	1.I.09
285	Dressel Georg	Zeil	1.I.09
286	Ferstl Georg	München I	1.I.09
287	Hofmeier Otto	Waischenfeld	1.I.09
288	Krauss Paul	Nürnberg II	1.I.09
289	Lehr Karl	Nürnberg III	1.I.09
290	Noë Emil	Dürkheim	1.I.09
291	Pfänder Joseph	Krumbach	1.I.09
292	Thor Andreas	Klingenberg	1.I.09
293	Ottinger Joseph	Monheim	1.I.09
294	Probst Richard	Nürnberg III	1.I.09
295	Schmausser Johann	Nürnberg I	1.I.09
296	Kissler Wolfgang	Donauwörth	1.I.09
297	Deubler Sebastian	Schwabmünchen	1.I.09
298	Diem Joh. Maxim.	Neu-Ulm	1.I.09
299	Helferich Anton	Waldmünchen	1.I.09
300	König Andreas	Lindau	1.I.09
301	Hösl Anton	Nabburg	1.I.09
302	Hummel Georg	Kötzting	1.I.09
303	Legat Paul	Regensburg I	1.I.09
304	Rüth Georg	Waldsassen	1.I.09
305	Wittauer Adam	Traunstein	1.I.09
306	Ahles Andreas	Kitzingen	1.I.09
307	Dassler August	Herzogenaurach	1.I.09
308	Gleixner Franz	Deggendorf	1.I.09
309	Lautenbacher Joseph	Sulzbach	1.I.09
310	Stark Friedrich	Wassertrüdingen	1.I.09
311	Kurz Alfred	Straubing	1.I.09
312	Eismann Johann	Krumbach	1.I.09
313	Nicol Nikolaus	Neunburg v. W.	1.I.09
314	Steger Joseph	Immenstadt	1.I.09
315	Woitscheck Heinrich	Nürnberg I	1.I.09
316	Buchka Karl	Markt-Oberdorf	1.I.09
317	Bucher Joseph	Cham	1.I.09
318	Hertling Joh. Franz	Münnerstadt	1.I.09
319	Kapp Leonhard	Lohr	1.I.09
320	Ries Johann	Wunsiedel	1.I.09
321	Schuhbauer Georg	Vohenstrauss	1.I.09
322	Dietz Adalbert	München I	1.I.09
323	Hauth Joseph	Erding	1.I.09
324	Witzgall Johann	München II	1.I.09
325	Schmitt Andreas	München I	1.I.09
326	Schuster Hans	Walderbach	1.I.09
327	Belzner Johann	München I	1.I.09
328	Pröhuber Georg	Mallersdorf	1.I.09
329	Lindinger Telesphorus	Illertissen	1.I.09
330	Wallner Sebastian	Weilheim	1.I.09
331	Fürst Joseph	München IV	1.I.09
332	Buhl Joseph	München Ld.	1.I.09
333	Kroiss Simon	Vilshofen	1.I.09
334	Deiber August	Fürstenfeldbruck	1.I.09
335	Weithmann Joseph	Günzburg	1.I.09

336	Escher Friedrich	Hof	1.I.09
337	Bäuml Georg	Kelheim	1.I.09
338	Hiller August	Burghausen	1.I.09
339	Lieberum Adolf	Markt-Oberdorf	1.I.09
340	Rasp Joh. Christian	Ochsenfurt	1.I.09
341	Eis Joh. Christoph	Fürth	1.I.09
342	Leiser Hermann	Röttingen	1.I.09
343	Schätzler Johann	Aschaffenburg I	1.I.99
344	Amslinger Karl	Werneck	1.I.09
345	Renz Jakob	Fürth	1.I.09
346	Eberle Martin	Starnberg	1.I.09
347	Henz Andreas	Marktbibart	1.I.09
348	Raithel Friedrich	Passau	1.I.09
349	Steitz Philipp	Kirchheimbolanden	1.I.09
350	Hämmel Georg	München Ld.	1.I.09
351	Goller Georg	Aibling	1.I.09
352	Schlicht Christian	Forchheim	1.I.09
353	Hess Philipp	Neustadt a. H.	1.I.09
354	Schneider Franz	Burgau	1.I.09
355	Krennrich Georg	Edenkoben	1.I.09
356	Seitz Karl	Mitterfels	1.I.09
357	Buch Albert	Kaiserslautern	1.I.09
358	Altvater Karl	Obermoschel	1.I.09
359	Emmerich Ludwig	Aschaffenburg I	1.I.09
360	Nusser Ludwig	Augsburg I	1.I.09
361	Balzer Georg	Fürth	1.I.09
362	Heinz Heinrich	Gunzenhausen	1.I.09
363	Ruppert Georg	Wertingen	1.I.09
364	Metschel Karl	Augsburg I	1.I.09
365	Hofreuther Friedrich	Windsheim	1.I.09
366	Bernard Konrad	Bamberg St.	1.I.09
367	Hebentanz Joh. Max	Stadtsteinach	1.I.09
368	Sauer Friedrich	Weissenburg i. B.	1.I.09
369	Orwitz Johann	Herrieden	1.I.09
370	Doll Hans	Wertingen	1.I.09
371	Binner Hermann	Starnberg	1.I.09
372	Früh Johann	Weiden	1.I.09
373	Schwarzmeier Joseph	München Ld.	1.I.09
374	Ühlein Gottfried	Ebern	1.I.09
375	Peez Karl	Mühldorf	1.I.09
376	Breun Julius	Mellrichstadt	1.I.09
377	Pfeufer Johann	Eggenfelden	1.I.09
378	Regnet Karl	Kipfenberg	1.I.09
379	Dilling Johann	Laufen	1.I.09
380	Lohr Johann	Miesbach	1.I.09
381	Wiedemann Leo	Wasserburg	1.I.09
382	Ackermann Hermann	Marktschorgast	1.I.09
383	Flach Alois	Griesbach	1.I.09
384	Fischer Friedrich	Würzburg St.	1.I.09
385	Vierlinger Ludwig	Hilpoltstein	1.I.09
386	Wölfl Georg	Straubing	1.I.09
387	Grimm Emil	Lichtenberg	1.I.09
388	Gruber Karl	Straubing	1.I.09
389	Brandhuber David	Traunstein	1.I.09
390	Döring Max	Neuburg a. D.	1.I.09
391	Schatz Heinrich	Kempten	1.I.09

392	Rochholz Friedrich	Kronach	1. I. 09
393	Engel Leonhard	Dinkelsbühl	1. I. 09
394	Benker Heinrich	Trostberg	1. I. 09
395	Körner Christoph	Nürnberg I	1. I. 09
396	Striegl Ludwig	München II	1. I. 09
397	Steindl Wilhelm	Pfaffenhofen	1. I. 09
398	Brinnel Karl	Landau i. Pf.	1. I. 09
399	Reder Isidor	Neunkirchen a. Br.	1. I. 09
400	Spörlein Wolfgang	Kulmbach	1. I. 09
401	Hamberger Joseph	Tölz	1. I. 09
402	Gürtler Karl	München III	1. I. 09
403	Pittrof Anton	Moosburg	1. I. 09
404	Baumgartner Johann	Regensburg I	1. I. 09
405	Schmitt Sebastian	Brückenau	1. I. 09
406	Brandl Joseph	Traunstein	1. I. 09
407	Karl Georg	Aschaffenburg II	1. I. 09
408	Madel Engelbert	Regensburg I	1. I. 09
409	Mittelberger Georg	Hofheim	1. I. 09
410	Schödel Friedrich	München II	1. I. 09
411	Hackl Johann	Obernzell	1. I. 09
412	Holzinger Anton	Aschaffenburg I	1. I. 09
413	Vongries Adam	Würzburg St.	1. I. 09
414	Scheuring August	Gerolzhofen	1. I. 09
415	Kliese Albert	Weilheim	1. I. 09
416	Barthel Georg	Hofheim	1. I. 09
417	Mühllehner Georg	Schönberg	1. I. 09
418	Fick Georg	München III	1. I. 09
419	Fischer Jakob	Homburg	1. I. 09
420	Klotz Joseph	Ludwigshafen a. R.	1. I. 09
421	Fischer Joseph	Vilsbiburg KS	1. I. 09
		RS.	1. III. 09
422	Übelein Georg	Fürth	1. I. 09
423	Schmiedel Heinrich	Nördlingen	1. I. 09
424	Fruth Joseph	Amberg	1. I. 09
425	Ness Joseph	München III	1. I. 09
426	Zöllner Hans	Sellb	1. I. 09
427	Haider Ludwig	Freyung	1. I. 09
428	Gruber Paul	München II	1. I. 09
429	Sedlmaier Xaver	München I	1. I. 09
430	Brandl Franz X.	München III	1. I. 09
431	Zink Michael	Gunzenhausen	1. I. 09
432	Becker Johann	München II	1. I. 09
433	Doll Jakob	Kusel	1. I. 09
434	Stoll Jean	Dahn	1. I. 09
435	Hauss August	Lauterecken	1. I. 09
436	Bertl Joseph	Landshut	1. I. 09
437	Welker Adolf	Speyer	1. I. 09
438	Fritz Karl	Zweibrücken	1. I. 09
439	Stein Johann	Amberg	1. I. 09
440	Raupp Simon	Arnstein	1. I. 09
441	Laufer Ernst	Ansbach	1. I. 09
442	Paulus Johann	Aschaffenburg I	1. I. 09
443	Landgraf Wilhelm	Augsburg I	1. I. 09
444	Mayr Sebastian	Schongau	1. I. 09
445	Teufel Joseph	Windsheim	1. I. 09
446	Baltheiser Lorenz	Rosenheim	1. I. 09

447	Arnold Friedrich	Mindelheim	1.I.09
448	Mechler August	Neuburg a. D.	1.I.09
449	Tratz Friedrich	Aschaffenburg I	1.I.09
450	Beicht August	Frankenthal	1.I.09
451	Hirschlach Andreas	Lauterecken	1.I.09
452	Schlenk Georg	Altdorf	1.I.09
453	Wendel Eustachius	Spalt	1.I.09
454	Lawaldt Otto	Kirchheimbolanden	1.I.09
455	Himer Ludwig	Dettelbach	1.I.09
456	Paur Hermann	Augsburg I	1.I.09
457	Tremmel Georg	München IV	1.I.09
458	Schleifer Richard	Türkheim	1.I.09
459	Bauer Joseph	Rosenheim	1.I.09
460	Lieb Heinrich	Staffelstein	1.I.09
461	Fassnacht Johann	Brückenau	1.I.09
462	Stömmer Engelbert	München I	1.I.09
463	Stiegler Franz	Tirschenreuth	1.I.09
464	Höfer Georg	Hof	1.I.09
465	Meixl Jakob	Karlstadt	1.I.09
466	Munz Max	Kaufbeuren	1.I.09
467	Polster Andreas	Karlstadt	1.I.09
468	Liebermeister Joseph	Regensburg II	1.III.09
469	Schneider Karl	Pirmasens	1.VI.09
470	Diethmayr Franz X.	Füssen	1.VI.09
471	Blümlein Johann	München II	1.VI.09
472	Stohr Georg	Lindau	1.VI.09
473	Preis Sebastian	Landau a. I.	1.VI.09
474	Krebs Ludwig	Grünstadt	1.VI.09
475	Frosch Friedrich	Hersbruck	1.VII.09
476	Steger Franz	Immenstadt	1.VII.09
477	Burckhardt Johann	Nürnberg I	1.VII.09
478	Gewinner Julius	Uffenheim	1.VII.09
479	Wüst Michael	Edenkoben	1.VIII.09
480	Weidner Friedrich	Schweinfurt	1.VIII.09
481	Leibrock Michael	Landstuhl	1.VIII.09
482	Ködel Joseph	Zeil	1.IX.09
483	Stähr Joseph	Neustadt a. D.	1.IX.09
484	Seitz Franz	Memmingen	1.I.10
485	Müller Max	Mallersdorf	1.I.10
486	Ackermann Heinrich	Neustadt a. H.	1.I.10
487	Pfahler Paul	Nürnberg II	1.I.10
488	Krammel Alois	Friedberg	1.I.10
489	Stoll Georg	Feuchtwangen	1.I.10
490	Weber Friedrich	Cadolzburg	1.I.10
491	Reissmann August	Ansbach	1.I.10
492	Kroiss Otto	Mitterfels	1.I.10
493	Volpert Karl Jos.	Marktbibart	1.I.10
494	Hofmann Martin	Burglengenfeld	1.I.10
495	Rügamer Valentin	Velburg	1.I.10
496	Dick Karl	Kusel	1.I.10
497	Schmidt Karl	Marktschorgast	1.I.10
498	Pfeiffer Georg	Frankenthal	1.I.10
499	Bicherl Emil	Türkheim	1.I.10
500	Nocker Friedrich	Höchstädt a. D.	1.I.10
501	Höfler Paul	Neustadt a. D.	1.I.10
502	Schmausser Joseph	Velburg	1.I.10

503	Markert Georg	Lauingen	1. I. 10
504	Landsherr Franz	Berchtesgaden	1. I. 10
505	Aures Franz	Lengurt	1. I. 10
506	Huber Joseph	Dachau	1. I. 10
507	Lenhard Jakob	Blieskastel	1. II. 10
508	Stenzel Friedrich	Kempten	1. II. 10
509	Buchwieser Friedrich	München II	1. III. 10
510	Lankes Max	Deggendorf	1. III. 10
511	Herderich Philipp	Bamberg St.	1. III. 10
512	Prechtel Christian	Nürnberg III	1. IV. 10
513	Loy Georg	München III	1. IV. 10
514	Hacker Ludwig	Zwiesel	1. IV. 10
515	Baumann Emil	Vilshofen	1. IV. 10
516	Amschler Heinrich	Kronach	1. V. 10
517	Geiss Justus	St. Ingbert	1. V. 10
518	Detter Joseph	Neunburg v. W.	1. VI. 10
519	Fritsch Anton	Günzburg	1. VIII. 10
520	Brunner Paul	Wunsiedel	1. IX. 10
521	Grötsch Georg	München IV	1. IX. 10
522	Böhm Otto	Pirmasens	1. IX. 10
523	Nickel Wilhelm	Buchloe	1. XII. 10
524	Fuchs Georg	Ludwigshafen a. Rh.	1. XII. 10
525	Spitzer Michael	Weismain	1. XII. 10
526	Schnackig Johann	Schweinfurt	1. I. 11
527	Blaumeier Joseph	Immenstadt	1. I. 11
528	Kellner Michael	Nabburg	1. II. 11
529	Schott Moritz	Landsberg	1. III. 11
530	Landes Philipp	Germersheim	1. III. 11
531	Wein Joseph	Fürth	1. IV. 11
532	Behr Michael	Lengfurt	16. IV. 11
533	Eberhart Friedrich	Kempten	16. IV. 11
534	Kerler Karl	Memmingen	16. IV. 11
535	Seefelder Albert	Miesbach	16. IV. 11
536	Hofmann Johann	Weiden	16. IV. 11
537	Hener Ferdinand	Ansbach	16. IV. 11
538	Kraus Andreas	Lichtenfels	16. IV. 11
539	Maier Georg	Grünstadt	16. IV. 11
540	Abel Joh. Friedrich	Pegnitz	16. IV. 11
541	Müller Tobias	Kirchheimbolanden	16. IV. 11
542	Beck Friedrich	Grünstadt	16. IV. 11
543	Eberle Joseph	Augsburg II	1. VI. 11
544	Eckert Joseph	Dingolfing	1. VI. 11
545	Schmidt Joseph	Kipfenberg	1. VI. 11
546	Fackler Anton	Monheim	1. VI. 11
547	Grillmaier Andreas	Berchtesgaden	1. VI. 11
548	Gäbisch Philipp	Hammelburg	1. VII. 11
549	Spies Karl	Annweiler	1. VII. 11
550	Gipser Eugen	Hof	1. VII. 11
551	Graf Joseph	Neu-Ulm	1. VII. 11
552	Menninger Theodor	Gerolzhofen	1. VII. 11
553	Rauschmayr Otto	Augsburg II	1. VII. 11
554	Fischer Johann	Nürnberg I	1. VII. 11
555	Altmann Max	Deggendorf	1. VII. 11
556	Lienhardt Andreas	Heilsbronn	1. VII. 11
557	Reinwand Gregor	Amorbach	1. VII. 11
558	Aschauer Georg	Aschaffenburg I	1. VII. 11
559	Schmelmer Joseph	München II	1. VII. 11

560	Schmidt Andreas	Nürnberg I	1. VII. 11
561	Wittman Joseph	Freyung	1. VII. 11
562	Schottenhaml Joseph	Wolfratshausen	1. VII. 11
563	Wissing Gustav	Kandel	1. VII. 11
564	Antretter Joseph	St. Ingbert	1. VII. 11
565	Kayser Wilhelm	Ludwigshafen a.Rh.	1. VII. 11
566	Leupold Oskar	München IV	1. VII. 11
567	Ottilinger Eugen	München II	1. VII. 11
568	Tempel Adam	Schesslitz	1. VII. 11
569	Rupp Alfons	Rosenheim	1. VII. 11
570	Meyer Hans	Hersbruck	1. VII. 11
571	Bögle Georg	Schwabmünchen	1. VII. 11
572	Bitter Jakob	Nürnberg III	1. VII. 11
573	Bachmann Friedrich	Zweibrücken	1. VII. 11
574	Führlbeck August	Aichach	1. VII. 11
575	Scharl Paul	Sulzbach	1. VII. 11
576	Raab Johann	Hemau	1. VII. 11
577	Reiter Anton	Kaiserslautern	1. VII. 11
578	Kraus Georg	Kronach	1. VII. 11
579	Haider Gg. Gustav	Nürnberg III	1. VII. 11
580	Müller Otto	Kaiserslautern	1. VII. 11
581	Schneider Georg	Zweibrücken	1. VII. 11
582	Lautersack Ferdinand	Landau i. Pf.	1. VII. 11
583	Holzheu Joseph	Kaiserslautern	1. VII. 11
584	Mangold Wilhelm	Münnerstadt	1. VII. 11
585	Schmidtlein Wilhelm	Kaiserslautern	1. VII. 11
586	Wittmann Ludwig	Griesbach	1. VII. 11
587	Schliermann Johann	Mallersdorf	1. VII. 11
588	Brunner Konstantin	München Ld.	1. VII. 11
589	Irl Michael	Speyer	1. VII. 11
590	Vogel Johann	Wunsiedel	1. VII. 11
591	Busch Christian	Pirmasens	1. VII. 11
592	Kellermann Johann	Starnberg	1. VII. 11
593	Schramm Valentin	Münchberg	1. VII. 11
594	Wunderer Otto	München III	1. VII. 11
595	Ermer Karl	Nürnberg I	1. VII. 11
596	Knauer Robert	Volkach	1. VII. 11
597	Henkel Eduard	Neustadt a. S.	1. VII. 11
598	Weller Wilhelm	Annweiler	1. VII. 11
599	Mösl Joseph	Hemau	1. VII. 11
600	Tyroller Joseph	München III	1. VII. 11
601	Weber Hermann	Pirmasens	1. VII. 11
602	Fleischmann Simon	München II	1. VII. 11
603	Englert Joseph	Ludwigshafen a.Rh.	1. VII. 11
604	Lehmaier Ludwig	München III	1. VII. 11
605	Schäfer Joseph	Hammelburg	1. VII. 11
606	Schwarzbeck Johann	München II	1. VII. 11
607	Zugschwert Karl	Nürnberg III	1. VII. 11
608	Wiesmann Ferdinand	München III	1. VII. 11
609	Feuerlein Kaspar	Ludwigshafen a.Rh.	1. VII. 11
610	Neufeld August	Aschaffenburg I	1. VII. 11
611	Schnelle Joseph	Kempten	1. VII. 11
612	Scherer Nikolaus	Nürnberg III	1. VII. 11
613	Brand Georg	Aschaffenburg II	1. VII. 11
614	Welker Heinrich	Nürnberg II	1. VII. 11
615	Krieg Heinrich	München III	1. VII. 11

616	Wolf Ludwig	Zweibrücken	1. VII. 11
617	Kremp Heinrich	Kaiserslautern	1. VII. 11
618	Plöderl Max	Deggendorf	1. VII. 11
619	Wittmann Karl	München III	1 VII. 11
620	Eckle Friedrich	Augsburg I	1. VII. 11
621	Schwind Karl	Obermoschel	1. VII. 11
622	Löw Anton	Augsburg I	1. VII. 11
623	Patutschnick Stephan	Nürnberg II	1. VII. 11
624	Herrmann Ludwig	Neustadt a. H.	1. VII. 11
625	Joas Karl	Münchberg	1. VII. 11
626	Ningelgen Karl	Kaiserslautern	1. VII. 11
627	Heibler Martin	Pirmasens	1. VII. 11
628	Forster Ambros	München III	1. VII. 11
629	Raithel Bernhard	Markterlbach	1. VII. 11
630	Lautenschlager Hans	Weiden	1. VII. 11
631	Herr Heinrich	Ludwigshafen a. Rh.	1. VII. 11
632	Liebler Adolf	Königshofen	1. VII. 11
633	Margraf Johann	Ansbach	1. VII. 11
634	Sonntag Wilhelm	Homburg	1. VII. 11
635	Tremel Andreas	Kaiserslautern	1. VII. 11
636	Frauendorfer Karl	Passau	1. VII. 11
637	Jahreis Stephan	Hof	1. VII. 11
638	Stamer Johannes	Neustadt a. H.	1. VII. 11
639	Strasser Wilhelm	Zeil	1. VII. 11
640	Windorfer Alois	Ottobeuren	1. VII. 11
641	Zirngibl Max	Dillingen	1. VII. 11
642	Roider Ferdinand	München II	1. VII. 11
643	Hammer Michael	Frankenthal	1. VII. 11
644	Hoffmann Ludwig	Ludwigshafen a. Rh.	1. VII. 11
645	Büttner Johann	Frankenthal	1. VII. 11
646	Brunn Georg Chr.	München II	1. VII. 11
647	Kurz Johannes	Homburg	1. VII. 11
648	Höfler Hans	Pirmasens	1. VII. 11
649	Heinrich Wolfgang	Waldmünchen	1. VII. 11
650	Gegler Joseph Anton	Neuburg a. D.	1. VIII. 11
651	Zellner Franz	München IV	1. VIII. 11
652	Sagstetter Ludwig	Höchstadt a. A.	1. VIII. 11
653	Deiler Joseph	Landshut	1. IX. 11
654	Weingärtner Martin	Dachau	1. IX. 11
655	Holzhammer Wilhelm	Tölz	1. IX. 11
656	Hussendörfer Georg	Passau	1. X. 11
657	Gries Christian	Münchberg	1. X. 11
658	Beck Johann	Höchstadt a. A.	1. X. 11
659	Lutz Georg	Schönberg	1. X. 11
660	Schramm Adolf	Viechtach	1. X. 11
661	Schmid Karl	Eschenbach	1. X. 11
662	Schramm Otto	Obernzell	1. X. 11
663	Walbrunn Johann	München II	1. X. 11
664	Nonnenmacher Heinrich	Nürnberg III	1. XI. 11
665	Franz August	Kötzting	1. XI. 11
666	Müller Hermann	Eggenfelden	1. XI. 11
667	Stäblein Johann	Neustadt a. S.	1. XI. 11
668	Durchschein Anton	Simbach	1. XI. 11
669	Bastl Georg	München II	1. XI. 11
670	Lutzenberger Martin	Deggendorf	1. XI. 11
671	Mark Martin	Spalt	1. XII. 11
672	Engert Karl	Weiden	1. XII. 11

e) Rentamtsassistenten.

Rentamtsoffizianten.

1	Friedrich Valentin	Würzburg St.	1. VIII. 96
2	Emmersleben Ludwig, gepr. KPr.	München II	1. VII. 03
3	Trenkle Eugen	„	1. VII. 03
4	Kaiser August	Beilngries	1. VII. 03
5	Hoch Anton	Erlangen	1. VII. 03
6	Zambelli Franz	Pottenstein	1. VII. 03
7	Hirt Anton, gepr. KPr.	Zeil	1. VIII. 03 reakt. 1. I. 11
8	Seyfried Heinrich, gepr. KPr.	Aschaffenburg I	1. IX. 08 reakt. 1. I. 11
9	Trissl Ludwig	Tirschenreuth	16. XII. 03
10	Schäfer Wilhelm	Amorbach	1. VI. 04
11	Eisert Georg	Nürnberg I	1. VI. 04
12	Hofmann Johann	Weiden	1. V. 05
13	Wenz Friedrich	Kitzingen	1. XI. 05
14	Hudetz Johann	Rothenkirchen	1. XI. 05
15	Seit Valentin	Königshofen	1. XI. 05
16	Völkel Philipp	Laufen	1. XI. 06
17	Müller Johannes, gepr. KPr.	Schweinfurt	1. XI. 06
18	Gerblinger Friedrich	Wertingen	1. XI. 06 reakt. 1. VIII. 11
19	Lochner August	Nürnberg II reakt.	1. IX. 11

Übrige Rentamtsassistenten.

20	Fett Michael	München II	1. VII. 03
21	Detzer Martin	München III	1. VII. 03
22	Reitz Karl	München IV	1. VII. 03
23	Nebmaier Georg	„	1. VII. 03
24	Angerer Johann	Rosenheim	1. VII. 03
25	Weiss Joseph	Wolfratshausen	1. VII. 03
26	Röckenschuss Johann	Griesbach	1. VII. 03
27	Pichlmayer Theodor	Neustadt a. D.	1. VII. 03
28	Mayer Joseph	Simbach	1. VII. 03
29	Auer Artur	Straubing	1. VII. 03
30	Huber Alois	Vilshofen	1. VII. 03
31	Schaumlöffel Karl	Grünstadt	1. VII. 03
32	Dinies Johannes	Kandel	1. VII. 03
33	Riedl Joseph	Cham	1. VII. 03
34	Schottenloher Karl	Regensburg I	1. VII. 03
35	Zugschwert Joseph	Regensburg II	1. VII. 03
36	Ferstl Johann	Riedenburg	1. VII. 03
37	Löbisch Andreas	Vohenstrauss	1. VII. 03
38	Ketnath Georg	Weiden	1. VII. 03
39	Schorn Joseph	Forchheim	1. VII. 03
40	Lay Johann	Lichtenberg	1 VII. 03
41	Löw August	Lichtenfels	1. VII. 03
42	Pütz Johann	Neunkirchen a. Br.	1. VII. 03
43	Wöckel Valentin	Pegnitz	1. VII. 03
44	Riedner Joh. Leonhard	Altdorf	1. VII. 03
45	Pfeuffer Georg	Greding	1. VII. 03
46	Nagel Matthias	Heidenheim	1. VII. 03
47	Meier Georg	Nürnberg	1. VII. 03

48	Schwarz Matthäus	Nürnberg II	1. VII. 03
49	Kraus Leop. Georg	Nürnberg III	1. VII. 03
50	Fischer Robert	Fürth	1. VII. 03
51	Burkhäuser Michael	Gemünden	1. VII. 03
52	Hofmann David	Karlstadt	1. VII. 03
53	Hinterleitner Stephan	Kitzingen	1. VII. 03
54	Hofmann August	"	1. VII. 03
55	Haas Albin	Neustadt a. S.	1. VII. 03
56	Pfrenger Friedrich	Ochsenfurt	1. VII. 03
57	Wörle Georg	Würzburg St.	1. VII. 03
58	Fröhlich Engelbert	Dillingen	1. VII. 03
59	Kapeller Xaver	Neuburg a. D.	1. VII. 03
60	Schubert Konrad	Rothenkirchen	16. VII. 03
61	Freisleben Franz	Markterlbach	1. VIII. 03
62	Buchka Friedrich	Kitzingen	1. VIII. 03
63	Hiendlmayer Franz X.	Fürstenfeldbruck	16. VIII. 03
64	Strauss Michael, II. Amtsgehilfe	Velburg	16. VIII. 03
65	Scheller Martin	Feuchtwangen	16. VIII. 03
66	Müller Jakob	Greding	16. VIII. 03
67	Fischer Alois	Burgau	1. IX. 03
68	Bickel Joh. Leonhard	Nürnberg I	1. XI. 03
69	Raithel Georg	Augsburg I	1. XII. 03
70	Saffer Matthäus	Ebermannstadt	16. XII. 03
71	Huber Joseph	Eggenfelden	1. I. 04
72	Jäger Ludwig	Mallersdorf	1. I. 04
73	Pröscholdt Hugo	Ochsenfurt	1. I. 04
74	Scheckenbach August	München II	1. II. 04
75	Scheuchengraber Ferdinand	Kötzting	1. II. 04
76	Gnam Sebald	Rothenburg o. T.	1. II. 04
77	Vogelhuber Robert	Nürnberg III	15. II. 04
78	Hasselbacher Johann	Laufen	1. III. 04
79	Höcht Andreas	Waldmünchen	16. IV. 04
80	Baumgärtner Georg	Stadtsteinach	1. V. 04
81	Stark Johann	Traunstein	13. V. 04
82	Scherl Balthasar	Waischenfeld	1. VI. 04
83	Simmeth Franz	Schrobenhausen	26. VI. 04
84	Zitzlsperger Oswald	Passau	1. VII. 04
85	Stiegler Georg	Kemnath	1. VII. 04
86	Diemer Michael	Amorbach	1. VII. 04
87	Schüll Ernst	Lengfurt	1. VIII. 04
88	Brandstetter Wilhelm	Aschaffenburg I	1. IX. 04
89	Ludwig Christoph	Hammelburg	1. IX. 04
90	Bartelme Julius	München I	16. IX. 04
91	Rosenberger Hugo	Lohr	16. IX. 04
92	Kalkum Max	München II	16. X. 04
93	Wagner Nikolaus	München III	16. X. 04
94	Opel Georg	Marktschorgast	16. X. 04
95	Keim Gregor	München II	1. XI. 04
96	Krapfenbauer Johann	Mallersdorf	1. XI. 04
97	Bauer Joh. Adam	Nürnberg I	1. XI. 04
98	Deiler Johann	München II	16. XI. 04
99	Dummler Franz X., gepr. KPr.	Weilheim	16. XI. 04
100	Schäfer Franz	Nürnberg III	16. XI. 04
101	Sebald Johann	Staffelstein	1. XII. 04
102	Blöth Otto	München III	1. I. 05
103	Meier Johann	Cham	1. II. 05

104	Zenter Joseph	Aschaffenburg II	1.II.05
105	Stephan Joseph	Münnerstadt	1.II.05
106	Gschrei Joseph	Röttingen	1.II.05
107	Sixt Karl	Münchberg	1.III.05
108	Jung Theodor	Winnweiler	16.III.05
109	Wörfel Leonhard	Kronach	1.V.05
110	Ziegler Gustav	Kissingen	16.V.05
111	Mayer Anton	Mühldorf	20.V.05
112	Bayerl Anton	Augsburg I	22.V.05
113	Daumann Karl	Erding	29.V.05
114	Banner August	Augsburg I	1.VI.05
115	Kroll Johann	Krumbach	20.VI.05
116	Huber Joseph	Illertissen	1.VII.05
117	Neudecker August	Freyung	16.VII.05
118	Hess Jakob	Marktbibart	16.VII.05
119	(Während der Drucklegung geändert).		
120	Altmann Johann	Landshut	1.VIII.05
121	Graf Heinrich	Winnweiler	1.X.05
122	Roth Johann Heinrich	Wassertrüdingen	1.X.05
123	Aichinger Johann	Aschaffenburg I	1.X.05
124	Margraf Hans	Rain	16.X.05
125	Senflinger Johann	Ansbach	1.XI.05
126	Rummel Johann	Aichach	1.XII.05
127	Hackl Heinrich	Landau a. I.	16.XII.05
128	Kammermayer Max	Pfarrkirchen	16.XII.05
129	Schrüfer Johann	Kulmbach	16.XII.05
130	Hutzler Michael	Günzburg	16.XII.05
131	Filgis Rupert	Krumbach	16.XII.05
132	Kessler Heinrich	Nördlingen	16.XII.05
133	Raithel Ludwig	Ingolstadt	1.II.06
134	Küffner Friedrich, gepr. KPr.	Bamberg St.	1.II.06
135	Witzgall Johann	Kulmbach	1.II.06
136	Weissmann Johann	Neunkirchen a. Br.	1.II.06
137	Mauerer Siegmund	Kemnath	1.III.06
138	Andreae Wilhelm	Feuchtwangen	1.III.06
139	Sieber Wilhelm	Ebern	1.III.06
140	Kusterer Eduard	Neuburg a. D.	1.III.06
141	Mehltretter Georg	Fürstenfeldbruck	1.IV.06
142	Rupprecht Leonhard	Hersbruck	16.V.06
143	Geier Johann	München III	19.V.06
144	Steigelmann Heinrich	Landstuhl	1.VI.06
145	Steigelmann Karl	Neustadt a. H.	1.VI.06
146	Adlhoch Franz	Aibling	30.VI.06
147	Schunck Hermann	Blieskastel	1.VII 06
148	Linhardt Karl	Hof	1.VII.06
149	Heldmann Karl	Hilpoltstein	1.VII.06
150	Herrmann Joseph	Dettelbach	1.VII 06
151	Mächerle Jakob	Speyer	14.VII.06
152	Riedle Johann	Aichach	1.VIII.06
153	Dechant Jakob	Thurnau	1.VIII.06
154	Kefferlein Leonhard	Nürnberg III	1.VIII.06
155	Speidel Georg	Röttingen	1.VIII.06
156	Höhenberger Friedrich	Dachau	1.XI.06
157	Scholter Anton	Ebersberg	1.XI.06
158	Härtle Max	Friedberg	1.XI.06
159	Edelmann Sebastian	Moosburg	1.XI.06

160	Sesselmann Andreas	Passau	1. XI. 06
161	Bauhuber Georg	Viechtach	1. XI. 06
162	Beck Karl	Edenkoben	1. XI. 06
163	Feulner Andreas	Kronach	1. XI. 06
164	Lampert Gustav	Würzburg Ld.	1. XI. 06
165	Horn Emil	Augsburg I	10. XII. 06
166	Rosenberger Heinrich	Marktschorgast	1. I. 07
167	Hegmann Eugen	Klingenberg	1. II. 07
168	Hochrein Franz	Kehlheim	1. IV. 07
169	Loos Heinrich	Aschaffenburg I	1. IV. 07
170	Dotzel Eduard	Klingenberg	1. IV. 07
171	Huss Karl	Wunsiedel	16. IV. 07
172	Raab Michael	Donauwörth	1. V. 07
173	Berger Johann	Landsberg	4. VI. 07
174	Burghart Joseph	Neumarkt	10. VI. 07
175	Beurer Anton	Schwabmünchen	16. VI. 07
176	Bauernfeind Xaver	Regensburg I	26. VI. 07
177	Stimmelmayer Alexander	Dingolfing	1. VII. 07
178	Orthofer Anton	Neustadt a. D.	1. VII. 07
179	Fischer Hans	Heilsbronn	1. VII. 07
180	Stöckl Max	Burgau	1. VII. 07
181	Fischer Martin	Wasserburg	16. VII. 07
182	Thomas Georg	Hemau	16. VII. 07
183	Hornung Hermann	Hof	1. VIII. 07
184	Weber Karl	Schwabmünchen	1. VIII. 07
185	Reitz Georg	München I	16. VIII. 07
186	Herpich Martin	Selb	16. VIII. 07
187	Lachermeier Vitus	München III	1. X. 07
188	Schneider Johann	Kulmbach	1. X. 07
189	Eber Johann	Bayreuth	1. X. 07
190	Meyer Karl	Markt Oberdorf	1. X. 07
191	Riedl Heinrich	Berchtesgaden	16. X. 07
192	Seeliger August, gepr. KPr.	Dahn	16. X. 07
193	Bauer Johann Wolfg.	Neustadt a. A.	1. XI. 07
194	Lutz Eduard	Karlstadt	1. XI. 07
195	Lingg Ludwig	Füssen	1. XI. 07
196	Popp Karl	Lauingen	16. XI. 07
197	Rüger Georg	Nürnberg I	1. XII. 07
198	Federl Michael	Würzburg St.	1. XII. 07
199	Specht Wilhelm	Nürnberg I	1. I. 08
200	Wahl Heinrich	Regensburg I	16. II. 08
201	Peez Gustav	München III	1. III. 08
202	Hausladen Max	Traunstein	1. III. 08
203	Schmitt Johann	Obernzell	1. IV. 08
204	Kasenbacher Anton	Trostberg	14. V. 08
205	Bernardy August	Tölz	1. VII. 08
206	Schmitt Alois	Kaufbeuren	1. VII. 08
207	Kolb Karl	Mindelheim	6. VII. 08
208	Eibl Joseph	Starnberg	1. IX. 08
209	Neufeld August	Dürkheim	1. IX. 08
210	Landauer Johann	Cadolzburg	1. IX. 08
211	Kellermann Georg	Waischenfeld	16. IX. 08
212	Kleinhenz Hermann	Mellrichstadt	16. IX. 08
213	Schmitt Georg	Volkach	16. IX. 08
214	Hitzler Markus	München I	1. X. 08
215	Aidlspurger Johann	Schongau	1. X. 08

216	Fischer Joseph	Deggendorf	1. X.08
217	Schödlbauer Franz	Vilsbiburg	1. X.08
218	Reuther Johann	Walderbach	1. X.08
219	Klimm Adam	Hammelburg	1. X.08
220	Fuchs Julius	Feuchtwangen	16. X.08
221	Stegmüller Georg	Burghausen	1. XI.08
222	Roider Johann	Mühldorf	1. XI.08
223	Bihler Thomas	München III	1. XI.08
224	Karl Johann	Burglengenfeld	16. XI.08
225	Rothmeier Georg	Weilheim	1. XII.08
226	Meyer Christian	Aibling	1. I.09
227	Kammerer Otto	Dachau	1. I.09
228	Reichl Karl	"	1. I.09
229	Beck Joseph	Fürstenfeldbruck	1. I.09
230	Keiditsch Hermann	Garmisch	1. I.09
231	Schnug Leo	Berchtesgaden	1. I.09
232	Klerner Heinrich	Ingolstadt	1. I.09
233	Niedermaier Xaver	Ingolstadt	1. I.09
234	Stubhan Georg	Laufen	1. I.09
235	Rieger Ferdinand	Mühldorf	1. I.09
236	Singer Franz	München I	1. I.09
237	Keller Hippolyt	München II	1. I.09
238	Söllinger Georg	"	1. I.09
239	Moser Anton	München III	1. I.09
240	Dörfler Konrad	München IV	1. I.09
241	Rössler Gustav	München Ld.	1. I.09
242	Demhartner Joseph	beurlaubt.	1. I.09
243	Schröfl Waldemar	München Ld.	1. I.09
244	Specht Franz	"	1. I.09
245	Mayer Karl	Schongau	1. I.09
246	Emmer Ludwig	"	1. I.09
247	Weiss Heinrich	Schrobenhausen	1. I.09
248	Lindner Franz	Starnberg	1. I.09
249	Kopp Johann	Wasserburg	1. I.09
250	Nickles Heinrich	Weilheim	1. I.09
251	Hofer Ludwig	Wolfratshausen	1. I.09
252	Forstner Johann	Deggendorf	1. I.09
253	Gollinger Joseph	Dingolfing	1. I.09
254	Soller Joseph	Dingolfing	1. I.09
255	Groll Johann	Eggenfelden	1. I.09
256	Dirscherl Heinrich	Kötzting	1. I.09
257	Eckert Johann	Landau a. I.	1. I.09
258	Hofmann Ludwig	Landshut	1. I.09
259	Mergenthaler Ludwig	"	1. I.09
260	Flasser Joseph	Mitterfels	1. I.09
261	Luckner Friedrich	Neustadt a. D.	1. I.09
262	Birk Simon	Pfarrkirchen	1. I.09
263	Lorenz Franz X.	Schönberg	1. I.09
264	Mayer Friedrich	Schönberg	1. I.09
265	Lotter Franz X.	Simbach	1. I.09
266	Goller Georg	"	1. I.09
267	Amberger Karl	Viechtach	1. I.09
268	Wimmer Franz	Vilshofen	1. I.09
269	Spies Michael	Annweiler	1. I.09
270	Heilmayr Anton	Zwiesel	1. I.09
271	Hofmann Georg	"	1. I.09

272	Bentz Jakob	Edenkoben	1.I.09
273	Königstein Jakob	Frankenthal	1.I.09
274	Rheude Georg	Germersheim	1.I.09
275	Dauscher Alois	Homburg	1.I.09
276	Adam Karl	Grünstadt	1.I.09
277	Nischwitz Heinrich	"	1.I.09
278	Roth Karl	Kandel	1.I.09
279	Metz Jakob	Kirchheimbolanden	1.I.09
280	Kerz Ludwig	"	1.I.09
281	Göhring Wilhelm	Landau i. Pf.	1.I.09
282	Burkhardt Konrad	Lauterecken	1.I.09
283	Schmitt Heinrich	Ludwigshafen a. Rh.	1.I.09
284	Waldherr Karl	"	1.I.09
285	Eberle Ludwig	"	1.I.09
286	Weissler Georg	Neustadt a. H.	1.I.09
287	Stauffert Wilhelm	Obermoschel	1.I.09
288	Bürkmann Ludwig	Speyer	1.I.09
289	Hunsicker Heinrich	Zweibrücken	1.I.09
290	Schleicher Hans	Auerbach	1.I.09
291	Strauss Ludwig	Beilngries	1.I.09
292	Weidinger Ludwig	Burglengenfeld	1.I.09
293	Wedl Georg	Eschenbach	1.I.09
294	Bauer Johann	Kastl	1.I.09
295	Schatz Georg	Kemnath	1.I.09
296	Neumann Christoph	Nabburg	1.I.09
297	Hofmann Eduard	Neunburg v. W.	1.I.09
298	Meier Karl	Neumarkt	1.I.09
299	Schultheis Ludwig	Regensburg I	1.I.09
300	Bauer Johann	Regensburg II	1.I.09
301	Dobler Paul	Tirschenreuth	1.I.09
302	Gottschall Justin	Velburg	1.I.09
303	Allwang Michael	Waldsassen	1.I.09
304	Hoch Simon	Weiden	1.I.09
305	Stangl Alois	"	1.I.09
306	Daut Johann	Bamberg St.	1.I.09
307	Keffersteiner Max	Bamberg St.	1.I.09
308	Strössner Max	Bamberg Ld.	1.I.09
309	Hofmann Johann	Bayreuth	1.I.09
310	Rauscher Jean	"	1.I.09
311	Deinlein Johann	Burgwindheim	1.I.09
312	Klötzer Richard	Ebermannstadt	1.I.09
313	Kiessling Andreas	Herzogenaurach	1.I.09
314	Scheuenstuhl Georg	Höchstadt a. A.	1.I.09
315	Niclas Friedrich	Lichtenberg	1.I.09
316	Jakob Leonhard	Lichtenfels	1.I.09
317	Häffner Georg	Münchberg	1.I.09
318	Meinel Johann	Rothenkirchen	1.I.09
319	Maisel Friedrich	Schlesslitz	1.I.09
320	Meyer Heribert	"	1.I.09
321	Haas Georg	Waischenfeld	1.I.09
322	Ackermann Christian	Weismain	1.I.09
323	Welker Ludwig	Wunsiedel	1.I.09
324	Pfeffer Georg	Fürth	1.I.09
325	Fleischmann Georg	Gunzenhausen	1.I.09
326	Satzinger Adam	Heidenheim	1.I.09
327	Leykauff Friedrich	Heilsbronn	1.I.09

328	Müller Heinrich	Herrieden	1. I. 09
329	Kergl Peter	Hersbruck	1. I. 09
330	Kaiser Friedrich	Dinkelsbühl	1. I. 09
331	König Joseph	Eichstätt	1 I. 09
332	Wirth Martin	"	1. I. 09
333	Mennacher Christian	Kipfenberg	1. I. 09
334	Weitmeier Joseph	Marktbibart	1. I. 09
335	Kobes Friedrich	Markterlbach	1. I. 09
336	Seyfert Georg	Neustadt a. A.	1. I. 09
337	Müller Gg. Leonhard	Nürnberg I	1. I. 09
338	Hornung Wilhelm	"	1. I. 09
339	Bablitschky Konrad	Nürnberg II	1. I. 09
340	Seitz Wilhelm	Nürnberg III	1. I. 09
341	Rühl August	Schwabach	1. I. 09
342	Renz Anton	Spalt	1. I. 09
343	Lindner Peter	Rothenburg o. T.	1. I. 09
344	Schirmer Wilhelm	Weissenburg i. B.	1. I. 09
345	Rössler Friedrich	Windsheim	1. I. 09
346	Eitel Georg	"	1. I. 09
347	Wolf Bernhard	Amorbach	1. I. 09
348	Link Karl	Arnstein	1. I. 09
349	Bohn Friedrich	Aschaffenburg I	1. I. 09
350	Illert Karl	Aschaffenburg II	1. I. 09
351	Hirschmann Paul	Brückenau	1. I. 09
352	Gröhling Otto	Dettelbach	1. I. 09
353	Rupp Karl	"	1. I. 09
354	Fertig Wilhelm	Ebern	1. I. 09
355	Müller Karl	Gemünden	1. I. 09
356	Baierlein Franz	"	1. I. 09
357	Fischer Karl	Gerolzhofen	1. I. 09
358	Lohmann Konrad	"	1. I. 09
359	Heil Eduard	Hofheim	1. I. 09
360	Pfister August	"	1. I. 09
361	Wirth Johann	Hammelburg	1. I. 09
362	Ziegler Kilian	Karlstadt	1. I. 09
363	Seuferling Franz	Klingenberg	1. I. 09
364	Mathes Matthias	Königshofen	1. I. 09
365	Völker Joseph	"	1. I. 09
366	Zöller Joseph	Lengfurt	1. I. 09
367	Hausladen Johann	Lohr	1. I. 09
368	Klimm Franz	Mellrichstadt	1. I 09
369	Harländer Joseph	Münnerstadt	1. I. 09
370	Limpert Lambert	Neustadt a. S.	1. I. 09
371	Stark Andreas	Ochsenfurt	1. I. 09
372	Hubert Eduard	Röttingen	1. I. 09
373	Haupt Rudolf	Schweinfurt	1. I. 09
374	Endres Erhard	"	1. I. 09
375	Ullrich Adam	Volkach	1. I. 09
376	Weidinger Joseph	Würzburg St.	1. I. 09
377	Morgenroth Georg	Würzburg Ld.	1. I. 09
378	Winkler Anton	Buchloe	1. I. 09
379	Wieland Anton	Burgau	1. I. 09
380	Wittmann August	Günzburg	1. I. 09
381	Schwesinger Lorenz	Höchstädt a. D.	1. I. 09
382	Luy Johann	"	1. I. 09
383	Sälzle Johann	Illertissen	1. I. 09

384	Hüttner Heinrich	Augsburg II	1. I. 09
385	Enzinger Karl	Kaufbeuren	1. I. 09
386	Uebelhör Anton	Kempten	1. I. 09
387	Prinz Ferdinand	Krumbach	1. I. 09
388	Städele Adolf	Memmingen	1. I. 09
389	Schuster Norbert	Mindelheim	1. I. 09
390	Kellner Johann	Neu-Ulm	1. I. 09
391	Dömling Anton	"	1. I. 09
392	Brennich Daniel	Oettingen	1. I. 09
393	Baur Ludwig	Nördlingen	1. I. 09
394	Bernhard Anton	Türkheim	1. I. 09
395	Krauss Ferdinand	Wertingen	1. I. 09
396	Hornung Matthäus	Weissenhorn	1. I. 09
397	Zimmermann Joseph	"	1. I. 09
398	Glück Klemens	Zusmarshausen	1. I. 09
399	Schussmann Max	Neustadt a. A.	1. II. 09
400	Meyer Johann	Nürnberg I	1. II. 09
401	Zink Joseph	Illertissen	1. II. 09
402	Hacker Heinrich	München II	1. III. 09
403	Höllmüller Franz X.	Laufen	1. V. 09
404	Schneider Karl	München IV	1. VI. 09
405	Dietl Johann	Kelheim	1. VI. 09
406	Baumann Wilhelm	Frankenthal	1. VI. 09
407	Günther Johann	Pirmasens	1. VI. 09
408	Reischer Michael	Cham	1. VI. 09
409	Heigl Wolfgang	Weiden	1. VI. 09
410	Johannes Joh. Bapt.	Höchstadt a. A.	1. VI. 09
411	Maier Georg	Pottenstein	1. VI. 09
412	Stumpf Xaver	Stadtsteinach	I. VI. 09
413	Kessler Karl	Ebern	I. VI. 09
414	Joch Johann	Münnerstadt	1. VI. 09
415	Fuchs Hermann	Immenstadt	1. VI. 09
416	Schmid Karl	Nördlingen	1. VI. 09
417	Urgibl Franz	Ottobeuren	1. VI. 09
418	Preisser Ludwig	München II	1. VII. 09
419	Kerth Georg Jakob	Landau Pf.	1. VII. 09
420	Gegner Joh. Konr.	Ludwigshafen a. Rh.	1. VII. 09
421	Losgar Georg	Staffelstein	1. VII. 09
422	Betz Georg	Rothenburg o. T.	1. VII. 09
423	Scheuering Heinrich	Uffenheim	1. VII. 09
424	Pfarrkircher Anton	Dillingen	1. VII. 09
425	Köhnlein Friedrich	Donauwörth	1. VII. 09
426	Köll Hermann	Miesbach	1. VIII. 09
427	Zahlauer Leopold	München I	1. VIII. 09
428	Gigler Franz	München III	1 VIII. 09
429	Reschauer Johann	München Ld.	1. VIII. 09
430	Zeidler Johann Bapt.	Pfaffenhofen	1. VIII. 09
431	Schmidbauer Hermann	Frankenthal	1. VIII. 09
432	Grötsch Joseph	Pirmasens	1. VIII. 09
433	Welter Ludwig	"	1. VIII. 09
434	Grimm Johann Ev.	Straubing	1. VIII. 09
435	Müller Joseph	Neumarkt	1. VIII. 09
436	Markreither Franz	Regensburg I	1. VIII. 09
437	Plätzer Johann	Forchheim	1. VIII. 09
438	Neuberger Daniel	Pegnitz	1. VIII. 09
439	Neumüller Philipp	Pottenstein	1. VIII. 09

440	Dummer Johann	Thurnau	1. VIII. 09
441	Beck Wilhelm	Wunsiedel	1. VIII. 09
442	Benker Friedr. Wilh.	Nürnberg III	1. VIII. 09
443	Legat Valentin	Mellrichstadt	1. VIII. 09
444	Steinmassl Joseph	Berchtesgaden	1. IX. 09
445	Geiger Konrad	Burghausen	1. IX. 09
446	Gegenfurtner Kasimir	Freising	1. IX. 09
447	Scharr Franz X.	„	1. IX. 09
448	Löffler Ferdinand	Friedberg	1. IX. 09
449	Bauer Joseph	München I	1. IX. 09
450	Auer Johann	Traunstein	1. IX. 09
451	Ermann Karl	Griesbach	1. IX. 09
452	Corressel Eugen	Kaiserslautern	1. IX. 09
453	Herbach Otto	„	1. IX. 09
454	Müller Oskar	Winnweiler	1. IX. 09
455	Löffler Andreas	Staffelstein	1. IX. 09
456	Weindl Franz X.	Würzburg St.	1. IX. 09
457	Stark Rudolf	Würzburg Ld.	1. IX. 09
458	Schöpf Joseph	Zeil	1. IX. 09
459	Möst Alois	Füssen	1. IX. 09
460	Bedacht Georg	Mitterfels	1. X. 09
461	Potzel Ferdinand	Neunburg v. W.	1. X. 09
462	Stöcker Andreas	Pottenstein	1. X. 09
463	Bühler Johann	Fürth	1. X. 09
464	Lechner Heinrich	Obernzell	1. XI. 09
465	Nusser Johann	Gerolzhofen	1. XI. 09
466	Würstle Artur	Schwabmünchen	1. XI. 09
467	Weiss Alois	Zusmarshausen	1. XI. 09
468	Brunnthaler Johann	Amberg	1. XII. 09
469	Dörfler Johann	Ansbach	1. XII. 09
470	Kieser Joseph	Lindau	1. XII. 09
471	Bauer Leopold	Garmisch	1. I. 10
472	Schätzl Johann	München IV	1. I. 10
473	Mathes Johann	Deggendorf	1. I. 10
474	Chase Emil	Passau	1. I. 10
475	Rosskopf Joseph	Riedenburg	1. I. 10
476	Sorg Johann, gen. Rothmund	Weissenburg i. B.	1. I. 10
477	Ehrenreiter Artur	Augsburg I	1. I. 10
478	Wernthaler Joseph	Pfaffenhofen	1. II. 10
479	Schlemmer Johann	Bamberg Ld.	1. II. 10
480	Hammermaier Leonhard	Ebersberg	1. III. 10
481	Schreiber Friedrich	Obermoschel	1. III. 10
482	Grebner Anton	Bamberg St.	1. III. 10
483	Seufert Georg	Herzogenaurach	16. III. 10
484	Rampf Ludwig	Miesbach	1. IV. 10
485	Zeyss Eugen	Tölz	1. IV 10
486	Zimmerer Engelbert	Kötzting	1. IV. 10
487	Knäulein Georg	Hersbruck	1. IV. 10
488	Schlosser Philipp	Dahn	1. IV. 10
489	Luber Hans	Altdorf	1. IV. 10
490	Klein Peter	Erlangen	1. IV. 10
491	Paur Johann	Fürth	1. IV. 10
492	Herbert Philipp	Hofheim	1. IV. 10
493	Stark Rudolf	Augsburg II	1. IV. 10
494	Bodensteiner Karl	Vohenstrauss	1. IV. 10
495	Ebner Max	München I	1. V. 10

496	Henkel Karl	Kaiserslautern	1. V. 10
497	Hanss Ludwig	Kandel	1. V. 10
498	Werner Julius	Lauterecken	1. V. 10
499	Stephan Franz	Neustadt a. H.	1. V. 10
500	Ferstl Friedrich	Regensburg I	1. V. 10
501	Mohrmann Max	Schwabach	1. V. 10
502	Holzbauer Ludwig	Wasserburg	1. VI. 10
503	Matthieu Joh. Adam	Schwabach	1. VI. 10
504	Schinharl Michael	Markt Oberdorf	1. VI. 10
505	Ruhland Wolfgang	Moosburg	1. VII. 10
506	Küffner Joseph	Arnstein	1. VII. 10
507	Schabmair Joseph	Ebersberg	1. VIII. 10
508	Schmidt Karl	Pfaffenhofen	1. VIII. 10
509	Stumpf Georg	Starnberg	1. VIII. 10
510	Gmeinwieser Karl	Pfarrkirchen	1. VIII. 10
511	Goldinger Hermann	Landstuhl	1. VIII. 10
512	Vierzigmann Hans	Uffenheim	1. VIII. 10
513	Müller Johann Bapt.	Windsheim	1. VIII. 10
514	Meisinger Max	Erding	1. IX. 10
515	Bengl Karl	Burghausen	1. IX. 10
516	Heigl Alois	Trostberg	1. IX. 10
517	Eichleitner Valentin	Landau a. I.	1. IX. 10
518	Reisinger Heinrich	Mallersdorf	1. IX. 10
519	Oesterreicher Joseph	Obermoschel	1. IX. 10
520	Glaser Wilhelm	Pirmasens	1. IX. 10
521	Fleischmann Anton	Amberg	1. IX. 10
522	Maul Johann Gg.	Sulzbach	1. IX. 10
523	Schlamp Franz X.	Eichstätt	1. IX. 10
524	Vischer Adolf	Uffenheim	1 IX. 10
525	Schmidt Hans	Amberg	1. XII. 10
526	Elbinger Georg	Nabburg	1. XII. 10
527	Koch Ludwig	Augsburg I	1. XII. 10
528	Hauch Joseph	Erding	1. I. 11
529	Lochner Michael	München III	1. I. 11
530	Seiberth Felix	Nürnberg I	1. I. 11
531	Sperl Joseph	Garmisch	1. II. 11
532	Janka Siegfried	Schönberg	1. II. 11
533	Fischer Christian	Hof	1. II. 11
534	Erhard Johann	Selb	1. II. 11
535	Laub Heinrich	Kirchheimbolanden	1. III. 11
536	Russhardt Jakob	München II	1. III. 11
537	Eibl Max	Amberg	1. III. 11
538	Thein Otto	Burglengenfeld	1. III. 11
539	Guillon Karl	Gunzenhausen	1. III. 11
540	Göb Andreas	München II	1. IV. 11
541	Beck Friedrich	"	1. IV. 11
542	Donaubauer Karl	Mitterfels	1. IV. 11
543	Fränzl Georg	Eschenbach	1. IV. 11
544	Heidenreich Konrad	Regensburg I	1. IV. 11
545	Breitinger Ernst	Marktbibart	1. IV. 11
546	Troll Georg	Würzburg Ld.	1. IV. 11
547	Wachter Johann Aug.	Lauingen	1. IV. 11
548	Schindlbeck Richard	Freising	16. IV. 11
549	Steinle Joseph	Friedberg	16. IV. 11
550	Anthofer Joseph	München II	16. IV. 11
551	Sirch Stephan	Rosenheim	16. IV. 11

552	Reuther Konrad	Deggendorf	16. IV. 11
553	Rummel Karl	Passau	16. IV. 11
554	Kainzbauer Guido	Straubing	16. IV. 11
555	Wurmdobler Joseph	Vilshofen	16. IV. 11
556	Marsch Wilhelm	Bergzabern	16. IV. 11
557	Röhl Alois	Kaiserslautern	16. IV. 11
558	Roos Anton	Neustadt a. H.	16. IV. 11
559	Autsch Bernhard	Zweibrücken	16. IV. 11
560	Träger Georg	Amberg	16. IV. 11
561	Mark Johann Alfons	Kastl	16. IV. 11
562	Utz Johann	Bayreuth	16. IV. 11
563	Sack Karl	Herzogenaurach	16. IV. 11
564	Schneider Eduard	Cadolzburg	16. IV. 11
565	Fischer Otto	Erlangen	16. IV. 11
566	Baumann Johann	Nürnberg I	16. IV. 11
567	Bechmann Emil	Wassertrüdingen	16. IV. 11
568	Ostertag Konrad	Augsburg II	16. IV. 11
569	Daffner Karl	Buchloe	16. IV. 11
570	Goller Johann	Höchstädt a. D.	16. IV. 11
571	Mössmer Anselm	Kaufbeuren	16. IV. 11
572	Cunz Reinhard	Kempten	16. IV. 11
573	Ahr Martin	Markt Oberdorf	16. IV. 11
574	Ernstberger Joseph	Monheim	16. IV. 11
575	Beyer Gerhard	Oettingen	16. IV. 11
576	Hertle Xaver	Rain	16. IV. 11
577	Recheis Ludwig	Dinkelsbühl	1. V. 11
578	Ranner Albert	Eggenfelden	1. VI. 11
579	Fleischmann Gustav	Frankenthal	1. VI. 11
580	Pfeffer Karl	Erlangen	1. VI. 11
581	Schichtl Max	Monheim	1. VI. 11
582	Reiser Franz X.	Ottobeuren	1. VI. 11
583	Wimmer Johann	Miesbach	1. VII. 11
584	Knoll Friedrich	Moosburg	1. VII. 11
585	Graf August	München I	1. VII. 11
586	Aschenbrenner Ludwig	München II	1. VII. 11
587	Heigl Heinrich	München Ld.	1. VII. 11
588	Heigl Heinrich	Wolfratshausen	1. VII. 11
589	Seidl Ferdinand	Freyung	1. VII. 11
590	Fellner Kaspar	Straubing	1. VII. 11
591	Didusch Johann	Vilsbiburg	1. VII. 11
592	Kulzer Michael	Annweiler	1. VII. 11
593	Wagenpfeil Karl	"	1. VII. 11
594	Hahn Fritz	Bergzabern	1. VII. 11
595	Ziegler Max	"	1. VII. 11
596	Zimmermann Peter	Blieskastel	1. VII. 11
597	Loibl Karl	Dahn	1. VII. 11
598	Meyer Andreas	Germersheim	1. VII. 11
599	Turgetto Jakob	"	1. VII. 11
600	Hertel Franz	Kaiserslautern	1. VII. 11
601	Nack Karl	St. Ingbert	1. VII. 11
602	Aigner Franz X.	"	1. VII. 11
603	Schmaderer Joseph	Homburg	1. VII. 11
604	Emich Karl	"	1. VII. 11
605	Rosenberger Ludwig	Kusel	1. VII. 11
606	Bär Christoph	"	1. VII. 11
607	König Anton	Neustadt a. H.	1. VII. 11

608	Lenhard Franz Felix	Pirmasens	1. VII. 11
609	Zöller Ludwig	Speyer	1. VII. 11
610	Pfeiffenberger Ludwig	Zweibrücken	1. VII. 11
611	Hannusch Franz X.	Auerbach	1. VII. 11
612	König Adolf	„	1. VII. 11
613	Denk Max	Beilngries	1. VII. 11
614	Hacker Thomas	Eschenbach	1. VII. 11
615	Nattermüller Xaver	Hemau	1. VII. 11
616	Sagstetter Alois	„	1. VII. 11
617	Oberndorfer Anton	Kastl	1. VII. 11
618	Schelbert Alois	Nabburg	1. VII. 11
619	Peter Otto	Riedenburg	1. VII. 11
620	Pfefferlein Robert	Sulzbach	1. VII. 11
621	Fichtner Eduard	Tirschenreuth	1. VII. 11
622	Niederfellner Johann	Velburg	1. VII. 11
623	Kerscher Georg	Walderbach	1. VII. 11
624	Winter Bernhard	Waldmünchen	1. VII. 11
625	Kinader Karl	Waldsassen	1. VII. 11
626	Degendorfer Max	„	1. VII. 11
627	Rosenberger Heinrich	Bamberg St.	1. VII. 11
628	Frank Georg	Bamberg Ld.	1. VII. 11
629	Holler Hans	Bayreuth	1. VII. 11
630	Schramm Adolf	Burgwindheim	1. VII. 11
631	Brahmann Max	Ebermannstadt	1. VII. 11
632	Jahreis Hans	Forchheim	1. VII. 11
633	Hübner Johann	Hof	1. VII. 11
634	Schramm Joh. Konrad	Lichtenberg	1. VII. 11
635	Weissert Peter	Lichtenfels	1. VII. 11
636	Lauterbach Heinrich	Münchberg	1. VII. 11
637	Sendner Johann	Neunkirchen a. Br.	1. VII. 11
638	Wolfenstetter Kajetan	Schesslitz	1. VII. 11
639	Pretz Max	Selb	1. VII. 11
640	Pfändner August	Stadtsteinach	1. VII. 11
641	Walther Wilhelm	Thurnau	1. VII. 11
642	Tröger Karl	Weismain	1. VII. 11
643	Meister Johann	Altdorf	1. VII. 11
644	Pätzold Johann	Ansbach	1. VII. 11
645	Flierl Wilhelm	Cadolzburg	1. VII. 11
646	Dirian Gottlob	Dinkelsbühl	1. VII. 11
647	Hager Valentin	Greding	1. VII. 11
648	Wegert Georg	Gunzenhausen	1. VII. 11
649	Racher Johann	Heidenheim	1. VII. 11
650	Föttinger Christian	Heilsbronn	1. VII. 11
651	Weigel Heinrich	Herrieden	1. VII. 11
652	Sedlmaier Karl	„	1. VII. 11
653	Schilling Johann	Hilpoltstein	1. VII. 11
654	Schorr Matthias	Kipfenberg	1. VII. 11
655	Dörrer Anton Ludw.	Kipfenberg	1. VII. 11
656	Schneider Nikolaus	Markterlbach	1. VII. 11
657	Vogelhuber Karl	Spalt	1. VII. 11
658	Bogner Oskar	„	1. VII. 11
659	Frosch Johann	Wassertrüdingen	1. VII. 11
660	Merdan Karl	Arnstein	1. VII. 11
661	Zahn Georg	Aschaffenburg II	1. VII. 11
662	Wambach Joseph	Brückenau	1. VII. 11
663	Trageser Andreas	Kissingen	1. VII. 11

664	Mennig Anton	Königshofen	1. VII. 11
665	Leichtlein Friedrich	Schweinfurt	1. VII. 11
666	Stich August	Volkach	1. VII. 11
667	Schrödel Rudolf	Werneck	1. VII. 11
668	Himl Johann	„	1. VII. 11
669	Haarländer Georg	Zeil	1. VII. 11
670	Lauster Alfred	Augsburg I	1. VII. 11
671	Schwarz Joseph, KPr.	Buchloe	1. VII. 11
672	Dillinger Franz	Donauwörth	1. VII. 11
673	Hugo Xaver	Dillingen	1. VII. 11
674	Vierbach Adolf	Füssen	1. VII. 11
675	Seidl Theodor	Günzburg	1. VII. 11
676	Wiedemann Robert	Immenstadt	1. VII. 11
677	Pichler Joseph	Kempten	1. VII. 11
678	Martin Anton	Lindau	1. VII. 11
679	Grassl Max	Lauingen	1. VII. 11
680	Klotz Johannes	Memmingen	1. VII. 11
681	Zick Alfons	Mindelheim	1. VII. 11
682	Mayer Otto	Neu-Ulm	1. VII. 11
683	Dietrich Adolf	Oettingen	1. VII. 11
684	Luy Heinrich	Rain	1. VII. 11
685	Steinbacher Johann	Türkheim	1. VII. 11
686	Hellwig August	„	1. VII. 11
687	Keller Simon	Wertingen	1. VII. 11
688	Schneid Johann	Zusmarshausen	1. VII. 11
689	Ebelt Max	München Ld.	1. VIII. 11
690	Gascher Ludwig	München II	1. VIII. 11
691	Gollwitzer Georg	„	1. VIII. 11
692	Keller Christian	„	1. VIII. 11
693	Konle Joseph	„	1. VIII. 11
694	Lickleder Martin	„	1. VIII. 11
695	Nagengast Max	„	1. VIII. 11
696	Rothe August	„	1. VIII. 11
697	Rueff Georg	„	1. VIII. 11
698	Tomm Friedrich	„	1. VIII. 11
699	Schmittlein Konrad	„	1. VIII. 11
700	Heinlein Johann	München IV	1. VIII. 11
701	Späth Georg	„	1. VIII. 11
702	Weber Gottfried	München Ld.	1. VIII. 11
703	Schraid Johann	Schrobenhausen	1. VIII. 11
704	Höss Joseph	Trostberg	1 VIII. 11
705	Reingruber Ludwig	Vilsbiburg	1. VIII. 11
706	Bögler Georg	Ansbach	1. VIII. 11
707	Langfritz Hans	Erlangen	1. VIII. 11
708	Bräuhäuser Christian	Pegnitz	1. VIII. 11
709	Bauer Franz X.	Kempten	1. VIII. 11
710	Pretzl Johann	Lindau	1. VIII. 11
711	Schön Joseph	Weissenhorn	1. VIII. 11
712	Pfanzelt Max	Landsberg	1. IX. 11
713	Saller Joseph	Landshut	1. IX. 11
714	Schröpfer Martin	„	1. IX. 11
715	Büchl Georg	Obernzell	1. IX. 11
716	Hartmann Franz	Neunburg v. W.	1. IX. 11
717	Alexander Wilhelm	Nürnberg II	1. IX. 11
718	Kripp Benedikt	„	1. IX. 11
719	Röckl Anton	Augsburg II	1. IX. 11

720	Scholl Joseph	Ingolstadt	1. X. 11
721	Wamsganss Eduard	Dürkheim	1. X. 11
722	Schneider Johann Fr.	Landstuhl	1. X. 11
723	Hoffmann Ludwig	Sulzbach	1. X. 11
724	Pöppel Joseph	Bamberg Ld.	1. X. 11
725	Dillmann Georg	Höchstadt a. A.	1. X. 11
726	Hager Karl	Schwabach	1. X. 11
727	Jackel Friedrich	Kissingen	1. X. 11
728	Klemm Anton	Würzburg St.	1. X. 11
729	Kopp Anton	Immenstadt	1. X. 11
730	Eberle Luitpold	Kempten	1. X. 11
731	Rieder Hermann	"	1. X. 11
732	Eichner Andreas	Neuburg a. D.	1. X. 11
733	Maling Ludwig	Nördlingen	1. X. 11
734	Schuder Karl	Griesbach	1. XI. 11
735	Baumgärtner Heinrich	Zweibrücken	1. XI. 11
736	Steinhäuser Joseph	Zwiesel	1. XI. 11
737	Ille Karl	Memmingen	1. XI. 11
738	Wiedemann Friedrich	Landsberg	1. XI. 11
739	Schmid Joseph	Deggendorf	1. XI. 11
740	Haberkorn August	Mitterfels	1. XI. 11
741	Prückl Franz Xav.	"	1. XI. 11
742	Eberhardt Jakob	Blieskastl	1. XI. 11
743	Hoffmann Heinrich	Dürkheim	1. XI. 11
744	Bier Karl	Landau i. Pf.	1. XI. 11
745	Brandl Franz	Greding	1. XI. 11
746	Kern Adolf	Hersbruck	1. XI. 11
747	Siegmund Karl	Hilpoltstein	1. XI. 11
748	Oppel Joseph	Kipfenberg	1. XI. 11
749	Beck Friedrich	Aschaffenburg I	1. XI. 11
750	Denterlein Friedrich	Lohr	1. XI. 11
751	Fischer Max	Neustadt a. S.	1. XI. 11
752	Witty Martin	Neuburg a. D.	1 XI. 11
753	Strobel Christian	Schwabmünchen	1. XI. 11
754	Lauterbach Nikolaus	Burgwindheim	16. XI. 11
755	Bobinger Joseph	Dillingen	16. XI. 11
756	Netzer Joseph	Günzburg	16. XI. 11
757	Faustmann Franz	Bamberg Ld.	16. XI. 11
758	Baier Max	Nürnberg II	1. XII. 11
759	Maier Sixtus	"	1. XII. 11
760	Stümpfler Joseph	Vohenstrauss	1. XII. 11
761	Braun August	Aichach	1. XII. 11
762	Maugg Alfons	Dachau	1. XII. 11
763	Schnurrer Georg	"	1. XII. 11
764	Lauterbach Heinrich	Riedenburg	1. XII. 11
765	Breu Anton, III. Amtsgehilfe	Kronach	1. VII. 03
766	Hirschauer Matthias, III. Amtsgehilfe	Tirschenreuth	1. XI. 05
767	Wöhrle Adolf	Bergzabern	1. XI. 06
768	Kreutzer Heinrich, III. Amtsgehilfe	b. Militär	1. IV. 07
769	Lindacher Joseph, III. Amtsgehilfe	Tölz	25. VI. 08
770	Drausnick Ludwig, III. Amtsgehilfe	München Ld.	7. XI. 08
771	Sandmeier Joseph	Aibling	1. VII. 11
772	Leonhard Heinrich	Passau	1. VII. 11
773	Koch Franz X.	Edenkoben	1. VII. 11
774	Winkelmann Emil	St. Ingbert	1. VII. 11
775	Knobloch Friedrich	Kusel	1. VII. 11

776	Emmert Georg	Lauterecken	1. VII. 11
777	Bischoff Heinrich	Ludwigshafen a.Rh.	1. VII. 11
778	Schricker Georg	b. Militär	1. VII. 11
779	Maier Franz	Waldmünchen	1. VII. 11
780	Zeder Johann	b. Militär	1. VII. 11
781	Rüll Johann	"	1. VII. 11
782	Schirmer Johann	Hof	1. VII. 11
783	Wörfel Martin	Marktschorgast	1. VII. 11
784	Dück Andreas	Weismain	1 VII. 11
785	Egermeier Fritz	b. Militär	1. VII. 11
786	Schellemann Karl	Augsburg II	1. VII. 11
787	Baur Johann	Beilngries	1. VIII. 11
788	Saugel Johann	Augsburg I	1. VIII. 11
789	Liebl Adolf	Regensburg II	1. IX. 11
790	Ehrhardt Karl	Nürnberg II	1. IX. 11
791	Schmitt Andreas	"	1. IX. 11
792	Zöller Rudolf	"	1. IX. 11
793	Persau Johann	Werneck	1. IX. 11
794	Seidel Hermann	b. Militär	1. IX. 11
795	Stüber Karl	Ludwigshafen a. Rh.	1. IX. 11
796	Gerst Johann	Nürnberg II	1. IX. 11
797	Schäffer Jakob	Viechtach	1. X. 11
798	Zierer Otto	Regensburg I	1. X. 11
799	Eggerdinger Anton	Weiden	1. X 11
800	Diethmann Richard	Fürth	1. X. 11
801	Gröschel Christoph	Weissenburg i. B.	1. X. 11
802	Ertl Johann	Rosenheim	1. X. 11
803	Hauser Max	Walderbach	1. XI. 11
804	Lindner Nikolaus	Rothenkirchen	1. XI. 11
805	Dauer Johann	Nürnberg I	1. XI. 11
806	Lutz Joseph	Starnberg	1 XI. 11
807	Killmayr Anton	Memmingen	1. XI. 11
808	Kollmaier Franz	Freyung	16. XI. 11
809	Kurz Martin KPr.	Rosenheim	16. XI. 11
810	Adam Friedrich	Mühldorf	1. XII. 11
811	Brand Eugen	Amberg	1. XII. 11
812	Kaiser Friedrich	Lengfurt	1. XII. 11
813	Herzing Wilhelm	Landsberg	1 XII. 11

f) Kameralpraktikanten.

1	Kainz Friedrich, gepr.	Regensburg II	16. V. 07
2	Difilo Karl, gepr.	Zeil	28. VIII. 07
3	Sturm Johann, gepr.	Fürth	18. XI. 07
4	Blum Robert, gepr.	Schweinfurt	1. VIII. 08
5	Hofmann Heinrich, gepr.	b. Militär	8. VIII. 08
6	Mayer Friedrich, gepr.	"	13. VIII. 08
7	Schaumberger Andreas, gepr.	München Ld.	14. VIII. 08
8	Engl Michael, gepr.	"	17. VIII. 08
9	Eder Karl, gepr.	"	4. IX. 08
10	Steidle Karl, gepr.	Lauingen	30. IX. 08
11	Unger Hermann	Lichtenfels	7. V. 09
12	Fröhlich August	Kaiserslautern	24. VIII. 09
13	Bauer Eduard	Pfaffenhofen	1. IX. 09
14	Baumann Franz	Hof	1. IX. 09
15	Schmidt Anton	Eichstätt	1. IX. 09
16	Schrepfer David	Bamberg Ld.	3. IX. 09
17	Hörath Max	Bayreuth	6. IX. 09

18	Schmitt August	Landau Pf.	28. IX. 09
19	Krebs Philipp	Ludwigshafen a. Rh.	1 X. 09
20	Kast Theodor	Augsburg II	4. X. 09
21	Keller Ludwig	Donauwörth	4. X. 09
22	Lindl Anton	Freising	23. X. 09
23	Würdinger Karl	Regensburg II	26. X. 09
24	Zeitler Joseph	Weiden	2. XI. 09
25	Eckerle August	Pirmasens	6. XI. 09
26	Gabelmann Karl	Winnweiler	25. VIII. 10
27	Scherrer Joseph	Passau	12. IX. 10
28	Griebel Johann	Neustadt a. S.	24. IX. 10

g) Rentamtsinzipienten.

Mit Einjährigen-Berechtigung.

1	Roas Karl	Herrieden	28. IX. 99
2	Wittig Lorenz	Freising	2. X. 05
3	Maginot Hermann	Edenkoben	12. I. 06
4	Vogl Johann	Volkach	1 VI. 06
5	Deinlein Heinrich	b. Militär	8. X. 06
6	Rieger Joseph	Aschaffenburg I	10. X. 06
7	Koch Rudolf	b. Militär	27. X. 06
8	Hillerbrand Sebastian	Kipfenberg	1. XI. 06
9	Kleinschnitz Ludwig	b. Militär	12. XI. 06
10	Wundling Ludwig	b. Militär	29. XII. 06
11	Kempf Julius	Ludwigshafen a. Rh.	2. III. 07
12	Beichhold Rudolf	b. Militär	2. IV 07
13	Schweier Georg	Augsburg I	4. IV. 07
14	Schübel Adam	Bamberg Ld.	13. IV 07
15	Oehrlein Karl	Würzburg Ld.	16. V. 07
16	Zech Ludwig	Kempten	17. V. 07
17	(Während der Drucklegung geändert).		
18	(Während der Drucklegung geändert).		
19	Wallner Alois	Cham	4. VI. 07
20	Fraundorfer August	Velburg	8. VI. 07
21	Schleupner Georg	Höchstadt a. A.	18. VI. 07
22	Adler Anton	Burghausen	1. VII. 07
23	Pix Joseph	Lindau	1 VII. 07
24	(Während der Drucklegung geändert).		
25	Hammerschmidt Max	Kronach	15. VII. 07
26	Hammer Johannes	Speyer	19. VII. 07
27	Uhl Johann	Amberg	30. VII. 07
28	(Während der Drucklegung geändert).		
29	Schultz Rudolf	Augsburg II	1. VIII. 07
30	Krautbauer Ludwig	Homburg	2. VIII. 07
31	Konrath Eugen	Kandel	5. VIII. 07
32	Michael Heinrich	Selb	29. VIII. 07
33	Wiederhut Joseph	Kaufbeuren	1. IX. 07
34	Wittlinger Lorenz	Regensburg I	9. IX. 07
35	Lang Georg	Spalt	1. X. 07
36	(Während der Drucklegung geändert).		
37	Schreyer Hans	Nürnberg III	1 X. 07
38	Zeder Joseph	Aschaffenburg I	1. X. 07
39	Walter Otto	Kaufbeuren	1. X. 07
40	Appold Friedrich	Hofheim	7. X. 07
41	Unger Eugen	München Ld.	12. X. 07
42	Kerzdörfer Wilhelm	Erlangen	13. X. 07

43	Meier Otto	Burghausen	14. X. 07
44	Krammer Lorenz	Traunstein	16. X. 07
45	Beer Gustav	Wassertrüdingen	16. X. 07
46	Höck Rudolf	Zusmarshausen	19. X. 07
47	Penzl Ludwig	Nördlingen	25. X. 07
48	Maier Otto	München I	28. X. 07
49	Neumüller Wilhelm	Rosenheim	1. XI. 07
50	Kallhamer Anton	b. Militär	1. XI. 07
51	König Hermann	Immenstadt	4. XI. 07
52	Diethmann Othmar	Germersheim	14. XI. 07
53	Martin Otto	Ottobeuren	16. XI. 07
54	Riedl Ludwig	Rothenburg o. T.	20. XI. 07
55	Ferner Johann	Hersbruck	21. XI. 07
56	Dauberschmidt Wilhelm	Rothenburg o. T.	25. XI. 07
57	Sutor Robert	Schwabach	25. XI. 07
58	Gleifenstein Otto	Viechtach	1. XII. 07
59	Willax Alfons	Eggenfelden	1. XII. 07
60	Günther Joh. Mich.	Bamberg St.	16. XII. 07
61	Stammberger Luitpold	Lichtenfels	16. XII. 07
62	Leonhard Joseph	Illertissen	16. XII. 07
63	Scholz Franz	Nürnberg I	2. I. 08
64	Döbler Friedrich	Nördlingen	2. I. 08
65	Benkert Konrad	Memmingen	21. I. 08
66	Roos Anton Georg	Ochsenfurt	1. II. 08
67	Härtl Jakob	Straubing	12. II. 08
68	Wunderlich Moritz	Rosenheim	1. III. 08
69	Bogner Heinrich	b. Militär	16. III. 08
70	Stauber Georg	Garmisch	17. III. 08
71	Stückner Gordian	Laufen	1. IV 08
72	Sommer Wilhelm	Kemnath	22. IV 08
73	Seelmann Andreas	Erlangen	26. V. 08
74	Gsell Georg	b. Militär	15. VI. 08
75	Heckel Albert	Miesbach	17. VII. 08
76	Koch Hans	Heilsbronn	10. VIII. 08
77	Eisenschmid Sebastian	b. Militär	17. VIII. 08
78	Kletter Karl	Oettingen	17. VIII. 08
79	Frosch Gustav	Tölz	1. IX. 08
80	Baumann Georg	Vilshofen	1. IX. 08
81	Hafner Jakob	Memmingen	1. IX. 08
82	Schoppe Heinrich	Ingolstadt	7. IX. 08
83	Dassler Konrad	Nürnberg III	7. IX. 08
84	Gösswein Johann	Marktschorgast	9. IX. 08
85	Löwel Hans	Bayreuth	1. X. 08
86	Lindermayer Peter	Kempten	1. X. 08
87	Fröschl Otto	Straubing	5. X. 08
88	Lampert Joseph	Friedberg	20. X. 08
89	Glock Joseph	b. Militär	20. X. 08
90	Bohrer Emil	Pirmasens	22. X. 08
91	Landes Adolf	Schweinfurt	26. X. 08
92	Köhler Karl	Hof	28. X. 08
93	Keck Max	Fürstenfeldbruck	1. XI. 08
94	Wagner Heinrich	Lohr	5. XI. 08
95	Winkler Albert	Weissenburg i. B.	6. XI. 08
96	Rittler Max	Pirmasens	9. XI. 08
97	Ziegler Johann	Aschaffenburg II	14. XI. 08
98	Neudorfer Wilhelm	Laufen	24. XI. 08

99	Oppitz Michael	Neuburg a. D.	24. XI. 08
100	Aufhammer Christian	b. Militär	24. XI. 08
101	Hofmann Johann	München Ld.	26. XI. 08
102	Hauer Hermann	Pfaffenhofen	1. XII. 08
103	Angermaier Michael	Burghausen	3. XII. 08
104	Odermatt Max	Miesbach	5. XII. 08
105	Baumann Michael	Hersbruck	7. XII. 08
106	Künneth Karl	Königshofen	7. XII. 08
107	Starklauf Georg	Traunstein	16. XII. 08
108	Catoir Emil	Dürkheim	28. XII. 08
109	Asam Franz	Starnberg	2. I. 09
110	Gradl Joseph	Regensburg II	4. I. 09
111	Gross Franz	Passau	1. II. 09
112	Burger Johann	Würzburg Ld.	1. II. 09
113	Kibele Andreas	Türkheim	10. II. 09
114	Fauster Wilhelm	Amorbach	31. III. 09
115	Diel Joseph	Aschaffenburg II	20. IV. 09
116	Schubert Gottfried	Schweinfurt	27. IV. 09
117	Höss Otto	München I	26. VII. 09
118	Schöpf Albert	Wunsiedel	18. VIII. 09
119	Brettle Christian	Augsburg I	26. VIII. 09
120	Fritz Johann	Mühldorf	30. VIII. 09
121	Reich Johann	Mallersdorf	31. VIII. 09
122	Geis Johann Chrysostomus	Wasserburg	1. IX. 09
123	Neudecker Joseph	Gerolzhofen	1. IX. 09
124	Heiss Johann	Altdorf	6. IX. 09
125	Lang Rigobert	Regensburg I	1. X. 09
126	Schricker Eduard	Kitzingen	1. X. 09
127	Kreitmeier Alfons	München II	1. XI. 09
128	Witzel Kilian	Neustadt a. D.	1. XI. 09
129	Dressel Max	Bayreuth	9. XI. 09
130	Diemaier Hans	Starnberg	30. XI. 09
131	Zipperer Alexander	Weilheim	10. I. 10
132	Körner Adam	Neuburg a. D.	10. I. 10
133	Hartig Joh. Georg	Forchheim	13. I. 10
134	Lorenz Joseph	München I	31. I. 10
135	Bauer Johann	Waldsassen	1. II. 10
136	Ehbauer August	Deggendorf	12. II. 10
137	Kumeth Heinrich	Münchberg	7. III. 10
138	Off Andreas	München I	8. III. 10
139	Gsänger Georg	Gunzenhausen	10. III. 10
140	Fischer Joseph	Griesbach	31. III. 10
141	Eder Johann	Landau a. I.	1. IV. 10
142	Hauber Georg	b. Militär	4. IV. 10
143	Scheidler Wilhelm	Eichstätt	25. IV. 10
144	Wenger Leopold	Landsberg	1. V. 10
145	Scheid Karl	Mellrichstadt	6. V. 10
146	Ziegler Jakob	Krumbach	21. V. 10
147	Kupper Otto	Mallersdorf	20. VI. 10
148	König Max	Landsberg	27. VI. 10
149	Lindenmayer Franz	b. Militär	27. VI. 10
150	Schweiger Joseph	Greding	28. VI. 10
151	Bruckner Johann	Gerolzhofen	6. VII. 10
152	Reder Stephan	Brückenau	19. VII. 10
153	Loibl Gottfried	Fürstenfeldbruck	23. VII. 10
154	Dörner Alfons	München II	1. IX. 10

155	Hagnbuchner Karl	Neumarkt	1. IX. 10
156	Baumer Bernhard	Schwabach	1. IX. 10
157	Kolb Max	Speyer	17. XI. 10
158	Hefele Johann	Augsburg I	1. XII. 10
159	Schaffner Hubert	Zwiesel	1. II. 11
160	Laubender Konrad	Vilsbiburg	1. III. 11
161	Neber Johann	Immenstadt	1. III. 11
162	Schricker Johann	Zeil	9. III. 11
163	Schuster Georg	Kelheim	20. IV. 11
164	Breitsameter Joseph	Freising	27. V. 11
165	Kronschnabel Joseph	Deggendorf	1. VII. 11
166	Höller Max	Eschenbach	1. VII. 11
167	Härtl Johannes	Kastl	1. VII. 11
168	Zick Karl	Buchloe	1. VII. 11
169	Geyer Georg	Kulmbach	1. VII. 11
170	Traut Johann	Kempten	1. VII. 11
171	Sedlmeier Albert	Kemnath	3. VII. 11
172	Wittmann Kaspar	Markt-Bibart	3. VII. 11
173	Geiger Karl	Weissenburg i. B.	3. VII. 11
174	Lüttich Franz	Friedberg	5. VII. 11
175	Dickert Karl	Velburg	5. VII. 11
176	Adrian Joseph	Röttingen	5. VII. 11
177	Baier Max	Arnstein	6. VII. 11
178	Rosenberger Augus	Lengfurt	10. VII. 11
179	Weis Franz	Lohr	10. VII. 11
180	Wolf Joseph	Karlstadt	11. VII. 11
181	Ritter Georg	Neustadt a. S.	15. VII. 11
182	Schirmer Friedrich	Markt Erlbach	1. VIII. 11
183	Eckerlein Karl	Neunkirchen a. Br.	1. VIII. 11
184	Löser Hermann	Dettelbach	1. VIII. 11
185	Reiter Karl	Hammelburg	1. VIII. 11
186	Winkelmeier Eduard	Riedenburg	2. VIII. 11
187	Dürmeier Joseph	Neumarkt i. O.	3. VIII. 11
188	Fleischmann Willibald	Höchstädt a. D.	3. VIII. 11
189	Wirth Nikolaus	Nürnberg I	4. VIII. 11
190	Gasteiger Karl	Neunburg v. W.	10. VIII. 11
191	Huber Joseph	Rain	10. VIII. 11
192	Mitznegg Friedrich	Mitterfels	12. VIII. 11
193	Schmidt Hubert	Kissingen	23. VIII. 11
194	Dresel Johann	Münnerstadt	26. VIII. 11
195	Mauler Otto	Markt Oberdorf	28. VIII. 11
196	Kleinlein Friedrich	Nürnberg II	1. IX. 11
197	Mais Alfred	Würzburg St.	1. IX. 11
198	Sicherer Max von	Regensburg II	2. IX. 11
199	Löffler Philipp	Neustadt a. S.	2. IX. 11
200	Kastner Bernardin	Burgau	4. IX. 11
201	Thomas Hermann	Neustadt a. D.	5. IX. 11
202	Grünberger Karl	Walderbach	5. IX. 11
203	Stengl Joseph	Wunsiedel	8. IX. 11
204	Schwarz Friedrich	Cadolzburg	8. IX. 11
205	Coressel Johann	Kirchheimbolanden	18. IX. 11
206	Wolf Otto	Blieskastel	18. IX. 11
207	Müller Rudolf	Frankenthal	21. IX. 11
208	Eckart Georg	Uffenheim	21. IX. 11
209	Schmid Joseph	Weilheim	25. IX. 11
210	Hegewaldt Georg	Weiden	25. IX. 11

211	Wagner Johann	Würzburg St.	28. IX. 11
212	Wartbiegler Johann	Lindau	30. IX. 11
213	Vogl Max	Mitterfels	1. X. 11
214	Leissl Johann	München I	2. X. 11
215	Wissnet Joseph	Simbach	2. X. 11
216	Conrad Adolf	Zweibrücken	2. X. 11
217	Heider Albert	Sulzbach	2. X. 11
218	Limmer Valentin	Griesbach	2. XI. 11
219	Baumgartner Andreas	Regensburg I	2. XI. 11
220	Paulsteiner Ludwig	Füssen	2. XI. 11
221	Seuss Wilhelm	Kusel	4. XI. 11
222	Strubel Karl	Zweibrücken	4. XI. 11
223	Stuhlfauth Georg	Staffelstein	4. XI. 11
224	Grundl Johann	Friedberg	6. XI. 11
225	Eichhorn Xaver	Ingolstadt	6. XI. 11
226	Gottinger Alfred	Zwiesel	6. XI. 11
227	Schmidt Konrad	Arnstein	6. XI. 11
228	Reisinger Johann	Würzburg St.	6. XI. 11
229	Schneider Friedrich	„ Ld.	6. XI. 11
230	Keller Karl	Dillingen	6. XI. 11
231	Kühlwein Heinrich	Günzburg	6. XI. 11
232	Albrecht Karl	Neu-Ulm	6. XI. 11
233	Klotz Georg	Schwabmünchen	6. XI. 11
234	Zapp Erwin	Homburg	7. XI. 11
235	Scholian Valentin	Vohenstrauss	7. XI. 11
236	Meixner Martin	Werneck	7. XI. 11
237	Zwick Alois	Weiden	8. XI. 11
238	Geis Joseph	Gemünden	9. XI. 11
239	Dietz August	Bamberg Ld.	10. XI. 11
240	Pimpel Bernhard	Rothenkirchen	13. XI. 11
241	Gerstetter Christian	Augsburg II	14. XI. 11
242	Wagner Joseph	„	16. XI. 11
243	Schmidtel Karl	Lauingen	16. XI. 11
244	Reichart Joseph	Neu-Ulm	20. XI. 11

Mit Volksschulbildung.

245	Hertrich Hans	Burgwindheim	1. IX. 01
246	Funk Johann	Kelheim	1. VI. 02
247	Bögl Wolfgang	Augsburg I	18. X. 04
248	Schuster Joseph	b. Militär	1. II. 05
249	Pilland Otto	Eichstätt	10. IV. 05
250	Eder Joseph	Freyung	17. IV 05
251	Kern Joseph	Neustadt a. H.	3. V. 05
252	Demuth Johann	Kaiserslautern	9. V. 05
253	Körber Johann	b. Militär	17. V. 05
254	Messbacher Lorenz	Germersheim	19. V 05
255	Kuhn Eugen	Bergzabern	13. VI. 05
256	Burkhard Karl	Ludwigshafen a. Rh.	26. VI. 05
257	Nusser Ludwig	Augsburg I	15. VII. 05
258	Iffland Alois	Nürnberg II	24. VII. 05
259	Ilg Johann	b. Militär	26. VII. 05
260	Bauer Anton	b. Militär	25. VIII. 05
261	Neff Joseph	Aibling	2. IX. 05
262	Anthofer Georg	Vilshofen	15. IX 05
263	Hartmann Johann	Waischenfeld	1 X. 05
264	Müller Albert	Fürth	9. X. 05

265 Kormann Max	Dachau	16. X. 05
266 Meisel Wilhelm	Beilngries	18. X. 05
267 Bauer Matthias	Neunburg v. W.	27. XI. 05
268 Wagner Joseph	Schwabmünchen	16. XII. 05
269 Dauth Peter	Frankenthal	1. V. 06
270 Morgenroth Georg	Kaiserslautern	14. V. 06
271 Giersen Albert	"	1. VI. 06
272 Brust Martin	Dürkheim	2. VI. 06
273 Weber Tobias	Grünstadt	5. VI. 06
274 Hasenöder Wilhelm	Stadtsteinach	29. VII. 06
275 Sauer Johann	Neustadt a. H.	7. IX. 06
276 Scherer Otto	Regensburg I	24. IX. 06
277 Hofmann Karl	Erding	1. X. 06
278 Ader Heinrich	Kirchheimbolanden	25. X. 06
279 Berger Eugen	Landshut	1. XI. 06
280 Stemmler Ludwig	Landstuhl	13. XI. 06
281 Reusch Eugen	Aschaffenburg I	15. XI. 06
282 Huber Heinrich	Cham	3. XII. 06
283 Thiery Joseph	St. Ingbert	17. XII. 06
284 Pflaum Heinrich	b. Militär	1. III. 07
285 Baier Simon	Weismann	13. III. 07
286 Scheckenbach Albert	Neustadt a. H.	25. III. 07
287 Schunk Otto	Hofheim	2. IV. 07
288 Walling Friedrich	Annweiler	5. IV. 07
289 Bambauer Julius	Lauterecken	8. IV. 07
290 Edinger Otto	Kusel	1. V. 07
291 Daniel Otto	Homburg	16. V. 07
292 Weller Heinrich	Kaiserslautern	21. V. 07
293 Sieber Heinrich	Edenkoben	23. V. 07
294 Leibrock Ernst	Obermoschel	25. V. 07
295 Hof Johann	Waldmünchen	25. V. 07
296 Wolf Johann	Zweibrücken	27. V. 07
297 Michel Adam	Pirmasens	10. VI. 07
298 Ernstberger Georg	Freyung	1. VII. 07
299 Rudhart Friedrich	Wertingen	2. VIII. 07
300 Donhauser Georg	Amberg	5. VIII. 07
301 Weiss Karl	Burglengenfeld	12. VIII. 07
302 Weyh Heinrich	München IV	26. VIII. 07
303 Danner Ludwig	b. Militär	16. IX. 07
304 Cronebach Karl	Lauterecken	16. IX. 07
305 Schnitzer Joseph	Donauwörth	28. IX. 07
306 Münzer Georg	Ebersberg	1. X. 07
307 Hassloch Heinrich	Fürth	1. X. 07
308 Glück Martin	München IV	12. X. 07
309 Kreuzer Johann	München I	25. X. 07
310 Habisreitinger Max	Weissenhorn	10. XI. 07
311 Hofmann Michael	Aichach	1. XII. 07
312 Weiss Joseph	Schesslitz	9. XII. 07
313 Lochner Johann	Fürth	1. II. 08
314 Heldmann Amadeus	Tirschenreuth	27. II. 08
315 Hörbrand Anton	b. Militär	1. III. 08
316 Junginger Roman	Krumbach	2. III. 08
317 Dengler Johann	Waldsassen	16. III. 08
318 Graf Maximilian	Burglengenfeld	1. IV. 08
319 Kastner Eugen	Walderbach	1. IV. 08
320 Jäger Alfred	Mindelheim	2. V. 08

321	Steiger Ludwig	Dahn	13. V. 08
322	Dornecker Franz X.	b. Militär	25. V. 08
323	Kormann Ludwig	Dachau	2. VI. 08
324	Hofmann Georg	b. Militär	11. VI. 08
325	Hornfischer Friedrich	Herzogenaurach	22. VI. 08
326	Karl Johann	Pfarrkirchen	1. VII. 08
327	Kellner Anton	Hemau	8. VII. 08
328	Link Wilhelm	Ansbach	31. VII. 08
329	Feil Johann	München Ld.	1. IX. 08
330	Pritzl Max	Landshut	8. X. 08
331	Fey Heinrich	Landstuhl	21. X. 08
332	Leicht Heinrich	Landau Pf.	23. X. 08
333	Nies Georg	Obermoschel	4. XI. 08
334	Flieger Joseph	Schongau	6. XI. 08
335	Höss Johann	Mühldorf	24. XI. 08
336	Winklhofer Johann	Passau	14. XII. 08
337	Tischler Georg	Nabburg	2. I. 09
338	Langguth Paul	Kitzingen	10. II. 09
339	Weber Anton	Dingolfing	26. III. 09
340	Bockhorni Johann	Wolfratshausen	2. VIII. 09
341	Eckart Fritz	Nürnberg II	2. IX. 09
342	Fischer Andreas	Pottenstein	1. XII. 09
343	Lorenz Joseph	Schönberg	4. XII. 09
344	Lottes Georg	Nürnberg I	10. I. 10
345	Greim Eduard	Kulmbach	8. III. 10
346	Cehak Anton	Tirschenreuth	25. IV. 10
347	Luy Max	München Ld.	17. V. 10
348	Nelkel Michael	Lichtenberg	6. VI. 10
349	Reinmann Georg	Feuchtwangen	5. VIII. 10
350	Syroth Johann	München IV	6. II. 11
351	Bruckmayer Johann	München III	21. III. 11
352	Plenk Gottfried	Berchtesgaden	1. VII. 11
353	Hofmeister Franz X.	Erding	1. VII. 11
354	Kothbauer Albert	Kötzting	1. VII. 11
355	Wörle Georg	Obernzell	1. VII. 11
356	Burger Friedrich	Auerbach	1. VII. 11
357	Häffner Fritz	Kronach	1. VII. 11
358	Wolf Alfred	Lichtenberg	1. VII. 11
359	Bopp Gustav	Klingenberg	10. VII. 11
360	Sigmund Friedrich	Heidenheim	23. VII. 11
361	Fischer Werner	Nürnberg I	24. VII. 11
362	Stegmann Joseph	München III	1. VIII. 11
363	Roppelt August	Ochsenfurt	1. VIII. 11
364	Meier Johann	Kelheim	21. VIII. 11
365	Schnurrer Friedrich	München I	25. VIII. 11
366	Deisenrieder Rudolf	Eggenfelden	1. IX. 11
367	Hermann Wilhelm	Kandel	1. IX. 11
368	Heinkel Johann	Burgwindheim	7. IX. 11
369	Schlicht Gottfried	Hilpoltstein	16. IX. 11
370	Vogt Joseph	Neustadt a. A.	19. IX. 11
371	Schmid Frz. X.	Donauwörth	25. IX. 11
372	Fuchs Friedrich	Pegnitz	1. X. 11
373	Degen Sebastian	Lengfurt	1. X. 11
374	Dörrzapf Andreas	Ebermannstadt	2. X. 11
375	Förtsch Friedrich	Zeil	2. X. 11
376	Hilz Franz	Vilsbiburg	2. XI. 11

377	Reichling Leonhard	Landau Pf.	2. XI. 11
378	Sahmann Christian	Thurnau	2. XI. 11
379	Hübsch Albert	Winnweiler	3. XI. 11
380	Beyer Richard	Bergzabern	4. XI. 11
381	Hofmann Ludwig	Trostberg	6. XI. 11
382	Weber Jakob	Grünstadt	1. XI. 11
383	Krieger Heinrich	Ludwigshafen	6. XI. 11
384	Frohnwieser August	Schrobenhausen	8. XI. 11
385	Schmid Friedrich	Riedenburg	13. XI. 11

h) Rentamtsassistentinnen.

1	Neber Rosa	Immenstadt	14. VII. 11
2	Merlack Emilie	München I	17. VII. 11
3	Hauck Wilhelmine	Bergzabern	17. VII. 11
4	Hastrich Maria	Landau i. Pf.	17. VII. 11
5	Schotthöfer Maria	Neustadt a. H.	17. VII. 11
6	Spatz Anna	Speyer	17. VII. 11
7	Schmer Therese	Regensburg II	17. VII. 11
8	Brunner Pauline	Ingolstadt	18. VII. 11
9	Saule Therese	„	18. VII. 11
10	Gschrei Ludowika	München II	18. VII. 11
11	Klug Else	„	18. VII. 11
12	Vogl Kunigunde	„	18. VII. 11
13	Bruckschlögl Amalie	München Ld.	18. VII. 11
14	Probst Maria	Griesbach	18. VII. 11
15	Schneider Maria Lina	Germersheim	18. VII. 11
16	Servi Walburga	Mallersdorf	18. VII. 11
17	Reiss Emma	Grünstadt	18. VII. 11
18	Zöller Anna	Homburg	18. VII. 11
19	Graf Wilma	Kaiserslautern	18. VII. 11
20	Jung Karolina	„	18. VII. 11
21	Scharmann Emilie	„	18. VII. 11
22	Hitschler Maria	Kandel	18. VII. 11
23	Gass Elisabeth	Kirchheimbolanden	18. VII. 11
24	Fickeisen Hedwig	Ludwigshafen a. Rh.	18. VII. 11
25	Hammer Elisabetha	„	18. VII. 11
26	Neckerauer Elisabetha	Neustadt a. H.	18. VII. 11
27	Klein Anna	Zweibrücken	18. VII. 11
28	Sefrin Katharina	„	18. VII. 11
29	Eigl Walburga	Burglengenfeld	18. VII. 11
30	Hamperl Therese	Cham	18. VII. 11
31	Lex Karolina	Kemnath	18. VII. 11
32	Rauch Anna	Neumarkt	18. VII. 11
33	Bauernfeind Maria	Regensburg I	18. VII. 11
34	Brunner Viktoria	„	18. VII. 11
35	Müller Maria	Hersbruck	18. VII. 11
36	Raum Elise	„	18. VII. 11
37	Otter Anna	Kissingen	18. VII. 11
38	Pfeuffer Hilda	Königshofen	18. VII. 11
39	Köhler Hedwig	Schweinfurt	18. VII. 11
40	Fleckenstein Margareta	Würzburg Ld.	18. VII. 11
41	Hartinger Franziska	Mühldorf	19. VII. 11
42	Bamann Maria	München IV	19. VII. 11
43	Wiesner Katinka	Starnberg	19. VII. 11
44	Kennerknecht Euphemie	Weilheim	19. VII. 11

45	Witzgall Amalie	Eggenfelden	19. VII. 11
46	Ableiter Elisabeth	Dürkheim	19. VII. 11
47	Becker Katharina	Homburg	19. VII. 11
48	Regula Frida	St. Ingbert	19. VII. 11
49	Frank Adelheid	Pirmasens	19. VII. 11
50	Göhringer Elisabetha	"	19. VII. 11
51	Reith Frida	Amorbach	19. VII. 11
52	Gerhard Berta	Aschaffenburg I	19. VII. 11
53	Hubert Maria	"	19. VII. 11
54	Schleippmann Anna	"	19. VII. 11
55	Zink Maria	Aschaffenburg II	19. VII. 11
56	Ulshöfer Auguste	Kitzingen	19. VII. 11
57	Albert Elisabetha	Klingenberg	19. VII. 11
58	Huller Angelika	Lengfurt	19. VII. 11
59	Gebhardt Margareta	Neustadt a. S.	19. VII. 11
60	Böhm Maria	Würzburg St.	19. VII. 11
61	Otto Veronika	"	19. VII. 11
62	Schmitt Babette	"	19. VII. 11
63	Kissler Rosa	Würzburg Ld.	19. VII. 11
64	Enzinger Anna	Kaufbeuren	19. VII. 11
65	Zehetmaier Antonie	Aibling	20. VII. 11
66	Schuster Anna	Dachau	20. VII. 11
67	Hadersbeck Franziska	München III	20. VII. 11
68	Schlederer Eugenie	"	20. VII. 11
69	Dellinger Aloisia	München IV	20. VII. 11
70	Bierl Anna	Amberg	20. VII. 11
71	Daiminger Emma	"	20. VII. 11
72	Hausbeck Therese	"	20. VII. 11
73	Penzkofer Betty	Regensburg I	20. VII. 11
74	Berchtold Irma	Vohenstrauss	20. VII. 11
75	Troll Rosa	Walderbach	20. VII. 11
76	Brein Luise	Weiden	20. VII. 11
77	Sailer Rosina	"	20. VII. 11
78	Barth Elise	Ansbach	20. VII. 11
79	Ilfrich Maria	Ansbach	20. VII. 11
80	Thomä Frida	"	20. VII. 11
81	Habenstein Anna	Erlangen	20. VII. 11
82	Schlimmer Anna	Fürth	20. VII. 11
83	Strauch Margareta	"	20. VII. 11
84	Zenker Hedwig	"	20. VII. 11
85	Buchta Mathilde	Nürnberg I	20. VII. 11
86	Westerholz Frida	Nürnberg II	20. VII. 11
87	Reiss Elise	Rothenburg o. T.	20. VII. 11
88	Wechsler Elisabeth	Spalt	20. VII. 11
89	Braun Elsa	Weissenburg	20. VII. 11
90	Hager Auguste	"	20. VII. 11
91	Frank Philomena	Augsburg I	20. VII. 11
92	Kemnitzer Therese	"	20. VII. 11
93	Spachert Josephine	Kempten	20. VII. 11
94	Buchka Seraphine	Markt Oberdorf	20. VII. 11
95	Dolpp Viktoria	Memmingen	20. VII. 11
96	Eckert Sophie	Neuburg a. D.	20. VII. 11
97	Froschmaier Antonie	"	20. VII. 11
98	Neudecker Kreszenz	Deggendorf	21. VII. 11
99	Ritthaler Maria	Dingolfing	21. VII. 11
100	Biermaier Christine	Straubing	21. VII. 11

101	Karl Franziska	Straubing	21. VII. 11
102	Trisl Kreszenz	„	21. VII. 11
103	Schneider Katharina	Landstuhl	21. VII. 11
104	Schneider Maria	Obermoschel	21. VII. 11
105	Feuersteiner Agnes	Neunburg v. W.	21. VII. 11
106	Heldmann Henriette	Sulzbach	21. VII. 11
107	Scheibenbogen Therese	Weiden	21. VII. 11
108	Börner Johanna	Nürnberg I	21. VII. 11
109	Gundelsheimer Luise	Schwabach	21. VII. 11
110	Weinig Emilie	Aschaffenburg II	21. VII. 11
111	Schraut Emma	Ebern	21. VII. 11
112	Stotz Maria	Donauwörth	21. VII. 11
113	Faubel Berta	Kempten	21. VII. 11
114	Niedermaier Margareta	Freising	22. VII. 11
115	Kothbauer Klara	Kötzting	22. VII. 11
116	Rittmayer Anna	Forchheim	22. VII. 11
117	Fürst Maria	Hilpoltstein	22. VII. 11
118	Römer Frida	Nürnberg I	22. VII. 11
119	Fleischmann Anna	Burghausen	24. VII. 11
120	Mayer Margareta	Miesbach	24. VII. 11
121	Hinderer Rosa	Rosenheim	24. VII. 11
122	Kaufmann Zäzilie	„	24. VII. 11
123	Schustetter Katharina	„	24. VII. 11
124	Bauer Kreszenz	Deggendorf	24. VII. 11
125	Frühholz Josefine	Kelheim	24. VII. 11
126	Engelhart Maria	Landshut	24. VII. 11
127	Kolbinger Anna	„	24. VII. 11
128	Behr Maria	Neustadt a. D.	24. VII. 11
129	Knittlmayer Martina	Passau	24. VII. 11
130	Schwiwagner Karoline	„	24. VII. 11
131	Bauer Therese	Vilshofen	24. VII. 11
132	Dietrich Therese	„	24. VII. 11
133	Völk Ella	Bayreuth	24. VII. 11
134	Trautmann Wilhelmine	Lichtenfels	24. VII. 11
135	Heischmann Anna	Münchberg	24. VII. 11
136	Porzelt Dorothea	Staffelstein	24. VII. 11
137	Martin Sabina	Wunsiedel	24. VII. 11
138	Dendorfer Margareta	Eichstätt	24. VII. 11
139	Reiner Kreszenz	„	24. VII. 11
140	Leitner Angelina	Markt Bibart	24. VII. 11
141	Krämer Margareta	Nürnberg I	24. VII. 11
142	Kartini Elisabeth	Nürnberg II	24. VII. 11
143	Ströhlein Margareta	„	24. VII. 11
144	Heinrich Wilhelmine	Zeil	24. VII. 11
145	Auer Katharina	Illertissen	24. VII. 11
146	Häberlin Anna	Lindau	24. VII. 11
147	Höbel Anna	„	24. VII. 11
148	Förstl Babette	Schwabmünchen	24. VII. 11
149	Rauh Anna	Landsberg	25. VII. 11
150	Dütsch Kunigunde	Bamberg St.	25. VII. 11
151	Glock Margareta	„	25. VII. 11
152	Müller Johanna	Hof	25. VII. 11
153	Kohl Rosa	„	25. VII. 11
154	Trebes Barbara	Kronach	25. VII. 11
155	Ferstl Anna	Nördlingen	25. VII. 11
156	Uebeleisen Maria	Aichach	26. VII. 11

157	Weichart Anna	Berchtesgaden	26. VII. 11
158	Winkler Julie	München II	26. VII. 11
159	Mayr Viktoria	Pfaffenhofen	26. VII. 11
160	Goss Elisabetha	München II	27. VII. 11
161	Kronast Anna	Wasserburg	27. VII. 11
162	Mösch Babette	Wunsiedel	27. VII. 11
163	Brand Maria	Nürnberg III	27. VII. 11
164	Oppel Margareta	Augsburg II	27. VII. 11
165	Lampert Emma	Krumbach	27. VII. 11
166	Schmidt Anna	München II	28. VII. 11
167	Detzer Anna	München I	29. VII. 11
168	Gruber Maria	Laufen	31. VII. 11
169	Wagner Katharina	Passau	31. VII. 11
170	Dillitzer Pauline	Erding	1. VIII. 11
171	Weber Susanna	Garmisch	1. VIII. 11
172	Steidl Maria	München I	1. VIII. 11
173	Urban Karoline	"	1. VIII. 11
174	Podrouschek Anna	München II	1. VIII. 11
175	Weinfurtner Maria	"	1. VIII. 11
176	Neuner Anna	München Ld.	1. VIII. 11
177	Back Viktoria	Schongau	1. VIII. 11
178	Schmeckenbecher Antonie	Traunstein	1. VIII. 11
179	Preckwiz Maria	Vilsbiburg	1. VIII. 11
180	Scheininger Anna	Mitterfels	1. VIII. 11
181	Fickeisen Anna	Frankenthal	1. VIII. 11
182	Herter Babette	Landau i. Pf.	1. VIII. 11
183	Litz Anna	Bamberg St.	1 VIII. 11
184	Bergmann Elisabetha	Bamberg Ld.	1 VIII. 11
185	Schorn Martha	"	1. VIII. 11
186	Holzer Sophie	Bayreuth	1. VIII. 11
187	Frank Elise	Kulmbach	1. VIII. 11
188	Hauguth Katharina	Rothenkirchen	1. VIII. 11
189	Kalb Therese	Erlangen	1. VIII. 11
190	Fischer Maria	Nürnberg III	1. VIII. 11
191	Hofmann Barbara	Lohr	1. VIII. 11
192	Aul Maria	Schweinfurt	1. VIII. 11
193	Sauter Viktoria	Augsburg I	1. VIII. 11
194	Vorsatz Maria	Neu-Ulm	1. VIII. 11
195	Straub Jona	Schweinfurt	5. VIII. 11
196	Schowalter Helene	Frankenthal	12. VIII. 11
197	Zottmaier Therese	Hof	15. VIII. 11
198	Kropp Luise	Fürstenfeldbruck	16. VIII 11
199	Neidhardt Katharina	München III	16. VIII. 11
200	Kollmaier Maria	Freyung	21. VIII. 11
201	Gössl Kreszenz	Nürnberg III	26. VIII. 11
202	Laubmann Anna	Friedberg	1. IX. 11
203	Wittmann Mechtilde	München II	1. IX. 11
204	Lutz Aloisia	München III	1. IX. 11
205	Reitmayr Anna	München III	1. IX. 11
206	Ruhland Anna	München III	1. IX. 11
207	Wagner Walburga	München III	1. IX. 11
208	Lampert Lina	Lichtenberg	1. IX. 11
209	Salomon Maria	Augsburg II	1. IX. 11
210	Lutz Rosa	Günzburg	30. IX. 11
211	Kroiss Anna	Ebersberg	1. X. 11
212	Gleixner Maria	Deggendorf	2. X. 11

213 Wagner Sophie	Landshut	2. X. 11
214 Albrecht Franziska	Kronach	2. X. 11
215 Herzgsell Barbara	Dillingen	2. X. 11
216 Deller Philomena	Wertingen	2. XI. 11
217 Wurzer Maria	Selb	2. XI. 11
218 Russ Franziska	Karlstadt	4. XI. 11
219 Günthner Maria	Aichach	4. XI. 11
220 Högner Katharina	Neustadt a. D.	6. XI. 11
221 Zabuesnig Maria von	Augsburg I	6. XI. 11
222 Böhm Therese	Traunstein	6. XI. 11

i) Rentamtsdiener und Steuerboten.

1 Rheinwald Willibald (Me 1, LK.)	Regensburg I	1. XII. 79
2 Bruckmayer Johann (Me 1)	München III	1. I. 80
3 Herr Heinrich	Aschaffenburg I	16. XII. 93
4 Krug Dominikus (Me 1, LK.)	Rosenheim	16. VIII. 94
5 Kögler Georg	Würzburg St.	1. XII. 94
6 Brehm Johann	Erlangen	1. XII. 94
7 Erbar Christoph (LK.)	Windsheim	16. I. 95
8 Stirnweis Konrad (Me 1, LK.)	Dachau	1. IV. 95
9 Probst Joseph (LK.)	Nürnberg III	1. IV. 95
10 Kräutlein Sixtus (LK.)	Erding	1. IX. 95
11 Klug Andreas	Brückenau	16. XII. 95
12 Brandl Johann	Regensburg II	16. XII. 95
13 Stadler Joseph (Me 1, LK.)	Simbach	1. III. 96
14 Gareis Michael	Spalt	16. VI. 96
15 Klimm Joseph (LK.)	Arnstein	1. XII. 96
16 Reuther Johann	Burglengenfeld	1. IV. 97
17 Bott Philipp	Beilngries	1 IX. 97
18 Stahl Joh. Michael	Rothenburg o. T.	1. X. 97
19 Rodewald Wilhelm	Krumbach	16. XII. 97
20 Mödl Joseph	Volkach	1. I. 98
21 Fischer Friedrich	Dinkelsbühl	1. II. 98
22 Schinn Friedrich	Rosenheim	1. V. 98
23 Schmidt Christian	Eichstätt	16. VIII. 98
24 Günther Adam (LK.)	Bamberg Ld.	1. X. 98
25 Maul Johann	Weiden	16. III. 99
26 Jungwirth Matthias (Me 1, LK.)	Dingolfing	1. V. 99
27 Drollmann Kaspar (LK.)	Ottobeuren	16. VIII. 99
28 Deml Joh. Michael (LK.)	Nürnberg III	16. XI. 99
29 Plöderl Michael (LK.)	Landshut	16. XI. 99
30 Sammer Georg	Herrieden	16. XII. 99
31 Kern Leonhard	Zeil	1. I. 00
32 Engl Joseph	Kastl	16. II. 00
33 Kleder Wilhelm	München II	16. II. 00
34 Munack Wilhelm	Schrobenhausen	16. VII. 00
35 Goller Johann	Velburg	16. VII. 00
36 Oelschlegel Christoph	Lichtenberg	16. VIII. 00
37 Hübner Anton	Würzburg Ld.	16. X. 00
38 Wohlfahrt Martin	Pirmasens	16. XI. 00
39 Limmer Martin	Eggenfelden	16. XI. 00
40 Schmid Johann Bapt.	Augsburg I	1. XII. 00
41 Pfefferlein Robert	Nürnberg III	16. XII. 00
42 Ott Karl	Bamberg St.	16. I. 01
43 Zimmerer Georg	Ingolstadt	15. II. 01
44 Göb Valentin	Würzburg St.	15. II. 01

45	Schubert Johann	Kissingen	1. V. 01
46	Stössel Oskar	Pfaffenhofen	16. VII. 01
47	Ziegler Kilian	Werneck	1. IX. 01
48	Schmidt Heinrich	Günzburg	16. IX. 01
49	Fritz Franz	Weilheim	16. IX. 01
50	Betz Franz	Greding	1. XI. 01
51	Zeder Heinrich	Kronach	16. XII. 01
52	Barthelmes Anton	Münnerstadt	1. II. 02
53	Kreuzer Joseph	Neuburg a. D.	16. II. 02
54	Oberpriller Johann	Griesbach	1. III. 02
55	Knirlberger Heinrich	Neustadt a. D.	1. III. 02
56	Stürmer Aquilin	München I	16. IV. 02
57	Bauer Michael	Passau	16. VI. 02
58	Richter Johann	Wassertrüdingen	1. IX. 02
59	Wittlinger Georg	Regensburg II	16. IX. 02
60	Künzel Friedrich	Bayreuth	16. X. 02
61	Bleicher Joseph	Gemünden	1. XII. 02
62	Remberger Augustin	Lauingen	1. XII. 02
63	Dietrich Joseph	Kötzting	1. I. 03
64	Träger Heinrich	Kemnath	1. II. 03
65	Seuss Martin	Vilshofen	1. III. 03
66	Knüpfer Heinrich	Feuchtwangen	1. IV. 03
67	Burkhart Max	Weissenhorn	16. IV. 03
68	Hastreiter Anton	Obernzell	16. IV 03
69	Geyer August	Walderbach	1. V 03
70	Krauss Christoph	Aschaffenburg II	16. V. 03
71	Störr Joseph	Kulmbach	16. VI. 03
72	Brodwolf Johann	Tölz	16. VI. 03
73	Beck Joseph (LK.)	Kandel	1. VII. 03
74	Ferber Karl	Kirchheimbolanden	1. VII. 03
75	Selk Eduard (LK.)	Ludwigshafen a. Rh.	1. VII. 03
76	Löffler Adam (LK.)	Pirmasens	1. VII. 03
77	Kirsch Friedrich (LK.)	Lauterecken	1. VII. 03
78	Eisenlöffel Philipp (Me 1, LK.)	Zweibrücken	1. VII. 03
79	Strehle Joseph	München I	1. VII. 03
80	Strasser Michael	„	1. VII. 03
81	Hackl Max	München II	1. VII. 03
82	Mündel Konrad	München Ld.	1. VII. 03
83	Geib Friedrich	Pirmasens	1. VII. 03
84	Setzepfand Traugott	München III	1. VII. 03
85	Reichrath Ludwig	Kaiserslautern	1. VII. 03
86	Dentelsbeck Andreas	Regensburg I	1. VII. 03
87	Vetter Franz	Homburg	1. VII. 03
88	Huber Johann	Nürnberg III	1. VII. 03
89	Steinhilber Ludwig	München II	1. VII. 03
90	Sommerauer Joseph	„	1. VII. 03
91	Bracher Joh. Leopold	Landau Pf.	1. VII. 03
92	Kramer Georg	München IV.	1. VII. 03
93	Appel Joseph	München II	1. VII. 03
94	Schramm Joseph	Burghausen	1. VII. 03
95	Maul Johann (PLc)	München I	1. VII. 03
96	Rohrhirsch Franz X.	München II	1. VII. 03
97	Luy Johann	München II	1. VII. 03
98	Sennebogen Michael	„	1. VII. 03
99	Walling Friedrich	Annweiler	1. VII. 03
100	Bruckner Johann	Amberg	1. VII. 03

101	Meissner Gregor	Ingolstadt	1. VII. 03
102	Moser Franz X.	München I	1. VII. 03
103	Götz Friedrich	Frankenthal	1. VII. 03
104	Huber Anton	Mühldorf	1. VII. 03
105	Lohrer Adam	München II	1. VII. 03
106	Nickl Johann	Moosburg	1. VII. 03
107	Strauch Johann	Fürth	1. VII. 03
108	Stadler Sylvester	Wertingen	1. VII. 03
109	Bühling Johann	München IV	1. VII. 03
110	Wolfram Rupert	München III	1. VII. 03
111	Küspert Andreas	Augsburg I	1. VII. 03
112	Breunig Friedrich	Lohr	1. VII. 03
113	Oberwallner Georg	München IV	1. VII. 03
114	Spangler Joseph	München III	1. VII. 03
115	Guck Georg	München II	1. VII. 03
116	Hölzle August	München II	1. VII. 03
117	Kanter Andreas	Ludwigshafen a. R.	1. VII. 03
118	Reiss Jakob	Germersheim	1. VII. 03
119	Lauss Michael	Regensburg II	1. VII. 03
120	Pötzinger Johann	Schesslitz	1. VII. 03
121	Stöhr Karl	Augsburg I	1. VII. 03
122	Franke August	Beilngries	1. VII. 03
123	Zeh Franz	München III	1. VII. 03
124	Flühr Georg	Hersbruck	1. VII. 03
125	Gleixner Johann	Amberg	1. VII. 03
126	Schlemmer Joseph	München II	1. VII. 03
127	Neff Joseph	Wolfratshausen	1. VII. 03
128	Sieber Kaspar	Freising	1. VII. 03
129	Münz Georg	Mallersdorf	1. VII. 03
130	Faller Friedrich	Freising	1. VII. 03
131	Schreitmüller Johann	Schwabmünchen	1. VII. 03
132	Schäfer Friedrich	München IV	1. VII. 03
133	Gürtler Johann	Berchtesgaden	1. VII. 03
134	Jörg Franz X.	München III	1. VII. 03
135	Schollerer Heinrich	Mitterfels	1. VII. 03
136	Hankele Friedrich	Schwabach	1. VII. 03
137	Lindner Georg	Nürnberg I	1. VII. 03
138	Dorsch Joh. Georg	Nürnberg II	1. VII. 03
139	Bollinger Georg	Kempten	1. VII. 03
140	Piele Theodor	Spalt	1. VII. 03
141	Schedel Johann	Nürnberg II	1. VII. 03
142	Strauss Friedrich	Regensburg I	1. VII. 03
143	Potzler Ulrich	Wunsiedel	1. VII. 03
144	Pöhner Karl	München Ld.	1. VII. 03
145	Pflaum Johann	Forchheim	1. VII. 03
146	Hübner Chr. Joh.	St. Ingbert	1. VII. 03
147	Uebel Konrad	Ansbach	1. VII. 03
148	Weth Joseph	Würzburg Ld.	1. VII. 03
149	Heinrich Gustav	München Ld.	1. VII. 03
150	Fischer Joseph	München II	1. VII. 03
151	Seefried Georg	Nürnberg II	1. VII. 03
152	Wolf Franz	München II	1. VII. 03
153	Graf Joseph	Fürstenfeldbruck	1. VII. 03
154	Schmid Franz X.	Donauwörth	1. VII. 03
155	Schmidt Georg	Rosenheim	1. VII. 03
156	Werner Friedrich	München II	1. VII. 03

157	Hopper Georg	Augsburg I	1. VII. 03
158	Wittstadt Johann	Würzburg Ld.	1. VII. 03
159	Prechsl Xaver	München I	1. VII. 03
160	Faltermeier Martin	München III	1. VII. 03
161	Ullrich Johann	Dettelbach	1. VII. 03
162	Linsenmaier Wilh.	Würzburg St.	1. VII. 03
163	Nissler Gottfried	Landau a. I.	1. VII. 03
164	Hofmann Andreas	Erding	1. VII. 03
165	Klopfer Joseph	Regensburg I	1. VII. 03
166	Helbig Gabriel	Fürth	1. VII. 03
167	Stritter Karl	München II	1. VII. 03
168	Rudolf Wilhelm	Amberg	1. VII. 03
169	Müller Johann	Neuburg a. D.	1. VII. 03
170	Mager Georg Adam	Neustadt a. S.	1. VII. 03
171	Zech Philipp	Erlangen	1. VII. 03
172	Rosenbauer Leonhard	Landsberg	1. VII. 03
173	Jäger Johann	Aschaffenburg I	1. VII. 03
174	Penzkofer Johann	Kipfenberg	1. VII. 03
175	Geyer Georg	Kulmbach	1. VII. 03
176	Seidenspinner Gregor	Nürnberg II	1. VII. 03
177	Dörrzapf Franz	Ebermannstadt	1. VII. 03
178	Backert Pangraz	Nürnberg I	1. VII. 03
179	Sperl Karl	Regensburg I	1. VII. 03
180	Paulus Johann	Kitzingen	1. VII. 03
181	Dennerlein Adam (PLc)	Bamberg St.	1. VII. 03
182	Rucker Willibald	Pfaffenhofen	1. VII. 03
183	Dötschel Johann	Bayreuth	1. VII. 03
184	Bähr Georg	Nürnberg II	1. VII. 03
185	Arneth Johann	Ebermannstadt	1. VII. 03
186	Scheuer Adrian	München II	1. VII. 03
187	Kehlmaier Johann	Würzburg St.	1. VII. 03
188	Albrecht Georg	Schwabmünchen	1. VII. 03
189	Derks Heinrich	Kronach	1. VII. 03
190	Merz Joh. Heinrich	Nürnberg II	1. VII. 03
191	Förtsch Johann	Ebern	1. VII. 03
192	Glöckl Wolfgang	Weilheim	1. VII. 03
193	Kerler Ottmar	München III	1. VII. 03
194	Lieb Valentin	Königshofen	1. VII. 03
195	Dengler Christoph	Waldsassen	1. VII. 03
196	Schlamp Xaver	Eichstätt	1. VII. 03
197	Zankl Ludwig	Dingolfing	1. VII. 03
198	Fenn Johann	Nürnberg II	1. VII. 03
199	Wenger Johann	Mindelheim	1. VII. 03
200	Welzel Georg	Bayreuth	1. VII. 03
201	Wolf Albert	Bamberg Ld.	1. VII. 03
202	Hofmann Georg	Nürnberg II	1. VII. 03
203	Lohmeier Otto	Mitterfels	1. VII. 03
204	Kuhn Johann	Nürnberg II	1. VII. 03
205	Drexler Friedrich	München II	1. VII. 03
206	Hauck Johann	Kaufbeuren	1. VII. 03
207	Hertrich Adam	Münchberg	1. VII. 03
208	Schuhmann Johann	Wunsiedel	1. VII. 03
209	Bauer Karl	Passau	1. VII. 03
210	Abersfelder Karl	Würzburg St.	1. VII. 03
211	Meckler Wilhelm	Landshut	1. VII. 03
212	Brunner Joseph	Erding	1. VII. 03

213	Lutz Martin	München I	1. VII. 03
214	Kohlpaintner Anton	Vilsbiburg	1. VII. 03
215	Schmitt Johann	Ochsenfurt	1. VII. 03
216	Körber Martin	Mindelheim	1. VII. 03
217	Kreil Eberhard	Hof	1. VII. 03
218	Eder Karl	Simbach	1. VII. 03
219	Glas Johann	Deggendorf	1. VII. 03
220	Mahr Karl	Bamberg St.	1. VII. 03
221	Höfler Joseph	Passau	1. VII. 03
222	Rothlauf Ludwig	Weismain	1. VII. 03
223	Marchl Joseph	Deggendorf	1. VII. 03
224	Grünwald Joseph	Rosenheim	1. VII. 03
225	Schöller Karl	Aschaffenburg I	1. VII. 03
226	Brechtelsbauer Matthias	Nürnberg II	1. VII. 03
227	Knechtl Sebastian	Markterlbach	1. VII. 03
228	Staudter Adam	Ebersberg	1. VII. 03
229	Ellner Adam	Greding	1. VII. 03
230	Schuster Georg	Waischenfeld	1. VII. 03
231	Welker Georg	Nürnberg II	1. VII. 03
232	Berger Karl	Ingolstadt	1. VII. 03
233	Sturm Joseph	Lindau	1. VII. 03
234	Martin Ludwig	Hofheim	1. VII. 03
235	Pradl Franz X.	Kelheim	1. VII. 03
236	Steinbruckner Michael	Kemnath	1. VII. 03
237	Danner Anton	Schrobenhausen	1. VII. 03
238	Winkelmann August	Neustadt a. H.	1. VII. 03
239	Wager Gabriel	Donauwörth	1. VII. 03
240	Endrass Joseph	Markt Oberdorf	1. VII. 03
241	Wiesner Adam	Starnberg	1. VII. 03
242	Vetter Michael	Eschenbach	1. VII. 03
243	Wagner August	Aichach	1. VII. 03
244	Kress Adam	Bamberg Ld.	1. VII. 03
245	Rieger Joseph	Regensburg I	1. VII. 03
246	Neumeister Joh. Georg	Würzburg St.	1. VII. 03
247	Heeg Georg	Aschaffenburg I	1. VII. 03
248	Hildner Nikolaus	Lengfurt	1. VII. 03
249	Fischer Johann	Gerolzhofen	1. VII. 03
250	Kleebauer Joseph	Füssen	1. VII. 03
251	Jungkunst Georg	Vohenstrauss	1. VII. 03
252	Jehle Johann	Neu-Ulm	1. VII. 03
253	Kobold Joseph	Neuburg a. D	1. VII. 03
254	Zitzmann Jakob	Kitzingen	1. VII. 03
255	Deyerling Friedrich	Speyer	1. VII. 03
256	Hefferle Georg	Fürstenfeldbruck	1. VII. 03
257	Bäuerlein Florian	Augsburg I	1. VII. 03
258	Fröhlich Christian	Waldsassen	1. VII. 03
259	Weiss Johann	München Ld.	1. VII. 03
260	Parr Andreas	Neustadt a. D.	1. VII. 03
261	Umfahrer Ludwig	Nördlingen	1. VII. 03
262	Steigner Valentin	Zweibrücken	1. VII. 03
263	Weiss Martin	Kastl	1. VII. 03
264	Gärtner Karl	Altdorf	1. VII. 03
265	Klingler Wilhelm	Rothenburg o. T.	1. VII. 03
266	Angerer Heinrich	Hof	1. VII. 03
267	Hiemer Heinrich	Traunstein	1. VII. 03
268	Maisch Peter	Homburg	1. VII. 03

269	Hesel Johann	Pottenstein	1. VII. 03
270	Plechschmidt Jakob	Selb	1 VII. 03
271	Eigl Johann	Burglengenfeld	1 VII. 03
272	Goderbauer Sebastian	Landshut	1 VII. 03
273	Grob Eusebius	Brückenau	1. VII. 03
274	Huber Joseph	München II	1 VII. 03
275	Weller Heinrich	Kaiserslautern	1. VII. 03
276	Frank Michael	Hersbruck	1 VII. 03
277	Müller Johann	Stadtsteinach	1. VII. 03
278	Scheithe Friedrich	Kaiserslautern	1 VII. 03
279	Amon Ägidius	Ebern	1 VII. 03
280	Klampfer Christoph	Fürth	1. VII. 03
281	Mayr Joseph	Traunstein	1. VII. 03
282	Simon Heinrich	Bayreuth	1. VII. 03
283	Domke Hermann	Heilsbronn	1 VII. 03
284	Linow Wilhelm	Landstuhl	1 VII. 03
285	Bildstein August	Schweinfurt	1 VII. 03
286	Eichhorn Pangraz	Rothenkirchen	1 VII. 03
287	Schrödel Lorenz	Neunkirchen a Br.	1. VII. 03
288	Them Johann	Kissingen	1 VII. 03
289	Trostdorf Bernhard	Nördlingen	1. VII. 03
290	Ebert Wilhelm	Forchheim	1. VII. 03
291	Hübner Johann	Amberg	1. VII. 03
292	Futterknecht Philipp	München II	16. VII. 03
293	Höhn Johann	München IV	16. VII. 03
294	Döbler Alois	München II	16. VII. 03
295	Kronzucker Max	Trostberg	1. VIII. 03
296	Meyer Xaver	Lindau	1. VIII. 03
297	Lendner Joseph	Schweinfurt	1. VIII. 03
298	Fuchs Georg	Pegnitz	1. VIII. 03
299	Kammerl August	Straubing	16. VIII. 03
300	Wirtheim Franz	München IV	16. VIII. 03
301	Söllner Ludwig	Höchstadt a. A.	1. IX. 03
302	Ziegler Wilhelm	Ansbach	1. IX. 03
303	Haid Franz X.	Friedberg	1. IX. 03
304	Peppel Joseph	Starnberg	16. IX. 03
305	Fastl Andreas	München IV	1. XII. 03
306	Hartung Franz	München II	1. XII. 03
307	Schuler Adalbert	München II	1. XII. 03
308	Hausdörfer Louis	Immenstadt	1. XII. 03
309	Kubeile Hermann	Hilpoltstein	1. XII. 03
310	Kraus Alois	Würzburg St.	1. XII. 03
311	Jochum Ludwig	Dillingen	1. XII. 03
312	Schuller Klemens	München Ld.	1. XII. 03
313	Hofmann Joseph	Vohenstrauss	1. I. 04
314	Hollederer Friedrich	Nürnberg II	1. I. 04
315	Vogtmann Wolfgang	Weiden	15. II. 04
316	Meyer Karl	Hammelburg	15. II. 04
317	Scheuerlein Joh. Martin	Wertingen	1 III. 04
318	Seltsam Karl	Burghausen	16. IV 04
319	Engelhard Ferdinand	Günzburg	1. V 04
320	Brey Joseph	Burglengenfeld	16. V 04
321	Ament Karl	Bamberg St.	1 VI. 04
322	Schweiger Franz X.	München IV	1. VII. 04
323	Fichtl Franz	Aibling	16. VII. 04
324	Fischer Peter	Memmingen	1 VII. 04

325	Kirch Jakob	Kaiserslautern	1. VII. 04
326	Steiger Ludwig	Dahn	1. VII. 04
327	Hahn Kaspar	Neumarkt	1. X. 04
328	Michel Klemens	Nürnberg II	1. X. 04
329	Haberzett Johann	Nürnberg III	16. VIII. 04
330	Kügle Joseph	Eschenbach	1. IX. 04
331	Mayer Franz	Ludwigshafen a. Rh.	16. IX. 04
332	Maier Joseph	Vilsbiburg	1. X. 04
333	Zahlhaas Adolf	Straubing	1. X. 04
334	Gattermann Friedrich	Vilshofen	1. X. 04
335	Krug Dominikus	Zwiesel	1 X. 04
336	Boreiter Peter	Neustadt a. S.	1. X. 04
337	Wetzel Kornelius	Selb	16. X. 04
338	Hammer Anton	Landsberg	16. X. 04
339	Bechtold Joseph	Kandel	1. XI. 04
340	Weindler Andreas	Obernzell	1. XI. 04
341	Bergkammer Xaver	Klingenberg	1. II. 05
342	Zimmermann Philipp	Neustadt a. H.	1. III. 05
343	Kössinger Ulrich	Ludwigshafen a. R.	1. IV. 05
344	Maurer Johann	Mallersdorf	16. IV. 05
345	Haas Ludwig	Karlstadt	16. IV. 05
346	Hassold Friedrich	Hersbruck	1. V. 05
347	Fink Karl	Burgau	1. VI. 05
348	Weinheimer Jakob	Ludwigshafen a. Rh.	1. VI. 05
349	Riemer Otto	Nürnberg I	16. VI. 05
350	Gräf Gustav	"	1. VII. 05
351	Schömig Ludwig	Zeil	1. VIII. 05
352	Achmüller Heinrich	Schongau	1. VIII. 05
353	Weber Johann	Riedenburg	1. IX. 05
354	Lucht Hermann	Aschaffenburg II	1. IX. 05
355	Förster Konrad	Kronach	1. IX. 05
356	Müller Nikolaus	Edenkoben	16. IX. 05
357	Blecher Michael	Königshofen	1. XI. 05
358	Bachmeier Karl	Regensburg I	1. XI. 05
359	Müller Anton	Ochsenfurt	1. II. 06
360	Augustin Johann	Rain	1 II. 06
361	Neumüller Johann	Gunzenhausen	15. II. 06
362	Liebscher Michael	Illertissen	1. III. 06
363	Limmer Gustav	Münchberg	1. III. 06
364	Essigkrug Joseph	Blieskastel	1. III. 06
365	Postler Joseph	Ludwigshafen a. Rh.	1. III. 06
366	Schuirer Joseph	Dillingen	1. IV. 06
367	Watz Ludwig Lorenz	Aschaffenburg I	1. VI. 06
368	Weyh Dominikus	Karlstadt	1. VI. 06
369	Langhirt Ignaz	Germersheim	1. VI. 06
370	Haunold Joseph	Pfaffenhofen	1. VII. 06
371	Hund Franz	Landau i. Pf.	16. VI. 06
372	Mayer Peter	München II	16. VI. 06
373	Rath Wilhelm	Höchstädt a. D.	16. VI. 06
374	Ohlinger Georg	Landau i. Pf.	16. VI. 06
375	Hillenbrand Georg	Herzogenaurach	1. VIII. 06
376	Müller Michael	Nürnberg II	1. IX. 06
377	Schickert Michael	Neustadt a. A.	1 IX. 06
378	Brückner August	Dachau	1. IX. 06
379	Hertlein Georg	Augsburg I	1. X. 06
380	Faeth Georg	Sulzbach	1. X. 06

381	Motz David	Türkheim	1. XI. 06
382	Wenning Johann	Ludwigshafen a. Rh.	1. XI. 06
383	Baier Johann	Fürth	1. XI. 06
384	Nelz Peter	Edenkoben	1. XI. 06
385	Gehring Johann	München Ld.	1. XI. 06
386	Meier Lorenz	Fürth	1. XI. 06
387	Knott Sebastian	Pirmasens	1. XI. 06
388	Herrmann Konrad	Bamberg St.	1. XI. 06
389	Puppele Johann	Tirschenreuth	16. XI. 06
390	Donner Paul	Neumarkt	16. XI. 06
391	Nuber Johann	Pfarrkirchen	1. XII. 06
392	Geyer Franz	München Ld.	1. I. 07
393	Sailer Martin	Monheim	16. I. 07
394	Schwarz Georg	Cadolzburg	16. I. 07
395	Zacher Joseph	Vilshofen	1. II. 07
396	Bindsack Martin	Homburg	1. II. 07
397	Seibert Michael	Lichtenfels	1. II. 07
398	Schröttenbrunner Peter	Moosburg	1. II. 07
399	Neidlein Michael	Fürth	16. III. 07
400	Beger Franz	Amorbach	1. IV. 07
401	Günthert Georg	Neustadt a. H.	1. IV. 07
402	Kränzlein Georg	Laufen	1. IV. 07
403	Rachinger Johann	Nürnberg II	1. V. 07
404	Schmid Georg	München II	16. V. 07
405	Gerstmaier Johann	Buchloe	16. V. 07
406	Dorn Joseph	Obermoschel	1. VI. 07
407	Wunderlich Christoph	Hof	1. VII. 07
408	Raum Peter	Straubing	1. VII. 07
409	Winzer Georg	Augsburg I	1. VII. 07
410	Baumgärtner Friedrich	Marktschorgast	1. VII. 07
411	Pfannenmüller Thomas	Schwabach	1. VII. 07
412	Ferber Karl	Dürkheim	1. VII. 07
413	Schrüfer Johann	Markt Oberdorf	1. VIII. 07
414	Fischer Wilhelm	Augsburg I	1. VIII. 07
415	Kölbel Heinrich	Weissenburg i. B.	1. VIII. 07
416	Häussner Karl	Staffelstein	1. IX. 07
417	Gunzelmann Pankraz	Neunburg v. W.	1. X. 07
418	Bachmaier Johann	Wasserburg	1. X. 07
419	Bscheidmeier Rupert	München III	16. X. 07
420	Kühne Eduard	Nürnberg I	16. X. 07
421	Bürger Georg	Klingenberg	1. XI. 07
422	Braun Christian	Nabburg	1. I. 08
423	Wolf Anton	Waldmünchen	1. V. 08
424	Amann Johann	Mellrichstadt	1. V. 08
425	Ganss Heinrich	Kempten	1. VI. 08
426	Schober Matthias	Grünstadt	1. VII. 08
427	Braun Aquilin	Ottobeuren	1. IX. 08
428	Will Christoph	Herzogenaurach	1. IX. 08
429	Schieder Franz	Nürnberg I	1. IX. 08
430	Schäfer Joseph	Aibling	1. IX. 08
431	Armbruster Wilhelm	Friedberg	1. IX. 08
432	Walther Georg	Tölz	1. IX. 08
433	Köpf Georg	Freyung	1. IX. 08
434	Scherm Michael	St. Ingbert	1. IX. 08
435	Erk Johann	München I	1. IX. 08
436	Bayer Balthasar	München II	1. IX. 08

437	Wieber Georg	München II	1.IX.08
438	Spichtinger Joseph	Cham	16.X.08
439	Schuster Joseph	Krumbach	16.X.08
440	Denisch Markus	Marktbibart	1.XI.08
441	Lutzenberger Michael	Augsburg II	1.XI.08
442	Kuhnle Anton	Türkheim	1.II.09
443	Kittler Paul	Velburg	1.II.09
444	Schneider Heinrich	Kusel	1.II.09
445	Voggeser Leo	Zusmarshausen	1.II.09
446	Schuck Nikolaus	Lichtenfels	1.II.09
447	König Christian	Marktbibart	1.II.09
448	Schwarz Andreas	Immenstadt	1.III.09
449	Bauer Michael	Pottenstein	1.III.09
450	Schnödt Karl	Cham	1.III.09
451	Fischöder Georg	Weissenburg i.B.	1.III.09
452	Weiss Ottmar	Berchtesgaden	1.III.09
453	Fuchs Johann	Röttingen	1.III.09
454	Kippes Ambros	Schönberg	1.IV.09
455	Hagenmüller Markus	Schongau	1.V.09
456	Habelt Christian	Sulzbach	1.V.09
457	Walther Friedrich	Memmingen	1.V.09
458	Hergenröder Valentin	Burgwindheim	1.V.09
459	Gregor Karl	München II	1.VI.09
460	Gruber Rudolf	Amorbach	1.VI.09
461	Bondick Hermann	Pegnitz	1.VII.09
462	Heichele Michael	Illertissen	1.VII.09
463	Lindenmaier Joseph	Staffelstein	1.VII.09
464	Engelhardt Georg	Neustadt a.H.	1.VIII.09
465	Schmölzl Johann	Miesbach	1.VIII.09
466	Kalleder Joseph	Garmisch	1.VIII.09
467	Gollwitzer Adolf	Winnweiler	1.IX.09
468	Bügl Georg	Nürnberg II	1.IX.09
469	Marterstock Joseph	Dürkheim	1.IX.09
470	Remlein Joseph	Hemau	1.IX.09
471	Vollrath Georg	Waischenfeld	1.IX.09
472	Ott Matthäus	Lichtenberg	1.X.09
473	Kumpf Karl	Viechtach	1.X.09
474	Barth Albin	Mühldorf	1.X.09
475	Poll Joseph	Kelheim	1.X.09
476	Miesel Philipp	Erlangen	1.X.09
477	Stern Johann	Lauten	1.X.09
478	Beetz Georg	Fürth	1.X.09
479	Seifert Christoph	Hof	1.X.09
480	Langner Gustav	Lengfurt	1.XI.09
481	Bindl Ludwig	München III	1.XI.09
482	Förtsch Joseph	Neunburg v. W.	1.XI.09
483	Ludwig Andreas	Augsburg II	1.XI.09
484	Pfaff Nikolaus	Gerolzhofen	1.XI.09
485	Moser Joseph	Nürnberg I	1.XI.09
486	Lurz Hubert	Griesbach	1.XII.09
487	Schweser Karl	Weissenburg i. B.	1.XII.09
488	Heydt Johannes	Kaufbeuren	1.I.10
489	Schatz Christian	Miesbach	1.II.10
490	Schreyer August	Ebersberg	1.II.10
491	Rödel Adam	Kaiserslautern	1.III.10
492	Klempf Johann	Schweinfurt	1.IV.10

493	Kerl Johann Bapt.	Neunburg v. W.	1 V. 10
494	Fürsattel Leonhard	Nürnberg III	1. VI. 10
495	Rath Johann	Lohr	1 VI. 10
496	Maier Jakob	Nürnberg I	1. VI. 10
497	Schaller Leo	Nabburg	1 VI. 10
498	Prechtl Johann	Kirchheimbolanden	1 VI. 10
499	Bleisteiner Georg	Heidenheim	1. VIII. 10
500	Baur Eugen	Mitterfels	1. VIII. 10
501	Fischer Johann	Eggenfelden	1. VIII. 10
502	Trapp Oskar	Kaiserslautern	1. VIII. 10
503	Holzberger Matthias	Uffenheim	1. VIII. 10
504	Stammel Ludwig	Augsburg II	1 VIII. 10
505	Hanger Valentin	Friedberg	1. IX. 10
506	Schmid Martin	Augsburg I	1. IX. 10
507	Hallermeier Johann	Neustadt a. D.	1. IX. 10
508	Trautner Johann Bapt.	Weiden	1. IX. 10
509	Gleich Michael	Schesslitz	1. IX. 10
510	Holzapfel Stephan	Miesbach	1. IX. 10
511	Lingl Johann Ev.	Gunzenhausen	1. IX. 10
512	Fritzl Joseph	Passau	1. IX. 10
513	Rausch Joh. Konrad	Thurnau	1. IX. 10
514	Stark Kilian	Nürnberg III	1 X. 10
515	Weiser Heinrich	Ludwigshafen a. Rh.	1. X. 10
516	Wölfel Karl	Waldmunchen	1. X. 10
517	Donderer Joh. Bapt.	Kempten	1. XII. 10
518	Lang Johann	Neustadt a. D.	1. XII. 10
519	Göckler Joseph	Landau a. I.	1. XII. 10
520	Speigl Michael	Mallersdorf	1. XII. 10
521	Fuchs Michael	Grünstadt	1. I. 11
522	Holzwart Georg	Schwabach	1. II. 11
523	Krill Karl	Speyer	1. II. 11
524	Dürre Albert	Hemau	1. II. 11
525	Fleischmann Philipp Peter	Ansbach	1. II. 11
526	Spörlein Georg	Wasserburg	15. II. 11
527	Rothhaupt Adalbert	Aichach	1. III. 11
528	Mayer Richard	Frankenthal	1. III. 11
529	Kissel Christoph	Freyung	1. III. 11
530	Finzel Joseph	Zeil	1. IV. 11
531	Klein Jakob	Kaiserslautern	1. IV. 11
532	Mareis Franz	Schönberg	1. IV 11
533	Ruckriegel Martin	Wunsiedel	1. V. 11
534	Valnion Peter	Ludwigshafen a. Rh.	1 V. 11
535	Deiser Joseph	Wolfratshausen	1. VII. 11
536	Böck Georg	Landshut	1. VII. 11
537	Zechmann Joseph	Passau	1. VII. 11
538	Berthele Benedikt	Viechtach	1. VII. 11
539	Spindler Heinrich	Annweiler	1. VII. 11
540	Dauth Wilhelm	Bergzabern	1. VII. 11
541	Schmidt August	"	1. VII. 11
542	Huber Michael	Blieskastel	1. VII. 11
543	Feuchtmann Friedrich	Dahn	1. VII. 11
544	Groitzch Max	Kusel	1. VII. 11
545	Schanuel Ludwig	Landstuhl	1. VII. 11
546	Martin Heinrich	Ludwigshafen a. Rh.	1. VII. 11
547	Häring Kurt	Obermoschel	1. VII. 11
548	Kolb Johann	Pirmasens	1. VII. 11

549	Grau Heinrich	Winnweiler	1. VII. 11
550	Küspert Friedrich	Zweibrücken	1. VII. 11
551	Huber Max	Auerbach	1. VII. 11
552	Dietersberger Joseph	Walderbach	1. VII. 11
553	Grasser Johann	Bamberg	1. VII. 11
554	Sommer Johann	Hof	1. VII. 11
555	Rauh Philipp	Marktschorgast	1. VII. 11
556	Rath Christian	Neunkirchen a. Br.	1. VII. 11
557	Schmitt Georg	Stadtsteinach	1. VII. 11
558	Friedrich Johann	Altdorf	1. VII. 11
559	Eckhof Leonhard	Neustadt a. A.	1. VII. 11
560	Jessberger Karl	Mellrichstadt	1. VII. 11
561	Hafenmaier Leonhard	Oettingen	1. VII. 11
562	Mittermaier Xaver	Garmisch	1. VII. 11
563	Schweiger Joseph	Pfarrkirchen	1. VII. 11
564	Zolnhofer Johann	Frankenthal	1. VII. 11
565	Nicol Christian	Höchstadt a. A.	1. VII. 11
566	Baumgartner Georg	Deggendorf	1. VII. 11
567	Mirsberger Konrad	Kaiserslautern	1. VII. 11
568	Stelzer Lorenz	Kempten	1. VII. 11
569	Koch Johann	Kipfenberg	1. VII. 11
570	Centmayer Adolf	Zwiesel	1. VIII. 11
571	Hartmann Andreas	Lauterecken	1. VIII. 11
572	Herberich Karl	Tirschenreuth	1. VIII. 11
573	Werner Richard Paul	Pirmasens	1. IX. 11
574	Leikheim Michael	Ludwigshafen a. Rh.	1. IX. 11
575	Kolbeck Johann Bapt.	Kötzting	1. IX. 11
576	Graf Franz Xav.	Berchtesgaden	1 XI. 11
577	Haid Joseph	Freyung	1 XI. 11
578	Holzbock Georg	Weismain	1 XI. 11
579	Schöpplein Andreas	Nürnberg I	1. XI. 11
580	Windsauer Andreas	Rothenkirchen	16. XI. 11
581	Graf Joh. Bapt.	Nürnberg I	1. XII. 11
562	Kraus Johann	Deggendorf	1 XII. 11

XIII. Liste.

Uebersicht über die Besetzung der Rentämter.

Abkürzungen:

RegR = Regierungsrat, R = Rentamtmann (KAV) Kasseabteilungsvorstand, RA = Rentamtsassessor, S = Sekretär, O = Offiziant, A = Assistent, AG = Amtsgehilfe, KPr = Kameralpraktikant, J = Inzipient, An = Assistentin, D = Diener.

1. **Aibling.** Dietl Ed. R; Goller Gg. S; Kühlmann Otto S, gepr. KPr, Adlhoch Frz. A; Meyer Chr. A; Sandmeier Jos. A, Neff Jos. J; Zehetmaier Antonie An; Fichtl Frz. D, Schäfer Jos. D.

2. **Aichach.** Zink Jos. R, Uebeleisen Friedr. S, Führlbeck Aug. S, Rummel Joh. A, Riedle Joh. A; Braun Aug. A; Hofmann Mich. J, Uebeleisen Maria An, Günthner Maria An; Wagner Aug. D; Rothhaupt Ad. D.

3. **Altdorf.** Wüst Gust. R, Riedner Joh. H. S; Schlenk Gg. S Riedner Joh. Leonh. A, Luber Hans A; Meister Joh. A, Heiss Joh. J; Gärtner K. D; Friedrich Joh. D.

4. **Amberg.** Schaffner Max R, Steinbacher Gg. RA; Holzner Paul S; Stader Franz S; Hüttel Bernh. S; Fruth Jos. S, Stein Joh. S; Brunnthaler Joh. A; Fleischmann Ant. A, Schmidt Hans A; Eibl Max A; Träger Gg. A; Brand Eugen A; Uhl Joh. J; Donhauser Gg. J.; Bierl Anna An; Daiminger Emma An; Hausbeck Therese An; Bruckner Joh. D; Gleixner Joh. D; Rudolf Wilh. D; Hübner Joh. D.

5. **Amorbach** Siebenlist Alois R; Linsmayer Heinr. S, gepr. KPr., Reinwand Gregor S; Schäfer Wilh. O; Diemer Mich. A, Wolf Bernh. A; Fauster Wilh. J; Reith Frida An; Beger Franz D, Gruber Rud. D.

6. **Annweiler.** Lauer Ant. R; Spies Karl S; Weller Wilh. S; Spies Mich. A; Kulzer Mich. A; Wagenpfeil Karl A; Walling Friedr. J; Walling Friedr. D; Spindler Heinr. D.

7. **Ansbach.** Rosenhauer Karl RegR; Holl Wilh. RA; Laumann Ed. S; Laufer Ernst S; Reissmann Aug. S; Hener Ferd. S, Margraf Joh. S; Senflinger Joh. A, Dörfler Joh. A; Pätzold Joh. A; Bögler Gg. A; Link Wilh. J; . . . J; Barth Elise An, Ilfrich Maria An; Thomä Frida An; Uebel Konr. D, Ziegler Wilh. D; Fleischmann Philipp Pet. D.

8. **Arnstein.** Will Mart. R; Raupp Simon S; Link Karl A; Küffner Jos. A; Merdan Karl A, Baier Max J; Schmidt Konr. J, Klimm Jos. D.

9. **Aschaffenburg I.** Conrath Pet. RegR, Hagemann Karl R (KAV); Bally Eug. RA; Halbig Joh. S; Schätzler Joh. S; Emmerich Ludw. S; Holzinger Ant. S, Paulus Joh. S; Tratz Friedr. S; Fischer Ant. S, gepr. KPr; Aschauer Gg. S; Neufeld Aug. S; Seyfried Heinr. O, gepr. KPr; Brandstetter Wilh. A;

Aichinger Joh. A; Loos Heinr. A; Bohn Friedr A; Beck Friedr. A; Rieger Jos. J; Reusch Eug. J; Zeder Jos. J; Gerhard Berta An; Hubert Maria An; Schleippmann Anna An; Herr Heinr. D; Jäger Joh. D; Schöller Karl D; Heeg Gg. D; Watz Ludw. Lor. D.

10. **Aschaffenburg II.** Rohr Gg. R, Killinger Heinr. RA; Gerhard Jos. S; Reusch Joh. S; Karl Gg. S, Brand Gg. S, Zenter Jos. A, Illert Karl A; Zahn Gg. A, Ziegler Joh. J, Diel Jos. J; Zink Maria An, Weinig Emilie An, Krauss Christoph D; Lucht Herm. D.

11. **Auerbach.** Vollnhals Gg. R, Kohlmann Greg. S; Schleicher Hans A; Hannusch Franz X. A; König Adolf A; Burger Friedr. J, Huber Max D.

12. **Augsburg I.** Zernott Karl RegR; Wimmer Joh. R (KAV); Hefele Ant. RA, Hingkeldey Karl RA; Wüst Jos. RA; Birkner Friedr. S; Högel Max S; Dinkel Joh. Bapt. S; Menninger Ludw. S; Nusser Ludw. S, Metschel Karl S, Landgraf Wilh. S; Paur Herm. S; Seidl Ludw. S, gepr. KPr; Schröder Rob. S, gepr. KPr; Eckle Friedr. S; Löw Ant. S; Raithel Gg. A; Bayerl Ant. A; Banner Aug. A; Horn Emil A; Ehrenreiter Artur A; Koch Ludw. A; Lauster Alfred A; Saugel Joh. A; Bögl Wolfg. J; Schweier Gg. J; Nusser Ludw. J; Brettle Christian J; Hefele Joh. J; Frank Philomena An; Kemnitzer Therese An; Sauter Viktoria An; Zabuesnig Mar. v. An; Schmidt Joh. Bapt. D; Küspert Andr. D; Stöhr Karl D; Hopper Gg. D, Bäuerlein Flor. D; Hertlein Gg. D; Winzer Gg. D; Fischer Wilh. D; Schmid Mart. D.

13. **Augsburg II.** Hartmann Heinr. R; Meyer Joh. RA; Horn Christoph S; Baier Vinzenz S, Eberle Jos. S; Knappich Gg. S, gepr. KPr; Rauschmayr Otto S; Hüttner Heinr. A; Stark Rud. A, Ostertag Konr. A; Röckl Ant. A, Schellemann Karl A; Kast Theod. KPr; Schultz Rud. J; Gerstetter Christ. J; Wagner Jos. J, Oppel Margareta An, Salomon Maria An; Lutzenberger Mich. D, Stammel Ludw. D; Ludwig Andr. D.

14. **Bamberg-Stadt.** Schmaus Lor. R, Wenninger Wilh. RA; Eichhorn Friedr. S; Gurdan Joh. S; Kaffer Jos. S; Saul Pet. S; Bernard Konr. S, Herderich Philipp S; Küffner Friedr. A, gepr. KPr; Daut Joh. A; Kefferstein Max A; Grebner Ant. A, Rosenberger Heinr. A; Günther Joh. Mich. J; . . . J; Dütsch Kunigunde An; Glock Margareta An, Litz Anna An; Ott Karl D; Dennerlein Adam D; Mahr Karl D; Ament Karl D; Herrmann Konr. D.

15. **Bamberg-Land.** Braunhofer Fr. R; Eisfelder Ant. RA; Breitenbach Georg S; Weegmann Ferd. S; Lutter Georg S; Probst Hans S; Strössner Max A; Schlemmer Joh. A, Frank Georg A; Pöppel Jos. A; Faustmann Franz A; Schrepfer David KPr; Schübel Adam J; Dietz Aug. J, Bergmann Elis. An; Schorn Martha An, Günther Adam D; Wolf Alb. D; Kress Adam D; Grasser Joh. D.

16. **Bayreuth.** Wunder Franz R; Baur Andr. RA; Hess Adam S, Wildt Joh. Aug. S; Fritsch Christ. S; Gundermann Frz. S; Pütterich Heinr. S, gepr. KPr, Eber Joh. A; Hofmann Joh. A; Rauscher Jean A; Utz Joh. A; Holler Hans A;

Hörath Max KPr; Löwel Hans J; Dressel Max J; . . . J Völk Ella An; Holzer Sophie An; Künzel Friedr. D, Dötschel Joh. D; Welzel Georg D; Simon Heinr. D.

17. **Beilngries.** Stümpfler Jos. R, Meixl Eberh. S; Kaiser Aug. O, Strauss Ludw. A; Denk Max A; Baur Joh. A; Meisel Wilh. J, Bott Phil. D; Franke Aug. D.

18. **Berchtesgaden.** Dr. Heil Karl R, Harzmann Ant. RA; Gresser Jos. S, gepr. KPr, Landsherr Franz S; Grillmaier Andr. S, Riedl Heinr. A; Schnug Leo A; Steinmassl Jos. A, Plenk Gottfr. J; . . . J, Weichart Anna An; Gürtler Joh. D; Weiss Ottm. D, Graf Frz. X. D.

19. **Bergzabern.** Arras Ludw. R; Müller Max S, gepr. KPr; Ottinger Joh. S, Marsch Wilh. A, Hahn Fritz A, Ziegler Max A; Wehrle Adolf A; Kuhn Eug. J; Beyer Rich. J; Hauck Wilhelm. An; Dauth Wilh. D; Schmidt Aug. D.

20. **Blieskastel.** Wadlinger Nik. R; Weingart Ludw. S; Lenhard Jak. S, Schunck Herm. A; Zimmermann Pet. A; Eberhardt Jak. A, Wolf Otto J; Essigkrug Jos. D, Huber Mich. D.

21. **Brückenau.** Wolff Roman R; Schmitt Sebast. S; Fassnacht Joh. S, Hirschmann Paul A, Wambach Jos. A, Reder Steph. J; Klug Andr. D; Grob Euseb. D.

22. **Buchloe.** Pfadtisch Jos. R, Nickel Wilh. S; Winkler Anton A, Daffner Karl A; Schwarz Jos. A, KPr.; Zick Karl J, Gerstmaier Joh. D.

23. **Burgau.** Zahn Paul R; Schneider Fr. S; Fischer Alois A, Stöckl Max A, Wieland Anton A; Kastner Bernard. J, Fink Karl D.

24. **Burghausen.** Muckenschnabel Ignaz R; Scheurer Joh. RA; Honig Mich. S; Schmück Valent. S, Hiller Aug. S, Stegmüller Gg. A, Geiger Konr. A, Bengl Karl A; Adler Anton J, Meier Otto J, Angermaier Mich. J; Fleischmann Anna An, Schramm Jos. D; Seltsam Karl D.

25. **Burglengenfeld.** Eckmüller Ludw. R, Hopfner Heinr RA, Sturm Joh. S, Hofmann Martin S, Karl Joh. A, Weidinger Ludw A Thein Otto A, Weiß Karl J, Graf Maxim. J, Eigl Walb. An; Reuther Joh. D; Eigl Joh. D; Brey Jos. D.

26. **Burgwindheim.** Wismüller Karl R, Sesselmann Andr. S, gepr KPr, Lamhofer Joh. S, gepr. KPr, Deinlein Joh. A; Schramm Adolf A, Lauterbauch Nik. A, Hertrich Hans J; Heinkel Joh. J, Hergenröder Valent. D.

27. **Cadolzburg.** Arnold Theod. R; Weber Friedr. S, Landauer Joh. A; Schneider Eduard A; Flierl Wilh. A; Schwarz Friedr. J; Schwarz Gg. D.

28. **Cham.** Mayr Eduard R Stimmelmayr Herm. S, Bucher Jos. S, Riedl Jos. A Meier Joh. A; Reischer Mich. A; Huber Heinr. J; Wallner Alois J, Hamperl Therese An, Spichtinger Jos. D; Schnödt Karl D.

29. **Dachau.** Ragner Alfr. R, Huber Jos. S; Weingärtner Mart. S, Höhenberger Friedr. A; Kammerer Otto A, Reichl Karl A, Maugg Alfons A; Schnurrer Georg A, Kormann Max J; Kormann Ludw. J, Schuster Anna An; Stirnweis Konr. D; Brückner Aug. D.

30. Dahn. Fooss Ludw. R; Stoll Jean S; Seeliger Aug. A, gepr. KPr, Schlosser Phil. A; Loibl Karl A Steiger Ludw. J, Steiger Ludw. D; Feuchtmann Friedr. D.

31. Deggendorf. Hörmann Ignaz R, Stark Leop. RA. Gleixner Franz S, Lankes Max S, Altmann Max S, Plöderl Max S; Lutzenberger Mart. S; Fischer Jos. A; Forstner Joh. A, Mathes Joh. A; Reuther Konr. A· Schmid Jos. A, Ehbauer Aug. J; Kronschnabel Jos. J; Neudecker Kresz. An; Bauer Kresz. An; Gleixner Maria An; Glas Joh. D Marchl Jos. D, Baumgartner Gg. D; Kraus Joh. D.

32. Dettelbach. Hartmann Karl Ant. R, Himer Ludw. S; Herrmann Jos. A; Gröhling Otto A; Rupp Karl A; Löser Herm. J Ullrich Joh. D.

33. Dillingen. Kitzing Rich. R, Bihler Ulr. RA, Azesdorfer Ferd. S, Zirngibl Max S; Fröhlich Engelb. A, Pfarrkircher Ant. A, Hugo Xav. A; Bobinger Jos. A; Keller Karl J, Herzgsell Barb. An; Jochum Ludw. D; Schuirer Jos. D.

34. Dingolfing. Flury Theob. R; Herbig Joh. S; Eckert Jos. S, Stimmelmayer Alex. A, Gollinger Jos. A, Soller Jos. A, Weber Ant. J; Ritthaler Maria An; Jungwirth Matth. D, Zankl Ludw. D.

35. Dinkelsbühl. Dr. Kolb Christ. R, Krebs Karl S, Engel Leonh. S, Kaiser Friedr A; Recheis Ludw. A; Dirian Gottlob A; .... J; Fischer Friedr. D.

36. Donauwörth. Stockar v. Neuforn Karl R, Wagner Franz RA; Böheim Jos. S; Kissler Wolfg. S, Raab Mich. A, Köhnlein Friedr A; Dillinger Franz A; Keller Ludw. KPr, Schnitzer Jos. J, Schmid Frz. X. J, Stotz Maria An; Schmid Frz. X. D; Wagner Gabr. D.

37. Dürkheim. Rettig Herm. R; Dexel Joh. RA; Halder Otto S, Noë Emil S; Neufeld Aug. A; Wambsganss Ed. A; Hoffmann Heinr. A; Brust Mart. J; Catoir Emil J; Ableiter Elis. An; Ferber Karl D, Marterstock Jos. D.

38. Ebermannstadt. Geyer Frz. R; Endres Gg. S; Saffer Matth. A, Klötzer Rich. A; Brahmann Max A; Dörrzapf Andr. J, Dörrzapf Frz. D; Arneth Joh. D.

39. Ebern. Hartmuth Ludw. R; Hager Joh. S, Uehlein Gottf. S, Sieber Wilh. A; Fertig Wilh. A; Kessler Karl A; .... J. Schraut Emma An, Förtsch Joh. D; Amon Aegid. D.

40. Ebersberg. Schreier Mich. R; Geyer Gg. S, Unterburger Paul S. Scholter Ant. A; Hammermaier Leonh. A; Schabmair Jos. A; Münzer Gg. J; Kroiss Anna An, Staudter Adam D; Schreyer Aug. D.

41. Edenkoben. Hornung Friedr. R. Krennrich Georg S; Wüst Mich. S; Beck Karl A, Bentz Jak. A; Koch Franz X. A, Maginot Herm. J; Sieber Heinr. J; Müller Nik. D, Nelz Pet. D.

42. Eggenfelden. Schellhass Ludw. R; Pfeufer Joh. S; Beer Joh. S, gepr. KPr; Müller Herm. S; Huber Jos. A; Groll Joh. A; Ranner Albert A; Willax Alfons J, Deisenrieder Rud. J; Witzgall Amalie An, Limmer Mart. D; Fischer Joh. D.

43. Eichstätt. Yblagger Ludw. R; König Benedikt RA. Zimmermann Mich. S; Münz Gg. S; Müller Ludw. S, König Jos. A, Wirth Mart. A; Schlamp Franz X. A Schmidt Ant. KPr, Pilland Otto J; Scheidler Wilh. J; Dendorfer Margareta An, Reiner Kresz. An; Schmidt Christian D; Schlamp Xav. D.

44. Erding. Denkhardt Raimund R; Kast Frz. RA; Groh Andr. S; Hauth Jos. S; Utz Hans S, gepr. KPr; Daumann Karl A; Meisinger Max A; Hauch Jos. A; Hofmann Karl J; Hofmeister Franz X. J; Dillitzer Pauline An; Kräutlein Sixtus D; Hofmann Andr. D; Brunner Jos. D.

45. Erlangen. Riedel Karl R; Eckert Gg. RA; Schultheiss Leonh. S Grimps Mart. S; Welker Matthäus S; Hoch Ant. O; Klein Pet. A; Fischer Otto A; Pfeffer Karl A; Langfritz Hans A Kerzdörfer Wilh. J; Seelmann Andr. J; Habenstein Anna An; Kalb Therese An; Brehm Joh. D; Zech Philipp D, Miesel Phil. D.

46. Eschenbach. Dörr Heinr. R; Schmid Karl S; Wedl Gg. A Fränzl Gg. A, Hacker Thom. A; Höller Max J; Vetter Mich. D; Kügle Jos. D.

47. Feuchtwangen. Brügel Max R; Falke Friedr. S, gepr. KPr; Stoll Gg. S; Scheller Mart. A; Andreae Wilh. A; Fuchs Julius A; Reinmann Gg. J; Knüpfer Heinr. D.

48. Forchheim. Scherer Heinr. R; Fritsch Philipp RA; Grimm Mich. S; Schlicht Christian S; Schorn Jos. A; Plätzer Joh. A; Jahreiss Hans A; Hartig Joh. Gg. J; Rittmayer Anna An; Pflaum Joh. D; Ebert Wilh. D.

49. Frankenthal. Rippel Ludw. R; Bockmayer Jak. RA; Beicht Aug. S; Pfeiffer Gg. S; Hammer Mich. S; Büttner Joh. S Königstein Jak. A; Baumann Wilh. A; Schmidbauer Herm. A; Fleischmann Gustav A; Dauth Pet. J; Müller Rud. J, Fickeisen Anna An; Schowalter Helene An; Götz Friedr. D; Mayer Rich. D; Zolnhofer Joh. D.

50. Freising. Zellner Heinr. R; Füssl Ant. RA; Rummel Joh. S, Buchh. d. StSchV; Hofmann Franz S; Gegenfurtner Kasimir A; Scharr Franz X. A; Schindlbeck Rich. A; Wittig Lor. J; Breitsameter Jos. J; Lindl Ant. KPr; Niedermaier Marg An; Sieber Kasp. D; Faller Friedr. D.

51. Freyung. Trautner Karl R; Haider Ludw. S; Wittmann Jos. S, Neudecker Aug. A; Seidl Ferd. A; Kollmaier Franz A Eder Jos. J; Ernstberger Gg. J; . . . J; Kollmaier Maria An; Köpf Gg. D; Kissel Christoph D; Haid Jos. D.

52. Friedberg. Haas Mich. R; Nissl Franz RA; Uhl Mich. S, Krammel Alois S; Fichtner Jos. S, gepr. KPr; Gölkel Eberhard S, gepr. KPr; Härtle Max A; Löffler Ferd. A; Steinle Jos. A; Lampert Jos. J; Lüttich Franz J; Grundl Joh. J Laubmann Anna An; Haid Fr. X. D; Armbruster Wilh. D; Hanger Valent. D.

53. Fürstenfeldbruck. Höher Hugo R; Schmidt Martin S; Deiber Aug. S; Hiendlmayer F. X. A; Mehltretter Gg. A; Beck Jos. A; Keck Max J; Loibl Gottfr. J; Kropp Luise An; Graf Jos. D; Hefferle Gg. D.

54. Fürth. Fischer Aug. RegR; Degen Joh. R (KAV); Eckmüller Rob. RA; Hertel Wilh. RA; Engelbrecht Jak. RA; Lägel Max S; Merkel Joh. S; Eis Joh. Christoph S; Renz Jak. S; Balzer Gg. S; Uebelein Gg. S; Lautenschlager Friedr. S, gepr. KPr; Wein Jos. S; Fischer Rob. A; Pfeffer Gg. A; Bühler Joh. A; Paur Joh. A; Diethmann Rich. A; Sturm Joh. gepr. KPr; Müller Albert J; Hassloch Heinr. J; Lochner Joh. J; Schlimmer Anna An; Strauch Marg. An; Zenker Hedwig An; Strauch Joh. D; Hellbig Gabr. D; Klampfer Christoph D; Baier Joh. D; Maier Lorenz D; Neidlein Mich. D; Beetz Gg. D.

55. Füssen. Dumas Casimir von RegR; Kessler Roman S; Diethmayr Fr. X. S; Lingg Ludw. A; Möst Alois A; Vierbach Adolf A; Paulsteiner Ludw. J; Kleebauer Jos. D.

56. Garmisch. Dr. Schlecht Anton, R; Schubert Wolfg. S; Schmidt Bernh. S; Keiditsch Herm. A; Bauer Leopold A; Sperl Jos. A; Stauber Gg. J; Weber Susanna An; Kalleder Jos. D; Mittermaier Xav. D.

57. Gemünden. Abendroth Karl R; Seitz Gerhard S; Burkhäuser Mich. A; Müller Karl A; Baierlein Franz A; Geis Jos. J; . . . J; Bleicher Jos. D.

58. Germersheim. Heusser Richard R; Landes Phil. S; Demolet Eduard S, gepr. KPr; Rheude Gg. A; Meyer Andr. A; Turgetto Jak. A; Messbacher Lorenz J; Diethmann Othmar J; Schneider Maria Lina An; Reiss Jak. D; Langhirt Ignaz D.

59. Gerolzhofen. Bergmaier Adalb. R; Scheuring Aug. S; Menninger Theod. S; Fischer Karl A; Lohmann Konr. A; Nusser Joh. A; Neudecker Jos. J; Bruckner Joh. J; Fischer Joh. D; Pfaff Nik. D.

60. Greding. Birner Jos. R; Neber Joh. S; Pfeuffer Gg. A; Hager Val. A; Brandl Frz. A; Schweiger Jos. J; Betz Frz. D; Ellner Adam D.

61. Griesbach. Knorr Ludw. R; Flach Alois S; Wittmann Ludw. S; Röckenschuss Joh. A; Ermann Karl A; Schuder Karl A; Fischer Jos. J; Limmer Valentin J; Probst Maria An; Oberpriller Joh. D; Lurz Hub. D.

62. Grünstadt. Schleich Gg. R; Krebs Ludw. S; Maier Gg. S; Beck Friedr. S; Schaumlöffel Karl A; Adam Karl A; Nischwitz Heinr. A; Weber Tob. J; Weber Jak. J; Reiss Emma An; Schober Matth. D; Fuchs Mich. D.

63. Günzburg. Oberhofer Jos. R; Haberl Joh. B. RA; Weithmann Jos. S; Fritsch Ant. S; Hutzler Mich. A; Wittmann Aug. A; Seidl Theod. A; Netzer Jos. A; Kühlwein Heinr. J; Lutz Rosa An; Schmidt Heinr. D; Engelhard Ferd. D.

64. Gunzenhausen. Kugler Jos. R; Ochs Karl RA; Heinz Heinr. S; Zink Mich. S; Fleischmann Gg. A; Guillon Karl A; Wegert Gg. A; Gsänger Gg. J; Neumüller Joh. D; Lingl Joh. Ev. D.

65. Hammelburg. Cramer Ernst R; Gäbisch Phil. S; Schäfer Jos. S; Ludwig Christ. A; Klimm Adam A; Wirth Joh. A; Reiter Karl J; Meyer Karl D.

66. **Heidenheim.** Zimmermann Nik. R; Fürbringer Gg. S, Nagel Matth. A; Satzinger Adam A; Racher Joh. A; Sigmund Friedr. J, Bleisteiner Gg. D.

67. **Heilsbronn.** Drexler Vinz. R; Lienhardt Andr. S; Fischer Hans A; Leykauff Friedr A; Föttinger Christ. A; Koch Hans J; Domke Herm. D.

68. **Hemau.** Dürr Wilh. R; Raab Joh. S, Mösl Jos. S. Thomas Gg. A; Nattermüller Xav. A; Sagstetter Alois A, Kellner Ant. J; Remlein Jos. D; Dürre Alb. D.

69. **Herrieden.** Bassler Mor. R, Orwitz Joh. S, Müller Heinr. A, Weigel Heinr. A, Sedlmaier Karl A; Roas Karl J; Sammer Gg. D.

70. **Hersbruck.** Rubner Karl R; Dr. Heyden Karl RA; Wick Konr. S; Meier Hans S; Frosch Friedr. S; Meyer Hans S; Rupprecht Leonh. A; Kergl Peter A; Knäulein Gg. A, Kern Adolf A; Ferner Joh. J; Baumann Mich. J; Müller Maria An; Raum Elise An; Flühr Gg. D; Franck Mich. D, Hassold Friedr. D.

71. **Herzogenaurach.** Richter Herm. R; Mayer Paul S; Dassler Aug. S; Kiessling Andr. A, Seufert Gg. A; Sack Karl A. Hornfischer Friedr. J, Hillenbrand Gg. D; Will Christ. D.

72. **Hilpoltstein.** Knauber Friedr. R; Wagner Frz. X. S; Vierlinger Ludw. S; Heldmann Karl A; Schilling Joh. A. Siegmund Karl A; Schlicht Gottfr. J; Fürst Maria An; Kubeile Herm. D.

73. **Höchstadt a. A.** Hausmann Jos. R; Sagstetter Ludw. S Beck Joh. S, Scheuenstuhl Gg. A, Johannes Joh. Bapt. A, Dillmann Gg. A; Schleupner Gg. J. Söllner Ludw. D. Nicol Christ. D.

74. **Höchstädt a. D.** Högel Joh. Bapt. R; Popp Heinr. S, Nocker Friedr. S; Schwesinger Lor. A, Luy Joh. A; Goller Joh. A; Fleischmann Willib. J; Rath Wilh. D.

75. **Hof.** Abendroth Ed. RegR; Streit Ludw. R (KAV); Stubenrauch Christ. RA; Grottenmüller Friedr. S; Langheinrich Gg. S; Escher Friedr. S; Höfer Gg. S, Gipser Eug. S. Jahreis Steph. S; Linhardt Karl A; Hornung Herm. A. Fischer Christ. A; Hübner Joh. A. Schirmer Joh. A. Baumann Frz. KPr. Köhler Karl J; J; Müller Johanna An; Kohl Rosa An; Zottmaier Ther. An; Kreil Eberh. D; Angerer Heinr D; Wunderlich Christ. D; Seifert Christ. D; Sommer Joh. D.

76. **Hofheim.** Lauterbach Karl R; Mittelberger Gg. S, Barthel Gg. S; Heil Ed. A; Pfister Aug. A; Herbert Phil. A, Schunk Otto J; Appoldt Friedr. J; Martin Ludw. D.

77. **Homburg.** Junker Herm. R; Cuno Max RA; Hessdorfer Karl S; Fischer Jak. S; Sonntag Wilh. S; Kurz Joh. S; Dauscher Alois A; Schmaderer Jos. A; Emich Karl A; Daniel Otto J, Krautbauer Ludw. J; Zapp Erwin J; Zöller Anna An; Becker Kath. An; Vetter Frz. D; Maisch Peter D, Bindsack Mart. D.

78. **Illertissen.** Scholl Heinr. R Müller Karl S, gepr. KPr; Lindinger Telesph. S; Huber Jos. A; Sälzle Joh. A, Zink Jos. A,

Leonhard Jos. J; . . . J; Auer Kath. An; Liebscher Mich. D; Heichele Mich. D.

79. **Immenstadt.** Grähl Ludw. R; Bauer Alf. RA; Neber Matth. S; Steger Jos. S; Steger Frz. S; Blaumeier Jos. S; Fuchs Herm. A; Wiedemann Rob. A; Kopp Ant. A; König Herm. J; Neber Joh. J; Neber Rosa An; . . . An; Hausdörfer Louis D; Schwarz Andr. D.

80. **St. Ingbert.** Fritz Karl R; Reiss Christian RA; Geiss Justus S; Antretter Jos. S; Nack Karl A; Aigner Fr. X. A; Winkelmann Emil A; Thiery Jos. J; Regula Frida An; Hübner Chr. Joh. D; Scherm Mich. D.

81. **Ingolstadt.** Bayer Gg. R; Jakob Ludw. RA; Rackl Gg. S; Leibrecht Joh. Gg. S; Stegmaier Gg. S; Schlamp Mich. S, gepr. KPr; Raithel Ludw. A, Klerner Heinr. A; Niedermaier Xaver A; Scholl Jos. A; Schoppe Heinr. J; Eichhorn Xaver J; Brunner Pauline An; Saule Ther. An, Zimmerer Gg. D; Meissner Gregor D; Berger Karl D.

82. **Kaiserslautern.** Dreyer Jak. RegR; Sixt Mich. R (KAV); Schmid Karl RA; Klensch Ludw. RA; Cambeis Ludw. S; Mayer Eugen S; Buch Albert S; Lang Gg. S, gepr. KPr; Reiter Anton S; Müller Otto S; Holzheu Jos. S; Schmidtlein Wilh. S; Kremp Heinrich S; Ningelgen Karl S; Tremel Andr. S; Corressel Eugen A; Herbach Otto A, Henkel Karl A; Röhl Alois A; Hertel Franz A; Fröhlich Aug. KPr; Demuth Joh. J; Morgenroth Gg. J; Giersen Albert J; Weller Heinr. J; Graf Wilma An; Jung Karolina An; Scharmann Emilie An; Reichrath Ludw. D; Weller Heinr. D; Scheithe Friedr. D; Kirch Jak. D; Rödel Adam D; Trapp Oskar D; Klein Jak. D; Mirsberger Konrad D.

83. **Kandel.** Hess Valent. R; Groh Joh. Chr. S; Wilde Aug. S Getto Jak. S; Wissing Gustav S; Dinies Joh. A; Roth Karl A; Hanss Ludw. A; Konrath Eugen J; Hermann Wilh. J; Hitschler Maria An; Beck Jos. D; Bechtold Jos. D.

84. **Karlstadt.** Höhne Jos. R; Meixl Jak. S; Polster Andr. S; Hofmann David A; Lutz Eduard A; Ziegler Kilian A; Wolf Jos. J; Russ Franz. An; Haas Ludwig D; Wey Domin. D.

85. **Kastl.** Fraunholz Jos. R; Renner Karl S; Bauer Joh. A; Mark Joh. Alfons A; Oberndorfer Anton A; Härtl Joh. J; Engl Jos. D; Weiss Martin D.

86. **Kaufbeuren.** Sepp Joh. R; Rohrmoser Gg. RA, Sylge Konrad S; Munz Max S; Schmitt Alois A; Enzinger Karl A; Mössmer Anselm A; Wiederhut Jos. J; Walter Otto J; Enzinger Anna An; Hauck Joh. D; Heydt Joh. D.

87. **Kelheim.** Derleth Matth. R; Höning Joh. RA; Bösenecker Joh. S; Bäuml Gg. S; Hochrein Franz A; Dietl Joh. A, Funk Joh. J; Schuster Gg. J; Meier Joh. J, Frühholz Josephine An; Pradl Fr. X. D; Poll Jos. D.

88. **Kemnath.** Schuhmann Xaver R; Potzel Joh. S; Krügl Joh. Bapt. S; Stiegler Gg. A; Mauerer Siegmund A; Schatz Gg. A; Sommer Wilh. J; Sedlmeier Albert J; Lex Karolina An; Träger Heinr. D; Steinbruckner Mich. D.

89. **Kempten.** Kathan Edmund RegR; Schmidt Joh. RA; Stautner Heinr. S; Otto Robert S; Schatz Heinr. S; Stenzel Friedr. S; Eberhart Friedr. S; Schnelle Jos. S; Uebelhör Anton A; Cunz Reinhard A; Pichler Jos. A; Bauer Fr. X. A; Eberle Luitpold A; Rieder Herm. A; Zech Ludw. J; Lindermajer Peter J; Traut Joh. J; Spachert Josep. An; Faubel Berta An; Bollinger Gg. D; Ganss Heinr. D; Donderer Joh. Bapt. D; Stelzer Lor. D.

90. **Kipfenberg.** Rockstroh Ludw. R; Regnet Karl S; Schmidt Jos. S; Mennacher Christ. A; Schorr Matth. A; Dörrer Ant. Ludw. A; Oppel Jos. A; Hillerbrand Seb. J; Penzkofer Joh. D; Koch Joh. D.

91. **Kirchheimbolanden** Weis Theod. R; Steitz Phil. S; Lawaldt Otto S; Müller Tob. S; Metz Jak. A; Kerz Ludw. A; Laub Heinr. A; Ader Heinr. J; Coressel Joh. J; Gass Elisab. An; Ferber Karl D; Prechtl Joh. D.

92. **Kissingen.** Feineis Herm. R; Heussler Ludw. RA; Dietz Jos. S; Kitz Hugo S, gepr. KPr; Ziegler Gust. A; Trageser Andr. A; Jackel Friedr. A; Schmidt Hubert J; . . . . J; Otter Anna An; Schubert Joh. D; Them Joh. D.

93. **Kitzingen.** Arnold Constant. R; Eisenmüller Joh. RA; Ahles Andr. S; Wenz Friedr. O; Hinterleitner Steph. A; Hofmann Aug. A; Buchka Friedr. A; Langguth Paul J; Schricker Ed. J; Ulshöfer Aug. An; Paulus Joh. D; Zitzmann Jak. D.

94. **Klingenberg.** Kolb Max R; Kern Ant. S, gepr. KPr; Thor Andr. S; Hegmann Eugen A; Dotzel Ed. A; Seuferling Franz A; Bopp Gust. J; Albert Elisab. An; Bergkammer Xav. D; Bürger Gg. D.

95. **Königshofen.** Hierl Joh. R; Liebler Adolf S; Seit Val. O; Mathes Math. A; Völker Jos. A; Mennig Ant. A; Künneth Karl J; Pfeuffer Hilda An; Lieb Val. D; Blecher Mich. D.

96. **Kötzting.** Schuster Karl R; Hummel Gg. S; Franz Aug. S; Scheuchengraber Ferd. A; Dirschel Heinr. A; Zimmerer Engelb. A; Kothbauer Albert J; Kothbauer Klara An; Dietrich Jos. D; Kolbeck Joh. Bapt. D.

97. **Kronach.** Bähr Johannes R; Gossner Joh. RA; Harter Mich. S; Rochholz Friedr. S; Amschler Heinr. S; Kraus Gg. S; Wörfel Leonh. A; Feulner Andr. A; Breu Ant. III. AG; Hammerschmidt Max J; Häffner Fritz J; Trebes Barb. An; Albrecht Franziska An; Zeder Heinr. D; Derks Heinr. D; Förster Konr. D.

98. **Krumbach.** Führer Rud. R; Pfänder Jos. S; Eismann Joh. S; Kroll Joh. A; Filgis Rup. A; Prinz Ferd. A; Junginger Roman J; Ziegler Jak. J; Lampert Emma An; Rodewald Wilh. D; Schuster Jos. D.

99. **Kulmbach.** Sonderschefer Max R; Hagen Adolf RA; Lang Mart. S; Spörlein Wolfg. S; Schrüfer Joh. A; Witzgall Joh. A; Schneider Joh. A; Greim Ed. J; Geyer Gg. J; Frank Elise An; Störr Jos. D; Geyer Gg. D.

100. Kusel. Agne Wilh. R; Doll Jak. S; Dick Karl S; Rosenberger Ludw. A; Bär Christ. A; Knobloch Friedr. A; Edinger Otto J; Seuss Wilh. J; Schneider Heinr. D; Groitzsch Max D.

101. Landau a. I. Weisenseel Andr. R; Fusseder Lor. S; Preis Sebast. S; Hackl Heinr. A; Eckert Joh. A; Eichleitner Val. A; Eder Joh. J; . . . . An; Nissler Gottfr. D; Göckler Jos. D.

102. Landau i. Pf. Leschhorn Ludw. R; Kerth Philipp RA; Weigel Xav. S; Brinnel Karl S; Franz Jos. S, gepr. KPr; Lautersack Ferd. S; Görring Wilh. A; Kerth Gg. Jak. A; Bier Karl A; Schmitt Aug. KPr; Leicht Heinr. J; Reichling Leonh. J; Hastrich Maria An; Herter Bab. An; Bracher Joh. Leop. D; Hund Franz D; Ohlinger Gg. D.

103. Landsberg. Rambour Karl R; Brandl Herm. RA; Burkhardt Ludw. S; Nagel Dav. S; Schott Mor. S; Berger Joh. A; Pfanzelt Max A; Wiedemann Friedr. A; Herzing Wilh. A; Wenger Leop. J; König Max J; Rauh Anna An; Rosenbauer Leonh. D; Hammer Ant. D.

104. Landshut. Krieg Jos. R; Tritschler Aug. RA; Engelhardt Joh. S; Wagner Bernh. S; Forster Ed. S; Bertl Jos. S; Deiler Jos. S; Altmann Joh. A; Hofmann Ludw. A; Mergenthaler Ludw. A; Saller Jos. A; Schröpfer Mart. A; Berger Eugen J; Pritzl Max J; Engelhart Maria An; Kolbinger Anna An; Wagner Sophie An; Plöderl Mich. D; Meckler Wilh. D; Goderbauer Sebast. D; Böck Gg. D.

105. Landstuhl. Eymann Jak. R; Leibrock Mich. S; Simon Otto S, gepr. KPr; Steigelmann Heinr. A; Goldinger Herm. A; Schneider Joh. Fr. A; Stemmler Ludw. J; Fey Heinr. J; Schneider Kath. An; Linow Wilh. D; Schanuel Ludw. D.

106. Laufen. Kern Gg. R; Hartmann Adam S; Dilling Joh. S; Völkel Phil. O; Hasselbacher Joh. A; Stubhan Gg. A; Höllmüller Fr. X. A; Stückner Gordian J; Neudorfer Wilh. J; Gruber Maria An; Kränzlein Gg. D; Stern Joh. D.

107. Lauingen. Gmach Max R; Hiller Jos. S; Markert Gg. S; Popp Karl A; Wachter Joh. Aug. A; Grassl Max A; Steidle Karl gepr. KPr; Schmidtel Karl J; Remberger Aug. D.

108. Lauterecken. Falkner v. Sonnenburg Franz R; Hauss Aug. S; Hirschlach Andr. S; Burkhardt Konr. A; Werner Jul. A; Emmert Gg. A; Bambauer Jul. J; Cronebach Karl J; Kirsch Friedr. D; Hartmann Andr. D.

109. Lengfurt. Pischinger Aug. R; Jessberger Willib. S; Aures Franz S; Behr Mich. S; Schüll Ernst A; Zöller Jos. A; Kaiser Friedr. A; Rosenberger Aug. J; Degen Seb. J; Huller Angelika An; Hildner Nikol. D; Langner Gust. D.

110. Lichtenberg. Standhardinger Friedr. R; Quehl Christian S; Grimm Emil S; Lay Joh. A; Niclas Friedr. A; Schramm Joh. Konr. A; Nelkel Mich. J; Wolf Alfr. J; Lampert Lina An; Oelschlegel Christoph D; Ott Matth. D.

111. Lichtenfels. Dittmar Friedr. R; Kunstmann Gg. RA; Rossmann Mich. S; Kraus Andr. S; Löw Aug. A; Jakob Leonh.

A, Weissert Pet. A; Unger Herm. KPr; Stammberger Luitpold J; Trautmann Wilhelmine An; Seibert Mich. D Schuck Nik. D.

112. **Lindau.** Benker Gustav R; Hartig Jos. RA; Bock Hans S König Andr. S; Stohr Gg. S; Kieser Jos. A; Martin Ant. A; Pretzl Joh. A; Pix Jos. J; Wartbiegler Joh. J; Häberlin Anna An; Höbel Anna An; Sturm Jos. D; Meyer Xav. D.

113. **Lohr.** Heyl Karl R; Reuss Joh. RA; Wohlfromm Jos. S; Kapp Leonh. S, Rosenberger Hugo A; Hausladen Joh. A. Denterlein Friedr. A; Wagner Heinr. J; Weis Franz J, ... J; Hofmann Barb. An, Breunig Friedr. D, Rath Joh. D.

114. **Ludwigshafen a. Rh.** Grass Aug. RegR; Grünewald Heinr. R (KAV), Batteiger Otto RA; Eckel Frz. RA; Haus Osk. RA; Frohn Karl S; Dichtl Peter S; Knöchel Adam S; Steinhübel Karl S; Klotz Jos. S; Fuchs Gg. S; Kayser Wilh. S; Englert Jos. S; Feuerlein Kasp. S; Herr Heinr. S; Hoffmann Ludw. S; Schmitt Heinr. A; Waldherr Karl A; Eberle Ludw. A; Gegner Joh. Konr. A; Bischoff Heinr. A; Stüber Karl A, Krebs Phil. KPr; Burkhard Karl J; Kempf Jul. J; Krieger Heinr. J; . . . J, Fickeisen Hedw. An Hammer Elisab. An, Selk Edu. D; Kanter Andr. D; Mayer Frz. D; Kössinger Ulr. D; Weinheimer Jak. D; Postler Jos. D; Wenning Joh. D; Weiser Heinr. D; Valnion Peter D; Martin Heinr. D; Leikheim Mich D.

115. **Mallersdorf.** Runzler Gust. R; Ruck Heinr. RA; Peter Frz. X. S; Pröhuber Gg. S; Müller Max S; Schliermann Joh. S. Jäger Ludw A; Krapfenbauer Joh. A; Reisinger Heinr. A; Reich Joh. J; Kupper Utto J, Servi Walb. An; Münz Gg. D; Maurer Joh. D; Speigl Mich. D.

116. **Marktbibart.** Baron Jos. R; Henz Andr. S; Volpert Karl Jos. S; Hess Jak. A; Weitmeier Jos. A; Breitinger Ernst A Wittmann Kasp. J; Leitner Angel. An; Denisch Mark. D. König Christ D.

117. **Markt-Erlbach.** Aldinger Ludw. R, Raithel Bernh. S, Freiesleben Frz. A; Kobes Friedr. A; Schneider Nik. A; Schirmer Friedr. J; Knechtl Seb. D.

118. **Markt-Oberdorf.** Ladenberger Friedr. R; Goerner Otto RA. Buchka Karl S; Lieberum Adolf S; Meyer Karl A; Schinharl Mich. A; Ahr Mart. A; Mauler Otto J; Buchka Seraph. An; Endrass Jos. D; Schrüfer Joh. D.

119. **Marktschorgast.** Kiefer Andr R; Ackermann Herm. S; Schmidt Karl S; Opel Gg. A; Rosenberger Heinr. A; Wörfel Mart. A, Gösswein Joh. J; Baumgärtner Friedr. D; Rauh Phil. D.

120. **Mellrichstadt.** Beer Jos. R; Ledermann Eras. S; Breun Jul. S Kerler Karl S; Kleinhenz Herm. A; Klimm Frz. A; Legat Val. A; Scheid Karl J; Amann Joh. D; Jessberger Karl D.

121. **Memmingen.** Bayer Karl R; Kerler Joh. RA; Strehle Ludw. S. Seitz Frz. S; Städele Adolf A; Klotz Joh. A; Ille Karl A. Killmayer Ant. A; Benkert Konr. J; Hafner Jak. J; Dolpp Vikt. An; Fischer Peter D; Walther Friedr. D.

122. **Miesbach.** Bedall Alfr. R; Nützel Thom. S; Franz Wilh. S Lohr Joh. S; Seefelder Alb. S; Köll Herm. A; Rampf

Ludw. A; Wimmer Joh. A; Heckel Alb. J; Odermatt Max J; Mayer Marg. An; Schmölzl Joh. D; Schatz Christ. D, Holzapfel Steph. D.

123. **Mindelheim.** Sixt Wilh. R; Hahn Gg. S; Arnold Friedr. S; Kolb Karl A; Schuster Norb. A; Zick Alf. A; Jäger Alfr. J; Wenger Joh. D; Körber Mart. D.

124. **Mitterfels.** Rennert Jul. R; Seitz Karl S; Kroiss Otto S. Flasser Jos. A, Bedacht Gg. A; Donaubauer Karl A, Prückl Xav. A; Haberkorn Aug. A; Mitznegg Friedr. J; Vogl Max J; Scheininger Anna An. Schollerer Heinr. D; Lohmeier Otto D; Bauer Eug. D.

125. **Monheim.** Sauer Gust. R; Ottinger Jos. S; Fackler Ant. S; Ernstberger Jos. A; Schichtl Max A, ... J; Sailer Mart. D.

126. **Moosburg.** Scheuten Frz. R; Pittrof Ant. S; Edelmann Seb. A; Ruhland Wolfg. A; Knoll Friedr. A, . . . J, Nickl Joh. D; Schröttenbrunner Pet. D.

127. **Mühldorf.** Kleist Wilh. R; Seiling Matth. S; Peez Karl S, Mayer Ant. A; Roider Joh. A, Rieger Ferd. A; Adam Friedr. A; Höss Joh. J; Fritz Joh. J, Hartinger Franz. An, Huber Ant. D; Barth Albin D.

128. **Münchberg.** Spatny Ad. R; Schramm Val. S; Joas Karl S, Gries Christ. S; Sixt Karl A; Häffner Gg. A; Lauterbach Heinr. A, Kumeth Heinr. J; Heischmann Anna An, Hertrich Adam D; Limmer Gust. D.

129. **München-Stadt I.** Stöcklein Gottfr. RegR, Zeissner Friedr. R (KAV), Vogel Karl RA; Schoentag Theod. RA, Oechslein Karl RA; Fabri Karl S; Helmschrott Mich. S, Schübel Heinr. S; Fischer Dan. S; Küstner Christoph S; Stark Adolf S; Kühnlein Karl S; Hohn Konr. S; Greis Rob. S, gepr. KPr; Dratz Gg. S; Ferstl Gg. S; Dietz Adalb. S; Schmitt Andr. S; Belzner Joh. S, Sedlmayer Xav. S; Stömmer Englb. S; Bartelme Jul. A; Reitz Gg. A; Hitzler Mark. A; Singer Franz A; Zahlauer Leop. A; Bauer Jos. A; Ebner Max A; Graf Aug. A; Kreuzer Joh. J; Maier Otto J; Höss Otto J, Lorenz Jos. J; Off Andr. J; Schnurrer Friedr. J; Leissl Joh. J; . . . . J; Merlack Em. An; Detzer Anna An; Steidl Maria An; Urban Karol. An, Stürmer Aquilin D; Strehle Jos. D; Strasser Mich. D; Maul Joh. D; Moser Fr. X. D, Prechsl Xav. D, Lutz Martin D, Erk Joh. D.

130. **München-Stadt II.** Schmid Anton RegR, Fries Hugo R (KAV), Lechner Joh. RA Henle Walter RA; Dr. Hoch Jos., RA, Nothhaft Christian S; Wolfbauer Eman. S; Seiler Adam S; Herterich Franz S; Wunschel Gg. S; König Val. S, Fembacher Jos. S; Gruber Aug. S, gepr. KPr, Niedenthal Friedr. Chr. S, gepr. KPr; Weber Karl S; Krügel Karl S, Witzgall Joh. S; Striegl Ludw. S, Schödel Friedr. S; Gruber Paul S; Becker Joh. S; Blümlein Joh. S; Berger Joh. S, gepr. KPr; Buchwieser Friedr. S; Schmelmer Jos. S, Ottilinger Eugen S; Fleischmann Sim. S; Schwarzbeck Joh. S; Roider Ferd. S; Brunn Gg. Chr S; Walbrunn Joh. S; Bastl Gg. S, Emmersleben Ludw. O, gepr. KPr,

Trenkle Eugen O; Fett Mich. A; Scheckenbach Aug. A. Kalkum Max A; Keim Gregor A; Deiler Joh. A; Keller Hipp. A; Söllinger Gg. A; Hacker Heinr. A; Preisser Ludw. A; Russhardt Jak. A; Göb Andr. A; Beck Friedr. A, Anthofer Jos. A, Aschenbrenner Ludw. A; Gascher Ludw. A; Gollwitzer Gg. A; Keller Christian A; Konle Jos. A, Lickleder Mart. A; Nagengast Max A; Rothe Aug. A, Rueff Gg. A; Tomm Friedr. A; Schmittlein Konr. A· Kreitmeier Alph. J; Dörner Alph. J; Gschrei Ludowika An, Klug Else An; Vogl Kun. An; Winkler Julie An, Goss Elisab. An; Schmidt Anna An; Podrouschek Anna An; Weinfurtner Maria An; Wittmann Mechtilde An, Kleder Wilh. D; Hackl Max D; Steinhilber Ludw. D; Sommerauer Jos. D; Appel Jos. D; Rohrhirsch Fr. X. D, Luy Joh. D, Sennebogen Mich. D; Lohrer Adam D, Guck Gg. D; Hölzle Aug. D; Schlemmer Jos. D; Fischer Jos. D; Wolf Franz D; Werner Friedr. D; Stritter Karl D; Scheuer Adrian D; Drexler Friedr. D; Huber Jos. D, Futterknecht Phil. D; Döbler Alois D; Hartung Franz D; Schuler Adalb. D; Mayer Pet. D; Schmid Gg. D, Bayer Balth. D; Wieber Gg. D; Gregor Karl D; .... D.

131. **München-Stadt III.** Gimmi Otto von RegR; Collorio Adam R (KAV); Heindl Ant. Heinr. RA; Weiss Engelb. RA, Weigel Theod. RA; Lurz Ant. S; Detzer Ludw. S; Lipp Jak. S; Jegg Jos. S; Goller Joh. S; Michenfelder Gg. S; Zimmerer Joh. S; Rudel Karl S, gepr. KPr; Widerspick Gust. S, gepr. KPr; Tittel Mich. S; Gürtler Karl S; Fick Gg. S, Ness Jos. S, Brandl Franz X. S; Loy Gg. S, Thaller Jos. S, gepr. KPr: Wunderer Otto S; Tyroller Jos. S; Lehmaier Ludw. S; Wiesmann Ferd. S; Krieg Heinr. S; Wittmann Karl S, Forster Ambros S; Detzer Mart. A; Wagner Nik. A; Blöth Otto A; Geier Joh. A; Lachermeier Vitus A; Peez Gust. A Bihler Thom. A; Moser Ant. A; Gigler Franz A; Lochner Mich. A; Bruckmayer Joh. J; Stegmann Jos. J; Hadersbeck Franziska An; Schlederer Eugenie An; Neidhardt Kath. An; Lutz Aloisia An; Reitmayr Anna An; Ruhland Anna An; Wagner Walb. An, Bruckmayer Joh. D, Bindl Ludw. D; Setzepfand Traugott D, Wolfram Rup. D; Spangler Jos. D; Zeh Frz. D; Jörg Frz. X. D; Faltermeier Mart. D; Kerler Ottmar D; Bscheidmeier Rup. D.

132. **München-Stadt IV.** Morneburg Jak. RegR, Nepf Heinr. RA, Möckel Gust. S; Müller Hugo S; Bühling Gg. S; Schneider Joh. S, Fürst Jos. S; Tremmel Gg. S; Grötsch Gg. S, Leupold Osk. S; Zellner Frz. S; Reitz Karl A; Nebmaier Gg. A; Dörfler Konr. A; Schneider Karl A; Schätzl Joh. A; Heinlein Joh. A; Späth Gg. A; Weyh Heinr. J, Glück Mart. J; Syroth Joh. J; Bamann Maria An; Dellinger Aloisia An; Kramer Gg. D; Bühling Joh. D; Oberwallner Gg. D; Schäfer Friedr. D; Höhn Joh. D; Wirtheim Frz. D, Fastl Andr. D; Schweiger Frz. X. D.

133. **München-Land.** Schilbach Gg. R; Harzmann Joh. RA; Dr. Berolzheimer Hans RA; Mägerlein Gg. S; Dassler Joh. S; Zieglmaier Frz. X. S; Buhl Jos. S; Hämmel Gg. S; Schwarzmeier Jos. S; Brunner Konstant. S; Rössler Gust. A

Schröfl Waldemar A; Specht Frz. A; Reschauer Joh. A; Heigl Heinr. A; Ebelt Max A; Weber Gottfr. A; Drausnick Ludw. Ill. AG; Schaumberger Andr. gepr. KPr; Engl Mich. gepr. KPr; Eder Karl gepr. KPr; Unger Eugen J; Feil Joh. J; Hofmann Joh. J; Luy Max J; Bruckschlögl Amal. An; Neuner Anna An; Mündel Konr. D; Pöhner Karl D; Heinrich Gust. D; Weiss Joh. D; Schuller Klemens D; Gehring Joh. D; Geyer Frz. D.

134. **Münnerstadt.** Danhauser Frz. R; Hertling Joh. Frz. S; Mangold Wilh. S; Stephan Jos. A; Harländer Jos. A, Joch Joh. A; Dresel Joh. J; Barthelmes Ant. D.

135. **Nabburg.** Dr. Closmann Karl R; Hösl Ant. S; Kellner Mich. S; Neumann Christ. A; Elbinger Gg. A; Schelbert Alois A; Tischler Gg. J; Braun Christ. D, Schaller Leo D.

136. **Neuburg a. D.** Stelzer Jos. R; Obeltshauser Jos. RA; Zach Mich. S; Döring Max S; Mechler Aug. S; Gegler Jos. Ant. S; Kapeller Xav. A; Kusterer Ed. A; Eichner Andr. A; Witty Mart. A; Oppitz Mich. J, Körner Adam J; Eckert Sophie An; Froschmaier Ant. An; Kreuzer Jos. D, Müller Joh. D; Kobold Jos. D.

137. **Neumarkt i. O.** Limbacher Frz. R; Schweiger Karl RA; Winkler Gg. S; Fersch Ludw. S; Burghart Jos. A; Meier Karl A; Müller Jos. A; Hagnbuchner Karl J; Dürmeier Jos. J; Rauch Anna An; Hahn Kasp. D; Donner Paul D.

138. **Neunburg v. W.** Niggl Mich. R; Weiss Otto RA; Eichmeier Heinr. S; Nicol Nik. S; Detter Jos. S; Hofmann Edu. A; Potzel Ferd. A; Hartmann Frz. A; Bauer Matth. J; Gasteiger Karl J; Feuersteiner Agn. An; Gunzelmann Pank. D; Förtsch Jos. D; Kerl Joh. B. D.

139. **Neunkirchen a. Br.** Meyer Sigm. R; Reder Isid. S; Pütz Joh. A; Weissmann Joh. A; Sendner Joh. A; Eckerlein Karl J; Schrödel Lor. D; Rath Christ. D.

140. **Neustadt a. A.** Thaler Joh. Gg. R; Volkert Steph. S; Geier Joh. Friedr. S; Bauer Joh. Wolfg. A; Seyfert Gg. A; Schussmann Max A; Vogt Jos. J; Schickert Mich. D; Eckhof Leonh. D.

141. **Neustadt a. D.** Obich Max R; Gröhling Heinr. RA; Höfler Paul S; Stähr Jos. S; Späth Alfr. S, gepr. KPr.; Pichlmayer Theod. A; Ortholer Ant. A; Luckner Friedr. A; Witzel Kil. J; Thomas Herm. J; Behr Mar. An; Högner Kath. An; Knirlberger Heinr. D, Parr Andr. D; Hallermeier Joh. D; Lang Joh. D.

142. **Neustadt a. H.** Limbacher Rich. R; Mohr Gg. RA; Tillmann Friedr. RA; Hess Phil. S; Ackermann Heinr. S; Herrmann Ludw. S; Stamer Johs. S; Steigelmann Karl A; Weissler Gg. A; Stephan Frz. A; Roos Ant. A; König Ant. A; Kern Jos. J; Sauer Joh. J; Scheckenbach Alb. J, Schotthöfer Mar. An; Neckerauer Elis. An; Winkelmann Aug. D; Zimmermann Phil. D; Günthert Gg. D, Engelhardt Gg. D.

143. **Neustadt a. S.** Koos Christ. R; Weickert Frz. RA; Henkel Edu. S; Stäblein Joh. S; Haas Albin A; Limpert Lamb. A, Fischer Max A; Griebel Joh. KPr; Ritter Gg. J; Löff-

ler Phil. J; Gebhardt Marg. An; Mayer Gg. Adam D, Boreiter Peter D.

144. Neu-Ulm. Müller Eug. R; Diem Joh. Max. S; Graf Jos. S, Kellner Joh. A; Dömling Ant. A; Mayer Otto A; Albrecht Karl J; Reichart Jos. J; Vorsatz Mar. An; Jehle Joh. D.

145. Nördlingen. Ehard Jos. R; Balthasar Jak. RA; Denzler Friedr S; Geggerle Adf. S; Schmiedel Heinr. S; Kessler Heinr A; Bauer Ludw. A; Schmid Karl A; Maling Ludw. A, Penzl Ludw. J; Döbler Friedr. J; Ferstl Anna An; Umfahrer Ludw. D; Trostdorf Bernh. D.

146. Nürnberg I. Schmidt Ernst RegR; Weber Joh. R (KAV); Wank Gg. RA; Lottenburger Wilh. RA; Kulzer Jos. S; Schöpf Karl S; Hagen Friedr. S; Semmer Konr. S; Schwenk Joh. S; Hahn Paul S; Schmausser Joh. S; Woitscheck Heinr. S; Körner Christ. S; Burckhardt Joh. S; Fischer Joh. S; Schmidt Andr. S; Ermer Karl S; Eisert Gg. O, Bickel Joh. Leonh. A; Bauer Joh. Adam A; Rüger Gg. A, Specht Wilh. A; Müller Gg. Leonh. A; Hornung Wilh. A, Meyer Joh. A; Seiberth Felix A; Baumann Joh. A, Dauer Joh. A, Scholz Frz. J; Lottes Gg. J; Fischer Wern. J, Wirth Nik. J; Buchta Math. An; Börner Joh. An; Römer Frida An; Krämer Marg. An; Lindner Gg. D; Backert Pang. D; Riemer Otto D; Gräf Gust. D; Schieder Frz. D; Kühne Edu. D; Moser Jos. D; Maier Jak. D; Schöpplein Andr. D; Graf Joh. B. D.

147. Nürnberg II. Friedrichs Friedr. RegR; Effert Herm. R (KAV), Trütschel Gg. RA; Uschold Wilh. RA; Metz Frz. S, Mayer Joh. Gg. S; Schad Lor. S; Rotter Gg. S, gepr KPr, Friedmann Pang. S; Mayr Joh. S; Seiss Leonh. S, Krauss Paul S; Meier Gg. S, gepr. KPr.; Pfahler Paul S; Welker Heinr. S; Patutschnick Steph. S; Lochner Aug. O; Meier Gg. A; Schwarz Matth. A; Bablitschky Konr. A, Bauer Max A; Alexander Wilh. A; Kripp Bened. A; Maier Sixt. A; Ehrhardt Karl A; Schmitt Andr. A; Zöller Rud. A; Gerst Joh. A; Iffland Aois J; Kleinlein Friedr. J, Eckart Fritz J; Westerholz Frida An; Kartini Elis. An Ströhlein Marg. An; Dorsch Joh. Gg. D; Schedel Joh. D, Seefried Gg. D; Seidenspinner Greg. D; Bähr Gg. D, Merz Joh. Heinr. D; Fenn Joh. D; Hofmann Gg. D; Kuhn Joh. D; Brechtelsbauer Matth. D; Welker Gg. D; Hollederer Friedr. D; Michel Klem. D; Müller Mich. D; Rachinger Joh. D; Bügl Gg. D.

148. Nürnberg III. Burckhardt Heinr. RegR; Schmidt Ant. R (KAV); Niessen Otto RA; Feuerlein Ludw. RA; Baer Friedr. RA; Beck Karl S; Kapp Gg. S; Dietrich Kasp. S; Bayerl Hans S; Cramer Joh. Adam S; Lehr Karl S Probst Rich. S; Prechtl Christ. S; Bitter Jak. S; Haider Gg. Gust. S; Zugschwert Karl S; Scherer Nik. S; Nonnenmacher Heinr. S; Kraus Leop. Gg. A; Vogelhuber Rob. A; Schäfer Franz A; Kefferlein Leonh. A; Seitz Wilh A; Benker Friedr. Wilh. A; Schreyer Hans J; Dassler Kon. J; . . . J; Brand Maria An; Fischer Maria An. Gössl Kresz. An; Probst Jos. D; Deml Joh. Mich. D, Pefferlein Rob. D; Huber Joh. D; Haberzett Joh. D, Fürsattel Leonh. D; Stark Kil. D.

149. **Obermoschel.** Matheis Jak. R; Altvater Karl S; Schwind Karl S; Stauffert Wilh. A; Schreiber Friedr. A; Oesterreicher Jos. A; Leibrock Ernst J; Nies Gg. J; Schneider Maria An; Dorn Jos. D; Häring Kurt D.

150. **Obernzell.** Zimmerer Heinr. R; Hackl Joh. S; Schramm Otto S; Schmitt Joh. A; Lechner Heinr. A; Büchl Gg. A; Wörle Gg. J; Hastreiter Ant. D; Weindler Andr. D.

151. **Ochsenfurt.** Schmitt Gg. R; Rosenberger Aug. S; Rasp Joh. Christ. S; Pfrenger Friedr. A; Pröscholt Hugo A; Stark Andr. A; Roos Ant. Gg. J; Roppelt Aug. J; Schmitt Joh. D; Müller Ant. D.

152. **Oettingen.** Gromeder Joh. R; Lehnert Joh. Nep. S; Brennich Dan. A; Bayer Gerh. A; Dietrich Adolf A; Kletter Karl J; Hafenmaier Leonh. D.

153. **Ottobeuren.** Mehrwald Melch. R; Schmid Ign. S; Windorfer Alois S; Urgibl Franz A; Reiser Fr. X. A; Martin Otto J; Drollmann Kasp. D; Braun Aquilin D.

154. **Passau.** Ullrich Alex. RegR; Dr. Göbel Jos. R (KAV); Rothenanger Alb. RA; Wagner Gg. S; Schmuck Max S; Lautenschlager Gg. S; Winklhofer Jos. S; Raithel Friedr. S; Frauendorfer Karl S; Hussendörfer Gg. S; Zitzlsperger Osw. A; Sesselmann Andr. A; Chase Emil A; Rummel Karl A; Leonhard Heinr. A; Scherrer Jos. KPr; Winklhofer Joh. J; Gross Franz J; Knittlmayer Mart. An; Schwiwagner Kar. An; Wagner Kath. An; Bauer Mich. D; Bauer Karl D; Höfler Jos. D; Fritzl Jos. D; Zechmann Jos. D.

155. **Pegnitz.** Sellner Wilh. R; Meier Hans S; Abel Joh. Friedr. S; Wöckel Val. A; Neuberger Dan. A; Bräuhäuser Christ. A; Fuchs Friedr. J; Fuchs Gg. D; Bondick Herm. D.

156. **Pfaffenhofen.** Hefele Matth. R; Weber Jos. RA; Tristl Ant. S; Hartmann Wilh. S; Steindl Wilh. S; Zeidler Joh. Bapt. A; Wernthaler Jos. A; Schmidt Karl A; Bauer Ed. KPr; Hauer Herm. J; Mayr Vikt. An; Stössel Osk. D; Rucker Willib. D; Haunold Jos. D.

157. **Pfarrkirchen.** Fleckenstein Ant. R; Huber Max S; Kammermayer Max A; Birk Sim. A; Gmeinwieser Karl A; Karl Joh. J; Nuber Joh. D; Schweiger Jos. D.

158. **Pirmasens.** Hey Heinr. RegR; Hübsch Bruno R (KAV); Rahm Friedr. RA; Ritter Ludw. RA; Keipert Joh. S; Schneider Karl S; Böhm Otto S; Busch Christ. S; Weber Herm. S; Heibler Mart. S; Höfler Hans S; Günther Joh. A; Grötsch Jos. A; Welter Ludw. A; Glaser Wilh. A; Leonhard Franz Fel. A; Eckerle Aug. KPr; Michel Adam J; Bohrer Emil J; Rittler Max J; Frank Adelh. An; Göhringer Elisab. An; Wohlfahrt Mart. D; Löffler Adam D; Geib Friedr. D; Knott Seb. D; Kolb Joh. D; Werner Rich. Paul D.

159. **Pottenstein.** Pessl Andr. Ritter u. Edler von R; Zambelli Frz. O; Maier Gg. A; Neumüller Phil. A; Stöcker Andr. A; Fischer Andr. J; Hesel Joh. D; Bauer Mich. D.

160. **Rain.** Bauer Sebast. R; Mangold Karl S, gepr. KPr; Margraf Hans A; Hertle Xav. A; Luy Heinr. A; Huber Jos. J; Augustin Joh. D.

161. Regensburg I. Letz Ferd. RegR; Bertram Gust. R (KAV); Scheibenbogen Max RA; Rötzer Jos. RA; Dentler Max RA; Kauper Jak. S; Wolff Friedr. S; Lang Heinr. S; Hain Max S; Mayer Jos. S; Weisskopf Frz. X. S; Huber Jos. S; Legat Paul S; Baumgartner Joh. S; Madel Engelb. S; Schottenloher Karl A; Bauernfeind Xav. A; Wahl Heinr. A; Schultheis Ludw. A; Markreither Frz. A; Ferstl Friedr. A; Heidenreich Konr. A; Zierer Otto A; Scherer Otto J; Wittlinger Lor. J; Lang Rigobert J; Baumgartner Andr. J; Bauernfeind Maria An; Brunner Vikt. An; Penzkofer Betty An; Rheinwald Willib. D; Dentelsbeck Andr. D; Strauss Friedr. D; Klopfer Jos. D; Sperl Karl D; Rieger Jos. D; Bachmeier Karl D.

162. Regensburg II. Walter Joh. R; Krafft Ludw. RA; Lierheimer Gg. S; Reinhartinger Joh. S, gepr. KPr; Liebermeister Jos. S; Zugschwert Jos. A; Bauer Joh. A; Liebl Adolf A; Kainz Friedr. gepr. KPr; Würdinger Karl KPr; Gradl Jos. J; Sicherer Max von J; Schmer Ther. An; Brandl Joh. D; Wittlinger Gg. D; Lauss Mich. D.

163. Riedenburg. Heigl Karl R; Reng Mich. S; Ferstl Joh. A; Rosskopf Jos. A; Peter Otto A; Lauterbach Heinr. A; Winkelmeier Edu. J; Schmid Friedr. J; Weber Joh. D.

164. Röttingen. Then Jos. R; Leiser Herm. S; Gschrei Jos. A; Speidel Gg. A; Hubert Edu. A; Adrian Jos. J; Fuchs Joh. D.

165. Rosenheim. Veh Paul R; Braun Joh. RA; Holzer Seb. S; Lutz Leonh. S; Schweiger Max S; Baltheiser Lor. S; Bauer Jos. S; Rupp Alf. S; Angerer Joh. A; Sirch Steph. A; Ertl Joh. A; Kurz Mart. A, KPr; Neumüller Wilh. J; Wunderlich Mor. J; Hinderer Rosa An; Kaufmann Cäc. An; Schustetter Kath. An; Krug Domin. D; Schinn Friedr. D; Schmidt Gg. D; Grünwald Jos. D.

166. Rothenburg o. T. Strauss Val. R; Voeller Gust. RA; Schmitt Heinr. S; Reiss Leonh. S; Gnam Seb. A; Lindner Peter A; Betz Gg. A; Riedl Ludw. J; Dauberschmidt Wilh. J; Reiss Elise An; Stahl Joh. Mich. D; Klingler Wilh. D.

167. Rothenkirchen. Mauter Karl R; Aurnhammer Frz. S; Hudetz Joh. O; Schubert Konr. A; Meinel Joh. A; Lindner Nik. A; Pimpel Bernh. J; Hauguth Kath. An; Eichhorn Pang. D; Windsauer Andr. D.

168. Schesslitz. Beckstein Friedr. R; Tempel Adam S; Maisel Friedr. A; Meyer Herib. A; Wolfenstetter Kaj. A; Weiss Jos. J; Pötzinger Joh. D; Gleich Mich. D.

169. Schönberg. Cuno Friedr. R; Mühllehner Gg. S; Lutz Gg. S; Lorenz Frz. X. A; Mayer Friedr. A; Janka Siegf. A; Lorenz Jos. J; Kippes Ambr. D; Mareis Frz. D.

170. Schongau. Volkert Karl R; Rupp Ludw. S; Mayr Seb. S; Aidlspurger Joh. A; Mayer Karl A; Emmer Ludw. A; Flieger Jos. J; Bock Vikt. An; Achmüller Heinr. D; Hagenmüller Mark. D.

171. Schrobenhausen. Weninger Otto R; Taig Gg. S; Goss Joh. Herm. S, gepr. KPr; Simmeth Frz. A; Weiss Heinr. A; Schraid Joh. A; Frohnwieser Aug. J; . . . J; Munack Wilh. D; Danner Ant. D.

172. **Schwabach.** Gerner Joh. R; Scheider Friedr. RA; Schrenk Ant. Lor. S; Risssmann Friedr. S; Gring Karl S, gepr. KPr; Rühl Aug. A; Mohrmann Max A; Matthieu Joh. Adam A; Hager Karl A; Sutor Rob. J; Baumer Bernh. J; Gundelsheimer Luise An; Hankele Friedr. D; Pfannenmüller Thom. D; Holzwart Gg. D.

173. **Schwabmünchen.** Weinmayer Gg. R; Deubler Seb. S; Bögle Gg. S; Beurer Ant. A; Weber Karl A; Würstle Art. A; Strobel Christ. A; Wagner Jos. J; Klotz Georg J; Förstl Bab. An; Schreitmüller Joh. D; Albrecht Gg. D.

174. **Schweinfurt.** König Jul. R; Steinert Wilh. RA; Hauck Heinr. S; Weidner Friedr. S; Zrenner Simon S, gepr. KPr; Schnackig Joh. S; Müller Joh O, gepr. KPr; Haupt Rud. A; Endres Erh. A; Leichtlein Friedr. A; Blum Rob. gepr. KPr; Landes Adolf J; Schubert Gottfr. J; Köhler Hedw; An; Aul Maria An; Straub Jona An; Bildstein Aug. D. Lendner Jos. D; Klempf Joh. D.

175. **Selb.** Zöllner Adalb. RegR; Zöllner Hans S; Koch Wolfg. S, gepr. KPr; Herpich Mart. A; Erhard Joh. A; Pretz Max A; Michael Heinr. J; Wurzer Mar. An; Plechschmidt Jak. D; Wetzel Korn. D.

176. **Simbach.** Rockenstein Ant. R; Durchschein Ant. S; Mayer Jos. A; Lotter Fr. X. A; Goller Gg. A; Wissnet Jos. J; Stadler Jos. D; Eder Karl D.

177. **Spalt.** Wagner Gg. R; Wendel Eust. S; Mark Mart. S; Renz Ant. A; Vogelhuber Karl A; Bogner Osk. A; Lang Gg. J; Wechsler Elisab. An; Gareis Mich. D; Piele Theod. D.

178. **Speyer.** Acker Theod R; Tewes Alfons RA; Zirker Franz S; Welker Adolf S; Irl Mich. S; Mächerle Jak. A; Bürkmann Ludw. A; Zöller Ludw. A; Hammer Joh. J; Kolb Max J; Spatz Anna An; Deyerling Friedr. D; Krill Karl D.

179. **Stadtsteinach.** Rabe Sigm. R; Hebentanz Joh. Max S; Baumgärtner Gg. A; Stumpf Xav. A; Pfändner Aug. A; Hasenöder Wilh. J; Müller Joh. D; Schmitt Gg. D.

180. **Staffelstein.** Lucas Karl R; Dietz Ant. S; Lieb Heinr. S; Sebald Joh. A; Losgar Gg. A; Löffler Andr. A; Stulfauth Gg. J; Porzelt Doreth. An; Häussner Karl D; Lindenmaier Jos. D.

181. **Starnberg.** Knözinger Ant. R; Bernlochner Andr. S; Eberle Mart. S; Binner Herm. S; Kellermann Joh. S; Eibl Jos. A; Lindner Franz A; Stumpf Gg. A; Lutz Jos. A; Asam Franz J; Diemaier Hans J; Wiesner Katinka An; Wiesner Adam D; Peppel Jos. D.

182. **Straubing.** Gähler Franz von R; Hausmann Joh. RA; Beinhardt Phil. S; Kurz Alfred S; Wölfl Gg. S; Gruber Karl S; Auer Art. A; Grimm Joh. Ev. A; Kainzbauer Guido A; Fellner Kasp. A; Härtl Jak. J; Fröschl Otto J; Biermaier Christ. An; Karl Franz. An; Trisl Kresz. An; Kammerl Aug. D; Zahlhaas Adolf D; Raum Pet. D.

183. **Sulzbach.** Henke Karl R; Micheler Jul. RA; Lautenbacher Jos. S; Scharl Paul S; Maul Joh. Gg. A; Pfefferlein Rob. A; Hoffmann Ludw. A; Heider Alb. J; Heldmann Henr. An; Faeth Gg. D; Habelt Christ. D.

184. **Thurnau.** Schwab Karl R; Hunebald Heinr. S; Dechant Jak. A; Dummer Joh. A; Walther Wilh. A; Sahmann Christian J; Rausch Joh. Konr. D.

185. **Tirschenreuth.** Auer Ant. R; Stiegler Frz. S; Trissl Ludw. O; Dobler Paul A; Fichtner Edu. A; Hirschauer Matth. III. AG; Heldmann Amad. J; Cehak Ant. J; Puppele Joh. D; Herberich Karl D.

186. **Tölz.** Sturm Ludw. R; Hamberger Jos. S; Holzhammer Wilh. S; Bernardy Aug. A; Zeyss Eug. A; Lindacher Jos. A, III. AG; Frosch Gust. J; Brodwolf Joh. D; Walther Gg. D.

187. **Traunstein.** Burckhardt Joh. RegR; Saurer Aug. RA; Metz Mart. S; Wittauer Adam S; Brandhuber Dav. S; Brandl Jos. S; Stark Joh. A; Hausladen Max A; Auer Joh. A; Krammer Lor. J; Starklauf Gg. J; Schmeckenbacher Ant. An; Böhm Th. An; Hiemer Heinr. D; Mayr Jos. D.

188. **Trostberg.** Schwab Herm. R; Benker Heinr. S; Kasenbacher Ant. A; Heigl Alois A; Höss Jos. A; Hofmann Ludw. J; Kronzucker Max D.

189. **Türkheim.** Albrecht Wend. R; Schleifer Rich. S; Bicherl Emil S; Bernhart Ant. A; Steinbacher Joh. A; Hellwig Aug. A; Kibele Andr. J; Motz David D; Kuhnle Ant. D.

190. **Uffenheim.** Grafenberger Alois R; Gewinner Jul. S; Scheuering Heinr. A; Vierzigmann Hans A; Vischer Adf. A; Eckart Gg. J; Holzberger Matth. D.

191. **Velburg.** Vorster Karl R; Rügamer Val. S; Schmausser Jos. S; Strauss Mich. II. AG; Gottschall Just. A; Niederfellner Joh. A; Fraundorfer Aug. J; Dickert Karl J; Goller Joh. D; Kittler Paul D.

192. **Viechtach.** Nenning Benev. R; Lankes Joh. S; Schramm Adf. S; Bauhuber Gg. A; Amberger Karl A; Schäffer Jak. A; Gleifenstein Otto J; . . . An; Kumpf Karl D; Berthele Ben. D.

193. **Vilsbiburg.** Lechinger Jos. R; Bayerlein Konr. S; Fischer Jos. S; Schödlbauer Frz. A; Didusch Joh. A; Reingruber Ludw. A; Laubender Konr. J; Hilz Franz J; Preckwitz Mar. An; Kohlpaintner Ant. D; Maier Jos. D.

194. **Vilshofen.** Beyerlein Gust. R; Cloeter Karl RA; Scherbel Gg. S; Kroiss Sim. S; Baumann Emil S; Huber Alois A; Wimmer Frz. A; Wurmdobler Jos. A; Anthofer Gg. J; Baumann Gg. J; Bauer Ther. An; Dietrich Ther. An; Seuss Mart. D; Gattermann Friedr. D; Zacher Jos. D.

195. **Vohenstrauss.** Moser Heinr. R; Meidenbauer Joh. S; Schuhbauer Gg. S; Löbisch Andr. A; Bodensteiner Karl A; Stümpfler Jos. A; Scholian Val. J; . . . J; Berchtold Irma An; Jungkunst Gg. D; Hofmann Jos. D.

196. **Volkach.** Nidermaier Jos. R; Knauer Rob. S; Schmitt Gg. A; Ullrich Adam A; Stich Aug. A; Vogl Joh. J; Mödl Jos. D.

197. **Waischenfeld.** Bergdolt Phil. R; Hofmeier Otto S; Scherl Balth. A; Kellermann Gg. A; Haas Gg. A; Hartmann Joh. J; Schuster Gg. D; Vollrath Gg. D.

198. **Walderbach.** Fetzer Emil R; Holzinger Ernst S, gepr. KPr; Schuster Hans S; Reuther Joh. A; Kerscher Gg. A; Hauser Max A; Kastner Eug. J; Grünberger Karl J; Troll Rosa An; Geyer Aug. D; Dietersberger Jos. D.

199. **Waldmünchen.** Geyer Adalb. R; Helferich Ant. S; Heinrich Wolfg. S; Höcht Andr. A; Winter Bernh. A; Maier Frz. A; Hof Joh. J; Wolf Ant. D; Wölfel Karl D.

200. **Waldsassen.** Voment Aug. R; Rüth Gg. S; Fellner Alois S, gepr. KPr; Allwang Mich. A; Kinader Karl A; Degendorfer Max A; Dengler Joh. J; Bauer Joh. J; Dengler Christ. D; Fröhlich Christ. D.

201. **Wasserburg.** Fügenschuh Jos. R; Häusler Frz. X. RA; Pröbstl Karl S; Wiedemann Leo S; Pöverlein Ludw. S, gepr. KPr; Fischer Mart. A; Kopp Joh. A; Holzbauer Ludw. A; Geis Joh. Chrys. J; . . . J; Kronast Anna An; Bachmaier Joh. D; Spörlein Gg. D.

202. **Wassertrüdingen.** Sondermann Herm. R; Stark Friedr. S; Roth Joh. Heinr. A; Bechmann Emil A; Frosch Joh. A; Beer Gust. J; Richter Joh. D.

203. **Weiden.** Beck Joh. R; Ungemach Eug. RA; Sauer Jul. Friedr. S; Früh Joh. S; Hofmann Joh. S; Lautenschlager Hans S; Engert Karl S; Hofmann Joh. O; Ketnath Gg. A; Hoch Sim. A; Stangl Alois A; Heigl Wolfg. A; Eggerdinger Ant. A; Zeitler Jos. KPr; Hegewaldt Gg. J; Zwick Alois J; Brein Luise An; Sailer Ros. An; Scheibenbogen Ther. An; Maul Joh. D; Vogtmann Wolfg. D; Trautner Joh. Bapt. D.

204. **Weilheim.** Höfl Friedr. R; Wallner Seb. S; Kliese Alb. S; Bernhart Jos. S, gepr. KPr; Dummler Fr. X. A, gepr. KPr; Rothmeier Gg. A; Nickles Heinr. A; Zipperer Alex. J; Schmid Jos. J; Kennerknecht Euph. An; Fritz Franz D; Glöckl Wolfg. D.

205. **Weismain.** Wolf Aug. R; Spitzer Mich. S; Ackermann Christ. A; Tröger Karl A; Dück Andr. A; Baier Sim. J; Rothlauf Ludw. D; Holzbock Gg. D.

206. **Weissenburg i. B.** Frank Ludw. R; Riedelbauch Herm. RA; Amos Joh. S; Langohr Heinr. S; Sauer Friedr. S; Schirmer Wilh. A; Sorg Joh. gen. Rothmund A; Gröschel Christ. A; Winkler Alb. J; Geiger Karl J; Braun Elsa An; Hager Aug. An; Kölbel Heinr. D; Fischöder Gg. D; Schweser Karl D.

207. **Weissenhorn.** Braun Karl R; Habisreitinger Hans S; Hornung Matth. A; Zimmermann Jos. A; Schön Jos. A; Habisreitinger Max J; Burkhart Max D.

208. **Werneck.** Hellenthal Gg. R; Amslinger Karl S; Schrödel Rud. A; Himl Joh. A; Persau Joh. A; Meixner Martin J; . . . J; Ziegler Kilian D.

209. **Wertingen.** Zorn Eugen R; Ruppert Gg. S; Doll Hans S; Gerblinger Friedr. O; Krauss Ferd. A; Keller Sim. A; Rudhart Friedr. J; Deller Philom. An; Stadler Silv. D; Scheuerlein Joh. Mart. D.

210. **Windsheim.** Linhardt Rich. R; Hofreuther Friedr. S; Teufel Jos. S; Rössler Friedr. A; Eitel Gg. A; Müller Joh. Bapt. A; . . . J; Erbar Christ. D.

211. **Winnweiler.** Finger Joh. R; Grün Heinr. S; Jung Theod. A, Graf Heinr. A; Müller Osk. A; Gabelmann Karl KPr; Hübsch Alb. J; Gollwitzer Adolf D; Grau Heinr. D.

212. **Wolfratshausen.** Jaud Jos. R; Schottenhaml Jos. S; Weiss Jos. A; Hofer Ludw. A; Heigl Heinr. A; Bockhorni Joh. J; Neff Jos. D; Deiser Jos. D.

213. **Würzburg-Stadt.** Linsmayer Christ RegR; Hans Eugen R (KAV); Fuchs Joh. Andr. RA; Preu Emil RA; Full Otto RA; Baier Frz. S; Zinser Karl S; Zenter Ign. S; Väth Andr. S; Engert Heinr. S; Bauer Adolf S; Zederer Gg. S; Fischer Friedr. S; Vongries Adam S; Blasy Karl S, gepr. KPr; Friedrich Val. O; Wörle Gg. A; Federl Mich. A, Weidinger Jos. A; Weindl Fr. X. A; Klemm Ant. A; Mais Alfr. J; Wagner Joh. J; Reisinger Joh. J; Böhm Maria An, Otto Veron. An; Schmitt Bab. An; Kögler Gg. D; Göb Val. D; Linsenmaier Wilh. D; Kehlmaier Joh. D; Abersfelder Karl D; Neumeister Joh. Gg. D; Kraus Alois D.

214. **Würzburg-Land.** Forster Joh. Nep. R; Nunn Ferd. RA; Kolb Jos. S; Kornbrust Friedr. S; Reiss Emil S; Rauh Joh. S, Lampert Gust. A; Morgenroth Gg. A; Stark Rud. A. Troll Gg. A; Oerlein Karl J; Burger Joh. J; Schneider Friedrich J; Fleckenstein Marg. An; Kissler Rosa An, Hübner Ant. D; Weth Jos. D; Wittstadt Joh. D.

215. **Wunsiedel.** Zeiss Karl R; Fischer Herm. RA; Popp Friedr. S; Ries Joh. S; Brunner Paul S; Vogel Joh. S; Huss Karl A; Welker Ludw. A; Beck Wilh. A; Schöpf Alb. J, Stengl Jos. J; Martin Sab. An; Mösch Bab. An; Potzler Ulr. D; Schuhmann Joh. D; Ruckriegel Mart. D.

216. **Zeil.** Häglsperger Dionys R; Dressel Gg. S; Ködel Jos. S Strasser Wilh. S; Hirt Ant. O, gepr KPr; Schöpf Jos. A Haarländer Gg. A; Diflo Karl gepr. KPr; Schricker Joh. J, Förtsch Friedr. J; Heinrich Wilhelm. An; Kern Leonh. D; Schömig Ludw. D; Finzel Jos. D.

217. **Zusmarshausen.** Hautmann Gg. R; Donderer Karl S, gepr. KPr; Glück Klem. A; Weiss Alois A; Schneid Joh. A, Höck Rud. J; Voggeser Leo D.

218. **Zweibrücken.** Regula Ludw. R; Schmitt Joh. RA; Fritz Karl S; Bachmann Friedr. S; Schneider Gg. S; Wolf Ludw. S. Hunsicker Heinr. A; Autsch Bernh. A; Pfeiffenberger Ludw. A; Baumgärtner Heinr. A; Wolf Joh. J; Conrad Adolf J; Strubel Karl J; Klein Anna An; Sefrin Kath. An, Eisenlöffel Phil. D; Steigner Val. D; Küspert Friedr. D.

219. **Zwiesel.** Liepert Karl R; Thiem Joh. S; Hacker Ludw. S, Heilmayr Ant. A; Hofmann Gg. A; Steinhäuser Jos. A, Schaffner Hub. J; Gottinger Alfred J; Krug Dom. D, Centmayer Adolf D.

C. Kasseverwaltungen, die dem Finanzministerium nicht unterstehen.

(Das Verzeichnis der Kasseverwaltungen wird im nächsten Jahrgang bedeutend erweitert).

XIV. Liste.

Kasseverwaltung der K. Akademie für Landwirtschaft und Brauerei Weihenstephan.

a) Kassier.

1 Loy Fritz	16.IX.00

b) Sekretäre.

1 Weber Anton	16.VIII.03
2 Weber Franz Xaver	16.IV.11

c) Kanzleiassistenten.

1 Leutner Karl	16.V.00
2 Sixt Thomas	21.IV.08

d) Boten und Diener.

1 Maier Karl	1.III.03

XV. Liste.

Alphabetisches Verzeichnis zu den Listen I—XII und XIV.

Bem. Die römische Zahl bedeutet die Hauptliste, der kleine lateinische Buchstabe die Unterabteilung darin und die arabische Zahl die Reihenfolge innerhalb einer Liste.

D.

Erklärung der in den Personallisten gebrauchten

Ordensbezeichnungen.

(BL) Belgischer Leopoldorden 1: Grosskreuz; 2: Grossoffizier; 3: Kommandeur; 4: Offizier; 5: Ritter; mSch. = mit Schwertern.

(BdBl) Badischer Orden — Bertold des Ersten 1: Grosskreuz. (m.g.K. = mit goldener Kette).

(BZL) Badischer Orden vom Zähringer Löwen 1: Grosskreuz, 2a, b: Kommandeur I., II. Kl.; 3: Ritter I. Kl.; 4: Ritter II. Kl.

(BrR) Brasilianischer Orden der Rose 1: Grosskreuz.

(BrsL) Herzoglich Braunschweig'scher Orden Heinrich des Löwen. 1: Grosskreuz; 2a, b: Kommandeur I., II. Kl.; 3a, b: Ritter I., II. Kl.

(DD) Dänischer Danebrog-Orden 1: Grosskreuz; 2a, b. Kommandeur I., II. Kl.; 3 Ritter.

(HP) Grossherz. Hessischer Verdienstorden Philipps des Grossmütigen 1: Grosskreuz; 2a, b. Kommtur I., II. Kl.; 3a, b Ritter I., II. Kl.

(IK) Orden der Italienischen Krone 1: Grosskreuz; 2: Gross-Offizier; 3: Kommandeur; 4: Offizier; 5: Ritter.

(IpS) Japanischer Verdienstorden der aufgehenden Sonne 1: Grosskreuz.

(IM. u. L.) Italien. St. Moriz- und Lazarus-Orden 2a: Grossoffizier, 2b: Kommandeur; 3: Offizierskreuz.

(K) Verdienstorden der Bayerischen Krone 1: Grosskreuz; 2a: Grosskomtur; 2b. Komtur; 3: Ritter; 4, 5: goldene, silberne Medaille. (Bestimmungen über Unterstützungsbeiträge an Hinterbliebene GVBl. 1898 S. 259.)

(L) Bayer. Ludwigs-Orden 1: Ehrenkreuz; 2: gold. Ehrenmünze.

(LK) Luitpoldkreuz.

(LEK) Grossh. Luxemburg. Orden d. Eichenkrone 1: Grosskreuz; 2: Grossoffizier; 3: Kommandeur, 4: Offizier; 5: Ritter.

(LH) Fürstl. Lippe'scher Hausorden 1, 2, 3, 4: Ehrenkreuz I., II., III., IV. Kl.

(MaltG) Souveräner Malteser-Ritter-Orden: Gnadenritter

(M) Bayer. Verdienstorden vom hl. Michael a) nach den älteren Satzungen: 1: Grosskreuz: 2a: Gross-Komtur: 2b: Komtur, 3, 4: Ritter I., II. Kl.; b) nach den neuen Satzungen (v. 16. XII. 87 und 20. IV. 94): MGK. = Grosskreuz, I = I. Kl., II m. S. = II. Kl. mit Stern, II = II. Kl., ME. = Ehrenkreuz, III = III. Kl., IV = IV. Kl. mit der Krone, IVa = IV. Kl. ohne Krone, M = Verdienstkreuz mit der Krone, Ma = Verdienstkreuz ohne Krone, Me 1, 2: silberne, bronzene Medaille. (Bestimmungen über Unterstützungsbeiträge an Hinterbliebene GVBl. 1898 S. 259.)

(MV) Bayer. Militär-Verdienstorden. Gk: Grosskreuz; 1: I. Kl., 2a: II. Kl. m. St.; 2b: II. Kl.; O: Offizierskreuz; 3: III. Kl.; 4a: IV. Kl. mit Krone; 4b: IV. Kl. (Mit Schwertern Bezeichnung für Kriegsdekoration.)

(MVK) Bayer. Militär-Verdienstkreuz I., II. Kl.
(MWK) Grossherz. Mecklenb. Haus-Orden der Wendischen Krone 1: Grosskreuz; 2a Krosskomtur; 2b Komtur; 3: Ritter.
(NO) Norwegischer St. Olaf-Orden 1: Grosskreuz; 2a, b: Kommandeur 1. 2. Kl.
(NON) Niederländischer Orden von Oranien-Nassau 1: Grosskreuz; 2: Grossoffizier; 3· Kommandeur.
(OEK) Oesterreich. Orden der eisernen Krone 1, 2, 3 I. II. III. Kl.
(OEFJ) Oesterr. Franz Joseph-Orden 1: Grosskreuz; 2: Komtur mit Stern; 3: Komtur; 4: Offizier; 5: Ritter.
(OEL) Oesterr. Leopold-Orden 1: Grosskreuz; 1a: I. Kl.; 2: Kommandeur; 3: Ritter.
(OESt) Oesterr. k. ung. St. Stephansorden 1: Grosskreuz; 2: Kommandeur; 3· Ritter.
(OP) Grossherz. Oldenburg. Haus- u. Verdienstorden des Herzog Peter F. L. 2a: Grosskomtur; 2b: Komtur; 3: Ritter I., II. Kl.
(PersLuS) Persischer Löwen- und Sonnenorden 1: Grosskreuz.
(PG) Päpstlicher Gregorius-Orden 1: Grosskreuz; 2a: Komtur mit Stern; 2b: Komtur; 3: Ritter.
(PK) Preussischer Kronorden 1: I. Kl.; 2a: II. Kl. mit Stern; 2b, 3, 4: II., III. IV. Kl.
(PLmK) Prinz-Regent Luitpold-Medaille mit der Krone 1: goldene, 2: silberne; 3: bronzene.
(PL) Prinz-Regent-Luitpold-Medaille a: goldene; b: silberne; c· bronzene.
(PP) Päpstl. Pius-Orden 1: Grosskreuz; 2: Komtur; 3: Ritter.
(PRA) Preuss. roter Adler-Orden 1: Grosskreuz; 2: I. Kl.; 3a II. Kl. mit Stern; 3b, 4, 5: II., III., IV. Kl.
(PRAM) Preussische Rote Adler-Medaille.
(PVKr) Preussischer Verdienstorden der Preussischen Krone.
(RM) Rettungsmedaille.
(RSt) Russischer Stanislausorden 1, 2, 3: I., II., III. Kl.
(RWA) „ Weisser Adler-Orden.
(RumK) Rumänischer Kronorden 1: Grosskreuz.
(RumSt) „ Sternorden.
(SA) K. Sächsischer Albrechtsorden 1: Grosskreuz m. goldenem, mit silbernem Stern; 2a, b: Komtur I., II. Kl.; 2c: Offizier, 3a, b: Ritter I., II. Kl.
(SEH) Herzoglich Sachsen-Ernestinischer Hausorden 1: Grosskreuz; 2a, b: Komturkreuz I., II. Kl.; 3a, b: Ritter I., II. Kl.
(SerbS) Serbischer St. Sava-Orden 1: Grosskreuz.
(SerbT) Serbischer Takovo-Orden 3: Kommandeur; 5: Ritter.
(SF) Grossherz. Sachsen-Weimarischer Falkenorden 1: Grosskreuz: 3a· Ritter I. Abt.
(SpK) Spanischer Orden Karl III. 1 Grosskreuz; 3: Ritterkreuz.
(SpJ) „ Isabellen-Orden 1: Grosskreuz; 2a, b: Kommandeur I., II. Kl.
(SN) Schwedischer Nordstern-Orden 1: Grosskreuz; 2a, b. Kommandeur I., II. Kl.; 3: Ritter.
(SW) Schwed. Wasaorden 1: Grosskreuz; 2a, b: Kommandeur I., II. Klasse; 3a, b: Ritter I., II. Kl.
(WF) Königl. Württ. Friedrichs-Orden 1: Grosskreuz; 2a, b Kommentur I. Kl.; 2b: desgl. II. Kl.; 3, 4· Ritter I., II. Kl.
(WK) Königl. Württ. Orden der Krone 1: Grosskreuz; 2: Kommentur mit Stern; 3: Kommentur; 4: Ehrenritter; 5: Ritter I., II. Kl.

50. Rentämterbeschreibung.

Vorbemerkung: Nachstehend finden sich nach der Ortsangabe kurze allgemeine Notizen über den Rentamts s i t z, dann unter

A. Angaben über die Verhältnisse bei Amt und zwar
  a) Zahl der Steuergemeinden des Amtsbezirkes,
  b) Zahl der Steuergemeinden mit summarischer Perzeption,
  c) ob im Amtsbezirk überwiegend Industrie oder Landwirtschaft vertreten ist;

unter

B. Angaben über Amtsgebäude und Dienstwohnung und zwar
  a) über das Amtsgeb. selbst,
  b) über die Bureauräumlichkeiten,
  c) über die Dienstwohn. d. Vorstandes,
  d) über die Dienstwohn. d. Amtsdieners,
  e) über Hof und Garten.

Bei den Dienstwohnungen der Amtsvorstände wird Küche, Speise, Speicher, Keller nicht eigens erwähnt, weil ü b e r a l l vorhanden, das gleiche gilt für die Dienerwohnungen bezgl. Küche, Speicher und Keller. Bei vorhandenen Badezimmern ist Regel, dass der Staat weder Ofen noch Wanne stellt, ist dies aber ausnahmsweise doch der Fall, so ist dies besonders bemerkt. Bei den Preisen für möbl. Zimmer ist Kaffee inbegriffen. Die unter lit. e. angegebene Flächenzahl bezieht sich auf den Garten. Wo m e h r als 5 Aerzte an einem Platze vorhanden sind, wird deren Zahl nicht mehr erwähnt, ausserdem findet sich die Zahl angegeben. Die Besetzung des Amtes ist auf S. 282 des FinKal. ersichtlich.

Abkürzungen.

Bahnv. = Bahnverbindung.
Bd. . . = Bad.
b. schw. = besonders schwierig.
Br. . . = Brunnen.
Cl. . . = Klosset.
e. . . = etwas.
Eing. . = Eingang.
el. L. . = elektrisches Licht.
G. . . = Garten.
Grd. . = Garderobe.
Gs. . . = Gas.
gem. . = gemeinsam.
ger. . . = geräumig.
getr. . = getrennt.
gr. . . = gross.
gt. . . = gut.
h. . . = hell.
H. . . = Hof.
Kamm. = Kammer.
kl. . . = klein.
Kl. . . = Klima.
Kü. . . = Küche.
Lebensv. = Lebensverhältnisse.
Mans. . = Mansarde.
MF. . . = Mittelfranken.
m. . . = mit.
n. . . = nicht.
NB. . . = Neubau
NdB. . = Niederbayern.
norm. . = normal
OB. . . = Oberbayern.
OF. . . = Oberfranken.
OPf. . = Oberpfalz.
O. . . = Bade-Ofen.
o. . . = ohne.
prt. . . = part.
Pf. . . = Pfalz.
Reg. . = Registratur.
schl. . = schlecht.
sch. . = schön.
Schw. . = Schwaben.
s. . . = sehr.
St. . . = Stockwerk.
t. . . . = teuer.
tr. . . = trocken.
UF. . . = Unterfranken.
ü. . . = überwiegend.
W. . . = Bade-Wanne.
Wass. . = Wasser.
WLtg. . = Wasser-Leitung.
Wsp. . = Wasserspülung.
Z. . . = Zimmer.

Aibling, Markt OB.; 480 m, 3838 Einw., ü. kath.; kath. u. prot. Kirchen; 3 Aerzte, Apoth. Bildungsanstalten in Rosenheim m. Bahn leicht erreichbar (s. Rosenheim); möbl. Z. 18–20 M; sch. Lage u. Umgeb., annehmbare Bahnv. BdOrt. e. t. gt. Wss.
A. a) 23 b) 22 c) industriereich.
B. a) gt. b) 7 Z. prt. rep. Reg. II. St. ger. c) h. ger. tr. 7 Z. Grd. I u. II St. Bd. m. O. m. W. WLtg. el. L. ClWsp. d) ohne e) H. u. Nutzg. 0,018 ha G. m. WLtg. m. Vorg. kl.

Aichach, Stadt OB.; 444 m; 2762 Einw. ü. kath.; kath. Kirchen u. 1 prot. Betsaal; 3 Aerzte, Apoth.; möbl. Z. 10–12 M; Bahnv. m. Augsburg gt.
A. a) 75 b) 56 c) ü. Landwsch.
B. a) NB. 1902. e. beengt b) 5 Z. u. 2 Reg.Räume prt. c) sch. (Süden) I. St. 6 Z. Grd. Mans. MagdZ. Bd. m. O. m. W. WLtg. el. L. Cl. o. Wsp. d) ohne e) H. u. Nutzg. Obst- u. Zierg. 0,051 ha G. m. WLtg. o. Vorg.

Altdorf, Stadt MF.; 446 m; 2896 Einw. ü. prot.; 1 kath. u. 1 prot. Kirche; 2 Aerzte, Apoth.; Schullehrersem.; möbl. Z. 10–15 M; sch. Lage u. Umg. gt. Bahnv. Trinkw. schl. Lebensv. n. bill.
A. a) 33 b) 20 c) ü. Landwsch.
B. a) NB. 1912 b) ger. 4 Z. I. St. c) s. gt. h. tr. 7 Z. Grd. 2 Mans. Bd. WLtg. el. L. Cl. m. Wsp. d) gem. Eing. e) H. u. Nutzg. Blumen- u. Obstg. G. m. Wass. m. Vorg. kl.

Amberg, Stadt OPf.; 385 m; 25 222 Einw. ü. kath.; kath. u. prot. Kirchen; Aerzte u. Apoth.; Gymn., Realsch., Töchtersch. kath., Lehrerbild.-Anst.; möbl. Z. 20 M; s. sch. Umg. viel Wald, Bahnv. gt., Wass. gt.
A. a) 66 b) 17 c) ü. Landwsch. aber auch Industr.
B. a) NB. 1903 b) 8 Z. u. Vorraum I. St. c) im alten Churfürstl. Schloss h. ger. tr. II. St. über 72 Stufen 11 Z. h. ger. Gang Bd. WLtg. el. L. nächstens eingeführt, Cl. gt. d) im Rent. selbst e) H. u. Nutzg. 36 Dez. G. m. WLtg. m. Vorg. beim Amt.

Amorbach, Stadt UF.; 160 m; 2339 Einw. ü. kath.; kath. u. prot. Kirche; 3 Aerzte, Apoth.; Lateinsch., Töchtersch. (simultan); möbl. Z. 20 M; s. sch. Gegend, v. Amt herrl. Auss. Bahnv. schl. Wass. s. gt. Lebensv. e. t.
A. a) 29 b) 6 c) ü. Landwsch.
B. a) NB. 1912 b) ger. 8 Z. I. St. c) h. ger. II. St. 6 Z. Grd. 2 Mans. MagdZ. Bd. WLtg. el. L. Cl. Wsp. d) prt. getr. Eing. H. u. Nutzg. 0,270 ha G. m. Brunnen m. Vorg. kl.

Annweiler, Stadt Pf.; 183 m; 4016 Einw. ü. prot.; kath. u. prot. Kirche; 3 Aerzte, Apoth.; möbl. Z. 20 M; s. sch. Gegend, Luftkurort, ang. Aufenth., Bahnv. (Linie Metz-München) s. gt., Kl. e. rauh aber gesund.
A. a) 25 b) Steuer-Einnehmereien c) ü. Landwsch.
B. a) NB. 1896 b) ger. 7 Z. prt. c) h. ger. tr. I. St 6 Z. 3 Mans. Grd. Bd. WLtg. el. L. Cl. d) — e) H. u. Nutzg. 0,060 ha G. m. WLtg. m. Vorg. kl.

Ansbach, Stadt MF.; 410 m; 19 995 Einw. ü. prot.; kath. u. prot. Kirchen; Aerzte u. Apoth.; Gymn., Realsch. m. Fachsch., Töchtersch.; möbl. Z. 18 M; sch. Umg., Wald, s. gt. Bahnv.
A. a) 45 b) 15 c) ü. Landwsch.
B. a) alt b) beengt 9 Z. 2 Reg. prt. c) h. ger. tr. (1 Z. ausgen.) I. St. 7 Z. MagdZ. Grd. Bd. m. O. WLtg. Gs. Cl. Wsp. d) nein e) H. u. Nutzg. ertragsl. 0,009 ha H. m. lfd. Br. o. Vorg.

Arnstein, Stadt UF.; 217 m; 1695 Einw. ü. kath.; kath. u. prot. Kirche; 2 Aerzte, Apoth.; Präparandensch.; möbl. Z. 15 M; berg. Gegend, wenig Wald, Bahn u. Auto nach Würzb., Lebensv. t.
A. a) 27 b) — c) ü. Landwsch.
B. a) s. alt, NB. wird sich nicht umgehen lassen b) beengt, 3 Z. prt. Reg. kl. u. dunkel c) s. alt I. St. 7 Z. 5 Kamm. Z. sind z. T. h. kl. tr. o. Bd. WLtg. o. Gs. o. el. L. Cl. o. Wsp. d) — e) H. u. Nutzg. 0,06 ha G. m. WLtg. o. Vorg.

Aschaffenburg I, Stadt UF.; 129 m; 30 000 Einw. ü. kath.; kath. u. prot. Kirchen; Aerzte u. Apoth.; Gymn., Realsch., Töchtersch., Engl. Frl.-Institut m. Pensionat, landw. Wintersch., höhere weibl. Bildungsanstalt; möbl. Z. 20 M; sch. Umg. u. Lage, t. Lebensv., gt. Bahnv.
A. a) 34 b) 19 c) Stadt ü. Industrie, Land ü. Landwsch.
B. a) NB. 1905 b) beengt 20 Z. in 2 St. Reg. i. Dachboden c) sch. III. St. 6 Z. 2 Kamm. Bd. WLtg. Gs. Cl. gt. d) ja, gem. Eing. e) H.

Aschaffenburg II, Stadt UF. — cf. Aschaffenburg I. -
A. a) 58 b) 17 c) ziemlich Industrie.
B. a) NB. 1905 b) 12 Z. II. St. c) h. ger. tr. III. St. 6 Z. MagdZ. Mans. Bd. WLtg. Gs. d) ja, gem. Eing. e) H.

Auerbach, Stadt OPf.; 430 m; 2160 Einw. ü. kath.; nur kath. Kirche; 1 Arzt, Apoth.; möbl. Z. 15 M; hübsche Gegend m. Wald, Bahnstat.
A. a) 23 b) — c) ü. Landwsch.
B. a) NB. 1904 b) ger. 5 Z. 2 Reg. I. St. c) h. ger. tr. II. u. III. St. 6 Z. 2 Mans. 1 Grd. Bd. WLtg. o. Gs. o. el. L. Cl. o. Wsp. d) prt. e) H. u. Nutzg. 0,191 ha G. m. WLtg. m. Vorg. gr.

Augsburg I, Stadt Schw.; 489 m; 123 015 Einw. ü. kath.; kath. u. prot. Kirchen; Aerzte u. Apoth.; alle Schulen am Platz; möbl. Z. 20 M; gt. Bahnv., t. Lebensv.
A. a) Stadt b) — c) ü. Industrie.
B. a) umgeb. 1911 b) ger. 32 Z. prt. u. I. St. c) Bes. Dienstwohngeb. ausserh. d. Amtes am Kesselmarkt s. kalt. ger. I. St. 8 Z. MagdZ. Bd. 3 Grd. Cl. Gs. d) — e) H. u. Nutzg. 10 a G. m. WLtg. o. Vorg.

Augsburg II, Stadt Schw. — cf. Augsburg I.
A. a) 38 b) 38 c) ü. Landwsch.
B. a) 1911 teilw. neugebaut b) ger. 13 Z. II. St. c) gt. II. St. 7 Z. 3 Kamm. Bd. WLtg. Gs. Cl. mittel d) — e) — o. Vorg.

Bamberg-Stadt, Stadt OF.; 259,7 m; 50 000 Einw. ü. kath.; kath. u. prot. Kirchen; Aerzte u. Apoth.; Lyzeum, 2 Gymn., Realsch., Töchtersch. (simult.) Inst. d. engl. Frl., Lehrerbild.-Anst.; möbl. Z. 20 M; sch. Umg. Bahnv. gt., Amtsgeb. in ruhiger Lage.
A. a) Stadt b) — c) ü. Industrie u. Gärtnerei.
B. a) alt b) ger. 14 Z. in 3 St. c) h. ger. tr. vollst. abgeschlossen, I. St. 7 Z. MagdZ. Grd. Bd. WLtg. Gs. Cl. Wsp. d) - e) H. u. Nutzg. 0,085 ha G. m. Wass. o. Vorg.

Bamberg-Land, Stadt OF. -- cf. Bamberg-Stadt.
A. a) 69 b) 26 c) ü. Landwsch.
B. a) UmB. 1911 Rückgeb. neu b) ger. 9 Z. I. St. c) h. ger. tr. II. St. 7 Z. MagdZ. Bd. WLtg. Gs. Cl. Wsp. d) ja, getr. Eing. e) H.

Bayreuth, Stadt OF.; 340 m; 34 548 Einw. ü. prot.; kath., prot., ref. Kirche; Aerzte u. Apoth.; Gymn., Kreisoberrealsch.,

Töchtersch., prot. Lehrerbild.-Anst., Taubst.-Anst., Landw. Krs.-Wintersch.; möbl. Z. 15 M; s. sch. Umg., gt. Bahnv., gt. Wass., Lebensv. während der Spielzeit t., sonst norm.

A. a) 70 b) 15 c) Stadt ü. Industrie, Land ü. Landwsch.

B. a) NB. 1904, Anbau 1911 b) ger. 15 Z. prt. u. I. St. c) in besond. Geb. ger. h. tr. II. St. 7 Z. Bd. (prt.) WLtg. tr. Cl. d) im Rent.-Gbde. e) H. u. Nutzg. 0,041 ha G. o. Wass. o. Vorg.

Beilngries, Stadt OPf.; 370 m; 1848 Einw. ü. kath.; nur kath. Kirchen; 2 Aerzte, Apoth.; möbl. Z. 12 M; sch. Umg., Bahnv. gt., Wass. gt.

A. a) 48 b) 29 c) ü. Landwsch.

B. a) alt, NB. in Aussicht b) beengt 3 Z. 2 Reg. c) h. ger. tr. I. St. 6 Z. MagdZ. o. Bd. o. Cl. d) — e) H. u. Nutzg. 0,037 ha G. m. Brunnen o. Vorg.

Berchtesgaden, Markt; 570 m; 2928 Einw. ü. kath.; kath. u. prot. Kirchen; 4 Aerzte, Apoth.; möbl. Z. 20 M; herrl. Lage.

A. a) 23 b) 11 c) ü. Landwsch.

B. a) Hpt.-Geb. 1887, Anbau 1911 b) ger. 10 Z. 9 prt. Reg. I. St. c) prachtvoll gelegen, Balk.-Aussicht, I. St. u. prt. 6 Z. Grd. MagdZ. Bd. WLtg. el. L. Cl. m. Wsp. d) beide Amtsd. sch. Dienstw. nicht im R.-Gbde. e) H. u. Nutzg. 1/2 Tgw. G. m. WLtg. u. Springbr. m. Vorg. kl.

Bergzabern, Stadt Pf.; 167 m; 2696 Einw. u. prot.; kath. u. prot. Kirche; Aerzte u. Apoth.; Lateinsch., städt. Töchtersch.; möbl. Z. 12 M; sch. Umg. u. Lage, Sommerfrische, gt. Bahnv., Wald.

A. a) 28 b) Steuereinnehmereien c) ü. Landwsch.

B. a) alt aber sch. b) beengt 7 Z. prt. c) h. ger. tr. I. St. 6 Z. Mans. Grd. Bd. WLtg. el. L. Cl. gt. d) — e) H. u. Nutzg. 9 a G. m. WLtg. Vorg. kl.

Blieskastel, Stadt Pf.; 215 m; 1550 Einw. ü. kath.; kath. u. prot. Kirche; 3 Aerzte, Apoth.; Lateinsch., Präparandensch.; möbl. Z. 18 M; sch. Lage, Herbst viel Morgennebel, Bahnv. gt., Lebensv. norm.

A. a) 25 b) Steuereinnehmereien c) ü. Landwsch.

B. a) NB. 1904 b) genügend 6 Z. c) h. ger. tr. freistehend, I. St. 6 Z. 1 Schrank- u. 1 Bd.-Z. 2 Kamm. im Dachraum, WLtg. el. L. Cl. gt. getr. Eing. f. Amt u. Whng. d) — e) H. u. Nutzg. s. gr. G. m. WLtg. m. Vorg. gr.

Brückenau, Stadt UF.; 304 m; 2100 Einw. ü. kath.; 1 kath. Kirche, prot. Betsaal; 2 Aerzte, Apoth.; möbl. Z. 15 M; herrl. Ausflüge, 40 Min. Bad Brückenau, dessen Nähe d. Lebensv. verteuert.

A. a) 32 b) 16 c) ü. Landwsch.

B. a) alt b) 6 Z. prt. c) h. ger. tr. I. St. 8 Z. 2 Kamm. Bd. WLtg. el. L. WCl. in Aussicht d) — e) H. u. Nutzg. 0,0128 ha G. m. Brunnen o. Vorg.

Buchloe, Markt Schw.; 617 m; 2585 Einw. ü. kath.; 2 kath. Kirchen, den Prot. steht 1 Schulzimmer zur Verfüg.; 2 Aerzte, Apoth.; möbl. Z. 15 M; gt. Bahnv., t. Lebensv.

A. a) 29 b) 28 c) ü. Landwsch.

B. a) alt, im bestbaul. Zustand b) ger. 5 Z. c) tr. ger. 8 Z. davon 5 Z. nach Norden, Bd. WLtg. Gs. Cl. mittel d) — e) H. u. Nutzg. 0,102 ha G. m. Br. m. Vorg. kl.

Burgau, Stadt Schw.; 457 m; 2178 Einw. ü. kath.; kath. Kirche, prot. Betsaal; 2 Aerzte, Apoth.; möbl. Z. 10 M; Umg. hübsch aber waldarm, Amtsgeb. liegt frei, Schnellz. halten nicht, sonst gt. Bahnv., Wass. mittel, Lebensv. n. überm. t.

A. a) 37 b) 36 c) ü. Landwsch.

B. a) alt b) beengt 4 Z. 3 Reg. c) h. tr. I. St. 6 Z. Grd. MagdZ. Kamm. im Dachraum, o. Bd. el. L. WLtg. in nächster Zeit gebaut, o. Cl. d) in e. neben d. Rent. befindl. Gde. e) H. u. Nutzg. 21,8 a G. o. Wass. m. Vorg. bes. Pflege n. erfordl.

Burghausen, Stadt OB.; 350 m; 3268 Einw. ü. kath.; kath. u. prot. Kirchen; 2 Aerzte, Apoth.; Gymn., Töchtersch. d. engl. Frl.; möbl. Z. 15 M; sch. Lage u. Spaziergänge in nächster Nähe, Bahnv. s. schl., Lebensv. norm., Kl. mild.

A. a) 45 b) 44 c) ü. Landwsch.

B. a) alt b) ger in 2 St. 12 Z. c) s. zufriedenstellend, II. St. 8 Z. Grd. BügelZ. Bd. WLtg. el. L. Cl. Wsp. d) — e) sch. Gras-, Obst- u. Gem.-G. an d. Salzach 0,072 ha G. m. Wass. o. Vorg.

Burglengenfeld, Stadt OPf.; 346 m; 3246 Einw. ü. kath.; 2 kath. Kirchen, 1 prot. 4 km v. Amtss. entfernt; 1 Arzt, Apoth.; möbl. Z. 10 M; sch. Umg., Amt am Fusse d. Burgberges in e. gr. G., Lokalbahn nach Haidhof, Lebensv. mittlere Preislage.

A. a) 53 b) 12 c) ü. Landwsch., jedoch einige grössere Ind.-Betr. vorhanden.

B. a) NB. 1911 b) ger. 7 Z. prt. 3 Reg. I. St. c) h. ger. tr. s. sch. I. St. 6 Z. Grd. MagdZ. 3 Kamm. Bd. WLtg. el. L. tr. Cl. d) im Anbau, getr. Eing. e) H. u. Nutzg. m. Vorg. zieml. gr.

Burgwindheim, Markt OF.; 400 m; 450 Einw. ü. kath.; kath. Kirchen; 1 Arzt, Apoth.; möbl. Z. 12 M; sch. waldr. Umg. (Steigerwald), gt. Bahnv. m. Bamberg, Amt befindet sich in der ehem. Sommerresidenz d. Zisterzienseräbte des nahen Klosters Ebrach, Schlossgeb. m. 2 ornamentalen Treppenaufgängen z. Dienstwhng.

A. a) 33 b) 2 c) ü. Landwsch.

B. a) alt b) ger. 3 Z. prt. c) h. ger. tr. I. St. 7 Z. Grd. MagdZ. o. Bd. WLtg. o. Cl. d) — e) H. u. Nutzg. 0,146 ha G. m. Wass. o. Vorg.

Cadolzburg, Markt MF.; 375 m; 1655 Einw. ü. prot.; 1 prot. Kirche. 1 kath. Kapelle; 1 Arzt u. Apoth.; möbl. Z. 12 M; sch. Umg. u. Lage, s. gt. Bahnv., zieml. t.

A. a) 22 b) 10 c) ü. Landwsch.

B. a) alt, jedoch in gt. baul. Zustand b) s. ger. 5 Z. prt. c) h. ger. tr. nach allen Seiten frei, I. St. 6 Z. Mans. MagdZ. WLtg. el. L. Cl. m. Wsp. angestrebt, Bd. m. O. u. W. d) — e) Nutz- u. ObstG. s. gr. 0,323 ha G. m. WLtg. m. Vorg. kl.

Cham, Stadt OPf.; 384 m; 4167 Einw. ü. kath.; kath. u. prot. Kirchen; 4 Aerzte, Apoth.; kath. Töchtersch., Präp.-Sch., gew. Fortbild.-Sch., landw. Winters-Sch.; möbl. Z. 12 M; sch. Aussicht u. Umg., gt. Bahnv.

A. a) 50 b) 6 c) ü. Landwsch. dabei auch Ind.

B. a) alt b) beengt 5 Z. I. St. 2 Reg. prt. c) h. ger. tr. jedoch zugig, II. St. 5 Z. Grd. 2 Kamm. Bd. WLtg. el. L. Cl. o. Wsp. d) — e) H. u. Nutzg. 0,064 ha G. m. WLtg. o. Vorg.

Dachau, Stadt OB.; 482 m; 5766 Einw. ü. kath.; kath. Kirche, prot. Betsaal; 5 Aerzte, Apoth.; Schülerkarten nach München; möbl. Z. 15 M; sch. Umg. u. Lage, gt. Bahnv., gt. Wass., norm. Lebensv., Vorortsverkehr m. München.

A. a) 56 b) 3 c) ü. Landwsch.

B. a) NB. 1905 b) s. beengt 4 Z. c) h. ger. tr. I. St. 5 Z. 2 MagdZ. (n. heizbar) Bd. WLtg. el. L. Cl. gt. d) prt. getr. Eingang e) H. u. Nutzg. kl. G. m. WLtg. m. Vorg. kl.

Dahn, Pfd. Pf.; — m; 1760 Einw. ü. kath.; kath. u. prot. Kirchen; 2 Aerzte, Apoth.; möbl. Z. 20 M; sch. Umg., am Garten fliesst d. Wieslauter vorbei.

A. a) 17 b) Steuer-Einnehmer c) ü. Landwsch.

B. a) 1892 b) ger. 7 Z. prt. c) h. tr. I. St. 5 Z. Grd. 2 Mans. o. Bd. WLtg. el. L. Cl. o. Wsp. d) — e) H. u. Nutzg. 0,20 ha G. m. WLtg. o. Vorg.

Deggendorf, Stadt NdB.; 322 m; 7478 Einw. ü. kath.; kath. u. prot. Kirchen; Aerzte, Apoth.; Realsch., Töchtersch. d. engl. Frl. (kath. u. prot. Schüler), Präpar.-Sch.; möbl. Z. 12 M; sch. Lage u. Umg. (bay. Wald).

A. a) 50 b) 6 c) ü. Landwsch.

B. a) NB. 1897 m. Anbau 1911 b) ger. 10 Z. 2 Reg. prt. (I. St. Sitz.-Z.) c) h. ger. tr. I. St. 6 Z. Grd. Mans. Bd. o. Fenster, WLtg. el. L. Cl. m. Wsp. d) — e) H. u. Nutzg. 0,047 ha G. m. WLtg. o. Vorg.

Dettelbach, Stadt UF.; 217 m; 2053 Einw. ü. kath.; nur kath. Kirchen; 2 Aerzte, Apoth.; kath. Haushalt.-Sch.; möbl. Z. 12 M; sch. Auss. v. Amtsgeb., gt. Bahnv.

A. a) 21 b) 1 c) ü. Landwsch. u. Weinhandel.

B. a) alt b) 4 Z. prt. c) h. tr. ger. I. St. 5 Z. Grd. Alkoven, gr. Vorplatz, o. Bd. WLtg. Cl. primitiv d) — e) H. u. Nutzg. 0,056 ha G. m. WLtg. o. Vorg.

Dillingen, Stadt Schw.; 435 m; 6292 Einw. ü. kath.; kath. u. prot. Kirchen; 4 Aerzte, Apoth.; Lyzeum, Gymn., Weibl. Fortbild.-Sch.; möbl. Z. 15 M; RentA., Amtsg., BezA., ForstA., Str.- u. FlBauA. sind im gleichen Gbde. (altes Schloss) untergebracht, Lage hoch h u. frei, t. Lebensv.

A. a) 18 b) 6 c) ü. Landwsch.

B. a) im alten Schloss b) ger. 8 Z. c) h. ger. sch. II. St. 6 Z. MagdZ. o. Bd. WLtg. el. L. tr. Cl. d) im Anbau, getr. Eing. e) H. u. Nutzg. 0,210 ha G. m. WLtg. o. Vorg.

Dingolfing, Stadt NdB.; 376 m; 3612 Einw. ü. kath.; nur kath. Kirchen; 3 Aerzte, Apoth.; möbl. Z. 20 M; 20 Min. vom Bahnhof entfernt, sch. Spaziergänge, Lebensv. n. bes. t.

A. a) 33 b) 12 c) ü. Landwsch.

B. a) alt b) ger. 6 Z. neugeb. Reg. im Anbau, prt. c) sch. ger. h. tr. I. St. 6 Z. Grd. 1 NebenZ. prt. Bd. WLtg. el. L. tr. Cl. d) — e) sch. Obst- u. GemüseG. 0,085 ha G. m. WLtg. o. Vorg.

Dinkelsbühl, Stadt MF.; 444 m; 4655 Einw. ü. prot.; kath. u. prot. Kirchen; 3 Aerzte, Apoth.; Progymn., Realsch.; möbl. Z. 15 M; altertümliche Stadt, gt. Verpfleg.

A. a) 37 b) — c) ü. Landwsch.

B. a) alt b) ger. 9 Z. I. St. c) h. ger. tr. hohe Z. II. St. 7 Z. Grd. Bd. m. O. u. W. WLtg. el. L. Cl. m. WLtg. d) — e) H. m. WLtg. o. Vorg.

Donauwörth, Stadt Schw.; 407 m; 4583 Einw. ü. kath.; kath. u. prot. Kirchen; 3 Aerzte, Apoth.; Progymn., Fortbild.-Sch., kath. Mdch.-Fortbild.-Sch.; möbl. Z. 15 M; s. gt. Bahnv., teilweise sch. Umg., Amt. in e. engen Strasse, n. bes. t. Lebensv., gt. Wass.

A. a) 35 b) 30 c) ü. Landwsch. u. Kleingewerbe.

B. a) alt b) ger. 6 Z. prt. c) h. ger. tr. I. St. 7 Z. 4 Kamm. i. Dachboden, o. Bd. WLtg. Gs. Cl. mässig d) — e) H. gr. G. kl. G. o. Wass. o. Vorg.

Dürkheim, Stadt Pf.; 150 m; 6000 Einw. ü. prot.; kath. u. prot. Kirchen; 5 Aerzte, Apoth.; Progymn., Realsch. m. Pens., Töchtersch. m. Pens. (paritätisch); möbl. Z. 18 M; s. sch. Lage am Rande d. Haardt, Bd. m. Soolquellen (Arsengehalt) gt. Bahnv.
A. a) 22 b) Steuer-Einnehmer c) ü. Landwsch. (Weinbau).
B. a) NB. 1898 b) ger. h. sch. 9 Z. prt. c) h. ger. tr. I. St. 6 Z. 2 Balk. Bd. WLtg. Gs. Cl. m. Wsp. d) — e) H. u. Nutzg. 4 a G. WLtg. m. Vorg. zieml. gr.

Ebermannstadt, Stadt OF.; 274 m; ca. 1200 Einw. (einschl. Breitenbach) ü. kath.; nur kath. Kirchen; 1 Arzt, Apoth.; möbl. Z. 15 M; sch. Umg. (fränk. Schweiz), schl. Bahnv., Wass. aus laufenden Br. ausserhalb d. Hauses, Lebensv. ungünstig, Bezug aus benachbarten Städten notwendig.
A. a) 39 b) 5 c) ü. Landwsch.
B. a) alt b) s. beengt 2 Z. 2 Reg. prt. c) h. ger. I. St. 6 Z; MagdZ. Grd. Kamm. o. Bd. o. WLtg. el. L. Cl. o. Wsp. d) — e) H. u. Nutzg. 0,024 ha G. m. Wasserbassin o. Vorg.

Ebern, Stadt UF.; 265 m; 1250 Einw. ü. kath.; nur kath. Kirche. 1 Arzt, Apoth.; möbl. Z. 10 M; sch. Umg., Kl. rauh, aber gesund, gt. Bahnv., Besuch v. Schulen in Bamberg möglich, mittl. Lebensv.
A. a) 69 b) 7 c) ü. Landwsch.
B. a) alt b) ger. 8 Z. prt. c) h. ger. gt. Zustand I. St. 6 Z. 4 Kamm. o. Bd. WLtg. el. L. z. erwarten, Cl. o. Wsp. d) — e) H. u. Nutzg. 1500 qm G. m. WLtg. o. Vorg.

Ebersberg, Markt OB.; 560 m; 2439 Einw. ü. kath.; nur kath. Kirche; 2 Aerzte, Apoth.; möbl. Z. 15 M; Nähe d. Gebirges, gt. Bahnv., Lebensv. n. t.
A. a) 31 b) 30 c) ü. Landwsch.
B. a) alt b) ger. 7 Z. in 2 St. c) h. ger. tr. I. St. 8 Z. WLtg. el. L. Cl. gt. d) — e) Nutzg. 0,095 ha G. m. WLtg. o. Vorg.

Edenkoben, Stadt Pf.; 141 m; 5069 Einw. ü. prot.; kath. u. prot. Kirchen; Aerzte u. Apoth.; Progymn., Töchtersch., Präpar.-Sch.; möbl. Z. 20 M; sch. Lage u. viele Ausflugsorte, s. gt. Bahnv., Aufenth. angen.
A. a) 22 b) Steuer-Einnehmer. c) ü. Landwsch. (Weinbau).
B. a) NB. 1893 m. Anbau 1911 b) ger. 8 Z. 3 Reg. in 3 St. c) h. ger. s. hohe Z. I. St. 6 Z. 2 Mans. Bd. WLtg. el. L. Cl. gt. d) — e) H. u. Nutzg. 0,07 ha u. Wingert 0,087 ha G. m. WLtg. m. Vorg. kl.

Eggenfelden, Stadt NdB.; 416 m; 3102 Einw. ü. kath.; nur kath. Kirchen; kath. Töchtersch.; möbl. Z. 12 M; Lebensv. norm., nächste Stadt Landshut m. 2 St. Eisenb.-Fahrt erreichbar, Gegend anmutig.
A. a) 64 b) 58 c) ü. Landwsch.
B. a) NB. 1912 beziehbar, Lage frei vor d. Stadt, b) ger. 11 Z. prt. u. I. St. c) h. ger. Aussicht ins Rotthal, II. St. 6 Z. Grd. 2 Mans. Bd. el. L. WLtg. Cl. m. Wsp. d) prt. getr. Eing. e) H. u. Nutzg. 019 ha G. m. WLtg. m. Vorg. kl.

Eichstätt, Stadt MF.; 388 m; 8000 Einw. ü. kath.; kath. u. prot. Kirchen; 5 Aerzte, Apoth.; Lyzeum, Gymn., Realsch., kath

Töchtersch., Lehrerbild.-Anst.; möbl. Z. 15 M; hübsche Gegend, gt. Bahnv.
A. a) 41 b) 23 c) ü. Landwsch.
B. a) alt b) ger. 8 Z. I. St. c) h. ger. tr. II. St. 8 Z. Grd. Altane Bd. WLtg. Gs. Cl. Wsp. d) — e) H. u. Nutzg. G. Wass. o. Vorg.

Erding, Stadt OB.; 464 m; 3834 Einw. ü. kath.; nur kath. Kirchen; 3 Aerzte, Apoth.; landwirtsch. Kreiswinter-Sch.; möbl. Z. 10 M; Lebensv. t., schl. Bahnv., Stadt liegt in d. Ebene, keine Spaziergänge.
A. a) 48 b) 46 c) ü. Landwsch.
B. a) NB. 1899 b) s. beengt 3 Z. 1 Reg. prt. c) h. ger. I. St. 6 Grd. Bd. m. O. o. W. el. L. d) — e) H. u. Nutzg. grösstenteils Wiese 0,827 ha G. m. Brunnen o. Vorg.

Erlangen, Stadt MF.; 280 m; 25000 Einw. ü. prot.; kath. u. prot. Kirchen; Aerzte u. Apoth.; Univers., Gymn., Realsch., Töchtersch. m. Lehrerinnenbild.-Anst. (ü. prot.); möbl. Z. 15 M; Universitätsstadt, sch. Lage, gt. Bahnv.
A. a) 31 b) 7 c) ü. Landwsch., in d. Stadt ü. Industrie u. Gewerbe.
B. a) NB. 1901 b) ger. 12 Z. (7 prt. 5 I. St.) c) s. gt. aber nach Norden, I. St. 5 ger. Z. 1 kl. Z. MagdZ. Grd. gr. neue Bodenkamm. Bd. m. O. u. m. W. WLtg. Gs. Cl. m. Wsp. d) prt. gem. Eing. e) G. m. WLtg. m. Vorg. 130 qm (Kosten trägt Staat).

Eschenbach, Stadt OPf.; 433 m; 1366 Einw. ü. kath.; nur kath. Kirchen; 1 Arzt, Apoth.; 4 Z.-Whng. 250 M, möbl. Z. 15 M; n. sch. Umg., windig, Wass.-Mangel, Lokalbahn.
A. a) 32 b) 13 c) ü. Landwsch.
B. a) NB. 1899 b) 4 Z. I. St. u. prt. c) tr. meist Norden, I. St. 6 Z. MagdZ. (n. heizb.) Grd. Bd. WLtg. Cl. o. Wsp. d) prt. gem. Eing. e) H. u. Nutzg. 6 Dez. G. m. WLtg. o. Vorg.

Feuchtwangen, Stadt MF; 450 m; 2486 Einw. ü. prot.; kath. u. prot. Kirchen; 3 Aerzte, Apoth.; Lateinsch. (3 Klassen); möbl. Z. 20 M; sch. Umg. u. Lage, Lebensv. n. bes. t., schl. Wass.-Verh., Wald 1/2 Std. entfernt, Bahnv. gt.
A. a) 20 b) — c) ü. Landwsch.
B. a) alt b) s. beengt 5 Z. 1 Reg. prt. c) s. ger. h. tr. I. St. (bezirksamtl. Dienstw. im II. St.) 7 Z. MagdZ. Grd. Bd. el. L. o. WLtg. (Pumpe in d. Kü.) Cl. o. Wsp. d) — e) H. u. Nutzg. 0,112 ha (zwischen Bez.-A. u. Rent.-A. geteilt) G. m. Brunnen o. Vorg.

Forchheim, Stadt OF.; 265 m; 9300 Einw. ü. kath.; kath. u. prot. Kirchen; 4 Aerzte, Apoth.; Progymn.: möbl. Z. 15 M; sch. Umg., fränk. Schweiz in nächster Nähe, sch. Flußbad, s. gt. Bahnv.
A. a) 35 b) — c) ü. Landwsch., Stadt bedeutende Industrie.
B. a) NB. 1895 b) ger. 7 Z. I. St., c) h. ger. tr. sch. freie Lage, sch. Aussicht, 7 Z. Kamm. Grd. Mans. II. St. Bd. m. O. u. W. WLtg. Gs. el L. (Kü. m. Kochgaseinrichtung) Cl. m. Wsp. d) — e) H. u. Nutzg. 0,21 ha G m. WLtg. m. Vorg.

Frankenthal, Stadt Pf.; 96 m; 18779 Einw. ü. prot.; kath. u. prot. Kirchen; Aerzte u. Apoth.; Progymn., städt. Töchtersch., Privatrealsch. m. Einj.-Berecht.; möbl. Z. 15 M; eben, Bahnv. s. gt., Lebensv. s. t., Wald nicht vorhanden.
A. a) 16 b) Steuer-Einnehmer c) ü. Industrie.
B. a) NB. 1892, Anbau 1911 b) ger. 10 Z. in 2 St. c) h. ger.

tr. I. St. 6 Z. 3 Mans. o. Bd. WLtg. Gs. Cl. m. Wsp. d) — e) H. u. Nutzg. 0,022 ha G. m. WLtg. m. Vorg. gr.

Freising, Stadt OB.; 460 m; 15000 Einw. ü. kath.: kath. u. prot. Kirchen; Aerzte u. Apoth.; Lyzeum, Gymn., Realsch., Töchtersch., Lehrerbild.-Anst., Akademie Weihenstephan f. Landwsch. u. Brauerei; möbl. Z. 20 M; angen. Aufenthalt, s. gt. Bahnv., Wald in d. Nähe (Kranzberger Staatsforst) Dienst-Whng. wegen hoher Lage viel Heizmaterial.

A. a) 35 u. 1 ausmärk. Forstbezirk b) 32 c) ü. Landwsch., Stadt Industrie.

B. a) NB. 1907 b) s. ger. 9 Z. 1 Reg. I. St. 2 Z. u. 3 Reg. prt. c) s. ger. h. tr. freie Lage, s. sch. Aussicht auf d. Gebirge, II. St. 6 Z. Grd. Bd. WLtg. el. L. Cl. m. Wsp. d) prt. getr. Eing. e) H. u. Nutzg. 20 a G. m. WLtg. u. Br. o. Vorg.

Freyung, Markt NdB.; 630 m; 1000 Einw. ü. kath.; nur kath. Kirche; 1 Arzt, Apoth.; möbl. Z. 10 M; Umg. u. Lage s. sch.

A. a) 47 b) 18 c) ü. Landwsch.

B. a) NB. 1901 b) ger. 5 Z. 2 Reg. prt. u. I. St. c) s. sch. h. ger. tr. herrl. Auss. II. St. 6 Z. Grd. Bd. WLtg. el. L. Cl. m. Wsp. d) gem. Eing. e) H. u. Nutzg. s. sch. Obst- u. Gemüseg. 3/4 Tgw. G. m. WLtg. m. Vorg. kl.

Friedberg, Stadt OB.; 512 m; 3500 Einw. ü. kath.; nur kath. Kirche; 1 Arzt, Apoth.; Augsburg s. leicht zu erreichen; möbl. Z. 15 M; 8 km v. Augsburg, gt. Bahnv.

A. a) 45 b) 43 c) ü. Landwsch., daneben in Lechhausen, Hochzoll u. Friedberg ü. Fabrikbevölkerung.

B. a) alt (Schlossgeb.) b) ger. 12 Z. c) h. ger. tr. s. kalt, den Stürmen ausgesetzt, I. St 7 Z. 4 Kamm. o. Bd. WLtg. o. Gs. u. o. el. L. Cl. entspr. d) in getr. Flügel d. Amtsgeb. e) H. u. Nutzg. 12 Dez. G. m. WLtg. o. Vorg.

Fürstenfeldbruck, Markt OB.; 531 m; 4480 Einw. ü. kath.; kath. Kirche, prot. Betsaal; Aerzte, Apoth.; München erreichbar, Unteroffiziersschule; möbl. Z. 20 M; Aufenthalt angen., nächste Nähe Münchens.

A. a) 57 b) 54 c) ü. Landwsch.

B. a) NB. 1912 b) ger. 8 Z. prt. u. I. St. c) h. tr. II. St. 8 Z. Grd. MagdZ. Gerätekamm. Bd. WLtg. el. L. Cl. m. Wsp. d) ja e) H. u. Nutzg. klein, G. m. WLtg. m. Vorg. kl.

Fürth i. B., Stadt MF.; 294 m; 90000 Einw. ü. prot.; kath. u. prot. Kirchen; Aerzte, Apoth.; Gymn., Realsch., Töchtersch., Nürnberg angrenzend; möbl. Z. 20 M; Bahnv. s. gt., fränk. Schweiz in d. Nähe.

A. a) 19 b) — c) ü. Industrie.

B. a) NB. 1900 b) ausreichend 18 Z. in 3 St. c) s. gt. h. ger. tr. II. St. 6 Z. Bd. keine Grd. gröss. Bodenraum, Gs. Cl. m. Wsp. d) getr. Eing. e) H. o. G.

Füssen, Stadt Schw.; 800 m; 5000 Einw. ü. kath.; kath. u. prot. Kirchen; 3 Aerzte, Apoth.; möbl. Z. 12 M; s. sch. Gebirgslage, im Sommer gt. Bahnv., starker Fremdenverkehr (Hohenschwangau, Füssen, Pfronten), t. Lebensv.

A. a) 20 b) 17 c) ü. Landwsch.

B. a) NB. 1899 b) ger. 4 Z. prt. c) h. ger. sonnig. tr. I. St. 6 Z. MagdZ. gr. Bodenraum, Bd. WLtg. el. L. Cl. m. Wsp. d) — e) H. u. Nutzg. gr. G. 56 Dez. (Parkanlage), G. m. WLtg. m. Vorg. im Anschluss an den gr. G.

Garmisch, Markt OB.; 699 m; 3500 Einw. (mit Partenkirchen 7000) ü. kath.; kath. Kirche u. 1 prot. im angrenzenden Partenkirchen; 5 Aerzte, Apoth.; möbl. Z. 15 M; s. sch. Lage u. Umgeb., Gebirgsort m. s. gr. Fremdenverkehr, infolgedessen t. Lebensv., gt. Wass, schl. Bahnv.

A. a) 16 b) 12 c) ü. Landwsch.

B. a) NB. 1907 b) ger. 5 Z. 1 Reg. I. St. 3 Reg.Z. prt. Vorraum f. d. Amtsdiener c) h. ger. tr. 6 Z. MagdZ. Diele, II. St. Bd. m. O. o. W. WLtg. el. L. Cl. m. Wsp. s. sch. Aussicht in d. Berge d) getr. Eing. e) H. u. Zierg. 8 Dez. G. m. WLtg. m. Vorg. kl.

Gemünden, Stadt UF.; 164 m; 2376 Einw. ü. kath.; kath. u. prot. Kirchen; 4 Aerzte, Apoth.; möbl. Z. 12 M; Kl. mild, n. zu heiss, s. gt. Bahnv., sch. waldreiche Umg., ang. Aufenth.

A. a) 27 b) 4 c) ü. Landwsch.

B. a) früheres Jagdschloss, nach allen Seiten frei, aber im Hochwassergebiet b) ger. 6 Z. II. St. part. Z. feucht u. n. benützbar c) h. ger. I. St. vollst. tr. 6 Z. 2 Turm-Z. 2 Kamm. herrl. Ausblick, Bd. (prt.) WLtg. Cl. o. Wsp. d) in e. vom Amtsgeb. entfernten ärar. Gbde. e) H. u. Nutzg. 0,587 ha, gr. Hühnerhof, G. m. WLtg. m. Vorg. mittelgr.

Germersheim, Stadt Pf.; 100 m; 5838 Einw. (darunter über 2000 Militär) ü. kath.; kath. u. prot. Kirche; Aerzte u. Apoth.; Progymn., Töchtersch., beide gemischt; möbl. Z. 12 M; gt. Bahnv.

A. a) 17 b) Einnehmereien c) ü. Landwsch.

B. a) Teilw. NB. 1911 b) ger. 7 Z. 2 Reg. prt. 1 Sitz.-Saal I. St. c) h. ger. tr. I. St. 6 Z. Bd. WLtg. Gs. Cl. m. Wsp. d) – e) H. u. Nutzg. 70 qm G. o. Wass. o. Vorg.

Gerolzhofen, Stadt UF.; 235 m; 2600 Einw. ü. kath.; kath. Kirche, prot. Betsaal; 3 Aerzte, Apoth.; möbl. Z. 10 M; flach, Steiger Wald ¾ Std. entfernt, schl. Bahnv., Wass. schl., Kl. s. heiss u. windig.

A. a) 52 b) 6 c) ü. Landwsch.

B. a) ehem. Abtei b) ger. 6 Z. h. sch. prt. c) h. ger. tr. I. St. 7 Z. MagdZ. Grd. gr. Vorplatz, Bd. Gs. u. WLtg. Cl. gt., im II. St. Dienstw. d. Oberamtsr. d) im Nebenhaus e) H. u. Nutzg. (Obst- u. Zierg.) G. m. WLtg. o. Vorg.

Greding, Stadt MF.; 420 m; 1100 Einw. ü. kath.; nur kath. Kirchen; 1 Arzt, Apoth.; möbl. Z. 6 M; schl. Bahnv., von Malern viel besucht.

A. a) 43 b) 7 c) ü. Landwsch.

B. a) altes Schlossgeb. b) ger. 4 Z. prt. Sitz.-Z. 2 Reg. II. St. c) h. s. ger. tr. sch. Auss. II. St. 6 Z. Grd. gr. Vorpl. Bd. WLtg. el. L. Cl. o. Wsp. Dienstw. d. Oberamtsr. im gl. Geb. d) – e) H. o. G.

Griesbach, Markt NdB.; 354 m; 1200 Einw. ü. kath.; nur kath. Kirchen, prot. Betsaal; 2 Aerzte, Apoth.; möbl. Z. 8 M; sch. Umg., o. Bahnv., jedoch Autoverb. n. bes. t.

A. a) 39 b) 39 c) ü. Landwsch.

B. a) Umbau 1911 b) ger. 6 Z. prt. 1 Z. I. St. c) h. ger. tr. II. St. 6 Z. MagdZ. Bd. el. L. WLtg. Cl. gt. d) — e) H. u. Nutzg. 6 Tgw. G. m. Br. m. Vorg. mittel.

Grünstadt, Stadt Pf.; 195 m; 4710 Einw. ü. prot.; kath. u. prot. Kirchen; 3 Aerzte, Apoth.; Progymn., Töchtersch.; möbl. Z. 20 M; sch. Umg. u. Lage, t. Lebensv.

A. a) 28 b) Einnehmereien c) ü. Landwsch.

B. a) NB. b) beengt 7 Z. prt. Reg. im Bodenr. c) h. ger. tr. I. u. II. St. 7 Z. Grd. o. Bd. WLtg. Gs. Cl. gt. d) — e) H. 100 qm m. Vorg. mittelgr. WLtg.

Günzburg, Stadt Schw.; 450 m; 5200 Einw. ü. kath.; kath. u. prot. Kirchen; 3 Aerzte, Apoth.; Gymn., Töchtersch. engl. Frl.; möbl. Z. 20 M; sch. Lage u. Umg., gt. Bahnv., gt. Wass.

A. a) 29 b) 28 c) ü. Landwsch.

B. a) alt b) ger. 8 Z. c) gt. Zustand II. St. 7 Z. Grd. 2 Kamm. Bd. WLtg. el. L. Cl. m. Wsp. d) getr. Eing. e) H. u. Nutzg. 20 Dez. G. m. WLtg. o. Vorg.

Gunzenhausen, Stadt MF.; 421 m; 5200 Einw. ü. prot.; kath. u. prot. Kirchen; 3 Aerzte, Apoth.; Realsch.; möbl. Z. 15 M; gt. Bahnv.

A. a) 41 b) 2 c) ü. Landwsch.

B. a) alt b) n. ger. 9 Z. I. St. Reg. prt. c) mittelgr. hoch, u. sonnig, II. St. 7 Z. o. Bd. WLtg. Gs. Cl. gt. d) — e) H. u. Nutzg. kl. WLtg. i. H. o. Vorg.

Hammelburg, Stadt UF.; 184 m; 2909 Einw. ü. kath.; kath. Kirchen, prot. Betsaal; 4 Aerzte, Apoth.; Progymn., gewerbl. Fortbild.-Sch.; möbl. Z. 15 M; sch. Umg., im Sommer viel Leben (Truppenübungspl.)

A. a) 36 b) 9 c) ü. Landwsch. (Weinbau).

B. a) alt b) s. ger. 7 Z. c) h. ger. tr. I. St. 7 Z. Bd. WLtg. el. L. Cl. d) für 1912 geplant, getr. Eing. e) H. u. Nutzg. 0,51 ha G. m. WLtg. m. Vorg. gr.

Heidenheim, Markt MF.; 480 m; 1360 Einw. ü. prot.; prot. Kirche, kath. Betsaal; 1 Arzt, Apoth.; möbl. Z. 12 M; s. sch. Umg., o. Bahnv., aber Postmotorv. m. Gunzenhausen, Wass. gt., Lebensv. n. t.

A. a) 24 b) — c) ü. Landwsch.

B. a) ehem. Kloster b) s. ger. 3 Z. c) h. ger. tr. s. ruhig gelegen, hochprt. 6 Z. Grd. MagdZ. Bd. m. O. u. m. W. WLtg. Cl. o. Wsp. d) — e) H. u. Nutzg. 0,320 ha lauf. Wass. i. G. o. Vorg.

Heilsbronn, Markt MF.; 421 m; 1366 Einw. ü. prot.; kath. u. prot. Kirchen; 4 Aerzte, Apoth.; möbl. Z. 12 M; sch. waldr. Umg., Bahnv. n. Nürnb. u. Ansb. s. gt.

A. a) 38 b) 4 c) ü. Landwsch.

B. a) alt b) ger. 6 Z. prt. c) h. s. ger. tr. I. St. 7 Z. 3 Kamm. o. Bd. Gs. Pumpbrunnen in d. Kü. d) getr. Eing. e) H. u. Nutzg. 0,041 ha G. m. WLtg. m. Vorg. kl.

Hemau, Stadt OPf.; — m; 1740 Einw. ü. kath.; nur kath. Kirchen; 2 Aerzte, Apoth.; möbl. Z. 14 M; Umg. o. bes. Reiz, fliessendes Wass. fehlt, Autopost u. Bahnv. n. Regensburg gt.

A. a) 34 b) 5 c) ü. Landwsch.

B. a) alt b) ger. 7 Z. prt. u. I. St. c) h. ger. II. St. 5 Z. MagdZ. 2 Kamm. in d. Mans. Bd. WLtg. Cl. o. Wsp. d) — e) H. u. Nutzg. 1 Tgw. 30 Dez. G. m. WLtg. o. Vorg.

Herrieden, Stadt MF.; 421 m; 1041 Einw. ü. kath.; nur kath. Kirchen; 1 Arzt, Apoth.; möbl. Z. 10 M; gt. Bahnv. m. Ansbach, ca. 30 m z. Wald.

A. a) 31 b) 7 c) ü. Landwsch.

B. a) alt, gt. Zustand b) ger. 4 Z. 2 Reg. c) h. ger. tr. I. St. 6 Z. Grd. 3 Kamm. (2 im Dachboden, senkrechte Wände) o. Bd.

el. L. ab 1912 Cl. o. Wsp. o. WLtg. d) — e) H. u. Nutzg. u. Zierg. 0,146 ha G. m. Br. o. Vorg.

Hersbruck, Stadt MF.; 340 m; 4552 Einw. (m. d. angrenz. Altensittenbach 5523) ü. prot.; kath. u. prot. Kirchen; 5 Aerzte, Apoth.; Progymn., landw. Wintersch.; möbl. Z. 15 M; sch. Umg., 2 Bahnen n. Nürnb., s. gt. Bahnv., Wass. gt.

A. a) 78 b) 50 c) ü. Industrie, Nähe Nürnb., viel Hopfenbau.

B. a) alt (Schlossgeb.) b) gen. 10 Z. 1 Reg. prt. 1 Reg. i. Keller c) h. ger. tr. I. St. 6 Z. 2 Kamm. o. Bd. WLtg. Cl. m. Wsp. o. Gs. u. o. el. L. d) — e) H. u. Nutzg. 0,085 ha Obstg. G. o. Wass. m. Vorg. 0,014 ha.

Herzogenaurach, Stadt OF.; 296 m; 3313 Einw. ü. kath.; kath. Kirchen, prot. Betsaal; 2 Aerzte, Apoth.; möbl. Z. 12 M; mild. ges. Kl., Nadelwaldungen, gt. Bahnv. nach Erlangen, Bamberg, Nürnberg, o. WLtg.

A. a) 33 b) — c) ü. Landwsch. am Amtssitz u. Industrie.

B. a) ehem. Schloss, in welchem auch d. Amtsger. s. befindet b) beengt 3 Z. 2 Reg. I. St. (II. St. Amtsger.) c) h. ger. tr. Winter s. kalt, I. St. 5 Z. Grd. MagdZ. o. Bd. o. Gs. o. el. L. Cl. o. Wsp. Flügelpumpe bei der Kü. d) — e) H. u. Nutzg. 0,191 ha, G. gemeins. m. Amtsger. G. o. Wass. m. Vorg. kl.

Hilpoltstein, Stadt MF.; 379 m; 1476 Einw. ü. kath.; kath. Kirchen, prot. Betsaal im Rent.-Gbde.; 2 Aerzte, Apoth.; möbl. Z. 12 M; nächste Umg. n. bes. reizvoll, n. bes. t. Lebensv., Bahnv. gt.

A. a) 42 b) 4 c) ü. Landwsch.

B. a) NB. 1903 b) genügend 5 Z. I. St. 2 Reg. prt. c) im alten Rent.-Gbde. vom Bureau durch Hof getr. ger. h. tr. hochprt. nach d. Hofe, I. St. 6 Z. Grd. Bd. WLtg. Cl. o. Wsp. d) prt. im Bureaugeb. getr. Eing. e) H. u. Nutzg. 0,044 ha G. m. WLtg. o. Vorg.

Höchstadt a. Aisch, Stadt OF.; 272 m; 2070 Einw. ü. kath.; nur kath. Kirchen; 1 Arzt, Apoth.; möbl. Z. 10 M; o. bes. Annehmlichk. u. o. bes. Nachteile.

A. a) 34 b) 2 c) ü. Landwsch.

B. a) 1896 erweitert u. z. T. umgebaut b) ger. 4 Z. prt. c) h. ger. tr. I. St. 7 Z. MagdZ. prt. Bd. el. L. Cl. ländlich, Trinkwass. muss vom Marktbrunnen geholt werden d) — e) H. u. Nutzg. 0,027 ha Br. i. G. (ungeniessbares Wass.) m. Vorg. kl.

Höchstädt a. D., Stadt Schw.; 423 m; 2400 Einw. ü. kath.; nur kath. Kirchen; 2 Aerzte, Apoth.; möbl. Z. 10 M; sch. Lage, starke Nebel.

A. a) 36 b) 22 c) ü. Landwsch.

B. a) Schlossgeb. s. gt. Zustand b) ger. 6 Z. 2 Reg. in einem St. c) h. ger. tr. gt. Zustand, I. St. 6 Z. MagdZ. Grd. Bd. m. O. m. W. WLtg. Cl. o. Wsp. d) getr. Eing. e) H. u. Nutzg. 0,456 ha G. m. WLtg. o. Vorg.

Hof a./S., Stadt OF.; 500 m; 41 129 Einw. ü. prot.; kath. u. prot. Kirchen; Aerzte u. Apoth.; Gymn., Realsch., Töchtersch., beide Konfess. gemischt; möbl. Z. 16 M; Kl. rauh, Gegend bergig, Spaziergänge in nächster Nähe, ausgedehnte Anlagen, Nähe d. Fichtelgeb., Frankenwaldes etc.; Steben, Franzensbad, Karlsbad, Marienbad leicht erreichbar, gt. Bahnv., Lebensv. norm.

A. a) 55 b) 24 c) ü. Landwsch., Hof, Rehau, Schwarzenbach a./S., Oberkotzau s. industriereich.

B. a) 1880 erb., 1903 Anbau, 1911 Stockaufbau b) ger. 20 Z.

inkl. Reg. (8 prt. 11 I. St. 1 II. St.) c) h. ger. tr. II. St. (1911 neu) 6 Z. MagdZ. Grd. Bd. m. O. o. W. WLtg. el. L. u. Gs. Cl. m. Wsp. d) -- e) H. u. Nutzg. 0,134 ha G. m. Springbr. o. Vorg.

Hofheim, Stadt UF.; 262 m; 985 Einw. ü. kath; kath. Kirche; prot. 20 m entfernt; 2 Aerzte, Apoth.; möbl. Z. 15 M; sch. Lage, Wald 3/4 Std. entfernt, schl. Bahnv., Autopost nach Schweinfurt.
A. a) 41 b) 21 c) ü. Landwsch.
B. a) NB. 1912 beziehbar b) ger. 6 Z. 3 Reg. prt. u. I. St. c) h. ger. tr. modern, II. St. 6 Z. Grd. 2 Mans. Bd. WLtg. s. gt. Wass. Cl. m. Wsp. d) prt. Eing. gemeins. e) H. kl. m. Vorg. kl. 100 qm.

Homburg, Stadt Pf.; 242 m; 7196 Einw., 3/5 kath. 2/5 prot.; kath. u. prot. Kirchen; 3 Aerzte, Apoth.; Progymn., Töchtersch., landw. Winter-Sch.; möbl. Z. 20 M; waldr. Gegend, s. gt. Bahnv.
A. a) 45 b) Einnehmereien c) ü. Industrie.
B. a) NB. 1892, Anbau 1911 b) ger. 12 Z. inkl. Reg. c) h. ger. tr. I. St. 6 Z. 2 Mans. Bd. WLtg. Gs. el. L. Cl. m. Wsp. d) — e) H. u. Nutzg. 0,213 ha G. m. WLtg. o. Vorg.

Illertissen, Markt Schw.; 512 m; 1960 Einw. ü. kath.; kath. u. prot. Kirchen; 2 Aerzte, Apoth; möbl. Z. 10 M; Bahnl. Ulm-Kempten-Lindau, Amt auf 40 m hoh. Berg.
A. a) 44 b) 35 c) ü. Landwsch.
B. a) NB. b) 5 Z. c) h. ger. tr. 3 Z. Grd. Kü. Bd. I. St. 5 Z. MagdZ. gr. Vorpl. II. St. WLtg. Cl. m. Wsp. (Dienstw.-Gbd. ist getr.vom Amtsgebd.) d) II. St. Rent.-Gbd. e) H. u. Nutzg. 4 Tgw. (n. unmittelb. v. Wohngebd. zugänglich) G. m. WLtg. m. Vorg. kl.

Immenstadt, Stadt Schw.; 731 m; 5000 Einw. ü. kath.; kath. u. prot. Kirchen; 4 Aerzte, Apoth.; möbl. Z. 20 M; sch. Umgeb., gt. Bahnv. Fremdenverk. Lebensv. t.
A. a) 36 b) 33 c) ü. Landw. aber auch viel Industrie.
B. a) alt (Schloß) b) ger. 7 Z. 1 Reg. II. St. 3 Reg. prt. c) h. ger. gr. u. h. Räume II. St. 6 Z. MagdZ. Grd. Bd. WLtg. el. L. Cl. m. Wsp. d) prt. Rückgeb. getr. Eingang e) H. u. Ntzg. ca. 3 Min. vom Hause 16 a G. m. WLtg. ohne Vorg.

St. Ingbert, Stadt Pf.; 230 m; 17000 Einw. ü. kath.; 3 kath., 1 prot. Kirchen; Aerzte und Apoth.; Progymn., Töchtersch.; möbl. Z. 20 M; s. gt. Bahnv., s. sch. Laubwälder, Fabrikstadt.
A. a) 8 b) Einnehmereien c) ü. Industrie.
B. a) NB. 1901 b) ger. 6 Z. Vorraum f. Amtsd. prt. c) h. ger. I. St. 6 Z. MagdZ. heizb. Mans. Bd. m. O. WLtg. Gs., Trocken-Cl. d) — e) H. u. Nutzg. 0,1073 ha u. e. Acker 0,2546 ha G. m. WLtg. m. Vorg. 0,0517 ha.

Ingolstadt, Stadt OB.; 356 m; 25 000 Einw. ü. kath.; kath. u. prot. Kirchen; Aerzte u. Apoth.; Gymn., Realsch., höhere Mädchen-Schule; möbl. Z. 15 M; gt. Bahnv. n. bes. t. Lebensv., weitere Umgeb. schön. Donaubad.
A. a) 43 b) 31 c) ü. Landwsch.
B. a) alt b) ger. 13 Z. (10 prt. 3 I. St.) c) sonnig, nach Süd. h. ger. tr. I. St. 7 Z. Grd. Kamm. Bd. WLtg. Gs. Cl. m. Wsp. d) e) H. u. Nutzg. 0,46 dez. G. m. WLtg. o. Vorg.

Kaiserslautern, Stadt Pf.; 240 m; 54665 Einw. 2/5 kath., 3/5 prot.; kath. u. prot. Kirchen; Aerzte u. Apoth.; Gymn., Oberrealsch., Töchtersch. m. LehrerinnenbildAnst. (prot.); möbl. Z. 15 M; s. sch. waldr. Umg., gt. Bahnv., gt. Wass.

A. a) 43 b) Einnehmereien c) Stadt ü. Industrie, Landbez. ü. Landwsch.

B. a) früher Hauptzollamt 1896 b) ger. 23 Z. in 3 St. c) h. tr. II. St. 6 Z. 2 Mans. Grd. MagdZ. o. eigentl. BdZ. Gs. i. d. Kü. el. L. i. d. Wohng. Cl. gt. d) Eing. gemeinsch. e) H. u. Ntzg. 40 qm G. o. Wass. o. Vorg.

Kandel, Pfd. Pf.; 156 m; 3882 Einw. ü. prot.; Simultan-Kirche; 3 Aerzte, Apoth.; Lateinsch., landwirtsch. WinterSch.; möbl. Z. 15 M; Lage im Flachland, sch. Wälder, Wass. gt.

A. a) 21) b) Einnehmereien c) ü. Landwsch.

B. a) 1897 adaptiert, 1903 erweitert b) beengt, 7 Z. prt. Reg. Dachraum, c) sch. ger. I. St. 5 Z. 3 Mans. Bd. WLtg. el. L. Cl. m. Wsp. d) — e) H. u. Nutzg. 0,054 ha G. m. WLtg. o. Vorg.

Karlstadt, Stadt UF.; 167 m; 3227 Einw., ü. kath.; kath. u. prot. Kirchen; 2 Aerzte, Apoth.; möbl. Z. 15 M; berg. Gegend, 1/4 Std. zum Wald, Klima mild, sch. Ausflüge, s. gt. Bahnv. m. Würzb. Postauto Karlstadt-Hammelburg.

A. a) 21 b) — c) ü. Landwsch.

B. a) NB. 1908 b) ger. h. 7 Z. I. St. 2 Reg. prt. c) s. h. ger. tr. Haus steht frei, II. St. 6 Z. Kamm. Grd. Bd. WLtg. Gs. Cl. o. Wsp. d) prt. getr. Eing. e) H. u. Nutzg. 0,333 ha G. m. WLtg. m. Vorg. kl.

Kastl b. Amberg, Markt OPf.; 470 m; 900 Einw. ü. kath.; nur kath. Kirche; 1 Arzt, Apoth.; möbl. Z. 10 M; landschaftlich s. sch. Verpflegung schwierig.

A. a) 29 b) 15 c) überw. Landwsch.

B. a) alt b) ger. 6 Z. WarteZ. 2 Reg. c) h. ger. tr. II. St. 6 Z. 2 Kamm. Bd. WLtg. Cl. gt. d) ausser dem Hause e) H. u. gr. Ntzg. nebst Park. G. m. WLtg. o. Vorg.

Kaufbeuren, Stadt Schw.; 680 m; 9000 Einw. 2/3 kath., 1/3 prot.; kath. u. prot. Kirchen; Aerzte u. Apoth.; Progymn., Realsch., Töchtersch. (Franziskanerinnen) auch Prot. zugelassen; möbl. Z. 12 M; gt. Bahnv. sch. Lage u. Umgeb. gt. Wass. Sommer viel Staub vor d. Amtsgeb.

A. a) 29 b) 28 c) ü. Landwsch.

B. a) alt, b) beengt 5 Z. prt. 2 Z. II. St. c) h. ger. II. St. 6 Z. 4 Kamm. Bd. m. O. u. m. W. WLtg. Gs. Cl. m. Wsp. Dienstwohng. d. Bez.-Amts I. St. d) — e) H. u. Nutzg. 0,126 ha G. m. WLtg. o. Vorg.

Kelheim, Stadt NdB.; 354 m; 3800 Einw. ü. kath.; kath. u. prot. Kirch.; 2 Aerzte, Apoth.; möbl. Z. 15 M; herrl. Umg., sch. Wälder, Wellenbad i. d. Altmühl, gt. Wass. gt. Lebensv. Postauto nach Riedenburg-Dietfurt.

A. a) 40 b) 15 c) ü. Landwsch.

B. a) alt, in gt. Zustand, Aussicht auf Befreiungshalle b) ger. sonnig, 7 Z. Warteraum, Hochprt. c) h. ger. tr. I. St. 6 Z. Kamm. 2 Bodenkamm. Grd. o. Bd. WLtg. Gs. Cl. schl. d) — e) H. u. Blumengärtchen G. o. Wass. o. Vorg.

Kemnath, Stadt OPf.; 590 m; 1441 Einw. ü. kath.; nur kath. Kirche; 1 Arzt, Apoth.; möbl. Z. 12 M; landschaftlich sch. Postauto zur Bahnstation.

A. a) 71 c) 68 d) ü. Landwsch.

B. a) NB. 1903 b) ger. 5 Z. prt. c) h. s. ger. tr. I. St. 7 Z. Grd. MagdZ. Bd. Pumpwerk in d. Kü. Cl. gt. d) — e) H. u. Nutzg. 0,059 ha G. m. WLtg. o. Vorg.

Kempten, Stadt Schw.; 697 m; 21 000 Einw. ü. kath.; kath. u. prot. Kirchen; mehrere Aerzte, Apoth.; Gymn., Realsch., kath. Töchterschule; möbl. Z. 12 M; sch. Umgeb. u. Lage, gt. Bahnv. t. Lebensv.

A. a) 31 b) 30 c) ü. Landwsch. u. Industrie.

B. a) NB. 1904 b) ger. 15 Z. in verschiedenen St. c) h. ger. tr. II. St. 8 Z. Bd. WLtg. Gs. Cl. m. Wsp. d) getr. Wohnungseing., gleich Hauseing. e) H. m. Vorg. kl.

Kippenberg, Markt MF.; 395 m; 800 Einw. ü. kath.; nur kath. Kirche; 1 Arzt, Apoth.: möbl. Z. 9 Mk.; s. sch. Wälder m. gepflegten Spazierwegen, s. sch. Badegelegenheit, Bahnv. gt. Lage d. Amtes unruhig.

A. a) 45 b) 11 c) nur Landwsch.

B. a) 1899 vergrössert, gt. Zustand b) 6 Z. prt. c) h. tr. I. St. 4 Z. 2 Kamm. Bd. Bodenraum: 2 Z. WLtg. el. L. von 1913 ab. Trocken-Cl. d) — e) H. u. Ntzg. 0,249 ha G. m. WLtg. m. Vorg. kl.

Kirchheimbolanden, Stadt Pf.; 250 m; 4000 Einw. ü. prot.; kath. u. prot. Kirchen; 4 Aerzte, Apoth.; Progymn., Töchtersch., Präparandensch.; möbl. Z. 20 M; gt. Bahnv. sch. Waldspaziergänge, Luftkurort, gt. Wass., sch. Lage, Donnersberg in d. Nähe.

A. a) 37 b) Einnehmereien c) ü. Landwsch.

B. a) 1894, Aufbau 1911 b) ger. 8 Z. Warteraum (I. St. 7 Z. 1 Z. u. Warteraum prt.) c) h. ger. tr. II. St. 6 Z. 2 Mans. Bd. WLtg. Gs. Cl. m. Wsp. d) gem. Eing. e) H. u. Nutzg. 0,104 ha G. m. WLtg. o. Vorg.

Kissingen, Stadt UF.; 210 m; 5831 Einw. ü. kath.; kath. u. prot. Kirche; Aerzte u. Apoth.; Realsch., engl. Frl.; möbl. Z. 20 M; Weltbad, gt. Bahnv. t. Lebensv.

A. a) 30 b) 15 c) ü. Landwsch. viel Saisongeschäfte.

B. a) NB. 1904 b) ger. 7 Z. I. St. 3 Reg. SitzZ. prt. c) sch. h. ger. tr. II. St. 6 Z. Grd. MagdZ. Bd. WLtg. Gs. Cl. gt. d) getr. Eing. e) H. u. Nutzg. 5,7 a G. m. WLtg. m. Vorg. kl.

Kitzingen, Stadt UF.; 204 m; 9113 Einw. ü. prot.; kath. u. prot. Kirchen; 5 Aerzte, Apoth.; Progymn., Realsch., Töchtersch.; möbl. Z. 15 M; anmutige Gegend am Main, gt. Bahnv. m. Nürnberg u. Würzburg.

A. a) 20 b) — c) ü. Landwsch.

B. a) alt b) ger. 8 Z. c) h. ger. tr. etwas kalt (Norden z. T.) prt. u. I. St. 7 Z. MagdZ. Bd. m. O. u. m. W. WLtg. Gs. Cl. d) — e) H. u. Nutzg. 0,467 ha G. m. WLtg. o. Vorg.

Klingenberg a. M., Stadt UF.; 128 m; 1587 Einw. ü. kath.; nur kath. Kirche; 1 Arzt, Apoth.; möbl. Z. 15 M; s. sch. Umg. Waldungen in unmittelb. Nähe, sch. Lage des Amtes, gt. Bahnv. gt. Wass.

A. a) 32 b) 16 c) Stadt ü. Industrie, sonst ü. Landwsch.

B. a) NB. 1912 b) ger. 9 Z. I. St. u. prt. c) II. St. 5 Z. Grd. Mans. Bd. m. O. WLtg. el. L. Cl. m. Wsp. d) getr. Eing. e) H. u. Nutzg. ziemlich gross m. Vorg. kl.

Königshofen, Stadt UF.; 226 m; 1802 Einw. ü. kath.; kath. u. prot. Kirchen; 3 Aerzte, Apoth.; möbl. Z. 12 M; Wald 1 St. entfernt, Lebensv. gt. u. n. bes. t. Bahnv. abseits v. Hptverk.

A. a) 33 b) — c) ü. Landwsch.

B. a) alt b) ger. 5 Z. c) h. ger. tr. I. St. 6 Z. versch. Kamm. Bd. m. O. m. W. WLtg. Gs. Cl. d) — e) H. u. Nutzg. 1 Tgw. G. m. WLtg. u. Br. o. Vorg.

Kötzting, Markt NdB.; 410 m; 2090 Einw. ü. kath.; nur kath. Kirchen; 1 Arzt, Apoth.; möbl. Z. 12 M; Umgeb. s. sch. Bahnv. gt.
A. a) 45 b) 29 c) ü. Landwsch.
B. a) NB. 1905 b) ger. 5 Z. I. St. c) h. ger. tr. II. St. 7 Z. Bd. WLtg. Cl. m. Wsp. d) -- e) H. u. Nutzg. 0,074 ha G. m. WLtg. o. Vorg.

Kronach, Stadt OF.; 408 m; 5434 Einw. ³/₄ kath., ¹/₄ prot.; kath. u. prot. Kirchen; 4 Aerzte, Apoth.; Realsch., kath. Präparandensch.; möbl. Z. 20 M; Amt sch. gelegen, gt. Bahnv.
A. a) 64 b) 23 c) Stadt ü. Industrie, sonst ü. Landwsch.
B. a) alt b) beengt. 8 Z. I. St. (Reg. prt.) c) h. ger. tr. II. St. 5 Z. Bd. WLtg. Gs. Cl. gt. d) prt. getr. Eing. e) H. u. Nutzg. 2 a G. o. Wass. o. Vorg.

Krumbach, Stadt Schw.; 510 m; 3358 Einw. ü. kath.; nur kath. Kirchen; 3 Aerzte, Apoth.; Töchtersch. (engl. Frl.); möbl. Z. 15 M; Lage s. abgelegen, hübsche Waldspaziergänge, s. schl. Bahnv.
A. a) 50 b) 49 c) ü. Landwsch.
B. a) 1883 b) beengt, 5 Z. prt. c) h. tr. I. St. 6 Z. MagdKamm. Bd. WLtg. el. L. Cl m. Wsp. d) e) H. u. Nutzg. 0,194 ha (Gemüse- u. Obstg. u. englische Anlage) G. m. WLtg. o. Vorg.

Kulmbach, Stadt OF.; 304 m; 10731 Einw. ü. prot.; kath. u. prot. Kirchen: 5 Aerzte, Apoth.; Realsch. m. Handelsabt., Töchtersch., prot. Präparandensch.; möbl. Z. 15 M; sch. Umg. Wald in nächster Nähe, gt. Bahnv. Aufenthalt angen.
A. a) 32 b) — c) Stadt ü. Industrie, Land ü. Landwsch.
B. a) alt b) ger. 9 Z. (2 I. St. 7 II. St.) c) sch. h. ger. tr. III. St. 8 Z. Grd. Bd. m. O. u. m. W. WLtg. Gs. Cl m. Wsp. d) gemeins. Hauseing. e) H. u. Nutzg. 0,045 ha G. m. WLtg. o. Vorg.

Kusel, Stadt Pf.; 205 m; 3600 Einw. ü. prot.; kath. u. prot. Kirche; 3 Aerzte, Apoth.; Progymn., Töchtersch., prot. Präparandensch.; möbl. Z. 18 M; sch. Umgeb. angen. Lebensv. nächste Nähe der Bahn.
A. a) 47 b) Einnehmereien c) ü. Landwsch.
B. a) 1896 b) ger. 6 Z. prt. c) h. ger. tr. I. St. 5 Z. 2 Mans. Bd. WLtg. Gs. Trocken-Cl. d) -- e) H. u. Nutzg. 0,085 ha G. m. WLtg. m. Vorg. kl.

Landau a. Is., Stadt NdB.; 340 m; 3225 Einw. ü. kath.; kath. u. prot. Kirchen; 3 Aerzte, Apoth.; Töchtersch. (engl. Frl.); möbl. Z. 12 M; s. gt. Bahnv.. sch. Blick in bayr. Wald u. Gäuboden.
A. a) 33 b) 13 c) Landwsch.
B. a) alt b) beengt 5 Z. prt. c) h. ger. tr. I. St. 9 Z. o. Bd. WLtg. el. L. o. Cl. d) – e) H. u. Nutzg. 0,123 ha G. m. WLtg. o. Vorg.

Landau, Stadt Pf.; 141 m; 17759 Einw. ü. prot.; kath. u. prot. Kirchen; Aerzte u. Apoth.; Gymn., Realsch., städt. Töchtersch., Institut d. engl. Frl. m. Haushaltungssch., Mädchenhandelssch., höhere Handelssch., landw. Wintersch.; möbl. Z. 20 M; sch. gebaute Stadt, gt. Quellwass.-Ltg. Kanalisat. sch. gelegen vor dem Haardtgeb.
A. a) 27 b) Einnehmereien c) ü. Landwsch. (Weinbau u. Weinhandel).
B. a) im Bau b) ger. 20 Z. in 3 St. c) h. ger. grösstenteils nach Norden II. St. 6 Z. MagdZ. Grd. Bd. WLtg. el. L. Cl. m. Wsp. d) getr. Eing. e) H. u. Nutzg. G. m. WLtg. o. Vorg.

Landsberg a. L., Stadt OB.; 588 m; 7293 Einw. ü. kath.; nur kath. Kirchen; 5 Aerzte, Apoth.; Realsch., Präp.-Sch., Kreisackerbau-Sch.; möbl. Z. 15 M; sch. Lage.
A. a) 64 b) 63 c) ü. Landwsch.
B. a) NB. 1907 b) ger. 8 Z. 4 Reg. prt. u. I. St. c) h. ger. tr. m. Ausnahme d. Kellers, II. St. 8 Z. Kamm. Bd. WLtg. el. L. Cl. m. Wsp. d) getr. Eing. e) H. u. Nutzg. 34 Dez. G. m. WLtg. o. Vorg.

Landshut, Stadt NdB.; 392 m; 25 136 Einw. ü. kath.; kath. u. prot. Kirchen; Aerzte, Apoth.; Gymn., Realsch., Präp.-Sch., 2 kath. Töchtersch. m. Lehrerinnenbild.-Anst.; möbl. Z. 15 M.
A. a) 63 b) 48 c) ü. Landwsch.
B. a) Umbau 1901 b) ger. 10 Z. I. St. 2 Reg. u. Sitz.-Z. prt. c) h. sonnig, ger. tr. II. St. 6 Z. MagdZ. Grd. Bd. m. W. u. m. O. WLtg. Gs. Cl. m. Wsp. d) prt. Eing. gemeins. e) H. u. Nutzg. gr. G. m. WLtg. o. Vorg.

Landstuhl, Stadt Pf.; 240 m; 4500 Einw. ü. kath.; kath. u. prot. Kirche; 4 Aerzte, Apoth.; Lateinsch.; möbl. Z. 18 M; sch. Umg. viel Wald, s. gt. Bahnv. Schnellzugshaltestelle, gt. Wass.
A. a) 33 b) Einnehmereien c) ü. Landwsch.
B. a) 1891 b) ger. 8 Z. prt. c) h. ger. tr. I. St. 6 Z. 2 Mans. o. Bd. WLtg. el. L. Cl. m. Wsp. d) — e) H. u. Nutzg. 740 qm G. m. WLtg. o. Vorg.

Laufen, Stadt OB; 430 m; 2600 Einw. ü. kath.; kath. Kirchen, prot. Betsaal; 3 Aerzte, Apoth.; möbl. Z. 20 M; sch. Umg.
A. a) 40 b) 37 c) ü. Landwsch.
B. a) alt b) mittel, 7 Z. I. St. rep. Reg. Dachraum c) h. ger. tr. II. St. 6 Z. MagdZ. Bd. prt. el. L. Trocken-Cl. d) gem. Eing. e) H. u. Nutzg. kl. G. o. Wass. o. Vorg.

Lauingen, Stadt Schw.; 441 m; 4200 Einw. ü. kath.; nur kath. Kirchen; 2 Aerzte, Apoth.; Lehrerbild.-Anst., Landw. Winter-Sch., gew. Fortbild.-Sch.; möbl. Z. 15 M.
A. a) 23 b) 16 c) ü. Landwsch.
B. a) alt, s. gt. Zustand b) ger. 6 Z. I. St. c) h. ger. II. St. 7 Z. Bd. m. O. u. m. W. el. L. WLtg. Trocken-Cl. d) — e) H. u. Nutzg. 0,040 ha G. m. Br. o. Vorg.

Lauterecken, Stadt Pf.; 162 m; 2221 Einw. ü. prot.; kath. u. prot. Kirchen; 2 Aerzte, Apoth.; möbl. Z. 18 M; sch. geb. Lage, gt. Bahnv. nach Bad Münster a. St. u. Kreuznach, Bingen etc. Lebensv. angen., schöne Waldspazierg.
A. a) 51 b) Einnehmereien c) ü. Landwsch.
B. a) NB. 1897 b) ger. 7 Z. hochprt. 2 Reg. im Keller c) h. ger. tr. herrl. Aussicht, I. St. 6 Z. 2 Mans. o. Bd. o. WLtg. Cl. o. Wsp. Pumpbrunnen in d. Kü. d) — e) H. u. Nutzg. G. m. Pumpbr. m. Vorg. kl.

Lengfurt, Pfd. UF.; 153 m; 878 Einw. ü. kath.; nur kath. Kirche; — Aerzte, — Apoth.; möbl. Z. 15 M; hübsche Umgeb., jedoch abgelegen.
A. a) 38 b) 37 c) ü. Landwsch.
B. a) alt b) beengt, 6 Z. prt. c) h. tr. etwas beengt, I. St., 6 Z. o. Bd. el. L. Pumpbr. i. d. Kü. Cl. o. Wsp. d) — e) H. u. Nutzg. 0,090 ha G. m. Pumpbr. o. Vorg.

Lichtenberg, Stadt OF.; 570 m; 950 Einw. ü. prot.; prot. Kirche; — Aerzte, — Apoth.; möbl. Z. 10 M; sch. Umg., 3/4 Std. nach Bad

Steben, nächster Nähe Nadelwälder, schl. Bahnv., s. sch. Ausflüge in d. Frankenwald, Saalethal u. ins Thüringische.

A. a) 39 b) 1 c) ü. industriereich, sonst Landwsch.

B. a) NB. 1911 b) ger. 6 Z I. St. 1 Z. II. St. c) h. tr. m. langem Gang, II. St. 6 Z. MagdZ. Dachkamm. Bd. el. L. Cl. gt. d) in e. Anbau, getr. Eing. e) H. u. Nutzg. 12 Dez. G. m. WLtg. o. Vorg.

Lichtenfels, Stadt OF.; 325 m; 4500 Einw. ü. kath.; kath. u. prot. Kirche; 4 Aerzte, Apoth.; Privat-Realsch.; möbl. Z. 12 M; sch. Ausflugsorte, Schloss Banz, 14 Heiligen, Staffelberg, Koburg etc.

A. a) 33 b) — c) ü. Korbmacher-Industrie.

B. a) alt b) s. ger. hochprt. Nordseite c) ger. tr. s. kalt 6 Z. 3 Kamm. I. St. Bd. m. O. WLtg. Gs. Cl. gt. d) — e) H. u. Nutzg. mittelgr. G. m. WLtg. o. Vorg.

Lindau i. B., Stadt Schw.; 403 m; 7000 Einw. gemischt; kath. u. prot. Kirchen; 5 Aerzte, Apoth.; Lateinsch., Realsch., prot. u. kath. Töchtersch.; möbl. Z. 15 M; s. sch. Lage, Bodensee, e. t. Lebensv.

A. a) 32 b) 16 c) ü. Landwsch., an einigen Orten auch bedeut. Industr.

B. a) NB. 1912 b) ger. 8 Z. I. St. 3 Z. prt. c) h. ger. 6 Z. MagdZ. Grd. el. L. WLtg. Cl. m. Wsp. d) getr. Eing. e) H. u. kl. Zierg. (200 qm) o. Vorg.

Lohr, Stadt UF.; 162 m; 5267 Einw. ü. kath.; kath. u. prot. Kirche; 3 Aerzte, Apoth.; Gymn., Präp.-Sch., Waldbausch., Töchtersch.; möbl. Z. 18 M; sch. Lage, gt. Bahnv. gt. Wass.

A. a) 26 b) 6 c) ü. Landwsch.

B. a) gt. b) ger. 8 Z. c) ger. prt. 6 Z. Kamm. Bd. WLtg. Gs. d) — e) H. ger. m. WLtg. o. Vorg.

Ludwigshafen, Stadt Pf.; 97 m; 83307 Einw. ü. prot.; kath. u. prot. Kirchen; Aerzte, Apoth.; Gymn., Oberrealsch., städt. Töchtersch.; möbl. Z. 24 M; s. gt. Bahnv., Nähe Mannheims (Theater), Heidelberg s. leicht z. erreichen. Nähere Umgeb. u. Stadt n. reizvoll nur Industrie, Fabrikstadt, gt. Wass., Wald nur m. Eisenb. erreichbar.

A. a) 18 b) Einnehmereien c) ü. Industrie.

B. a) NB. 1912 b) in 3 St. verteilt c) III. St. h. ger. tr. z. Z. unbekannt d) getr. Eing. e) H. u. Nutzg. o. Vorg.

Mallersdorf, KD. NdB.; 738 m; 950 Einw. ü. kath.; nur kath. Kirchen; 2 Aerzte, Apoth.; möbl. Z. 15 M; ausgedehnte Waldungen in unmittelb. Nähe, gt. Bahnv., gt. Wass.

A. a) 51 b) 45 c) ü. Landwsch.

B. a) NB. 1912 b) ger. 11 Z. 2 Reg. hochprt. u. I. St. c) h. ger. I. St. 6 Z. Grd. Mans. Bd. WLtg. el. L. Cl. m. Wsp. d) getr. Eing. e) H. u. Nutzg. 60 Dez. G. m. WLtg. m. Vorg. kl.

Marktbibart, Markt MF.; 309 m; 702 Einw. ü. kath.; kath. Kirche; 1 Arzt, Apoth.; möbl. Z. 12 M; Wass. mässig, gt. Bahnv., sch. Laubwaldungen, Kl. rauh.

A. a) 62 b) 5 c) ü. Landwsch.

B. a) Umbau 1903 u. 1911 b) ger. 8 Z. 2 Reg. prt. c) h. ger. tr. I. St. 6 Z. Dachgeschoss 2 Mans. Nebengeb. im Hof Waschhaus m. BügelZ. u. Bd. (s. primitiv) o. WLtg. Trocken-Cl. d) — e) H. u. Nutzg. 0,139 ha G. m. Br. o. Vorg.

Markt Erlbach, Markt MF.; 283 m; 1151 Einw. ü. prot.; prot. Kirche; 1 Arzt, Apoth.; möbl. Z. 12 M; gt. Bahnv. n. Nürnberg, schl. Wass.

A. a) 39 b) — c) ü. Landwsch.

B. a) NB. 1904 b) ger. 4 Z. I. St. Reg. I. St. Reg. prt. c) h. ger. II. St. 5 Z. MagdZ. 2 Mans. Bd. o. WLtg. Pumpbr. i. d. Kü. Cl. gt. d) prt. getr. Eing. e) H. u. Nutzg. 1 Tgw. G. m. Br. m. Vorg. kl.

Markt-Oberdorf, Markt OB.; 731 m; 2322 Einw. ü. kath.; nur kath. Kirchen; 2 Aerzte, Apoth.; kath. Präp.-Sch.; möbl. Z. 10 M; Umg. hügelig, meist Wiesen, grössere Wälder n. in der Nähe, wenig sch. Spazierg., 1 1/4 Std. Bahn nach Füssen, Bahnv. i. Winter mässig, i. Sommer s. gt.

A. a) 37 b) 36 c) ü. Landwsch.

B. a) altes Schloss (m. Bez.-A., Amtsger., Präp.-Sch. u. 7 Dienstwohungen) b) s. ger. 7 Z. c) s. sch. h. ger. tr. II. St. 6 Z. DurchgangsZ. 4 Kamm. (3 gr. Z. nach Süden — Gebirg) unmittelbar an d. Diensträume anschliessend, WLtg. wegen n. gen. Druckes Flügelpumpe i. d. Kü. Trocken-Cl. d) prt. gem. Eing. e) H. u. Nutzg. 0,054 ha G. m. WLtg. o. Vorg.

Marktschorgast, Markt OF.; 508 m; 997 Einw. ü. kath.; nur kath. Kirche; — Aerzte, — Apoth.; möbl. Z. 15 M; Lage im Fichtelgebirg, gt. Bahnv., Rent.-Garten s. sch. gelegen.

A. a) 36 b) 18 c) ü. Landwsch.

B. a) alt b) ger. 6 Z. Reg. prt. c) h. tr. ziemlich ger. I. St. 5 Z. MagdZ. gr. Vorplatz m. O. Bd. WLtg. Trocken-Cl. d) — e) H. u. Nutzg. 0,101 ha G. m. WLtg. o. Vorg.

Mellrichstadt, Stadt UF.; 270 m; 2175 Einw. ü. kath; kath. Kirche, prot. Betsaal; 2 Aerzte, Apoth.; möbl. Z. 12 M; gt. Bahnv. m. Meiningen, Schnellzugstat., Ausfl. in Thüringer Wald u. Rhön. In unmittelb. Nähe d. Rent.-Geb. e. Schneidsäge.

A. a) 34 b) 15 c) ü. Landwsch.

B. a) altes Schloss b) ger. 6 Z. prt. c) h. ger. tr. I. St. 6 Z. MagdZ. 2 gr. Kamm. Bd. WLtg. el. L. Cl. o. Wsp. d) — e) H. u. Nutzg. 6,7 a G. m. WLtg. o. Vorg.

Memmingen, Stadt Schw.; 599 m; 12362 Einw. ü. prot.; kath. u. prot. Kirchen; 10 Aerzte, Apoth.; Progymn., Realsch., prot. Ludwigslehrerinnen-Seminar; möbl. Z. 12 M; sch. Umg. Knotenpunkt v. 5 Bahnl.

A. a) 25 b) 23 c) Amtssitz ü. Industrie, sonst ü. Landwsch.

B. a) NB. 1904 b) ger. 1 Z. Reg. prt. 6 Z. I. St. c) h. ger. tr. II. St. 6 Z. MagdZ. Grd. Bd. WLtg. Gs. Cl. o. Wsp. d) getr. Eing. e) H. u. Ntzg. 0,069 ha m. Vorg. kl.

Miesbach, Markt OB.; 812 m; 4188 Einw. ü. kath.; kath. u. prot. Kirchen; 3 Aerzte, Apoth.; möbl. Z. 20 M; sch. Lage, gt. Luft, Gebirgsaussicht, gt. Bahnv. Schliersee, bayr. Zell leicht erreichbar.

A. a) 29 b) 27 c) ü. Industrie neben Landwsch.

B. a) 1903 b) beengt 8 Z. prt. Reg. Dachraum c) h. tr. ger. gt. Zustand, I. St. 6 Z. MagdZ. Grd. 2 Balkons Bd. WLtg. el. L. Cl. d) — e) H. u. Nutzg. 0,09 ha G. m. Brunnen o. Vorg.

Mindelheim, Stadt Schw.; 607 m; 4536 Einw. ü. kath.; kath. u. prot. Kirchen; 3 Aerzte, Apoth.; Präp.-Sch. (2 kursig), Fortbildungssch. (2 kursig), Töchtersch. (engl. Frl.); möbl. Z. 15 M.

A. a) 37 b) 35 c) ü. Landwsch. neben grösseren gewerbl. Unternehmen.

B. a) NB. 1909 b) ger. 5 Z. prt. 2 Reg. I. St. c) h. s. ger. I. St. 6 Z. Bd. WLtg. el. L. Cl. m. Wsp. d) gem. Eing. e) H. u. Nutzg. G. m. WLtg. m. Vorg. auf 2 Seiten.

Mitterfels, Pfd. NdB.; 405 m; 1100 Einw. ü. kath.; nur kath. Kirche; 2 Aerzte, Apoth.; möbl. Z. 12 M: o. schattige Spazierg., z. Bahnstat. 20 Min., schl. Wass.
A. a) 52 b) 49 c) ü. Landwsch.
B. a) NB. 1911 b) ger. I. St. 6 Z. prt. SitzZ. Bodenr. Reg. c) h. kalt, e. feucht, I. St. u. prt. 6 Z. MagdZ. Grd. BügelZ. Kamm. o. Bd. o. WLtg. Trocken-Cl. d) getr. Eing. e) H. u. Nutzg. 65 Dez. G. o. Wass. m. Vorg. 15 Dez.

Monheim, Stadt Schw.; 497 m; 1198 Einw. ü. kath.; kath. Kirche; 1 Arzt, Apoth.; möbl. Z. 12 M; rauhes, ges. Klima, viel Wald in nächst. Nähe, gt. Wass. Freibad.
A. a) 35 b) 17 c) ü. Landwsch.
B. a) altes Schloss (gemeins. mit Amtsger.) b) beengt, niedrig, 4 Z. Reg. II. St. c) II. St. anschliessend an d. Amtsräume, sonnig, h. tr. 5 Z. 3 Kamm. Grd. 2 Vorräume, KutscherZ. Bd. WLtg. Kugel-Cl. d) prt. getr. Eing. e) H. u. Nutzg. 0,003 ha G. m. WLtg. o. Vorg.

Moosburg, Stadt OB.; 414 m; 3547 Einw. ü. kath.; nur kath. Kirchen; 2 Aerzte, Apoth.; Schulen in Freising u. Landshut leicht erreichbar; möbl. Z. 12 M; gt. Bahnv. Linie Regensb.-Münch. Amperbad, Umgeb. wenig, Mangel an sch. Spaziergängen.
A. a) 38 b) 37 c) ü. Landwsch.
B. a) alt b) etwas beengt 6 Z. prt. c) h. ger. tr. I. St. 6 Z. Grd. Dachkamm. o. Bd. WLtg. el. L. nur im Bureau d) — e) H. u. Nutzg. 0,068 ha G. m. Springbr. o. Vorg.

Mühldorf, Stadt OB.; 381 m; 4476 Einw. ü. kath.; nur kath. Kirchen: 3 Aerzte, Apoth.; landw. Wintersch.; möbl. Z. 10 M; gt. Bahnv.
A. a) 62 b) 59 c) ü. Landwsch.
B. a) alt b) normal 6 Z. I. St. c) h. ger. e. feucht, II. St. 5 Z. Grd. MagdZ. Bd. WLtg. el. L. o. Cl. d) — e) H. u. Ntz. 1,174 ha rings um d. Gbde. G. m. WLtg. u. Br.

Münchberg, Stadt OF.; 558 m; 6500 Einw. ü. prot.; kath. u. prot. Kirche; 3 Aerzte, Apoth.; Präp.-Sch.; möbl. Z. 10 M; sch. Umg. gt. Bahnv. Bamberg-Hof.
A. a) 25 b) 20 c) ü. Industrie.
B. a) 1911 Umbau b) ger. 8 Z. prt. 3 Reg. II. St. c) h. s. ger. tr. 6 Z. Grd. I. St. 2 Z. 1 Mans. II. St. Bd. I. St. WLtg. el. L. Cl. m. Wsp. d) Kellergeschoss, getr. Eing. e) H. u. Nutzg. 36 Dez. H. m. Brunnen o. Vorg. G. m. Springbrunnen.

München I, II u. III Stadt OB.; 520 m; 595053 Einw.
A. a) — b) — c) —
B. a) alt 1903, 1911 umgeb. im gleichen Geb. auch Rent. II u. III b) ger. c) die eine vorhandene Dienstw. ist nicht an ein bestimmtes Amtgeb. z. Zt. dem Vorst. d. Rent. I zugewiesen d) — e) —

München IV, s. München I.
A. a) — b) — c) —
B. a) im neuen Justizgebäude an d. Luitpoldstr. b) 14 Z. II. St. c) keine Dienstw. d) IV. St. e) —

München Land:
A. a) 48 u. 6 ausmärk. Bez. b) 21 c) ü. Landwsch.
B. a) Herzogspitalstr. 18 b) ger. 15 Z. 3 Reg. in 3 St. c) nicht vorhanden d) prt. e) Hs. u. Nutzg. kl.

Münnerstadt, Stadt UF.; 234 m; 2231 Einw. ü. kath.; nur kath. Kirchen, prot. Betsaal; 2 Aerzte, Apoth.; Gymn.; möbl. Z. 15 M; sch. Umg., gt. Bahnv., gt. Wass.

A. a) 27 b) 3 c) ü. Landwsch.
B. a) alt, 1911 neu renoviert b) ger. 8 Z. prt. c) h. ger. tr. I. St. 6 Z. Grd. Bd. WLtg. el. L. Cl. m. Wsp. Garten u. am Rent.-Geb. d) getr. Eing. e) Hs. u. Nutz. 0,052 ha G. m. WLtg. o. Vorg.

Nabburg, Stadt OPf.; 391 m; 2000 Einw. ü. kath.; kath. u. prot. Kirchen; 2 Aerzte, Apoth.; möbl. Z. 12 M; s. sch. Lage d. Amtes, gt. Bahnv. gt. Verpfleg. geselliges Leben.
A. a) 43 b) 18 c) ü. Landwsch.
B. a) NB. 1904 b) ger. 4 Z. I. St. c) h. ger. tr. II. St. 6 Z. Grd. Kamm. GiebelZ. Bd. WLtg. el. L. Cl. o. Wsp. d) getr. Eing. e) H. u. Nutzg. 0,054 ha G. m. WLtg. o. Vorg.

Neuburg a. D., Stadt Schw.; 393 m; 9061 Einw. ü. kath.; kath. u. prot. Kirchen; Aerzte u. Apoth.; Gymn., Realsch., Töchtersch. (kath.); möbl. Z. 15 M; sch. Lage u. Umg. gt. Bahnv. gt. Wass.
A. a) 44 Stgd. 2 Forstbez. b) 16 c) ü. Landwsch.
B. a) NB. 1903 b) ger. 3 Z. prt. 8 Z. I. St. c) s. sch. h. ger. II. St. 7 Z. MagdZ. Bd. gr. Vorplatz, WLtg. el. L. Cl. gt. d) getr. Eing. e) H. u. Nutzg. 0,109 ha G. m. WLtg.

Neumarkt i. O., Stadt OPf.; 427 m; 6385 Einw. ü. kath.; kath. u. prot. Kirchen; 3 Aerzte, Apoth.; Realsch., landw. Wintersch., kath. Töchtersch.; möbl. Z. 12 M; gt. Bahnv. (Nürnberg-Regensburg), Freibad, Aufenthalt angen. gt. Spazierwege.
A. a) 42 b) 37 c) ü. Landwsch. u. viel Handel.
B. a) NB. 1911 b) ger. hochprt. 2 Z. VorZ. 2 Reg. I. St. Warteraum u. 8 Z. c) h. ger. tr. sch. Lage. II. St. 7 Z. 2 Mans. MagdZ. Bd. WLtg. Gs. Cl. m. Wsp. gt. Wass. Gbde. ist kanalisiert d) hochprt. 3 Z. Kamm. gem. Eing. e) H. u. Nutzg. 90 Dez. G. m. Wtg. o. Vorg.

Neunburg v. W., Stadt OPf.; 553 m; 2332 Einw. ü. kath.; kath. u. prot. Kirchen; 1 Arzt, Apoth.; möbl. Z. 10 M; sch. Umg. u. Lage, schl. Bahnv. Wass. gt. abgelegen.
A. a) 80 b) — c) ü. Landwsch.
B. a) alt, NB. 1912 begonnen b) — c) — d) — e) —

Neunkirchen, Markt OF.; 370 m; 995 Einw. ü. kath.; nur kath. Kirchen; 2 Aerzte, Apoth.; Schulbesuch in Erlangen möglich; möbl. Z. 12 M; sch. Umg. u. Lage, gt. Bahnv. n. Nürnberg.
A. a) 29 b) 22 c) ü. Landwsch.
B. a) alt b) ger. 4 Z. 3 Reg. I. St. c) h. ger. tr. II. St. 6 Z. MagdZ. o. Bd. el. L. Cl. o. Wsp. d) — e) H. u. Nutzg. 0,775 ha Hofraum über der Strasse G. o. Wass.

Neustadt a. A., Stadt MF.; 303 m; 4124 Einw. ü. prot.; kath. u. prot. Kirchen; 3 Aerzte, Apoth.; Progymn. m. 3 Realklassen, prot. Präp.-Sch.; möbl. Z. 20 M; sch. Umg. u. Lage, gt. Bahnv.
A. a) 45 b) 2 c) ü. Landwsch.
B. a) 1892 b) ger. 6 Z. prt. c) h. ger. tr. etwas kalt, I. St. 7 Z. o. Bd. WLtg. el. L. o. Cl. d) — e) H. u. Nutzg. 34 Dez. G. m. WLtg. u. Br. o. Vorg.

Neustadt a. D., Stadt NdB.; 354 m; 1800 Einw. ü. kath.; nur kath. Kirchen; 1 Arzt, Apoth.; möbl. Z. 10 M; Umg. flach, gt. Bahnv.
A. a) 72 b) 16 c) ü. Landwsch.
B. a) NB. 1907 b) genügt 6 Z. I. St. Sitz.-Z. Reg. prt c) eigenes Wohnhaus, h. ger. tr. I. St. 6 Z. prt. MagdZ. Bd. o. WLtg. Trocken-Cl. d) im Bureau-Gbde. e) H. u. Nutzg. 3 Tgw. G. m. Br. m. Vorg. kl.

Neustadt a. H., Stadt Pf.; 165 m; 18576 Einw. ü. prot.; kath. u. prot. Kirchen; Aerzte u. Apoth.; Gymn., Realsch., städt. Töchtersch.,

Konservat. f. Musik, Handelssch., Obst- u. Weinbausch.; möbl. Z. 20 M; herrl. Umg. sch. Lage, Hardtgebirge, s. gt. Bahnv.

A. a) 19 b) Einnehmereien c) Industriereich, Weinbau u. Handel.

B. a) NB. 1912 b) ger. 20 Z. in 2 St. c) frei, h. ger. II. St. 6 Z. Dachgeschoss: 1 Z. 2 Kamm. Bd. 2 Nebengelasse, WLtg. Cl. m. Wsp. d) getr. Eing. e) Hs. u. Nutzg. 5 a G. m. WLtg. m. Vorg. kl.

Neustadt a. S., Stadt UF; 234 m; 2120 Einw. ü. kath.; kath. u. prot. Kirchen; 3 Aerzte, Apoth.; Präp.-Sch. kath. — Gymn. in Münnerstadt (1/4 Std. Eisenb.); möbl. Z. 20 M; Wald 3/4 Std. entfernt, Anlagen vorhanden, Ausflüge in. d. Rhön, nach Thüringen, Bd. Kissingen.

A. a) 40 b) 4 c) ü. Industrie.

B. a) alt b) ger. 9 Z. prt. c) h. ger. sonnig, I. St. 7 Z. 2 Kamm. Bd. m. O. u. m. W. WLtg. el. L. Cl. o. Wsp. d) — e) H. u. Nutzg. 0,085 ha G. m. WLtg. o. Vorg.

Neu-Ulm, Stadt Schw.; 478 m; 12395 Einw. 6/10 kath., 4/10 prot.; kath. u. prot. Kirchen; 3 Aerzte, Apoth.; Realsch., (Gymn., Realgymn., Oberrealsch., höh. Töchtersch. in Ulm vorhanden); möbl. Z. 20 M; Nachbarstadt v. Ulm, gt. Bahnv. schwäbische Alb.

A. a) 23 b) 20 c) ü. Landwsch.

B. a) NB. 1901 b) gr. aber zu wenig 5 Z. Reg. c) gt. h. ger. tr. I. St. 5 Z. Grd. II. St. MagdZ. Bd. m. O. u. m. W. WLtg. Gs. el. L. Cl. m. Wsp. d) im Nebengeb. getr. Eing. e) H. u Nutzg. kl. G. m. WLtg. o. Vorg.

Nördlingen, Stadt Schw.; 430 m; 8705 Einw. ü. prot.; kath. u. prot. Kirchen; Aerzte, Apoth.; Progymn., Realsch., Präp.-Sch., Töchtersch., Mädchen-Institut; möbl. Z. 15 M; gt. Bahnv., Wald 2 Std. entfernt.

A. a) 42 b) 26 c) Amtssitz ü. Industrie, sonst ü. Landwsch.

B. a) alt (1911 in Stand gesetzt) b) ger. 8 Z. 2 Reg. hochprt. (1 Reg. nur im Dachgesch.) c) h. ger. tr. I. St. 7 Z. heizb. Vorraum, Bd. WLtg. Cl. m. Wsp. o. Gs. (im Bureau vorhanden) d) im Nebengeb. getr. Eing. e) H. u. Nutzg. m. WLtg. o. Vorg.

Nürnberg I, Stadt MF.; 300 m; 340000 Einw., 1/8 kath., 7/8 prot.; kath. u. prot. Kirchen; Aerzte, Apoth.; 2 Gymn., 1 Realgymn., 2 Realsch., Oberrealsch., Töchtersch. (städt. u. konf.), Lehrerinnen-Bild.-Anst., Technikum, Kunstgewerbeschule etc. etc.; möbl. Z. 20 M; Grossstadtverhältnisse, fränkische Schweiz.

A. a) — b) — c) ü. Industrie u. Handel.

B. a) NB. b) noch hinreichend 18 Z. (16 II. St. 2 prt.) c) h. ger. tr. II. St. 6 Z. MagdZ. Bd. Mans.Z. u. Kamm. WLtg. Gs. Cl. m. Wsp. d) gem. Eing. e) H. o. G. u. o. Vorg.

Nürnberg II, s. Nürnberg I.

A. a) — b) — c) ü. Industrie u. Handel.

B. a) NB. b) 17 Z. I. St. c) Zeltnerstr. 14, tr. 6 Z. MagdZ. Grd. Mans. Bd. m. O. u. m. W. WLtg. Gs. Cl. m. Wsp. d) (Mans.) Eing. u. Treppe gem. e) H. gr.

Nürnberg III, s. Nürnberg I.

A. a) — b) — c) ü. Industrie u. Handel.

B. a) NB. 1903 b) 22 Z. 2 St. c) h. ger. tr. II. St. 6 Z. Grd. m. NebenZ. MagdZ. WLtg. el. L. Gs. Cl. m. Wsp. d) getr. Eing. e) H.

Obermoschel, Stadt Pf.; 270 m; 1500 Einw. ü. prot. kath. u. prot. Kirchen; 1 Arzt, Apoth.; möbl. Z. 10 M; sch. Lage, o. gr. Wald in d. Nähe, nur Lokalbahn, Bd. Münster a. St. u. Kreuznach gt. z. erreichen.
A. a) 44 b) Einnehmereien c) ü. Landwsch.
B. a) alt, aber s. gt. Zustand b) ger. 7 Z. 2 Reg. prt. c) h. ger. tr. I. St. 6 Z. 3 Mans. Bd. el. L. o. WLtg. Pumpwerk vorhanden Cl. gt. d) — e) H. u. Nutzg. 1/2 Tgw. G. o. Wass. m. Vorg. kl.

Obernzell, Markt NdB.; 290 m; 1441 Einw. ü. kath.; nur kath. Kirchen; 1 Arzt, Apoth.; möbl. Z. 10 M; sch. Gegend, Verpfl. mässig.
A. a) 26 b) 16 c) ü. Landwsch.
B. a) alt b) s. ger. 7 Z. c) h. ger. tr. 6 Z. MagdZ. Grd. Bd. o. WLtg. Cl. Wasserpumpe im I. u. II. St. d) getr. Eing. e) H. u. Nutzg. 2 Tgw. H. m. Br.

Ochsenfurt, Stadt UF.; 180 m; 4000 Einw. ü. kath; kath. u. prot. Kirchen; 2 Aerzte, Apoth.; möbl. Z. 16 M.; gt. Bahnv., gt. Wass. Lebensv. n. bes. t.
A. a) 36 b) 6 c) ü. Landwsch.
B. a) alt b) ger. 7 Z. prt. c) gt. I. u. II. St. 7 Z. 2 Kamm. Bd. WLtg. Cl. schl. d) — e) H. u. Nutzg. 0,13 ha G. m. WLtg. o. Vorg.

Oettingen, Stadt Schw.; 417 m; 3000 Einw., 2/5 kath., 3/5 prot.; kath. u. prot. Kirche; 2 Aerzte, Apoth.; Progymn.; möbl. Z. 10 M; Im allgemeinen in jed. Beziehung gt.
A. a) 32 b) 7 c) ü. Landwsch.
B. a) alt b) ger. Reg. prt. alle Bureaus I. St. c) gegen Norden, ger. im allg. tr. I. u. II. St. 6 Z. 4 Mans. o. Bd. WLtg. Gs. Cl. o. Wsp. d) getr. Eing. e) H. u. Nutzg. 0,081 ha G. m. WLtg. u. Br. o. Vorg.

Ottobeuren, Markt Schw.; 665 m; 2399 Einw. ü. kath.; nur kath. Kirchen; 2 Aerzte, Apoth.; möbl. Z. 10 M; sch. Umg. u. Lage, gt. Bahnv.
A. a) 31 b) 28 c) ü. Landwsch.
B. a) alt b) ger. 5 Z. prt. c) h. ger. tr. I. St. 8 Z. Grd. Bd. m. O. m. W. WLtg. Cl. m. Wsp. d) — e) H. u. Nutzg. G. m. WLtg. o. Vorg.

Passau, Stadt NdB.; 302 m; 22 000 Einw. ü. kath.; kath. u. prot. Kirchen; Aerzte u. Apoth.; Gymn., Oberrealsch., Präp.-Sch.; 3 Töchtersch.; möbl. Z. 20 M; s. sch. Lage u. Umgeb.
A. a) 44 b) 17 c) ü. Landwsch.
B. a) alt b) ger. 17 Z. prt. u. I. St. nach Süden, s. sch. c) h. s. ger. nach Norden, sonst s. sch. I. St. 7 Z. MagdZ. Kamm. Bd. Cl. gt. d) gem. Eing. e) H. u. Nutzg. 100 qm G. o. Wass. o. Vorg.

Pegnitz, Stadt OF.; 420 m; 2600 Einw. ü. prot.; kath. u. prot. Kirche; 2 Aerzte, Apoth.; möbl. Z. 18 M; gt. Bahnv.
A. a) 20 b) — c) ü. Landwsch.
B. a) NB. 1912 b) c) d) e) vorerst unbek.

Pfaffenhofen a. I., Stadt OB.; 434 m; 4541 Einw. ü. kath.; nur kath. Kirchen; 3 Aerzte, Apoth.; möbl. Z. 15 M; Bahnv. n. München s. gt., Umg. hügelig, bietet nichts besonderes, Wass. mässig.
A. a) 77 b) 70 c) ü. Landwsch.
B. a) NB. 1912 b) ger. 8 Z. m. Vorpl. Reg. (Bureaus I. St. 2 Sitz.-Z. pr.) c) h. ger. tr. II. St. 6 Z. MagdZ. 2 Kamm. Bd. WLtg. el. L. Cl. d) ja e) H. u. Nutzg. G. m. Wass. m. Vorg. kl.

Pfarrkirchen, Stadt NdB.; 375 m; 3518 Einw. ü. kath.; nur kath. Kirchen; 3 Aerzte, Apoth.; kath. Präp.-Sch., Landw.-Sch., landw. Winter-Sch., Ausbild. v. Töchtern möglich; möbl. Z. 15 M; sch. Anlagen, Bahnv. n. gt., Bad in der Rott.

A. a) 21 b) 19 c) ü. Landwsch.

B. a) NB. 1908 b) ger. 4 Z. Reg. I. St. 2 rep. Reg. prt. c) h. ger. tr. gr. Gang, 6 Z. II. St. 2 Z. in Mans. m. Vorplatz, Bd. WLtg. el. L. Cl. m. Wsp. d) getr. Eing. e) H. u. Nutzg. 0,191 ha G. m. WLtg. o. Vorg.

Pirmasens, Stadt Pf.; 438 m; 38463 Einw., 1/8 kath., 7/8 prot.; kath. u. prot. Kirchen; Aerzte u. Apoth.; Gymn., Realsch., Töchtersch.; möbl. Z. 22 M; Fabrikstadt, schl. Bahnv., gt. Wass., sch. Wald in nächster Nähe, s. t.

A. a) 47 b) Einnehmereien c) s. industriereich (Schuhwaren) auch Landwsch.

B. a) NB. 1912 b) 17 Z. in 2 St. c) II. St. 6 Z. Grd. Bd. WLtg. el. L. Gs. Zentralheiz. Cl. m. Wsp. d) getr. Eing. e) H. u. Nutzg. kl. G. m. WLtg. m. Vorg. kl.

Pottenstein, Stadt OF.; 485 m; 888 Einw. ü. kath.; nur kath. Kirchen; 1 Arzt, Apoth.; möbl. Z. 15 M; sch. Umg. (fränk. Schweiz), o. Bahnv.

A. a) 44 b) 10 c) ü. Landwsch.

B. a) — b) beengt, 4 Z. 2 Reg. prt. c) h. beengt, meist. Nords. I. St. 5 Z. 2 Kamm. o. Bd. WLtg. el. L. o. Cl. d) — e) H. u. Nutzg. 0,033 ha G. m. WLtg. m. Vorg. kl.

Rain a. L., Stadt Schw.; 408 m; 1592 Einw. ü. kath.; nur kath. Kirche; 2 Aerzte, Apoth.; möbl. Z. 12 M; gt. Bahnv.

A. a) 38 b) 9 c) ü. Landwsch.

B. a) alt b) beengt 4 Z. Reg. prt. Reg. II. St. c) s. sch. h. ger. tr. I. St. 4 Z. Kü. II. St. 2 Z. MagdZ. Grd. Bd. WLtg. Cl. m. Wsp. d) — e) H. u. Nutzg. 0,494 ha G. m. Br. o. Vorg.

Regensburg I, Stadt OPf.; 342 m; 52000 Einw. ü. kath.: kath. u. prot. Kirchen; Aerzte u. Apoth.; Lyceum, 2 Gymn., Oberrealsch., Töchtersch. (kath. u. simult.); möbl. Z. 20 M; s. sch. Umg., Aufenthalt s. ang., Donau- u. Regenbäder.

A. a) 77 b) 35 c) ü. Landwsch.

B. a) 1903 umgeb. b) ger. 21 Z. in 2 St. c) — d) ja e)

Regensburg II, Stadt OPf.; s. Regensburg I.

A. a) 82 b) 81 c) ü. Landwsch.

B. a) alt (1903 umgeb.) b) beengt 8 Z. c) — d) — e) H. u. Nutzg.

Riedenburg, Markt OPf.; 357 m; 1823 Einw. ü. kath.; nur kath. Kirchen; 2 Aerzte, Apoth.; Töchtersch. (Mädchenpensionat); möbl. Z. 12 M; Umg. s. sch.

A. a) 65 b) 39 c) ü. Landwsch.

B. a) 1888 b) ger. 4 Z. 2 Reg. prt. c) h. ger. tr. I. St. 6 Z. MagdZ. Bd. WLtg. el. L. Trocken-Cl. d) — e) Nutzg. 0,195 ha G. m. WLtg. o. Vorg.

Röttingen, Stadt UF.; 240 m; 1301 Einw. ü. kath.; nur kath. Kirchen; 1 Arzt, Apoth.; möbl. Z. 10 M; sch. Lage, Taubertal, mild. Kl., gt. Bahnv., s. gt. Wass., Lebensv. billig, Qual. mittelm.

A. a) 30 b) — c) ü. Landwsch.

B. a) alt, 1903 umgeb. b) s. ger. 8 Z. I. St. h. tr. c) s. sch. h. ger. tr. II. St. 6 Z. MagdZ. Grd. Bd. o. WLtg. Trocken-Cl. d) —

e) H. u. Nutzg. gr. Schlosshof m. Br. gr. G. m. Br. gr. Wiese m. Obstb.

Rosenheim, Stadt OB.; 500 m; 16000 Einw. ü. kath.; kath. u. prot. Kirchen; Aerzte, Apoth.; Gymn., Realsch., Präp.-Sch., Töchtersch.; möbl. Z. 10 M; s. sch. Umg., Gebirge, s. gt. Bahnv. (München—Salzburg). gt. Wass.
A. a) 58 b) 57 c) ü. Landwsch.
B. a) alt b) ger. 24 Z. in 3 St. c) h. ger. in lebh. Geschäftslage, II. St. 6 Z. 3 Kamm. BügelZ. Bd. m. O. o. W. el. L. WLtg Cl. m. Wsp. d) getr. Eing. e) —

Rothenburg o. T., Stadt MF.; 425 m; 8600 Einw. ü. prot.; kath. u. prot. Kirchen; 4 Aerzte, Apoth.; Progymn., Realsch., Präp.-Sch., Töchtersch. (prot.); möbl. Z. 12 M; sch. Umg. u. Lage, t. Lebensv.
A. a) 61 b) 6 c) ü. Landwsch.
B. a) altes Kloster b) ger. 7 Z. in 2 St. c) h. ger. tr. unprakt. I. St. (prt. nur leere Räume) 7 Z. 2 Kamm. Grd. Bd. WLtg. el. L. Cl. schl. d) in e. Nebengeb. getr. Eing. e) H. u. Nutzg. 1 Tgw. G. m. Br. o. Vorg.

Rothenkirchen, Markt OF.; 377 m; 788 Einw. ü. kath.; kath. Kirche, prot. in Pressig; Aerzte u. Apoth. in Pressig (20 Minuten); möbl. Z. 15 M; gt. Bahnv., Lebensmitt. z. T. von auswärts zu beziehen.
A. a) 32 b) — c) ü. Landwsch.
B. a) NB. 1905 b) ger. 5 Z. prt. c) h. ger. tr. I. St. 6 Z. Bd. WLtg. Cl. m. Wsp. d) getr. Eing. e) H. u. Nutzg. 0,329 ha G. o. Wass. m. Vorg. kl.

Schesslitz, Stadt OF.; 310 m; 1298 Einw. ü. kath.; nur kath. Kirche; 2 Aerzte, Apoth.; möbl. Z. 10 M; sch. Umg., Nähe Bambergs.
A. a) 41 b) 7 c) ü. Landwsch.
B. a) alt b) ger. 6 Z. prt. c) h. ger. tr. I. St. 6 Z. 2 Mans. Bd. WLtg. jedoch Flügelpumpe nötig, el. L. Trocken-Cl. d) — e) H. u. Nutzg. 1,36 Tgw. Br. i. H. m. Vorg. kl.

Schönberg, Markt NdB.; — m; 704 Einw. ü. kath.; nur kath. Kirche; 1 Arzt, Apoth.; möbl. Z. 10 M; gebirgig, Nähe d. Böhmerwaldes, o. Bahnv., Postauto n. Passau, Sommerfrische.
A. a) 32 b) 3 c) ü. Landwsch.
B. a) 2 St. aufgeb. 1911 b) ger. 7 Z. 5 Reg. c) h. ger. tr. I. St. 7 Z. Mans. Bd. WLtg. Cl. m. Wsp. d) getr. Eing. e) H. u. Nutzg. 0,084 ha G. o. Wass. o. Vorg.

Schongau, Stadt OB.; 710 m; 3247 Einw. ü. kath.; nur kath. Kirchen; 2 Aerzte, Apoth.; möbl. Z. 15 M; Wald nächst. Nähe, v. Verkehr abgeleg., schl. Bahnv., gt. Wass., ges. Lage.
A. a) 28 b) 27 c) ü. Landwsch.
B. a) Umb. 1911 b) ger. 9 Z. Reg. I. St. c) h. ger. II. St. 6 Z. Grd. Kamm. MagdZ. Bd. m. O. m. W. WLtg. el. L. Cl. m. Wsp. d) gem. Eing. prt. e) H. u. Nutzg. 0,03 ha G. m. WLtg. u. Br. o. Vorg.

Schrobenhausen, Stadt OB.; 414 m; 3700 Einw. ü. kath.; kath. Kirchen, prot. Betsaal; 3 Aerzte, Apoth.; Töchtersch. (Engl. Frl.); möbl. Z. 10 M; schl. Bahnv.
A. a) 39 b) 38 c) ü. Landwsch.
B. a) 1893, St.-Aufbau 1911 b) ger. 9 Z. c) h. ger. tr. 6 Z. Bd. II. St. u. Dachkamm. o. WLtg. el. L. Cl. o. Wsp. d) prt. gem. Eing. der 2. im alt. Rent. e) H. u. Nutzg. 0,093 ha H. m. Wass. o. Vorg.

Schwabach, Stadt MF.; 338 m; 11195 Einw. ü. prot.; kath. u. prot. Kirchen; 5 Aerzte, Apoth.; Progymn., Lateinsch., prot. Lehrerbild.-Anst.; Nürnberg erreichbar; möbl. Z. 15 M; Nahverk. m. Nürnberg.

A. a) 30 b) — c) ü. Industrie.

B. a) NB. 1904 b) ger. 9 Z. 2 WarteZ. prt. u. I. St. Reg. Dach c) h. ger. tr. schste. Lage d. Stadt, 6 Z. Grd. II. St. 2 Mans. Bd. WLtg. Gs. Cl. m. Wsp. d) getr. Eing. e) H. u. Nutzg. 0,178 ha s. sch. G. (Zierg.) G. m. WLtg. m. Vorg. kl.

Schwabmünchen, Markt Schw.; 560 m; 3761 Einw. ü. kath.; kath. u. prot. Kirchen; 4 Aerzte, Apoth.; möbl. Z. 14 M; s. gt. Bahnv. (Augsb. Vorortsv.), sch. Wald. erreichbar.

A. a) 32 b) 10 c) ü. Landwsch. neben Industr.

B. a) 1903 Um- u. Anb. b) 5 Z. prt. c) h. ger. tr. nach Süden, 6 Z. Grd. Bd. MagdZ. I. St. WLtg. Gs. Cl. m. Wsp. d) — e) H. u. Nutzg. 78 Dez. G. m. WLtg. o. Vorg.

Schweinfurt, Stadt UF.; 216 m; 19000 Einw. ü. prot.; kath. u. prot. Kirchen; Aerzte u. Apoth.; Gymn., Realsch., Töchtersch. (simult.); möbl. Z. 20 M; gt. Bahnv., sch. weitere Umg.

A. a) 44 b) 5 c) ü. Landwsch., Stadt Industr.

B. a) NB. 1904 b) ger. 10 Z. I. St. c) h. ger. tr. s. bequem, II. St. 7 Z. Grd. Kamm. Bd. Gs. Cl. gt. d) getr. Eing. e) H. u. Nutzg. 6,2 a G. m. WLtg. m. Vorg. kl.

Selb, Stadt OF.; 575 m; 10500 Einw. ü. prot.; kath. u. prot. Kirchen; 3 Aerzte, Apoth.; keramische Fachschule; möbl. Z. 15 M; sch. Umg. u. Lage, gt. Bahnv.

A. a) 19 b) — c) ü. Industrie.

B. a) NB. b) gen. 6 Z. prt. c) I. St. h. ger. tr. 5 Z. MagdZ. II. St. 2 Kamm. Bd. m. O. u. W. WLtg. el. L. Cl. einf. d) — e) H. u. Nutzg. G. m. Br. o. Vorg.

Simbach, Pfd. NdB.; 346,6 m; 4000 Einw. ü. kath.; nur kath. Kirchen; 3 Aerzte, Apoth.; Pens. u. Haushalt.-Sch. d. Engl. Frl.; möbl. Z. 10 M; gegenüber österr. Grenzstadt Braunau.

A. a) 20 b) 19 c) ü. Landwsch.

B. a) Erweit.B. 1903 u. 1911 b) gen. 8 Z. prt. c) h. tr. ger. I. St. 6 Z. MagdZ. Bd. Dachboden: 2 Kamm. Bd. el. L. WLtg. Cl. m. Wsp. d) — e) H. u. Nutzg. 0,232 ha G. m. WLtg. m. Vorg. kl.

Spalt, Stadt MF.; 350 m; 1829 Einw. ü. kath.; kath. u. prot. Kirchen; 1 Arzt, Apoth.; möbl. Z. 12 M; gt. Klima, gt. Wass., bill. Lebensv.

A. a) 24 b) 5 c) ü. Landwsch.

B. a) alt b) ger. 8 Z prt. c) h. sch. I. St. 8 Z. Bd. WLtg. Cl. o. Wsp. ltd. Br. im H. d) — e) H. u. Nutzg. gr. sch. G. m. WLtg. o. Vorg.

Speyer, Stadt Pf.; 109 m; 23000 Einw. ü. kath.; kath. u. prot. Kirchen; Aerzte u. Apoth.; Gymn., Realsch., kath. Lehrerbild.-Anst., Töchtersch., Mdch.-Institut; möbl. Z. 20 M; Flachland, Wald 1/2 Std. entfernt, gt. Bahnv. Rheinbad, weitere Umg. s. sch.

A. a) 10 b) Einnehmereien c) ü. Landwsch. Stadt Industrie.

B. a) NB. 1903 b) ger. 6 Z. 3 Reg. prt. c) I. St. 7 Z. Bd. 2 Mans. Kamm. WLtg. Gs. Cl. m. Wsp. d) — e) H. u. kl. Zierg. G. m. WLtg. m. Vorg. kl.

Stadtsteinach, Stadt OF.; 342 m; 1400 Einw. ü. kath.; kath. u. prot. Kirchen; 2 Aerzte, Apoth.; möbl. Z. 8 M; hübsche Umg. 4 1/2 km z. Bahn.

A. a) 36 b) — c) ü. Landwsch.

B. a) alt b) teilw. beengt c) I. St. 6 Z. e. kalt o. Bd. el. L. WLtg. d) — e) H. u. Nutzg. 0,092 ha G. m. WLtg. o. Vorg.

Staffelstein, Stadt OF.; — m; 1785 Einw. ü. kath.; kath. Kirchen u. prot. Betsaal; möbl. Z. 15 M; sch. Umg. Schloss Banz, Vierzehnheiligen, s. gt. Bahnv. Nähe Bambergs, MainBd.
A. a) 60 b) 15 c) ü. Landwsch.
B. a) alt b) ger. 7 Z. (1 Reg. Dach) c) h. ger. tr. s. sch. herrl. Fernsicht I. St. 5 Z. Grd. 2 Kamm. o. Bd. el. L. Cl. m. Wsp. d) — e) H. u. Nutzg. 0,133 ha (gr. Obstg.) G. m. WLtg. m. Vorg. 30 qm.

Starnberg, Stadt OB.; — m; 3500 Einw. ü. kath.; kath. u. prot. Kirchen; 4 Aerzte, Apoth.; möbl. Z. 20 M; sch. aber windig, sch. Aussicht, s. gt. Bahnv. Nähe Münchens, gt. Wass.
A. a) 40 b) 39 c) ü. Landwsch. u. Fremd.-Industrie.
B. a) alt b) ger. 8 Z. c) Lage auf d. Berge. I. St. 6 Z. MagdZ. Bd. ausserh. d. Wohng. m. O. m. W. WLtg. Cl. m. Wsp. d) aber ausserhalb d. Rent.-Gbd. e) H. u. Nutzg. G. m. WLtg. m. Vorg. kl.

Straubing, Stadt NdB.; 326 m; 21000 Einw. ü. kath.; kath. u. prot. Kirchen; Aerzte u. Apoth.; Gymn., Realsch., Schullehrersem., Bisch. Knabensem., Landw. Wintersch., Töchtersch., Haushalt.-Sch.; möbl. Z. 15 M; Flachland, bayr. Wald gt. erreichb. angen. Lebensv. s. gt. Bahnv. n. Regensb.-Passau.
A. Angaben nicht erhältlich.
B. „ „ „

Sulzbach, Stadt OPf.; 440 m; 5480 Einw. 1/2 kath. 1/2 prot.; Simultan-Kirche; 3 Aerzte, Apoth.; Realsch., Töchtersch.; möbl. Z. 18 M; sch. Umg. gt. Bahnv.
A. a) 33 b) 6 c) ü. Landwsch.
B. a) Umg. u. erweit. 1911 b) ger. 14 Z. in 2 St. c) tr. frdl. jed. i. e. Seitengasse, sch. Ausbl. nach Süd. 3 Z. n. Nord. 3 Z. n. Süd. I. St. 6 Z. Grd. Diele, MagdZ. Bd. WLtg. el. L. Trocken-Cl. d) — e) H. u. Zierg. 140 qm G. o. Wass. o. Vorg.

Thurnau, Markt OF.; 360 m; 1300 Einw. ü. prot.; nur prot. Kirchen; 1 Arzt, Apoth.; 2 kurs. Privat-Lateinsch.; möbl. Z. 12 M; Wald in nächst. Nähe (Ausläufer d. fränk. Jura) Bahnv. n. Kulmbach u. Bayreuth.
A. a) 25 b) — c) ü. Landwsch.
B. a) alt, gt. Zustand b) ger. 3 Z. 2 Reg. prt. c) h. tr. I. St. 6 Z. 2 Kamm. Bd. m. O. m. W. WLtg. Cl. d) — e) H. u. Zierg. kl. G. o. Wass. o. Vorg.

Tirschenreuth, Stadt OPf.; 486 m; 4800 Einw. ü. kath.; kath. u. prot. Kirchen; 2 Aerzte, Apoth.; möbl. Z. 15 M; Bahnv. mässig, Umg. annehmb.
A. a) 25 b) 14 c) ü. Landwsch.
B. a) Umb. 1903, windig b) ger. 7 Z. I. St. 2 Reg. prt. c) h. ger. tr. kalt, I. St. 7 Z. MagdZ. Grd. Bd. WLtg. el. L. Cl. m. Wsp. d) getr. Haus e) H. u. Nutzg. 0,068 ha G. m. WLtg. o. Vorg.

Tölz, Stadt OB.; 670 m; 5496 Einw. ü. kath.; kath. u. prot. Kirchen; Aerzte u. Apoth.; möbl. Z. 10 M; sch. Umg. u. Lage, Fremdenv. Bahnv. im Winter n. gt., gt. Wass.
A. a) 17 b) 9 c) ü. Landwsch.
B. a) 1880 b) beengt. 6 Z. c) s. sch. h. tr. beschr. I. St. 5 Z. 2 Mans. MagdZ. o. Grd. Bd. WLtg. el. L. Cl. m. Wsp. d) — e) H. u. Nutzg. o. m. Vorg. kl.

Traunstein, Stadt OB.; 600 m; 7686 Einw. ü. kath.; kath. u. prot. Kirchen; Aerzte u. Apoth.; Progymn., Realsch., Töchtersch.

(engl. Frl.); möbl. Z. 12 M; s. sch. Umg. u. Ausfl. Luftkurort, gt. Bahnv. München-Salzburg, Fremdenv.

A. a) 42 b) 41 c) ü. Landwsch.

B. a) NB. 1912 b) ger. 9 Z. I. St. SitzZ. Reg. prt. c) Seitentsr. frei gelegen, h. tr. Aussicht auf Geb. II. St. 6 Z. MagdZ. Grd. Bd. el. L. Cl. m. Wsp. WLtg. d) getr. Eing. e) H. u. Nutzg. kl. G. m. WLtg. m. Vorg. kl.

Trostberg, Markt OB.; 480 m; 1800 Einw. ü. kath.; nur kath. Kirchen; 2 Aerzte, Apoth.; möbl. Z. 15 M; Bahnv. gt. Traunstein-Salzburg.

A. a) 19 u. 1 ausm. Bez. (Chiemsee) b) 18 c) ü. Landwsch.

B. a) Umb. 1911 b) ger. 5 Z. Reg. prt. c) h. ger. tr. I. St. 5 Z. MagdZ. Kamm. Bd. Dachgesch.: Grd. Kamm. Bd. WLtg. el. L. Cl. m. Wsp. d) -- e) H. u. Nutzg. 0,164 ha G. m. WLtg. u. Br. m. Vorg. kl.

Türkheim, Schw.; 600 m; 2009 Einw. ü. kath.; kath. u. prot. Kirchen; 2 Aerzte, Apoth.; möbl. Z. 15 M; flach, Aussicht in bayr. u. Allg. Alpen.

A. a) 25 b) 24 c) ü. Landwsch.

B. a) alt (Schloss) b) s. beengt 3 Z. prt. c) h. ger. tr. sonnig. II. St. 9 Z. o. Bd. WLtg. im Bau, Azetylengs. Cl. gt. d) — H. u. Nutzg. gr. G. m. Br. o. Vorg.

Uffenheim, Stadt MF.; 342 m; 2300 Einw. ü. prot.; kath. u. prot. Kirchen; 2 Aerzte, Apoth.; Progymn. m. 3 Klass., Realsch.; möbl. Z. 12 M; gt. Bahnv. Ansbach-Würzburg, sch. Wass.-Verh.

A. a) 39 b) 5 c) ü. Landwsch.

B. a) Schlossgeb. b) beengt 4 Z. I. St. c) gt. tr. ger. I. St. 5 Z. ZwischenSt. 5 Kamm. Dach 3 Kamm. Vorbau 1 Z. o. Bd. el. L. o. WLtg. Pumpe in d. Kü. Trocken-Cl. d) — H. u. Nutzg. 87 Dez. G. o. Wass. m. Vorg. gr.

Velburg, Stadt OPf.; — m; 1200 Einw. ü. kath.; nur kath. Kirchen; 1 Arzt, Apoth.; möbl. Z. 12 M; landsch. sch. o. Bahnv.

A. a) 36 b) 8 c) ü. Landwsch.

B. a) NB. 1902 b) ger. 6 Z. c) h. ger. tr. II. St. 6 Z. Kamm. Bd. Azetylengs. d) gem. Eing. e) H. u. Nutzg. 0,123 ha H. m. Br. m. Vorg. kl.

Viechtach, NdB.; 450 m; 2300 Einw. ü. kath.; nur kath. Kirchen; 2 Aerzte, Apoth.; möbl. Z. 12 M; fr. Lage, sch. Aussicht.

A. a) 27 b) 15 c) ü. Landwsch.

B. a) NB. 1904 b) ger. 6 Z. 2 Reg. I. St. u. prt. c) h. ger. tr. II. St. 6 Z. Bd. WLtg. el. L. Cl. m. Wsp. d) getr. Eing. e) H. u. Nutzg. 0,164 ha G. m. WLtg. o. Vorg.

Vilsbiburg, Markt NdB.; 400 m; 3100 Einw. ü. kath.; nur kath. Kirchen; 2 Aerzte, Apoth.; möbl. Z. 12 M.

A. a) 39 b) 38 c) ü. Landwsch.

B. a) 1898 b) ger. 6 Z. I. St. c) h. ger. II. St. 6 Z. 4 Kamm. o. Bd. o. WLtg. el. L. Cl. o. Wsp. d) gem. Eing. e) H. u. Nutzg. 25 Dez. G. m. PumpBr. o. Vorg.

Vilshofen, Stadt NdB.; 315 m; 3767 Einw. ü. kath.; kath. Kirche u. prot. Betsaal; 3 Aerzte, Apoth.; möbl. Z. 15 M; Bahnv. gt., Lage sch.

A. a) 48 b) 41 c) ü. Landwsch.

B. a) NB. 1904 b) ger. 8 Z. I. St. (Reg. prt.) c) frdl. ger. II. St. 6 Z. Grd. MagdZ. Bd. WLtg. el. L. Cl. m. Wsp. d) gem. Eing. e) H. u. Nutzg. $1^1/_4$ Tgw. G. m. WLtg. o. Vorg.

Vohenstrauss, Markt OPf.; 539 m; 2159 Einw. ü. kath; Simultan-Kirche; 2 Aerzte, Apoth.; möbl. Z. 20 M; sch. Umg. u. Lage, gt. Bahnv. schl. Wass.-Verh. rauh, windig, Wald in Nähe.
A. a) 49 b) 48 c) ü. Landwsch.
B. a) alte Burg b) beengt 6 Z. c) dunkel, ger. tr. II. St. 7 Z. Kamm. o. Bd. el. L. WLtg. beschr. Druckpumpe z. II. St. Abort. d) — e) H. u. Nutzg. 0,054 ha G. m. WLtg. o. Vorg.

Volkach, Stadt UF.; 207 m; 1951 Einw. ü. kath.; nur kath. Kirchen; 2 Aerzte, Apoth.; kath. Töchtersch.; möbl. Z. 15 M; sch. Umg. u. Lage, schl. Bahnv. Lebensv. gt. n. bes. t.
A. a) 25 b) — c) ü. Landwsch.
B. a) alt b) ger. 6 Z. prt. Reg. I. St. c) h. ger. tr. I. St. 10 Z. Grd. Bd. WLtg. Gs. Cl. o. Wsp. d) — e) H. u. Zierg. 0,330 ha G. m. WLtg. o. Vorg.

Waischenfeld, Stadt OF.; 350 m; 800 Einw. ü. kath.; nur kath. Kirche; 1 Arzt, Apoth.; möbl. Z. 10 M; sch. Geg. fränk. Schweiz, nächste Bahnst. 7 km.
A. a) 32 b) 3 c) ü. Landwsch.
B. a) alt b) ger. 5 Z. 2 Reg. I. St. c) h. ger. I. St. 7 Z. MagdZ. ausserdem prt. (feucht) frei o. Bd. el. L. Br. im H. Trocken-Cl. d) — e) H. u. Nutzg. 0,672 ha H. m. Br. o. Vorg.

Walderbach, Pfd. OPf.; 369 m; 435 Einw. ü. kath.; ohne Aerzte, ohne Apoth.; möbl. Z. 12 M; sch. Umg. u. Lage, z. Bahns. 8 km, viel Wald, Lebensmitt. teilw. v. Regensburg z. beziehen.
A. a) 63 b) 40 c) ü. Landwsch.
B. a) alt b) ger. 6 Z. Reg. prt. c) h. s. gr. tr. n. Süd. u. Ost. I. St. 9 Z. 3 Nebenräume Bd. (dunkel) WLtg. Cl. gt. d) getr. Eing. e) H. u. Nutzg. 0,732 ha G. m. WLtg. u. 2 Br. o. Vorg.

Waldmünchen, Stadt OPf.; 514 m; 3000 Einw. ü. kath.; nur kath. Kirchen; 2 Aerzte, Apoth.; möbl. Z. 15 M; sch. Umg. sch. Tagesausfl. s. gt. Wass. schl. Bahnv. viel Berg u. Wald (weitere Umg.).
A. a) 45 b) 20 c) ü. Landwsch.
B. a) Umb. 1911 b) ger. 9 Z. Reg. prt. (SitzZ. I. St.) c) s. sch. h. ger. tr. 6 Z. Grd. Bd. MagdZ. el. L. WLtg. Trocken-Cl. d) — e) H. u. Nutzg. 70 Dez. G. m. WLtg. m. Vorg. kl.

Waldsassen, Stadt OPf.; 492 m; 5200 Einw. ü. kath.; kath. u. prot. Kirchen; 2 Aerzte, Apoth.; Töchtersch.; möbl. Z. 20 M; sch. waldr. Umg. sch. Lage, gt. Bahnv. Franzensbad-Marienbad-Eger leicht erreichb.
A. a) 24 b) 8 c) ü. Landwsch.
B. a) alt b) beengt 5 Z. I. St. c) gt. II. St. 6 Z. 2 Kamm. o. Bd. o. Cl. d) — e) H. u. Nutzg. 0,101 ha G. m. lfd. Br. m. Vorg. kl.

Wasserburg, Stadt OB.; 426 m; 4000 Einw. ü. kath.; nur kath. Kirchen; 3 Aerzte, Apoth.; Realsch. 3 kurs., Lateinsch., Töchtersch. (engl. Frl.); möbl. Z. 12 M; sch. Umg. Gebirgsausfl.
A. a) 62 b) 61 c) ü. Landwsch.
B. a) z. Zt. im Bau b) ger. 9 Z. I. St. Z. II. St. Reg. u. Z. prt. c) h. ger. II. St. 6 Z. MagdZ. Bd. Veranda m. Vorzimmer III. St. Mans. el. L. Schwindgrube m. Kläranlage d) getr. Eing. e) H. u. Nutzg. 40 Dez. m. Vorg. 60 Dez.

Wassertrüdingen, Stadt MF.; 440 m; 1911 Einw. ü. prot.; kath. u. prot. Kirche; 2 Aerzte, Apoth.; prot. Präp.-Sch.; möbl. Z. 15 M; sch. Lage, gr. Wald, FlussBd. Bahnv. gen. Postauto n. Dinkelsbühl.

A. a) 27 b) 1 c) ü. Landwsch.

B. a) alt b) beengt 5 Z. c) gt. I. St. 7 Z. Kamm. Pumpwerk in d. Kü. Cl. o. Wsp. d) — e) H. u. Nutzg. 1/2 Tgw. Gem.-Gr. gr. Baumg. G. m. Br. m. Vorg. kl.

Weiden, Stadt OPf.; 397 m; 15000 Einw. 2/3 kath. 1/3 prot; kath. u. prot. Kirche; 5 Aerzte, Apoth.; Gymn., Realsch., Präp.-Sch., Töchtersch., landw. Wintersch.; möbl. Z. 15 M; s. gt. Bahnv. schl. Wasserv. kleinere Spaziergänge fehlen, weitere Umg. sch.

A. a) 69 b) 38 c) ü. Landwsch. neben bed. Industrie (Glas- u. Porzell.-Fabr.)

B. a) alt, Erweit.-B. freistehend b) ger. 12 Z. in 2 St. c) h. ger. tr. z. T. sonnig, II. St. 7 Z. Bd. ungünstig gelegene Kü. WLtg. Gs. Cl. m. Wsp. d) getr. Eing. e) H. u. Nutzg. 0,200 ha G. m. WLtg. o. Vorg.

Weilheim, Stadt OB.; 563 m; 5249 Einw. ü. kath.; kath. u. prot. Kirchen; 4 Aerzte, Apoth.; Realsch.; möbl. Z. 20 M; s. gt. gelegen, gt. Bahnv. gt. Wass. Nähe d. Geb.

A. a) 43 b) 42 c) ü. Landwsch. daneben 2 Bergwerke (Penzberg-Peissenberg).

B. a) Umb. 1909 b) ger. 9 Z. prt. u. I. St. c) s. sch. ger. tr. II. St. 6 Z. Grd. gr. Hsgang. Bd. Gs. Cl. d) getr. Eing. e) H. u. Nutzg. 30 Dez. G. m. Wass. o. Vorg.

Weissmain, Stadt OF.; 300 m; 1000 Einw. ü. kath.; kath. Kirche, prot. Betsaal; 1 Arzt, Apoth.; möbl. Z. 10 M; sch. Umg., waldr., 7 km z. Bahnst.

A. a) 26 b) — c) ü. Landwsch. (2 Gd. gr. Industr.).

B. a) alt (Jagdschloss) b) 4 Z. Reg. prt. c) h. ger. tr. 6 Z. MagdZ. Grd. I. St. Bd. WLtg. el. L. Sinkgrube d) — e) H. u. Nutzg. 0,430 ha (Obst- u. Gem.-G.) G. m. WLtg. m. Vorg. kl.

Weissenburg i. B., Stadt MF.; 420 m; 7150 Einw. ü. prot.; kath. u. prot. Kirchen; 4 Aerzte, Apoth.; Progymn., Realsch.; möbl. Z. 15 M; abgelegen, sch. Umg., gt. Bahnv.

A. a) 67 b) 33 c) ü. industriereich.

B. a) NB. 1905 b) ger. 7 Z. I. St. c) h. ger. tr. II. St. 6 Z. MagdZ. 2 Dachkamm. Bd. Gs. o. Cl. d) getr. Eing. e) H. u. Nutzg. 0,72 Tgw. G. o. Wass. m. Vorg. kl.

Weissenhorn, Stadt Schw.; 496 m; 2331 Einw. ü. kath.; kath. u. prot. Kirchen; 2 Aerzte, Apoth.; möbl. Z. 10 M; Umg. hübsch, Wald, Ulm gt. erreichbar.

A. a) 32 u. 2 Forstbez. b) 28 c) ü. Landwsch.

B. a) alt 1911 z. T. ern. b) ger. 8 Z. I. St. c) h. ger. tr. II. St. 6 Z. 2 Kamm. MagdZ. Vorpl. el. L. o. Bd. Cl. gt. d) — e) H. u. Nutzg. 2660 qm G. m. WLtg. u. Pumpbr. o. Vorg.

Werneck, Pfd. UF.; 283 m; 2050 Einw. ü. kath.; kath. u. prot. Kirche; Aerzte u. Apoth.; möbl. Z. 15 M; gt. Bahnv. Schweinfurt-Kissingen-Würzburg.

A. a) 22 b) 1 c) ü. Landwsch.

B. a) alt b) ger. 7 Z. prt. c) gt. I. St. 6 Z. MagdZ. Bd. WLtg. el. L. Cl. o. Wsp. d) — e) H. u. Nutzg. 20 a G. m. WLtg. o. Vorg.

Wertingen, Stadt Schw.; 450 m; 2144 Einw. ü. kath.; nur kath. Kirchen; 2 Aerzte, Apoth.; möbl. Z. 10 M; Lokalbahn.

A. a) 46 b) 30 c) ü. Landwsch.

B. a) alt b) ger. 5 Z. Reg. m. Nebenraum prt. c) h. ger. tr.

(1 Raum e. feucht) I. St. 6 Z. TurmZ. Grd. MagdZ. o. Bd. WLtg. Cl. gen. d) — e) H. u. Nutzg. 1 Tgw. G. m. WLtg. o. Vorg.

Windsheim, Stadt MF.; 314 m; 3654 Einw. ü. prot.; prot. Kirchen. kath. Betsaal; 3 Aerzte, Apoth.; Progymn. m. 4 Kl., Realsch., Töchtersch.; möbl. Z. 15 M; mild. Kl., Badeort m. Kurhs., Solbäder geg. Rheuma., Wald ca. 1 Std.
A. a) 32 b) 4 c) ü. Landwsch.
B. a) NB. 1903 b) s. ger. 10 Z. c) h. ger. tr. II. St. 4 Z. Kü. gr. Vorpl. Abort, III. St. 4 Z. Bd. Abort, WLtg. el. L. d) gem. Eing. e) H. kl.

Winnweiler, Pfd. Pf.; 238 m; 1633 Einw., 1/2 kath., 1/2 prot.; Simult. Kirche; 2 Aerzte, Apoth.; Lateinsch. m. 3 Realkl.; möbl. Z. 15 M; gt. Bahnv., Wass.-Verh. n. bes., sch. Ausflüge (Donnersberg, Münster a. St., Kreuznach, Ebernburg).
A. a) 21 b) Einnehmereien c) ü. Landwsch.
B. a) NB. 1895 b) ger. 6 Z. Reg. prt. c) h. ger. tr. I. St. 6 Z. 2 Mans. o. Bd. el. L. Cl. norm. d) — e) H. u. Nutzg. 0,045 ha G. m. Pumpbr. m. Vorg. kl.

Wolfratshausen, Markt OB.; 580 m; 1973 Einw. ü. kath.; kath. u. prot. Kirchen; 2 Aerzte, Apoth.; landw. Wintersch.; möbl. Z. 15 M; sch. Umg., gt. Bahnv., Loisachbäder.
A. a) 37 b) 31 c) ü. Landwsch.
B. a) alt b) beengt 5 Z. I. St. c) h. ger. tr. II. St. 5 Z. Grd. o. Bd. WLtg. el. L. Cl. o. Wsp. d) — e) H. u. Nutzg. 0,072 ha G. m. WLtg. o. Vorg.

Würzburg-Stadt, Stadt UF.; 182 m; 84387 Einw. ü. kath.; kath. u. prot. Kirchen; Aerzte u. Apoth.; Univ., 2 Gymn., 1 Realgymn., 1 Ober-Realsch., Lehrerbild.-Anst., mehrere Töchtersch. (kath. u. simult.) etc. etc.; möbl. Z. 15 M; sch. Umg., Mainbäder, gt. Bahnv., Obst- u. Gem.-Markt der Stadt in nächst. Nähe d. Amtes, Lage unruhig.
A. a) — b) — c) —
B. a) alt b) beengt 16 Z. c) — d) — e) —.

Würzburg-Land, s. Würzburg-Stadt.
A. a) 46 b) 12 Gd. m. Steuervorgeher c) ü. Landwsch.
B. a) alt, Umb. 1903 b) 9 Z. I. St. 3 Z. II. St. c) II. St. h. ger. tr. 7 Z. 2 Kamm. gr. Gang, Bd.-Keller, Waschhs. u. kl. Holzlege im H. liegen im Wassergebiete, WLtg. Gs. Cl. gt. d) 2 Amtsd. haben je e. kl. abgetr. Wohn. im I. bzw. II. St. e) H. o. Nutzg.

Wunsiedel, Stadt OF.; 550 m; 5876 Einw. ü. prot.; kath. u. prot. Kirchen; 3 Aerzte, Apoth.; Progymn., Realsch., Waldbausch., landw. Wintersch., Töchtersch.; möbl. Z. 18 M; sch. waldr. berg. Umg., Zweigbahn zur Linie Hof-Regensburg, Alexanderbad, Luisenburg, Kösseine etc. gt. erreichbar.
A. a) 56 u. 12 Forstbez. b) 2 c) ü. industriereich.
B. a) NB. 1903 b) gen. 6 Z. Reg. prt. Reg. Dach c) h. ger. tr. I. St. 6 Z. Bd. Kamm. Dachr. 3 Z. WLtg. el. L. Cl. gt. d) — e) H. u. Nutzg. 0,54 ha G. m. WLtg. m. Vorg.

Zeil, Stadt UF.; 228 m; 1879 Einw. ü. kath.; kath. Kirche, prot. Betsaal; 1 Arzt, Apoth.; möbl. Z. 12 M; schl. Wasserverh.
A. a) 68 b) 26 c) ü. Landwsch.
B. a) alt (Schloss) b) ger. 9 Z. 2 Reg. prt. c) ger. I. St. 7 Z. 2 Grd. 2 MagdZ. o. Bd. o. WLtg. o. Cl. d) — e) H. u. Nutzg. G. m. Br. o. Vorg.

Zusmarshausen, Markt Schw.; 467 m; 1152 Einw. ü. kath.; nur kath. Kirche; 1 Arzt, Apoth.; möbl. Z. 12 M; 4 km z. Bahnst., 15 Min., gr. Waldungen, Hügelland.
A. a) 44 b) 43 c) ü. Landwsch.
B. a) alt b) beengt c) h. ger. tr. I. St. 8 Z. Grd. MagdZ. o. Bd. WLtg. Trocken-Cl. d) — e) H. u. Nutzg. 84 a G. m. WLtg. m. Vorg. kl.

Zweibrücken, Stadt Pf.; 228 m; 15250 Einw. ü. prot.; kath. u. prot. Kirchen; Aerzte u. Apoth.; Gymn., Realsch., Privat-Töchtersch., städt. Arbeitssch., landw. Wintersch.; möbl. Z. 20—25 M; Umg. sch., Wass. gt., Bahnv. gt.
A. a) 42 b) Einnehmereien c) Stadt etc. ü. Industrie, sonst ü. Landwsch.
B. a) NB. 1904 b) ger. I. St. 8 Z. prt. Reg. c) II. St. 6 Z. Grd. MagdZ. Bd. Cl. m. Wsp. d) gem. Eing. e) H. u. Nutzg. 0,194 ha G. m. WLtg. o. Vorg.

Zwiesel, Stadt NdB.; 577 m; 3975 Einw. ü. kath.; kath. u. prot Kirche; 2 Aerzte, Apoth.; Fachsch. f. Glasindustr. m. Schnitzersch., Engl. Frl.-Inst.; möbl. Z. 10 M; sch. Lage u. Umg., bay. Wald, gt. Bahnv., gt. Wass.
A. a) 28 b) 24 c) ü. Landwsch.
B. a) NB. 1904 b) ger. 6 Z. I. St. c) h. ger. Einteilung läss, z. wünschen, II. St. 6 Z. MagdZ. TurmZ. Bd. WLtg. cl. L. Cl. gt. d) gem. Eing. e) H. u. Nutzg. ca. 1 Tgw. G. m. WLtg. o. Vorg.

Alphabetisches Register.

Ruyter, Sumatra-Deck, Einlage: Havanna u. leicht St. Felix, Handarbeit, leicht u. fein, 100 St. Mk. 7.20.

Bücherzettel.

3 Pfennig-
Marke.

An

Buchhandlung

in

Bestelle aus dem Verlage von J. Schweitzer Verlag (Arthur Sellier) München und Berlin

z. Ansicht	fest	Aus **Schweitzers (blauen) Textausgaben:**	
....	....	Automobilgesetz von Ph. Seuffert	(3.—)
....	....	Bauforderungsgesetz von Herb. Jacobi	(2.40)
....	....	Branntweinsteuergesetz von Wassermann	(ca. 4.—)
....	....	Genossenschaftsgesetz v. F. Bonschab 2. Aufl.	(3.—)
....	....	Gerichtsverfassung von Fr. Doerr.	(1.80)
....	....	Gewerbeordnung von F. Steinbach	(4.50)
....	....	Grundentlastungsgesetz von L. Yblagger	(2.50)
....	....	Güterzertrümmerungsgesetz v. F. v. Braun. 2. A.	(2.50)
....	....	Kolonialbeamtengesetz von Fr. Doerr	(2.60)
....	....	Konkursordnung mit 21 Nebenges.	(2.—)
....	....	Malzaufschlaggesetz, Bayer.	(2.—)
....	....	Steuergesetze, Bayer.	(5.—)
....	....	Strafgesetzbuch von Doerr	(ca. 2.—)
....	....	Telegraphenwegegesetz von M. Hotz	(3.—)
....	....	Urheber- u. Verlagsrecht von Kirchberger	(2.—)
....	....	Vogelschutzgesetz von Heindl	(1.—)
....	....	Weingesetz von O. Zoeller	(3.—)
....	....	Zivilprozeßordnung mit 17 Nebeng. 2. Aufl.	(2.—)
....	....	Zuwachssteuergesetz von H. Koeppe	(3.20)
....	....	Zwangsabtretungsgesetz von W. Laforet	(3.20)

z. Ansicht	fest	Aus **Schweitzers (braunen) Handausgaben:**	
....	....	Berggesetz, Bayer., v. A. v. Rauck, 2. Aufl.	(7.—)
....	....	Fischereigesetz, Bayer., v. J. Bleyer, 2. Aufl.	(5.60)
....	....	Handelsgesetzb. v. H. Frankenburger, 3. Aufl.	(5.—)
....	....	Malzaufschlaggesetz, Bayer., v. H. Zapf	(8.50)
....	....	Reichserbschaftssteuergesetz von F. W. R. Zimmermann, 2. Aufl.	(11.50)
....	....	Strafvollstreckg. i. Bayern v. Degen u. Klimmer	(8.80)
....	....	Wettbewerbsgesetz v. Kahn und Weiß, 2. Aufl.	(7.50)
....	....	Zivilprozeßordnung von J. Neumiller, 3./4. Aufl.	(8.—)

Ort und Datum: Name und Stand:

....

....

Bücherzettel.

3 Pfennig-
Marke.

An

....

in ....

....

Anhang

zu

Schweitzers bayerischer Finanzkalender.

Inhalt:

Zur gefl. Beachtung:

Mit Rücksicht auf die Handlichkeit des Kalenders wurden die Beilagen 42-46, die verhältnismässig seltener benötigt werden, dem Kalender als **gesonderte Anlage** beigefügt. Sie sollen nicht jedes Jahr beigegeben werden, sondern nur dann, wenn sie bemerkenswerte Aenderungen oder eine Neufassung erfahren; **wir bitten daher, sie nach Ablauf des Jahres dem neuen Jahrgang jeweils einzufügen.**

42.

Gehaltsordnung

für die etatsmässigen Staatsbeamten vom 6. September 1908 (GVBl. 685).*)

Vorbemerkung.

Das alte Gehalts-Regulativ nach der Verordnung vom 11. Juni 1892 (GVBl. 209) ist in den früheren Juristen-Kalendern abgedruckt; will ein Vergleich der neuen Gehaltsordnung mit dem alten Regulativ gezogen werden, so wollen hiezu der heurige Finanzkalender und einer der älteren Juristen-Kalender vor 1909 benützt werden.

Für die Pensionierung bleiben die bereits erworbenen Rechte selbstverständlich gewahrt (vgl. Denkschrift zur Gehaltsordnung S. 340 Art. 213, 214 Beamtenges.); unter Umständen kann daher das alte Gehalts-Regulativ für jede Klasse von Beamten von Bedeutung sein. Die früheren Gehaltszulagen und ausserordentlichen Zulagen waren nicht pragmatisch und kommen daher bei Berechnung des Pensionsgehalts nicht in Betracht.

Bei den **Richterbeamten** (einschliesslich Mitglieder des Verwaltungsgerichtshofes) fand bei deren Pensionierung eine Ausscheidung von Standes- und Dienstesgehalt nicht statt; ihr Gesamtgehalt (natürlich ausschliesslich der nichtpragmatischen Zulagen) war auf Lebensdauer unentziehbar (§ 23 der IX. Verf.-Beil.), abgesehen von disziplinärer Dienstentlassung. Deshalb wird es nicht selten vorkommen, dass der nach dem Beamtengesetz sich ergebende Ruhegehalt den alten Gehalt des Richters nicht erreicht und dass deshalb der alte Gehalt für den pensionierten Richter günstiger ist.

Aus diesem Grunde ist als **Zusatz** zu der neuen Gehaltsordnung noch das alte Gehalts-Regulativ für die Beamten im Bereiche des k. Staatsministeriums der Justiz abgedruckt.

Wegen der Gewährung von Pensionszulagen an Beamte und Bedienstete und deren Witwen und Waisen, deren Pensionen sich nach früherem Recht bemessen, s. § 7 des Finanzges. vom 14. August 1910 (GVBl. 419).

---

*) Unter Berücksichtigung der unterdessen erfolgten Aenderungen: GVBl. 1908, 1050; GVBl. 1909, 677; GVBl. 1910, 626 und 796 und GVBl. 1911, 149.

Gehalts

(Unter Berücksichtigung der Anfangs-

Klasse der Gehaltsordnung	Feste Gehalte	Steigende			
		1.—3.	vom 4.	vom 7.	vom 10.
		Dienst			
	M	M	M	M	M
1	24000	—	—	—	—
2	15000	—	—	—	—
3	14000	—	—	—	—
4	12000	—	—	—	—
5	—	8400	9000	9600	10200
6	—	7200	7700	8200	8700
7	—	6000	6500	7000	7500
8	—	5400	5900	6400	6900
9	—	4800	5300	5800	6300
10	—	3000	3500	4000	4500
11	—	3600	4100	4600	5100
12	—	3000	3500	4000	4500
13	—	4200	4600	5000	5400
14	—	3000	3300	3600	3900
15	—	2400	2700	3000	3300
16	—	2400	2700	3000	3300
17	—	1800	2100	2400	2700
18	—	2250	2400	2550	2700
19	—	2100	2250	2400	2550
20	—	1950	2100	2250	2400
21	—	1800	1950	2100	2250
22	—	1800	1900	2000	2100
23	—	1500	1650	1800	1950
24	—	1700	1800	1900	2000
25	—	1500	1600	1700	1800
26	—	1200	1350	1500	1650
27	—	1400	1500	1600	1700
28	—	1300	1400	1500	1600
29	—	1200	1300	1400	1500
30	—	1200	1250	1300	1400

klassen.

und Endgehalte geordnet).

Gehalte						Klasse der Gehaltsordnung
vom 13.	vom 16.	vom 19.	vom 22.	vom 25.	vom 28.	
Jahre						
M	M	M	M	M	M	
—	—	—	—	—	—	1
—	—	—	—	—	—	2
—	—	—	—	—	—	3
—	—	—	—	—	—	4
10800	11400					5
9200	9600					6
8000	8400					7
7400	7800					8
6800	7200					9
5000	5500	6000	6500	7000	7200	10
5600	6000					11
5000	5500	6000				12
5800	6000					13
4200	4500	4800				14
3600	3900	4200	4500	4800		15
3600	3900	4200				16
3000	3300	3600				17
2850	3000	3150				18
2700	2850	3000				19
2550	2700	2850				20
2400	2550	2700				21
2200	2300	2400				22
2100	2250	2400				23
2100	2200	2300				24
1900	2000	2100				25
1800	1950	2100				26
1800	1900	2000				27
1700	1800	1900				28
1600	1700	1800				29
1500	1600	1700				30

Klasse d. Gehaltsordng.	Beamtenklasse
	1.
1	Staatsminister
	2.
2	Präsident des Obersten Landesgerichts Präsident des Verwaltungsgerichtshofs
	3.
3	Gesandte mit dem Gehalte der Regierungspräsidenten Präsidenten der Oberlandesgerichte Präsidenten der Kreisregierungen[1]) Präsident des Oberkonsistoriums Präsident des Obersten Rechnungshofs Präsident der Generaldirektion der Zölle und indirekten Steuern
	4.
4	Ministerialdirektoren[2]) Senatspräsidenten, Generalstaatsanwalt des Obersten Landesgerichts Senatspräsidenten, Generalstaatsanwalt des Verwaltungsgerichtshofs Präsidenten der Eisenbahndirektionen

Fester Gehalt	Bemerkungen
M	
24000 [1]	[1]) Die Staatsminister erhalten ausserdem freie Dienstwohnung und in Ermangelung einer solchen eine nichtpensionsfähige Wohnungsentschädigung im Jahresbetrage von 5000 M, ferner einen nichtpensionsfähigen Repräsentationsbezug, der für den Staatsminister des Kgl. Hauses und des Aeussern jährlich 16000 M, für jeden der übrigen Staatsminister jährlich 5000 M beträgt.
15000	
14000	[2]) Die Präsidenten der Kreisregierungen erhalten ausserdem freie Dienstwohnung und einen nichtpensionsfähigen Repräsentationsbezug im Jahresbetrage von 3600 M.
12000	[3]) Der mit der Vertretung eines Staatsministers als Staatsrat betraute Ministerialdirektor erhält neben seinem Gehalt eine nichtpensionsfähige Zulage im Jahresbetrage von 2400 M.

Klasse d. Gehaltsordng.	Beamtenklasse
	5.
5	Ministerialräte [1] und [2] . . . .
	Geheime Legationsräte I. Klasse . . . . . .
	Oberbergdirektor . . . .
	Senatspräsidenten / Oberstaatsanwälte } der Oberlandesgerichte . .
	Präsidenten der Landgerichte . . . . . .
	Präsident des Amtsgerichts München I . . . . .
	Präsident des Landesversicherungsamts . . . . .
	Polizeipräsident . . . .
	Oberlandstallmeister . . . .
	Direktor des Statistischen Landesamts . . . .
	Direktor der Flurbereinigungskommission . . .
	Direktor des Hydrotechnischen Bureaus . . . .
	Direktor des Reichsarchivs . . . .
	Direktoren der Regierungen, Kammern des Innern . .
	Chef des Gendarmeriekorps . . . .
	Direktor der Hof- und Staatsbibliothek . . . .
	Direktor der Akademie der bildenden Künste . . .
	Direktor der Gemäldegalerien . . . .
	Konsistorialdirektor in Speyer . . . .
	Generaldirektor der Bergwerks-, Hütten- und Salinenverwaltung . . . .
	Direktor der Staatsschuldentilgungsanstalt . . .
	Direktor der Rechnungskammer . . . . . .
	Direktor des Katasterbureaus . . . .
	Direktoren der Regierungen, Kammern der Finanzen, Forstabteilungen [3] . . . .
	Regierungsdirektoren der Generaldirektion der Zölle und indirekten Steuern [4] . . . .
	Oberpostdirektoren . . . .
	6.
6	Oberregierungsräte [5] . . . .
	Geheime Legationsräte II. Klasse . . . . . .
	Zentralinspektor für Fabriken und Gewerbe . . .
	Räte . . / Staatsanwälte } des Obersten Landesgerichts . .
	Vorstände der Amtsgerichte mit Bezirken von mehr als 100 000 Einwohnern [6] . . . .
	Zentralwohnungsinspektor . . . .
	Landesinspektor für Tierzucht . . . .
	Räte . . / Staatsanwälte } des Verwaltungsgerichtshofs . .
	Direktor der Polizeidirektion [7] . . . .
	Rektoren der humanistischen Gymnasien . . .

Steigende Gehalte						Bemerkungen
1.—3.	vom 4.	vom 7.	vom 10.	vom 13.	vom 16.	
Dienstjahre						
M	M	M	M	M	M	
						1) einschliesslich der technischen Ministerialräte. 2) der mit der Vertretung eines Staatsministers als Staatsrat betraute Ministerialrat erhält neben seinem Gehalt eine nichtpensionsfähige Zulage im Jahresbetrage von 1200 M.
8400	9000	9600	10200	10800	11400	
						3) Vorstände der Regierungs-Forstabteilungen. 4) Abteilungsvorstände.
						5) einschliesslich der technischen Oberregierungsräte.
7200	7700	8200	8700	9200	9600	6) Nach der jeweiligen letzten Volkszählung.
						1) Abteilungsvorstand.

Klasse d. Gehaltsordng.	Beamtenklasse
Noch 6	Rektoren der Realgymnasien . . . . Direktor der Akademie der Tonkunst . . . . . Direktor des Nationalmuseums . . . . Direktor des Generalkonservatoriums der Kunstdenkmale und Altertümer . . . . Direktor der Akademie für Landwirtschaft und Brauerei Direktor des Technikums in Nürnberg . . . . Oberkonsistorialräte . . . . Direktor des Hauptmünzamts . . . . Räte des Obersten Rechnungshofs . . . . . . Oberregierungsräte der Verkehrsverwaltung[1]) . . . Studiendirektor der Militärbildungsanstalten . . .
	*
	* Dieser Klasse sind auch die Oberregierungsräte der Regierungen, Kammern des Innern, und der Generaldirektion der Zölle und indirekten Steuern sowie der Oberbibliothekar der Hof- und Staatsbibliothek, die zurzeit die Besoldung nach Klasse III des Gehaltsregulativs vom 11. Juni 1892 beziehen, ferner die derzeitigen Lyzealrektoren für ihre Person zuzuteilen; ebenso die Generaldirektionsräte und Oberposträte älterer Ordnung mit dem Abmasse, dass diese zunächst in den Gehalt der dritten Dienstaltersstufe eingewiesen werden und ihnen nach einer weiteren dreijährigen Dienstzeit der Gehalt der vierten Dienstaltersstufe als Höchstgehalt gewährt wird.
	7.
7	Regierungsräte[2]) . . . . Legationsräte . . . . Räte des Geheimen Haus- und Staatsarchivs . . . Oberbergräte . . . . Regierungs- und Gewerberäte . . . . . . Räte . . / Staatsanwälte } der Oberlandesgerichte . . . Direktoren . . . . . / Stellvertretende Direktoren[3]) / I. Staatsanwälte . . . . } der Landgerichte . . Vorstände der Amtsgerichte mit Bezirken von mehr als 40000 bis 100000 Einwohnern[4]) . . . . Abteilungsvorstände der in den Klassen 5 und 6 bezeichneten Amtsgerichte . . . . Direktoren der Strafanstalten[5]) . . . . Räte des Hydrotechnischen Bureaus . . . . .

Steigende Gehalte						Bemerkungen
1.–3.	vom 4.	vom 7.	vom 10.	vom 13.	vom 16.	
Dienstjahre						
M	M	M	M	M	M	
7200	7700	8200	8700	9200	9600	
						[1]) einschliesslich der Abteilungsvorstände der Eisenbahndirektionen und der Oberpostdirektionen; ferner der Vorstände der zentralen Aemter der Verkehrsverwaltung, soweit sie nicht nachstehend besonders vorgetragen sind.
						[2]) einschliesslich der Kreismedizinalräte, Kreisbauräte, Kreistierärzte und Kreiskulturingenieure.
6000	6500	7000	7500	8000	8400	[3]) Bei jeder Zivilkammer und jeder Strafkammer je einer.
						[4]) Nach der jeweiligen letzten Volkszählung.
						[5]) Vorstände der grösseren Strafanstalten.

Klasse d. Gehaltsordng.	Beamtenklasse
Noch 7	Räte des Reichsarchivs
	Steuerräte der Flurbereinigungskommission
	Landtagsarchivar
	Kanzleidirektor der Kammer der Reichsräte
	Bureauvorstand der Kammer der Abgeordneten
	Vorstand des Stenographischen Instituts
	Direktor des Arbeitshauses Rebdorf
	Direktor der Agrikulturbotanischen Anstalt
	Direktor der Moorkulturanstalt
	II. Direktoren der Untersuchungsanstalten für Nahrungs- und Genussmittel
	Landgestütstierarzt
	Landstallmeister
	Gestütsdirektoren
	Chef der Schutzmannschaft
	Chefs der Gendarmeriekompagnien
	Ordentliche Professoren der Universitäten
	Ordentliche Professoren der Technischen Hochschule
	Ordentliche Professoren der Tierärztlichen Hochschule
	Ordentliche Professoren der Lyzeen [1]
	Professoren der Akademie der bildenden Künste
	Konrektoren der humanistischen Gymnasien
	Konrektoren der Realgymnasien
	Konrektor des Technikums in Nürnberg
	Direktor der Zentralturnlehrerbildungsanstalt
	Direktoren der Kunstgewerbeschulen
	Direktoren der vollen Lehrerbildungsanstalten und der Schullehrerseminare
	Direktor der Baugewerkschule mit Gewerbelehrerinstitut in München
	Direktor der Meteorologischen Zentralstation
	Direktor der Graphischen Sammlung
	Direktor der Ethnographischen Sammlung
	Direktor des Münzkabinetts
	Oberbibliothekare der Hof- und Staatsbibliothek [2]
	Oberbibliothekare der Universitäten
	Konsistorialräte
	Oberberg- und Salinenräte
	Forsträte
	Ordentliche Professoren der Forstlichen Hochschule
	Steuerräte der Regierungen, Kammern der Finanzen
	Steuerräte des Katasterbureaus
	Vorstand der Zentralstaatskasse
	Vorstände der Rentämter mit Kasseabteilung
	Vorstände der Hauptzollämter
	Vorstand der technischen Lehr- und Prüfungsanstalt der Generaldirektion der Zölle und indirekten Steuern
	Direktor des Hofbräuamts

Steigende Gehalte						Bemerkungen
1.–3.	vom 4.	vom 7.	vom 10.	vom 13.	vom 16.	
Dienstjahre						
M	M	M	M	M	M	
6000	6500	7000	7500	8000	8400	[1]) Die mit der Funktion von Rektoren betrauten ordentlichen Professoren der Lyzeen erhalten neben ihrem Gehalt eine nichtpensionsfähige Zulage im Jahresbetrage von 1200 M.
						[2]) Abteilungsvorstände.

Klasse d. Gehaltsordng.	Beamtenklasse
Noch 7	Regierungsräte, Oberposträte der Verkehrsverwaltung[1]) . . .
	Professoren der Militärbildungsanstalten mit dem Gehalt der Hochschulprofessoren . . . . .
	Konrektor der Militärbildungsanstalten . . . . .
	*
	* Dieser Klasse sind für ihre Person auch die Oberlandesgerichtsräte bei den Landgerichten und die Oberlandesgerichtsräte der Amtsgerichte, soweit sie nicht nach der neuen Gehaltsorduung ohnehin in diese Klasse fallen, ferner der derzeitige Zentralzollkassier zuzuteilen.
	8.
8	Bezirksamtmänner . . . .
	Syndici der Hochschulen und der Akademien . .
	Direktor der Musikschule Würzburg . . . . .
	Professoren der Akademie der Tonkunst . . . .
	Professoren der Akademie für Landwirtschaft u. Brauerei
	Oberbibliothekar in Bamberg . . . .
	9.
9	Regierungsassessoren[2]) . . . .
	Legationssekretär I. Klasse . . . . . .
	Berginspektoren . . . .
	Oberbergamtsassessoren . . . .
	Gewerberäte . . . .
	Landgerichtsräte . . . .
	II. Staatsanwälte der Landgerichte . . . . .
	Oberamtsrichter[3]) . . . .
	Inspektoren der Strafanstalten[4]) . . . . .
	Inspektoren der Gerichtsgefängnisse . . . .
	Landwirtschaftliche Fachberater . . . . .
	Bauamtmänner . . . .
	Vorstände der Sektionen für Wildbachverbauung .
	Kreisarchivare . . . .
	Landgerichtsärzte . . . .
	Bakteriologen d. Bakteriolog. Untersuchungsanstalten
	Steuerassessoren, Obergeometer[5]) der Flurbereinigungskommission
	Polizeihauptmann . . . .
	Gendarmerie-Hauptmänner . . . .
	Professoren der humanistischen Gymnasien . .
	Professoren der Realgymnasien . . . . .
	Professoren der Kunstgewerbeschulen . . . .
	Professoren des Technikums in Nürnberg . . .
	Professoren der Baugewerkschule mit Gewerbelehrerinstitut in München . . . .
	Universitätsbauamtmänner . . . .
	Universitätsrentamtmänner . . . .

Steigende Gehalte						Bemerkungen
1.–3.	vom 4.	vom 7.	vom 10.	vom 13.	vom 16.	
Dienstjahre						
M	M	M	M	M	M	
6000	6500	7000	7500	8000	8400	1) einschliesslich der Vorstände des Wagenamts und der beiden Verkehrskontrollen der Staatseisenbahnverwaltung sowie der Postanweisungskontrolle, ferner der Vorstände der im Etat bezeichneten wichtigsten Inspektionen, Postämter I. Kl., Telegraphen- und Telephonämter.
5400	5900	6400	6900	7400	7800	
						2) einschliesslich der Kreisbauassessoren.
						3) einschliesslich der Abteilungsvorstände der Amtsgerichte mit Bezirken von 50000 bis 100000 Einwohnern.
						4) Vorstände der kleineren Strafanstalten.
4800	5300	5800	6300	6800	7200	
						5) Vorsitzende der Flurbereinigungsausschüsse.

Klasse d. Gehaltsordng.	Beamtenklasse
Noch 9	Universitätsforstmeister
	Universitätsmusikdirektor in Erlangen
	Vorstand der Hebammenschule in Bamberg
	Professoren der Hebammenschulen
	Konservatoren der Technischen Hochschule
	Konservatoren d. Kommiss. f. Internation. Erdmessung
	Konservatoren der Meteorologischen Zentralstation
	Konservatoren der Generalkonservatorien
	Konservatoren des Nationalmuseums
	Konservatoren der Gemäldegalerien
	Konservatoren der Graphischen Sammlung
	Bibliothekare der Hof- und Staatsbibliothek
	Bibliothekare der Universitätsbibliotheken
	Bibliothekare der Bibliothek d. Technischen Hochschule
	Bibliothekare der Bibliothek in Bamberg
	Rentamtmänner[1])
	Forstmeister
	Bergmeister
	Hüttenverwalter
	Salineninspektoren
	Oberingenieur der Hochofenanlage in Amberg
	Hauptkassier der General-Bergwerks- und Salinen-Administration
	Steuerassessoren d. Regierungen, Kammern d. Finanzen
	Steuerassessoren des Kataster-Bureaus
	Obergeometer und Vorstände der Messungsämter
	Obergeometer des Katasterbureaus[2])
	Hauptzollamtsverwalter
	Zollinspektoren
	Steuerinspektoren
	Zentralzollkassier
	Hauptkassiere der Staatsschuldentilgungsanstalt
	Kreiskassiere
	Kontrolleur der Zentralstaatskasse
	Rechnungskommissäre des Obersten Rechnungshofs
	Münzwardein
	Weingutsinspektor
	Direktionsräte[3]) } der Staatseisenbahnverwaltung
	Obergeometer[4]) } der Staatseisenbahnverwaltung
	Posträte[5])
	Postamtsdirektoren
	Telegraphenamtsdirektoren
	Telephonamtsdirektoren
	Professoren der Militärbildungsanstalten mit dem Gehalt der Gymnasialprofessoren
	Forstmeister des Militärforstamts Grafenwöhr
	*
	* Dieser Klasse sind auch die nicht dienstaufsichtführenden Oberamtsrichter, der derzeitige Zentralzollkassekon-

Steigende Gehalte						Bemerkungen
1.–3.	vom 4.	vom 7.	vom 10.	vom 13.	vom 16.	
Dienstjahre						
M	M	M	M	M	M	
						[1]) einschliesslich der Kasseabteilungsvorstände der Rentämter.
4800	5300	5800	6300	6800	7200	
						[2]) Vorstände der Messungssektionen.
						[3]) einschliesslich der Inspektionsvorstände der Staatseisenbahnverwaltung, soweit sie nicht in die Klasse 7 fallen. [4]) Vorstände der Messungsämter der Eisenbahndirektionen. [5]) einschliessl. des Vorstandes des Verlagsamts.

Klasse d. Gehaltsordng.	Beamtenklasse
Noch 9	trolleur sowie diejenigen Rechnungskommissäre der Regierungen, Kammern der Finanzen, die zurzeit den Gehalt eines Rechnungskommissärs des Obersten Rechnungshofs beziehen, für ihre Person, dann die Oberinspektoren, Oberbauinspektoren und Obermaschineninspektoren sowie die Oberpostinspektoren der Verkehrsverwaltung zuzuteilen
	10.
10	Geologen der Geognostischen Untersuchung . . Inspektoren der Untersuchungsanstalten für Nahrungs- und Genussmittel . . . . Assessoren des Stenographischen Instituts . . . . Präfekten der Lehrerbildungsanstalten . . . .
	Dieser Klasse sind auch die Seminar- und Präparandenoberlehrer sowie der derzeitige Lehrer der Zentralturnlehrerbildungsanstalt für ihre Person zuzuteilen.
	11.
11	Leiter der Anstalt für Bienenzucht . . . . . Ausserordentliche Professoren der Universitäten . Ausserordentl. Professoren d. Technischen Hochschule Ausserordentliche Professoren der Tierärztlichen Hochschule [1]) . . . . Ausserordentliche Professoren der Lyzeen . . . Hauptkassekontrolleure der Universitäten . . . Ausserordentl. Professoren d. Forstlichen Hochschule Zentralzollkassekontrolleur . . . . Hauptzollamtskontrolleure . . . . Kreiskassekontrolleure . . . . Hauptkassekontrolleur der General-Bergwerks- und Salinen-Administration . . . . Hauptkassekontrolleure / Oberbuchhalter . . der Staatsschuldentilgungsanstalt Professoren der Militärbildungsanstalten mit dem Gehalt der ausserordentlichen Hochschulprofessoren . *
	*Dieser Klasse sind auch der derzeitige Kassier der Akademie der Wissenschaften, der derzeitige Kassier des Katasterbureaus und der derzeitige Zahlmeister der Zentralstaatskasse sowie die Direktions- und Oberpostassessoren für ihre Person, dann die Inspektoren, Postinspektoren und Postmeister der Verkehrsverwaltung zuzuteilen, die genannten Beamten der Verkehrsverwaltung mit dem Abmasse, dass für sie der Gehalt der dritten Dienstaltersstufe den Anfangsgehalt zu bilden hat und vom 13. Dienstjahr ab eine weitere Dienstaltersstufe mit 6500 M. angefügt wird.

Steigende Gehalte										Bemerkungen
1.—3.	vom 4.	vom 7.	vom 10.	vom 13.	vom 16.	vom 19.	vom 22.	vom 25.	vom 28.	
Dienstjahre										
M	M	M	M	M	M	M	M	M	M	
3000	3500	4000	4500	5000	5500	6000	6500	7000	7200	
3600	4100	4600	5100	5600	6000					[1]) einschliessl. des Chemikers der Biologischen Versuchsstation für Fischerei.

Klasse d. Gehaltsordng.	Beamtenklasse
	12.
12	Legationssekretäre II. Klasse
	Assessoren des geheimen Haus- und Staatsarchivs
	Oberbergamtsmarkscheider
	Bergamtsassessoren
	Assessoren der Geognostischen Untersuchung
	Gewerbeassessoren
	Gewerbeinspektoren
	Amtsrichter
	III. Staatsanwälte
	Assessoren der Strafanstalten
	Hausgeistliche, Hausärzte d. Strafanstalten u. Gerichtsgefängnisse
	Bezirksamtsassessoren
	Bauamtsassessoren
	Reichsarchivassessoren
	Kreisarchivassessoren
	Assessoren der Arbeitshäuser
	Assessoren der Agrikulturbotanischen Anstalt
	Assessoren der Moorkulturanstalt
	Sekretäre des Verwaltungsgerichtshofs
	Bezirksärzte[1])
	Zentralimpfarzt[1])
	Bezirkstierärzte[1])
	Gestütstierärzte
	Bezirkskulturingenieure
	Flurbereinigungsgeometer[2])
	Fachlehrer und Abteilungsleiter der Lehr- und Versuchsanstalt für Wein- und Obstbau
	Vorstände der Staatserziehungsanstalten
	Hausgeistliche der Arbeitshäuser u. der Staatserziehungsanstalten
	Polizeioffiziere
	Gendarmerieoffiziere
	Universitätsbauassessoren
	Oberärzte der Universitätskliniken
	Die mit Beamteneigenschaft ausgestatteten Assistenten und Lektoren der Hochschulen[3])
	Gymnasiallehrer der humanistischen Gymnasien
	Gymnasiallehrer der Realgymnasien
	Lehrer der Akademie der Tonkunst
	Lehrer der Akademie für Landwirtschaft und Brauerei[4])
	Lehrer der Musikschule in Würzburg
	Seminarlehrer, Seminarschullehrer der Lehrerbildungsanstalten und Schullehrerseminare
	Hauptlehrer der Präparandenschulen
	Lehrer der Kunstgewerbeschulen
	Reallehrer des Technikums in Nürnberg

Steigende Gehalte							Bemerkungen
1.—3.	vom 4.	vom 7.	vom 10.	vom 13.	vom 16.	vom 19.	
Dienstjahre							
M	M	M	M	M	M	M	
3000	3500	4000	4500	5000	5500	6000	[1]) Die Bezirksärzte, der Zentralimpfarzt und die Bezirkstierärzte beziehen neben ihrem Gehalte die ihnen verordnungsgemäss zugewiesenen Gebühren. [2]) Ausführende Geometer. [3]) einschliesslich des Apothekers im Reisingerianum. [4]) einschliessl. des Assessors der Saatzuchtanstalt.

Klasse d. Gehaltsordng.	Beamtenklasse
Noch 12	Reallehrer der Baugewerkschule mit Gewerbelehrerinstitut in München . . . .
	Lehrer der Zentralturnlehrerbildungsanstalt . . . .
	Landwirtschaftslehrer . . . .
	Kustoden der Kommission für internationale Erdmessung
	Kustoden der Meteorologischen Zentralstation . .
	Kustoden der Generalkonservatorien . . . . .
	Kustoden des Nationalmuseums . . . .
	Kustoden der Gemäldegalerien . . . .
	Kustoden der Graphischen Sammlung . . . . .
	Kustoden der Hof- und Staatsbibliothek . . . . .
	Kustoden der Universitätsbibliotheken . . . . .
	Kustoden der Bibliothek der Technischen Hochschule .
	Kustoden der Bibliothek in Bamberg . . . . .
	Finanzassessoren / Rechnungskommissäre } der Regierungen, Kammern der Finanzen u. d. Rechngskammer
	Rentamtsassessoren . . . .
	Finanzassessoren / Rechnungskommissäre } der Verwaltung der Zölle und indirekten Steuern . .
	Zolloberkontrolleure . . . .
	Steueroberkontrolleure . . . .
	Grenzoberkontrolleure . . . .
	Forstamtsassessoren . . . .
	Kreisgeometer . . . .
	Bezirksgeometer[1]) . . . .
	Katastergeometer[2]) . . . .
	Assessoren der Berg-, Hütten- und Salinenämt . .
	Technischer Assessor des Hauptmünzamts . . .
	Eisenbahnassessoren . . . .
	Eisenbahngeometer . . . .
	Chemiker der Staatseisenbahnverwaltung . . . .
	Postassessoren . . . .
	Gymnasiallehrer der Militärbildungsanstalten . . . .
	*
	* Dieser Klasse sind auch die Hauslehrer der Strafanstalten, Arbeitshäuser und Staatserziehungsanstalten, die Zeichenlehrer der humanistischen Gymnasien, die Turnlehrer der humanistischen und der Realgymnasien sowie die Realienlehrer der Waldbauschulen, die zurzeit den Gehalt der Klasse XIe des Gehaltsregulativs vom 11. Juni 1892 beziehen, ferner die mit dem Gehalte von Seminarlehrern ausgestatteten Präparandenlehrer und die Offiziale der Verkehrsverwaltung für ihre Person zuzuteilen.

Steigende Gehalte							Bemerkungen
1.—3.	vom 4.	vom 7.	vom 10.	vom 13.	vom 16.	vom 19.	
Dienstjahre							
M	M	M	M	M	M	M	
3000	3500	4000	4500	5000	5500	6000	
							[1]) Nebenbeamte der Messungsämter. [2]) Ausführende Geometer

Klasse d. Gehaltsordng.	Beamtenklasse
	13.
13	Geheime Rechnungskommissäre Geheime Sekretäre Geheime Registratoren } der Staatsministerien Geheime Sekretäre der Gesandtschaften . . . . Obersekretär des Obersten Landesgerichts . . . Obersekretäre der Oberlandesgerichte . . . . Hauptkassier der Landgestütsverwaltung . . . . Kassier der technischen Hochschule . . . . . Rechnungskommissär des Oberkonsistoriums . . . Kassier des Hauptmünzamts . . . . Inspektor des Hofbräuamts . . . . Kurgarteninspektor . . . . Oberbahnverwalter[1]) . . . . Oberpostverwalter[1]) . . . . * * Dieser Klasse ist auch der derzeitige Geheime Sekretär des Statistischen Landesamts für seine Person zuzuteilen.
	14.
14	Sekretäre Registratoren } der Staatsministerien . . . . Kanzleisekretäre der Gesandtschaften . . . . Obersekretäre der Landgerichte[2]) . . . . . Obersekretäre der Staatsanwaltschaften . . . . Obersekretäre der Amtsgerichte[3]) . . . . . Sekretäre des Obersten Landesgerichts . . . . Sekretäre der Oberlandesgerichte . . . . . Obersekretär des Statistischen Landesamts . . . Präsidialsekretäre der Kreisregierungen . . . . Rechnungskommissäre der Regierungen, Kammern des Innern[4]) . . . . Kassier der Polizeidirektion . . . . Rechnungskommissäre der Konsistorien . . . . Quästoren der Universitäten . . . . . . Verwalter der Universitätskliniken . . . . . Kassier der Akademie der Wissenschaften . . . Kassier und Sekretär der Tierärztlichen Hochschule . Kassier und Sekretär der Akademie der Tonkunst . . Kassier und Sekretär des Nationalmuseums und des Generalkonservatoriums der Kunstdenkmale und Altertümer . . . . Kassier der Akademie für Landwirtschaft und Brauerei . Zeichenlehrer der humanistischen Gymnasien . . . Turnlehrer der humanistischen Gymnasien . . . Turnlehrer der Realgymnasien . . . . . .

Steigende Gehalte							Bemerkungen
1.–3.	vom 4.	vom 7.	vom 10.	vom 13.	vom 16.	vom 19.	
Dienstjahre							
M	M	M	M	M	M		
4200	4600	5000	5400	5800	6000		[1]) einschliesslich der technischen Oberbahn- und Oberpostverwalter.
3000	3300	3600	3900	4200	4500	4800	[2]) Geschäftsleitende und rechnungsführende Sekretäre der Landgerichte und geschäftsleitende Sekretäre der landgerichtl. Gerichtsschreibereiabteilungen. [3]) Geschäftsleitende Sekretäre der Amtsgerichte mit mindestens drei Richtern u. rechnungsführende Sekretäre der Amtsgerichte mit Bezirken von mindestens 50 000 Einwohnern. [4]) einschliesslich der technischen Rechnungskommissäre der Regierungen, Kammern des Innern, und der Rechnungskommissäre der land- und forstwirtschaftlichen Berufsgenossenschaften.

Klasse d. Gehaltsordng.	Beamtenklasse
Noch 14	Musiklehrer der humanistischen Gymnasien . . . .
	Musiklehrer der Realgymnasien . . . . . .
	Lehrerinnen der Kunstgewerbeschulen . . . . .
	Inspektoren der Botanischen Gärten . . . . .
	Inspektoren der Lithographischen Anstalt des Staatsministerium der Finanzen . . . .
	Präsidialsekretäre } der Generaldirektion der Zölle und
	Materialverwalter } indirekten Steuern . . . .
	Direktorialsekretär der General-Bergwerks- und Salinen-Administration . . . .
	Rechnungskommissäre der Staatsschuldentilgungskommission . . . .
	Regierungsforstbuchhalter . . . .
	Steuerrechnungskommissäre der Regierung der Pfalz, Kammern der Finanzen . . . .
	Kassiere } der Bergwerks-, Hütten- u. Salinen-
	Materialverwalter } Verwaltung . . . . . .
	Zollverwalter . . . .
	Steuerverwalter . . . .
	Kassier des Katasterbureaus . . . .
	Inspektor der Lithograph. Anstalt des Katasterbureaus .
	Medailleur des Hauptmünzamts . . . .
	Flaschenfüllereiverwalter des Hofbräuamts . . . .
	Bahnverwalter[1]) . . . .
	Postverwalter[1]) . . . .
	*
	* Dieser Klasse sind für ihre Person auch die im Genusse des Gehalts der Klasse XIe des Gehaltsregulativs vom 11. Juni 1892 befindlichen Obersekretäre der Landgerichte und Amtsgerichte, die mit der Geschäftsleitung nicht betraut sind, ferner die derzeit vorhandenen Buchhalter der Zentralstaatskasse, Zahlmeister der Kreiskassen und Staatsschuldentilgungskassen, der derzeitige Kassekontrolleur des Hauptmünzamts, der derzeitige Sekretär der Staatsschuldentilgungskommission und der derzeitige I. Registrator der Generaldirektion der Zölle und indirekten Steuern, ferner die derzeit vorhandenen Eisenbahnsekretäre, Eisenbahnverwalter, Bauverwalter, Maschinenverwalter, Telegraphenverwalter, Postsekretäre und Postverwalter zuzuteilen, die genannten Beamten der Verkehrsverwaltung mit dem Abmasse, dass ihnen nach Erreichung des Gehalts von 4800 M. nach je weiteren drei Dienstjahren zwei weitere Vorrückungen zu je 300 M. zugestanden werden.
	15.
15	Hauslehrer der Strafanstalten . . . .
	Hauslehrer der Arbeitshäuser und der Staatserziehungsanstalten . . . .

Steigende Gehalte									Bemerkungen
1.–3.	vom 4.	vom 7.	vom 10.	vom 13.	vom 16.	vom 19.	vom 22.	vom 25.	
Dienstjahre									
M	M	M	M	M	M	M			
3000	3300	3600	3900	4200	4500	4800			
									1) einschliesslich der technischen Bahn- u. Postverwalter.
2400	2700	3000	3300	3600	3900	4200	4500	4800	

Klasse d. Gehaltsordng.	Beamtenklasse
Noch 15	Präparandenlehrer der vollen Lehrerbildungsanstalten, Schullehrerseminare und Präparandenschulen . . ; Realienlehrer der Waldbauschulen . . . .
	16.
16	Markscheider der Berginspektionen . . . . . . ; Berginspektionsassistenten . . . . ; Gewerbeaufsichtsassistenten . . . . ; Gewerbeaufsichtsassistentinnen . . . . . . ; Registratoren des Verwaltungsgerichtshofs . . ; Kassier der Flurbereinigungskommission . . . . ; Bezirkskommissäre[1]), Sicherheitskommissäre[1]), Obersekretäre der Polizeidirektion . . ; Gestütsrendant in Zweibrücken . . . . . . ; Rendant des Gendarmeriekorps . . . . . . ; Sekretäre, Registratoren des Oberkonsistoriums . . . . ; Kassiere und Sekretäre der Kunstgewerbeschulen . . ; Kassier der Gymnasien in Nürnberg . . . . . ; Kassier und Sekretär des Technikums in Nürnberg . . ; Kassier und Sekretär der Baugewerkschule mit Gewerbelehrerinstitut in München . . . . . . ; Kartographen der Ministerialforstabteilung . . . ; Sekretär ., Registrator des Obersten Rechnungshofs . . . ; Rechnungskommissäre der Regierungen, Kammern der Finanzen, Forstabteilungen . . . . ; Hütteningenieure, Obersteiger, Einfahrer, Oberwerkmeister der Bergwerks-, Hütten- u. Salinenverwaltung . . . . . . ; Kassekontrolleur, Revisoren des Katasterbureaus . . . . ; Kassiere und Sekretäre, Kurgärtner der Badeverwaltungen . . ; Kassekontrolleur des Hauptmünzamts . . . . ; Technische Eisenbahnsekretäre . . . . ; Oberbahnmeister . . . . ; Technische Postsekretäre . . . . *
	* Dieser Klasse sind auch der derzeitige Sekretär und Registrator des Oberbergamts, die derzeitigen Buchhalter und der derzeitige Registrator der General-Bergwerks- und Salinen-Administration, der derzeitige Registrator der Staatsschuldentilgungskommission, die derzeitigen Buch-

Steigende Gehalte									Bemerkungen
1.–3.	vom 4.	vom 7.	vom 10.	vom 13.	vom 16.	vom 19.	vom 22.	vom 25.	
Dienstjahre									
M	M	M	M	M	M	M	M	M	
2400	2700	3000	3300	3600	3900	4200	4500	4800	
									[1]) Die Bezirkskommissäre und Sicherheitskommissäre der Polizeidirektion erhalten neben ihrem Gehalte freie Dienstwohnung und in Ermangelung einer solchen eine nichtpensionsfähige Wohnungsentschädigung.
2400	2700	3000	3300	3600	3900	4200			

Klasse d. Gehaltsordng.	Beamtenklasse
Noch 16	halter der Staatsschuldentilgungskassen, der derzeitige Sekretär des Katasterbureaus sowie die derzeitigen Steuerrevisoren, die nicht zu Steuerverwaltern ernannt werden, für ihre Person zuzuteilen.
	17.
17	Sekretär und Registrator des Oberbergamts Kartographen der Geognostischen Untersuchung Amtsanwälte im Hauptamte[1]) Sekretäre[1]) der Landgerichte Sekretäre[1]) der Staatsanwaltschaften Sekretäre[1]) der Amtsgerichte Hauslehrerinnen der Strafanstalten Sekretäre u. Registratoren d. Landesversicherungsamts Sekretäre u. Registratoren d. Statistischen Landesamts Sekretäre u. Registratoren d. Flurbereinigungskommiss. Sekretäre u. Registratoren der Landgestütsverwaltung Sekretäre u. Registratoren d. Agrikulturbotan. Anstalt Sekretäre und Registratoren der Moorkulturanstalt Sekretäre und Registratoren der Kreisregierungen Revisoren[2]) der Regierungen, Kammern des Innern Sekretäre des Stenographischen Instituts Polizeisekretäre Bezirksamtssekretäre Sekretäre u. Bauführer des Hydrotechnischen Bureaus Bauführer der Bauämter Bauführer der Sektionen für Wildbachverbauung Kulturbauführer der Flurbereinigungskommission Kulturbauführer der Moorkulturanstalt Kulturbauführer des kulturtechnischen Dienstes Assistenten der Lehr- und Versuchsanstalt für Wein- und Obstbau Pflegerinnen der Polizeidirektion Hauslehrerinnen der Arbeitshäuser und der Staatserziehungsanstalten Oekonomieverwalter des Arbeitshauses Rebdorf Kanzlei-, Kassesekretäre und Registratoren der Hochschulen und der Akademien Bibliotheksekretäre Sekretäre der Meteorologischen Zentralstation Sekretäre und Registratoren der Konsistorien Zahntechniker der Universitäten Bauführer der Universitäten Förster der Universitäten Verwalter der Walhalla Sekretäre und Registratoren der Generaldirektion der Zölle und indirekten Steuern Sekretäre und Registratoren der Hauptzollämter

Steigende Gehalte							Bemerkungen
1.–3.	vom 4.	vom 7.	vom 10.	vom 13.	vom 16.	vom 19.	
Dienstjahre							
M	M	M	M	M	M	M	
							[1]) einschliessl. der Amtsanwälte im Geschäftskreise des Staatsministeriums des Innern. Die juristisch gebildeten Amtsanwälte und Sekretäre beginnen mit dem Gehalte der dritten Dienstaltersstufe.
							[2]) einschliesslich der Revisoren der land- und forstwirtschaftlichen Berufsgenossenschaften.
1800	2100	2400	2700	3000	3300	3600	

Klasse d. Gehaltsordng.	Beamtenklasse
Noch 17	Sekretäre und Registratoren der Bergwerks-, Hütten- und Salinenverwaltung
	Sekretäre und Registratoren der Staatsschuldentilgungsanstalt
	Sekretäre und Registratoren der Rechnungskammer
	Sekretäre und Registratoren des Katasterbureaus
	Sekretäre der Zentralstaatskasse
	Sekretäre der Kreiskassen
	Sekretäre des Hauptmünzamts
	Sekretäre des Hofbräuamts
	Rentamtssekretäre
	Regierungsforstsekretäre
	Förster
	Zollrevisoren
	Steuerrevisoren
	Steiger der Bergwerks-, Hütten- und Salinenverwaltung
	Katastergraveure des Katasterbureaus
	Oekonomieverwalter } des Hofbräuamts
	Materialverwalter } des Hofbräuamts
	Eisenbahnsekretäre
	Postsekretäre
	Förster der Remontedepotverwaltung
	*
	* Dieser Klasse sind auch die Kanzlisten des Oberkonsistoriums, der Kreisregierungen, der Konsistorien, der Generaldirektion der Zölle und indirekten Steuern, der Staatsschuldentilgungsanstalt und der Rechnungskammer, der Hauptsalzamtsschreiber sowie die derzeit vorhandenen Kapitäne I. Klasse der Bodenseedampfschiffahrt, ferner die derzeit vorhandenen Postexpeditoren II. Klasse für ihre Person zuzuteilen, letztere mit dem Abmasse, dass der Gehalt der sechsten Dienstaltersstufe zu 3300 M. für sie den Höchstgehalt zu bilden hat.
	18.
18	Kanzleiexpeditoren d. Gerichte u. d. Staatsanwaltschaften
	Buchhalter der Strafanstalten
	Buchhalter d. Arbeitshäus. u. d. Staatserziehungsanstalten
	Rendant der Schutzmannschaft
	Oberwerkführer der Verkehrsverwaltung
	Oberstationsmeister } der Staatseisenbahnverwaltung
	Bahnmeister } der Staatseisenbahnverwaltung
	Oberwagenmeister } der Staatseisenbahnverwaltung
	Oberrangiermeister } der Staatseisenbahnverwaltung
	Technische Oberassistenten } der Staatseisenbahnverwaltung
	Postexpeditoren

Steigende Gehalte							Bemerkungen
1.–3.	vom 4.	vom 7.	vom 10.	vom 13.	vom 16.	vom 19.	
Dienstjahre							
M	M	M	M	M	M	M	
1800	2100	2400	2700	3000	3300	3600	
2250	2400	2550	2700	2850	3000	3150	

Klasse d. Gehaltsordng.	Beamtenklasse
	19.
19	Druckereiwerkmeister des Staatsministeriums der Justiz
	Gefängnisverwalter . . . .
	Hausverwalter der Strafanstalten . . . . . .
	Obermaschinisten der Justizverwaltung . . . .
	Hausverwalter der Arbeitshäuser und der Staatserziehungsanstalten . . . .
	Oberwachtmeister der Schutzmannschaft[1]) . . . .
	Werkmeister der Hochschulen . . . . . .
	Werkmeister der Akademien . . . .
	Werkmeister der Generalkonservatorien . . .
	Werkmeister des Technikums in Nürnberg . . .
	Werkmeister der Baugewerkschule mit Gewerbelehrerinstitut in München . . . .
	Techniker der Kunstgewerbeschulen . . . . .
	Techniker für Röckl'sche Metallgusserfindung . .
	Zolleinnehmer . . . .
	Werkmeister d. Bergwerks-, Hütten- u. Salinenverwaltg.
	Druckereiwerkmeister des Katasterbureaus . . .
	Faktor der Druckerei des Hauptmünzamts . . .
	Obermaschinist des Hofbräuamts . . . . . .
	Oberassistenten, Kanzlisten, Registratoren } der Verkehrsverwaltung . . .
	Oberpackmeister, Gasmeister } der Staatseisenbahnverwaltung .
	Werkstätteleiter, Obermaschinisten } d. Post- u. Telegraphenverwaltung
	Kapitäne[2]), Oberpackmeister } der Bodenseedampfschiffahrt . .
	*
	* Dieser Klasse sind auch die noch vorhandenen Paliere der Staatseisenbahnverwaltung für ihre Person zuzuteilen.
	20.
20	Stabsoberwachtmeister der Gendarmerie . . . .
	Oberlokomotivführer[3]) . . . .
	21.
	Kanzlei- und Registraturassistenten, Boten und Diener } der Staatsministerien . .
	Kanzleiassistenten der Gesandtschaften . . . .
	Sekretariatsassistenten des Obersten Landgerichts und der Generalstaatsanwaltschaft . . . . . .
	Gerichtsvollzieher[4]) . . . .
	Baupaliere der Justizverwaltung . . . . . .

Steigende Gehalte							Bemerkungen
1.–3.	vom 4.	vom 7.	vom 10.	vom 13.	vom 16.	vom 19.	
Dienstjahre							
M	M	M	M	M	M	M	
							[1]) beim Kommando und Abteilungsbefehlshaber.
2100	2250	2400	2550	2700	2850	3000	
							[2]) 300 M pensionsfähiger Anschlag v. Nebenbezügen.
1950	2100	2250	2400	2550	2700	2850	[3]) 400 M pensionsfähiger Anschlag v. Nebenbezügen.
1800	1950	2100	2250	2400	2550	2700	
							[4]) 150 M pensionsfähiger Anschlag v. Nebenbezügen.

Klasse d. Gehaltsordng.	Beamtenklasse
Noch 21	Kanzlei- und Registraturassistenten des Verwaltungsgerichtshofs
	Kanzleiassistenten des Reichsarchivs
	Präparatoren und Präparatorinnen der Bakteriologischen Untersuchungsanstalten
	Arrestverwalter, Rottmeister } der Polizeidirektion
	Bauzeichner des Hydrotechnischen Bureaus
	Bauzeichner, Offizianten } der Bauämter
	Bauzeichner, Offizianten } der Sektion für Wildbachverbauung
	Baupaliere der Arbeitshäuser
	Obergärtner der Agrikulturbotanischen Anstalt
	Obergärtner der Moorkulturanstalt
	Oberaufseher der Gestütsanstalten
	Gendarmerie-Oberwachtmeister[1])
	Wachtmeister der Schutzmannschaft[2])
	Kanzlei- u. Registraturassistenten d. Oberkonsistoriums
	Mechaniker der Hochschulen und der Akademien
	Mechaniker des Technikums in Nürnberg
	Mechaniker der Baugewerkschule mit Gewerbelehrerinstitut in München
	Präparatoren der Hochschulen
	Präparatoren der Akademien
	Präparatoren des Nationalmuseums
	Präparatoren der Generalkonservatorien
	Präparatorien der Graphischen Sammlung
	Bauzeichner der Universitäten
	Zeichner der technischen Hochschule
	Obergärtner der botanischen Gärten
	Fecht- und Reitlehrer der Universitäten
	Technischer Offiziant der Akademie der Wissenschaften
	Offizianten des Generalkonservatoriums d. wissenschaftlichen Sammlungen
	Offizianten der Gymnasien
	Kanzlei- und Registraturassistenten des Obersten Rechnungshofs
	Präparatoren der Forstlichen Versuchsanstalt
	Bauzeichner d. Bergwerks-, Hütten- u. Salinenverwaltung
	Offizianten der Messungsämter
	Baupalier des Hofbräuamts
	Zeichner der Verkehrsverwaltung
	Zugführer[3]), Wagenmeister, Bauassistenten } der Staatseisenbahnverwaltung

Steigende Gehalte							Bemerkungen
1.–3.	vom 4.	vom 7.	vom 10.	vom 13.	vom 16.	vom 19.	
Dienstjahre							
M	M	M	M	M	M	M	
							[1]) Befehlshaber der Brigadestationen. [2]) Stationsbefehlshaber.
1800	1950	2100	2250	2400	2550	2700	
							[3]) 300 M pensionsfähiger Anschlag v. Nebenbezügen.

Klasse d. Gehaltsordng.	Beamtenklasse
Noch 21	Oberschaffner [1]) / Oberpackmeister / Oberbriefträger / Bauzeichner } der Post- u. Telegraphenverwaltung
	Kapitäne der staatlichen Schiffahrt auf dem Ammersee und auf der Amper . . . .
	Schiffsführer der Kettenschleppschiffahrt [2]) . . . .
	*
	* Dieser Klasse sind auch die bisherigen Flusswärter im Status der Bauführer für ihre Person zuzuteilen.
22	**22.**
	Steindrucker der Staatsministerien . . . . .
	Boten und Diener der Gesandtschaften . . . .
	Maschinist des Arbeitermuseums . . . . . .
	Boten des Obersten Landesgerichts . . . . .
	Maschinisten der Justizverwaltung . . . . .
	Werkführer / Oberkrankenwärter / Landwirtschaftliche Assistenten / Küchenmeister / Waschmeister } der Strafanstalten u. der Gerichtsgefängnisse . . .
	Nachrichter . . . .
	Boten und Diener des Verwaltungsgerichtshofs . .
	Flussmeister . . . .
	Maschinisten der Bauämter . . . .
	Werkführer / Maschinisten / Küchenmeister / Waschmeister / Oberkrankenwärter } der Arbeitshäuser . . .
	Maschinisten der Hochschulen . . . . . .
	Maschinisten der Akademien . . . .
	Maschinisten des Generalkonservatoriums der wissenschaftlichen Sammlungen . . . .
	Maschinisten des Technikums in Nürnberg . . . .
	Maschinisten der Baugewerkschule mit Gewerbelehrerinstitut in München . . . .
	Boten und Diener des Oberkonsistoriums . . . .
	Oberdiener / Hausmeister } der Hochschulen und Akademien .
	Oberdiener / Hausmeister } der Hof- und Staatsbibliothek . .
	Oberaufseher / Hausmeister } der Gemäldegalerien . . .
	Oberaufseher / Hausmeister } des Nationalmuseums . . .

Steigende Gehalte							Bemerkungen
1.—3.	vom 4.	vom 7.	vom 10.	vom 13.	vom 16.	vom 19.	
Dienstjahre							
M	M	M	M	M	M	M	
1800	1950	2100	2250	2400	2550	2700	[1]) 300 M pensionsfähiger Anschlag v. Nebenbezügen bei Verwendung im Fahrpostdienste. [2]) 300 M pensionsfähiger Anschlag v. Nebenbezügen
1800	1900	2000	2100	2200	2300	2400	

Klasse d. Gehaltsordng.	Beamtenklasse
Noch 22	Boten und Diener des Obersten Rechnungshofs .
	Hafenmeister der Verwaltung der Zölle und indirekten Steuern . . . .
	Wagmeister / Schlossereiaufseher } der Salinenverwaltung . .
	Geldzähler der Zentralstaatskasse . . . . .
	Maschinisten des Katasterbureaus . . . . .
	Maschinisten der Badverwaltungen . . . . .
	Vorarbeiter des Hauptmünzamts . . . . . .
	Büttner des Weinguts . . . .
	Werkführer / Geldzähler / Maschinisten[1]) } der Verkehrsverwaltung . . .
	Stationsmeister / Rangiermeister / Turmwärter } der Staatseisenbahnverwaltung .
	Ländemeister der Bodenseedampfschiffahrt . . .
	Kanalmeister des Ludwig-Donau-Main-Kanals . .
	*
	* Dieser Klasse sind auch die derzeit vorhandenen Oberportiers und Imprägniermeister der Staatseisenbahnverwaltung für ihre Person zuzuteilen.
	23.
23	Kanzlei- und Registraturassistenten des Oberbergamts
	Sekretariatsassistenten der Oberlandesgerichte und der Oberstaatsanwaltschaften . . . .
	Kanzlei- und Registraturassistenten des Landesversicherungsamtes . . . .
	Kanzlei- u. Rechnungsassistenten d. Statist. Landesamts
	Kanzlei- u. Registraturassistenten d. Landgestütsverwaltung . . . .
	Kanzlei- u. Registraturassistenten d. Kreisregierungen
	Kanzlei- und Rechnungsassistenten der Flurbereinigungskommission . . . .
	Polizeiassistenten . . . .
	Kanzleiassistenten der Kreisarchive . . . . .
	Kanzlei- und Zeichnungsassistenten des Hydrotechnischen Bureaus . . . .
	Kanzleiassistenten der Agrikulturbotanischen Anstalt
	Kanzleiassistenten der Moorkulturanstalt . . . .
	Kanzlei- u. Bureauassistenten d. Stenograph. Instituts
	Kanzlei-, Kasse- u. Registraturassistenten d. Hochschulen . . . .
	Kanzlei-, Kasse- u. Registraturassistenten d. Akademien

Steigende Gehalte							Bemerkungen
1.–3.	vom 4.	vom 7.	vom 10.	vom 13.	vom 16.	vom 19.	
Dienstjahre							
M	M	M	M	M	M	M	
1800	1900	2000	2100	2200	2300	2400	
							[1]) Maschinisten der Bodenseedampfschiffahrt, der staatlichen Schiffahrt auf dem Ammersee und auf der Amper sowie der Kettenschleppschiffahrt 250 M pensionsfähiger Anschlag von Nebenbezügen.
1500	1650	1800	1950	2100	2250	2400	

Klasse d. Gehaltsordng.	Beamtenklasse
Noch 23	Kanzlei-, Kasse- u. Registraturassistenten d. Nationalmuseums
	Kanzlei-, Kasse- u. Registraturassistenten der Generalkonservatorien
	Kanzlei-, Kasse- und Registraturassistenten des Technikums in Nürnberg
	Kanzlei- und Registraturassistenten der Konsistorien
	Kanzlei- u. Registraturassistenten d. Meteorologischen Zentralstation
	Kanzlei- u. Registraturassistenten d. Gemäldegalerien
	Kanzlei- u. Registraturassistenten d. Hebammenschulen
	Kanzleiassistenten der Hof- und Staatsbibliothek
	Kanzlei- u. Registraturassistenten der Generaldirektion der Zölle und indirekten Steuern
	Kanzlei- und Registraturassistenten der Hauptzollämter
	Kanzlei- und Registraturassistenten der Bergwerks-, Hütten- und Salinenverwaltung
	Kanzlei- und Registraturassistenten der Staatsschuldentilgungsanstalt
	Kanzlei- u. Registraturassistenten d. Rechnungskammer
	Assistenten des Katasterbureaus[1])
	Kanzleiassistenten der Badverwaltungen
	Kanzlei- und Bureauassistenten der Verkehrsverwaltung
	Magazinassistenten der Staatseisenbahnverwaltung
	Postadjunkten
	*
	* Dieser Klasse sind auch die derzeit vorhandenen Amtsgehilfen der Staatseisenbahnverwaltung für ihre Person zuzuteilen.
	24.
24	Oberaufseher und Oberaufseherinnen der Strafanstalten und Gerichtsgefängnisse
	Oberaufseher und Oberaufseherinnen der Arbeitshäuser und Staatsziehungsanstalten
	Packmeister der Verkehrsverwaltung
	Lokomotivführer[1]), Wagenwärter[1]) der Staatseisenbahnverwaltung
	Fahrpostschaffner[1]), Briefträger der Post- und Telegraphenverwaltung
	Steuermänner[1]) der Bodenseedampfschiffahrt
	Steuermänner[1]) der staatlichen Schiffahrt auf dem Ammersee und auf der Amper
	Steuermänner[1]) der Kettenschleppschiffahrt

Steigende Gehalte							Bemerkungen
1.—3.	vom 4.	vom 7.	vom 10.	vom 13.	vom 16.	vom 19.	
Dienstjahre							
M	M	M	M	M	M	M	
1500	1650	1800	1950	2100	2250	2400	
1700	1800	1900	2000	2100	2200	2300	[1]) 250 M pensionsfähiger Anschlag v. Nebenbezügen

Klasse d. Gehaltsordng.	Beamtenklasse
	25.
25	Boten und Diener des Geheimen Haus- u. Staatsarchivs
	Boten und Diener des Oberbergamts
	Boten und Diener der Geognostischen Untersuchung
	Boten der Oberlandesgerichte
	Steindrucker der Oberlandesgerichte u. der Landgerichte
	Gefängniswärter
	Gerichtsvollzieher in Strafsachen
	Boten und Diener des Landesversicherungsamts
	Boten und Diener des Statistischen Landesamts
	Boten und Diener des Reichsarchivs
	Boten und Diener des Hydrotechnischen Bureaus
	Boten und Diener der Flurbereinigungskommission
	Boten und Diener der Landgestütsverwaltung
	Boten und Diener der Agrikulturbotanischen Anstalt
	Boten und Diener der Moorkulturanstalt
	Boten und Diener der Kreisregierungen
	Boten und Diener der Polizeidirektion [1])
	Boten und Diener der Schutzmannschaft
	Boten und Diener des Gendarmerie-Korpskommandos
	Boten und Diener des Stenographischen Instituts
	Hausmeister des Glaspalastes
	Steindrucker der Kreisregierungen
	Steindrucker der Polizeidirektion
	Aufseher Gestütsschmiede } der Gestütsanstalten
	Kulturaufseher der Moorkulturanstalt
	Gehilfen Hausmeister } der Lehr- und Versuchsanstalt für Wein- und Obstbau
	Gendarmeriewachtmeister [2])
	Schutzmänner
	Pedelle Diener I. Ordnung [3]) } der Hochschulen
	Diener I. Ordnung [3]) der Akademien
	Diener I. Ordnung [3]) der Generalkonservatorien
	Boten und Diener der Hof- und Staatsbibliothek
	Boten und Diener der Universitätsbibliotheken
	Boten und Diener der Meteorologischen Zentralstation
	Boten und Diener der Konsistorien
	Pedelle und Diener der Lyzeen
	Pedelle und Diener der Kunstgewerbeschulen
	Pedelle und Diener des Technikums in Nürnberg
	Pedelle und Diener der Baugewerkschule mit Gewerbelehrerinstitut in München
	Pedelle der Gymnasien

Steigende Gehalte							Bemerkungen
1.—3.	vom 4.	vom 7.	vom 10.	vom 13.	vom 16.	vom 19.	
Dienstjahre							
M	M	M	M	M	M	M	
							[1]) einschliessl. d. Arrestwärter.
1500	1600	1700	1800	1900	2000	2100	
							[2]) Stationsbefehlshaber.
							[3]) Nach der Wichtigkeit der Dienstesaufgabe.

Klasse d. Gehaltsordng.	Beamtenklasse
Noch 25	Pedelle der vollen Lehrerbildungsanstalten und der Schullehrerseminare
	Hausmeister der Zentralturnlehrerbildungsanstalt
	Diener und Aufseher der Gemäldegalerien
	Diener und Aufseher der Graphischen Sammlung
	Diener und Aufseher des Nationalmuseums
	Oberaufseher der Ruhmeshalle
	Feuerwächter der wissenschaftl. u. Kunst-Sammlungen
	Oberhebammen der Universitäts-Frauenkliniken
	Boten und Diener der Generaldirektion der Zölle und indirekten Steuern
	Boten und Diener der General-Bergwerks- und Salinen-Administration
	Boten und Diener der Staatsschuldentilgungsanstalt
	Boten und Diener der Rechnungskammer
	Boten und Diener des Katasterbureaus
	Boten und Diener des Hauptmünzamts
	Boten und Diener der Regierungen, Kammern der Finanzen, Forstabteilungen
	Boten und Diener der Forstlichen Hochschule
	Boten und Diener der Forstlichen Versuchsanstalt
	Boten und Diener der Kreiskassen
	Boten und Diener des Hofbräuamts
	Steuerboten und Rentamtsdiener[1])
	Oberaufseher der Verwaltung der Zölle und indirekten Steuern
	Steindrucker, Buchbinder des Katasterbureaus
	Aufseher der Bergwerks-, Hütten- u. Salinenverwaltung
	Ständige Arbeiter des Hauptmünzamts
	Seewart der Hoffischerei auf dem Chiemsee
	Obergärtner der Badverwaltungen
	Weinbergsgärtner
	Direktionsdiener der Verkehrswaltung
	Stationsaufseher, Zugspackmeister[2]), Packer im Stationsdienste, Schaffner[2]), Lokomotivheizer[2]), Fahrkartendrucker, Steindrucker, Weichensteller, Vorarbeiter der Staatseisenbahnverwaltung
	Expeditorinnen der Post- und Telegraphenverwaltung
	Schiffsheizer[2]) der Bodenseedampfschiffahrt

Steigende Gehalte							Bemerkungen
1.—3.	vom 4.	vom 7.	vom 10.	vom 13.	vom 16.	vom 19.	
Dienstjahre							
M	M	M	M	M	M	M	
1500	1600	1700	1800	1900	2000	2100	1) 150 M pensionsfähiger Anschlag v. Nebenbezügen.
							2) 250 M pensionsfähiger Anschlag v. Nebenbezügen.

Klasse d. Gehaltsordng.	Beamtenklasse
Noch 25	Schiffsheizer[1]) der staatlichen Schiffahrt auf dem Ammersee und auf der Amper . . . .
	Schiffsheizer[1]) der Kettenschleppschiffahrt . . .
	*
	* Dieser Klasse sind auch die Zollamtsdiener älterer Ordnung und der derzeitige Oberaufseher der Walhalla für ihre Person zuzuteilen.
	26.
26	Kanzleiassistenten der Berginspektionen . . .
	Sekretariatsassistenten der Landgerichte . . .
	Sekretariatsassistenten der Staatsanwaltschaften . .
	Sekretariatsassistenten der Amtsgerichte . . .
	Kanzlei- und Rechnungsassistenten der Strafanstalten
	Bezirksamtsassistenten . . . .
	Kanzlei- und Zeichnungsassistenten der Bauämter .
	Kanzlei- und Zeichnungsassistenten der Sektion für Wildbachverbauung . . . .
	Kanzleiassistenten der Untersuchungsanstalten für Nahrungs- und Genussmittel . . . . . .
	Kanzlei- und Rechnungsassistenten der Arbeitshäuser und der Staatserziehungsanstalten . . . . .
	Forstwarte der Universitäten . . . .
	Rentamtsassistenten . . . .
	Forstassistenten . . . .
	Zeichnungsassistenten der Messungsämter . . .
	Kanzleigehilfen der Verkehrsverwaltung . . .
	Magazinsgehifen der Staatseisenbahnverwaltung . .
	Forstassistent des Militärforstamts Grafenwöhr . .
	*
	* Die derzeitigen Kanzleigehilfen der Verkehrsverwaltung erhalten für ihre Person den Gehalt der zweiten Dienstaltersstufe als Anfangsgehalt.
	27.
27	Heizer der Gerichtsgebäude und Gerichtsgefängnisse
	Werkaufseher, Küchenaufseher, Waschaufseher, Gartenaufseher, Werkaufseherinnen der Strafanstalten und der Gerichtsgefängnisse . .
	Werkaufseher, Küchenaufseher, Waschaufseher, Gartenaufseher, Werkaufseherinnen der Arbeitshäuser und der Staatserziehungsanstalten .

Steigende Gehalte							Bemerkungen
1.–3.	vom 4.	vom 7.	vom 10.	vom 13.	vom 16.	vom 19.	
Dienstjahre							
M	M	M	M	M	M	M	
1500	1600	1700	1800	1900	2000	2100	[1]) 250 M pensionsfähiger Anschlag v. Nebenbezügen.
1200	1350	1500	1650	1800	1950	2100	
1400	1500	1600	1700	1800	1900	2000	

Klasse d. Gehaltsordng.	Beamtenklasse
Noch 27	Heizer der Verkehrsverwaltung . . . . . . Packer im Fahrdienste[1]) / Wagenwärtergehilfen[2]) / Portier / Stationsdiener / Bahnsteigschaffner / Maschinenwärter / Streckenwärter / Blockwärter } der Staatseisenbahnverwaltung . . . Schaffner / Beleuchtungsdiener } der Post- und Telegraphenverwaltung . . . . . Matrosen[2]) der Bodenseedampfschiffahrt . . . Matrosen der staatlichen Schiffahrt auf dem Ammersee und auf der Amper . . . . . . Matrosen[2]) der Kettenschleppschiffahrt . . . . . * * Dieser Klasse sind auch die derzeit vorhandenen Nachtwächter der Staatseisenbahnverwaltung für ihre Person zuzuteilen.
	28.
28	Amtsgerichtsdiener (ohne Gefängnisdienst) . . . Landgerichtsboten . . . . Aufseher der Strafanstalten und Gerichtsgefängnisse . Diener der Bezirksämter . . . . Bienenmeister der Anstalt für Bienenzucht . . . Diener der Bauämter . . . . Diener der Sektionen für Wildbachverbauung . . Diener der Kreisarchive . . . . Diener der Zentralimpfanstalt[3]) . . . . . . Diener der Untersuchungsanstalten für Nahrungs- und Genussmittel . . . . Diener der Bakteriologischen Untersuchungsanstalten Diener der Anstalt für Bienenzucht . . . . Messungsgehilfen der Flurbereinigungskommission . Aufseher der Arbeitshäuser und der Staatserziehungsanstalten . . . . Arrestwärter des Schubgefängnisses in Nürnberg . Diener der Gendarmeriekompagnien . . . . Gendarmen . . . . Diener II. Ordnung[4]) der Hochschulen[5]) . . . Diener II. Ordnung[4]) der Akademien . . . . Diener II. Ordnung[4]) der Generalkonservatorien . Diener der Bibliothek in Bamberg . . . . Diener der Musikschule in Würzburg . . . . Diener der Hebammenschule . . . . .

Steigende Gehalte							Bemerkungen
1.—3.	vom 4.	vom 7.	vom 10.	vom 13.	vom 16.	vom 19.	
Dienstjahre							
M	M	M	M	M	M	M	
							[1]) 180 M pensionsfähiger Anschlag v. Nebenbezügen. [2]) 150 M pensionsfähiger Anschlag v. Nebenbezügen.
1400	1500	1600	1700	1800	1900	2000	
							[3]) einschliesslich der Kontumazanstalt.
1300	1400	1500	1600	1700	1800	1900	
							[4]) Nach der Wichtigkeit der Dienstesaufgabe. [5]) einschliesslich der Krankenwärter und Waldaufseher.

Klasse d. Gehaltsordng.	Beamtenklasse
Noch 28	Aufseher der Ruhmeshalle
	Aufseher der Walhalla
	Diener der Berg-, Hütten- und Salinenämter
	Grenzaufseher
	Messungsgehilfen des Katasterbureaus
	Messungsgehilfen der Messungsämter
	Bureaudiener der Verkehrsverwaltung
	Kanalaufseher des Ludwig-Donau-Main-Kanals *

* Dieser Klasse sind auch die derzeitigen Schuldiener der Gymnasien und die derzeitigen Pedelle der Präparandenschulen zuzuteilen.

29.

29	Kanzlei-, Bureau- und Rechnungsassistentinnen
	Aufseherinnen der Strafanstalten und der Gerichtsgefängnisse
	Aufseherinnen der Arbeitshäuser u. d. Staatserziehungsanstalten
	Telephonassistentinnen
	Telegraphenassistentinnen
	Postboten

30.

30	Brunnwärter
	Schleusenwärter
	Strassenwärter
	Ländeplatz- und Magazinsaufseher
	Donaumooswegmacher
	Gestütswärter
	Laboratoriumsdiener der Lehr- und Versuchsanstalt für Wein- und Obstbau
	Weinbergaufseher
	Kanalwärter
	Die vollbeschäftigten Waldwärter
	Bahnwärter
	Schrankenwärter
	Waldwärter der Remontedepotverwaltung *

* Dieser Klasse sind auch die derzeitigen Wiesenwärter und der derzeitige Fischereigehilfe der Hoffischerei auf dem Chiemsee für ihre Person zuzuteilen.

Steigende Gehalte							Bemerkungen
1.—3.	vom 4.	vom 7.	vom 10.	vom 13.	vom 16.	vom 19.	
Dienstjahre							
M	M	M	M	M	M	M	
1300	1400	1500	1600	1700	1800	1900	
1200	1300	1400	1500	1600	1700	1800	
1200	1250	1300	1400	1500	1600	1700	

Zusatz: Altes Gehalts-Regulativ für die Beamten im Bereiche des Ressorts d. K. Staatsministeriums der Justiz.

Klasse	Kategorien	Jahresgehalt i. d. Dienstjahren 1 bis 5	6 bis 10	11 bis 15	16 bis 20	jew. Quinquen. mehr
		M	M	M	M	M
I	a) Der k. Staatsminister d. Justiz	12600	Ausserd. 7200 M Funktionsgeh. und 5400 M. Repräsentationsgeld.			
	der Präsident des Obersten Landesgerichtes . . .	12600	—	—	—	—
	b) Der Staatsrat früherer Ordnung	12000	—	—	—	—
	c) Die Präsidenten der Oberlandesgerichte	10800	—	—	—	—
	d) Die Ministerialdirektoren . .	9000	—	—	—	—
	die Senatspräsidenten d. Ob. Landesgerichtes	9000	—	—	—	—
	der Generalstaatsanwalt am Obersten Landesgerichte .	9000	—	—	—	—
II	Die Ministerialräte	7020	7380	7740	8100	180
	die Senatspräsidenten der Oberlandesgerichte . . .	7020	7380	7740	8100	180
	die Oberstaatsanwälte an den Oberlandesgerichten . . .	7020	7380	7740	8100	180
III	Die Oberregierungsräte . .	6120	6480	6840	7200	180
	Die Räte d. Obersten Landesgerichtes	6120	6480	6840	7200	180
	Die Präsidenten der Landgerichte	6120	6480	6840	7200	180
V	b) Die Regierungsräte	4920	5280	5640	6000	180
	die Räte der Oberlandesgerichte	4920	5280	5640	6000	180
	die Direktoren der Landgerichte	4920	5280	5640	6000	180
VII	a) Die Staatsanwälte bei den Oberlandesgerichten . . .	4080	4440	4800	5160	180
	die I. Staatsanwälte bei den Landgerichten	4080	4440	4800	5160	180
	c) Die geheimen Ministerialrechnungskommissäre . . .	3840	4200	4560	4920	180
	d) Die Räte der Landgerichte .	3720	4080	4440	4800	180
	die Oberamtsrichter	3720	4080	4440	4800	180
	die Direktoren der Strafanstalten	3720	4080	4440	4800	180
	der Obersekretär des Obst. Landesgerichtes	3720	4080	4440	4800	180

Klasse	Kategorien	Jahresgehalt: i. d. Dienstjahren 1—5 ((1—3)/(4—5))	6 bis 10	11 bis 15	16 bis 20	jew. Quinquen. mehr
		M	M	M	M	M
VIII	c) Die geheimen Sekretäre des Ministeriums	3480	3840	4200	4560	180
	die geheimen Registratoren des Ministeriums	3480	3840	4200	4560	180
IX	a) Die Ministerialrechngs.-Kom.	3360	3720	3900	4080	180
X	Die Ministerialregistratoren	3000	3360	3540	3720	180
	die Inspektoren bei den Gerichtsgefängnissen	3000	3360	3540	3720	180
XI	a) Die II. Staatsanwälte bei den Landgerichten	3000/3360	3540	3720	3900	180
	die Hausgeistlichen bei dem Zellengefängnisse Nürnberg	3000/3360	3540	3720	3900	180
	die mit pragm. Rechten ausgestatteten k. Pfarrer bei den Strafanst. m. gemeinsch. Haft	3000/3360	3540	3720	3900	180
	b) Die Sekretäre des Obersten Landesgerichtes	2820/3000	3180	3360	3540	180
	die Obersekretäre der Oberlandesgerichte	2820/3000	3180	3360	3540	180
	d) Der Hausarzt bei dem Zellengefängnisse Nürnberg . .	2340/2700	3060	3240	3420	180
	e) Die Amtsrichter	2280/2640	3000	3180	3360	180
	die III. Staatsanwälte bei den Landgerichten	2280/2640	3000	3180	3360	180
	die Assessoren bei den Verwaltungen der Strafanstalten	2280/2640	3000	3180	3360	180
	die Sekretäre der Oberlandesgerichte	2280/2640	3000	3180	3360	180
	die Obersekretäre der Landgerichte	2280/2640	3000	3180	3360	180
	die Hauslehrer bei den Strafanstalten	2280/2640	3000	3180	3360	180
	g) Die Bezirksärzte I. Klasse bei den Strafanstalten	1980/2340	2700	2880	3060	180
	h) die Sekretäre d. Landgerichte	1890/2070	2250	2430	2610	180
	die Sekretäre d. Amtsgerichte	1890/2070	2250	2430	2610	180
	die Gerichtssekretäre älterer Ordnung (früher Bezirksger.-sekretäre)	1890/2070	2250	2430	2610	180
XII	k) Die Bezirksärzte II. Klasse bei den Strafanstalten	1620/1800	1980	2160	2340	180
	b) Die Ministerialkanzleisekret.	2280/2640	3000	3180	3360	180
	die Registraturgehilfen des Ministeriums	2280/2640	3000	3180	3360	180

43.

Rangordnung der Beamten nach der VO. vom 23. Dezember 1908.

(GVBl. 1211).*)

(Die Rangklassen sind mit lateinischen, die Abteilungen der Rangklassen mit arabischen Ziffern bezeichnet).

I. Klasse. Staatsminister.

II. Klasse. 1. Staatsräte, Präsident des Obersten Landesgerichts, Präsident des Verwaltungsgerichtshofs, Präsident des Oberkonsistoriums, Präsident des Obersten Rechnungshofs, 2. Gesandte, Präsidenten der Oberlandesgerichte, Regierungspräsidenten, Präsident der Versicherungskammer, Präsident der Generaldirektion der Zölle und indirekten Steuern, Präsident der Kgl. Bank. 3. Ministerresidenten.

III. Klasse. Ministerialdirektoren, Geheime Räte, Senatspräsidenten und Generalstaatsanwalt des Obersten Landesgerichts, Senatspräsidenten und Generalstaatsanwalt des Verwaltungsgerichtshofs, Regierungsvizepräsidenten, Präsident der Akademie der Wissenschaften, Präsidenten der Eisenbahndirektionen.

IV. Klasse. Ministerialräte, Regierungsdirektoren, Geheime Hofräte, Geheime Legationsräte I. Klasse, Oberbergdirektor, Senatspräsidenten u. Oberstaatsanwälte der Oberlandesgerichte, Präsidenten der Landgerichte, Amtsgerichtspräsident, Präsident des Landesversicherungsamts, Polizeipräsident, Oberlandstallmeister, Direktor des Statistischen Landesamts, Direktor der Flurbereinigungskommission, Direktor des Hydrotechnischen Bureaus, Direktor des Wasserversorgungsbureaus, Direktor des Reichsarchivs, Direktor der Hof- und Staatsbibliothek, Direktor der Akademie der bildenden Künste, Direktor der Gemäldegalerien, die jeweiligen Rektoren der Universitäten München und Würzburg, Prorektor und Prokanzler der Universität Erlangen, Rektor der Technischen Hochschule, Direktor des Konsistoriums Speyer, Generaldirektor der Berg-, Hütten- und Salzwerke, Direktor der Staatsschuldenverwaltung, Direktor der Rechnungskammer, Direktor des Katasterbureaus, Oberpostdirektoren.

V. Klasse. Oberregierungsräte, Geheime Archivräte, Obermedizinalräte, Oberbauräte, Obersteuerräte, Geheime Legationsräte II. Klasse, Zentralinspektor für Fabriken und Gewerbe, Räte und Staatsanwälte des Obersten Landesgerichts, Amtsgerichtsdirektoren der Amtsgerichte mit Bezirken von mehr als 100 000 Einwohnern, Räte und Staatsanwälte des Verwaltungsgerichtshofs, Direktor der Polizeidirektion, Oberstudienräte, Klassensekretäre der Akademie der Wissenschaften, Direktor des Nationalmuseums, Direktor des Generalkonservatoriums der Kunstdenkmale und Altertümer, Direktor der Tierärztlichen Hochschule, Direktor der

*) Unter Berücksichtigung der Aenderungen GVBl. 1910, 626 und 796; 1911, 149.

Akademie für Landwirtschaft und Brauerei, Rektoren der Lyzeen, I. Direktor der Akademie der Tonkunst, Oberkonsistorialräte, Direktor des Hauptmünzamts, Direktor der Forstlichen Hochschule, Oberforsträte.

VI. Klasse. 1. Regierungsräte, Regierungs- und Bauräte, Regierungs- und Steuerräte, Oberbergräte, Archivräte, Medizinalräte, Legationsräte, Räte des Geheimen Haus- und Staatsarchivs, Regierungs- und Gewerberäte, Oberlandesgerichtsräte, Landgerichtsdirektoren, Regierungs- und Medizinalräte, Regierungs- und Veterinärräte, Zentralwohnungsinspektor, Landesinspektor für Tierzucht, Räte des Hydrotechnischen Bureaus, Räte des Wasserversorgungsbureaus, Reichsarchivräte, Landtagsarchivar, Kanzleidirektor der Kammer der Reichsräte, Bureauvorstand der Kammer der Abgeordneten, Direktor der Agrikulturbotan. Anstalt, Direktor der Moorkulturanstalt, Landstallmeister, Gestütsdirektoren, Regierungs- und Studienräte, Ordentliche Professoren der Universitäten, einschliesslich der ordentlichen Hochschulprofessoren der Militärbildungsanstalten, Ordentliche Professoren der Technischen Hochschule, Ordentliche Professoren der Tierärztlichen Hochschule, Ordentliche Professoren der Lyzeen, Professoren der Akademie der bildenden Künste, Mitglieder der Akademie der Wissenschaften, Rektoren der humanistischen Gymnasien, einschliesslich des Studienrektors der Militärbildungsanstalten, Rektoren der Realgymnasien, Rektoren der Oberrealschulen, Direktor des Technikums in Nürnberg, Direktoren der Kunstgewerbeschulen, Direktor der Baugewerkschule mit Gewerbelehrerinstitut in München, Direktor der Meteorologischen Zentralstation, Direktor der Graphischen Sammlung, Oberbibliothekar der Hof- und Staatsbibliothek, Oberbibliothekare der Universitäten, Konsistorialräte, Regierungs- und Fiskalräte, Regierungs- und Forsträte, Ordentliche Professoren der Forstlichen Hochschule, Direktor der Zentralstaatskasse, Forsträte, Oberposträte. 2.*) Hofräte, Bergräte, K. Geistliche Räte, Kirchenräte, Staatsanwälte der Oberlandesgerichte, Stellvertretende Direktoren und I. Staatsanwälte der Landgerichte, Amtsgerichtsdirektoren der Amtsgerichte mit Bezirken von mehr als 40 000 bis zu 100 000 Einwohnern, Amtsgerichtsräte, Direktoren der Strafanstalten, Vorstand des Stenographischen Instituts, II. Direktoren der Untersuchungsanstalten für Nahrungs- und Genussmittel, Veterinärärzte, Landgestütstierarzt, Direktor des Arbeitshauses Rebdorf, Honorarprofessoren der Universitäten und der Technischen Hochschule, Konrektoren der humanistischen Gymnasien einschliesslich des Konrektors der Militärbildungsanstalten, Konrektoren der Realgymnasien, Konrektor des Technikums in Nürnberg, Konrektoren der Oberrealschulen, Rektoren der grösseren Realschulen (Art. 188 Abs. IV Ziff. 1 Satz 2 des Beamtengesetzes), Studienräte, Direktoren der vollen Lehrerbildungsanstalten und der Schullehrerseminare, Kreisschulräte, II. Direktor der Akademie der Tonkunst, Direktor des Münzkabinetts, Direktor der ethnographischen Sammlung, Direktor der Zentralturnlehrerbildungsanstalt, Oberzollinspektoren, Direktor der Hauptbank, Direktor des Hofbräuamts.

*) Dieser Abteilung werden auch die vor dem Januar 1909 ernannten Oberlandesgerichtsräte bei den Landgerichten und Amtsgerichten zugeteilt.

VII. Klasse. 1. Regierungsassessoren, Regierungs- u. Steuerassessoren, Legationssekretäre I. Klasse, Berginspektoren, Oberbergamtsassessoren, Landesgeologen der geognostischen Untersuchung, Gewerberäte, Landesgewerbearzt, Landgerichtsräte, II. Staatsanwälte der Landgerichte, Oberamtsrichter, Inspektoren der Strafanstalten, Inspektoren der Gerichtsgefängnisse, Landwirtschaftliche Fachberater, Bezirksamtmänner, Bauamtmänner, Regierungs- und Bauassessoren, Vorstände der Sektionen für Wildbachverbauung, Kreisarchivare, Landgerichtsärzte, Bezirksärzte, Zentralimpfarzt, Bakteriologen der Bakteriologischen Untersuchungsanstalten, Obergeometer der Flurbereinigungskommission, Oberinspektoren der Untersuchungsanstalten für Nahrungs- und Genussmittel, Oberinspektoren der Versicherungskammer, Leiter der Anstalt für Bienenzucht, Syndici der Hochschulen u. der Akademien, Direktor der Musikschule Würzburg, Professoren der Akademie der Tonkunst, Professoren der Akademie für Landwirtschaft u. Brauerei, Oberbibliothekar in Bamberg, Ausserordentliche Professoren der Universitäten, einschliesslich der ausserordentlichen Hochschulprofessoren der Militärbildungsanstalten, Ausserordentliche Professoren der Technischen Hochschule, Ausserordentliche Professoren der Tierärztlichen Hochschule, einschliesslich des Chemikers der biologischen Versuchsstation, Ausserordentliche Professoren der Lyzeen, einschliesslich des Inspektors des Naturalienkabinetts in Bamberg, Professoren der humanistischen Gymnasien, einschliesslich der Gymnasialprofessoren der Militärbildungsanstalten, Professoren der Realgymnasien, Professoren der Oberrealschulen, Rektoren der Progymnasien, Rektoren der kleineren Realschulen und der landwirtschaftlichen Mittelschulen, Rektor der Kreisbaugewerkschule Kaiserslautern, Subrektoren der Lateinschulen, Professoren der Progymnasien, Professoren der Realschulen, Professoren der landwirtschaftlichen Mittelschulen, Professoren der Kunstgewerbeschulen, Professoren des Technikums in Nürnberg, Professoren der Baugewerkschule mit Gewerbelehrerinstitut in München, Universitätsbauamtmänner, Universitätsrentamtmänner, Universitätsforstmeister, Universitätsmusikdirektor in Erlangen, Vorstand der Hebammenschule in Bamberg, Professoren der Hebammenschulen, Konservatoren der Technischen Hochschule, Konservatoren der Kommission für internationale Erdmessung, Konservatoren der meteorologischen Zentralstation, Konservatoren der Generalkonservatorien, Konservatoren des Nationalmuseums, Konservatoren der Gemäldegalerien, Konservatoren der Graphischen Sammlung, Bibliothekare der Hof- und Staatsbibliothek, Bibliothekare der Universitätsbibliotheken, Bibliothekare der Bibliothek der Technischen Hochschule, Bibliothekare der Bibliothek in Bamberg, Vorstände der Kreisackerbauschulen, Rentamtmänner, Forstmeister einschliesslich des Forstmeisters des Militärforstamts Grafenwöhr, Ausserordentliche Professoren der forstlichen Hochschule, Bergmeister, Oberingenieur der Hochofenanlage in Amberg, Hauptkassier der Bergwerkshauptkasse, Regierungs- und Fiskalassessoren, Obergeometer und Vorstände der Messungsämter, Obergeometer des Katasterbureaus, Hauptzollamtsverwalter, Zollinspektoren, Steuerinspektoren, Zentralzollkassier, Hauptkassier der Staatsschuldenverwaltung, Kreiskassiere, Kontrolleur der Zentralstaatskasse, Rechnungskommissäre des Obersten Rechnungshofs, Münzwardein, Weingutsinspektor, Hauptbuchhalter der Bankdirektion, Oberbeamter der Hauptbank, Hauptkassier der Hauptbank, Oberbeamte der Filialbanken, Direktionsräte und Obergeometer der Staatseisenbahnverwaltung, Posträte, Postamtsdirektoren, Telegraphenamtsdirektoren, Telephonamtsdirektoren.*)

*) Dieser Abteilung werden auch die Oberinspektoren, Oberbauinspektoren, Obermaschineninspektoren und die Oberpostinspektoren der Verkehrsverwaltung zugeteilt.

2. K. Räte, Bezirkstierärzte, Distriktsschulinspektoren.

VIII. Klasse. 1. Legationssekretäre II. Klasse, Assessoren des Geheimen Haus- und Staatsarchivs, Oberbergamtsmarkscheider, Bergamtsassessoren, Geologen und Assessoren der geognostischen Untersuchung, Gewerbeassessoren, Gewerbeinspektoren, Amtsrichter, III. Staatsanwälte, Assessoren der Strafanstalten, Hausgeistliche und Hausärzte der Strafanstalten und der Gerichtsgefängnisse, Bezirksamtsassessoren, Bauamtsassessoren, Reichsarchivassessoren, Kreisarchivassessoren, Assessoren der Arbeitshäuser, Assessoren der Agrikulturbotanischen Anstalt, Assessoren der Moorkulturanstalt, Assessoren des Stenographischen Instituts, Sekretäre des Verwaltungsgerichtshofs, Gestütstierärzte, Grenztierärzte im Hauptamte, Bezirkskulturingenieure, Flurbereinigungsgeometer, Fachlehrer und Abteilungsleiter der Lehr- und Versuchsanstalt für Wein- und Obstbau, Vorstände der Staatserziehungsanstalten, Hausgeistliche der Arbeitshäuser u. der Staatserziehungsanstalten, Inspektoren der Untersuchungsanstalten für Nahrungs- und Genussmittel, Geologen des Wasserversorgungsbureaus, Brandversicherungsinspektoren, Hauptkassekontrolleure der Universitäten, Universitätsbauassessoren, Oberärzte der Universitätskliniken, die mit Beamteneigenschaft ausgestatteten Assistenten und Lektoren der Hochschulen, Gymnasiallehrer der humanistischen und der Realgymnasien, einschliesslich der Gymnasiallehrer der Militärbildungsanstalten, Gymnasiallehrer der Progymnasien, Studienlehrer der Lateinschulen, Reallehrer der Oberrealschulen und der Realschulen, Lehrer der Akademie der Tonkunst, Lehrer der Akademie für Landwirtschaft und Brauerei, einschliesslich des Assessors der Saatzuchtanstalt, Lehrer der Musikschule in Würzburg, Präfekten u. Seminarlehrer und Seminarschullehrer der Lehrerbildungsanstalten und der Schullehrerseminare, Hauptlehrer der Präparandenschulen, Lehrer der Kunstgewerbeschulen, Reallehrer des Technikums in Nürnberg, Reallehrer der Baugewerkschule mit Gewerbelehrerinstitut in München, Lehrer der Zentralturnlehrerbildungsanstalt, Landwirtschaftslehrer, Reallehrer der landwirtschaftlichen Mittelschulen, Lehrer der Kreisackerbauschulen, Lehrer der Kreisbaugewerkschule Kaiserslautern, Kustoden der Kommission für internationale Erdmessung, Kustoden der Meteorologischen Zentralstation, Kustoden der Generalkonservatorien, Kustoden des Nationalmuseums, Kustoden der Gemäldegalerien, Kustoden der Graphischen Sammlung, Kustoden der Hof- und Staatsbibliothek, Kustoden der Universitätsbibliotheken, Kustoden der Bibliothek der Technischen Hochschule, Kustoden der Bibliothek Bamberg, Lokalschulinspektoren, Zentralzollkassekontrolleur, Hauptzollamtskontrolleure, Kreiskassekontrolleure, Hauptkassekontrolleur der Bergwerkshauptkasse, Hauptkassekontrolleure und Oberbuchhalter der Staatsschuldenverwaltung, Finanzassessoren und Rechnungskommissäre der Regierungen, Kammern der Finanzen, und der Rechnungskammer, Rentamtsassessoren, Finanzassessoren und Rechnungskommissäre der Verwaltung der Zölle und indirekten Steuern, Zolloberkontrolleure, Steueroberkontrolleure, Grenzoberkontrolleure, Forstamtsassessoren, Kreisgeometer,

Bezirksgeometer, Katastergeometer, Assessoren der Berg-, Hütten- und Salinenämter, Technischer Assessor des Hauptmünzamts, Bankassessoren, Eisenbahnassessoren, Eisenbahngeometer, Chemiker der Staatseisenbahnverwaltung, Postassessoren,*) Militärgeistliche.

*) Dieser Abteilung werden auch die Direktions- und Oberpostassessoren, ferner die Inspektoren, Postinspektoren, Postmeister und Offiziale der Verkehrsverwaltung zugeteilt.

2. Geheime Rechnungskommissäre und Geheime Sekretäre und Geheime Registratoren der Staatsministerien, Geheime Sekretäre der Gesandtschaften, Obersekretäre des Obersten Landesgerichts, Obersekretäre der Oberlandesgerichte, Hauptkassier der Landgestütsverwaltung, Oberbuchhalter der Versicherungskammer, Kassier der Technischen Hochschule, Rechnungskommissär des Oberkonsistoriums, Kassier des Hauptmünzamts, Inspektor des Hofbräuamts, Kurgarteninspektor, Kassiere der Hauptbank und der Filialbanken, Oberbahnverwalter, Oberpostverwalter.

IX. Klasse. Sekretäre und Registratoren der Staatsministerien, Kanzleisekretäre der Gesandtschaften, Sekretäre des Obersten Landesgerichts, Sekretäre der Oberlandesgerichte, Obersekretäre der Landgerichte, Obersekretäre der Staatsanwaltschaften, Obersekretäre der Amtsgerichte, Hauslehrer der Strafanstalten, Obersekretär des Statistischen Landesamts, Präsidialsekretäre der Kreisregierungen, Rechnungskommissäre der Regierungen, Kammern des Innern, Rechnungskommissäre der Versicherungskammer, Rechnungskommissäre des Wasserversorgungsbureaus, Kassier der Polizeidirektion, Hauslehrer der Arbeitshäuser und der Staatserziehungsanstalten, Oberbauführer des Wasserversorgungsbureaus, Rechnungskommissäre der Konsistorien, Quästoren der Universitäten, Verwalter der Universitätskliniken, Kassier der Akademie der Wissenschaften, Kassier und Sekretär der Tierärztlichen Hochschule, Kassier und Sekretär der Akademie der Tonkunst, Kassier und Sekretär des Nationalmuseums und des Generalkonservatoriums der Kunstdenkmale und Altertümer, Kassier der Akademie für Landwirtschaft und Brauerei, Zeichenlehrer der humanistischen Gymnasien, Turnlehrer der humanistischen Gymnasien, Turnlehrer der Realgymnasien, Turnlehrer der Oberrealschulen, Progymnasien und Realschulen, Musiklehrer der humanistischen Gymnasien, Musiklehrer der Realgymnasien, Musiklehrer der Oberrealschulen, Progymnasien und Realschulen, Lehrerinnen der Kunstgewerbeschulen, Präparandenlehrer der vollen Lehrerbildungsanstalten, Schullehrerseminare und Präparandenschulen, Inspektoren der Botanischen Gärten, Lehrmeister der Kreisbaugewerkschule Kaiserslautern, Inspektor der Lithographischen Anstalt des Staatsministeriums der Finanzen, Präsidialsekretär und Materialverwalter der Generaldirektion der Zölle und indirekten Steuern, Direktorialsekretär der Generaldirektion der Berg-, Hütten- und Salzwerke, Rechnungskommissäre der Generaldirektion der Berg-, Hütten- und Salzwerke, Rechnungskommissäre der Staatsschuldenverwaltung, Buchhalter der Regierungen, Kammern der Forsten, Steuerrechnungskommissäre der Regierung der Pfalz, Kammer der Finanzen, Kassiere und Materialverwalter der Berg-, Hütten- und Salinenämter, Zollverwalter, Steuerverwalter, Kassier des Katasterbureaus, Inspektor der Lithographischen Anstalt des Katasterbureaus, Medailleur des Hauptmünzamts, Flaschenfüllereiverwalter des Hofbräuamts, Realienlehrer der Waldbauschulen, Präsidialsekretär der Bankdirektion,

Buchhalter der Hauptbank und der Filialbanken, Bahnverwalter,*) Postverwalter.*)

*) Einschliesslich der Beamten der Verkehrsverwaltung, die vor dem 1. Januar 1909 in die Kategorien der Eisenbahnsekretäre, Eisenbahnverwalter, Bauverwalter, Maschinenverwalter, Telegraphenverwalter, Postsekretäre und Postverwalter eingerückt sind.

X. Klasse. 1. Markscheider der Berginspektionen, Berginspektionsassistenten, Gewerbeaufsichtsassistenten, Gewerbeaufsichtsassistentinnen, Registratoren des Verwaltungsgerichtshofs, Kassier der Flurbereinigungskommission, Bezirkskommissäre und Sicherheitskommissäre u. Obersekretäre der Polizeidirektion, Gestütsrendant in Zweibrücken, Technische Sekretäre der Versicherungskammer, Sekretäre u. Registratoren des Oberkonsistoriums, Kassiere und Sekretäre der Kunstgewerbeschulen, Kassier der Gymnasien in Nürnberg, Kassier und Sekretär des Technikums in Nürnberg, Kassier und Sekretär der Baugewerkschule mit Gewerbelehrerinstitut in München, Kartographen der Ministerialforstabteilung, Sekretär und Registrator des Obersten Rechnungshofs, Rechnungskommissäre der Regierungen, Kammern der Forsten, Hütteningenieure — Obersteiger — Einfahrer u. Oberwerkmeister der Berg-, Hütten- u. Salzwerke, Kassekontrolleur und Revisoren des Katasterbureaus, Kassiere — Sekretäre — Kurgärtner der Badeverwaltungen, Kassekontrolleur des Hauptmünzamts, Technische Eisenbahnsekretäre, Oberbahnmeister, Technische Postsekretäre. 2. Sekretär und Registrator des Oberbergamts, Kartographen der geognostischen Untersuchung, Amtsanwälte im Hauptamte, Sekretäre der Landgerichte, Sekretäre der Staatsanwaltschaften, Sekretäre der Amtsgerichte, Hauslehrerinnen der Strafanstalten, Sekretäre und Registratoren des Landesversicherungsamts, Sekretäre und Registratoren des Statistischen Landesamts, Sekretäre u. Registratoren der Flurbereinigungskommission, Sekretäre u. Registratoren der Landgestütsverwaltung, Sekretäre u. Registratoren der Agrikulturbotanischen Anstalt, Sekretäre und Registratoren der Moorkulturanstalt, Sekretäre und Registratoren der Kreisregierungen, Revisoren der Regierungen, Kammern des Innern, Sekretäre des Stenographischen Instituts, Polizeisekretäre, Bezirksamtssekretäre, Sekretäre der Versicherungskammer, Sekretäre und Bauführer des Hydrotechnischen Bureaus, Sekretäre und Bauführer des Wasserversorgungsbureaus, Bauführer der Bauämter, Bauführer der Sektionen für Wildbachverbauung, Kulturbauführer der Flurbereinigungskommission, Kulturbauführer der Moorkulturanstalt, Kulturbauführer des kulturtechnischen Dienstes, Assistenten der Lehr- und Versuchsanstalt für Wein- und Obstbau, Pflegerinnen der Polizeidirektion, Hauslehrerinnen der Arbeitshäuser u. der Staatserziehungsanstalten, Oekonomieverwalter des Arbeitshauses Rebdorf, Kanzleisekretäre, Kassesekretäre u. Registratoren der Hochschulen und der Akademien, Bibliotheksekretäre, Sekretäre der Meteorologischen Zentralstation, Sekretäre und Registratoren der Konsistorien, Zahntechniker der Universitäten, Bauführer der Universitäten, Förster der Universitäten, Verwalter der Walhalla, Kassesekretär der Kreisbaugewerkschule Kaiserslautern, Sekretäre und Registratoren der Generaldirektion der Zölle und indirekten Steuern, Sekretäre und Registratoren der Hauptzollämter, Sekretäre und Registratoren der Verwaltung der Berg-, Hütten- u. Salzwerke, Sekretäre u. Registratoren der Staatsschuldenverwaltung, Sekretäre u. Registratoren der Rechnungskammer, Sekretäre u. Registratoren des Katasterbureaus,

Sekretäre der Zentralstaatskasse, Sekretäre der Kreiskassen, Sekretäre des Hauptmünzamts, Sekretäre des Hofbräuamts, Rentamtssekretäre, Sekretäre der Regierungen, Kammern der Forsten, Förster einschliesslich der Förster der Remontedepotverwaltung, Zollrevisoren, Steuerrevisoren, Steiger der Berg-, Hütten- und Salzwerke, Katastergraveure des Katasterbureaus, Oekonomieverwalter und Materialverwalter des Hofbräuamts, Sekretäre der Bankdirektion, der Hauptbank und der Filialbanken, Steuer- und Gemeindeeinnehmer, Eisenbahnsekretäre, Postsekretäre.*)

*) Dieser Abteilung werden auch die Zollkontrolleure und derzeitigen Kapitäne I. Klasse der Bodenseedampfschiffahrt zugeteilt.

Hinter den Beamten der Klasse X Abt. 2 reihen sich für ihre Person die derzeit vorhandenen Postexpeditoren II. Klasse nach ihrem Dienstalter an.

XI. Klasse. 1. Kanzleiexpeditoren der Gerichte und der Staatsanwaltschaften, Buchhalter der Strafanstalten, Druckereiwerkmeister des Staatsministeriums der Justiz, Gefängnisverwalter, Hausverwalter der Strafanstalten, Obermaschinisten der Justizverwaltung, Buchhalter der Arbeitshäuser und der Staatserziehungsanstalten, Hausverwalter der Arbeitshäuser und der Staatserziehungsanstalten, Werkmeister der Hochschulen, Werkmeister der Akademien, Werkmeister der Generalkonservatorien, Werkmeister des Technikums in Nürnberg, Werkmeister der Baugewerkschule mit Gewerbelehrerinstitut in München, Werkmeister der mit Oberrealschulen oder Realschulen organisch verbundenen Fachschulen, Techniker der Kunstgewerbeschulen, Techniker für die Röcklsche Metallgusserfindung, Zolleinnehmer, Werkmeister der Berg-, Hütten- und Salzwerke, Druckereiwerkmeister des Katasterbureaus, Faktor der Druckerei des Hauptmünzamts, Obermaschinist des Hofbräuamts, Bankbuchhalterinnen, Oberwerkführer — Oberassistenten — Kanzlisten und Registratoren der Verkehrsverwaltung, Oberstationsmeister — Bahnmeister — Oberwagenmeister — Oberrangiermeister — Techn. Oberassistenten — Oberpackmeister — Gasmeister — Oberlokomotivführer und Zugführer der Staatseisenbahnverwaltung, Postexpeditoren, Expeditorinnen — Werkstätteleiter und Obermaschinisten der Post- und Telegraphenverwaltung, Kapitäne und Oberpackmeister der Bodenseedampfschiffahrt, Kapitäne der staatlichen Schiffahrt auf dem Ammersee und auf der Amper, Schiffsführer der Kettenschleppschiffahrt.*)

*) Dieser Abteilung werden auch die derzeitigen Paliere der Staatseisenbahnverwaltung zugeteilt.

2. Kanzlei- und Registraturassistenten und Boten und Diener der Staatsministerien, Kanzleiassistenten der Gesandtschaften, Sekretariatsassistenten des Obersten Landesgerichts und der Generalstaatsanwaltschaft, Gerichtsvollzieher, Baupaliere der Justizverwaltung, Kanzlei- und Registraturassistenten des Verwaltungsgerichtshofs, Kanzleiassistenten des Reichsarchivs, Präparatoren u. Präparatorinnen der Bakteriologischen Untersuchungsanstalten, Arrestverwalter und Rottmeister der Polizeidirektion, Bauzeichner des Hydrotechnischen Bureaus, Bauzeichner des Wasserversorgungsbureaus, Bauzeichner und Offizianten der Bauämter, Bauzeichner und Offizianten der Sektionen für Wildbachverbauung, Technische Assistenten der Versicherungskammer, Baupaliere der Arbeitshäuser, Obergärtner der Agrikulturbotanischen Anstalt, Obergärtner der Moorkulturanstalt, Oberaufseher der Gestütsanstalten, Eichmeister, Kanzlei- und Registraturassistenten des Oberkonsistoriums,

Mechaniker der Hochschulen und der Akademien, Mechaniker des Technikums in Nürnberg, Mechaniker der Baugewerkschule mit Gewerbelehrerinstitut in München, Präparatoren der Hochschulen, Präparatoren der Akademie, Präparatoren des Nationalmuseums, Präparatoren der Generalkonservatorien, Präparatoren der Graphischen Sammlung, Bauzeichner der Universitäten, Zeichner der Technischen Hochschule, Obergärtner der Botanischen Gärten, Fecht- und Reitlehrer der Universitäten, Technischer Offiziant der Akademie der Wissenschaften, Offizianten des Generalkonservatoriums der wissenschaftlichen Sammlungen, Offizianten der Gymnasien, Offizianten der Realgymnasien, Oberrealschulen und Realschulen, Obergärtner der staatlichen Gartenbauschulen, Molkereitechniker der Molkereischule Weihenstephan, die Mechaniker der mit Oberrealschulen oder Realschulen organisch verbundenen Fachschulen, Kanzlei- und Registraturassistenten des Obersten Rechnungshofs, Präparatoren der Forstlichen Versuchsanstalt, Bauzeichner der Verwaltung der Berg-, Hütten- und Salzwerke, Offizianten der Messungsämter, Baupalier des Hofbräuamts, Zeichner der Verkehrsverwaltung, Wagenmeister und Bauassistenten der Staatseisenbahnverwaltung, Oberschaffner — Oberpackmeister — Oberbriefträger und Bauzeichner der Post- und Telegraphenverwaltung.

XII. Klasse. Steindrucker der Staatsministerien, Kanzlei- und Registraturassistenten des Oberbergamts, Boten und Diener der Gesandtschaften, Maschinist des Arbeitermuseums, Sekretariatsassistenten der Oberlandesgerichte und der Oberstaatsanwaltschaften, Boten des Obersten Landesgerichts, Maschinisten der Justizverwaltung, Werkführer — Oberkrankenwärter — Landwirtschaftliche Assistenten — Küchenmeister — Waschmeister und Nachrichter der Strafanstalten und der Gerichtsgefängnisse, Kanzlei- und Registraturassistenten des Landesversicherungsamts, Kanzlei- und Rechnungsassistenten des Statistischen Landesamts, Kanzlei- und Registraturassistenten der Landesgestütsverwaltung, Kanzlei- und Registraturassistenten der Kreisregierungen, Kanzlei- und Rechnungsassistenten der Flurbereinigungskommission, Kanzlei- und Buchhaltungsassistenten der Versicherungskammer, Polizeiassistenten, Kanzleiassistenten der Kreisarchive, Kanzlei- und Zeichnungsassistenten des Hydrotechnischen Bureaus, Kanzleiassistenten des Wasserversorgungsbureaus, Kanzleiassistenten der Agrikulturbotanischen Anstalt, Kanzleiassistenten der Moorkulturanstalt, Kanzlei- und Bureauassistenten des Stenographischen Instituts, Boten und Diener des Verwaltungsgerichtshofs, Flussmeister, Maschinisten der Bauämter, Werkführer — Maschinisten — Küchenmeister — Waschmeister und Oberkrankenwärter der Arbeitshäuser, Kanzlei-, Kasse- und Registraturassistenten der Hochschulen, Kanzlei-, Kasse- und Registraturassistenten der Akademien, Kanzlei-, Kasse- und Registraturassistenten des Nationalmuseums, Kanzlei-, Kasse- und Registraturassistenten der General-Konservatorien, Kanzlei-, Kasse- und Registraturassistenten des Technikums in Nürnberg, Kanzlei- und Registraturassistenten der Konsistorien, Kanzlei- und Registraturassistenten der Meteorologischen Zentralstation, Kanzlei- und Registraturassistenten der Gemäldegalerien, Kanzlei- und Registraturassistenten der Hebammenschulen, Kanzleiassistenten der Hof- und Staatsbibliothek, Maschinisten der Hochschulen, Maschinisten der Akademien, Maschinisten des Generalkonservatoriums der wissenschaftlichen Sammlungen, Maschinisten des Technikums in Nürnberg, Maschinisten der Baugewerkschule mit Gewerbelehrerinstitut in München, Boten und Diener des Oberkonsistoriums, Oberdiener und Hausmeister der Hochschulen und der Akademien, Oberdiener und Hausmeister der Hof- und Staatsbibliothek, Oberaufseher und Hausmeister der Gemäldegalerien, Oberaufseher und Hausmeister des Nationalmuseums, Oberhebammen der Universitätsfrauenkliniken, Kanzlei- und Registraturassistenten der Generaldirektion der Zölle und indirekten Steuern, Kanzlei- und Registraturassistenten der Hauptzollämter, Kanzlei- und Registraturassistenten der Verwaltung der Berg-, Hütten- und Salzwerke, Kanzlei- und Registraturassistenten der Staatsschuldenverwaltung, Kanzlei- und Registraturassistenten der Rechnungskammer, Assistenten des Katasterbureaus, Kanzleiassistenten der Badverwaltungen, Boten und Diener des Obersten Rechnungshofs, Hafenmeister der Verwaltung der Zölle und indirekten Steuern, Wagmeister und Schlossereiaufseher der Salzwerke, Geldzähler der Zentralstaatskasse, Maschinisten des Katasterbureaus, Maschinisten der Badverwaltungen, Vorarbeiter des Hauptmünzamts, Büttner des Weinguts, Direktionsdiener der Bankdirektion, Geldzähler der Hauptbank und der Filialbanken, Maschinisten der Bank, Kanzleiassistenten der Bankdirektion, der Hauptbank und der Filialbanken, Werkführer — Geldzähler — Maschinisten — Kanzlei- und Bureauassistenten und Packmeister der Verkehrsverwaltung, Stationsmeister — Rangiermeister — Turmwärter — Magazinsassistenten — Lokomotivführer — Wagenwärter — Zugspackmeister u. Schaffner der Staatseisenbahnverwaltung, Postadjunkten, Fahrpostschaffner und Briefträger der Post- und Telegraphenverwaltung, Ländemeister und Steuermänner der Bodenseedampfschiffahrt, Kanalmeister des Ludwig-Donau-Main-Kanals, Steuermänner der staatlichen Schiffahrt auf dem Ammersee und auf der Amper, Steuermänner der Kettenschleppschiffahrt.*)

*) Dieser Klasse werden auch die derzeitigen Oberportiers, Imprägniermeister und Amtsgehilfen der Staatseisenbahnverwaltung zugeteilt.

XIII. Klasse. 1. Kanzlei-, Bureau- und Rechnungsassistentinnen, Kanzleiassistenten der Berginspektionen, Boten und Diener des Geheimen Haus- und Staatsarchivs, Boten und Diener des Oberbergamts, Boten und Diener der geognostischen Untersuchung, Sekretariatsassistenten der Landgerichte, Sekretariatsassistenten der Staatsanwaltschaften, Sekretariatsassistenten der Amtsgerichte, Kanzlei- und Rechnungsassistenten der Strafanstalten, Oberaufseher und Oberaufseherinnen der Strafanstalten und der Gerichtsgefängnisse, Boten der Oberlandesgerichte, Steindrucker der Oberlandesgerichte und der Landgerichte, Gefängniswärter, Gerichtsvollzieher in Strafsachen, Bezirksamtsassistenten, Kanzlei- und Zeichnungsassistenten der Bauämter, Kanzlei- und Zeichnungsassistenten der Sektionen für Wildbachverbauung, Kanzleiassistenten der Untersuchungsanstalten für Nahrungs- und Genussmittel, Kanzlei- u. Rechnungsassistenten der Arbeitshäuser u. der Staatserziehungsanstalten, Oberaufseher und Oberaufseherinnen der Arbeitshäuser und der Staatserziehungsanstalten, Boten und Diener des Landesversicherungsamts, Boten und Diener des Statistischen Landesamts, Boten und Diener des Reichsarchivs, Boten und Diener des Hydrotechnischen Bureaus, Boten und Diener des Wasserversorgungsbureaus, Boten und Diener der Flurbereinigungskommission, Boten und Diener der Landgestütsverwaltung,

Boten und Diener der Agrikulturbotanischen Anstalt, Boten und Diener der Moorkulturanstalt, Boten und Diener der Kreisregierungen, Boten und Diener der Polizeidirektion, Boten und Diener des Stenographischen Instituts, Boten und Diener der Versicherungskammer, Hausmeister des Glaspalastes, Steindrucker der Kreisregierungen, Steindrucker der Polizeidirektion, Aufseher der Gestütsanstalten, Kulturaufseher der Moorkulturanstalt, Gehilfen der Lehr- und Versuchsanstalt für Wein- und Obstbau, Hausmeister der Lehr- u. Versuchsanstalt für Wein- u. Obstbau, Forstwarte der Universitäten, Pedelle und Diener I. Ordnung der Hochschulen, Diener I. Ordnung der Akademien, Diener I. Ordnung der Generalkonservatorien, Boten u. Diener der Hof- u. Staatsbibliothek, Boten und Diener der Universitätsbibliotheken, Boten und Diener der Meteorologischen Zentralstation, Boten und Diener der Konsistorien, Pedelle und Diener der Lyzeen, Pedelle und Diener der Kunstgewerbeschulen, Pedelle und Diener des Technikums in Nürnberg, Pedelle und Diener der Baugewerkschule mit Gewerbelehrerinstitut in München, Pedelle der Gymnasien, Pedelle der Realgymnasien, Oberrealschulen und grösseren Realschulen, sowie die Diener der mit diesen verbundenen Fachschulen, Pedelle der vollen Lehrerbildungsanstalten und der Schullehrerseminare, Hausmeister der Zentralturnlehrerbildungsanstalt, Diener und Aufseher der Gemäldegalerien, Diener und Aufseher der Graphischen Sammlung, Diener und Aufseher des Nationalmuseums, Oberaufseher der Ruhmeshalle, Feuerwächter der wissenschaftlichen und Kunst-Sammlungen, Rentamtsassistenten, Forstassistenten einschliesslich des Forstassistenten des Militärforstamts Grafenwöhr, Zeichnungsassistenten der Messungsämter, Boten und Diener der Generaldirektion der Zölle und indirekten Steuern, Boten und Diener der Generaldirektion der Berg-, Hütten- und Salzwerke, Boten und Diener der Staatsschuldenverwaltung, Boten und Diener der Rechnungskammer, Boten und Diener des Katasterbureaus, Boten und Diener des Hauptmünzamts, Boten und Diener der Regierungen, Kammern der Forsten, Boten und Diener der Forstlichen Hochschule, Boten und Diener der Forstlichen Versuchsanstalt, Boten und Diener der Kreiskassen, Boten und Diener des Hofbräuamts, Steuerboten und Rentamtsdiener, Oberaufseher der Verwaltung der Zölle und indirekten Steuern, Steindrucker und Buchbinder des Katasterbureaus, Aufseher der Berg-, Hütten- und Salzwerke, Ständige Arbeiter des Hauptmünzamts, Seewart der Hoffischerei auf dem Chiemsee, Obergärtner der Badverwaltungen, Weinbergsgärtner, Bankassistentinnen, Direktionsdiener u. Kanzleigehilfen der Verkehrsverwaltung, Stationsaufseher — Packer im Stationsdienste — Lokomotivheizer — Fahrkartendrucker — Steindrucker — Weichensteller — Vorarbeiter — Magazinsgehilfen und Packer im Fahrdienste der Staatseisenbahnverwaltung, Telephonassistentinnen, Telegraphenassistentinnen, Schiffsheizer der Bodenseedampfschiffahrt, Schiffsheizer der staatlichen Schiffahrt auf dem Ammersee und auf der Amper, Schiffsheizer der Kettenschleppschiffahrt.

2. Heizer der Gerichtsgebäude und der Gerichtsgefängnisse, Werkaufseher — Küchenaufseher — Waschaufseher — Gartenaufseher und Werkaufseherinnen der Strafanstalten und der Gerichtsgefängnisse, Amtsgerichtsdiener (ohne Gefängnisdienst), Landgerichtsboten, Aufseher u. Aufseherinnen der Strafanstalten und der Gerichtsgefängnisse, Gestütsschmiede der Gestütsanstalten, Werk-

aufseher — Küchenaufseher — Waschaufseher — Gartenaufseher und Werkaufseherinnen der Arbeitshäuser und der Staatserziehungsanstalten, Bienenmeister der Anstalt für Bienenzucht, Diener der Bezirksämter, Diener der Bauämter, Diener der Sektionen für Wildbachverbauung, Diener der Kreisarchive, Diener der Zentralimpfanstalt, Diener der Untersuchungsanstalten für Nahrungs- und Genussmittel, Diener der Bakteriologischen Untersuchungsanstalten, Diener der Anstalt für Bienenzucht, Messungsgehilfen der Flurbereinigungskommission, Aufseher und Aufseherinnen der Arbeitshäuser und der Staatserziehungsanstalten, Arrestwärter des Schubgefängnisses in Nürnberg, Diener II. Ordnung der Hochschulen, Diener II. Ordnung der Akademien, Diener II. Ordnung der Generalkonservatorien, Pedelle und Diener der Progymnasien, kleineren Realschulen und der mit diesen verbundenen Fachschulen, Pedelle und Diener der Kreisbaugewerkschule Kaiserslautern, der landwirtschaftlichen Mittelschulen und Kreisackerbauschulen, Diener der Bibliothek in Bamberg, Diener der Musikschule in Würzburg, Diener der Hebammenschulen, Aufseher der Ruhmeshalle, Aufseher der Walhalla, Diener der Berg-, Hütten- und Salinenämter, Grenzaufseher, Messungsgehilfen des Katasterbureaus, Messungsgehilfen der Messungsämter, Heizer und Hausdiener der Bank, Heizer und Bureaudiener der Verkehrsverwaltung, Wagenwärtergehilfen — Portiers — Stationsdiener — Bahnsteigschaffner — Maschinenwärter — Streckenwärter und Blockwärter der Staatseisenbahnverwaltung, Schaffner und Beleuchtungsdiener der Post- und Telegraphenverwaltung, Matrosen der Bodenseedampfschiffahrt, Matrosen der staatlichen Schiffahrt auf dem Ammersee und auf der Amper, Matrosen der Kettenschleppschiffahrt, Kanalaufseher des Ludwig-Donau-Main-Kanals.*)

*) Dieser Abteilung werden auch die derzeitigen Nachtwächter der Staatseisenbahnverwaltung zugeteilt.

XIV. Klasse. Brunnwärter, Schleusenwärter, Strassenwärter, Ländeplatz- und Magazinsaufseher, Donaumooswegmacher, Gestütswärter, Laboratoriumsdiener der Lehr- und Versuchsanstalt für Wein- und Obstbau, Weinbergaufseher, Kanalwärter, Die vollbeschäftigten Waldwärter einschliesslich der Waldwärter der Remontedepotverwaltung, Bahnwärter, Schrankenwärter, Postboten.

44.

Ruhegehalt der Beamten, Sterbegehalt, Witwen- und Waisengeld.

(Die älteren Bestimmungen sind enthalten in Titel V § 6 der Verf.-Urk., Beil. IX zu Titel V § 6 der Verf.-Urk., Edikt über die Verhältnisse der Staatsdiener vorzüglich in Beziehung auf ihren Stand und Gehalt, Dienstes- und Pensionspragmatik vom 1. Januar 1805, VO. v. 11. Juni 1892, die Gehaltsbezüge der pragmatischen Staatsdiener betr. (GVBl. 209) und VO. vom 26. Juni 1894, die Dienstverhältnisse der nichtpragmatischen Staatsbeamten und Staatsbediensteten betr. (GVBl. 321),

jetzt

I. Beamtengesetz.

IV. Abschnitt.

Versetzung der etatsmässigen Beamten in den Ruhestand.

A. Einstweilige Versetzung in den Ruhestand mit Wartegeld.

Artikel 38. Der unwiderrufliche Beamte kann unter Bewilligung des gesetzlichen Wartegeldes einstweilen in den Ruhestand versetzt werden, wenn zu seiner Verwendung im Staatsdienst infolge einer Aenderung in der Organisation der Behörden oder ihrer Bezirke keine Gelegenheit mehr gegeben ist, oder wenn ohne sein Verschulden Umstände vorliegen, durch die seine amtliche Wirksamkeit auch auf einer anderen Stelle nicht bloss vorübergehend gestört wäre.

Artikel 39.*) 1. Das Wartegeld beträgt drei Vierteile des pensionsfähigen Diensteinkommens.

2. Als pensionsfähiges Diensteinkommen gilt der zuletzt bezogene Gehalt und der durch die Gehaltsordnung als pensionsfähig erklärte Teil des Nebeneinkommens. Ausserdem wird bei gegebener Voraussetzung (Artikel 28 Abs. 2) in das pensionsfähige Diensteinkommen der Teilbetrag der nächsten Dienstalterszulage eingerechnet, der sich nach Massgabe der seit der letzten Gehaltsvorrückung zurückgelegten Dienstzeit berechnet. Bei der Feststellung dieses Betrages kommen nur volle Monate in Betracht.

3. Einem Beamten, der seinen dienstlichen Wohnsitz ausserhalb des Königreichs hat, sind bei seiner einstweiligen Versetzung in den Ruhestand die Kosten des Umzugs an den von ihm innerhalb des Königreichs gewählten Wohnort nach der für die Vergütung der

*) Hierzu Art. 183 Abs. 2 Nr. 6 Abs. 1: Wird ein richterlicher Beamter wider seinen Willen in den Ruhestand versetzt, weil ohne sein Verschulden Umstände gegeben waren, die seine amtliche Wirksamkeit nicht bloss vorübergehend stören, so sind für die Bemessung und Zahlung des Ruhegehalts die Vorschriften der Artikel 39 bis 41 entsprechend anzuwenden.

Umzugskosten an die Staatsbeamten massgebenden Verordnung zu ersetzen.

4. Bezieht ein Wartegeldempfänger auf Grund der Unfallversicherungsgesetze eine Rente aus der Staatskasse, so wird das Wartegeld um den Betrag der Unfallrente gekürzt.

Artikel 40. Der Anspruch auf Wartegeld beginnt mit dem Ablaufe des Vierteljahrs, das auf den Monat folgt, in dem die einstweilige Versetzung in den Ruhestand dem Beamten bekannt gegeben wurde. Bis dahin bezieht er noch seinen bisherigen Gehalt. Ist in der Verfügung ein späterer Zeitpunkt für die Wirksamkeit der einstweiligen Versetzung in den Ruhestand bestimmt, so beginnt der Anspruch auf Wartegeld mit diesem Zeitpunkte.

Artikel 41. Das Wartegeld wird monatlich vorausgezahlt.

Artikel 42. Der einstweilen in den Ruhestand versetzte Beamte kann unter den gleichen Voraussetzungen wieder zur Dienstleistung berufen werden, unter denen nach Artikel 9 Abs. 1 einem unwiderruflichen Beamten eine andere Amtsstelle übertragen werden kann.

Artikel 43. Der Anspruch auf Wartegeld erlischt:

1. wenn der Beamte nach Massgabe des Artikel 42 im Staatsdienste wieder angestellt wird;
2. wenn er zeitlich oder dauernd in den Ruhestand versetzt wird;
3. wenn er des Dienstes entlassen oder kraft des Gesetzes seines Amtes verlustig wird;
4. mit Ablauf des Monats, in dem er stirbt.

Artikel 44. Der Anspruch auf das Wartegeld ruht:

1. wenn der Beamte die deutsche Reichsangehörigkeit verliert, bis zu ihrer Wiedererlangung;
2. wenn er ohne Erlaubnis der zuständigen Behörde seinen Wohnsitz ausserhalb des Deutschen Reichs nimmt, bis zur Rückverlegung des Wohnsitzes oder bis zur nachträglichen Genehmigung der Verlegung;
3. solange er aus der Verwendung in dem Staats- oder einem sonstigen öffentlichen Dienste ein Einkommen bezieht, soweit, als der Betrag dieses Einkommens unter Hinzurechnung des Wartegeldes den Betrag des Gehaltes übersteigt, den er vor seiner einstweiligen Versetzung in den Ruhestand bezogen hatte.

Artikel 45. 1. Die Einziehung oder Kürzung des Wartegeldes tritt mit Schluss des Monats ein, in dem das die Einziehung oder Kürzung bedingende Ereignis sich vollzogen hat. Vollzieht sich dieses Ereignis am ersten Tage eines Monats, so tritt, abgesehen von dem Falle des Artikel 43 Ziff. 4, die Einziehung oder Kürzung mit dem Beginne dieses Monats ein.

2. Die Wiedergewährung des Wartegeldes tritt mit dem Beginne des Monats ein, in dem das die Wiedergewährung bedingende Ereignis sich vollzogen hat.

3. Hat der einstweilen in den Ruhestand versetzte Beamte das Wartegeld über den in Abs. 1 bezeichneten Zeitpunkt hinaus bezogen, so hat er den zuviel bezogenen Betrag zurückzuerstatten oder sich auf anderweitige Bezüge aus der Staatskasse anrechnen zu lassen.

Artikel 46. Die Vorschriften der Artikel 38 bis 45 können auch auf widerrufliche etatsmässige Beamte entsprechende Anwendung finden.

B. Versetzung in den Ruhestand mit Ruhegehalt.

Artikel 47. Der unwiderrufliche Beamte kann die Versetzung in den Ruhestand beanspruchen, wenn er entweder

1. das fünfundsechzigste Lebensjahr vollendet hat oder
2. infolge eines körperlichen Gebrechens oder Schwäche seiner körperlichen oder geistigen Kräfte zur Erfüllung seiner Amtspflichten unfähig ist.

Artikel 48. Der unwiderrufliche Beamte kann ohne sein Ansuchen in den Ruhestand versetzt werden, wenn er

1. das fünfundsechzigste Lebensjahr vollendet hat oder
2. infolge eines körperlichen Gebrechens oder Schwäche seiner körperlichen oder geistigen Kräfte zur Erfüllung seiner Amtspflichten unfähig ist oder
3. wenn durch sein Verschulden Umstände vorliegen, durch die seine amtliche Wirksamkeit auch auf einer anderen Stelle nicht bloss vorübergehend gestört wäre, ein Disziplinarverfahren aber wegen Verjährung ausgeschlossen ist.

Artikel 49. Wird ein Beamter infolge eines körperlichen Gebrechens oder Schwäche seiner körperlichen oder geistigen Kräfte zur Erfüllung seiner Amtspflichten unfähig und ist der Wiedereintritt der Dienstfähigkeit nicht ausgeschlossen, so ist die Versetzung in den Ruhestand zunächst nur auf die Dauer der voraussichtlichen Dienstunfähigkeit zu verfügen.

Artikel 50. 1. Zum Nachweise der Dienstunfähigkeit eines die Versetzung in den Ruhestand nachsuchenden Beamten ist die Erklärung der ihm unmittelbar vorgesetzten Dienstbehörde erforderlich, dass sie nach pflichtmässigem Ermessen die Voraussetzungen für die Versetzung in den Ruhestand für gegeben erachtet.

2. Nach Lage des Falles können weitere Beweismittel gefordert oder die vorliegenden Beweismittel entgegen der Erklärung der unmittelbar vorgesetzten Behörde für ausreichend erachtet werden.

Artikel 51. 1. Sucht ein Beamter, bei dem die Voraussetzungen für die Versetzung in den Ruhestand nach Artikel 48 Ziff. 2, 3 als gegeben erachtet werden, nicht selbst um diesen nach, so wird ihm unter Angabe der Gründe schriftlich eröffnet, dass der Fall seiner Versetzung in den Ruhestand vorliege.

2. Ist eine Verständigung mit dem Beamten nicht möglich und ein gesetzlicher Vertreter für ihn nicht vorhanden, so hat die zuständige Dienstbehörde ihm einen Vertreter zu bestellen. Die Eröffnung nach Abs. 1 hat in diesem Falle an den gesetzlichen Vertreter oder an den ihm bestellten Vertreter zu erfolgen.

3. Erhebt der Beamte innerhalb einer Frist von zwei Wochen nach der Eröffnung keine Einwendungen, so wird in derselben Weise verfügt, als wenn er seine Versetzung in den Ruhestand selbst nachgesucht hätte.

4. Erhebt der Beamte gegen die Versetzung in den Ruhestand Einwendungen, so entscheidet das zuständige Staatsministerium und, sofern zur Versetzung in den Ruhestand eine dem Staats-

ministerium untergebene Behörde zuständig ist, diese Behörde, ob das Verfahren fortzusetzen sei oder nicht. Bejahendenfalls ist ein Beamter zu beauftragen, die streitigen Tatsachen, soweit nötig unter eidlicher Vernehmung von Zeugen und Sachverständigen, zu untersuchen. Der Beamte, der in den Ruhestand versetzt werden soll, darf den Vernehmungen beiwohnen. Er darf mit einem Beistand erscheinen oder einen Vertreter schicken. Über das Ergebnis der Ermittlungen ist er mit seinen Erklärungen und Anträgen zu hören. Auch hierzu darf er mit einem Beistand erscheinen. Ungeeignete Vertreter oder Beistände können zurückgewiesen werden.

5. Ist die Eröffnung dem gesetzlichen oder bestellten Vertreter gemacht worden, so hat das Staatsministerium oder die zur Versetzung in den Ruhestand zuständige untergebene Behörde darüber, ob das Verfahren fortzusetzen sei oder nicht, auch dann zu entscheiden, wenn Einwendungen nicht erhoben worden sind. Auf das Verfahren finden die Vorschriften des Abs. 4 entsprechende Anwendung.

6. Nach Schluss der Verhandlungen werden die Akten dem Staatsministerium oder der zur Versetzung in den Ruhestand zuständigen untergebenen Behörde zur Entscheidung darüber vorgelegt, ob die Versetzung in den Ruhestand zulässig ist. Gegen die Entscheidung steht dem Beamten Beschwerde an das Staatsministerium und, wenn die Entscheidung von diesem ausgegangen ist, an den Staatsrat zu. Die Frist zur Einlegung der Beschwerde beträgt zwei Wochen vom Tage der Eröffnung der Entscheidung an gerechnet.

7. Die baren Auslagen, die durch unbegründete Einwendungen des Beamten oder seines Vertreters erwachsen sind, fallen dem Beamten zur Last, falls ihnen bekannt oder infolge grober Fahrlässigkeit unbekannt war, dass die Einwendungen unbegründet sind.

Artikel 52. 1. Der Ruhegehalt, den der unwiderrufliche Beamte im Falle seiner Versetzung in den Ruhestand zu beanspruchen hat, beträgt für die ersten zehn Dienstjahre fünfunddreissig vom Hundert und steigt mit dem Antritte jedes weiteren Dienstjahrs bis zum Eintritt in das zwanzigste Dienstjahr jährlich um zwei vom Hundert und vom Eintritt in das einundzwanzigste Dienstjahr an jährlich um eins vom Hundert des pensionsfähigen Diensteinkommens (Artikel 39 Abs. 2).

2. Der Ruhegehalt darf fünfundsiebzig vom Hundert des pensionsfähigen Diensteinkommens nicht übersteigen.

3. Für einen einstweilen mit Wartegeld in den Ruhestand versetzten Beamten wird im Falle seiner Versetzung in den zeitlichen oder dauernden Ruhestand der Ruhegehalt aus dem vor seiner einstweiligen Versetzung in den Ruhestand bezogenen pensionsfähigen Diensteinkommen berechnet.

4. Einem Beamten, der seinen dienstlichen Wohnsitz ausserhalb des Königreichs hat, sind bei seiner Versetzung in den Ruhestand die Kosten des Umzugs an den von ihm innerhalb des Königreichs gewählten Wohnort nach der für die Vergütung der Umzugskosten an die Staatsbeamten massgebenden Verordnung zu ersetzen.

Artikel 53. Die der Berechnung des Ruhegehalts zugrunde zu legende Dienstzeit wird vom Tage der ersten eidlichen Verpflichtung als Beamter (Artikel 23), sofern jedoch die Eigenschaft eines Beamten im Sinne dieses Gesetzes früher gegeben war, von diesem Zeitpunkte an gerechnet.

Artikel 54. Bei der Feststellung der Dienstzeit (Artikel 53) wird auch die Zeit gerechnet, während welcher der Beamte

1. mit Bezug von Wartegeld im einstweiligen Ruhestande sich befand oder
2. im Dienste des Reiches oder
3. als anstellungsberechtigte ehemalige Militärperson auf einer ihm später in etatsmässiger Eigenschaft übertragenen Amtsstelle gleicher Art zunächst auf Probe oder zur probeweisen Dienstleistung verwendet war oder
4. als Staatsdienstaspirant den für die Ernennung zum etatsmässigen Beamten angeordneten oder zugelassenen Vorbereitungsdienst ableistete.

Artikel 55. 1. Der Zivildienstzeit wird die Zeit des aktiven Militärdienstes im deutschen Heere oder in der Kaiserl. Marine oder bei den Kaiserlichen Schutztruppen sowie die Zeit eines früheren aktiven Militärdienstes in einem zum Deutschen Reiche gehörigen Bundesstaate hinzugerechnet.

2. Für jeden Krieg, an dem ein Beamter im deutschen Heere, in der Kaiserlichen Marine oder bei den Kaiserlichen Schutztruppen oder in der bewaffneten Macht eines Bundesstaats teilgenommen hat, wird zu der wirklichen Dauer der Dienstzeit ein Jahr (Kriegsjahr) hinzugerechnet; jedoch ist für mehrere in ein Kalenderjahr fallende Kriege die Anrechnung nur eines Kriegsjahrs zulässig.

3. Wer als Teilnehmer an einem Kriege anzusehen ist, unter welchen Voraussetzungen bei Kriegen von längerer Dauer mehrere Kriegsjahre anzurechnen sind, welche militärische Unternehmungen als ein Krieg im Sinne dieses Gesetzes anzusehen und welche Zeit als Kriegszeit zu rechnen ist, wenn keine Mobilmachung oder Demobilmachung stattgefunden hat, bemisst sich nach den für die Reichsbeamten geltenden Vorschriften und, soweit in der Vergangenheit solche Vorschriften für die Reichsbeamten nicht getroffen wurden, nach den Entschliessungen des Königs.

4. Wie weit die Zeit eines Festungsarrestes oder einer Kriegsgefangenschaft angerechnet werden kann, ist nach den für die Pensionierung der Militärpersonen geltenden gesetzlichen Vorschriften zu bemessen.

Artikel 56. 1. Bei der Feststellung der Dienstzeit (Art. 53) kann ganz oder teilweise auch die Zeit gerechnet werden, während welcher der Beamte

1. im Dienste eines anderen deutschen Bundesstaats oder eines dem Deutschen Reiche nicht angehörenden Staates oder
2. als nicht aus der Staatskasse besoldeter Beamter des Staates oder
3. in einem sonstigen öffentlichen Dienste verwendet oder
4. ausserhalb des öffentlichen Dienstes tätig war, sofern diese Tätigkeit für die berufliche Ausbildung förderlich ist oder
5. vor seiner Ernennung im privatrechtlichen Vertragsverhältnisse zum Staate oder zu einem Staatsbeamten Dienst geleistet hat, insofern er mit Aussicht auf dauernde Verwendung ständig und hauptsächlich mit den Dienstverrichtungen eines Beamten betraut war und diese Beschäftigung zu seiner Ernennung zum Beamten geführt hat.

2. Dem Beamten kann bei seiner Ernennung die volle oder teilweise Anrechnung dieser Zeit (Abs. 1) zugesichert werden.

Artikel 57. 1. Einem Beamten, dessen Dienstverhältnis nach Artikel 8 Abs. 2 oder nach Artikel 10 gelöst war und der später im Staatsdienste wieder in etatsmässiger Eigenschaft angestellt wird, kann bei der Feststellung der Dienstzeit (Artikel 53) ganz oder teilweise die vor der Lösung des Dienstverhältnisses zurückgelegte Zivildienstzeit angerechnet werden, sofern sein Ausscheiden nicht durch eine Verletzung seiner dienstlichen Pflichten veranlasst war.

2. Die Anrechnung kann einem Beamten, dessen Dienstverhältnis auf sein Ansuchen gelöst wird, bei der Bewilligung der Entlassung zugesichert werden.

Artikel 58. Nicht gerechnet wird die Zivil- und Militärdienstzeit, die der Beamte vor Vollendung des einundzwanzigsten Lebensjahrs zurückgelegt hat. Nur im Kriegsfalle wird die Militärdienstzeit vom Beginne des Krieges, beim Eintritt in den Militärdienst während des Krieges vom Tage des Eintritts an nach der Vorschrift des Artikel 55 ohne Rücksicht auf das Lebensalter angerechnet.

Artikel 59. Hat der in den Ruhestand versetzte Beamte aus einem früheren Dienstverhältnis einen Anspruch auf Wartegeld, Ruhegehalt oder auf einen ähnlichen Bezug gegenüber dem Reiche, einem anderen Staate, einer Gemeinde, einer Religions- oder Kirchengesellschaft oder sonstigen Körperschaft, Stiftung oder Anstalt des öffentlichen Rechtes, so wird der Ruhegehalt nach der gesamten Dienstzeit (Artikel 53 bis 58) berechnet, die sich unter Einrechnung der Zeit des früheren Dienstverhältnisses ergeben würde, und sodann um den Betrag des in dem früheren Dienstverhältnis erworbenen Bezugs gekürzt.

Artikel 60. 1. Bezieht der in den Ruhestand versetzte Beamte auf Grund der Unfallversicherungsgesetze eine Rente aus der Staatskasse, so wird der Ruhegehalt um den Betrag der Unfallrente gekürzt. In besonderen Fällen kann durch das dem Beamten vorgesetzte Staatsministerium von dieser Kürzung ganz oder teilweise Abstand genommen werden.

2. Den Beamten der Bergwerks-, Hütten- und Salinenverwaltung, für die der Staat als Werksbesitzer Beiträge in der Höhe der Mitgliederbeiträge geleistet hat, wird auf den nach diesem Gesetze sich berechnenden Ruhegehalt die Hälfte des Bezugs aus der Knappschaftskasse angerechnet.

Artikel 61. Beamten, die Mitglieder einer Kreispensionsanstalt für dienstunfähige Lehrpersonen im Sinne des Artikel 18 Abs. 2 des Schulbedarfgesetzes vom 28. Juli 1902 sind, wird neben dem nach dem gegenwärtigen Gesetze sich berechnenden Ruhegehalt der nach den Satzungen der Kreispensionsanstalt sich berechnende Ruhegehalt soweit gewährt, als dieser den nach dem gegenwärtigen Gesetze sich berechnende Ruhegehalt übersteigt.

Artikel 62. 1. Der Anspruch auf den Ruhegehalt beginnt mit dem Zeitpunkte, von dem an die Versetzung in den Ruhestand verfügt wird. Endigt die Dienstleistung in einem späteren Zeitpunkte, so beginnt der Anspruch auf den Ruhegehalt mit diesem Zeitpunkte.

2. Fällt dieser Zeitpunkt nicht auf den Ersten eines Monats,

so beginnt die Zahlung des Ruhegehalts am Ersten des nächsten Monats. Bis dahin bezieht der in den Ruhestand versetzte Beamte noch seinen Gehalt, auch wenn er bereits seiner Dienstleistung enthoben ist.

3. Hat der Beamte seinen Gehalt über diesen Zeitpunkt (Abs. 1, 2) hinaus bezogen, so hat er den zuviel bezogenen Betrag zurückzuerstatten oder sich auf den Ruhegehalt oder anderweitige Bezüge aus der Staatskasse anrechnen zu lassen.

Artikel 63. Der Ruhegehalt wird monatlich vorausgezahlt.

Artikel 64. 1. Der infolge eines körperlichen Gebrechens oder wegen Schwäche seiner körperlichen oder geistigen Kräfte zeitlich oder dauernd in den Ruhestand versetzte Beamte kann unter den gleichen Voraussetzungen, unter denen nach dem Art. 9, Abs. 1 einem unwiderruflichen Beamten eine andere Amtsstelle übertragen werden kann, wieder zur Dienstleistung berufen werden, wenn er seine Dienstfähigkeit wieder erlangt und das fünfundsechzigste Lebensjahr noch nicht überschritten hat.*)

2 Kann ein zeitlich in den Ruhestand versetzter Beamter nach Wiedererlangung seiner Dienstfähigkeit nicht sofort auf einer geeigneten Amtsstelle wieder angestellt werden, so wird er bis zum Eintritte dieser Möglichkeit unter Fortgewährung seines Ruhegehaltes im zeitlichen Ruhestande belassen.

Artikel 65. Der Anspruch auf den Ruhegehalt erlischt:

1. wenn der Beamte nach Massgabe des Artikel 64 im Staatsdienste wieder angestellt wird;
2. wenn er rechtskräftig zu einer Strafe verurteilt ist, die, wenn er im Zeitpunkte der Rechtskraft noch im Dienste gewesen wäre, kraft des Gesetzes den Verlust des Amtes zur Folge gehabt hätte, oder wenn ihm durch Urteil des Disziplinargerichts der Anspruch auf den Ruhegehalt rechtskräftig aberkannt worden ist;
3. mit Ablauf des Monats, in dem er stirbt.

Artikel 66. Der Anspruch auf den Ruhegehalt ruht:

1. wenn der Beamte die deutsche Reichsangehörigkeit verliert, bis zu ihrer Wiedererlangung;
2. solange er aus der Verwendung in dem Reichs-, Staats- oder einem sonstigen öffentlichen Dienste ein Einkommen bezieht, soweit, als der Betrag dieses Einkommens unter Hinzurechnung des Ruhegehalts den Betrag des vor seiner Ruhestandsversetzung bezogenen Gehalts übersteigt. Erdient der Beamte in der neuen Stelle einen Ruhegehalt, ein Wartegeld oder einen ähnlichen Bezug, so findet daneben der Bezug des ursprünglichen Ruhegehalts nur bis zur Erreichung des Betrags statt, der sich nach Massgabe der gesamten Dienstzeit (Artikel 53 bis 58) aus dem der Festsetzung des ursprünglichen Ruhegehalts zugrunde gelegten pensionsfähigen Diensteinkommen berechnet.

Artikel 67. 1. Die Einziehung oder Kürzung des Ruhegehaltes tritt mit Schluss des Monats ein, in dem das die Ein-

*) Hierzu Art. 183 Abs. 2 Nr. 6, Abs. 2: Die Vorschrift des Art. 64 Abs. 1 gilt für richterliche Beamte mit der Massgabe, dass die Richter der ordentlichen Gerichte nicht auf eine andere Stelle als auf eine Richterstelle dieser Gerichte . . . berufen werden können.

ziehung oder Kürzung bedingende Ereignis sich vollzogen hat. Vollzieht sich dieses Ereignis am ersten Tage eines Monats, so tritt, abgesehen von dem Falle des Artikel 65 Ziff. 3, die Einziehung oder Kürzung mit dem Beginne dieses Monats ein.

2. Die Wiedergewährung des Ruhegehalts tritt mit dem Beginne des Monats ein, in dem das die Wiedergewährung bedingende Ereignis sich vollzogen hat.

3. Hat der in den Ruhestand versetzte Beamte den Ruhegehalt über den in Abs. 1 bezeichneten Zeitpunkt hinaus bezogen, so hat er den zuviel bezogenen Betrag zurückzuerstatten oder sich auf anderweitige Bezüge aus der Staatskasse anrechnen zu lassen.

Artikel 68. Die widerruflichen etatsmässigen Beamten können auf Grund eintretender Dienstunfähigkeit in den Ruhestand versetzt werden. In diesem Falle kann ihnen in widerruflicher Weise ein Ruhegehalt bis zur Höhe des nach den vorstehenden Bestimmungen sich berechnenden Betrags gewährt werden.

C. Gemeinsame Bestimmungen.

Artikel 69. Die Versetzung in den Ruhestand wird, sofern der Beamte durch den König ernannt wurde, durch den König, ausserdem durch die zur Ernennung zuständige Stelle verfügt.

Artikel 70. 1. Die in den Ruhestand versetzten Beamten sind zur Weiterführung ihres bisherigen Amtstitels mit dem Beisatz „ausser Dienst" befugt. Auch kann ihnen das Weitertragen der Dienstabzeichen gestattet werden. Die Befugnis des Beamten zur Führung eines anderen ihm verliehenen Titels bleibt unberührt.

2. Die Erlaubnis zum Weitertragen der Dienstabzeichen kann jederzeit zurückgenommen werden. Ebenso kann den widerruflichen Beamten jederzeit die Befugnis zur Weiterführung des Titels entzogen werden. Den unwiderruflichen Beamten kann die Befugnis zur Weiterführung des Titels nur im Wege des Disziplinarverfahrens entzogen werden.

Artikel 71. 1. Die Festsetzung des Wartegeldes oder Ruhegehalts erfolgt durch die zuständigen Staatsministerien im Benehmen mit dem Staatsministerium der Finanzen. Die Staatsministerien können diese Befugnis einer untergebenen Behörde übertragen.

2. Der Jahresbetrag des Wartegeldes und des Ruhegehaltes ist nach oben so abzurunden, dass bei Teilung durch drei sich volle Markbeträge ergeben.

V. Abschnitt.

Fürsorge für die Hinterbliebenen der etatsmässigen Beamten.

A. Sterbegehalte.

Artikel 72. 1. Die Witwe und die ehelichen oder legitimierten Kinder eines etatsmässigen Beamten erhalten für das auf den Sterbemonat folgende Vierteljahr noch den vollen Betrag des von dem Beamten bezogenen Gehalts (Artikel 20), Wartegeldes (Artikel 39, 46) oder Ruhegehalts (Artikel 52, 68) abzüglich des bereits zu Lebzeiten des Beamten erhobenen Teilbetrags als Sterbegehalt.

2. In Ermanglung solcher Hinterbliebener kann der Sterbegehalt ganz oder teilweise auch dann gewährt werden, wenn der Verstorbene Eltern, Grosseltern, Geschwister, Geschwisterkinder, Enkel, Adoptiv-, Stief- oder Pflegekinder, deren Ernährer er war, in Bedürftigkeit hinterlässt, oder wenn der Nachlass nicht ausreicht, die Kosten der letzten Krankheit und der Beerdigung zu decken.

3. An wen die Zahlung des Sterbegehalts rechtsgültig zu leisten und wie er unter mehrere Anspruchsberechtigte (Abs. 1) oder Beteiligte (Abs. 2) zu verteilen ist, bestimmt die Staatsregierung mit Ausschluss des Rechtswegs.

4. Der Sterbegehalt kann weder abgetreten noch verpfändet werden.

B. Witwen- und Waisengeld.

Artikel 73. Die Witwe und die ehelichen oder legitimierten Kinder eines unwiderruflichen Beamten, der zur Zeit seines Todes im Genuss eines Ruhegehaltes stand oder hiezu berechtigt gewesen wäre, erhalten Witwen- und Waisengeld nach Massgabe der folgenden Vorschriften.

Artikel 74. 1. Das Witwengeld beträgt jährlich vierzig vom Hundert des Ruhegehalts, zu dessen Bezug der verstorbene Beamte berechtigt gewesen ist oder berechtigt gewesen sein würde, wenn er am Todestag in den Ruhestand versetzt worden wäre. Der Berechnung des Witwengeldes darf jedoch in keinem Falle ein höherer Betrag als fünfundsiebzig vom Hundert des pensionsfähigen Diensteinkommens des Beamten (Artikel 39 Abs. 2) zugrunde gelegt werden.

2. Das Witwengeld soll, unbeschadet der Vorschrift des Artikel 76, mindestens jährlich dreihundert Mark betragen.

3. Beziehen die Witwen oder Waisen auf Grund der Unfallversicherungsgesetze eine Witwen- oder Kinderrente aus der Staatskasse, so werden das Witwen- und Waisengeld je um den Betrag dieser Rente gekürzt.

4. Im Falle der Wiederverheiratung kann der Witwe auf Ansuchen eine einmalige Beihilfe bis zum fünffachen Jahresbetrage des Witwengeldes (Abs. 1) gewährt werden.

Artikel 75. Das Waisengeld beträgt jährlich:

1. für jedes Kind, dessen Mutter noch lebt und zur Zeit des Todes des Beamten zum Bezuge von Witwengeld berechtigt war, ein Fünftel des Witwengeldes;
2. für jedes Kind, dessen Mutter nicht mehr lebt oder zur Zeit des Todes des Beamten zum Bezuge von Witwengeld nicht berechtigt war, ein Drittel des Witwengeldes.

Artikel 76. 1. Witwen- und Waisengeld dürfen zusammen den Betrag des Ruhegehalts nicht übersteigen, zu dessen Bezug der Verstorbene berechtigt gewesen ist oder berechtigt gewesen sein würde, wenn er am Todestag in den Ruhestand versetzt worden wäre. Die Bestimmung des Artikel 74 Abs. 1 Satz 2 findet entsprechende Anwendung.

2. Ergibt sich an Witwen- und Waisengeld zusammen ein höherer Betrag, so werden die einzelnen Sätze im gleichen Verhältnisse gekürzt.

3. Nach dem Ausscheiden eines Witwen- oder Waisengeld-Berechtigten erhöht sich das Witwen- oder Waisengeld der verbleibenden Berechtigten vom Beginne des folgenden Monats an

soweit, als sie sich noch nicht im vollen Genusse der ihnen nach den Artikeln 74, 75 und dem Artikel 76 Abs. 1 gebührenden Beträge befinden. Das Gleiche gilt im Falle des Artikel 86 Abs. 1 Ziff. 1 für die Dauer des vorübergehenden Ausscheidens eines Bezugsberechtigten.

Artikel 77. 1. War die Witwe mehr als fünfzehn Jahre jünger als der verstorbene Beamte, so wird das nach Massgabe des Artikel 74 und des Artikel 76 Abs. 1, 2 berechnete Witwengeld für jedes angefangene Jahr des Altersunterschieds über fünfzehn bis einschliesslich fünfundzwanzig Jahre um ein Zwanzigstel gekürzt. Nach fünfjähriger Dauer der Ehe wird für jedes angefangene Jahr ihrer weiteren Dauer dem gekürzten Betrag ein Zehntel des nach Massgabe des Artikel 74 und des Artikel 76 Abs. 1, 2 sich berechnenden Witwengeldes so lange hinzugesetzt, bis der volle Betrag wieder erreicht ist.

2. Die Kürzung unterbleibt, soweit hiedurch das Witwengeld unter den Jahresbetrag von 300 Mark herabsinken würde.

3. Auf den nach dem Artikel 75 zu berechnenden Betrag des Waisengeldes ist diese Kürzung des Witwengeldes ohne Einfluss.

Artikel 78. Liegen die Voraussetzungen einer Kürzung sowohl nach dem Artikel 76 als auch nach dem Artikel 77 vor, so ist zunächst das Witwen- und Waisengeld nach dem Artikel 76 und erst dann das Witwengeld nach dem Artikel 77 zu kürzen, demnächst aber der gemäss dem Artikel 77 an dem Witwengeld gekürzte Betrag dem nach dem Artikel 76 gekürzten Waisengelde bis zur Erreichung des vollen Betrags zuzusetzen.

Artikel 79. Den Hinterbliebenen der Beamten der Bergwerks-, Hütten- und Salinenverwaltung, für die der Staat als Werksbesitzer Beiträge in der Höhe der Mitgliederbeiträge geleistet hat, wird auf das nach diesem Gesetze sich berechnende Witwen- und Waisengeld die Hälfte des Bezugs aus der Knappschaftskasse angerechnet.

Artikel 80. Ist ein Beamter, dessen Hinterbliebenen im Falle seines Todes auf Grund dieses Gesetzes Witwen- und Waisengeld zustehen würde, verschollen, so kann den Hinterbliebenen das Witwen- und Waisengeld in widerruflicher Weise bereits vor der Todeserklärung gewährt werden, wenn das Ableben des verschollenen Beamten mit hoher Wahrscheinlichkeit anzunehmen ist. Den Tag, von welchem an in diesem Falle die Zahlung des Witwen- und Waisengeldes beginnt, bestimmt die zur Gewährung zuständige Behörde (Artikel 83).

Artikel 81. Keinen Anspruch auf Witwen- und Waisengeld haben die Witwen und die hinterbliebenen Kinder eines Beamten aus einer Ehe, die erst nach der Versetzung des Beamten in den dauernden Ruhestand geschlossen worden ist.

Artikel 82. Der Anspruch auf Witwen- und Waisengeld beginnt mit dem Ablaufe der Zeit, für die der Sterbegehalt (Artikel 72) verabfolgt wurde, für Waisen, die erst nach Ablauf dieser Zeit geboren wurden, mit dem Beginne des Monats der Geburt.

Artikel 83. 1. Die Festsetzung des Witwen- und Waisengeldes und die Bestimmung darüber, an wen die Zahlung zu leisten ist, sowie die Bewilligung der einmaligen Beihilfen (Artikel 74 Abs. 4) erfolgt durch die zuständigen Staatsministerien im Benehmen mit dem Staatsministerium der Finanzen. Die Staatsministerien können diese Befugnis einer untergebenen Behörde übertragen.

2. Der Jahresbetrag des Witwen- und Waisengeldes ist nach oben so abzurunden, dass bei Teilung durch drei sich volle Markbeträge ergeben. Im Falle einer nach den Artikeln 76, 77 oder nach beiden Bestimmungen zugleich vorzunehmenden Kürzung findet die Abrundung erst nach Vornahme dieser Kürzung statt.

Artikel 84. Das Witwen- und Waisengeld wird monatlich vorausgezahlt.

Artikel 85. 1. Der Anspruch auf Witwen- und Waisengeld erlischt:

1. für jeden Berechtigten mit dem Ablaufe des Monats, in dem er sich verheiratet oder stirbt;
2. für jede Waise mit dem Ablaufe des Monats, in dem sie das einundzwanzigste Lebensjahr vollendet.

Artikel 86. Der Anspruch auf Witwen- und Waisengeld ruht:

1. wenn der Berechtigte die deutsche Reichsangehörigkeit verliert, bis zu ihrer Wiedererlangung;
2. wenn einem Hinterbliebenen aus einer anderweitigen Verwendung des verstorbenen Beamten im Staats- oder einem sonstigen öffentlichen Dienste eine Versorgung zusteht, soweit, als das Witwen- und Waisengeld unter Hinzurechnung dieser anderweitigen Versorgung den Betrag überschreitet, den der Hinterbliebene nach den Vorschriften dieses Gesetzes unter Zugrundelegung desjenigen Betrags zu beziehen hätte, der dem verstorbenen Beamten nach dem Artikel 66 Ziff. 2 Satz 2 gezahlt wurde oder zu zahlen gewesen wäre;
3. bei der Ernennung zum Beamten (Artikel 1) oder bei einer sonstigen Verwendung in dem Staats- oder einem anderen öffentlichen Dienste, wenn das Diensteinkommen nach Abzug der etwa zur Bestreitung eines Dienstaufwandes bestimmten Summe für die Witwe den Jahresbetrag von 2000 M und für eine Waise den Jahresbetrag von 1000 M übersteigt, in der Höhe des Mehrbetrags. Erdient die Witwe aus dieser Verwendung eine Pension oder ähnliche Versorgung, die den Jahresbetrag von 1500 M übersteigt, so ruht das nach diesem Gesetze sich berechnende Witwengeld in dem Betrag, um den die anderweitige Pension oder Versorgung die Summe von 1500 M übersteigt.

2. Auf die Einziehung und Wiedergewährung des Witwen- und Waisengeldes finden die Vorschriften des Artikel 67 entsprechende Anwendung.

Artikel 87. 1. Die Witwe und die ehelichen oder legitimierten Kinder eines widerruflichen etatsmässigen Beamten erhalten Witwen- und Waisengeld nach Massgabe der vorstehenden Vorschriften (Artikel 74 bis 86), wenn der verstorbene Beamte im Zeitpunkte seines Todes auf Grund der Artikel 46, 68 im Genuss eines Wartegeldes oder Ruhegehaltes stand oder wenn ihm nach Artikel 68 ein Ruhegehalt hätte gewährt werden können, falls er im Zeitpunkte seines Todes in den Ruhestand versetzt worden wäre.

2. Der Bemessung des Witwen- und Waisengeldes ist der volle Betrag des Ruhegehalts zugrunde zu legen, der sich für den verstorbenen Beamten auf Grund der Vorschriften der Artikel 52—61 berechnet hätte, auch wenn dem verstorbenen Beamten selbst auf Grund des Artikel 68 ein geringerer Ruhegehalt bewilligt war.

Artikel 88. 1. Im Falle der Erwerbsunfähigkeit und Unterstützungsbedürftigkeit können den hinterbliebenen ehelichen und legitimierten Kindern eines etatsmässigen Beamten (Artikel 73, 87), die das einundzwanzigste Lebensjahr bereits vollendet haben und ledigen Standes sind, fortlaufende Unterhaltungsbeiträge bis zur Höhe des Waisengeldes gewährt werden, das sich bei Anwendung der Vorschriften dieses Gesetzes berechnet.

2. Die Bewilligung dieser Unterhaltsbeiträge erfolgt durch das zuständige Staatsministerium im Benehmen mit dem Staatsministerium der Finanzen.

Besondere Bestimmungen für die Söhne und Töchter der Staatsminister etc., der Kollegialräte.

Art. 215. 1. Den Söhnen und Töchtern der Staatsminister, Ministerialreferenten, Kollegialpräsidenten und Kollegialdirektoren, die diese Dienstesstellung schon vor dem Inkrafttreten dieses Gesetzes eingenommen haben, bleibt der ihnen durch Artikel XXIV § 9 der Hauptlandespragmatik eingeräumte Anspruch auf den Genuss des Unterhaltsbeitrags bis zur Versorgung oder bis zum Ableben nach Massgabe der bisherigen Pensionsvorschriften gewahrt, und zwar auch dann, wenn das bis zur Vollendung des einundzwanzigsten Lebensjahrs bezogene Waisengeld nach den Vorschriften in den Abschnitten V und VI des gegenwärtigen Gesetzes berechnet war.

2. Das Gleiche gilt von den Söhnen und Töchtern der Kollegialräte, die diese Dienstesstellung schon vor dem Inkrafttreten dieses Gesetzes eingenommen haben, und zwar gleichviel, ob diese Beamten die nach Artikel XXIV § 9 der Hauptlandespragmatik und Abschnitt III Ziffer 78 b des Abschieds für die Ständeversammlung des Königreichs Bayern vom 29. Dezember 1831 erforderliche fünfundzwanzigjährige Kollegialratsdienstzeit oder das bestimmte Dienst- oder Lebensalter vor dem Inkrafttreten des gegenwärtigen Gesetzes vollendet haben oder nach diesem Zeitpunkte vollenden werden.

3. Der Berechnung des Unterhaltsbeitrags ist in den Fällen der Abs. 1, 2 die Witwenpension zugrunde zu legen, die sich bei fortdauernder Gültigkeit der seitherigen Vorschriften über die Gehalte und Pensionen der Staatsbeamten ergeben hätte, wenn der Beamte bis zu seiner Versetzung in den Ruhestand oder bis zu seinem Ableben in der vor dem Inkrafttreten dieses Gesetzes zuletzt innegehabten Dienstesstellung verblieben wäre.

4. Wird ein Kollegialrat, der diese Dienstesstellung schon vor dem Inkrafttreten dieses Gesetzes eingenommen hat, auf Grund des Artikel 48 Ziff. 1 dieses Gesetzes oder des Artikel 71 Ziff. 1 Halbsatz 1 oder des Artikel 79 Abs. 3 Ziff. 1 Halbsatz 1 des Disziplinargesetzes für richterliche Beamte in den Ruhestand versetzt, bevor er fünfundzwanzig Jahre lang als Kollegialrat gedient hat, so sind seinen Söhnen und Töchtern die im Artikel XXIV § 9 der Hauptlandespragmatik eingeräumten Vorteile zu gewähren, wenn er den Zeitpunkt erlebt, mit dessen Eintritt er entweder die fünfundzwanzigjährige Dienstzeit als Kollegialrat vollendet oder den Anspruch erworben haben würde, auf Grund des § 22 B oder C der IX. Beilage zur Verfassungsurkunde in den Ruhestand versetzt zu werden, falls diese Bestimmungen noch in Geltung wären.

II. Bekanntmachung, die Versetzung der etatsmässigen Beamten in den Ruhestand, dann die Verabfolgung des Sterbegehalts und die Festsetzung und Anweisung des Witwen- und Waisengeldes ihrer Hinterbliebenen

betreffend, vom 22. Oktober 1909 (GVBl. 781.)

(Die Bekanntmachung ist hier nur auszugsweise wiedergegeben.)

Zum Vollzuge der Abschnitte IV und V des Beamtengesetzes ergehen nachstehende Anordnungen:

A. Versetzung der etatsmässigen Beamten in den Ruhestand mit Ruhegehalt.

I. Voraussetzungen für die Versetzung in den Ruhestand.

§ 1.

1. Voraussetzung für die Versetzung eines unwiderruflichen Beamten in den Ruhestand mit Ruhegehalt ist sowohl in den Fällen, in denen der Beamte selbst um seine Ruhestandsversetzung nachsucht (Artikel 47 des Beamtengesetzes), als auch in den Fällen, in denen die Ruhestandsversetzung ohne sein Ansuchen erfolgen soll (Artikel 48 des Beamtengesetzes), dass der Beamte entweder

a) das 65. Lebensjahr vollendet hat oder

b) infolge körperlichen Gebrechens oder Schwäche seiner körperlichen oder geistigen Kräfte zur Erfüllung seiner Amtspflichten unfähig ist.

Ausserdem kann der unwiderrufliche Beamte ohne sein Ansuchen in den Ruhestand versetzt werden, wenn

c) durch sein Verschulden Umstände vorliegen, durch die seine amtliche Wirksamkeit auch auf einer anderen Stelle nicht bloss vorübergehend gestört wäre, ein Disziplinarverfahren aber wegen Verjährung ausgeschlossen ist.

2. Beim Vollzuge des Artikel 48 Ziff. 1 des Beamtengesetzes ist im allgemeinen von der Voraussetzung auszugehen, dass ein Beamter, der das 65. Lebensjahr vollendet hat, ohne sein Ansuchen nur in den Ruhestand versetzt werden soll, wenn seine Leistungen nicht mehr den dienstlichen Interessen genügen. Hierauf ist bei der Versetzung in den Ruhestand und bei ihrer Beantragung entsprechende Rücksicht zu nehmen.

3. Steht ausweislich des Personalakts oder auf Grund sonstiger amtlicher Ermittelungen in einwandfreier Weise fest, dass der Beamte das 65. Lebensjahr vollendet hat, so bedarf es seitens des Beamten, der um seine Versetzung in den Ruhestand nachsucht, zur Begründung seines Gesuchs nicht noch der besonderen Vorlage einer Geburtsurkunde. Ebensowenig ist zur Begründung der Anweisung des Ruhegehalts die Beigabe einer besonderen Geburtsurkunde notwendig.

§ 2.

1. Zum Nachweise der Dienstunfähigkeit eines die Versetzung in den Ruhestand nachsuchenden Beamten

(Artikel 47 Ziffer 2) genügt nach dem Artikel 50 des Beamtengesetzes im allgemeinen die Erklärung der ihm unmittelbar vorgesetzten Dienstbehörde, dass sie nach pflichtmässigem Ermessen die Voraussetzungen für die Versetzung in den Ruhestand für gegeben erachtet. Nach Lage des Falles können weitere Beweismittel gefordert oder die vorliegenden Beweismittel entgegen der Erklärung der unmittelbar vorgesetzten Behörde für ausreichend erachtet werden.

2. Als unmittelbar vorgesetzte Dienstbehörden in diesem Sinne gelten:

a) hinsichtlich der Beamten, die bei einer Zentralstelle, einer Mittelstelle oder einer äußeren Behörde verwendet sind, die Vorstände dieser Behörden;

b) hinsichtlich der den Ministerien untergeordneten Vorstände der Zentralstellen, der Vorstände der Mittelstellen und der Vorstände der äußeren Behörden sowie für Einz beamte die ihrer Dienstbehörde unmittelbar vorgesetzte Behörde;

c) hinsichtlich der Angehörigen der Gendarmerie, die einem Abteilungskommandeur unterstehen, der Abteilungskommandeur, hinsichtlich der übrigen Angehörigen der Gendarmerie der Korpschef.

3. Hinsichtlich der Beamten, die mit Wartegeld einstweilen in den Ruhestand versetzt waren, ist die Behörde, die für sie zuletzt die unmittelbar vorgesetzte Dienstbehörde in vorstehendem Sinne war, zur Abgabe der Erklärung nach dem Artikel 50 des Beamtengesetzes berufen.

4. Die unmittelbar vorgesetzte Behörde hat in der abzugebenden Erklärung sich darüber auszusprechen, ob sie den Beamten nur zur Versehung des von ihm bekleideten Amtes oder auch zur Versehung eines anderen Amtes nicht mehr für fähig erachte, dann, ob die dauernde oder nur eine vorübergehende Dienstunfähigkeit anzunehmen ist. Letzterenfalls hat sich die Behörde darüber zu äußern, wie lange voraussichtlich die Dienstunfähigkeit dauern wird.

5. Soweit die Dienstunfähigkeit eines Beamten, der um seine Versetzung in den Ruhestand nachsucht, nach Lage des Falles nicht in einer jeden Zweifel ausschliessenden Weise feststeht, dar die vorgesetzte Behörde die Erklärung, dass sie die Voraussetzungen für die Versetzung in den Ruhestand für gegeben erachte, nur abgeben, wenn sie sich hievon auf Grund eines a m t s ä r z t l i c h e n Z e u g n i s s e s überzeugt hat. Die Erholung eines amtsärztlichen Zeugnisses ist insbesondere erforderlich, wenn ein im zeitlichen Ruhestande befindlicher Beamter im zeitlichen Ruhestande belassen oder in den dauernden Ruhestand versetzt werden soll.

6. Die Ausstellung dieses Zeugnisses steht dem Bezirksarzt, in dessen Bezirk der in den Ruhestand zu versetzende Beamte wohnt, und wenn für den betreffenden Bezirk ein bezirksärztlicher Stellvertreter aufgestellt ist, auch diesem zu. Hinsichtlich der Beamten, die an außerbayerischen Orten verwendet sind, ist der Bezirksarzt oder der bezirksärztliche Stellvertreter des dem Dienstsitze nächstgelegenen Bezirks zur Ausstellung des Zeugnisses zuständig.

7. Aus besonderen Gründen kann das vorgesetzte Ministerium und, wenn eine dem Ministerium untergebene Behörde zur Versetzung des Beamten in den Ruhestand zuständig ist, diese Be-

hörde auch die Erholung des Zeugnisses eines anderen Bezirksarztes oder bezirksärztlichen Stellvertreters oder eines anderen, auch nichtbayerischen Amtsarztes verfügen oder gestatten oder nachträglich als ausreichend erachten.

8. Hinsichtlich der Beamten der Strafanstalten und der Gerichtsgefängnisse sowie der Arbeitshäuser darf die Ausstellung des Zeugnisses den Hausärzten dieser Anstalten übertragen werden.

9. Befindet sich der Beamte, der in den Ruhestand versetzt werden soll, wegen Geistesstörung in einer öffentlichen Irrenanstalt, so ist der Direktor dieser Anstalt zur Vorlage einer Krankengeschichte mit Gutachten zu veranlassen.

10. Nach dem zweiten Absatze des Artikel 50 können nach Lage des Falles weitere Beweismittel gefordert werden. Hiernach sind die der unmittelbar vorgesetzten Dienstbehörde übergeordneten Stellen insbesondere berechtigt, ein ärztliches Obergutachten zu erholen, wenn sie es zum Nachweise der Dienstunfähigkeit für veranlasst erachten. Bei verwickelten Krankheitsfällen, deren zuverlässige Beurteilung ganz besondere Kenntnis und Erfahrung erheischt, ist es diesen Stellen gestattet, einen Spezialisten aus der Reihe der ordentlichen oder ausserordentlichen Professoren der bayerischen Landesuniversitäten mit seiner gutachtlichen Aeusserung zu hören.

11. Die amtsärztlichen Zeugnisse sind nur auf besondere Aufforderung seitens der zuständigen Behörden, nicht auf Ansuchen der Beteiligten auszustellen. Zeugnissen, die etwa von amtlichen Aerzten in der Eigenschaft eines behandelnden Arztes ausgestellt werden, ist eine solche Form und Fassung zu geben, dass sie als nichtamtliche Zeugnisse erkennbar sind. Insbesondere ist die Beidrückung des Amtssiegels zu unterlassen.

12. Etwaige Kosten (Tagegelder und Reisekosten oder dergl.), die aus Anlass der Abgabe der amtsärztlichen Zeugnisse oder sonstiger von Amts wegen erholter Gutachten oder Obergutachten erwachsen, fallen der Staatskasse zur Last. Sie sind auf den Etat der Behörde zu verrechnen, die die Abgabe des Zeugnisses, Gutachtens oder Obergutachtens veranlasst hat.

§ 3.

Die in dem § 2 Abs. 6 mit 10 und Abs. 12 getroffenen Anordnungen finden auch entsprechende Anwendung, wenn ein unwiderruflicher Beamter ohne sein Ansuchen wegen körperlichen Gebrechens oder Schwäche seiner körperlichen oder geistigen Kräfte in den Ruhestand versetzt werden soll (Artikel 48 Ziff. 2) und zum Nachweise seiner Dienstunfähigkeit die Erholung eines ärztlichen Gutachtens notwendig ist.

§ 4.

Zur Bestellung eines Vertreters nach Artikel 51 Abs. 2 des Beamtengesetzes ist zunächst die Behörde zuständig, welche die in dem Artikel 50 Satz 1 dieses Gesetzes vorgeschriebene Erklärung abzugeben hat.

§ 5.

1. Nach dem Artikel 68 des Beamtengesetzes können auch die widerruflichen etatsmässigen Beamten auf Grund eingetretener Dienstunfähigkeit in den Ruhestand versetzt werden.

2. In diesem Falle haben in bezug auf den Nachweis der Dienstunfähigkeit die Vorschriften des Artikel 50 des Beamten-

gesetzes und die in den §§ 2, 3 dieser Bekanntmachung getroffenen Anordnungen entsprechende Anwendung zu finden. Das in dem Artikel 51 des Beamtengesetzes vorgesehene Verfahren findet in diesem Falle nicht statt, da die Befugnis des Staates, das Dienstverhältnis des widerruflichen Beamten jederzeit vollständig zu lösen, auch das weniger weit gehende Recht in sich schliesst, einen solchen Beamten unter Gewährung von Ruhegehalt in den Ruhestand zu versetzen.

§ 6.

Die Vorschriften des Artikel 50 des Beamtengesetzes und die in den §§ 2, 3 dieser Bekanntmachung getroffenen Anordnungen gelten ferner auch für die Entscheidung der Frage, ob die Dienstunfähigkeit gegeben ist, wenn ein Betriebsunfall im Sinne der Unfallfürsorge-Vorschriften (Artikel 89 ff. des Beamtengesetzes) vorliegt.

II. Festsetzung der für die Berechnung des Ruhegehalts in Betracht kommenden Dienstzeit.

a) Im allgemeinen.

§ 7.

1. Für die Feststellung der Dienstzeit, welche für die Berechnung des Ruhegehalts in Betracht kommt, sind die Vorschriften der Artikel 53 mit 58, des Artikel 208 Abs. 1 und des Artikel 213 Abs. 2 des Beamtengesetzes massgebend.

2. Während die Artikel 53, 54 und 55 des Beamtengesetzes Bestimmung darüber treffen, welche Dienstzeit bei der Festsetzung des Ruhegehalts angerechnet werden muss, sind in den Artikeln 56 und 57 die Fälle behandelt, in denen nach dem Ermessen der Staatsregierung eine anderweitige Dienstzeit angerechnet werden kann.

3. Nach dem Artikel 208 Abs. 1 des Beamtengesetzes gelten ferner mit dem Zeitpunkte des Inkrafttretens dieses Gesetzes alle im Dienste befindlichen Beamten und Bediensteten, die vor diesem Zeitpunkt in pragmatischer oder in nichtpragmatischer statusmässiger Dienesteseigenschaft angestellt waren und in eine in der Gehaltsordnung aufgeführte Beamtenklasse übergeleitet wurden, als etatsmässige Beamte im Sinne dieses Gesetzes. Als statusmässige Dienstzeit gilt auch die Zeit, während welcher Unfallrentner in nichtstatusmässiger Eigenschaft zur Funktion von statusmässigen Beamten oder Bediensteten berufen waren. Dementsprechend ist diesen Beamten die Zeit, die sie vor dem 1. Januar 1909 in pragmatischer oder in nichtpragmatischer statusmässiger oder in nichtstatusmässiger Eigenschaft zurückgelegt haben, für die Bemessung des Ruhegehalts in der gleichen Weise anzurechnen, als wenn sie in etatsmässiger Eigenschaft im Sinne des Beamtengesetzes zurückgelegt worden wäre.

4. In dem Artikel 213 Abs. 2 des Beamtengesetzes ist schliesslich verfügt, dass für die Bemessung des Ruhegehalts nach dem Beamtengesetze jede sonstige Zeit anzurechnen ist, die nach den seitherigen Vorschriften, insbesondere also beim Vollzuge der Verordnung vom 26. Juni 1894, für die Bemessung der Pension in Betracht gezogen wurde.

b) Artikel 53, 208 Abs. 1 und Artikel 213 Abs. 4 des Beamtengesetzes.

§ 8.

1. Nach dem Artikel 53 des Beamtengesetzes wird die der Berechnung des Ruhegehalts zugrunde zu legende Dienstzeit vom Tage der ersten eidlichen Verpflichtung als Beamter nach Artikel 23 dieses Gesetzes, sofern jedoch die Eigenschaft eines Beamten im Sinne des Beamtengesetzes früher gegeben war, von diesem Zeitpunkt an gerechnet.

2. Die pensionsfähige Dienstzeit läuft bis zu dem Tage, von dem an die Versetzung in den Ruhestand wirksam wird. Der Lauf der pensionsfähigen Dienstzeit wird unterbrochen:

a) durch die Lösung des Dienstverhältnisses infolge freiwilligen oder unfreiwilligen Austritts,

b) durch die zeitliche oder dauernde Versetzung in den Ruhestand unter Gewährung von Ruhegehalt,

c) durch die Entlassung zur Strafe . . .

§ 9.

1. In erster Linie hat für die Festsetzung des Ruhegehalts die Zeit zur Anrechnung zu kommen, die als etatsmässige Dienstzeit im Sinne des Beamtengesetzes zu erachten ist. Als etatsmässige Dienstzeit in diesem Sinne gilt hiebei im Hinblick auf die Darlegungen in dem § 7 Abs. 3 dieser Bekanntmachung nicht nur die nach dessen Inkrafttreten nach Massgabe des Artikel 2 in etatsmässiger Eigenschaft zurückgelegte Zeit, sondern für die Beamten, die bereits vor dem 1. Januar 1909 im Dienste standen und in eine in der Gehaltsordnung aufgeführte Beamtenklasse übergeleitet wurden, auch die Zeit, welche sie vorher in pragmatischer oder in nichtpragmatischer statusmässiger Diensteseigenschaft zurückgelegt haben.

2. Der Artikel 53 des Beamtengesetzes greift indes über die etatsmässige Dienstzeit hinaus und erklärt auch die Dienstzeit als anrechnungsfähig, in der dem Beteiligten wenigstens die Eigenschaft eines Beamten im Sinne des Artikel 1 dieses Gesetzes zukam.

3. Nicht jede eidliche Verpflichtung auf die Erfüllung der dienstlichen Obliegenheiten begründet sohin die Anrechnung der bezüglichen Dienstzeit; die Verpflichtung muss vielmehr als Beamter, also für ein öffentlichrechtliches Dienstverhältnis, stattgefunden haben oder es muss dem Beteiligten die Eigenschaft eines Beamten im Sinne des Artikel 1 des Beamtengesetzes schon vor der eidlichen Verpflichtung zugekommen sein. Die bisherige eidliche Verpflichtung wird sich demnach in manchen Fällen nicht mit der eidlichen Verpflichtung als Beamter im Sinne des Beamtengesetzes decken.

4. Die Personen, denen — abgesehen von den etatsmässigen Beamten — die Eigenschaft eines Beamten im Sinne des Artikel 1 des Beamtengesetzes zukommt, sind der Bekanntmachung vom 8. Juni 1909 (Gesetz- und Verordnungsblatt S. 386/88) *) zu entnehmen. Die in einer dieser Stellungen nach dem 1. Januar 1909 zurückgelegte Dienstzeit ist hienach im Falle der späteren etatsmässigen Anstellung für die Bemessung des Ruhegehalts anzurechnen.

*) S. hier Beil. XXVII.

5. Nach dem Artikel 213 Abs. 2 des Beamtengesetzes hat ferner übergangsweise für die Bemessung des Ruhegehalts nach dem Beamtengesetze grundsätzlich jede sonstige Dienstzeit zur Anrechnung zu kommen, die nach den seitherigen Vorschriften — insbesondere also bei dem Vollzuge der Verordnung vom 26. Juni 1894 — für die Bemessung der Pension in Betracht gezogen wurde.

6. Demzufolge ist bei der Festsetzung der Ruhegehalte nach dem Beamtengesetz auch die vor dem Inkrafttreten der Verordnung vom 26. Juni 1894 zurückgelegte Dienstzeit anzurechnen, soweit diese Anrechnung schon seither stattfand. . . .

9. Entsprechend dem Grundsatze des § 24 Abs. 3 der Verordnung vom 26. Juni 1894 (Gesetz- und Verordnungsblatt S. 328) ist in einigen der vorerwähnten Entschliessungen bestimmt, dass die angeführten Dienstzeiten erst vom Tage des Eintritts in das 26. Lebensjahr an für die Pensionsberechnung in Betracht zu ziehen sind. Diese Beschränkung gilt, wie schon der Bemerkung in dem Abs. 8 Buchstabe a des § 9 dieser Bekanntmachung zu entnehmen ist, in Ansehung der bezeichneten Verwendungen künftig nicht mehr, soweit die Bemessung des Ruhegehalts nach den Bestimmungen des Beamtengesetzes in Frage kommt. In diesem Falle bleibt vielmehr lediglich die vor der Vollendung des 21. Lebensjahrs zurückgelegte Dienstzeit ausser Betracht, soferne nicht die Ausnahmebestimmung des Artikel 58 Satz 2 des Beamtengesetzes einschlägig ist.

c) Artikel 54 des Beamtengesetzes.

§ 10.

Nach dem Artikel 54 des Beamtengesetzes ist ferner bei der Feststellung der pensionsfähigen Dienstzeit auch die Zeit zu rechnen, während welcher der Beamte

1. mit Bezug von Wartegeld im einstweiligen Ruhestande sich befand oder
2. im Dienste des Reichs oder
3. als anstellungsberechtigte ehemalige Militärperson auf einer ihm später in etatsmässiger Eigenschaft übertragenen Amtsstelle gleicher Art zunächst auf Probe oder zur probeweisen Dienstleistung verwendet war oder
4. als Staatsdienstaspirant den für die Ernennung zum etatsmässigen Beamten angeordneten oder zugelassenen Vorbereitungsdienst ableistete.

Hiezu wird nachstehendes bemerkt: . . . .

III.

1. Was die Anrechnung des in der Eigenschaft als Staatsdienstaspirant abgeleisteten Vorbereitungsdienstes (Art. 54 Ziff. 4) anlangt, so ist diese Zeit, soweit den Beteiligten die Eigenschaft eines Beamten im Sinne des Artikel 1 des Beamtengesetzes zukam, schon auf Grund des Artikel 53 dieses Gesetzes anzurechnen (vgl. § 9 Abs. 2 und 4 dieser Bekanntmachung). Nach dem Artikel 54 Ziff. 4 ist indes auch die Zeit des Vorbereitungsdienstes anzurechnen, bei dem den Staatsdienstaspiranten nicht die Eigenschaft eines Beamten zukam.

2. Bei den juristisch vorgebildeten Beamten erstreckt sich hienach die Anrechnung auf die ganze Zeit des

Vorbereitungsdienstes für die II. Prüfung, die bis zur Erlassung der Verordnung vom 25. April 1880 (Gesetz- und Verordnungsblatt S. 261) auf $2^1/_2$ Jahre festgesetzt war und seitdem auf 3 Jahre bestimmt ist. Hiebei ist nicht nur die im eigentlichen Staatsdienste sondern auch die ausserhalb des eigentlichen Staatsdienstes — bei einem Rechtsanwalt, Notar, Stadtmagistrat oder Bankinstitute — zugebrachte Zeit anzurechnen. Ausserdem ist anzurechnen:

a) die Zeit von der Beendigung dieses Vorbereitungsdienstes bis zum Beginne der II. Prüfung, und zwar ohne Rücksicht darauf, ob der Praktikant auch während dieser Zeit bei einer Behörde oder einem Rechtsanwalt etc. verwendet war oder nicht,

b) die Zeit der II. Prüfung selbst,

c) die Zeit nach der II. Prüfung bis zum Wiedereintritt in einen weiteren Vorbereitungsdienst bei einer Behörde, einem Anwalt etc., sofern der Praktikant alsbald nach der II. Prüfung wieder in einen Vorbereitungsdienst getreten ist,

d) die nach dem Bestehen der II. Prüfung bei einer bayerischen Staatsbehörde, einem bayerischen Notar oder einem Rechtsanwalt zurückgelegte Zeit, soweit sie nicht ohnehin in der Eigenschaft eines Beamten verbracht wurde und sohin schon nach dem Artikel 53 des Beamtengesetzes anzurechnen ist.

2. Kurze Unterbrechungen des Vorbereitungsdienstes dürfen in die pensionsfähige Dienstzeit eingerechnet werden, keinesfalls aber längere Unterbrechungen, die eine Verspätung der Ablegung der Prüfung zur Folge hatten.

(Wegen der Anrechnung der Zeit der Tätigkeit als Notar siehe § 14 Abschn. I Abs. 2, wegen der Anrechnung der Zeit der Tätigkeit als Rechtsanwalt oder Rechtskonzipient § 14 Abschn. III Abs. 2 dieser Bekanntmachung.) . . . .

e) Artikel 56 des Beamtengesetzes.

§ 14.

Nach dem Artikel 56 kann die Zeit angerechnet werden, während welcher der Beamte

1. im Dienste eines anderen deutschen Bundesstaats oder eines dem Deutschen Reiche nicht angehörenden Staates oder
2. als nicht aus der Staatskasse besoldeter Beamter des Staates oder
3. in einem sonstigen öffentlichen Dienste verwendet oder
4. ausserhalb des öffentlichen Dienstes tätig war, soferne diese Tätigkeit für die berufliche Ausbildung förderlich ist, oder
5. vor seiner Ernennung im privatrechtlichen Verhältnisse zum Staate oder zu einem Staatsbeamten Dienst geleistet hat, sofern er mit Aussicht auf dauernde Verwendung ständig und hauptsächlich mit den Dienstverrichtungen eines Beamten betraut war und diese Beschäftigung zu seiner Ernennung zum Beamten geführt hat.

Hiezu wird nachstehendes bemerkt:

I.

1. Der Begriff „Beamter des Staates“ im Sinne des Artikel 56 Abs. 1 Ziff. 2 ist nicht auf den Kreis der Beamten im Sinne des Artikel 1 des Beamtengesetzes beschränkt; er umfasst vielmehr die Staatsbeamten im weitesten Sinne.

2. Hienach fallen hierunter insbesondere auch die Notare, die Steuer- und Gemeinde-Einnehmer, die Eichmeister und die Beamten von staatlich verwalteten Stiftungen, und zwar letztere ohne Rücksicht darauf, ob auf sie gemäss Artikel 189 des Beamtengesetzes die Vorschriften über die etatsmässigen Beamten als anwendbar erklärt sind oder nicht. Es wird genehmigt, dass eine in dieser Eigenschaft (als Notar, Steuer- und Gemeinde-Einnehmer, Eichmeister oder als Beamter einer staatlich verwalteten Stiftung) zugebrachte Zeit bei der Bemessung des Ruhegehalts angerechnet wird.

3. Ebenso wird auf Grund des Artikel 56 Abs. 1 Ziff. 2 genehmigt, dass die vor dem 1. Januar 1900 in der Eigenschaft eines Gerichtsvollziehers oder eines ständigen Verwesers im Gerichtsvollzieheramte früherer Ordnung zugebrachte Dienstzeit für die Bemessung des Ruhegehalts angerechnet wird, soweit die Anrechnung dieser Dienstzeit nicht schon auf Grund besonderer Vorschriften (vgl. §§ 48, 54 der K. Verordnung vom 16. Dezember 1899 — Gesetz- und Verordnungsblatt S. 1015) stattzufinden hat. . . . .

III.

1. Die in dem Artikel 56 Abs. 1 Ziff. 4 des Beamtengesetzes zugelassene Anrechnung einer ausserhalb des öffentlichen Dienstes zugebrachten Zeit setzt eine Tätigkeit, sohin eine praktische Beschäftigung, voraus.

2. Als „Tätigkeit ausserhalb des öffentlichen Dienstes“ in diesem Sinne ist insbesondere die Tätigkeit als Rechtsanwalt, Rechtskonzipient oder dgl. anzusehen, wenn die Beteiligten nicht ohnehin in das Hauptverzeichnis der Bewerber um Anstellung im höheren Justizstaatsdienst eingetragen waren (§ 1 der K. Verordnung vom 4. Januar 1901 — Gesetz- und Verordnungsblatt S. 31 —, § 1 der Bekanntmachung des Staatsministeriums der Justiz vom 7. Januar 1901 — Just.-Min.-Bl. S. 54 —) und hienach die Zeit dieser Tätigkeit nicht schon auf Grund des Artikel 54 Ziff. 4 des Beamtengesetzes anzurechnen ist. Die Zeit der Tätigkeit als Rechtsanwalt, Rechtskonzipient oder dgl. ist hienach grundsätzlich für die Bemessung des Ruhegehalts in Betracht zu ziehen. . . . .

IV.

1. Nach dem Artikel 56 Abs. 1 Ziff. 5 des Beamtengesetzes kann schliesslich ganz oder teilweise die Zeit angerechnet werden, während welcher der Beamte vor seiner etatsmässigen Anstellung im privatrechtlichen Vertragsverhältnisse zum Staate oder zu einem Staatsbeamten Dienst geleistet hat, sofern er mit Aussicht auf dauernde Verwendung ständig und hauptsächlich mit den Dienstverrichtungen eines Beamten betraut war und diese Beschäftigung zu seiner Ernennung zum Beamten geführt hat.

2. Auf Grund dieser Bestimmung wird genehmigt, dass

a) die in der Eigenschaft eines Gerichtsvollziehergehilfen, Amtsgerichtsdienergehilfen, Gerichtsbotengehilfen oder Gefängniswärtergehilfen zurückgelegte Dienstzeit;

b) die in der Eigenschaft eines gerichtlichen Tagschreibers oder eines Gehilfen der ehemaligen Hypothekenämter in der Pfalz oder vor der Ministerialbekanntmachung vom 8. Juni 1909 (Gesetz- und Verordnungsblatt S. 386) *) in der Eigenschaft eines Gerichtsschreibergehilfen zurückgelegte Dienstzeit, soweit sie nicht als Vorbereitungsdienst im Sinne des Artikel 54 Ziff. 4 des Beamtengesetzes zu erachten und daher schon aus diesem Grunde anzurechnen ist; . . . .

für die Bemessung des Ruhegehalts angerechnet wird, soweit die Beteiligten den unter a—d bezeichneten Dienstleistungen ihre volle Arbeitskraft widmen mussten und diese Beschäftigung zu ihrer Ernennung zum Beamten in den entsprechenden Stellungen — als Gerichtsvollzieher, Amtsgerichtsdiener, Gerichtsbote oder Gefängniswärter; als Rentamtsassistent, Rentamtssekretär oder als Rentamtsdiener; als Zeichnungsassistent, Zeichnungsoffiziant oder als Messungsgehilfe — geführt hat. . . .

3. Allgemein darf nur eine Verwendung angerechnet werden, die als ständig im Sinne des Artikel 56 Abs. 1 Ziff. 5 des Beamtengesetzes zu erachten ist und bei der die Beteiligten voll beschäftigt waren. . . . .

III. Versetzung erkrankter Beamten in den Ruhestand.

§ 19.

1. Nach dem Artikel 35 Abs. 2 Satz 1 des Beamtengesetzes findet im Falle der Erkrankung eines etatsmässigen Beamten für die Dauer von sechsundzwanzig Wochen ein Abzug am Gehalte nicht statt.

2. Der etatsmässige Beamte hat hienach einen Anspruch, dass er im Falle seiner Erkrankung, solange er einen Gehalt bezieht, solange er also im aktiven Dienstverhältnisse sich befindet, diesen Gehalt für die Dauer von sechsundzwanzig Wochen unverkürzt weitererhält. Dieser Anspruch schliesst jedoch nicht aus, dass ein Beamter schon vor Ablauf der sechsundzwanzigwöchigen Frist auf Grund des Artikel 48 Ziff. 1 oder 2 des Beamtengesetzes — veranlasstenfalls unter Beobachtung der Vorschriften des Artikel 51 — mit dem nach den Artikeln 52 ff. dieses Gesetzes sich berechnenden Ruhegehalte dauernd oder zeitlich in den Ruhestand versetzt wird. Es entspricht indes der wohlwollenden Absicht der fraglichen Gesetzesbestimmung, dass dies gegen den Willen des Beamten nur geschieht, wenn nach der Art der Erkrankung anzunehmen ist, dass diese voraussichtlich zur dauernden Dienstunfähigkeit führen oder die dadurch bedingte Dienstunfähigkeit die Dauer von sechsundzwanzig Wochen überschreiten wird und wenn dienstliche Interessen die baldige Neubesetzung der von dem erkrankten Beamten bekleideten Dienstesstelle geboten erscheinen lassen.

*) S. hier Beil. XXVII.

3. Dauert die durch die Krankheit bedingte Dienstbehinderung ununterbrochen länger als sechsundzwanzig Wochen, so ist nach dem Artikel 35 Abs. 2 Satz 2 des Beamtengesetzes die fernere unverkürzte Verabfolgung des Gehalts und die Uebernahme der etwa weiter erwachsenden Stellvertretungskosten auf die Staatskasse nicht unbedingt ausgeschlossen; die Massnahme bedarf jedoch der besonderen Genehmigung des vorgesetzten Staatsministeriums oder der von diesem hiezu ermächtigten Stelle.*) Voraussetzung für die Erteilung der Genehmigung ist auch in diesem Falle, dass nicht dienstliche Interessen die baldige Neubesetzung der von dem erkrankten Beamten bekleideten Dienstesstelle notwendig machen.

IV. Besondere Bestimmungen für die Richter der ordentlichen Gerichte, die Mitglieder des Verwaltungsgerichtshofs und die Mitglieder des Obersten Rechnungshofs.

§ 20.

Hinsichtlich der Richter der ordentlichen Gerichte und der Mitglieder des Verwaltungsgerichtshofs, dann der Mitglieder des Obersten Rechnungshofs sind bei dem Vollzuge der vorstehenden Anordnungen die besonderen Vorschriften der Artikel 183 und 184 des Beamtengesetzes zu beachten . . .**)

B. Zuständigkeit zur Festsetzung und Anweisung des Wartegeldes, Ruhegehaltes sowie des Witwen- und Waisengeldes.

§ 21. . . . .

C. Sterbegehalt.

I. Sterbegehalt der Witwen und der Kinder der etatsmässigen Beamten. (Art. 72 Abs. 1 des Beamtengesetzes.)

§ 22.

1. Nach dem Art. 72 Abs. 1 des Beamtengesetzes erhalten die Witwe und die ehelichen oder legitimierten Kinder eines etatsmässigen Beamten für das auf den Sterbemonat folgende Vierteljahr noch den vollen Betrag des von dem Beamten bezogenen Gehalts, Wartegeldes oder Ruhegehalts abzüglich des bereits zu Lebzeiten des Beamten erhobenen Teilbetrags als Sterbegehalt. An wen im einzelnen Falle die Zahlung des Sterbegehalts zu leisten und wie er unter mehrere Anspruchsberechtigte zu verteilen ist, bestimmt nach dem Abs. 3 des Artikel 72 die Staatsregierung, ohne dass der Rechtsweg zulässig ist.

2. Hiezu wird folgendes verfügt:

1. Die Witwe und die ehelichen oder legitimierten Kinder eines in der Dienstesaktivität oder im Ruhestand verstorbenen etatsmässigen Beamten haben Anspruch auf den Sterbegehalt, gleichviel, ob sie zugleich Erben des Verstorbenen sind oder nicht, und ohne Rücksicht darauf, ob sie zum Bezuge von Witwen- und Waisengeld berechtigt sind oder nicht.

---

*) Bei richterlichen Beamten bedarf es der Genehmigung nicht (Art. 183 Abs. 2 Nr. 5 des Beamtengesetzes).

**) Die für die Richter einschlägigen Bestimmungen sind hier bei Art. 39 und 64 bereits vermerkt.

¹. Voraussetzung für die Zahlung des Sterbegehalts ist lediglich, dass der Beamte bei seinem Ableben etatsmässiger Beamter war oder dass er tatsächlich im Genuss eines Wartegeldes oder Ruhegehaltes stand; ohne Bedeutung ist es, ob der Beamte bereits das Recht der Unwiderruflichkeit besass oder noch widerruflich war und ob er einen Rechtsanspruch auf den im Zeitpunkte seines Ablebens bezogenen Ruhegehalt besass oder nicht.

2. Hinterlässt der Beamte eine Witwe, die mit ihm bis zu seinem Tode die häusliche Gemeinschaft fortgesetzt hat, so wird der Sterbegehalt ohne weiteres im vollen Betrag an die Witwe ausbezahlt, wenn nicht aus einer früheren Ehe des Beamten minderjährige Kinder vorhanden sind und die Witwe nicht in der Geschäftsfähigkeit beschränkt ist.

². Sind lediglich minderjährige Kinder (ohne eine Witwe) vorhanden, so ist der Sterbegehalt an den Vormund der Kinder auszuzahlen.

³. Treffen die Voraussetzungen in Abs. 1 und 2 zu, so ist die Kasse, die zuletzt mit der Auszahlung des Gehalts, Wartegeldes oder Ruhegehalts betraut war, ohne weitere Anweisung zur Auszahlung des Sterbegehalts befugt.

⁴. Sie ist ferner ohne besondere Anweisung zur Auszahlung des Sterbegehalts befugt, wenn überhaupt nur ein Anspruchsberechtigter im Sinne des Artikels 72 Abs. 1 (Witwe ohne Kinder oder nur ein volljähriges Kind) vorhanden ist oder wenn sämtliche Anspruchsberechtigte oder deren Vertreter die Quittung unterzeichnet haben oder wenn der die Zahlung verlangende Anspruchsberechtigte den Nachweis erbringt, dass die übrigen Berechtigten oder deren Vertreter mit der Auszahlung an ihn einverstanden sind.

⁵. Sind in diesen Fällen (Abs. 1, 2, 4) der zahlenden Kasse die Familienverhältnisse des verlebten Beamten nicht bereits bekannt, so hat sie sich durch Forderung der entsprechenden Nachweise (Vorlage eines Zeugnisses über den Familienstand etc.) davon zu überzeugen, dass weitere Anspruchsberechtigte nicht vorhanden sind. Soweit von der Beibringung besonderer Nachweise Umgang genommen wird, sind die einschlägigen Verhältnisse auf den Ausgabsbelegen kurz festzustellen. Von urkundlichen Nachweisen, die die Beteiligten noch für andere Zwecke benötigen, hat die Kasse von ihr selbst zu beglaubigende Abschriften oder Auszüge herzustellen oder den wesentlichen Inhalt zu den Belegen anzugeben. Ergeben sich in bezug auf die Frage, ob und welche Nachweise zu fordern sind, Zweifel, so ist die Entscheidung der Stelle einzuholen, die nach Ziff. 3 über die Verabfolgung des Sterbegehalts zu befinden hat.

3. Bestehen sonst in den in Ziff. 2 bezeichneten Fällen auf Seite der zahlenden Kasse Zweifel sowie in allen übrigen Fällen hat die Stelle, die zur Festsetzung des Witwen- und Waisengeldes für die Hinterbliebenen des verstorbenen Beamten zuständig ist oder zuständig wäre, nach

vorheriger Feststellung der massgebenden Verhältnisse zu bestimmen, an wen der Sterbegehalt zu zahlen und veranlasstenfalls, wie er unter die einzelnen Anspruchsberechtigten zu verteilen ist.

2. Bei dieser Entscheidung ist im Auge zu behalten, dass nach der Absicht des Gesetzes (vgl. die Begründung zu Artikel 72 des Gesetzentwurfs — Verh. d. K. d. Abg. 1907/08 Beil. Bd. III S. 86 —) der Sterbegehalt dazu bestimmt ist, den Hinterbliebenen zunächst eine angemessene Beihilfe zu den besonderen Kosten zu gewähren, die in der Regel unmittelbar nach dem Tode des Beamten für die Beerdigung, für Arzt und Heilmittel sowie für die etwaige Auflösung des bisherigen Mietverhältnisses und einen etwaigen Umzug sich ergeben, andererseits aber zugleich den zum Bezuge von Witwen- oder Waisengeld berechtigten Hinterbliebenen bis zu ihrer Einweisung in den Genuss des Witwen- und Waisengeldes Mittel für ihren Unterhalt zu bieten. Er ist eine einmalige Zuwendung für die bezeichneten Zwecke. Es ist hienach nicht ausgeschlossen, dass der Sterbegehalt *einem* der Empfangsberechtigten *im vollen Betrage* zugewendet wird, wenn dies zur Erreichung des beabsichtigten Zweckes veranlasst erscheint. Ebenso ist es möglich, dass unter Umständen der Witwe nur der dem Witwengeld entsprechende Anteil an dem Sterbegehalte zugestanden und dieser im übrigen den Kindern oder einzelnen der Kinder zugewiesen wird. Sind lediglich minderjährige oder volljährige Kinder (ohne eine Witwe) vorhanden, so ist bei der Zuweisung des Sterbegehalts in erster Linie darauf Bedacht zu nehmen, dass die minderjährigen Kinder in der Form des Anteils am Sterbegehalte mindestens den auf sie für das Sterbevierteljahr treffenden Teilbetrag des Waisengeldes erhalten.

3. Soweit Anhaltspunkte der berührten Art für die Zuweisung des Sterbegehalts nicht gegeben sind, ist dieser in der Regel nach den für die Teilung der Erbschaft des Verlebten geltenden Grundsätzen des gesetzlichen Erbrechts unter die Anspruchsberechtigten zu verteilen. Letztwillige Verfügungen des Verstorbenen über den Sterbegehalt sind für die verfügende Stelle nicht bindend. Sie entscheidet vielmehr in allen Fällen auf Grund eigener Würdigung der Verhältnisse nach freiem Ermessen und endgültig.

4. Die Entscheidung, an wen der Sterbegehalt zu verabfolgen ist, hat erst zu erfolgen, wenn seit dem Ableben des Beamten zwei Wochen verstrichen sind, um den Beteiligten Gelegenheit zu geben, ihre vermeintlichen Ansprüche geltend zu machen. Anspruchsberechtigte, deren Aufenthalt unbekannt ist oder die sich innerhalb der bezeichneten Frist nicht melden, brauchen bei der Entscheidung nicht berücksichtigt zu werden.

4. Die Auszahlung des Sterbegehalts erfolgt in den Fällen der Ziff. 3 auf Grund der Anweisung der zur Entscheidung zuständigen Stelle.

2. In dringenden Fällen kann diese Stelle auf Antrag schon vor der Entscheidung Vorschüsse auf den Sterbegehalt anweisen und zwar

a) bis zur Hälfte desselben, wenn glaubhaft nachgewiesen wird, dass dieser Betrag für unverschiebliche, durch den Sterbefall bedingte Ausgaben benötigt ist und tatsächlich hiezu verwendet werden wird;

b) an die zum Bezuge von Witwen- und Waisengeld berechtigten Personen, deren Unterhalt nicht anderweitig gesichert ist, bis zur Höhe des Betrags des Witwen- und Waisengeldes, der sich berechnen würde, wenn für die Zeit nach dem Ablaufe des Sterbemonats bis zu dem voraussichtlichen Zeitpunkte der Entscheidung über die Auszahlung des Sterbegehalts das Witwen- und Waisengeld angewiesen würde.

5. Bei dem Ableben weiblicher Beamten steht nur den ehelichen Kindern, nicht aber auch dem hinterbliebenen Ehemann ein Anspruch auf den Sterbegehalt zu. Im übrigen finden hier die Vorschriften in Ziff. 3, 4 entsprechende Anwendung.

II. Verabfolgung des Sterbegehalts in den Fällen des Artikel 72 Abs. 2 des Beamtengesetzes.

§ 23.

1. Sind Hinterbliebene im Sinne des Artikel 72 Abs. 1 des Beamtengesetzes nicht vorhanden, so kann nach dem zweiten Absatze dieses Artikels der Sterbegehalt ganz oder teilweise auch dann gewährt werden, wenn der Verstorbene Eltern, Grosseltern, Geschwister, Geschwisterkinder, Enkel, Adoptiv-, Stief- oder Pflegekinder, deren Ernährer er war, in Bedürftigkeit hinterlässt oder wenn der Nachlass nicht ausreicht, die Kosten der letzten Krankheit und der Beerdigung zu decken.

2. An wen in diesem Falle die Zahlung des Sterbegehalts zu erfolgen hat und wie er unter mehrere Beteiligte zu verteilen ist, bestimmt nach dem Artikel 72 Abs. 3 gleichfalls die Staatsregierung mit Ausschluss des Rechtswegs.

3. Zur Gewährung des Sterbegehalts nach dem Artikel 72 Abs. 2 des Beamtengesetzes ist die Stelle zuständig, die zur Festsetzung des Witwen- und Waisengeldes für die Hinterbliebenen des verstorbenen Beamten berufen wäre, wenn eine solche Festsetzung in Frage käme.

4. Die Gewährung erfolgt nur auf Antrag der Beteiligten, die die erforderlichen Nachweise für das Vorhandensein der gesetzlichen Voraussetzungen und, soweit veranlasst, auf Verlangen auch Erklärungen der übrigen nach dem Artikel 72 Abs. 2 des Beamtengesetzes als antragsberechtigt in Betracht kommenden Personen beizubringen haben. Verhältnisse, die amtsbekannt sind oder aus den Personal- oder sonstigen Akten hervorgehen, bedürfen eines besonderen Nachweises nicht.

5. Die Entscheidung hat auch in diesem Falle erst zu erfolgen, wenn seit dem Ableben des Beamten zwei Wochen verstrichen sind. Die zur Entscheidung berufene Stelle kann jedoch auch hier schon vor der Entscheidung einen Vorschuss bis zur Hälfte des Sterbegehalts anweisen, wenn glaubhaft nachgewiesen wird, dass dieser Betrag für unverschiebliche, durch den Sterbefall bedingte Ausgaben benötigt ist und tatsächlich hiezu verwendet werden wird.

6. Solange über den Sterbegehalt nicht vollständig verfügt ist, schliesst die Bescheidung des Antrags weitere Anträge anderer

Antragsberechtigter nicht aus. Im übrigen ist die Entscheidung endgültig. . . . .

V.

Der etwaige Anspruch der grossjährigen, aber unversorgten Kinder auf die einmalige Abfertigung nach Artikel XXIV § 17 der Hauptlandespragmatik wird in den Fällen des Artikels 212 Abs. 2 und des Artikel 214 des Beamtengesetzes durch die Gewährung des Sterbegehalts (Abschnitt I, II und IV) nicht ausgeschlossen; die Abfertigung wird jedoch in diesen Fällen erst nach Ablauf des Zeitraums zur Zahlung fällig, für den der Sterbegehalt verabfolgt wurde.

München, den 22. Oktober 1909.

45.

Die Tagegelder der Beamten und der Ersatz der Reiseauslagen bei auswärtigen Dienstgeschäften.

I. Die Höhe der Tagegelder der etatsmässigen Beamten ist nunmehr geregelt durch § 11 der VO. vom 10. Dezember 1908 (GVBl. 1041). Nach letzterem gilt nunmehr folgendes:

1. Von den etatsmässigen Beamten haben, vorbehaltlich der in der Verordnung vom 11. Februar 1875 oder durch besondere Bestimmungen getroffenen Ausnahmen, Anspruch:

auf ein Tagegeld von 19 M die Beamten der Klassen 2 bis 5,
auf ein Tagegeld von 14 M die Beamten der Klassen 6 und 7,
auf ein Tagegeld von 11 M die Beamten der Klassen 8 und 9,
auf ein Tagegeld von 9 M die Beamten der Klassen 10 bis 15,
auf ein Tagegeld von 7 M die Beamten der Klassen 16 und 17,
auf ein Tagegeld von 6 M die Beamten der Klassen 18 bis 23 und der Klasse 26,
auf ein Tagegeld von 3 M die Beamten der Klassen 24, 25, 27 bis 30 der Gehaltsordnung.

Für die etatsmässigen Beamten, denen ohne Aenderung ihres Dienstverhältnisses ein höherer Titel oder Rang oder abweichend von der Gehaltsordnung ein höherer Gehalt verliehen wurde, bemisst sich das Tagegeld nach ihrem wirklichen Dienstverhältnisse.

2. Die vorstehenden Anordnungen gelten für diejenigen Dienstgeschäfte, die nach dem 31. Dezember 1908 begonnen haben.

3. Würde einem Beamten nach vorstehenden Anordnungen bei unverändertem Dienstverhältnis ein geringeres Tagegeld zustehen als nach den seitherigen Vorschriften, so bleibt ihm für die Dauer des seitherigen Dienstverhältnisses der Anspruch auf das höhere Tagegeld gewahrt.

4. Für die Gendarmerie und die Schutzmannschaft München sind in bezug auf die Entschädigungen für auswärtige Dienstgeschäfte die besonderen Vorschriften massgebend.

II. Im übrigen sind die massgebenden Bestimmungen in folgenden zum Teil veralteten Verordnungen und Entschliessungen enthalten:

VO. vom 11. Februar 1875, die Aufrechnung der Tagegelder und Reisekosten bei auswärtigen Dienstgeschäften der Beamten und Bediensteten des Zivilstaatsdienstes betr. (JMBl. 50); geändert durch VO. vom 13. Juli 1892 und unter Aufhebung der letzteren durch die oben unter I erwähnte VO. vom 10. Dezember 1908. Allgemeine Vollzugsinstruktion vom 2. März 1875 (JMBl. 58); Instruktion vom 25. Dezember 1899 (JMBl. 1900, 343) § 38; JMB. vom 27. Okt. 1882 (JMBl. 257). Hinsichtlich der Beamten und Beamtenanwärter der Eisenbahnverwaltung VMB. v. 8. April 1911 (VMBlE. 97).

III. Hinsichtlich der Tagegelder, Fuhrkosten und Umzugskosten der Beamten der Militärverwaltung s. KrMB. vom 26. November 1910 (KrMBl. 413); desgleichen der Reichsbeamten die mit Bek. vom 8. September 1910 (RGBl. 998) veröffentlichten Verordnungen und die Ausführungsbestimmungen vom 29. September 1910 (RGBl. 1071).

46.

Der Ersatz der Umzugskosten.

I. Die Verordnung vom 20. November 1902, die Vergütung der Umzugskosten an Beamte und Bedienstete des Zivilstaatsdienstes betr. (GVBl. 709).

Unter Berücksichtigung der durch § 4 der VO. vom 10. Dezember 1908 (GVBl. 1041) erfolgten Aenderungen.

Wir finden Uns bewogen, auf Grund des § 14 des Finanzgesetzes vom 10. August 1902 für die XXVI. Finanzperiode 1902 und 1903 zu verordnen, was folgt:

1. Regelmässige Voraussetzungen der Vergütung.

Etatsmässige Beamte erhalten im Falle der Versetzung an einen anderen Ort eine Vergütung der Umzugskosten nach Massgabe dieser Verordnung.

§ 2. „Die in den §§ 6 bis 12 geregelte Vergütung wird, unbeschadet der Vorschriften des Art. 8, Abs. 1 Satz 2*) und des Art. 109 Abs. 4 des Beamtengesetzes,**) sowie des § 13 dieser Verordnung nicht gewährt.

1. bei der erstmaligen Ernennung zum etatsmässigen Beamten,

---

*) Art. 8 Abs. 1 Satz 2 lautet: Der (widerrufliche) Beamte, dem ohne sein Ansuchen eine andere Amtsstelle übertragen wird, hat Anspruch auf Gewährung von Umzugskosten nach den darüber im Verordnungsweg erlassenen Vorschriften, wenn die Aenderung seiner dienstlichen Stellung nicht durch sein eigenes Verhalten verschuldet wurde.

**) Art. 109 Abs. 4 lautet: Die Strafversetzung schliesst den Anspruch auf Vergütung der Umzugskosten aus.

2. bei Versetzungen auf Ansuchen.

§ 3. *Ist aufgehoben.*

§ 4. Als ein Ansuchen im Sinne des § 2 Ziff. 2 ist es nicht zu betrachten, wenn ein Beamter oder Bediensteter sich allgemein ohne eine Einschränkung hinsichtlich seines künftigen Dienstortes um eine vermöge seiner Vorbildung oder Qualifikation ihm zugängliche Stelle bewirbt, womit ein höherer Anfangsgehalt verbunden ist.

§ 5. *Ist aufgehoben.*

II. Höhe der Vergütung.

§ 6. Als Umzugskostenvergütung wird gewährt:

1. Ersatz der Kosten der Reise des Beamten oder Bediensteten und der zu seinem Hausstande gehörigen Personen von dem bisherigen Wohnsitze nach dem neuen Wohnsitze, ferner Ersatz der Kosten der Beförderung seines Hausrats von der seitherigen Wohnung in die neue Wohnung, soweit sich diese Aufwendungen nach §§ 7 und 8 zur Erstattung eignen,
2. das dem Beamten oder Bediensteten nach seiner bisherigen Dienststellung zukommende Tagegeld für seine Person während der zur Reise erforderlichen Zeit,
3. Ersatz eines dem Beamten oder Bediensteten infolge der Aufgabe seiner bisherigen Wohnung erwachsenen Schadens unter den in §§ 9 und 10 festgesetzten Beschränkungen.

§ 7. Die Vergütung der Kosten der Reise hat unter entsprechender Anwendung der jeweils bestehenden verordnungsmässigen Bestimmungen über die Erstattung der Reisekosten bei auswärtigen Dienstgeschäften der Beamten und Bediensteten des Zivilstaatsdienstes zu erfolgen.

Die näheren Vorschriften darüber, in welchem Masse der versetzte Beamte oder Bedienstete die ihm erwachsenden Auslagen für die Benützung von Beförderungsmitteln in Aufrechnung bringen darf, werden durch das Staatsministerium der Finanzen im Benehmen mit den übrigen Zivilstaatsministerien erlassen.

§ 8. Bei den Aufwendungen für die Beförderung des Hausrats ist jedes Uebermass zu vermeiden.

Die auf die Beförderung des Hausrats erwachsenden Kosten sind im einzelnen zu liquidieren und nachzuweisen.

§ 9. Hat der Beamte oder Bedienstete nach seinem Abgang von dem bisherigen Dienstorte den Mietzins für seine bisherige Wohnung fortzuentrichten, so wird ihm die hiefür notwendige Auslage ersetzt, insoweit er sich nicht durch Weitervermietung schadlos halten konnte („Mietzins-Entschädigung").

Der Ersatz wird jedoch, wenn die amtliche Mitteilung von der Versetzung dem Beamten oder Bediensteten noch während der ersten drei Werktage eines Kalendervierteljahres zugegangen ist, keinesfalls für einen längeren Zeitraum als bis zum Schlusse des betreffenden Kalendervierteljahres, im Falle einer späteren Bekanntgabe der Versetzung aber äussersten Falls bis zum Schlusse des nächsten Kalendervierteljahres gewährt.

Uebersteigt die Jahresmiete den Betrag von 20 Prozent des mit der bisherigen Stelle verbundenen Anfangsgehalts, so hat der

Mehrbetrag bei der Festsetzung der zu gewährenden Entschädigung ausser Ansatz zu bleiben. Im Falle des Vorliegens besonderer örtlicher oder sonst besonders berücksichtigenswerter Verhältnisse kann die Entschädigung nach den vom Staatsministerium der Finanzen im Benehmen mit den übrigen Zivilstaatsministerien zu treffenden näheren Bestimmungen auch für einen höheren Betrag der Jahresmiete gewährt werden.

§ 10. Hat der Beamte oder Bedienstete bisher im eigenen Hause gewohnt, so erhält er, falls er die Wohnung nach seinem Umzuge leer stehen lassen musste, für die Zeit des Leerstehens eine Entschädigung in der Höhe des ortsüblichen Mietwerts der Wohnung, insoweit dieser den nach § 9 Abs. 3 der Berechnung der Mietzinsentschädigung zugrunde zu legenden Betrag der Jahresmiete nicht übersteigt, jedoch keinesfalls für einen längeren Zeitraum als für die Dauer von drei Monaten („Mietwerts-Entschädigung").

§ 11. Gesuche um Gewährung von Entschädigungen nach §§ 9 und 10 sind nach Ablauf des Zeitraumes, für welchen die Entschädigung verlangt wird, unter Vorlage der erforderlichen Nachweise einzureichen.

§ 12. Bei Versetzungen, die weder mit einer Rangerhöhung oder Gehaltsmehrung noch mit einer Verbesserung der Pensionsverhältnisse verbunden sind, kann neben den gemäss § 6 zu gewährenden Entschädigungen zur Vergütung eines durch die Versetzung sonst verursachten Aufwands auf Ansuchen eine weitere Entschädigung bewilligt werden, welche jedoch für Beamte und Bedienstete mit eigener Haushaltung vier Prozent und für Beamte und Bedienstete ohne eigene Haushaltung zwei Prozent des bisherigen pensionsfähigen Gehalts nicht übersteigen darf.

Die Bewilligung dieser Entschädigung darf nur mit Genehmigung des betreffenden Ressortministeriums und des Staatsministeriums der Finanzen erfolgen, soferne nicht der betreffenden Rechnungsstelle durch die genannten Staatsministerien die Ermächtigung zur Gewährung der Entschädigung allgemein erteilt ist.

III. Besondere Fälle.

§ 13. Im Falle des Vorliegens aussergewöhnlicher und besonders berücksichtigenswerter Verhältnisse kann bei Versetzungen auf Ansuchen ausnahmsweise ein Beitrag zur Bestreitung des Aufwands für die Umzugsreise und die Beförderung des Hausrats gewährt werden.

Die Erteilung der Genehmigung steht dem betreffenden Ressortministerium in Gemeinschaft mit dem Staatsministerium der Finanzen zu.

§ 14. Wird ein im Ruhestande befindlicher etatsmässiger Beamter nach Massgabe der Artikel 42, 64 oder des Art. 183 Abs. 2 Ziff. 6 des Beamtengesetzes wieder zur Dienstleistung berufen, so erhält er, sofern sein bisheriger Wohnsitz in Bayern sich befindet, eine Vergütung der Umzugskosten nach den Vorschriften der §§ 6 bis 11.

Bei Anwendung der Bestimmungen in § 9 Abs. 3 und § 10 ist der Ruhegehalt, bei Anwendung der Bestimmung in § 6 Ziff. 2 die frühere Dienststellung des Beamten zugrunde zu legen.

Hat der Beamte oder Bedienstete bei der Wiederanstellung seinen Wohnsitz ausserhalb Bayerns, so bleibt die Festsetzung der Vergütung dem betreffenden Ressortministerium in Gemeinschaft mit dem Staatsministerium der Finanzen vorbehalten.

§ 15. Wird ein Staatsbeamter an einen ausserhalb des Landes gelegenen Dienstort versetzt oder von einem solchen nach Bayern zurückversetzt, so kann durch das betreffende Ressortministerium im Benehmen mit dem Staatsministerium der Finanzen Vergütung der Umzugskosten im Wege des Ersatzes des wirklichen Aufwands oder der Anweisung einer den Umständen entsprechenden Pauschsumme gewährt werden.

Diese Bestimmung findet auch auf Beamte, welche von der Bayerischen Staatsregierung zur Versehung einer Stelle im Reichsdienste oder im Dienste eines anderen Bundesstaates abgeordnet oder von einer solchen in den Landesdienst zurückberufen werden, entsprechende Anwendung, insoweit die Umzugskosten nicht aus Reichsmitteln oder aus Mitteln des betreffenden Bundesstaates zu bestreiten sind.

Beamte oder Bedienstete, welche ihren dienstlichen Wohnsitz an einem ausserhalb Bayerns unweit der Landesgrenze gelegenen Orte haben oder erhalten, gelten in Ansehung der Vergütung von Umzugskosten als im Inlande bedienstet.

§ 16. Dem Lehrerpersonal der Realschulen, isolierten Lateinschulen und Progymnasien werden bei Versetzungen die Umzugskosten vergütet nach den für unmittelbare Staatsbeamte getroffenen Bestimmungen.

IV. Schluss- und Uebergangsbestimmungen.

§ 17. Der versetzte Beamte oder Bedienstete erhält auf Verlangen vor Ausführung des Umzugs zur Bestreitung der Kosten der Reise und des Transports seines Hausrats einen Vorschuss bis zur Höhe der ihm voraussichtlich zu gewährenden Vergütung.

§ 18. Das Staatsministerium der Finanzen ist ermächtigt, im Benehmen mit den übrigen Zivilstaatsministerien die zum Vollzuge gegenwärtiger Verordnung erforderlichen Vorschriften, insbesondere hinsichtlich der Aufrechnung und Festsetzung der Kosten für den Transport des Hausrats (§ 6 Ziff. 1 und § 8) dann hinsichtlich der Form der Liquidationen und der von den Beamten beizubringenden Belege zu erlassen.

§ 19. Gegenwärtige Verordnung tritt am 1. Jan. 1903 in Kraft. Sie findet auf die vor diesem Tage verfügten Versetzungen, welche erst am 1. Januar 1903 oder später wirksam werden, Anwendung.

Mit dem gleichen Zeitpunkt verlieren gemäss § 14 des Finanzgesetzes vom 10. August l. J. die Bestimmungen des § 20 Abs. 2 der IX. Beilage zur Verfassungsurkunde und der Verordnung vom 16. August 1817, die den Bediensteten bei Versetzungen zu bewilligenden Umzugsgebühren betreffend, ihre Geltung.

§ 20. Unberührt bleiben die Vorschriften über die Vergütung von Umzugskosten an das Gesandtschaftspersonal.

Abs. 2 ist aufgehoben.

Gegeben zu München, den 20. November 1902.

2. Finanz-Ministerial-Bekanntmachung vom 20. November 1902 im gleichen Betreffe.

(FMBl. 1034).

Auf Grund der §§ 7 Abs. 2, 9 Abs. 3 und 18 der Allerhöchsten Verordnung vom 20. Nov 1902 werden im Einvernehmen mit den übrigen Zivilstaatsministerien nachstehende Vollzugsvorschriften erlassen:

I. Allgemeine Bestimmungen.

1. Die in den §§ 6 bis 11 der Allerhöchsten Verordnung geregelte Vergütung wird bei allen Versetzungen von pragmatischen Staatsdienern und statusmässigen nichtpragmatischen Staatsbeamten und Staatsbediensteten gewährt, sofern kein Grund für die Nichtgewährung dieser Vergütung vorliegt (§§ 2 bis 5) und die besonderen Vorschriften in §§ 14, 15 und 20 nicht Platz greifen.

Die bezeichnete Vergütung gelangt demnach auch dann in ihrem vollen Betrage zur Auszahlung, wenn eine Versetzung mit einer Beförderung (Gehaltsmehrung) verbunden ist oder den Erwerb pragmatischer Rechte seitens eines statusmässigen nichtpragmatischen Beamten oder Bediensteten zur Folge hat.

2. Ein die Umzugskostenvergütung ausschliessendes Ansuchen liegt auch dann vor, wenn ein Beamter oder Bediensteter sich um eine Stelle der in § 4 der Allerhöchsten Verordnung bezeichneten Art bewirbt, soferne die Bewerbung hinsichtlich des künftigen Dienstorts nicht allgemein gehalten, sondern durch Bezeichnung eines bestimmten Platzes, auf den der Beamte befördert sein will, oder durch bestimmte Ausschliessung eines oder mehrerer der bei seiner Beförderung in Betracht kommenden Plätze oder auf sonstige Weise eingeschränkt ist. Sind dagegen in einem sonst allgemein gehaltenen Gesuche im Sinne des § 4 nur Wünsche hinsichtlich des künftigen Dienstorts vorgebracht, durch welche die freie Verfügung in bezug auf die Bestimmung der neuen Dienstesstelle nicht beeinträchtigt wird, so steht dies der Gewährung der Vergütung nicht entgegen.

3. Besteht ein Grund für die Versagung der Umzugskostenvergütung, so wird die Absicht der Versagung in der Entschliessung, durch welche die Versetzung verfügt wird, ausgedrückt.

Bei Versetzungen auf Ansuchen geschieht dies durch die Worte „auf Ansuchen" oder „seinem Ansuchen entsprechend", bei Versetzungen infolge eigenen Verschuldens durch die Worte „ohne Vergütung der Umzugskosten"

Ist keiner dieser Ausdrücke im Versetzungsdekrete enthalten, so darf die Vergütung der Umzugskosten seitens der betreffenden Rechnungsstelle nicht verweigert werden.

II. Vergütung des Aufwands für die Umzugsreise und den Transport des Hausrats.

4. Die Vergütung des Aufwands für die Umzugsreise erfolgt in der Art, dass neben dem Tagegelde für die Person des Beamten oder Bediensteten der Ersatz der auf dessen Beförderung, sowie auf die Beförderung der Personen seines Hausstandes nach dem künftigen Dienstorte erwachsenen Auslagen gewährt wird.

Diese Auslagen dürfen jedoch nur insoweit zur Aufrechnung gelangen, als sie innerhalb der Grenzen bleiben, welche durch §§ 10, 11 und 12 der Allerhöchsten Verordnung vom 11. Februar 1875 und Ziff. VIII Abs. 1 der hiezu erlassenen Minist.-Bekanntm. vom 2. März 1875 für den Ansatz von Reisekosten bei Vornahme auswärtiger Dienstgeschäfte der Beamten und Bediensteten des Zivilstaatsdienstes vorgeschrieben sind.

Hiebei hat die bisherige Dienstesstellung des Beamten oder Bediensteten dafür Mass zu geben, in welcher Höhe dieser für sich und seine Familie die ihm erwachsenen Auslagen für Benützung von Beförderungsmitteln in Aufrechnung bringen darf.

Für das Dienstpersonal des versetzten Beamten oder Bediensteten dürfen im Falle der Benützung der Bahn, soferne nicht die Mitnahme eines Dienstboten in eine höhere Wagenklasse durch besondere Verhältnisse gerechtfertigt ist, nur die Auslagen für die III. Wagenklasse in Rechnung gestellt werden.

Die in § 6 lit. g der Allerh. Verordnung vom 11. Febr. 1875 bezeichneten oder diesen gleichstehenden Bediensteten dürfen auch im Falle der Benützung von Eil- oder Schnellzügen in der Regel nur die Auslagen für die III. Wagenklasse zur Aufrechnung bringen.

5. Für Beginn und Ende des Tagegeldbezugs haben die Bestimmungen des § 8 der Allerh. Verordnung vom 11. Febr. 1875 und der Ziff. VII Abs. 7 der Minist.-Bekanntmachung vom 2. März 1875 Mass zu geben.

Hienach ist in allen Fällen, wo die zur Reise erforderliche Zeit die Dauer von sechs Stunden nicht überschreitet, nur die Hälfte des Tagegeldes zu gewähren.

6. Der gemäss § 6 Ziff. 1 zu vergütende Aufwand für die Beförderung des Hausrats in die neue Wohnung begreift die Ausgaben für jene Verrichtungen in sich, welche im Falle der Benützung eines Möbelwagens von den Möbeltransportgeschäften übernommen zu werden pflegen.

Hieher gehören neben den eigentlichen Transportkosten die Kosten der Verpackung, dann jene des Ein- und Ausladens, sowie die Kosten einer etwaigen Versicherung, nicht aber die daneben etwa erwachsenen besonderen Auslagen für die Reinigung der alten Wohnung, für die Befestigung der Bilder und Vorhänge in der neuen Wohnung u. dgl.

Besondere Kosten, welche durch die Mitnahme grösserer Vorräte an Brennmaterialien und Lebensmitteln (Holz, Kohlen, Obst u. dgl.) entstehen, dürfen der Staatskasse nicht in Aufrechnung gebracht werden.

7. Zu den Beamten und Bediensteten wird vertraut, dass sie in allen Fällen, wo die Staatskasse für die Kosten eines Umzugs aufzukommen hat, bei dem Abschlusse der Verträge wegen Uebernahme des Möbeltransports jede Uebervorteilung in derselben Weise fernzuhalten bestrebt sind, als wenn die Kosten des Umzugs ihnen selbst zur Last fielen, und dass sie unter den Transportkosten keine Ausgaben zur Aufrechnung bringen, welche als notwendige Aufwendungen für die ordnungsgemässe Beförderung ihres Hausrats in die neue Wohnung nicht gelten können oder sich bei entsprechender Wahrung der Interessen der Staatskasse hätten vermeiden oder einschränken lassen.

8. Die Rechnungsstellen werden bei Prüfung der Umzugskostenliquidationen den Ansätzen für Transportkosten ein be-

sonderes Augenmerk zuwenden und diese Ansätze, insbesondere in dem Falle, wenn auffallend hohe Beträge zur Aufrechnung gelangen, welche von den Liquidanten nicht ausreichend erläutert zu werden vermögen, durch entsprechende Abstriche auf ein billiges Mass zurückzuführen. Beanstandungen, welche dazu führen könnten, den Beamten oder Bediensteten die Vorkehrung der erforderlichen Massnahmen zur Bewerkstelligung des Transports ihres Hausrats erheblich zu erschweren, sind zu vermeiden.

9. Die Liquidierung des Aufwands für die Umzugsreise und den Transport des Hausrats, sowie des Tagegelds („Umzugskostenliquidation") hat unter Benützung des beiliegenden **Formulars I** zu erfolgen.

Dieser Liquidation sind als Belege anzureihen

a) eine beglaubigte Abschrift der Entschliessung, durch welche die Versetzung (Beförderung etc.) verfügt worden ist,

b) bei Beamten oder Bediensteten mit Familie oder Dienstpersonal ein von der Ortspolizeibehörde des Abgangsortes ausgestelltes Zeugnis, in welchem die Zugehörigkeit der Personen, für die Ersatz von Reisekosten verlangt wird, zur Familie oder Haushaltung des Liquidanten, sowie das Alter der an der Umzugsreise beteiligten Kinder bestätigt ist,

c) die quittierten Rechnungen über die bezahlten Beträge für Transportkosten.

Von dem Verlangen der Vorlage von quittierten Rechnungen über bezahlte Transportkosten darf nur bei geringfügigen Ausgaben abgesehen werden.

Die Rechnungsstellen können ausserdem, falls die Höhe der liquidierten Transportkosten zu Bedenken Anlass gibt, eine Bestätigung der Ortspolizeibehörde darüber verlangen, dass die für den Transport des Hausrats angesetzten Beträge den ortsüblichen oder gewöhnlichen Preis für die betreffende Verrichtung nicht übersteigen.

Die Richtigkeit der einzelnen Vorträge in der Umzugskostenliquidation ist von den Liquidanten auf Dienstpflicht und unter Angabe des Datums zu bestätigen.

III. Mietzins- und Mietwerts-Entschädigung.

10. Nach § 570 in Verbindung mit § 565 Abs. 4 und Abs. 1 Satz 1 des Bürgerl. Gesetzbuches sind versetzte Beamte in der Regel berechtigt, ein in Ansehung ihrer bisherigen Wohnung bestehendes Mietverhältnis auch dann, wenn eine längere Mietzeit oder Kündigungsfrist vereinbart ist, unter Einhaltung der gesetzlichen Frist, d. h. spätestens am dritten Werktage des zur Zeit der Bekanntgabe der Versetzung laufenden Kalendervierteljahres, eventuell, falls die Bekanntgabe der Versetzung nach Ablauf der drei ersten Werktage eines Kalendervierteljahres erfolgt, spätestens am dritten Werktage des nächstfolgenden Kalendervierteljahres auf den Schluss des betreffenden Kalendervierteljahres zu kündigen.

Diese Bestimmung findet auf den Fall keine Anwendung, wenn in dem abgeschlossenen Mietvertrage eine Kündigungsfrist von weniger als einem Vierteljahre vorgesehen ist, indem hier vielmehr die vereinbarte kürzere Kündigungsfrist auch für den Fall der Versetzung massgebend bleibt.

Hieraus ergibt sich von selbst, dass die Bestimmung in § 9 Abs. 2 der Allerh. Verordnung nur die Festsetzung der äussersten zeitlichen Grenze enthält, bis zu welcher die Gewährung einer Mietzins-Entschädigung aus der Staatskasse überhaupt Platz greifen kann, und dass in allen Fällen, wo für ein Mietverhältnis eine kürzere Kündigungsfrist gilt, als die in § 565 Abs. 1 Satz 1 des Bürgerl. Gesetzbuches bestimmte, die Entschädigung auch nur für einen entsprechend kürzeren Zeitraum in Betracht kommen kann.

11. Die Gewährung der Mietzins - Entschädigung ist davon abhängig, dass der Beamte oder Bedienstete den Schaden, welcher ihm durch das vorzeitige Verlassen seiner bisherigen Wohnung erwachsen ist, nicht abwenden konnte. Will daher ein versetzter Beamter oder Bediensteter vom Staate Ersatz für den nach seinem Abgang von dem bisherigen Dienstorte weiterzuentrichtenden Mietzins in Anspruch nehmen, so hat er vor allem sofort nach dem Empfange der ersten amtlichen Mitteilung von der Versetzung seine bisherige Wohnung auf den ersten Termin, für welchen die Kündigung zulässig ist, zu kündigen und den Vermieter in die Lage zu versetzen, über die Wohnung unter Umständen schon vor Ablauf der Mietzeit anderweitig zu verfügen. Er muss sich aber von jenem Zeitpunkte an auch sonst — z. B. durch Anschlag und allenfallsiges Ausschreibens der Wohnung, durch Anbieten derselben an seinen Amtsnachfolger die Weitervermietung der Wohnung angelegen sein lassen.

12. Ist die Wohnung nach dem Abgange des Beamten oder Bediensteten von seinem bisherigen Dienstort durch seine Familie noch weiter benützt worden, so schliesst dies die Gewährung der Mietzins-Entschädigung nicht aus, soferne durch das Verbleiben der Familie in der Wohnung nicht die frühere Auflösung des Mietverhältnisses oder die Weitervermietung der Wohnung unmöglich gemacht worden ist.

13. Als Höchstbetrag der bei Berechnung der Mietzins- und Mietwerts - Entschädigung zugrunde zu legenden Jahresmiete (§ 9 Abs. 3 der Allerh. Verordn.) hat für die Regel der fünfte Teil (zwanzig Prozent) des mit der bisherigen Stelle verbundenen Anfangsgehaltes zu gelten.

Gesuche um Gewährung der Entschädigung für einen höheren Betrag der Jahresmiete werden vom K. Staatsministerium der Finanzen in Gemeinschaft mit dem einschlägigen Ressortministerium verbeschieden.

14. Für die geforderte Liquidierung der Mietzins-Entschädigung (§ 11 der Allerh. Verordn.) ist das anliegende **Formular II** zu benützen.

Der Liquidation sind als Belege anzureihen

a) die Quittung über die bezahlte Miete, deren Ersatz verlangt wird,

b) der Mietvertrag oder die schriftliche Erklärung des Vermieters über die Dauer des Mietverhältnisses, die vereinbarte Kündigungsfrist und die Höhe des Mietzinses,

c) eine Bestätigung der Ortspolizeibehörde, dass die Wohnung während der Zeit, für welche der Ersatz des Mietzinses verlangt wird, weder ganz noch teilweise anderweitig vermietet war, sondern leer gestanden oder nur von Personen des Hausstands des Mieters bewohnt gewesen ist.

In besonderen Fällen kann seitens der Rechnungsstellen von

dem Verlangen des Nachweises der bereits geschehenen Zahlung der Miete abgesehen und die nachträgliche Beibringung der Quittung vorbehalten werden.

Die Richtigkeit der einzelnen Vorträge hat der Beamte oder Bedienstete auf Dienstpflicht zu bestätigen. Mit dieser Bestätigung ist die weitere, gleichfalls auf Dienstpflicht abzugebende Versicherung zu verbinden, dass der Liquidant nicht imstande war, sich für den liquidierten Betrag durch Weitervermietung der Wohnung schadlos zu halten.

15. Wird eine Entschädigung nach § 10 der Allerh. Verordn. verlangt, so ist für die Liquidierung das anliegende Formular III zu benützen.

Der Liquidation ist eine von dem zuständigen Rentamte bestätigte Erklärung des Beamten oder Bediensteten über den ortsüblichen Mietwert der Wohnung, ferner die Bestätigung der Ortspolizeibehörde darüber beizufügen, dass die Wohnung während der Zeit, für welche die Entschädigung gefordert wird, weder ganz noch teilweise anderweit benützt worden, sondern leer gestanden ist.

Die Bestimmung der Ziff. 14 Abs. 3 findet entsprechende Anwendung.

16. Nachdem der Aufwand, welcher einem versetzten Beamten oder Bediensteten im Falle des Bestehens einer Verpflichtung zur Fortzahlung des Mietzinses für seine bisherige Wohnung erwächst, künftig in zahlreichen Fällen der Staatskasse zur Last fallen wird, so verlangt es im allgemeinen schon das Interesse der Staatskasse, dass beim Vollzuge und der Bekanntgabe von Versetzungen auf die gesetzlichen Kündigungsfristen tunlichst Rücksicht genommen werde.

Es haben daher die Zentral- und Mittelstellen, welchen die Verfügung von Versetzungen (Beförderungen) hinsichtlich des ihnen untergebenen Personals in eigener Zuständigkeit überlassen ist, sich dieser Aufgabe, soweit es die Umstände zulassen, in einer Weise zu unterziehen, dass es den von ihnen versetzten Beamten und Bediensteten in der Regel möglich ist, ihre bisherige Wohnung für den nächsten nach der Erledigung der betreffenden Stelle sich ergebenden Kündigungstermin zu kündigen.

IV. Gesuche um Bewilligung einer weiteren Entschädigung im Sinne des § 12 der Allerhöchsten Verordnung.

17. Gesuche um Bewilligung einer weiteren Entschädigung im Sinne des § 12 sind unter näherer Bezeichnung des Aufwands zu dessen Bestreitung die Entschädigung dienen soll, — und zwar in der Regel gleichzeitig mit der Umzugskostenliquidation — bei der zur Prüfung dieser Liquidation zuständigen Rechnungsstelle einzureichen, welche das Gesuch mit gutachtlichem Berichte ihrem vorgesetzten Ministerium vorzulegen hat.

Wegen der Uebertragung der Befugnis zur Gewährung dieser Entschädigung auf die zentralisierten Stellen bleibt weitere Verfügung vorbehalten.

V. Allgemeine Grundsätze für die Prüfung und Festsetzung der Liquidationen.

18. Die Prüfung und Festsetzung der Liquidation obliegt in der Regel der Rechnungsstelle, welche jener Kasse vorgesetzt ist, die den mit der neuen Stelle verbundenen Gehaltsbezug zu bezahlen und zu verrechnen hat.

Bei denjenigen Beamten oder Bediensteten, welche die mit ihrer neuen Stelle verbundenen Gehaltsbezüge unmittelbar oder durch Vermittlung einer anderen Kasse von der Zentralstaatskasse erhalten, obliegt sie der Rechnungskammer, bei dem Personal der Mittelschulen, der Lyceen und der Lehrerbildungsanstalten der Regierungsfinanzkammer, zu deren Bezirk der versetzte Beamte oder Bedienstete nach seinem neuen Wohnort gehört.

19. Die Erledigung der Liquidationen hat stets mit möglichster Beschleunigung und mit tunlichster Vermeidung formeller Beanstandungen zu geschehen.

20. Gegen die von den Rechnungsstellen vorgenommenen Abstriche an den liquidierten Beträgen, sowie gegen sonstige Verfügungen der Rechnungsstellen ist Beschwerde zulässig.

Die Beschwerde ist bei der betreffenden Rechnungsstelle einzureichen und von dieser ohne Verzug mit gutachtlichem Berichte dem ihr vorgesetzten Ministerium vorzulegen.

Die Beschwerde wird in allen Fällen, wo die beschwerende Verfügung von einer dem Staatsministerium der Finanzen untergeordneten Rechnungsstelle ausgegangen ist, von dem Staatsministerium der Finanzen verbeschieden. Ist der Beschwerdeführer ein einem anderen Ressort angehöriger Beamter oder Bediensteter, so erfolgt die Verbescheidung im Benehmen mit dem betreffenden Staatsministerium.

Ist die beschwerende Verfügung von einer dem Staatsministerium der Finanzen nicht untergeordneten Rechnungsstelle ausgegangen, so steht die Verbescheidung dem dieser Stelle vorgesetzten Ministerium im Benehmen mit dem Staatsministerium der Finanzen zu.

VI. Gewährung von Kostenvorschüssen.

21. Zur Bestreitung des Aufwands für die Umzugsreise und den Transport des Hausrats kann der versetzte Beamte oder Bedienstete nach Bekanntgabe des Versetzungsdekrets bei der Kasse, von welcher bisher seine Gehaltsbezüge ausbezahlt wurden, die Gewährung eines Kostenvorschusses beantragen.

Der Vorschuss darf bis zur Höhe des voraussichtlichen Kostenaufwands, welcher auf Verlangen glaubhaft zu machen ist, gewährt werden.

Hegt der Vorstand der betreffenden Kasse Zweifel über das Vorhandensein der Voraussetzungen der Umzugskostenvergütung, so hat er sich vor Gewährung des erbetenen Vorschusses unverzüglich unter Vorlage einer Abschrift des betreffenden Versetzungsdekrets Weisung von der zur Prüfung der Liquidation berufenen Stelle zu erholen.

22. Von der Gewährung eines Kostenvorschusses ist alsbald der zur Prüfung der Liquidation zuständigen Stelle Anzeige zu erstatten, damit diese an die zur Auszahlung der Umzugskostenvergütung berufene Kasse die nötigen Weisungen wegen des Rückersatzes des Vorschusses erlässt.

23. Die Bestimmungen der Ziff. 21 und 22 haben auch bei den bereits vor dem 1. Januar 1903 verfügten Versetzungen, welche erst am 1. Januar 1903 oder später wirksam werden, Anwendung zu finden.

München, den 20. November 1902.

3. Ergänzende Bestimmungen des § 4 der Verordnung vom 10. Dezember 1908 (GVBl. 1041).

Nr. 1—6 sind lediglich Aenderungen der oben unter 1 bezeichneten VO. vom 20. November 1902 und dort bereits berücksichtigt.

7. Nicht etatsmässige Beamte erhalten bei einer Versetzung, die weder auf Ansuchen erfolgt, noch durch ihr eigenes Verhalten verschuldet ist, sowie bei ihrer Ernennung zu etatsmässigen Beamten als Umzugskosten Tagegelder und den Ersatz der Reisekosten für ihre Person nach Massgabe der für auswärtige Dienstgeschäfte geltenden Vorschriften.

8. Für die Beamten der Verkehrsverwaltung bleiben, soweit sie nunmehr den Klassen 16 bis 30 der Gehaltsordnung angehören, oder in der Gehaltsordnung nicht angeführt sind, hinsichtlich der Höhe der Umzugskosten bis auf weiteres die bisherigen besonderen Vorschriften mit dem Abmass in Kraft, dass in den Fällen, in denen mit der Versetzung eines Beamten die Ueberführung in die Klasse 14 der Gehaltsordnung verbunden ist, vom 1. Januar 1909 an die Bestimmungen der Verordnung vom 20. November 1902 massgebend sind. Ebenso bleiben für den Bereich der Verkehrsverwaltung die Vorschriften über die Gewährung von Umzugskosten bei Versetzungen unter gleichzeitiger Ernennung zum Beamten bis auf weiteres aufrecht erhalten.

9. Für die Gendarmerie sind, soweit es sich um einen Wechsel der Stelle innerhalb der Gendarmerie handelt, in bezug auf die Vergütung der Umzugskosten die besonderen Vorschriften massgebend.

4. Bemerkungen.

Gymnasial- oder Realschulassistenten, die nach den Bestimmungen der K. AllerhVO. v. 26. Juni 1894 in statusmässiger Eigenschaft angestellt waren, erhalten bei einer Versetzung ohne Ansuchen oder bei Ernennung zu etatsmässigen Beamten (Gymnasial- oder Reallehrern) auch weiterhin die Umzugskostenvergütung nach den seitherigen Vorschriften der K AllerhVO. vom 20. Nov. 1902, (KultME. v. 17 Jan. 1909 Nr. 701). — Denjenigen Regierungsbaumeistern, welche bereits vor dem 1. Januar 1909 statusmässig waren und als solche im Falle ihrer pragmatischen Anstellung Umzugskosten erhalten hätten, werden auch für die Folge bei der ersten etatsmässigen Anstellung Umzugskosten gewährt. (FME. v. 22. Juni 1909 Nr. 18 470.) Geprüfte Geometer erhalten im Falle einer Versetzung, die weder auf Ansuchen erfolgt noch durch eigenes Verhalten verschuldet ist, Tagegelder für die Reisezeit (6 Mk.) und Ersatz der Reisekosten für ihre Person nach Massgabe der VO. v. 11. Febr. 1875 (GVBl. S. 105), FME. v. 6. Febr. 1909 Nr. 3563. — Geometerpraktikanten, welche sich der praktischen Konkursprüfung unterzogen haben und vorher im Vorbereitungsdienst verwendet waren, erhalten bei der erstmaligen Zuteilung zur Geschäftsaushilfe keinerlei Umzugskostenentschädigung, da in diesem Falle keine „Versetzung" vorliegt.

Die Reisekosten eines versetzten Beamten und seiner Familie werden nur für die kürzeste Weg- oder Eisenbahnstrecke gewährt. — Nicht ersatzfähig sind Auslagen für Telegramme, Korrespondenzen, Inserate, Hotelkosten, Entschädigung für Wohnungsabnützung, Aufmachen von Vorhängen, Montierung von Beleuchtungskörpern und ähnliche Auslagen; doch kann unter Umständen auf Grund des § 12 der K. AllerhVO. v. 20. Nov. 1902 teilweiser Ersatz erlangt werden. — Die primäre Berechnung der Kosten obliegt dem Liquidanten. — Zeitungsüberweisungsgebühr, nicht ersatzfähig. — Nur die einmalige Reise wird ersetzt, weitere Reisen zwecks Wohnungsmiete u. dgl., sind nicht ersatzfähig. Tagegelder nur für die Zeit, welche zur Zurücklegung des direkten und kürzesten Reisewegs notwendig ist; nicht einzurechnen ist die Zeit, welche zwecks dienstlicher Vorstellung bei der vorgesetzten Behörde notwendig ist. — $^1/_3$ Taggeld, wenn die zur Reise erforderliche Zeit 6 Stunden nicht überschreitet, auch dann, wenn dem Beamten in seiner früheren Dienstesstellung das ganze Taggeld ohne Rücksicht auf die Zeitdauer zustand. — Dienstboten erhalten in der Regel III. Klasse Eisenbahnfahrt, wenn zwingende Umstände vorliegen, z. B. Ueberwachen kleiner Kinder, ist die Mitnahme in II. Klasse zulässig. — Mietzinsentschädigung erst vom Tage des Abgangs (einschliesslich) an, keinesfalls vor dem in der Vetzungsurkunde ausgewiesenen Versetzungstermin -- Mietzins ists im engeren Sinne aufzufassen, der Ersatz erstreckt sich nur auf die Gegenleistung für die Benützung der Wohnung, nicht aber für die Benützung der mit der Wohnung verbundenen, nicht allgemein üblichen Einrichtungen und Bequemlichkeiten, soferne die Gegenleistung hiefür ausscheidbar ist, also nicht z. B. auf die Gegenleistung für Benützung der Beleuchtungskörper, Dampfheizung etc. — 20% des mit der bisherigen Stelle verbundenen Anfangsgehalts: dieser bestimmt sich jetzt nach dem Beamtengesetz. — § 10 der AllerhVO. v. 20. Nov. 1902 setzt das Leerstehen der Wohnung voraus, es wird daher kein Ersatz geleistet, solange nach dem Abgange des Beamten dessen Familie in der Wohnung bleibt, wenn auch dadurch die Weitervermietung nicht behindert war. — Nur ein eigenes Haus kommt bei § 10 a. a. O. in Frage, nicht genügt, wenn das Haus im Eigentum der Schwiegermutter und ihrer Kinder etc. steht. — Versetzung von einem Orte zum andern muss in Frage stehen, bei Uebernahme einer Dienstwohnung am gleichen Orte seitens eines Beamten, dem bisher eine solche nicht zustand, werden Umzugskosten nicht gewährt. — Die Uebertragung einer Bauführung mit Wohnsitz-Veränderung an das Personal der Bauämter kann nicht als eine Versetzung, sondern nur als ein Kommissorium im Sinne des § 1 der AllerhVO. v. 11. Febr. 1875 angesehen werden. Es werden daher bei der Rückkehr an den Amtssitz nach beendigter Bauführung lediglich Reisekosten für die eigene Person nach Massgabe der VO. v. 11. Febr. 1875 gewährt nicht aber Umzugskosten auf Grund der VO. v. 20. Nov. 1902. Zu dem Hausrate sind auch die gewöhnlichen Haustiere, wie Hunde, zu rechnen. Die auf den Transport derselben erwachsenen Kosten sind daher ersatzfähig und erscheint ein Abstrich nur dann veranlasst, wenn nach Lage des Falles ein offensichtliches Uebermass in bezug auf Zahl und Gattung der mitgenommenen Haustiere vorliegt. FME. v. 19. Dez. 1904 Nr. 27 458. — Die Kosten der Verpackung wie überhaupt alle Ausgaben für Verrichtungen, welche im Falle der Benützung eines Möbelwagen von den Möbeltransportgeschäften übernommen zu werden pflegen, sind ersatzfähig. Wird ein Möbelwagen nicht benützt, so werden die Kosten für zur Verpackung erforderliche Kisten ersetzt, sofern sich die Kosten in angemessenen Grenzen halten. Die Anschaffung von neuen Kisten ist nicht veranlasst; es sind entweder geeignete Kisten gegen Zurückgabe und angemessene Vergütung zu entlehnen oder bereits gebrauchte Kisten zu kaufen.

---

www.ingramcontent.com/pod-product-compliance
Lightning Source LLC
La Vergne TN
LVHW010534300926
849162LV00002B/147